MANUAL DE CONTABILIDADE INTERNACIONAL
IFRS – US Gaap – BR Gaap

Teoria e Prática

Dados Internacionais de Catalogação na Publicação (CIP)
(Câmara Brasileira do Livro, SP, Brasil)

Padoveze, Clóvis Luís
 Manual de contabilidade internacional : IFRS :
US Gaap e Br Gaap : teoria e prática / Clóvis Luís
Padoveze, Gideon Carvalho de Benedicto, Joubert da Silva
Jerônimo Leite. - São Paulo : Cengage Learning, 2017.

 3. reimpr. da 1. ed. de 2011.
 Bibliografia.
 ISBN 978-85-221-0816-9

 1. Contabilidade I. Benedicto, Gideon Carvalho de.
II. Leite, Joubert da Silva Jerônimo. III. Título.

11-01350   CDD-657

Índice para catálogo sistemático:

1. Contabilidade internacional 657

MANUAL DE CONTABILIDADE INTERNACIONAL
IFRS – US Gaap – BR Gaap

Teoria e prática

Clóvis Luís Padoveze

Gideon Carvalho de Benedicto

Joubert da Silva Jerônimo Leite

Manual de contabilidade internacional
IFRS – US Gaap – BR Gaap
Teoria e prática

Clóvis Luís Padoveze
Gideon Carvalho de Benedicto
Joubert da Silva Jerônimo Leite

Gerente Editorial: Patricia La Rosa

Editora de Desenvolvimento: Monalisa Neves

Supervisora de Produção Editorial: Fabiana Alencar Albuquerque

Copidesque: Fernanda Batista dos Santos

Revisão: Daniele Fátima e Ana Lucia Sant'ana dos Santos

Diagramação: PC Editorial Ltda.

Capa: Absoluta Publicidade e Design

© 2012 Cengage Learning Edições Ltda.

Todos os direitos reservados. Nenhuma parte deste livro poderá ser reproduzida, sejam quais forem os meios empregados, sem a permissão, por escrito, da Editora.
Aos infratores aplicam-se as sanções previstas nos artigos 102, 104, 106 e 107 da Lei nº 9.610, de 19 de fevereiro de 1998.

Para informações sobre nossos produtos, entre em contato pelo telefone **0800 11 19 39**

Para permissão de uso de material desta obra, envie seu pedido para
direitosautorais@cengage.com

© 2012 Cengage Learning. Todos os direitos reservados.

ISBN-13: 978-85-221-0816-9
ISBN-10: 85-221-0816-1

Cengage Learning
Condomínio E-Business Park
Rua Werner Siemens, 111 – Prédio 11 – Torre A – Conjunto 12
Lapa de Baixo – CEP 05069-900 – São Paulo – SP
Tel.: (11) 3665-9900 – Fax: (11) 3665-9901
SAC: 0800 11 19 39

Para suas soluções de curso e aprendizado, visite
www.cengage.com.br

Impresso no Brasil.
Printed in Brazil.
1 2 3 4   14 13 12

Sumário

Apresentação   xv

Prefácio   xvii

Comentários de professores e profissionais   xix

Parte I – Fundamentos e estruturas contábeis em IFRS, US Gaap e BR Gaap   1

Capítulo 1   O ambiente econômico internacional e a contabilidade   3
1.1   Entendendo as dimensões internacionais da contabilidade   3
1.1.1   Características qualitativas da informação contábil divulgada pela empresa   6
1.1.2   Necessidade de harmonização internacional das normas contábeis   9
1.1.2.1   Por que harmonizar as normas e práticas contábeis   9
1.1.2.2   O papel do International Accounting Standard Boards (Iasb)   11
1.1.2.3   Interesse público   11
1.2   Mercado financeiro e contabilidade   14
1.2.1   Fontes de financiamento das empresas   14
1.2.1.1   Fontes de recursos próprios das empresas   15
1.2.1.2   Fontes de recursos de terceiros das empresas   17
1.2.1.3   Classificação dos títulos de dívida (rating)   18
1.2.2   Globalização e mercado de capitais   21
1.3   Corporações multinacionais, transnacionais e contabilidade   22
1.3.1   Especificidades das empresas multinacionais   23
1.3.2   Corporações transnacionais e desenvolvimento da contabilidade   24
1.3.3   Globalização e competitividade   25
1.3.4   Motivos da internacionalização das empresas   26
1.3.5   Funções financeiras e contábeis das empresas multinacionais   27
1.3.5.1   Investimento estrangeiro   29
1.3.5.2   Investimento em moeda estrangeira   31
1.4   Sistemas de câmbio e contabilidade   33
1.5   Instituições e associações de comércio internacional e contabilidade   36
Questões e exercícios   37

Capítulo 2   Fundamentos e estrutura da contabilidade internacional – IFRS   39
2.1   Entidade internacional de contabilidade   39
2.2   Normas contábeis internacionais   40
2.3   Estrutura do Iasb   43

2.4 Adoção das normas contábeis internacionais no mundo 43
2.5 A participação da União Europeia na contabilidade internacional 44
2.6 A participação dos Estados Unidos na contabilidade internacional 44
2.7 A participação do Brasil na contabilidade internacional 45
2.8 Estrutura conceitual básica da contabilidade internacional 46
    2.8.1 Objetivos da estrutura conceitual básica 47
    2.8.2 Características qualitativas da informação contábil 48
    2.8.3 Reconhecimento, avaliação e mensuração dos elementos das demonstrações contábeis 49
    2.8.4 Conceitos de capital e manutenção de capital 50
Questões e exercícios 50

Capítulo 3 Fundamentos e estrutura da contabilidade nos Estados Unidos – US Gaap 51

3.1 Entidades de contabilidade dos Estados Unidos 51
3.2 Pronunciamentos contábeis do Fasb 52
3.3 Estrutura conceitual básica da contabilidade norte-americana 56
    3.3.1 Princípios contábeis norte-americanos 56
    3.3.2 Objetivos das demonstrações contábeis 57
    3.3.3 Reconhecimento 58
    3.3.4 Mensuração 59
    3.3.5 Orientações gerais para o reconhecimento das receitas, ganhos, despesas e perdas 60
    3.3.6 Orientações gerais para o reconhecimento das mudanças nos ativos e exigibilidades 60
    3.3.7 Atributos da informação contábil 60
3.4 A hierarquia dos US Gaap 61
Questões e exercícios 62

Capítulo 4 Fundamentos e estrutura da contabilidade no Brasil – BR Gaap 63

4.1 Entidades de contabilidade do Brasil 63
4.2 Normas contábeis brasileiras 64
4.3 Estrutura conceitual da contabilidade brasileira 69
    4.3.1 Princípios contábeis no Brasil: uma abordagem conceitual 69
    4.3.2 Apresentação das demonstrações contábeis no Brasil 71
    4.3.3 Lei nº 11.638/2007 72
Questões e exercícios 72

Parte II – Relatórios contábeis em IFRS, US Gaap e BR Gaap 73

Capítulo 5 Demonstrações contábeis anuais – IFRS, US Gaap e BR Gaap 75

5.1 Demonstrações contábeis em IFRS 75
    5.1.1 Fundamentos básicos das demonstrações contábeis em IFRS 75
    5.1.2 Balanço patrimonial em IFRS 77
    5.1.3 Demonstração do resultado em IFRS 79
    5.1.4 Demonstração do resultado abrangente em IFRS 81
    5.1.5 Demonstração das mutações do patrimônio líquido em IFRS 82
    5.1.6 Demonstração dos fluxos de caixa em IFRS 82
        5.1.6.1 Aspectos importantes da demonstração dos fluxos de caixa 87
        5.1.6.2 Formato da demonstração dos fluxos de caixa 89
    5.1.7 Estudo de caso – demonstrações contábeis em IFRS 90

5.2 Demonstrações contábeis em US Gaap 95
    5.2.1 Fundamentos básicos das demonstrações contábeis em US Gaap 95
        5.2.1.1 Características dos elementos patrimoniais e das despesas e receitas 96
    5.2.2 Balanço patrimonial em US Gaap 99
    5.2.3 Demonstração do resultado em US Gaap 100
    5.2.4 Demonstração do resultado abrangente em US Gaap 101
    5.2.5 Demonstração das mutações do patrimônio líquido em US Gaap 101
    5.2.6 Demonstração dos fluxos de caixa em US Gaap 102
    5.2.7 Relatório da administração (Management Discussions & Analysis – MD&A) 103
    5.2.8 Estudo de caso – demonstrações contábeis em US Gaap 103
5.3 Demonstrações contábeis em BR Gaap 110
    5.3.1 Fundamentos básicos das demonstrações contábeis em BR Gaap 111
    5.3.2 Balanço patrimonial em BR Gaap 113
    5.3.3 Demonstração do resultado em BR Gaap 115
    5.3.4 Demonstração do resultado abrangente em BR Gaap 117
    5.3.5 Demonstração das mutações do patrimônio líquido em BR Gaap 118
    5.3.6 Demonstração dos fluxos de caixa em BR Gaap 119
    5.3.7 Demonstração do valor adicionado em BR Gaap 122
    5.3.8 Balanço social em BR Gaap 126
    5.3.9 Relatório da administração em BR Gaap 128
Questões e exercícios 130

Capítulo 6 Demonstrações contábeis intermediárias – IFRS e BR Gaap 133
6.1 Demonstrações contábeis intermediárias em IFRS 133
6.2 Demonstrações contábeis intermediárias em BR Gaap 137
Questões e exercícios 143

Capítulo 7 Notas explicativas – IFRS e BR Gaap 145
7.1 Notas explicativas às demonstrações contábeis em IFRS 145
7.2 Notas explicativas às demonstrações contábeis em BR Gaap 146
7.3 Estudo de caso Indústrias Romi S.A. – Notas explicativas em IFRS 146
Questões e exercícios 180

Capítulo 8 Demonstrações contábeis consolidadas e equivalência patrimonial – IFRS e BR Gaap 181
8.1 Breve histórico da consolidação das demonstrações contábeis 181
8.2 Necessidade de consolidação 181
    8.2.1 Críticas à consolidação 182
8.3 Normas contábeis 182
8.4 Teoria geral da consolidação de demonstrações contábeis 182
8.5 Empresas controladas, coligadas e influência significativa 185
8.6 Equivalência patrimonial 188
8.7 Principais ajustes para consolidação 190
    8.7.1 Dados e exemplo numérico 190
8.8 Equivalência, resultados e consolidação 192
8.9 Resultados não realizados intercompanhias 196
Questões e exercícios 201

Capítulo 9 Relatórios por segmento – IFRS e BR Gaap 207
9.1 Visão geral 207
9.2 Normas contábeis 208

9.3 Aspectos conceituais 209
9.4 Segmentos divulgáveis ou reportáveis 209
9.5 Fontes de informações 210
9.6 Divulgação de informações 210
9.7 Mensuração 211
9.8 Conciliação 211
9.9 Reapresentação de informação previamente divulgada 212
9.10 Relatórios por segmento principal e secundário 212
9.11 Modelos de relatórios por segmento 212
9.12 Informações por segmento e contabilidade divisional/setorial 214
    9.12.1 Preços de transferências 223
        9.12.1.1 Preços de transferências internacionais (*transfer pricing*) 225
Questões e exercícios 230

Parte III – Práticas contábeis em IFRS e BR Gaap: principais aplicações 231

Capítulo 10 Valor justo e valor presente de ativos e passivos 233

10.1 Valor justo 233
    10.1.1 Normas contábeis 233
    10.1.2 Conceito de valor justo 233
    10.1.3 Mensuração do valor justo e IFRS 235
    10.1.4 Mensuração de valor justo e US-Gaap 235
    10.1.5 Mensuração de valor justo e BR-Gaap 236
    10.1.6 Exemplo de mensuração do valor justo a partir do fluxo de caixa descontado 237
    10.1.7 Estudo de caso – Divulgação de informações sobre valor justo de instrumentos financeiros derivativos em IFRS 241
10.2 Valor presente – BR-Gaap 241
    10.2.1 Resumo do CPC 12 242
    10.2.2 Modelos de ajuste a valor presente 243
Questões e exercícios 244

Capítulo 11 Políticas contábeis, mudanças em estimativas e correção de erros 245

11.1 Normas contábeis 245
11.2 Políticas contábeis 245
    11.2.1 Estudo de caso – Divulgação de políticas contábeis em BR-Gaap 247
11.3 Mudanças em estimativas 251
11.4 Correção de erros 251
Questões e exercícios 252

Capítulo 12 Receitas 253

12.1 Normas contábeis 253
12.2 Conceito de receita 253
12.3 Mensuração 254
12.4 Reconhecimento 254
12.5 Apresentação da receita na demonstração de resultado 255
12.6 Divulgação 256
    12.6.1 Estudo de caso – Divulgação de informações sobre reconhecimento de receitas em BR-Gaap 256
12.7 Caso especial 1 – Programas de fidelidade de clientes 256
12.8 Caso especial 2 – Recebimento em transferência de ativos dos clientes 258
Questões e exercícios 259

Capítulo 13   Estoques   261
    13.1   Normas contábeis   261
    13.2   Aspectos conceituais   262
    13.3   Divulgação   265
        13.3.1   Estudo de caso – Divulgação de informações sobre os estoques em IFRS   265
    13.4   Alterações no CPC 16   266
    Questões e exercícios   266

Capítulo 14   Provisões, ativos e passivos contingentes   267
    14.1   Normas contábeis   267
    14.2   Aspectos conceituais   268
    14.3   Reconhecimento de provisões   268
    14.4   Reconhecimento de ativos e passivos contingentes   269
    14.5   Mensuração   270
    14.6   Reestruturação   271
    14.7   Divulgação   271
    14.8   Caso especial   274
    Questões e exercícios   276

Capítulo 15   Redução ao valor recuperável de ativos – *impairment*   277
    15.1   Normas contábeis   277
    15.2   Aspectos conceituais   277
    15.3   Teste para aplicação do *impairment*   279
    15.4   Mensuração do valor recuperável   280
    15.5   Depreciação e amortização   282
    15.6   Reversão da perda por desvalorização – *impairment*   282
    15.7   Divulgação   282
    Questões e exercícios   288

Capítulo 16   Custos de empréstimos   289
    16.1   Normas contábeis   289
    16.2   Aspectos conceituais   289
    16.3   Reconhecimento   290
    16.4   Divulgação   290
    Questões e exercícios   292

Capítulo 17   Ativo imobilizado   293
    17.1   Normas contábeis   293
    17.2   Aspectos conceituais   293
    17.3   Reconhecimento e mensuração   294
    17.4   Depreciação   299
    17.5   Redução ao valor recuperável de ativos imobilizados – *impairment*   300
    17.6   Baixa de ativos imobilizados   300
    17.7   Divulgação   300
    17.8   Caso especial 1 – ICPC 10 – Aplicação inicial do CPC 27   302
    17.9   Caso especial 2 – ICPC 11 – Recebimento em transferência de ativos dos clientes   303
    Questões e exercícios   304

Capítulo 18   Arrendamento mercantil – *leasing*   305
    18.1   Normas contábeis   305
    18.2   Aspectos conceituais   306

18.3 Arrendamento mercantil financeiro 306
18.4 Demonstrações contábeis do arrendatário 307
18.5 Demonstrações contábeis do arrendador 310
18.6 Transação de venda e *leaseback* 311
18.7 Caso especial – ICPC 3 – Aspectos complementares das operações de arrendamento mercantil 312
Questões e exercícios 314

Capítulo 19 Ativo não circulante mantido para venda e operação descontinuada 315
19.1 Normas contábeis 315
19.2 Aspectos conceituais 316
19.3 Critérios de classificação de ativos não circulantes mantidos para venda 316
19.4 Ativos não circulantes baixados (abandonados) 317
19.5 Mensuração 317
19.6 *Impairment,* depreciação e amortização 318
19.7 Apresentação no balanço patrimonial 318
19.8 Apresentação na demonstração do resultado 318
19.9 Divulgação 319
Questões e exercícios 319

Capítulo 20 Propriedades para investimento 321
20.1 Normas contábeis 321
20.2 Aspectos conceituais 321
20.3 Reconhecimento 322
20.4 Mensuração 323
20.5 Transferências 323
20.6 Alienações 324
20.7 Divulgação 324
20.8 Caso especial – ICPC 10 – Aplicação inicial do CPC 28 324
Questões e exercícios 325

Capítulo 21 Ativos intangíveis 327
21.1 Normas contábeis 327
21.2 Aspectos conceituais 327
21.3 Reconhecimento 329
21.4 Mensuração 330
21.5 Vida útil e amortização 331
21.6 Pesquisa e desenvolvimento 332
21.7 Gastos pré-operacionais 334
21.8 Divulgação 334
Questões e exercícios 338

Capítulo 22 Combinação de negócios e *goodwill* 339
22.1 Normas contábeis 339
22.2 Aspectos conceituais 339
    22.2.1 Reorganizações societárias – Abordagem conceitual 340
        22.2.1.1 *Holding* (empresa controladora) 340
        22.2.1.2 *Joint ventures* (empreendimentos em conjunto) 342
        22.2.1.3 *Mergers & acquisitions* (incorporações, fusões e aquisições) 344
        22.2.1.4 Aquisição de investimentos, ágio e deságio 346
        22.2.1.5 Valor dos investimentos e controle acionário nas reorganizações 348
        22.2.1.6 Estudos de casos de reorganizações societárias 351
22.3 Aspectos contábeis da combinação de negócios 351

22.3.1 Exemplo de aquisição de empresa com *goodwill* (ágio)   353
22.4 Divulgação   355
Questões e exercícios   356

Capítulo 23 Tributos sobre o lucro   359
23.1 Normas contábeis   359
23.2 Aspectos conceituais   359
23.3 Reconhecimento de passivos e ativos fiscais correntes   361
23.4 Reconhecimento de passivos e ativos fiscais diferidos   361
23.5 Mensuração   364
23.6 Apresentação no balanço patrimonial dos ativos e passivos fiscais   364
23.7 Divulgação   364
Questões e exercícios   370

Capítulo 24 Subvenção e assistência governamentais   371
24.1 Normas contábeis   371
24.2 Aspectos conceituais   371
24.3 Critérios de reconhecimento   371
24.4 Divulgação   373
Questões e exercícios   374

Capítulo 25 Instrumentos financeiros – reconhecimento e mensuração   375
25.1 Normas contábeis   375
25.2 Aspectos conceituais   376
    25.2.1 Derivativos   376
25.3 Classificação e avaliação dos instrumentos financeiros   378
25.4 Reconhecimento e mensuração dos instrumentos financeiros   379
25.5 *Hedge accounting*   381
25.6 Divulgação   383
25.7 Caso especial   387
Questões e exercícios   389

Capítulo 26 Benefícios de curto prazo a empregados   391
26.1 Normas contábeis   391
26.2 Aspectos conceituais   391
26.3 Reconhecimento e mensuração   392
26.4 Divulgação   393
Questões e exercícios   393

Capítulo 27 Ativos biológicos e produtos agrícolas   395
27.1 Normas contábeis   395
27.2 Aspectos conceituais   396
27.3 Reconhecimento   396
27.4 Mensuração   396
27.5 Subvenção governamental   397
27.6 Apresentação no balanço patrimonial   397
27.7 Divulgação   398
Questões e exercícios   399

Capítulo 28 Eventos subsequentes   401
28.1 Normas contábeis   401
28.2 Aspectos conceituais   401
28.3 Reconhecimento e mensuração   402

28.4 Continuidade 402
28.5 Divulgação 403
Questões e exercícios 406

Parte IV – Processo de reporte e conversão de demonstrações contábeis em IFRS, US Gaap e BR Gaap 407

Capítulo 29 Demonstrações contábeis em economias hiperinflacionárias – IFRS 409
29.1 Aspectos conceituais 409
29.2 A posição brasileira 409
29.3 Demonstrações contábeis em economias hiperinflacionárias – IAS 29 410
29.4 Divulgação 412
Questões e exercícios 413

Capítulo 30 Conversão de demonstrações contábeis em moeda estrangeira – IFRS – US Gaap e BR Gaap 415
30.1 Abordagem introdutória e teórica 415
    30.1.1 Conversão pelo método corrente – Exemplo numérico 425
    30.1.2 Conversão pelo método histórico (ou monetário e não monetário) – exemplo numérico 429
    30.1.3 Exemplos comparativos dos métodos de conversão 434
30.2 Abordagem normativa e técnica 443
    30.2.1 Critérios da conversão em US Gaap 448
    30.2.2 Critérios da conversão em IFRS e BR Gaap 453
    30.2.3 Divulgação 464
    30.2.4 Alterações no CPC 2 464
Questões e exercícios 466

Capítulo 31 Adoção inicial das normas contábeis internacionais – IFRS 471
31.1 Introdução 471
31.2 Normas contábeis 471
    31.2.1 Objetivo e alcance 471
31.3 Reconhecimento e mensuração 472
    31.3.1 Balanço patrimonial de abertura 472
    31.3.2 Políticas contábeis 472
        31.3.2.1 Exceções à aplicação retrospectiva de outras IFRS 473
        31.3.2.2 Isenções de outras IFRS 473
31.4 Apresentação e evidenciação 474
    31.4.1 Informação comparativa 474
    31.4.2 Explicação da transição para as IFRS 474
31.5 Estudo de caso I – AmBev 474
    31.5.1 Data de transição e balanço de abertura 475
    31.5.2 Isenções opcionais 478
        31.5.2.1 Combinação de negócios 478
        31.5.2.2 Custo atribuído (valor justo como custo de aquisição) 478
        31.5.2.3 Benefícios a empregados 479
        31.5.2.4 Conversão cambial 480
        31.5.2.5 Instrumentos financeiros compostos 480
        31.5.2.6 Ativos e passivos de subsidiárias, associadas e empreendimentos conjuntos 480
        31.5.2.7 Designação de instrumentos financeiros previamente reconhecidos 481

31.5.2.8 Pagamento de benefícios baseados em ações 482
31.5.2.9 Contratos de seguros 483
31.5.2.10 Alterações na retirada de serviço, restauração e semelhantes no custo do ativo fixo tangível 483
31.5.2.11 Arrendamento mercantil 484
31.5.2.12 Valor justo de ativos e passivos financciros como reconhecimento inicial 484
31.5.2.13 Serviços de concessão 484
31.5.2.14 Custos de empréstimos 484
31.5.3 Exceções obrigatórias 484
31.5.3.1 Desreconhecimento de ativos e passivos financeiros 484
31.5.3.2 Contabilidade de *hedge* 485
31.5.3.3 Estimativas 486
31.5.4 Divulgações requeridas na primeira adoção 486
31.6 Estudo de caso II – Gerdau 488
31.7 Estudo de caso III – Caima 500
Questões e exercícios 501

Capítulo 32 Adoção inicial das normas contábeis brasileiras – BR Gaap 503
32.1 Introdução 503
32.2 Principais alterações contábeis – Lei nº 11.638/07 e MP nº 449/08 503
32.3 CPC 13 – Adoção inicial da Lei nº 11.638/07 e da MP nº 449/08 505
32.3.1 Balanço patrimonial inicial 506
32.3.2 Divulgação 513
32.3.3 Estudo de caso 513
32.4 CPC 43 – Adoção inicial dos Pronunciamentos Técnicos CPC 15 a 41 515
Questões e exercícios 516

Parte V – Gestão contábil e financeira internacional 517

Capítulo 33 Competitividade cambial 519
33.1 Taxas de câmbio 519
33.2 Competitividade e preços 521
33.3 Mudança na competitividade 524
33.4 Paridade do Poder de Compra da Moeda (PPR) 525
33.5 Sistemas de proteção da competitividade internacional 527
Questões e exercícios 530

Capítulo 34 Gestão de eventos cambiais 533
34.1 Balanço patrimonial: créditos e obrigações já existentes 533
34.2 Inflação e estrutura de custos 535
34.3 Formação de preços de venda 536
34.4 Retorno do capital e preços de venda 538
34.5 Outros aspectos e eventos internacionais 539
34.6 Risco cambial 540
34.7 Excedentes de caixa e gerenciamento do risco financeiro 542
34.8 Estratégias financeiras: derivativos, *hedging*, securitização 543
Questões e exercícios 548

Capítulo 35 Governança corporativa e contabilidade 551
35.1 Governança corporativa no Brasil e no mundo – Uma introdução 551
35.1.1 Aspectos conceituais 551
35.1.2 Fatores de origem 553

35.1.3 Princípios da governança corporativa 556
35.1.4 Objetivos da governança corporativa 557
35.2 Governança corporativa: desenvolvimento internacional e modelos 558
35.2.1 Os diferentes modelos de governança 558
35.2.2 Governança corporativa nos Estados Unidos 559
35.2.3 Governança corporativa no Reino Unido 560
35.2.4 Governança corporativa no Japão 561
35.2.5 Governança corporativa no Brasil 562
35.2.6 O Instituto Brasileiro de Governança Corporativa (IBGC) 563
35.2.7 A nova Lei de Mercado de Capitais (Lei nº 10.303, de 2001) 563
35.2.8 A Comissão de Valores Mobiliários (CVM) 563
35.2.9 O Banco Nacional de Desenvolvimento Econômico e Social (BNDES) e a atuação do governo 564
35.2.10 Comparação entre os sistemas de governança corporativa 564
35.3 Estrutura administrativa das S/As 565
35.4 Conselhos independentes 566
35.4.1 Agentes internos e externos da governança 567
35.5 BM&FBovespa e governança corporativa 571
Questões e exercícios 574

Referências bibliográficas 575

Apresentação

As leis nº 11.638/2007 e nº 11.941/2009, que alteraram a Lei nº 6.404/1976 (Lei das Sociedades por Ações), criaram as condições necessárias para que o Brasil pudesse participar definitivamente do processo mundial de convergência das normas e práticas contábeis internacionais. A Resolução nº 1.159/2009, do Conselho Federal de Contabilidade (CFC), deixou claro que as normas e práticas contábeis internacionais regidas por esses diplomas legais estendem-se às demais sociedades empresariais e entidades.

Em nosso país, em razão disso, entende-se que as normas contábeis internacionais (International Accounting Standards (IAS) e International Financial Reporting Standards (IFRS)) emitidas pelo International Accounting Standards Board (Iasb) são as que regulamentam a contabilidade internacional.

As normas internacionais de contabilidade estão sendo introduzidas no Brasil por meio de pronunciamentos contábeis emitidos pelo Comitê de Pronunciamentos Contábeis (CPC), que as emite em consonância com as práticas internacionais. Posteriormente, elas são aprovadas pelos órgãos reguladores para a sua efetiva aplicação pelas entidades brasileiras.

Contudo, em âmbito internacional, para as empresas norte-americanas que tenham títulos negociados nos mercados financeiros dos Estados Unidos, ainda prevalece a obrigatoriedade da utilização das normas e orientações contábeis emitidas pelo Financial Accounting Standards Board (Fasb).

As normas internacionais do Iasb e as normas contábeis do Fasb ainda não foram definitivamente consolidadas e convergidas, mesmo que as diferenças não sejam substanciais. Assim, podemos dizer que o conceito de *contabilidade internacional* não se limita apenas às práticas contábeis do Iasb, mas também incluem as práticas contábeis do Fasb.

Tendo como referência essa situação, o objetivo de nosso trabalho é apresentar o conjunto das práticas contábeis internacionais, que inclui os conceitos e procedimentos das práticas do Iasb, do Fasb e do CPC. Esta apresentação acrescenta a sigla Gaap – Generally Accepted Accounting Principles (Princípios Contábeis Geralmente Aceitos – PCGA) para diferenciar as práticas norte-americanas, US Gaap, das práticas brasileiras, BR Gaap.

Outrossim, nosso trabalho não se limita a apresentação ou estudo dessas práticas contábeis. Completamos nosso objetivo básico com conceitos econômicos que julgamos indispensáveis para complementar o entendimento e aplicação das práticas contábeis. Esses conceitos estão apresentados em capítulos que tratam dos fundamentos da conversão das demonstrações contábeis em moeda estrangeira e os conceitos necessários para o entendimento da questão cambial, sejam em termos de competitividade, seja em termos de fundamentos para gestão dos eventos cambiais.

Sabemos que já existem no mercado alguns livros que tratam do assunto. Contudo, temos certeza de que nosso trabalho traz diferenciais que nos permitem dar uma contribuição adicional aos usuários. Um dos motivos que nos leva a essa afirmativa está em nossa experiência, que não se limita ao meio acadêmico, mas estende-se ao campo da utilização profissional nas empresas.

Dessa maneira, organizamos nosso trabalho com o objetivo de que se torne um manual de consulta para os profissionais e professores da área. Para tanto, além da exposição e apresentação dos temas, o trabalho apresenta nossa interpretação e entendimento, bem como estudos de casos para melhor exemplificação e exercícios de fixação para cada capítulo.

O livro está dividido em cinco partes:

I – Fundamentos e estruturas contábeis em IFRS, US Gaap e BR Gaap
II – Relatórios contábeis em IFRS, US Gaap e BR Gaap
III – Práticas contábeis em IFRS e BR Gaap: principais aplicações
IV – Processo de reporte e conversão de demonstrações contábeis em IFRS, US Gaap e BR Gaap
V – Gestão contábil e financeira internacional

Esperamos que nosso trabalho seja de utilidade para os profissionais e docentes que atuam na área, bem como para os discentes e pesquisadores que estudam o assunto. Estamos abertos para críticas e sugestões que possam melhorar ainda mais o nosso trabalho em próximas edições.

CLÓVIS LUÍS PADOVEZE
cpadoveze@yahoo.com.br

GIDEON CARVALHO DE BENEDICTO
gideon.benedicto@gmail.com

JOUBERT DA SILVA JERÔNIMO LEITE
jeronimo@novaamerica.net

Prefácio

Podemos dizer que o Decreto-Lei nº 2.627 de 1940, um primeiro modelo de Lei das S.A., mais próximo dos moldes europeus, dava mais ênfase aos donos da empresa, sem uma preocupação com a transparência contábil, com a clareza da informação.

Com a vinda da Lei nº 6.404/76, um modelo de Lei das S.A. próximo do norte-americano, muitos avanços foram observados em relação ao decreto antes referido. A principal ênfase dessa lei era o acionista brasileiro, o mercado de capitais no Brasil.

Com a chegada da Lei nº 11.638/07, observamos a ênfase num modelo internacional de lei societária. As perspectivas para a profissão contábil, no contexto dessa lei, num mundo globalizado, levam a um reposicionamento das práticas e comportamentos tradicionais dos profissionais de contabilidade.

Dessa forma, uma nova safra de literatura, pesquisas e estudos contábeis deverá permear o mundo da contabilidade, norteando os profissionais da área para uma contabilidade aberta para o mundo.

Este livro, *Manual de contabilidade internacional: IFRS, US Gaap e BR Gaap*, torna-se a primeira grande obra em harmonia com a nova realidade estabelecida a partir da Lei nº 11.638/07. Isso só foi possível por meio da parceria destes três grandes expoentes da contabilidade, pesquisadores, professores e profissionais qualificados para tão grande empreitada: Clóvis Luís Padoveze, Gideon Carvalho de Benedicto e Joubert da Silva Jerônimo Leite.

O valor deste trabalho não está somente na riqueza da quantidade e qualidade da informação relativa à contabilidade internacional, mas principalmente na clareza didática, o que permite aos alunos apreender as principais normas internacionais através de uma leitura agradável.

Sem dúvida, esta obra será de grande utilidade para estudantes, profissionais, peritos, professores e todos os demais especialistas e interessados na área contábil, com ênfase na globalização e na contabilidade internacional.

Parabenizamos os autores e todo o grande público que, assim, será beneficiado.

São Paulo, maio de 2008.

PROF. DR. JOSÉ CARLOS MARION e
PROF. DR. SÉRGIO DE IUDÍCIBUS

Comentários de professores e profissionais

"Há tempo que nós, profissionais da área financeiro-contábil, estávamos à procura de uma obra que reunisse todos os elementos da contabilidade e reportologia internacional, interpretados e adaptados para nossa realidade brasileira. Este livro conseguiu reunir conceitos, práticas e aplicações imediatas da contabilidade internacional sob vários pontos de vista simultaneamente, os quais antes estavam dispersos na literatura vigente. Desde exemplos práticos de lançamentos de conversão até os princípios da governança corporativa, abordando em detalhes tópicos de BR Gaap, US Gaap e IFRS, encontrei aqui ferramentas fundamentais que possibilitarão a melhor execução do meu trabalho de controladoria, *reporting* à matriz e atendimento aos requisitos contábeis nacionais. Simplesmente indispensável para quem quiser sucesso na carreira financeira atual e futura."

PAULO R. S. CAETANO
Contador formado pela FEA-USP em 1984
MBA em Gestão Empresarial
Finance Controller para América do Sul da Benchmark Electronics Inc.
Professor do Centro de Economia e Administração da PUC-Campinas

"Passamos a contar com uma obra simplesmente completa, que busca o despertar dos profissionais e estudiosos da área contábil sobre a contabilidade no atual contexto de globalização dos negócios e sua trilha teórica e prática para uma adequada qualificação das demonstrações contábeis nacionais e internacionais."

MARCOS FRANCISCO RODRIGUES SOUSA
Doutor e Mestre em Ciências Contábeis
Diretor e Professor da Faculdade de Ciências Contábeis de PUC-Campinas
Sócio da Consulcamp Auditoria e Assessoria Ltda.

"O crescimento das empresas, a expansão dos mercados produtivos e a formação do mercado de capitais, além-fronteiras, fizeram que a contabilidade ganhasse cada vez mais importância. Este livro aborda esse cenário nos dias de hoje tanto de forma teórica como prática, enriquecendo nossa bibliografia brasileira e permitindo ao leitor uma visão enriquecedora, além de fronteiras da contabilidade e sua prática diária aplicada. Com toda a evolução das práticas contábeis, sejam internacionais, sejam brasileiras, em um momento em que se busca a harmonização internacional, este livro registra amplamente nosso momento no tempo e nos prepara para essa consolidação técnica e ampliação do nosso conhecimento.

Permite que a consolidação harmônica seja alcançada, com conhecimento dos seus fundamentos e registro do seu histórico. Permite tanto ao profissional experiente desfrutar sua leitura e aplicação como ao profissional iniciante um aprendizado estruturado para sua vida profissional.

Os professores-autores estão de parabéns por essa empreitada corajosa e de sucesso, consolidada neste livro que nos enriquece o conhecimento!

JARIB BRISOLA DUARTE FOGAÇA

Responsável pelo escritório da KPMG Auditores Independentes de Campinas, Estado de São Paulo

Líder do setor de eletrônicos da KPMG Brasil

Está na KPMG desde 1979, atuando principalmente na área de auditoria, e de 1990 a 1992 atuou no escritório da KPMG em Nova York, EUA

É formado em Contabilidade, Economia e Administração pela Universidade Presbiteriana Mackenzie

PARTE I

Fundamentos e estruturas contábeis em IFRS, US Gaap e BR Gaap

Capítulo 1 – O ambiente econômico internacional e a contabilidade   3

Capítulo 2 – Fundamentos e estrutura da contabilidade internacional – IFRS   39

Capítulo 3 – Fundamentos e estrutura da contabilidade nos Estados Unidos – US Gaap   51

Capítulo 4 – Fundamentos e estrutura da contabilidade no Brasil – BR Gaap   63

CAPÍTULO 1

O ambiente econômico internacional e a contabilidade

A internacionalização dos mercados, no que diz respeito ao desenvolvimento do mercado de capitais, ao crescimento dos investimentos diretos estrangeiros e à formação de blocos econômicos, traz consigo a necessidade de se ter um conjunto de padrões contábeis internacionais que possam viabilizar o processo de comparação de informações entre companhias de um mesmo grupo ou de grupos distintos.

As informações contábeis de um empreendimento geradas no campo da Contabilidade Internacional interessam tanto a segmentos de um mesmo grupo econômico que realiza operações e transações internacionais como também aos usuários da informação que estão domiciliados em diferentes países em relação ao empreendimento que divulga essas informações.

1.1 Entendendo as dimensões internacionais da contabilidade

Entender as dimensões internacionais da contabilidade é vital para qualquer um que queira negociar por fronteiras nacionais e internacionais, uma vez que as informações contábeis podem variar substancialmente de um país para outro, de acordo com os princípios de contabilidade que os governam. Diferenças em cultura, práticas empresariais, sistemas políticos, inflação, tributação e os riscos empresariais devem ser considerados no processo decisório de onde e como negociar e investir. Por outro lado, as demonstrações contábeis e outras formas de evidenciação (*disclosure*[1]) são impossíveis de se entender sem uma consciência dos princípios contábeis nacionais e internacionais e sem um conhecimento sólido da cultura do negócio.

A contabilidade tem como objetivo apresentar aos usuários internos e externos das empresas informações contábeis úteis e de qualidade que possam auxiliá-los na tomada de decisões. Com isso, as companhias que captam recursos financeiros em algum mercado de capitais específico precisam divulgar informações no processo de comunicação financeira com seus investidores. A contabilidade pode ainda ser vista como a linguagem financeira universal no mundo dos negócios, e a harmonização de suas normas é um processo de extrema necessidade e relevância para as empresas que operam em diversos países e que precisam reportar informações às suas controladoras ou aos seus usuários internacionais. Com isso, a divulgação de informações sobre o desempenho econômico-

---

[1] *Disclosure* pode ser entendido como o processo de evidenciação ou divulgação de informações contábeis sobre o desempenho econômico-financeiro de uma companhia no ato da comunicação com seus usuários.

-financeiro de uma empresa deve ter o respaldo de normas contábeis de alta qualidade que garantam a comparabilidade com outras empresas e a compreensibilidade de seus usuários.

As empresas estrangeiras instaladas em países diferentes do seu país de origem, assim como as empresas nacionais que negociam ações em mercados de capitais estrangeiros, precisam reportar informações sobre a sua situação econômico-financeira para os seus diversos usuários internacionais (controladores e investidores) no processo de comunicação financeira. Nesse sentido, a contabilidade, por meio das demonstrações contábeis e outras formas de evidenciação de informações, torna-se a principal ferramenta de divulgação do desempenho empresarial, viabilizando de forma eficiente a comunicação da empresa com seus diversos usuários de suas informações.

No contexto internacional, a contabilidade, por meio das demonstrações contábeis, pode ser entendida como o processo de reporte de informações realizado pela empresa junto aos seus usuários internacionais que, por sua vez, se encontram localizados em países diferentes do seu país de origem. Percebe-se, portanto, que a contabilidade internacional apresenta uma dimensão muito importante no processo de evidenciação de informações econômico-financeiras: a dimensão dos usuários. A Figura 1.1 demonstra esse aspecto.

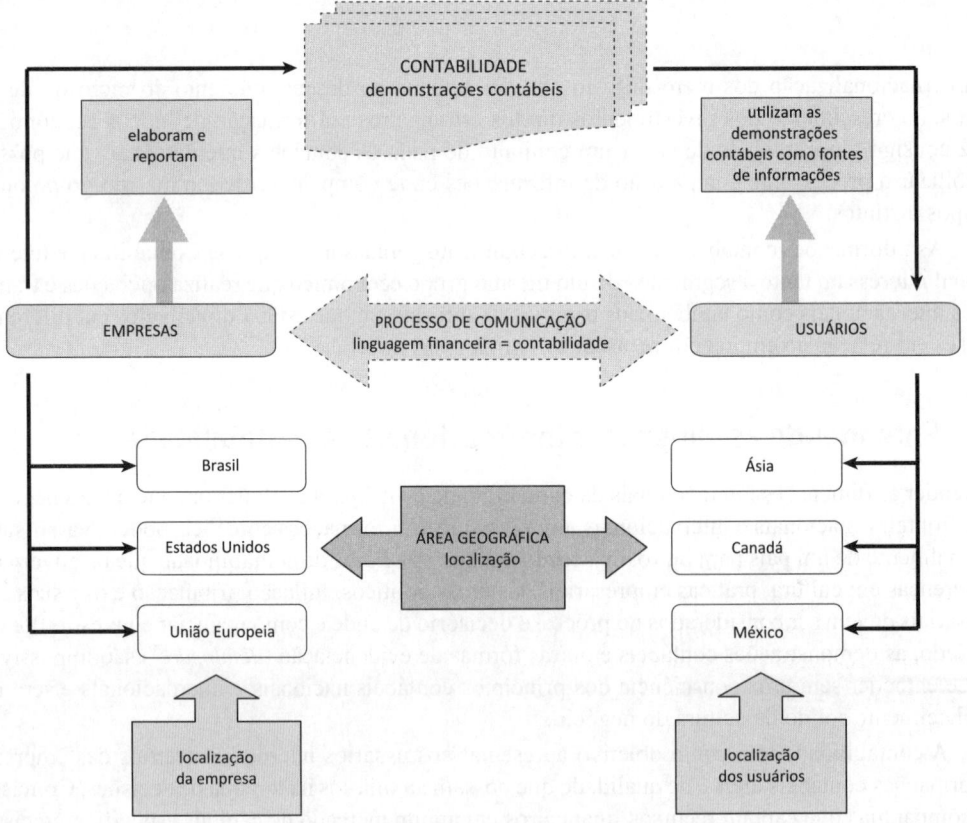

Figura 1.1 As dimensões internacionais da contabilidade.

As informações contábeis podem ser evidenciadas por uma empresa, principalmente, a partir das seguintes formas:

- relatório da administração;
- demonstrações contábeis;
- notas explicativas.

No âmbito do mercado de capitais internacional essas formas de evidenciação de informações são agrupadas em um único relatório, o chamado Relatório Anual, a ser utilizado, principalmente, pelas empresas que negociam ações em bolsas de valores. Sua estrutura pode ser visualizada na figura a seguir.

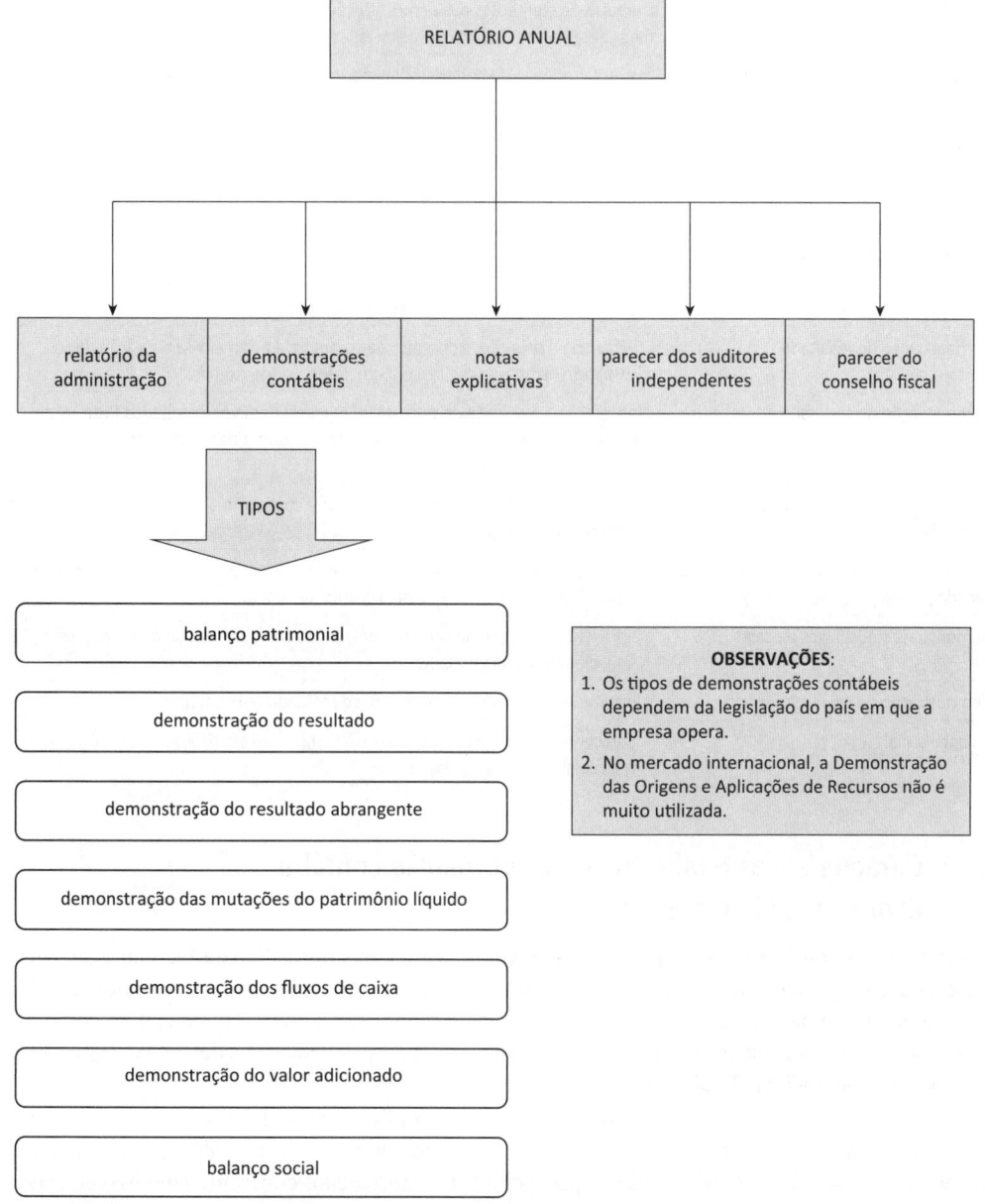

Figura 1.2 Relatório anual para o mercado de capitais.

Como evidenciado na figura anterior, o Relatório Anual é composto por cinco partes e deve ser apresentado pelas companhias abertas que operam em bolsas de valores nacionais ou estrangeiras negociando ações. Os tipos de demonstrações contábeis a serem elaboradas e divulgadas pelas companhias, entretanto, são definidos pela legislação de cada mercado de capitais. Sendo assim, apresentamos logo a seguir as partes que compõem o Relatório Anual com suas respectivas definições.

Quadro 1.1 Relatório anual para companhias abertas

1ª parte	relatório da administração	nessa parte são evidenciadas informações gerenciais sobre o desempenho econômico-financeiro da empresa e atividades corporativas
2ª parte	demonstrações contábeis	são relatórios com finalidades específicas que apresentam a situação patrimonial, econômica e financeira
3ª parte	notas explicativas	são notas de elementos das demonstrações contábeis que visam a apresentar um maior detalhamento sobre os mesmos
4ª parte	parecer dos auditores independentes	expressa a opinião do auditor independente sobre o exame das demonstrações contábeis
5ª parte	parecer do conselho fiscal	expressa a opinião do conselho fiscal sobre os atos sociais e administrativos do conselho de administração

Quadro 1.2 Objetivos das demonstrações contábeis

balanço patrimonial	demonstra a situação patrimonial da empresa
demonstração do resultado	evidencia a situação econômica da companhia por meio da apuração de seu resultado (lucro ou prejuízo) em um determinado exercício
demonstração do resultado abrangente	apresenta o resultado do período, bem como possíveis resultados futuros, decorrentes de transações que ainda não se realizaram financeiramente e que foram ajustadas no patrimônio líquido
demonstração das mutações do patrimônio líquido	apresenta as variações dos elementos que compõem o patrimônio líquido de um período para o outro
demonstração das origens e aplicações de recursos	divulga as origens e aplicações de recursos e as variações no capital circulante líquido (ativo circulante – passivo circulante)
demonstração dos fluxos de caixa	apresenta a geração de caixa das atividades operacionais, de investimentos e financiamentos da entidade
demonstração do valor adicionado	evidencia o valor agregado gerado e distribuído pela empresa
balanço social	demonstra o montante investido pela companhia em ações sociais voltadas aos seus colaboradores e à sociedade

1.1.1 Características qualitativas da informação contábil divulgada pela empresa

As informações contábeis devem possuir alto nível de compreensibilidade para facilitar a sua análise e interpretação por parte dos usuários que a utilizam, a qual está relacionada à sua natureza. A sua utilidade para a tomada de decisões está subordinada à relevância e confiabilidade, bem como à sua comparabilidade e consistência, sem deixar de considerar que seus benefícios devem ser superiores ao custo de sua elaboração e divulgação.

A informação poderá propiciar aos seus usuários condições apropriadas para avaliação de situações passadas, presentes e futuras relativas à entidade, quer elas sejam internas ou externas, de acordo com as seguintes características qualitativas da informação, conforme Hendriksen e Breda (1999, p. 96-103):

- compreensibilidade: a informação deve ser compreensível para ser útil;
- relevância: a informação contábil é completa quando ela tem condições de fazer diferença numa decisão, ajudando os usuários a fazer predições sobre eventos passados, presentes e futuros, ou confirmar ou corrigir expectativas anteriores;
- confiabilidade: quer dizer que a informação contábil é função de fidelidade de representação, verificabilidade e neutralidade;

- comparabilidade: permite aos usuários identificar semelhanças e diferenças entre dois conjuntos de fenômenos econômicos, o que depende da uniformidade e da consistência.

Normalmente, as demonstrações contábeis são divulgadas para que o mercado possa tomar conhecimento da situação econômico-financeira de uma empresa. No mercado, de forma geral, são destacados os acionistas (investidores) e os credores, os quais tomam decisões de investimentos e concessões de créditos.

Nas informações evidenciadas, as quais poderão ser analisadas por investidores e ajudá-los em sua escolha de investimento, existem alguns pontos que podem ser destacados, dentre os quais:

- avaliação da lucratividade e rentabilidade do negócio;
- verificação do tempo de retorno do investimento;
- análise da geração de caixa operacional;
- avaliação da capacidade de pagamento das obrigações assumidas, entre outros.

Nesse sentido, no intuito de demonstrar que as informações contábeis divulgadas ao mercado merecem grande atenção por parte das empresas em termos qualitativos, apresentamos (Figura 1.3) o resultado de uma pesquisa realizada no ano de 2002 pela Consultoria McKinsey com 200 dos maiores investidores institucionais do mundo que, juntos, administram um patrimônio superior a 9 trilhões de dólares. O objetivo dessa pesquisa foi levantar informações sobre os fatores determinantes utilizados pelos investidores na escolha de um novo investimento.

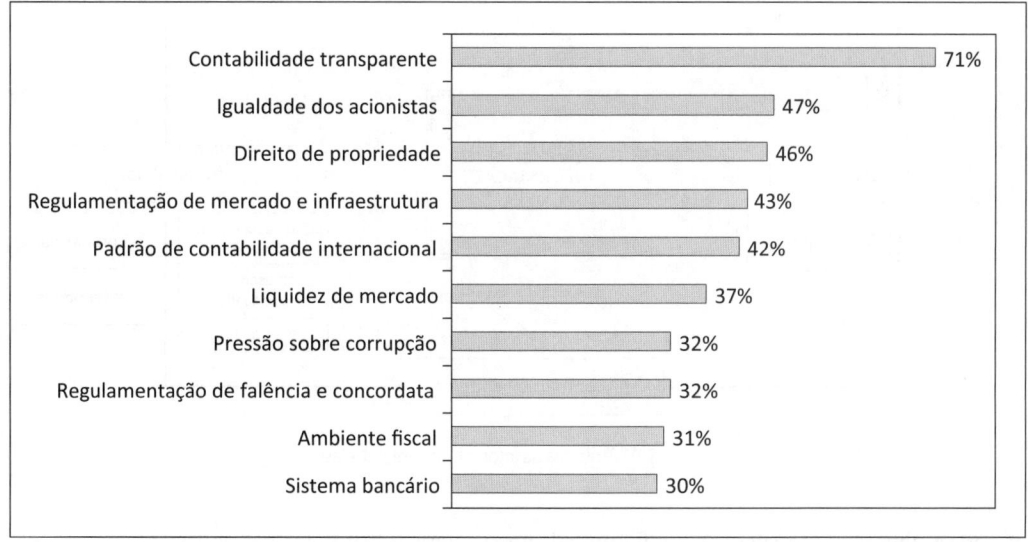

Fonte: A escolha do investidor. Revista *Exame*. 16 out. 2002.

Figura 1.3 Fatores determinantes da decisão de investimentos.

Dos dez fatores apontados pelos investidores consultados como os mais importantes na determinação de um novo investimento, como mostra a Figura 1.3, a "Contabilidade transparente" se coloca como o mais relevante, de acordo com 71% desses investidores. Isso significa que as empresas que atuam em diversos mercados devem divulgar informações contábeis de alta qualidade e que proporcionem um maior nível de transparência e confiabilidade. O "Padrão de contabilidade internacional", por sua vez, apresenta-se como um dos fatores mais importantes na escolha de um novo investimento para cerca de 42% dos investidores.

Sendo assim, verifica-se que os investidores são atraídos para os mercados que conhecem e nos quais confiam. Por essa razão, as empresas que adotam normas contábeis reconhecidas internacionalmente terão significativa vantagem sobre as demais no mercado de capitais, pois o fornecimento de informações de acordo com normas de elevada qualidade, transparência e comparabilidade reduz o risco do investimento e o custo do capital.

As qualidades da informação segundo o International Accounting Standards Board

De acordo com a "Estrutura Conceitual para Elaboração e Apresentação das Demonstrações Contábeis", publicada em 1989 pelo International Accounting Standards Board (Iasb), entidade contábil criada em 1973 com o objetivo de promover a harmonização internacional da contabilidade por meio da elaboração e emissão das normas internacionais de relatórios financeiros e de contabilidade – International Financial Reporting Standards (IFRS) e International Accounting Standards (IAS) –, as características qualitativas da informação representam os atributos que tornam as demonstrações contábeis úteis para os usuários, sendo a sua compreensibilidade, relevância, confiabilidade e comparabilidade os atributos mais importantes.

A Figura 1.4 apresenta uma visão mais ampla dos atributos da informação contábil de acordo com o Iasb.

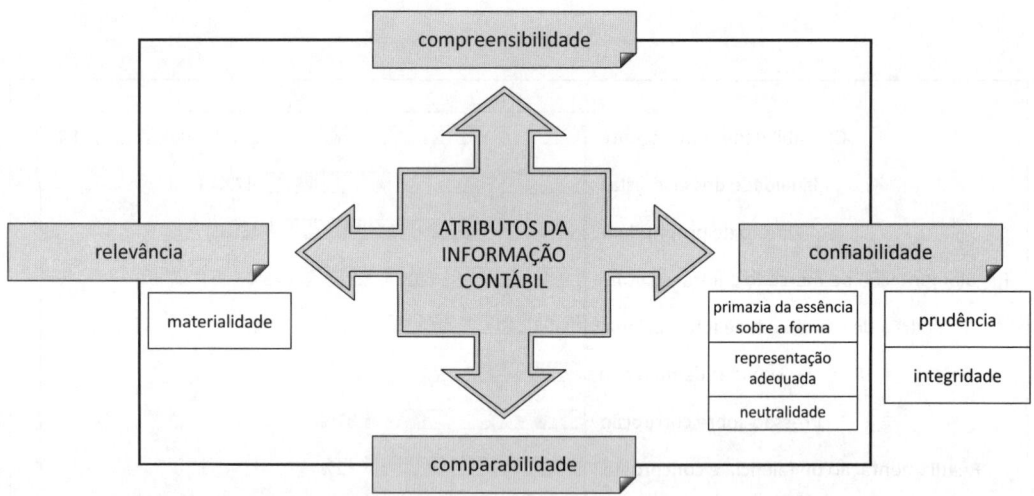

Figura 1.4 Atributos da informação contábil – Iasb.

Os atributos de relevância e confiabilidade apresentam as seguintes restrições:

- tempestividade;
- equilíbrio entre custo e benefício;
- equilíbrio entre as características qualitativas.

Observa-se, portanto, que a economia global sem fronteiras e o desenvolvimento do mercado de capitais no contexto internacional exigem um padrão de normas contábeis de alta qualidade e demonstrações financeiras comparáveis e compreensíveis para uso em todo o mundo. As reduções de custos de capital e de riscos no processo de avaliação de investimentos são elementos importantes para a tomada de decisões dos investidores, resultando de informações úteis e transparentes, de alta qualidade, produzidas de acordo com as normas internacionais de contabilidade emitidas pelo Iasb.

1.1.2 Necessidade de harmonização internacional das normas contábeis

A ideia de economia nacional faz pouco sentido, assim como as ideias de empresas, capitais, produtos e tecnologia nacionais. A globalização trouxe a uniformização contábil em todo o mundo. Os investidores são atraídos para mercados que conhecem e nos quais confiam. Por essa razão, os países que adotam normas contábeis reconhecidas internacionalmente, e por eles entendidas, terão significativa vantagem sobre os demais. O fornecimento de informações de acordo com normas de elevada qualidade, transparência e comparabilidade reduz o risco do investimento e o custo do capital. Se a empresa tiver de preparar suas demonstrações contábeis de acordo com diferentes normas de distintos países para se comunicar com investidores nos vários mercados de capitais em que opera, terá com isso elevados custos e dificuldades no processo de comunicação.

A verdade é que o mercado de capitais dos países que adotam normas contábeis em consonância com as reconhecidas internacionalmente, do nosso ponto de vista, tende a estar em vantagem em relação aos demais, visto que os investidores estrangeiros necessitam de informações confiáveis que resguardem a comparabilidade das informações no processo de tomada de decisões.

Por outro lado, temos a confiabilidade das demonstrações contábeis como fonte indispensável no processo de tomada de decisões, quando o resultado de uma companhia, divulgado de acordo com as normas locais, diverge daquele apurado em conformidade com as normas de outro país.

1.1.2.1 Por que harmonizar as normas e práticas contábeis

O processo internacional de harmonização das normas contábeis é extremamente necessário, pois:

- melhora e aumenta a transparência, a compreensão e a comparabilidade das informações divulgadas aos diferentes mercados financeiros;
- reduz custos de elaboração, divulgação e de auditoria das demonstrações financeiras;
- elimina significativamente as diferenças em resultados gerados pelo reconhecimento contábil das operações a partir de um único conjunto de normas;
- viabiliza os investimentos diretos estrangeiros e o fluxo de capitais internacional;
- facilita e simplifica o processo de consolidação das demonstrações financeiras;
- melhora a comunicação da empresa com seus investidores nacionais e estrangeiros.

Os usuários de informações precisam de normas contábeis globais, e a contabilidade deve fornecê-las o mais rápido possível. Os contadores e outros participantes do mercado de capitais percebem que a globalização dos negócios está entre nós e apoiam, cada vez mais, a criação de normas de contabilidade para utilização mundial, com a finalidade de produzir informações comparáveis. A economia global em pleno crescimento e as pressões do mercado estão conduzindo à exigência de um conjunto de normas transparentes e de relatórios contábeis comparáveis para uso em todo o mundo. Essas pressões do mercado incluem a redução de riscos de investimentos e custos de capital como resultado de informações contábeis transparentes e comparáveis de alta qualidade, de acordo com as normas internacionais.

Posição das corporações no Brasil

Leite (2002, p. 66-7) realizou uma pesquisa no Brasil em 2001 com o objetivo de questionar os gestores contábeis e financeiros de cerca de 40 subsidiárias brasileiras de companhias multinacionais que estão instaladas na Região Metropolitana de Campinas, Estado de São Paulo, sobre o processo de harmonização das normas contábeis no mundo. Os resultados, portanto, foram os seguintes:

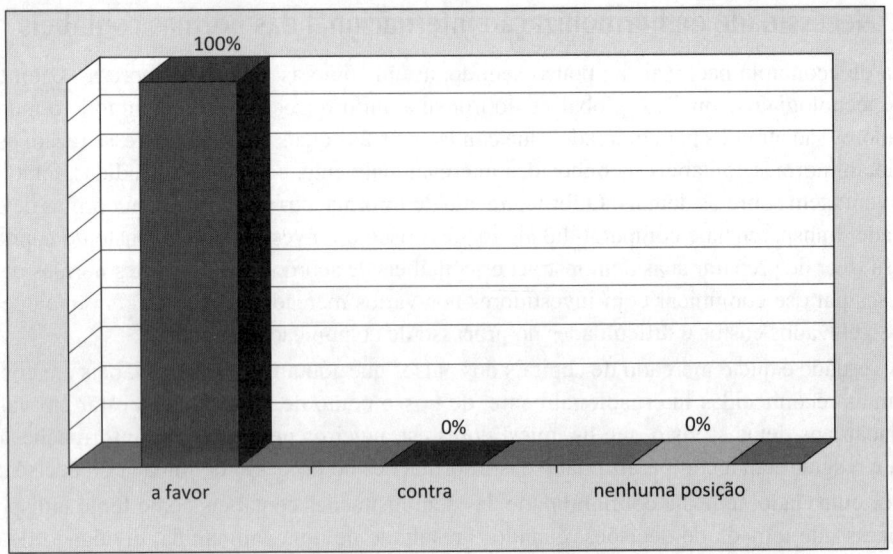

Figura 1.5 Posição sobre o processo de harmonização internacional das normas contábeis.

Por unanimidade, verifica-se que 100% das empresas pesquisadas são favoráveis ao processo de harmonização das normas contábeis no mundo. Diversas foram as justificativas; no entanto, as mais relevantes foram as seguintes:

a) melhor comparabilidade e confiabilidade das informações contábeis e financeiras geradas;
b) melhor compreensão universal das informações geradas;
c) maior facilidade na obtenção de recursos por meio de financiamentos ou abertura de capital no exterior e facilidade, também, na alocação de investimentos externos;
d) facilidade na comunicação interna entre empresas de um mesmo grupo econômico que atuem em áreas geográficas distintas.

A pesquisa foi realizada por meio da aplicação de um questionário e as empresas de diversos segmentos econômicos foram selecionadas a partir de sua atuação no mercado nacional e internacional. Os respondentes, entretanto, foram os executivos contábeis e financeiros e os auditores independentes dessas empresas.

Cases

Um caso interessante que deve servir de exemplo para todo mundo foi o da companhia *Daimler-Benz*, da Alemanha, no balanço do primeiro semestre de 1993, quando apresentou um lucro de 168 milhões de marcos alemães, pelos padrões contábeis da Alemanha, e, segundo os padrões norte-americanos, evidenciou uma perda líquida de 949 milhões de marcos alemães, segundo a Federação Europeia de Contadores – FEE.

Casos de companhias brasileiras com ações negociadas na Bolsa de Valores de Nova York, obrigadas a seguir os padrões contábeis norte-americanos, mostraram grandes diferenças nos resultados apresentados pelos padrões contábeis brasileiros, como mostra a Tabela 1.1.

Tabela 1.1 Diferenças entre resultados – resultado líquido de 1999, em milhões de reais (R$)

Companhia	Resultado pelos padrões contábeis do Brasil	Resultado pelos padrões contábeis dos Estados Unidos
Copel	289,00	–283,00
Gerdau	352,75	353,67
Telemar	-286,11	–1.087,30
TIM Nordeste	13,17	–16,94

Fonte: *Gazeta Mercantil*. 10 jul. 2000.

A explicação para a apresentação de resultados diferentes está no fato de os padrões contábeis aplicados nos Estados Unidos serem diferentes dos padrões do Brasil quando da elaboração das demonstrações contábeis. As diferenças são tão grandes que a Pricewaterhouse Coopers, uma das maiores empresas de auditoria do mundo, recomenda aos seus clientes no Brasil que façam um trabalho de explicação aos investidores.

1.1.2.2 O papel do International Accounting Standards Board (Iasb)

O Iasb é uma entidade constituída em 29 de junho de 1973 para elaborar e emitir normas internacionais de contabilidade para uso em todo o mundo, objetivando harmonizar a contabilidade no contexto internacional. Participaram de sua constituição organismos profissionais de contabilidade da Austrália, Canadá, França, Alemanha, Japão, México, Holanda, Reino Unido, Irlanda e Estados Unidos.

Seu principal objetivo é:

- promover a convergência entre as normas contábeis locais e as normas internacionais de contabilidade para soluções de alta qualidade e transparência.

1.1.2.3 Interesse público

O público está exigindo normas globais e a contabilidade deve fornecê-las o mais rápido possível. A profissão contábil e outros participantes de mercado de capitais veem que a globalização de negócios está entre nós e apoiam, cada vez mais, a criação de normas contábeis para serem utilizadas mundialmente a fim de produzir informações comparáveis. Também a economia global em pleno crescimento e as pressões do mercado conduzem a isso. Essas pressões do mercado incluem a redução de riscos de investimentos e menores custos de capital como resultado de informações contábeis transparentes e comparáveis, de alta qualidade, de acordo com as normas internacionais.

Segundo a Comissão Especial do Instituto Americano sobre Relatórios *apud* Choi, Frost e Meek (1999), os usuários da informação contábil necessitam de:

a) relatórios departamentais e sabem que as informações normais não fornecem dados adequados para previsão de lucros e fluxo de caixa futuros, além de desejarem que essas informações sejam trimestrais;

b) informações sobre a porção dos lucros da companhia que é estável e fornecem uma base para estimativa de lucros sustentáveis;

c) informações divulgadas pela companhia sobre estimativas e previsões utilizadas para determinar ativos e passivos significativos;

d) transparência, clareza e objetividade das informações divulgadas, com o intuito de melhor entender a relação entre os eventos e atividades da companhia e como esses eventos e atividades são relatados nas demonstrações contábeis.

Percebemos que as informações contábeis globais são almejadas pelo público em geral, principalmente pelos investidores, para que a contabilidade possa ser vista e entendida como uma linguagem universal no mundo dos negócios empresariais. Essa situação é necessária para que se possa evitar casos como o da empresa B. Glaxo Wellcome, do Reino Unido.

A B. Glaxo Wellcome é uma companhia do Reino Unido que procedeu a uma reconciliação do lucro atribuível aos acionistas apurado pelos Princípios Contábeis do Reino Unido aos Princípios Contábeis dos Estados Unidos, tomando como base alguns ajustes realizados de acordo com as normas norte-americanas, que diferem das normas britânicas. As informações constantes na Tabela 1.2 mostram a diferença de lucro apurado pela utilização de práticas contábeis diferentes.

Tabela 1.2 Lucro atribuível aos acionistas por normas do Reino Unido e dos Estados Unidos

Em milhões de libras (£m)	31/12/1996
Lucro líquido atribuível aos acionistas pelos princípios do Reino Unido	1.997
Ajustes para os princípios dos Estados Unidos:	
a) Amortização de goodwill	(534)
b) Amortização de ativos intangíveis	(494)
c) Ações compradas	(21)
d) Outros	31
Lucro líquido pelos princípios dos Estados Unidos	979

Fonte: Choi; Frost; Meek, 1999, p. 86.

As possíveis diferenças encontradas quando do ajuste do lucro líquido entre as práticas contábeis do Reino Unido e dos Estados Unidos, no ano de 1996, foram as seguintes, de acordo com Choi, Frost e Meek (1999, p. 87-8):

a) *goodwill:* no Reino Unido, o *goodwill* surge no processo de consolidação fixada contra fundos de acionistas (Patrimônio Líquido). Nos Estados Unidos é capitalizado o *goodwill* que surge da consolidação e amortizado sobre sua vida útil esperada, com contrapartida no resultado;
b) ativos intangíveis: são depreciados ativos fixos intangíveis reconhecidos pelos padrões dos Estados Unidos, por exigências da contabilidade pelo método de compra sobre a renda e a vida útil calculada por meio de projeções;
c) ações compradas: o grupo adotou o SFAS 123 para propósitos dos Estados Unidos, com efeito a partir de 1º de janeiro de 1996. O impacto no resultado, em 1996, não é material;
d) outros: também há diferenças entre o Reino Unido e Estados Unidos em relação a pensões, opções de parte, outras dívidas e investimentos de patrimônio líquido e interesse capitalizado. Nenhuma dessas diferenças é considerada individualmente, sendo elas mostradas como um total combinado.

Simulação de caso

Considerando que as normas contábeis brasileiras (Lei 11.638/07) orientam a contabilização de gastos com desenvolvimento como ativo intangível (quando atender aos preceitos do Pronunciamento Técnico CPC 04 – Ativo Intangível) e partindo do princípio de que as normas norte-americanas contabilizam inicialmente como despesa, os valores correspondentes ao ativo intangível no balanço a seguir correspondem a gastos com desenvolvimento de novas tecnologias e o lucro operacional líquido antes do Imposto de Renda foi de R$ 30.000, apresentado na demonstração de resultado em BR Gaap.

Tabela 1.3 Balanço patrimonial em BR Gaap da empresa João Pessoa do Brasil Ltda.

\multicolumn{4}{c}{JOÃO PESSOA DO BRASIL LTDA. BALANÇO PATRIMONIAL EM BR Gaap – Valores em milhares de R$}			
ativo	31/12/2008	passivo e p. líquido	31/12/2008
circulante	650.000	circulante	280.000
não circulante	180.000	não circulante	150.000
realizável a longo prazo	40.000	financiamentos	150.000
investimentos	50.000	patrimônio líquido	400.000
imobilizado	80.000	capital social	340.000
intangível	10.000	reserva de lucros	60.000
TOTAL	830.000	TOTAL	830.000

> **OBSERVAÇÃO**
> O total do ativo intangível corresponde a gastos com desenvolvimento.

Tabela 1.4 Demonstração de resultado em BR Gaap da empresa João Pessoa do Brasil Ltda.

JOÃO PESSOA DO BRASIL LTDA. DEMONSTRAÇÃO DOS RESULTADOS EM BR Gaap – Valores em milhares de R$	
ITENS DE RESULTADO	31/12/08
receita líquida de vendas	800.000
custo dos produtos vendidos	(650.000)
lucro bruto	150.000
despesas operacionais	(120.000)
lucro operacional líquido	30.000
imposto de renda	(6.000)
lucro líquido do exercício	24.000

Sendo assim, reconciliando o resultado antes da tributação temos o seguinte:

Tabela 1.5 Reconciliando o resultado para as normas contábeis dos Estados Unidos (US Gaap) da empresa João Pessoa do Brasil Ltda.

RECONCILIANDO O RESULTADO PARA AS NORMAS CONTÁBEIS DOS ESTADOS UNIDOS (US Gaap)	
JOÃO PESSOA DO BRASIL LTDA. – Valores em milhares de R$	
AJUSTE NO LUCRO OPERACIONAL	31/12/08
lucro operacional líquido (antes do IR) em BR Gaap	30.000
(–) gastos com desenvolvimento	(10.000)
lucro operacional líquido (antes do IR) em US Gaap	20.000
variação percentual (queda no lucro)	–33,33%

O lucro operacional líquido antes do Imposto de Renda em BR Gaap foi de R$ 30.000 e o mesmo resultado, quando reconciliado para US Gaap, considerando apenas o ajuste dos gastos com desenvolvimento como despesa, foi para R$ 20.000, uma diferença de 33,33%.

Resumo do processo de harmonização

O processo de harmonização da contabilidade no mundo pode ser assim resumido:

Tabela 1.6 Resumo do processo de harmonização da contabilidade

RESUMO DO PROCESSO – EVENTOS IMPORTANTES	
ANO	EVENTOS
1973	criação do Iasc
2000	Fasb critica as IAS e a estrutura do até então Iasc
2001	reestruturação do Iasc e surgimento da Iasb
2002	escândalos contábeis nos Estados Unidos
2003	Fasb passa a discutir com a Iasb a convergência com as IFRS
2005	estima-se que mais de 90 países passam a adotar as IFRS, incluindo a União Europeia
2010	prazo de convergência acordado para Fasb e Iasb (eliminação de diferenças)
2011	Brasil = instituições financeiras e companhias abertas passarão a divulgar demonstrações contábeis em IFRS

1.2 Mercado financeiro e contabilidade

O mercado financeiro (do dinheiro) onde se obtém e transaciona moedas e créditos, que representa o mercado de financiamento das empresas, é classificado em:

- mercado monetário;
- mercado de crédito;
- mercado de capitais;
- mercado de câmbio.

As diferenças básicas entre eles são as seguintes:

- o mercado monetário tem características de movimentação de curto prazo, com o objetivo de controle da liquidez monetária da economia e suprimentos momentâneos de caixa;
- o mercado de crédito caracteriza-se por movimentações de curto e médio prazo, com intermediações bancárias e não bancárias, com o objetivo primordial de financiamento de consumo e capital de giro das empresas;
- o mercado de capitais pode ser considerado o mais importante para as empresas, essencialmente não bancário, com a finalidade de movimentar capitais para o financiamento de médio, longo prazo e prazo indeterminado, objetivando financiar os investimentos empresariais e governamentais. Assim, é o mercado que é idealizado para suprir os investimentos em capital fixo e de giro para os projetos de investimentos. Os objetivos são de lucro para os emprestadores ou participação nos empreendimentos;
- o mercado de câmbio, como o próprio nome já sugere, é o mercado para conversão de valores em moedas estrangeiras e nacional, e é necessário para operacionalizar as transações internacionais.

1.2.1 Fontes de financiamento das empresas

Os mercados monetários, de crédito e de capitais, são as fontes de financiamento. Elas são classificadas em fontes de recursos próprios ou de terceiros, caso sejam, respectivamente, de crédito ou não dos sócios ou acionistas.

As fontes de *recursos próprios* são:

- integralização de capital social;
- reinversão de lucros.

As principais fontes de *recursos de terceiros* são:

- financiamentos bancários;
- emissão de títulos de dívidas;
- debêntures;
- *project finance*;
- *leasing*.

1.2.1.1 Fontes de recursos próprios das empresas

A *integralização de capital social* é a principal fonte de recursos próprios e, por que não dizer, a fonte primária de recursos das atividades empresariais, uma vez que o início de um empreendimento normalmente se dá pela pessoa física ou pessoas físicas interessadas num negócio. Se a empresa for limitada, o dinheiro injetado na empresa a título de capital social é registrado sob o nome de cotas. Se a empresa for uma sociedade anônima, seja de capital aberto, seja de capital fechado, é registrado sob o nome de ações.

O primeiro lançamento de ações no mercado de bolsa de valores (a primeira emissão de ações, quando a empresa torna-se de capital aberto) é comumente denominado *Initial Public Offering* (IPO), que significa lançamento inicial ao público (de ações).

A diferença entre sociedade anônima de capital fechado e de capital aberto está no mercado em que as ações são transacionadas. As empresas de capital aberto têm registro nas bolsas de valores e as transações com suas ações são feitas num mercado aberto e organizado, com cotações a todo instante e garantias que um mercado organizado, monitorado pela CVM (Comissão de Valores Mobiliários), pode proporcionar. As ações das sociedades anônimas de capital fechado não têm um mercado organizado e são transacionadas no mercado de balcão, onde não há possibilidade usual de oferta ao público. Assim, as negociações com as ações de sociedades de capital fechado têm um grau bem maior de dificuldade, pois não há demandantes ou ofertantes conhecidos num mercado aberto.

Mercado de ações primário e secundário

As bolsas de valores responsabilizam-se pelos dois mercados. O mercado primário existe quando a empresa sociedade anônima de capital aberto faz um lançamento original (novo) de ações, onde o dinheiro arrecadado pela venda das ações junto aos atuais ou novos acionistas entra para o caixa da empresa.

O mercado secundário é o mercado das bolsas de valores, que objetiva dar liquidez aos papéis lançados no mercado primário, onde qualquer acionista pode vender e comprar, a qualquer instante, ações de empresas listadas nas bolsas de valores. É onde acontece a maior parte das transações com ações, com a propriedade delas passando das mãos de uns para outros. O mercado secundário não fornece capital para a empresa que emite ações, pois ele transaciona ações que já foram objeto de um lançamento primário.

Ações ordinárias e preferenciais

São as duas grandes classes de ações, que podem ser divididas, eventualmente, em subclasses. No Brasil, as diferenças principais entre essas duas classes de ações são as seguintes:

a) as *ações ordinárias* ou *comuns* dão direito de voto ao portador nas decisões da assembleia geral de acionistas, o órgão administrativo máximo das sociedades anônimas, na proporção de um voto por ação. Assim, se um acionista ou grupo de acionistas tiver mais que 50% das ações e exercer o voto em conjunto, eles sempre terão o controle da empresa;

b) as *ações preferenciais* não têm direto de voto nas decisões da companhia, mas têm 10% a mais de direito de dividendos que os acionistas ordinários, bem como preferência nos ativos em caso de liquidação da companhia.

No Brasil os acionistas preferenciais e ordinários são considerados donos da empresa na proporção da quantidade de ações que possuírem. Nos Estados Unidos as ações preferenciais geralmente têm direito a um dividendo fixo periódico, independentemente de a empresa obter ou não lucro, cabendo aos acionistas ordinários o lucro remanescente. Desta maneira, nos livros de finanças norte-americanos as ações preferenciais são tratadas como capital de terceiros, o que não é o caso do Brasil.

Ações nominativas, ao portador e escriturais

Ações nominativas são aquelas registradas com o nome dos proprietários. Ações ao portador são aquelas em que não há registro do proprietário, e os exercícios a que tem direito são usufruídos pelo portador na ocasião em que podem ser exercidos.

Hoje no Brasil as ações são todas nominativas, porque são escriturais, ou seja, a entidade custodiante e controladora das ações junto às bolsas de valores tem de ter o nome do atual proprietário nos seus registros, atualmente eletrônicos.

Valor das ações em bolsa

O valor de cotação das ações nas bolsas de valores não tem relação direta com o valor patrimonial obtido nas demonstrações financeiras. O valor é dado, basicamente, pela expectativa de rendimentos futuros que cada ação tem, seja em termos de dividendos, seja em termos de valorização ou não do valor de cada ação, ou a soma dos dois.

O modelo mais utilizado pelo mercado de investidores para o apreçamento das ações (o preço de cotação) é o método do fluxo de caixa descontado, obtido por meio de projeções das demonstrações financeiras que cada investidor faz para sua análise e avaliação.

A diferença entre o valor das ações no mercado e o valor patrimonial contábil pode indicar, entre outros:

a) no caso de o valor patrimonial contábil ser superior:
- superavaliação dos ativos, com os valores registrados nos livros contábeis muito superiores aos valores atuais de mercado;
- baixa geração de lucros em relação aos ativos existentes;
- falta de uma política adequada de distribuição de dividendos.

b) no caso de o valor de mercado ser superior:
- subavaliação dos ativos, com os valores registrados nos livros contábeis muito inferiores aos valores atuais de mercado;
- alta geração de lucros em relação aos ativos existentes;
- grande potencial de geração de lucros e fluxos futuros de caixa;
- política adequada de distribuição de dividendos;
- potencial de valorização da ação em função dos itens anteriores.

Reinversão de lucros

A parcela de lucros obtidos em cada período que não é distribuída significa automaticamente a reinversão de lucros. Essa decisão deve ser tomada em relação à política de dividendos. A reinversão de lucros só se justifica se os projetos de investimentos existentes na própria empresa apresentarem rentabilidade superior ao custo de oportunidade de capital do acionista.

No Brasil, a CVM exige que as empresas sociedades anônimas comprovem, via orçamento de capital aprovado pela assembleia dos acionistas, que os lucros reinvestidos sejam aplicados em projetos de investimento existentes ou a existir na empresa.

1.2.1.2 Fontes de recursos de terceiros das empresas

São consideradas fontes de recursos de terceiros as obrigações emitidas pela empresa ou os empréstimos e financiamentos contraídos que tenham remuneração financeira, com juros ou prêmios. As dívidas da empresa ou obrigações que não têm ônus financeiro explícito, como fornecedores, contas a pagar e impostos a recolher, não são consideradas tecnicamente como fontes de recursos, uma vez que o fundamento de sua existência é apenas um prazo normal para efetivar a operação de pagamento do bem ou serviço adquirido a prazo.

Emissão de títulos de dívida

No mercado internacional, principalmente nas grandes corporações, a principal fonte de recursos de terceiros é a captação de recursos pela emissão de títulos de dívida, comumente chamados de bônus. A empresa emite esses títulos e os oferece no mercado aos investidores interessados numa remuneração fixa. São títulos bastante atrativos porque podem ter um risco menor do que o investimento em ações, onde a renda é variável e dependente dos lucros obtidos.

Os principais tipos são:

a) American Depositary Receipts (ADRs), que são notas comerciais ou promissórias (*commercial papers*), emitidas por empresas estrangeiras nos EUA e vendidas e transacionadas em bolsas de valores;
b) Bônus internacionais (bônus estrangeiros e eurobônus), que são títulos vendidos fora do país do tomador e distribuídos frequentemente em vários países. São chamados bônus estrangeiros aqueles emitidos por empresa multinacional na moeda do país onde a filial está localizada e vendidos no mesmo país. São chamados eurobônus quando são emitidos por empresa multinacional e vendidos em vários países.

Debêntures

Títulos de dívida emitidos pelas empresas tipicamente no território nacional. As empresas as utilizam para captar recursos, pagando juros e prêmios que são estipulados em uma escritura registrada, onde são resguardados todos os direitos e condições. Os investidores podem ser empresas jurídicas, bancos e mesmo pessoas físicas. Em linhas gerais, não deixa de ser um financiamento ou empréstimo, tomado junto ao público, que não se caracteriza, então, como financiamento bancário.

Há dois tipos básicos de debêntures:

a) debêntures conversíveis em ações;
b) debêntures não conversíveis em ações.

As debêntures conversíveis em ações dão ao adquirente do título o direito, de renunciar ao recebimento do valor no vencimento, e com o valor das debêntures transformá-las em ações ordinárias ou preferenciais, de acordo com o estipulado na escritura em termos de valor e quantidades equivalentes. Nesse caso, a empresa se compromete a uma nova emissão de ações para fundamentar a incorporação das debêntures como capital social.

As debêntures não conversíveis não permitem a transformação em ações e no vencimento a empresa tem de honrar o pagamento da obrigação.

Financiamentos e empréstimos bancários

É o recurso de terceiros mais conhecido. A empresa obtém, junto a uma instituição financeira, recursos para serem pagos dentro de prazos, períodos e taxas de remuneração acordados, com o objetivo de financiar seus investimentos no ativo.

As melhores taxas de financiamento são oferecidas normalmente pelos bancos de desenvolvimento ligados a órgãos governamentais ou de fomento mundial (Banco Mundial, BNDES etc.). No Brasil, o BNDES tem o papel mais importante no financiamento de empresas nacionais, por meio de diversas linhas específicas (Finame, Modermaq, Moderfrota, Modercarga, Tecnologia, Projetos de Investimentos etc.).

As principais linhas de financiamento do BNDES são operacionalizadas pelos bancos comerciais, denominados agentes, que cobram uma taxa adicional por essa intermediação (o *spread*).

Project Finance

É uma modalidade de consórcio de financiamento onde diversos interessados se unem para financiar um determinado projeto de investimento, seja ele único ou parte de uma empresa. É indicado apenas para grandes montantes, pois o custo de operacionalização e administração é significativo. Uma característica fundamental do *project finance* é que os financiadores podem participar, além dos juros, também dos lucros ou receitas do projeto financiado.

Tem sido utilizado para investimentos de base, como usinas, rodovias, ferrovias, pontes de grande percurso, plataformas específicas de petróleo etc. No caso de o *project finance* contemplar apenas parte de uma empresa, este projeto deverá ter uma contabilidade separada das demais atividades, segmentos ou outros projetos dessa empresa.

Leasing

O *leasing* ou arrendamento mercantil, que significa pagar uma prestação para o aluguel de um bem, é uma fonte de recursos de terceiros que tem a característica de ligar a fonte de recurso a uma aplicação de recurso, ou seja, é o único caso em que, ao financiar, já se sabe o que será investido. É uma modalidade interessante pela sua flexibilidade e rapidez de sua obtenção, basicamente porque há uma garantia real da operação, que é o próprio bem arrendado.

Os principais tipos de *leasing* são:

- *leasing* operacional, que caracteriza de fato a operação de aluguel, onde, após o uso, o bem é devolvido à empresa que o arrendou;
- *leasing* financeiro: quando a operação é feita partindo da premissa de que, ao final do pagamento das prestações, o bem ficará de posse do arrendador, pagando um valor residual. Este é o caso que se caracteriza realmente como uma fonte de recursos de terceiros;
- *lease-back*, quando o agente financeiro compra um bem de uma empresa e o arrenda em retorno imediato para a mesma empresa. É uma forma de financiamento utilizando bens da empresa ainda não onerados em qualquer outro contrato.

1.2.1.3 Classificação dos títulos de dívida (*rating*)

Os títulos de dívida e as debêntures (genericamente denominados bônus) lançadas no mercado internacional sofrem um processo de avaliação de risco por empresas de classificação de títulos de dívida. Uma classificação de bônus é uma avaliação do risco de inadimplência desse bônus, feita por uma agência privada independente. Essa classificação orienta os mercados e é importante para a corporação multinacional, já que traduz uma avaliação do desempenho futuro. Empresas com títulos emitidos avaliadas com muito risco têm mais dificuldades de acesso a fontes de financiamento no mercado internacional.

As principais agências classificadoras de títulos comercializados publicamente são norte-americanas:

- Standard and Poor's (S&P);
- Moody's Investors Service (Moody's);
- Fitch Investors Service (Fitch);
- Duff & Phelps'Credit Rating Company (Duff & Phelps).

Processo de classificação

As agências baseiam suas decisões tomando como referência dados públicos disponíveis sobre a emissão, a empresa, a indústria e a economia do país. Fazem visitas às empresas e projeções de resultado e fluxo de caixa e emitem diariamente a classificação de cada título emitido pela empresa. A seguir apresentamos um resumo da tabela de classificações das principais agências.[2]

Tabela 1.7 Classificação das principais agências

Investimento				
AAA	Aaa	AAA	AAA	A capacidade de pagar juros e repagar o principal é muito forte.
AA	Aa	AA	AA	Forte capacidade de pagar, diferindo apenas em pequeno grau da AAA.
A	A	A	A	Forte capacidade de pagar, mas mais suscetível aos efeitos de mudanças na economia.
BBB	Baa	BBB	BBB	Capacidade adequada de pagar juros e repagar o principal. Mudanças na economia podem levar ao enfraquecimento da capacidade de pagamento.
Especulativo				
BB	Ba	BB	BB	Enfrenta importantes incertezas ou exposição a condições comerciais, financeiras ou econômicas que podem tornar inadequada a capacidade de pagamento.
B	B	B	B	Maior vulnerabilidade a inadimplemento, mas presentemente tem capacidade adequada de pagamento de juros e do principal.
CCC	Caa	CCC	CCC	Tem atualmente vulnerabilidade identificável a inadimplência.
CC		CC		Altamente vulnerável a não pagamento.
C	Ca	C		Foi registrado um pedido de falência, mas os pagamentos continuam sendo feitos.
D	C	DDD/DD/D	DD	A emissão está em inadimplência ou foi registrado um pedido de falência.

As agências consideram bons os títulos classificados até BBB, que são caracterizados como investimento financeiro. A partir das classificações BB, os títulos passam a ser considerados especulativos, já que contemplam incertezas identificadas na capacidade de pagamento dos juros e do principal.

Risco-país

Os títulos de dívidas emitidos pelo governo de um país também sofrem um processo de classificação e ranqueamento (*rating*). Essa classificação é mensurada em pontos de taxas de juros. Considera-se

---

[2] Adaptado de *Dominando Finanças* (*Financial Times*, 2001).

que tem maior risco quanto maior a quantidade de pontos mensurada pela agência classificadora. Este índice mostra a confiança do investidor estrangeiro no país. Quanto menor o risco-país, menor a remuneração dada aos detentores dos títulos, ou seja, menor o custo para o governo captar recursos do exterior.

Índice de Títulos de Mercados Emergentes (Emerging Markets Bond Index – Embi) é elaborado pelo banco norte-americano JP Morgan. O risco-país, em pontos, é a diferença de remuneração entre os títulos dos países emergentes e os títulos do tesouro norte-americano de prazo semelhante, considerados os mais seguros do mundo. O risco-país representa a sobretaxa que se paga em relação à rentabilidade garantida pelos bônus do tesouro dos EUA.

O quadro a seguir apresenta a avaliação ao final de 2005. No caso brasileiro, é uma das mais baixas avaliações dos últimos anos. O recorde anterior havia sido em 22/10/1997, quando chegou a 337 pontos. Em janeiro de 2003, por exemplo, o risco-país do Brasil estava em 1.439 pontos, considerado altíssimo, e foi baixando gradativamente até chegar aos 329 em dezembro de 2005, pela constatação da estabilidade dos fundamentos econômicos e políticos do país.

Tabela 1.8 Risco-país em número de pontos

Risco-país em número de pontos	
Dados de 1/12/2005	
Equador	642
Argentina	486
Brasil	*329*
Venezuela	323
México	116
Rússia	111
África do Sul	79

Cada cem pontos no índice equivalem a um ponto percentual. Assim, um risco avaliado em 329 pontos significa 3,29%. Um risco de 1.439 pontos significa 14,39%. Esse percentual é adicionado à taxa de juros básica dos títulos do tesouro americano.

Tabela 1.9 Risco-país e taxa de juros exigida

Risco-país e taxa de juros exigida			
Taxa de juros – Títulos do tesouro dos EUA	Risco-país	Taxa de juros adicional exigida do país	Taxa de juros total exigida
2,00%	1.439	14,39%	16,39%
4,25%	1.439	14,39%	18,64%
2,00%	329	3,29%	5,29%
4,25%	329	3,29%	7,54%

No caso do Brasil, se em 2003 os títulos do tesouro norte-americano pagassem 4,25%, investidores estrangeiros estariam dispostos a investir em títulos do governo brasileiro apenas se este pagasse 18,64% ao ano, o que, na prática, inviabilizaria uma emissão por parte do nosso governo.

Risco-país e títulos privados de dívidas

Não necessariamente o risco-país contamina a avaliação de risco feita pelas agências de *rating* dos títulos emitidos pelas organizações multinacionais. O risco-país é um risco do governo do país e o risco de cada empresa é específico dela.

Contudo, uma associação pode ser feita. Se, por exemplo, um país em dificuldades financeiras muda a condução de seu sistema de pagamentos em moeda estrangeira, bloqueando parcialmente a remessa de divisas, muitas empresas não conseguirão honrar o pagamento dos juros e do principal que estiverem vencendo nessas ocasiões. Aí, para o investidor estrangeiro em títulos privados, o risco é realizado.

Além disso, em caso de alto risco-país, provavelmente as empresas privadas desse país terão dificuldades de captar recursos no exterior em condições adequadas, já que os investidores, fazendo essa associação, exigirão remuneração elevada da empresa que necessita lançar títulos internacionalmente.

1.2.2 Globalização e mercado de capitais

O processo de globalização alterou praticamente todos os aspectos da sociedade mundial, redefinindo completamente o conceito de propriedade e riqueza, erguendo novos países e derrubando antigas potências.

A integração dos países membros dos blocos econômicos hoje existentes no mundo, a exemplo do Mercado Comum do Sul (Mercosul) e União Europeia (UE), pode ser vista e entendida do ponto de vista econômico, limitada à ação das empresas e dos mercados nos quais atuam e ao bem transmitir aos usuários nacionais e internacionais a informação contábil.

Com o processo de globalização dos mercados, o crescimento do mercado de capitais dá-se de forma acelerada, o que influencia a internacionalização da contabilidade por meio da necessidade de os investidores internacionais, os analistas de patrimônio líquido, os banqueiros e outros usuários das informações contábeis entenderem e analisarem melhor as demonstrações contábeis de companhias espalhadas pelo mundo. Essa necessidade também é explicada pelo aumento significativo, nos últimos anos, das fusões e aquisições de empresas no mundo.

O ambiente internacional em seus diversos aspectos vem se modificando e tornando-se mais competitivo e exigente. As empresas, em resposta às novas exigências ambientais, estão passando por mudanças profundas, que têm causado impacto nas economias nacionais e nas empresas em geral. Nesse intenso movimento de mudanças, o processo de gestão empresarial passa por novos desafios e os gestores passam a trabalhar com novos modelos de decisão, tomando a contabilidade como uma das principais ferramentas de gestão empresarial.

O mercado de capitais está se tornando mais internacional a cada dia que passa, o que se nota pelo crescente aumento do número de companhias domésticas listadas em bolsas de valores. Nos Estados Unidos e Japão, por exemplo, o número de companhias listadas em bolsas de valores passou de 7.671 e 2.263, em 1995, para 8.450 e 2.416, em 1998, respectivamente. Já a França passou de 450 companhias listadas em bolsas em 1995 para 711, em 1998, de acordo com a Assessoria Econômica da CVM (2001). Nesse mesmo período, a Alemanha passou de 678 para 741 companhias com ações negociadas em bolsas de valores.

A Tabela 1.1 demonstra o número de companhias domésticas e estrangeiras listadas em algumas bolsas de valores selecionadas, considerando os anos de 2005 e 2006.

Tabela 1.10 O mercado de capitais internacional

Bolsa de valores	Número de companhias listadas					
	2006			2005		
	Total	companhias domésticas	companhias estrangeiras	Total	companhias domésticas	companhias estrangeiras
London SE	3.256	2.913	343	3.091	2.757	334
Deutsche Borse	760	656	104	764	648	116
Hong Kong Exchange	1.173	1.165	8	1.135	1.126	9
Tokyo SE	2.416	2.391	25	2.351	2.323	28
Nasdaq	3.133	2.812	321	3.164	2.832	332
NYSE	2.280	1.829	451	2.270	1.818	452
São Paulo SE (Bovespa)	350	347	3	343	342	1

Fonte: World Federation of Exchanges. *Annual Report and Statistics 2006*. www.world-exchanges.org.

1.3 Corporações multinacionais, transnacionais e contabilidade

As ligações econômicas e jurídicas existentes para formar um grupo empresarial multinacional[3] podem ser várias:

a) *subsidiária integral*: este vínculo empresarial caracteriza-se quando a empresa controladora detém 100% do capital social da afiliada. A subsidiária sempre será uma controlada integral;

b) *controlada*: caracteriza-se como controlada quando a empresa-mãe detém mais de 50% do seu capital social. A controlada pode ser, então, tanto uma subsidiária integral quanto uma empresa em que o controle do capital pela investidora é superior à metade das ações ou cotas desta;

c) *joint venture*: empresas que são criadas para operações específicas, normalmente com uma outra empresa, cada uma detendo 50% do capital da empresa criada;

d) *coligada*: empresa em que a investidora detém mais de 10% do capital, onde há interesse operacional para caracterizar a coligação, sem ter necessariamente seu controle. Às vezes, com menos de 50%, por questões administrativas ou acordo de acionistas, ela pode vir a ser controlada operacionalmente.

As empresas multinacionais podem ter ações ou quotas de outras empresas com o fim de investimento de excedente de caixa, sem a intenção de interferir no controle das investidas. Desde que o valor investido seja inferior a 10% do capital social, as investidas não são consideradas pertencentes ao grupo empresarial, e tal valor caracteriza-se como simples investimento.

O patrimônio e os resultados das empresas do grupo devem fazer parte da sua gestão financeira. Portanto, devem ter suas demonstrações financeiras consolidadas, condição fundamental para caracterizar um grupo empresarial.

---

[3] Neste trabalho, a terminologia multinacional será utilizada para se referir indistintamente aos grupos caracterizados como multinacionais e como transnacionais. Os grupos multinacionais caracterizam-se fundamentalmente por terem bases operacionais iguais instaladas em diversos países, cada unidade desenvolvendo os processos principais para obtenção dos produtos finais. Os grupos transnacionais, diferentemente, focam o desenvolvimento das suas atividades nos processos, fazendo que os principais sejam desenvolvidos em diversos países, objetivando o máximo de especialização internacional nas atividades necessárias para obtenção dos produtos finais.

1.3.1 Especificidades das empresas multinacionais

As empresas multinacionais apresentam características específicas, que as diferenciam substancialmente das domésticas, cuja maioria leva a adicionar funções financeiras novas e mais complexas para os gestores contábeis e financeiros.

Caracterização como grupo empresarial

É uma condição natural, já que sempre haverá duas empresas distintas, uma vez que qualquer afiliada em outro país terá personalidade jurídica diferente, com resultados financeiros que deverão ser consolidados. De forma geral, a internacionalização dos investimentos exige soma considerável de recursos, não sendo factível, na maioria das vezes, para empresas de pequeno porte. Desta maneira, é possível incorporar duas constatações à condição do grupo:

a) tende a ser formado por grandes empresas;
b) maior amplitude de processos e operações.

Organização como sociedade por ações

É o tipo de estruturação societária mais utilizado, uma vez que a amplitude geográfica, a complexidade das operações e os volumes de investimentos das corporações multinacionais fazem que estas necessitem de flexibilidade na obtenção e movimentação de recursos financeiros. Sendo sociedade por ações, além das fontes de recursos bancários, elas podem se utilizar dos mercados de capitais das bolsas de valores em todo o mundo.

Denominações monetárias diferentes

Trabalham necessariamente com várias moedas, já que cada país investido tem a sua própria, trazendo um maior grau de complexidade no tratamento dos recursos e das informações. A questão das diversas denominações monetárias obriga a um conhecimento profundo das questões cambiais e do fluxo de capitais internacionais. É a principal característica que leva à diferenciação da administração financeira doméstica da administração financeira multinacional.

Atualmente é possível uma corporação multinacional trabalhar apenas com uma moeda, se, por exemplo, a matriz e as afiliadas estiverem sediadas numa zona de comércio que utiliza apenas uma moeda, caso da zona do euro. Deverá ser considerada multinacional porque outras características ainda se incorporam, como culturas, políticas, legislações diferentes etc.

Idiomas e aspectos culturais

São elementos importantes que devem ser incorporados às habilidades dos gestores responsáveis por atividades administrativas, financeiras e operacionais no grupo multinacional, e que trazem maior dificuldade aos relacionamentos e comunicações.

Ambiente econômico e legal

Cada país tem um arcabouço legal, com diferenças que podem ser significativas e conduzir também a um ambiente econômico específico. Essas variáveis impactam diretamente as atividades das afiliadas e seus resultados incorporam essas variáveis específicas.

Ponto fundamental nas ramificações legais são os elementos da política aduaneira de cada país, onde se inserem as eventuais *barreiras alfandegárias*, que podem ser explícitas, como o imposto de importação; implícitas, como a burocracia; ou dissimuladas, como ocorre muitas vezes com as regras sanitárias.

Risco político e o papel dos governos

O risco político, que é o risco financeiro específico de cada país, incorpora-se aos riscos normais das afiliadas. Os riscos operacionais e financeiros de cada empresa são condições da economia doméstica. Como os resultados dos investimentos estrangeiros devem ser repatriados, esta condição necessariamente incorpora o risco político.

O governo pode muitas vezes influenciar a decisão do investimento, por meio de acordos ou interferências, fazendo que haja comunhão de interesses na alocação de recursos em determinadas regiões. O papel do governo também pode ser diverso, provocando desinteresse em investir em determinados países, e até o desinvestimento.

Grandes volumes de investimentos, diversificação e flexibilidade

Decorre da condição natural de grupo empresarial. A diversificação é minimamente geográfica, já que esses grupos atuam em mais de um país. Nota-se que os grupos empresariais multinacionais são mais rápidos e flexíveis na abertura e fechamento de unidades, transferência de processos produtivos, transferência de plantas ou linhas de produtos etc.

Movimentação entre as unidades de negócio

Os motivos que levam as empresas a internacionalizarem-se são os fatores que conduzem à existência de uma grande movimentação entre as unidades de negócios. Objetivando tirar o máximo proveito das melhores condições de produtividade das unidades instaladas nos diversos países, desenvolve-se um sistema de transferências internas no grupo empresarial, buscando maior eficiência operacional, tributária e financeira.

Facilidade de obtenção de recursos financeiros

O tamanho, volume de negócios, eficiência nas operações, tipo de organização societária, presença em diversos países, interesses políticos etc. têm dado às corporações multinacionais maiores facilidades na captação de recursos financeiros em relação às empresas domésticas, e, consequentemente, chance de obter menor custo de capital.

Facilidade de reorganizações societárias

Os grupos multinacionais têm um capital de conhecimento muito forte de reorganizações societárias, valendo-se comumente dessas opções de investimento, que lhes são permitidas por seu tamanho econômico. *Joint ventures*, associações, aquisições, venda, cisões, fusões e incorporações são possibilidades econômicas e jurídicas fartamente utilizadas pelas organizações multinacionais.

1.3.2 Corporações transnacionais e desenvolvimento da contabilidade

As corporações transnacionais espalhadas ao redor do mundo são responsáveis, em parte, pelo avanço das práticas de negócios nacionais e internacionais que, de certa forma, também influenciam, além da globalização dos mercados econômicos, o processo de harmonização das normas contábeis.

Ao observarmos aproximações distintas para o desenvolvimento da contabilidade entre as nações ocidentais com sistemas econômicos orientados pelo mercado, chegamos às seguintes aproximações:

a) padrão de macroeconomia;
b) padrão de microeconomia;
c) aproximação de disciplina independente;
d) contabilidade uniforme.

Os conceitos a respeito desses padrões de desenvolvimento da contabilidade foram propostos por Gerhard G. Mueller, em seu livro *International Accounting* (1967), abrindo caminho para a maioria das classificações de sistemas contábeis mundiais.

Assim sendo, o padrão de macroeconomia está baseado no fato de que o desenvolvimento da contabilidade pode estar relacionado com práticas econômicas nacionais derivadas das metas da macroeconomia do país, tomando por base três pressupostos básicos:

1. O empreendimento empresarial é a unidade essencial na economia nacional.
2. O empreendimento empresarial realiza melhor suas metas por meio da coordenação de suas atividades com políticas econômicas nacionais.
3. O interesse público é mais bem servido se a contabilidade do empreendimento empresarial reflete as políticas econômicas nacionais.

Na Suécia, o padrão de desenvolvimento da contabilidade é baseado na macroeconomia.

Para o padrão de microeconomia, a contabilidade desenvolve-se baseada nos princípios de microeconomia de um país, tomando-se como fonte de referência as ideias de que:

- as empresas individuais são o foco das atividades empresariais;
- a meta principal é a sobrevivência das empresas.

Sendo assim, a contabilidade é vista como um serviço cujos conceitos derivam do processo empresarial, servindo não como uma disciplina, como a economia, mas uma disciplina independente, na qual se desenvolvem peças para julgamentos com base em tentativas e erros.

Os Estados Unidos são um exemplo de lugar onde a contabilidade desenvolveu-se como uma disciplina independente. É justamente com base nessa linha de desenvolvimento contábil que as práticas contábeis das corporações multinacionais influenciam o processo de desenvolvimento da contabilidade mundial.

Sob o conceito de contabilidade uniforme, o desenvolvimento da contabilidade de um país é explicado pelo fato de ela ser unificada pelo governo central, como uma ferramenta para controle administrativo. A uniformidade na contabilidade, em termos de normas de evidenciação e apresentação, torna mais fácil o controle, por parte do governo, das informações dos negócios empresariais por setor da economia, além de facilitar o controle e fiscalização de tributos. A aproximação uniforme é mais visualizada nos países onde o governo é mais envolvido com o plano econômico, onde a contabilidade é utilizada para avaliação de desempenho, alocação de recursos, tratamento de tributos, controle de preços etc.

1.3.3 Globalização e competitividade

Os conceitos mais importantes que movem as empresas a se tornarem internacionais na busca do objetivo maior de finanças, que é a criação de valor para os acionistas, são a globalização e a competitividade, conceitos esses que se entrelaçam na gestão das operações internacionais.

A competitividade é a condição fundamental da empresa para manter-se no mercado diante de seus concorrentes. As estratégias competitivas, que resultam em vantagens competitivas, têm como foco essa condição da manutenção da empresa continuadamente em atividade, cumprindo seus objetivos.

A globalização é um termo que designa o fim das economias nacionais e a integração cada vez maior dos mercados, dos meios de comunicação e dos transportes. Um dos exemplos mais interessantes do processo de globalização é o *global sourcing*, isto é, o abastecimento de uma empresa por meio de fornecedores que se encontram em várias partes do mundo, cada um produzindo e oferecendo as melhores condições de preço e qualidade para aqueles produtos que têm mais vantagens comparativas (Sandroni, 2001, p. 265).

Os últimos 50 anos viram o comércio mundial expandir-se mais rápido do que a produção mundial por uma margem significativa, aumentando o grau em que as economias nacionais dependem do comércio internacional para atividades econômicas em geral. Em consequência, os países normalmente dependem hoje do comércio em grau mais elevado do que em qualquer ocasião desde a Segunda Guerra Mundial (Carbaugh, 2004, p. 6).

Os principais fatores que impelem à globalização são:

a) as mudanças tecnológicas, que permitiram um surto de enorme produtividade e menores custos de transporte;
b) a liberalização contínua do comércio e do investimento em ambientes desregulamentados para as relações econômicas entre as nações;
c) liberalização de transações de investimento e desenvolvimento de mercados financeiros internacionais.

Isso tem permitido que um número cada vez maior de companhias globalizem as estruturas de produção por meio de investimentos no estrangeiro, o que, por sua vez, tem proporcionado um estímulo adicional ao comércio. À medida que elas terceirizam parte de seus processos de produção às suas afiliadas ou outras empresas no exterior, empregos, tecnologias, capital e conhecimento são transferidos ao redor do globo (Carbaugh, 2004, p. 7).

Graças à globalização, a expectativa de vida em todo o mundo aumentou bastante e o padrão de vida melhorou muito. A globalização reduziu a sensação de isolamento que muitas das nações em desenvolvimento tinham um século atrás, e deu acesso a um conhecimento que estava além do alcance de muitas pessoas nesses países, até mesmo dos mais ricos em qualquer país (Stiglitz, 2002, p. 30).

1.3.4 Motivos da internacionalização das empresas

Tendo como referência a busca pela manutenção da competitividade dentro do ambiente globalizado, apresentamos os principais motivos que levam as empresas à internacionalização e a se tornarem corporações multinacionais.

Retorno adicional É a motivação básica do investimento em operações estrangeiras. As operações domésticas tendem a dar o retorno normal esperado do investimento. As diferenças entre as economias dos países permitem às empresas multinacionais obter lucros maiores, que proporcionam um retorno adicional aos acionistas.

Expansão de seus mercados Considerando uma estratégia natural de crescimento, a limitação do tamanho do mercado doméstico conduz ao motivo de expansão das vendas em mercados estrangeiros, onde há indicativos de demanda dos produtos da companhia.

Busca por maior eficiência na produção Outros países podem oferecer menores custos de mão de obra e outros serviços, e a companhia pode obter facilidades em instalar unidades de negócio no exterior, conseguindo menores custos operacionais. Em determinados casos, o nível de capacitação da mão de obra, o sistema educacional do país etc. também permitem melhores condições de produtividade.

Garantir matérias-primas Investimentos em outros países podem ser feitos na tentativa de garantir um suprimento regular de matérias-primas para as demais unidades de negócios ou processos subsequentes.

Buscar novas tecnologias Alguns países têm especialização em alguma atividade ou produto, ficando mais fácil para uma empresa desses segmentos fazer um investimento no estrangeiro do que trazer a tecnologia para produção nacional.

Evitar barreiras políticas e regulatórias Determinadas atividades ou processos são mais regulamentados em algum país do que em outro, inclusive nas questões ambientais.

Diversificação Esta estratégia é válida desde que haja diferenças significativas entre os países onde os investimentos são feitos. Caso haja correlação positiva forte entre os mercados de capitais desses países, em tese, o efeito da diversificação se anula.

1.3.5 Funções financeiras e contábeis das empresas multinacionais

As características das empresas multinacionais provocam a necessidade de adicionar algumas funções financeiras que não estão presentes necessariamente nas empresas domésticas, ou, pelo menos, dar maior ênfase a determinadas operações e funções.

Visão global e local

As diferenças econômicas e culturais entre os países onde estão instaladas unidades de negócios e os aspectos legais e tributários destes determinam a necessidade do desenvolvimento de um conhecimento jurídico, econômico e financeiro de amplitude global, ao mesmo tempo em que exigem o entendimento adequado desses aspectos de cada ambiente.

Gestão cambial

Dentro da entidade que controla o grupo, e mesmo em cada afiliada, cabe uma atividade específica de controle e monitoramento das operações em moeda estrangeira. Além disso, é necessário um processo de treinamento específico para todos os gestores internos de cada unidade do grupo empresarial, para que tenham o conhecimento adequado dos impactos do câmbio nas operações e finanças da afiliada e, consequentemente, nas do grupo.

Uma série de aspectos merece a atenção dos gestores administrativos, financeiros e operacionais, entre os quais:

a) *competitividade cambial*: terminologia que indica a condição de concorrência dos preços de venda dos produtos e serviços das empresas do grupo em relação às demais, bem como aos concorrentes externos, modificada pelas constantes alterações nas taxas de câmbio dos países;
b) *efeitos cambiais*: impacto dos efeitos diários das alterações nas taxas de câmbio nas operações da empresa, sejam financeiras, sejam de compra e venda, nos resultados, bem como nos ativos e passivos em moeda estrangeira;
c) *estratégias de proteção*: desenvolvimento de políticas e instrumentos para proteção dos ativos e passivos em moeda estrangeira dos efeitos cambiais (derivativos, *hedges*, balanço de divisas etc.).

Decisões de investimento frequentes

Os modelos decisórios e de avaliação de investimentos devem conter as variáveis das generalidades significativas que existem nos diversos países, uma vez que deve haver uma quantidade muito maior desse tipo de decisão financeira em grupos multinacionais, desde investimentos individuais, localizados, até investimentos estratégicos de grande abrangência.

Centralização do caixa

Tem sido uma preocupação constante dos grupos multinacionais, objetivando otimizar a utilização dos resultados obtidos em todas as afiliadas, tanto na administração dos excedentes de recursos financeiros quanto para fins de distribuição de resultados.

Integração dos modelos e sistemas de informações contábeis e financeiros

É uma estrutura fundamental para o controle econômico e financeiro adequado do grupo. A diversificação de moedas, países, operações etc. necessita de uma estrutura de informações íntegra, consistente, oportuna, para as gestões financeiras e de controladoria, com ênfase especial para os sistemas de contabilidade e orçamento.

Gestão por unidades de negócio, retorno do investimento setorial e avaliação de desempenho

O grupo consolida o resultado e o patrimônio de uma série de afiliadas, controladas, que podem atuar (normalmente atuam) em negócios distintos, que merecem análise separada. Portanto, impõe-se o conceito de gestão por segmento, divisões ou unidades de negócio.

Esse instrumental de contabilidade gerencial é fundamental para a análise do retorno do investimento de cada negócio, bem como para a avaliação do desempenho dos gestores responsáveis por elas.

Demonstrações financeiras e gerenciais adicionais

A complexidade das operações, a estrutura legal e organizacional das empresas multinacionais exigem uma série de demonstrações gerenciais e para o público externo, que obrigam os gestores responsáveis a utilizar conceitos que não são necessariamente aderentes a empresas domésticas. Os principais são os seguintes:

a) *demonstrações financeiras em moeda estrangeira*: todas as afiliadas devem preparar, além das demonstrações financeiras e gerenciais em moeda local, demonstrações financeiras e gerenciais na moeda do país de origem da controladora;

b) *demonstrações financeiras consolidadas*: tanto para fins gerenciais quanto para fins legais, estas devem ser preparadas rotineiramente, partindo das demonstrações financeiras das afiliadas;

c) *demonstrações financeiras legais*: compreendem o conjunto de demonstrações periódicas exigidas pelos órgãos governamentais, autoridades contábeis etc., desde o relatório anual para fins de publicação até as demonstrações para atender a legislação tributária etc. Nesse particular, sobressai-se a necessidade de entendimento dos princípios de contabilidade geralmente aceitos em cada país, as regras de auditoria externa e o cumprimento das regulamentações de controle interno exigidas pela legislação;

d) *orçamento corporativo*: compreende a consolidação dos orçamentos setoriais e das afiliadas. É um dos principais instrumentos de controle econômico e financeiro das multinacionais, já que traduz os planos de curto e médio prazo na moeda da matriz. Cada afiliada deve fazer seu orçamento na moeda local e na moeda do país da empresa-mãe. Exige conceitos uniformes e um sistema de informação altamente integrado com a contabilidade, bem como de grande potencial de resolução, para informações em tempo real;

e) *contabilidade por unidades de negócio*: estruturação do sistema para avaliação dos resultados dos produtos e de cada divisão ou unidade de negócio. Inclui os modelos de formação de preços de transferência, pois, como já salientamos, grupos multinacionais tendem a ter grande número de transações internas de compra e venda.

Estruturas administrativas de controle econômico e financeiro

Os grupos multinacionais às vezes adotam modelos de auditoria interna como um segundo elemento de controle, ligados à controladoria da empresa-mãe ou ao responsável pela administração e finanças do grupo o Chief Financial Officer – CFO ou mesmo ao presidente da diretoria executiva da organização o Chief Executive Officer – CEO.

Importância da contabilidade financeira nas empresas multinacionais

A contabilidade gerencial é o segmento mais importante para o controle das empresas. Contudo, nas corporações multinacionais a contabilidade financeira impõe um grau extra de importância, por diversas razões:

a) as afiliadas das organizações multinacionais recebem autorização especial para funcionamento nos outros países e, por isso, têm obrigações legais adicionais em comparação às empresas domésticas, tendo de agir no extremo rigor da legislação do país local;
b) as demonstrações financeiras são as que serão utilizadas para o repatriamento do investimento ou dos lucros do investimento;
c) os princípios contábeis geralmente aceitos são importantes para o processo de consolidação. Além disso, as demonstrações financeiras consolidadas da matriz também são estruturadas sob a égide dos princípios contábeis;
d) as demonstrações financeiras legais são as únicas que valem para fins de auditoria externa independente, critério este de abrangência internacional;
e) as demonstrações financeiras legais são as informadas para as bolsas de valores, e são as únicas informações disponíveis para os investidores em ações;
f) a apuração dos lucros ou prejuízos segundo as regras oficiais dão a tranquilidade necessária para respaldar a responsabilidade legal dos administradores etc.

Por esses motivos, há um estudo intenso para normalização mundial dos princípios contábeis, para possibilitar o máximo possível de comparabilidade e validação dos resultados das empresas multinacionais. Mudanças de princípios contábeis podem fazer que o resultado das empresas seja informado de forma significativa, não sendo raros exemplos de lucros que se tornaram prejuízos.

O respaldo que os princípios contábeis dão às demonstrações financeiras publicadas é fator de fundamental importância na análise dos investimentos, tanto para os administradores quanto para os investidores.

1.3.5.1 Investimento estrangeiro

Os investimentos em outros países, denominados investimentos estrangeiros, são classificados em investimentos diretos e investimentos financeiros.

O investimento estrangeiro direto (IED) é o que caracteriza o investimento das corporações multinacionais. É a transferência para o exterior, feita por uma empresa multinacional, de capital, recursos administrativos e ativos técnicos. Caracteriza-se por ser um investimento de longo prazo; envolve controle acionário, controle administrativo e atividades operacionais diárias. O retorno se dá na forma de dividendos ou lucros distribuídos. A administração pode forçar transferências entre as divisões localizadas nos diversos países por meio dos preços de transferência e geração temporária artificial de lucros, bem como por meio de *royalties* contratados entre suas divisões.

Os investimentos estrangeiros classificados como financeiros pressupõem aplicações de curto prazo, caracterizando-se como aplicações financeiras, onde prevalece o caráter especulativo do investimento.

Para fazer face às necessidades ou decisões de investimento, as estratégias básicas de financiamento dos investimentos estrangeiros são:

a) exportar fundos domésticos para as unidades do exterior, ou seja, a matriz obtém fundos no país de sua sede e envia para unidades localizadas em outros países;
b) tomar emprestado no país em que se situa o investimento, fazendo que o investimento na unidade seja financiado por fundos obtidos no próprio país da unidade;
c) tomar emprestado num terceiro país e enviar para uma unidade instalada em outro país que não a sede da corporação.

Os elementos fundamentais para a movimentação de capitais são:

a) o custo de capital, ou seja, os juros contratados pelos financiamentos obtidos;
b) a oscilação das taxas básicas de juros (Libor, *Prime rate*);
c) a rentabilidade do investimento;
d) a oscilação das taxas cambiais dos países onde se obtém o financiamento e onde se realiza o investimento;
e) o risco-país dos países envolvidos.

Investimento direto estrangeiro no Brasil

Os investimentos estrangeiros no Brasil vêm apresentando um certo nível de crescimento, como a tabela e a figura a seguir evidenciam, considerando a participação de países no número de transações de fusões e aquisições de empresas e a evolução anual dessas transações nos períodos analisados.

Tabela 1.11 Investimentos diretos estrangeiros, fusões e aquisições no Brasil

	Participação de países no número de transações no Brasil		
Países	1º trimestre – 2007	1º trimestre – 2006	Crescimento
Estados Unidos	28	18	
França	5	6	
Alemanha	5	8	
Argentina	5	0	
Reino Unido	4	1	
Itália	3	3	
Outros	22	16	
Total	72	52	(+) 38%

Fonte: KPMG, Pesquisa de Fusões e Aquisições no Brasil, 1º trimestre de 2007 e 2006.

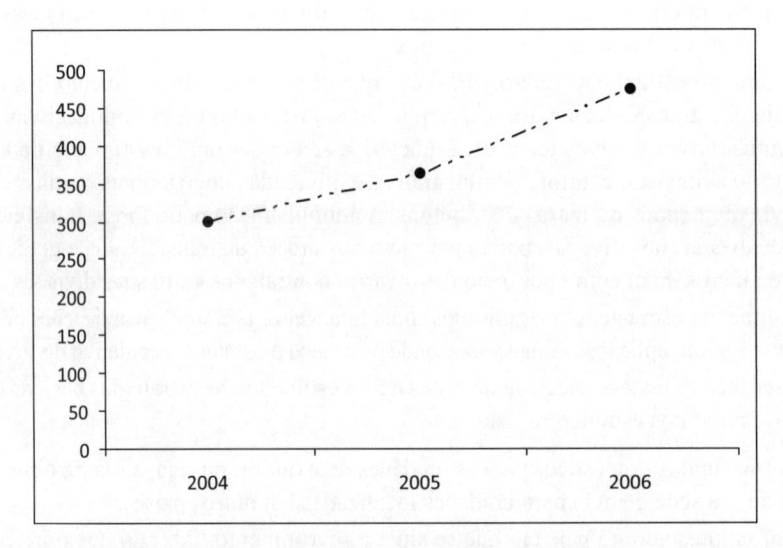

Fonte: KPMG, Pesquisa de Fusões e Aquisições no Brasil, 1º trimestre de 2007 e 2006.

Figura 1.6 Evolução anual das fusões e aquisições no Brasil.

Aquisição alavancada – LBO (leveraged Buyout)

Muitas empresas utilizam-se do modelo de LBO para realizar os investimentos sem comprometer inicialmente o seu caixa. Denomina-se aquisição alavancada a aquisição de uma empresa por outra, utilizando-se de empréstimos bancários. Os empréstimos e seus encargos serão pagos pelo fluxo de caixa gerado pelas operações da empresa adquirida.

A determinação do valor de uma LBO é crítica para todas as partes de uma transação. Esta só pode ter sucesso quando a organização adquirida gerar caixa suficiente para pagar a dívida nos primeiros anos, mantendo-se atraente para outros compradores à medida que atinge a maturidade operacional e financeira.

1.3.5.2 Investimento em moeda estrangeira

Os investimentos são feitos em moeda estrangeira pela corporação investidora, internalizados no país investido por meio do seu banco central, pela taxa de câmbio vigente no dia do investimento. A unidade estrangeira investida recebe o dinheiro investido na moeda local do país, que é o produto do investimento em moeda estrangeira pela taxa de câmbio da data do investimento.

Vamos imaginar que uma corporação norte-americana decida investir US$ 10.000.000 numa unidade de negócios no Brasil, como capital social, e que na data da operação a taxa de câmbio seja de R$ 2,80 por dólar. A empresa a ser constituída no Brasil receberá do Banco Central R$ 28.000.000 (US$ 10.000.000 × R$ 2,80), sendo que a quantidade de moeda estrangeira ficará retida pelo Banco Central. A partir daí, a empresa investida transacionará apenas em reais, e não em dólares.

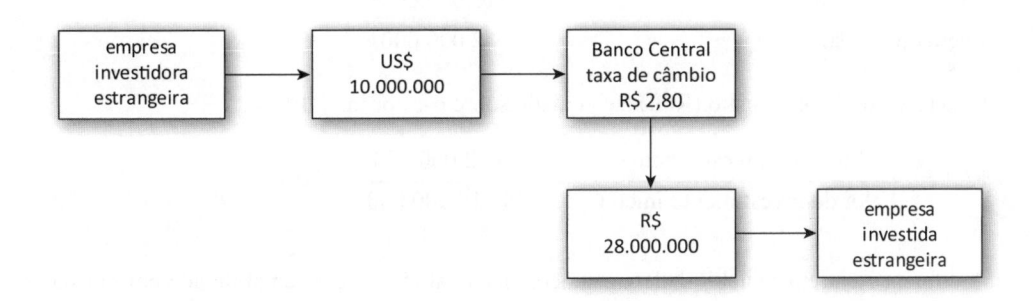

Figura 1.7 Transação em moeda estrangeira (1)

Quando a empresa retorna o lucro do investimento ou o próprio investimento, parcial ou total, o processo é invertido. Os valores em reais a serem retornados à investidora passam novamente pelo Banco Central, aplica-se a taxa de câmbio e o Banco Central remete as divisas em moeda estrangeira.

Vamos imaginar que, após cinco anos de atividades, o valor do capital social mais os lucros obtidos no país pela investida montem R$ 42.000.000 e que a taxa de câmbio, por ocasião da remessa, esteja em R$ 3,50. O Banco Central retorna à investidora estrangeira o montante de US$ 12.000.000 (R$ 42.000.000 ÷ R$ 3,50).

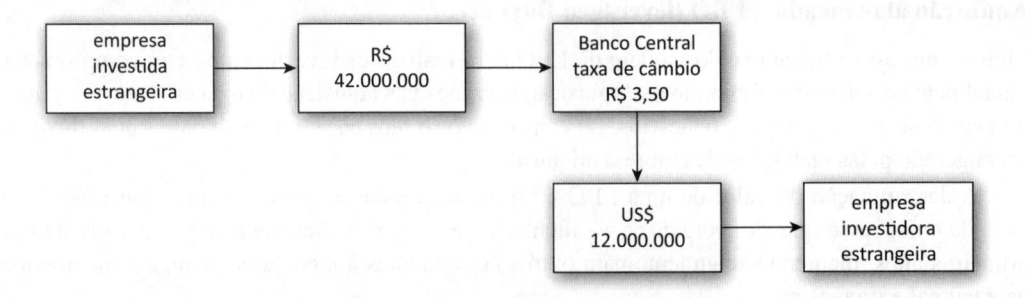

Figura 1.8 Transação em moeda estrangeira (2)

```
empresa investida estrangeira → R$ 42.000.000 → Banco Central taxa de câmbio R$ 3,50 → US$ 12.000.000 → empresa investidora estrangeira
```

O retorno do investimento deve ser analisado à luz da empresa investidora. Se a análise do retorno do investimento fosse feita em reais, representaria um retorno nominal em cinco anos de 50% (R$ 42.000.000 ÷ R$ 28.000.000).

Efetivamente, o retorno nominal do investimento foi de 20% em cinco anos, pois o cálculo deve ser feito em moeda estrangeira, a moeda de origem do investimento. Como o fluxo de caixa positivo em dólares foi de US$ 2.000.000 (US$ 12.000.000 – US$ 10.000.000), este deverá ser a base para a análise de rentabilidade.

	US$
Valor do retorno do investimento	12.000.000
Valor do investimento	(10.000.000)
Lucro do investimento	2.000.000

O Retorno do Investimento (ROI) é calculado sobre o valor inicial:[4]

$$\text{ROI} = \frac{\text{Lucro do investimento}}{\text{Valor do investimento inicial}} = \frac{\text{US\$ } 2.000.000}{\text{US\$ } 10.000.000} = 20\%$$

A diferença entre a rentabilidade em moeda nacional (50%) e a rentabilidade em moeda estrangeira (20%) decorre do aumento da taxa de câmbio de R$ 2,80 para R$ 3,50, que significa uma desvalorização da moeda brasileira em relação ao dólar. Percentualmente, a taxa de câmbio subiu 25% (R$ 3,50 ÷ R$ 2,80). Um dos principais fatores para a desvalorização de uma moeda é a inflação interna do país.

Desta maneira, outro método para calcular o retorno do investimento em moeda estrangeira é dividir o retorno nominal em moeda nacional pela variação da taxa de câmbio do período, utilizando a mensuração matemática.

$$\text{Retorno do investimento em moeda estrangeira} = \frac{\text{Retorno do investimento em moeda nacional}}{\text{Variação da taxa de câmbio da moeda estrangeira}}$$

---

[4] Os critérios técnicos para avaliar o retorno do investimento são o (Valor Presente Líquido VPL) e a Taxa Interna de Retorno (TIR), considerando cada fluxo de caixa anual.

No nosso exemplo temos:

Retorno do investimento em moeda estrangeira $= \dfrac{1,50}{1,25} = 1,20$ ou 20%.

É importante ressaltar que os fluxos de caixa relevantes na análise do retorno do investimento estrangeiro são aqueles que podem ser repatriados. Não tem relevância analisar o retorno do investimento com valores que, por questões regulamentares, não podem retornar ao país da empresa-mãe.

Prejuízo com investimento em função do câmbio

A importância da taxa de câmbio fica mais uma vez evidente quando a empresa tem lucro em moeda nacional, mas prejuízo no investimento em moeda estrangeira, em função da variação maior da taxa de câmbio do que o retorno em moeda do país investidor.

Tomando como referência os dados anteriores, vamos supor que a taxa de câmbio ao final de cinco anos seja de R$ 4,48. O valor em moeda nacional de R$ 42.000.000, dividido por R$ 4,48, fará repatriar à empresa-mãe apenas US$ 9.375.000, com um prejuízo de US$ 625.000, e uma rentabilidade negativa de 6,25%.

A variação da taxa de câmbio no período foi de 60%.

Retorno do investimento em moeda estrangeira $= \dfrac{1,50}{1,60} = 0,9375$ ou $-6,25\%$.

Lucro nas transações em moeda estrangeira

Os mesmos conceitos para avaliar o retorno do investimento em moeda estrangeira devem ser aplicados para avaliar o lucro ou prejuízo nas transações com o exterior. Por exemplo, o lucro obtido numa exportação para determinado país estrangeiro deve ser avaliado considerando-se a taxa de câmbio da data da venda ou remessa e a taxa de câmbio quando do efetivo recebimento da venda em moeda nacional.

1.4 Sistemas de câmbio e contabilidade

É o ponto central da administração financeira de empresas multinacionais, representada pelas taxas de câmbio entre as moedas dos diversos países que comerciam entre si.

Taxa de câmbio

A taxa de câmbio é o instrumento que efetiva as operações financeiras de vender, trocar ou comprar valores em moedas de outros países ou papéis que representem moedas estrangeiras (Sandroni, 2001, p. 74). Elas são determinadas hoje por uma conjunção de fatores intrínsecos ao país, principalmente a política econômica vigente. O câmbio tem a função de determinar preços comparativos entre as moedas, bem como exprimir a relação efetiva de troca entre diferentes países.

O ambiente monetário internacional

O ambiente monetário internacional caracteriza-se principalmente pelo estudo das moedas e taxas de câmbio.

Os sistemas de taxas de câmbio parcialmente fixas e flutuantes influenciam a lucratividade e a rentabilidade das companhias e dos investidores em razão da incerteza (risco) do mercado financeiro na determinação das taxas de câmbio reais, utilizadas nas transações internacionais.

A variação cambial pode proporcionar ganhos ou perdas financeiras de acordo com as mudanças de câmbio.

> **O ambiente monetário influencia as práticas contábeis.**

Variação cambial é a diferença apresentada em taxas de câmbio da data de transação financeira para a data da realização da operação.

Exemplo:
Operação de importação a prazo no valor de US$ 100,000 em 2/1/2004, com taxa de câmbio de R$ 2,5 neste dia. O pagamento foi feito em 2/2/2004, a uma taxa de câmbio de R$ 3,00.

Valor em R$ em 2/1/2004	=	R$ 250.000,00
Valor em R$ em 2/2/2004	=	R$ 300.000,00
Perda de variação cambial em 2/2/2004	=	R$ 50.000,00

Num ambiente econômico em que as taxas de câmbio apresentam níveis de crescimento, os ativos atrelados a uma moeda estrangeira geram ganhos cambiais e os passivos, perdas, como mostra a Figura 1.9:

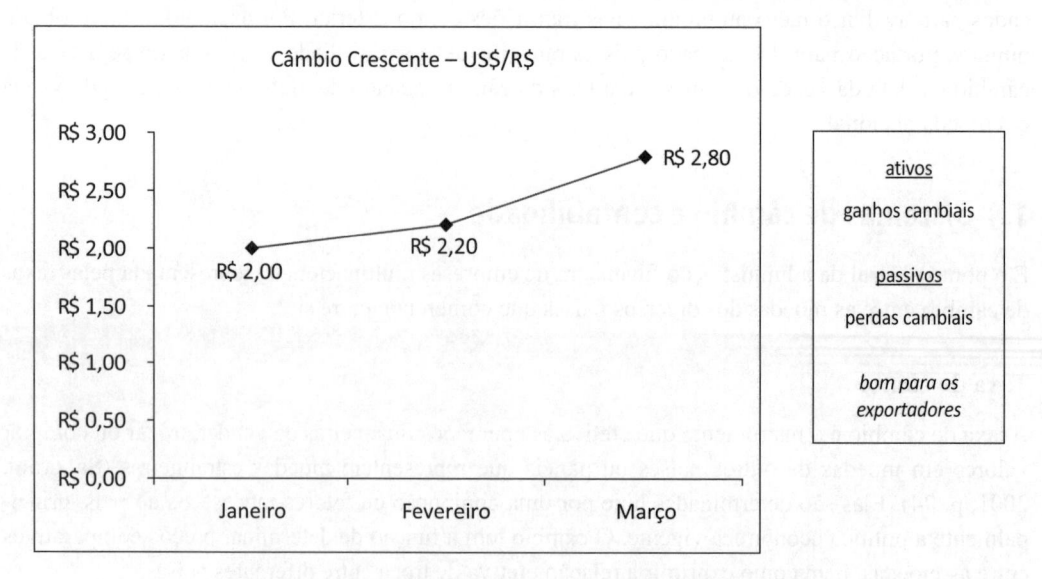

Figura 1.9 O risco cambial e a estrutura de capitais: câmbio crescente.

Por outro lado, quando as taxas de câmbio são decrescentes, os ativos geram perdas cambiais e os passivos, ganhos, como mostra a Figura 1.10.

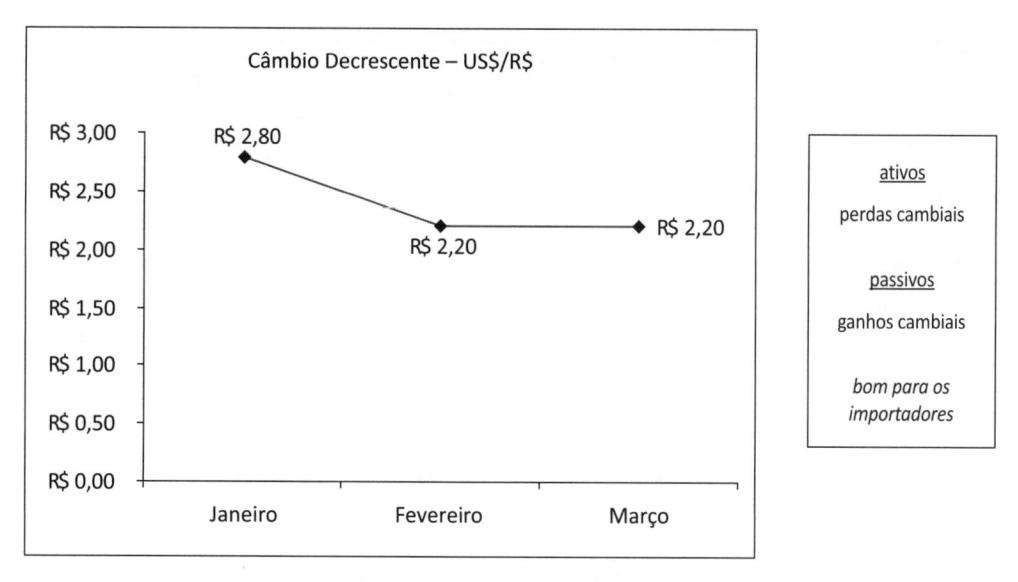

Figura 1.10 O risco cambial e a estrutura de capitais: câmbio decrescente.

Regimes de moedas contemporâneas

A escolha entre sistemas de taxas de câmbio flutuantes e fixas reflete as prioridades da macroeconomia do país, incluindo inflação, desemprego, taxa de juros, balança comercial e crescimento econômico.

As taxas fixas podem oferecer estabilidade em preços internacionais para a condução do comércio. Preços estáveis ajudam no crescimento do comércio internacional, diminuem riscos e são anti-inflacionários.

As taxas flutuantes são determinadas pelo mercado e a incerteza é um fator de risco cambial para os negócios internacionais.

Gerenciando o risco cambial

As políticas financeiras de prevenção e proteção às flutuações das taxas cambiais (exemplo: *hedge*) estão evoluindo à medida que cresce a compreensão sobre o funcionamento do sistema monetário internacional.

Para gerenciar o risco de câmbio, entretanto, é preciso entender que o sistema monetário internacional representa uma estrutura dentro da qual as taxas de câmbio são determinadas (fatores considerados), os negócios internacionais e os fluxos de capitais são acomodados.

O ambiente monetário mantém relação com as práticas contábeis internacionais, como mostra a Figura 1.11:

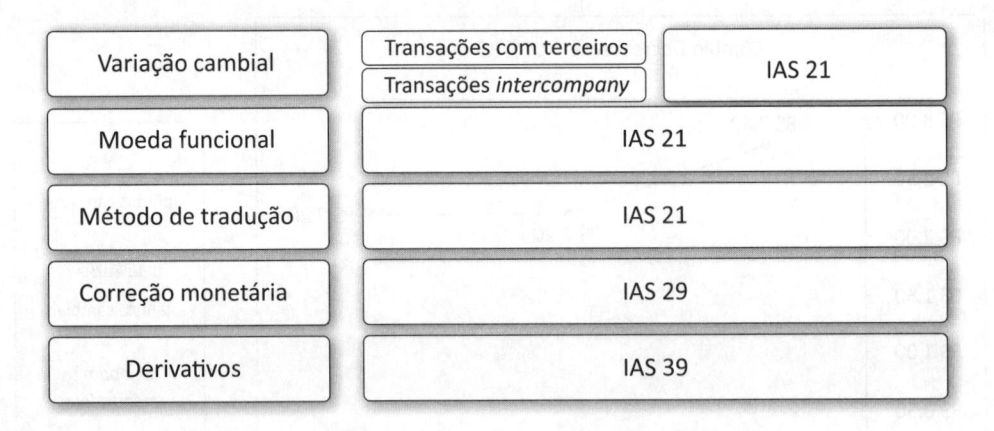

Variação cambial	Transações com terceiros	IAS 21
	Transações *intercompany*	
Moeda funcional	IAS 21	
Método de tradução	IAS 21	
Correção monetária	IAS 29	
Derivativos	IAS 39	

Figura 1.11 O ambiente monetário e as práticas contábeis internacionais.

1.5 Instituições e associações de comércio internacional[5] e contabilidade

A visão global e local das finanças exige o conhecimento das principais instituições que determinam ou influenciam as políticas do comércio internacional, pois o conhecimento antecipado das informações das políticas em estudo ou andamento pode permitir às organizações ter ganhos de competitividade.

A Organização Mundial do Comércio (OMC) é hoje a instituição mais importante para o entendimento das relações comerciais. Além da OMC, outras instituições ou acordos são importantes, entre eles as associações de comércio já existentes entre países e regiões do globo.

Acordos comerciais regionais

São assim caracterizados sistemas de comércio internacional onde os países-membros concordam em diminuir as barreiras ao comércio dentro do grupo, em vez de fazê-lo às nações que não são membros. Os principais tipos são:

1. *Área de livre-comércio*: associação de países que comerciam entre si, cujos membros concordam em eliminar todas as barreiras tarifárias e não tarifárias entre eles. Um exemplo desse estágio de integração econômica é o North American Free Trade Agreement (Nafta), que engloba o Canadá, o México e os Estados Unidos.
2. *União aduaneira*: idêntico a uma associação de livre-comércio, é um acordo entre dois ou mais parceiros comerciais para eliminar todas as barreiras tarifárias e não tarifárias, onde se enquadra o Mercosul.
3. *Mercado comum*: é um grupo de nações que comerciam permitindo (1) a movimentação livre de bens e serviços entre os países-membros, (2) o início de restrições comerciais externas comuns aos países que não são membros e (3) a movimentação livre de fatores de produção pelas fronteiras nacionais no âmbito do bloco econômico. É um estágio mais completo que uma área de livre-comércio ou uma união aduaneira. É o caso da União Europeia (UE) desde 1993.
4. *União econômica*: estágio mais avançado ainda, no qual as políticas nacional, social, tributária e fiscal são harmonizadas e administradas por uma instituição supranacional, culminando na união monetária, como aconteceu com a UE em 1999.

---

[5] Extraído de Carbaugh (2004).

De forma geral, os atuais países-membros da União Europeia que já atuam conjuntamente no mercado mundial em diversos segmentos são os relatados na figura seguinte:

União Europeia

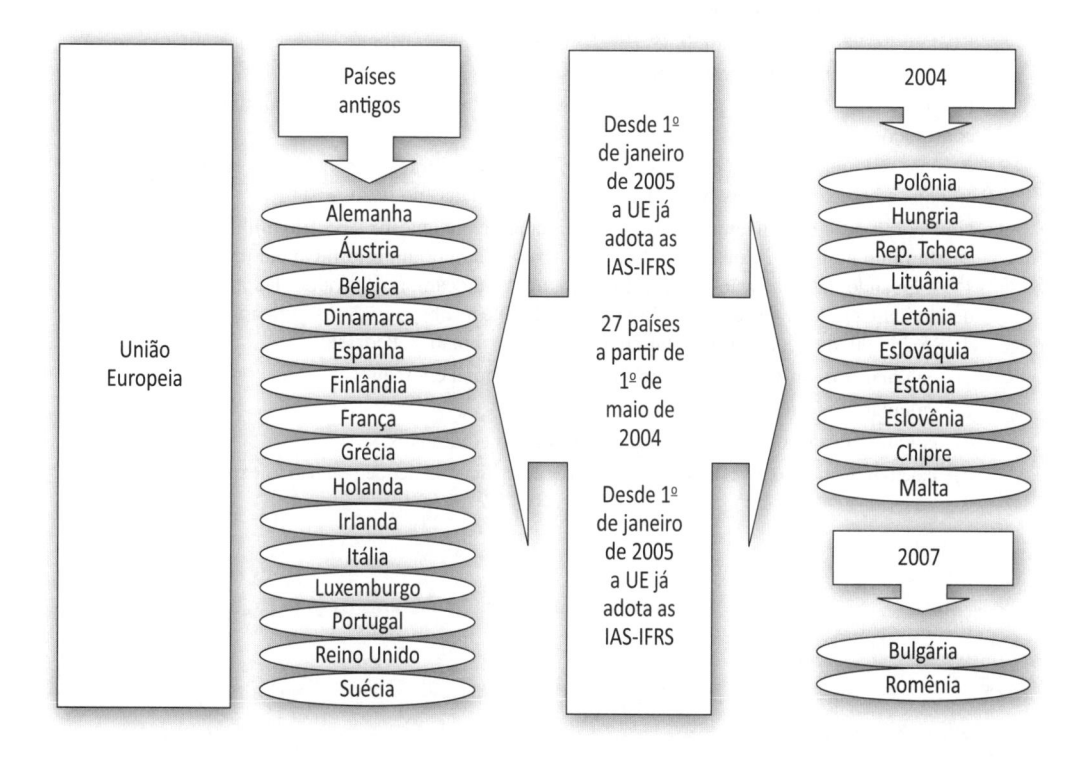

Países antigos:
- Alemanha
- Áustria
- Bélgica
- Dinamarca
- Espanha
- Finlândia
- França
- Grécia
- Holanda
- Irlanda
- Itália
- Luxemburgo
- Portugal
- Reino Unido
- Suécia

Desde 1º de janeiro de 2005 a UE já adota as IAS-IFRS

27 países a partir de 1º de maio de 2004

Desde 1º de janeiro de 2005 a UE já adota as IAS-IFRS

2004:
- Polônia
- Hungria
- Rep. Tcheca
- Lituânia
- Letônia
- Eslováquia
- Estônia
- Eslovênia
- Chipre
- Malta

2007:
- Bulgária
- Romênia

Figura 1.12 União Europeia.

Organização Mundial do Comércio (OMC)

A principal instituição de comércio internacional é a OMC. Ela foi criada em 1º de janeiro de 1995, pela transformação do Acordo Geral sobre Tarifas e Comércio (General Agreement on Tariffs and Trade) GATT. Firmado em 1947, o GATT tinha como objetivo diminuir as barreiras comerciais e colocar todas as nações em pé de igualdade nos relacionamentos comerciais. A base do GATT era a implementação e administração das tarifas alfandegárias, em vez de cotas para proteger os setores domésticos.

A OMC assumiu as atribuições do GATT, mas teve seu papel ampliado com o aperfeiçoamento do processo voltado à resolução de disputas comerciais entre as nações-membro. A OMC administra, por meio de vários conselhos e comitês, os diversos acordos incluídos em rodadas de negociação entre os países; supervisiona a implementação das reduções tarifárias e das medidas não tarifárias aprovadas nas negociações; e acompanha o comércio internacional, examinando regularmente os regimes comerciais dos membros individuais.

Questões e exercícios

1. Quais são as partes integrantes do relatório anual no âmbito do mercado financeiro e da contabilidade internacional?
2. Explique cada um dos atributos da informação contábil.

3. Qual a relação entre a internacionalização dos mercados econômicos e a harmonização das normas contábeis?
4. Quais são as vantagens do processo de harmonização das normas contábeis?
5. Qual o papel da International Accounting Standards Board – (Iasb) no processo de harmonização das normas contábeis no mundo?
6. Explore um pouco mais e adicione outras motivações que levam as empresas a se internacionalizarem e tornarem-se multinacionais ou transnacionais.
7. Por que a questão cambial pode ser considerada um dos aspectos mais importantes da gestão das corporações multinacionais?
8. Explore um pouco mais as especificidades para a administração financeira de empresas multinacionais, adicionando outras funções que não foram citadas no livro.
9. Uma corporação multinacional norte-americana pretende investir US$ 100 milhões na exploração de alumínio no Brasil. Considerando o risco-país, ela quer um retorno anual médio da ordem de 15%. Quando da realização do investimento, a taxa de câmbio estava em R$ 2,20. Após um ano de atividades, a taxa de câmbio subiu para R$ 2,40 e a subsidiária brasileira apresentou um lucro de R$ 34.100, que poderia ser totalmente reenviado à matriz. Pede-se:
    a) calcular o valor do investimento internado no Brasil em reais;
    b) calcular o retorno do investimento em reais;
    c) calcular o valor do lucro que pode ser remetido em dólares;
    d) calcular o valor do investimento em dólares e verificar se atendeu ou não às expectativas iniciais.

CAPÍTULO 2

Fundamentos e estrutura da contabilidade internacional – IFRS

2.1 Entidade internacional de contabilidade

O Comitê de Normas Internacionais de Contabilidade – (Iasc) International Accounting Standards Committee foi criado 1973, por um acordo realizado entre entidades profissionais do Canadá, Austrália, França, Alemanha, Japão, México, Holanda, Reino Unido, Irlanda e dos Estados Unidos. Sediado em Londres, o Iasc era, até 2001, o órgão normatizador dominante da contabilidade internacional, desempenhando um papel de fundamental importância no processo de harmonização da contabilidade no mundo.

Os objetivos do Iasc eram:

- formular e publicar no interesse público normas contábeis a serem cumpridas na apresentação das demonstrações contábeis e promover mundialmente sua aceitação e cumprimento;
- trabalhar pela melhoria e harmonização das regulamentações, normas contábeis e procedimentos referentes às demonstrações contábeis.

O Iasc emitia normas internacionais de contabilidade mais conhecidas como Normas Internacionais de Contabilidade – NIC's (International Accounting Standards – IAS).

A partir de abril de 2001, com a nova estrutura organizacional do Iasc, surge a Junta de Normas Internacionais de Contabilidade (International Accounting Standards Board – Iasb), órgão sucessor do Iasc na definição e emissão das normas internacionais de contabilidade, agora denominadas International Financial Reporting Standards (IFRS).

Os objetivos do Iasb, de acordo com a "Parte A" de seu Ato de Constituição, revisado em 24 de maio de 2000, são os seguintes:

- desenvolver no interesse público, um conjunto único de normas contábeis globais de qualidade alta, e que seja compreensível, transparente e que, além disso, resguarde a comparabilidade das informações constantes nas demonstrações contábeis, com a finalidade de facilitar o processo de análise e julgamento dos participantes dos mercados de capitais ao redor do mundo e de outros usuários que tomam decisões econômicas;
- promover o uso e a aplicação rigorosa das normas internacionais de contabilidade;
- provocar convergência de normas nacionais e internacionais de contabilidade, bem como apresentar soluções de alta qualidade.

2.2 Normas contábeis internacionais

As normas contábeis internacionais estão assim divididas:

Normas contábeis

- International Financial Reporting Standards – IFRS (a partir de 2001);
- International Accounting Standards – IAS (até 2001).

Foram emitidas, até outubro de 2010, 41 normas internacionais de contabilidade (IAS) e nove normas internacionais de relatório financeiro (IFRS) sobre diversos assuntos, conforme evidenciação dos quadros que se seguem:

Quadro 2.1 Normas internacionais de contabilidade

IAS	Assunto	Situação
1	apresentação das demonstrações contábeis	em vigor
2	estoques	em vigor
3	sem validade e efeito – substituída pelas IAS n°s 27 e 28	substituída pelas IAS n°s 27 e 28
4	contabilização da depreciação	substituída pelas IAS n°s 16, 22 e 38
5	informações a serem evidenciadas nas demonstrações contábeis	substituída pela IAS n° 1
6	sem validade e efeito – substituída pela IAS n° 15	substituída pela IAS n° 15
7	demonstração dos fluxos de caixa	em vigor
8	políticas contábeis, erros fundamentais e mudanças das estimativas contábeis	em vigor
9	gastos com pesquisa e desenvolvimento	substituída pela IAS n° 38
10	eventos subsequentes à data do balanço patrimonial	em vigor
11	contratos de construção	em vigor
12	imposto de renda	em vigor
13	apresentação dos ativos e passivos correntes	substituída pela IAS n° 1
14	evidenciação de relatórios por segmento	substituída pela IFRS 8
15	informações que refletem os efeitos das alterações de preços	eliminada
16	ativo imobilizado	em vigor
17	arrendamentos (*leases*)	em vigor
18	receita	em vigor
19	benefícios aos funcionários	em vigor
20	contabilidade de concessões governamentais e divulgação de assistência governamental	em vigor
21	efeitos das mudanças nas taxas de câmbio	em vigor
22	combinações de empresas	eliminada
23	custos de empréstimos	em vigor
24	divulgações de partes relacionadas	em vigor
25	contabilização de investimentos	substituída pelas IAS n°s 39 e 40
26	contabilidade e emissão de relatórios para planos de benefício de aposentadoria	em vigor

IAS	Assunto	Situação
27	demonstrações contábeis consolidadas e contabilidade para investimentos em subsidiárias	em vigor
28	contabilidade para investimentos em associadas	em vigor
29	demonstrações contábeis em economias hiperinflacionárias	em vigor
30	divulgações nas demonstrações contábeis de bancos e instituições financeiras similares	eliminada
31	tratamento contábil de participação em empreendimentos em conjunto (*joint venture*)	em vigor
32	instrumentos financeiros: divulgação e apresentação	em vigor
33	lucro por ação	em vigor
34	relatórios financeiros intermediários	em vigor
35	operações em descontinuidade	eliminada
36	redução no valor recuperável de ativos	em vigor
37	provisões, passivos e ativos contingentes	em vigor
38	ativos intangíveis	em vigor
39	instrumentos financeiros: reconhecimento e mensuração	em vigor
40	propriedades para investimento	em vigor
41	agricultura	em vigor

Quadro 2.2 Normas internacionais de relatório financeiro

IFRS	Assunto	Situação
1	adoção pela primeira vez das IFRS	em vigor
2	remuneração com base em ações	em vigor
3	combinações de empresas	em vigor
4	instrumentos financeiros e contratos de seguros	em vigor
5	ativos não correntes mantidos para venda e operações descontinuadas	em vigor
6	exploração e avaliação de recursos minerais	em vigor
7	instrumentos financeiros: divulgação de informações	em vigor
8	segmentos operacionais	em vigor
9	instrumentos financeiros	2013

Norma contábil internacional para pequenas e médias empresas

Em julho de 2009, o Iasb publicou a The International Financial Reporting Standard for Small and Medium-sized Entities (IFRS for SMEs). É uma norma internacional de contabilidade adaptada para as empresas de pequeno e médio portes. Tal documento padrão tem cerca de 231 páginas com as práticas, critérios e procedimentos contábeis para as referidas empresas.

Interpretações das IAS

- *Standing Interpretations Committee* (SIC).

As interpretações já emitidas das normas internacionais de contabilidade na configuração IAS foram as seguintes:

Quadro 2.3 Interpretações SIC

SIC	Assunto	Situação
1	consistência – diferentes métodos de custo para estoques – IAS nº 2	eliminada
2	consistência – capitalização dos encargos financeiros – IAS nº 23	eliminada
3	eliminação de lucros e prejuízos não realizados em transações com associadas – IAS nº 28	eliminada
4	classificação de instrumentos financeiros – opção de liquidação pelo emitente	eliminada
5	classificação de instrumentos financeiros – provisões para liquidação contingente – IAS nº 32	eliminada
6	custos de modificações em *software* existente – "estrutura conceitual para elaboração e apresentação das demonstrações contábeis"	eliminada
7	introdução ao euro – IAS nº 21	em vigor
8	aplicação das IAS pela primeira vez como principal base de contabilização – IAS nº 1	substituída pela IFRS 1
9	combinações de empresas – classificação como aquisição ou como concentração de interesses – IAS nº 22	eliminada
10	assistência governamental sem relação específica com as atividades operacionais – IAS nº 20	em vigor
11	câmbio – capitalização de prejuízos resultantes de severas desvalorizações da moeda – IAS nº 21	eliminada
12	consolidação – entidades para propósitos específicos – IAS nº 27	em vigor
13	entidades controladas em conjunto – contribuições não monetárias feitas pelos empreendedores – IAS nº 31	em vigor
14	ativo imobilizado – compensação pela recuperação de ativos ou perda de itens – IAS nº 16	eliminada
15	arrendamentos operacionais – incentivos – IAS nº 17	em vigor
16	capital social – recompra de ações – ações em tesouraria – IAS nº 32	eliminada
17	patrimônio – custos de uma transação patrimonial – IAS nº 32	eliminada
18	consistência – métodos alternativos – IAS nº 1	eliminada
19	moeda de relatório – mensuração e apresentação das demonstrações contábeis – IAS nºs 21 e 29	eliminada
20	método contábil da equivalência patrimonial – reconhecimento de prejuízos – IAS nº 27	eliminada
21	imposto de renda – recuperação de ativos reavaliados não depreciáveis – IAS nº 12	em vigor
22	combinações de empresas – ajuste subsequente dos valores justos e ágio informados inicialmente – IAS nº 22	eliminada
23	ativo imobilizado – custos relevantes de inspeção ou reforma – IAS nº 16	eliminada
24	lucro por ação – instrumentos financeiros e outros contratos que podem ser liquidados em ações – IAS nº 33	eliminada
25	imposto de renda – alterações na posição tributária de uma entidade ou na de seus acionistas – IAS nº 12	em vigor
26	sem validade e efeito	eliminada
27	avaliando a substância de transações na forma legal de um arrendamento – IAS nº 17	em vigor
28	combinações de empresas – "data da mudança" e valor justo de instrumentos equivalentes – IAS nº 22	eliminada
29	divulgação – acordos de concessão de serviços – IAS nº 1	em vigor
30	relatório em moeda corrente – tradução de moeda corrente para apresentação – IAS nºs 21 e 29	eliminada
31	receita – transações de permuta envolvendo serviços – IAS nº 18	em vigor
32	ativos intangíveis – custos com *website* – IAS nº 38	em vigor
33	consolidação e método da equivalência – direitos de votação e distribuição potencial de interesses de propriedade – IAS nºs 27, 28 e 39	eliminada

Interpretações das IFRS

- International Financial Reporting Interpretations Committee (Ifric).

Por outro lado, as interpretações já emitidas pelo Iasb das normas internacionais de contabilidade na configuração IFRS são destacadas a seguir:

Quadro 2.4 Interpretações IFRIC

Ifric	Assunto	Situação
1	alterações em retirada de serviço, restauração e passivos semelhantes existentes	em vigor
2	ações dos membros em entidades cooperativas e instrumentos semelhantes	em vigor
3	sem validade e efeito	eliminada
4	determinar se um acordo contém uma locação	em vigor
5	direitos e interesses resultantes de fundos de descomissionamento, restauração e reabilitação ambiental	em vigor
6	passivos decorrentes da participação em mercados específicos – resíduos de equipamento elétrico e eletrônico	em vigor
7	que aplica a abordagem de reexpressão prevista na IAS nº 29	em vigor
8	escopo do IFRS 2	em vigor
9	derivativos embutidos	em vigor
10	relatórios financeiros intermediários e *impairment*	em vigor
11	transações de ações do grupo e em tesouraria	em vigor
12	contratos de concessão de serviços	em vigor
13	receita: programa de fidelização de clientes	em vigor
14	ativos de benefícios definidos	em vigor
15	contratos de construção do setor imobiliário	em vigor
16	hedge de investimento líquido no exterior	em vigor
17	distribuição de ativos não monetários para controladores	em vigor
18	transferência de ativos de clientes	em vigor
19	extinguindo passivos financeiros com instrumentos de capital próprio	em vigor

2.3 Estrutura do Iasb

O Iasb está estruturado da seguinte forma:

1. **Conselho de Monitoramento**: aprova e fiscaliza os curadores.
2. **Fundação Iasc**: com 22 curadores, nomeia, fiscaliza e capta recursos.
3. **Conselho**: vinculado à Fundação Iasc, com 16 membros, define a agenda técnica, aprova normas, minutas de exposição e interpretações.
4. **Conselho Consultivo de Normas**: vinculado ao Conselho, com 40 membros.
5. **Comitê de Normas Contábeis Internacionais**: vinculado ao Conselho, com 14 membros.
6. **Grupos de Trabalho**: vinculados ao Conselho, para grandes projetos em agenda.

2.4 Adoção das normas contábeis internacionais no mundo

A seguir, destacamos alguns países ao redor do mundo, além do Brasil, que adotam ou estão em fase avançada de adoção das normas internacionais de contabilidade (IFRS).

Quadro 2.5

Utilização das IFRS no mundo		
Alemanha	Portugal	Bolívia
África do Sul	Reino Unido	Romênia
Austrália	China	Turquia
Dinamarca	Nova Zelândia	Bélgica
Espanha	Rússia	Bulgária
França	Venezuela	Peru
Itália	Hong Kong	Suécia
Noruega	Suíça	Outros

Percebe-se que os mais de cem países que já adotaram as normas internacionais de contabilidade (IAS) e de relatórios financeiros (IFRS), por recomendação do Iasb, vêm utilizando o seguinte plano estratégico para que as suas empresas as adotem efetivamente:

- **1ª fase:** exigir das companhias de capital aberto o conjunto completo e mais complexo das normas contábeis internacionais;
- **2ª fase:** exigir das companhias de capital fechado de grande porte o conjunto completo e mais complexo das normas contábeis internacionais;
- **3ª fase:** exigir das pequenas e médias empresas um conjunto adaptado e menos complexo das normas contábeis internacionais (IFRS-Light).

2.5 A participação da União Europeia na contabilidade internacional

Para implementar a "estratégia de divulgação de informações contábeis" adotada pela Comissão Europeia (CE) em junho de 2000, a União Europeia (UE) aprovou, em 2002, uma Regulamentação Contábil, o Regulamento CE nº 1.606/02, do Parlamento Europeu e do Conselho, órgãos diretivos da UE, exigindo que todas as companhias abertas da UE listadas em mercados regulamentados (cerca de 8 mil no total) adotassem o IFRS na elaboração de suas demonstrações contábeis consolidadas a partir de 2005. A obrigatoriedade de elaboração em conformidade com o IFRS aplica-se não somente aos 27 países da UE, mas também aos três países do Espaço Econômico Europeu (EEE). A maioria das grandes empresas da Suíça (não membros da UE ou da AEE) também adota o IFRS.

Segundo a Deloitte (em *IFRS ao seu alcance – 2009*), para fins de apresentação das demonstrações contábeis por empresas fora da União Europeia listadas em mercados regulados pelo bloco em dezembro de 2008, a Comissão Europeia designou os princípios contábeis (Gaaps) dos Estados Unidos, Japão, China, Canadá, Coreia do Sul e Índia como equivalentes ao IFRS adotado pela União Europeia. (A situação do Canadá, China, Coreia do Sul e Índia será revista até 31 de dezembro de 2011.) Empresas de outros países devem utilizar o IFRS adotado pela União Europeia ou o IFRS adotado pelo Iasb a partir de 2009.

2.6 A participação dos Estados Unidos na contabilidade internacional

Em novembro de 2007, a Securities and Exchange Commission (SEC), órgão norte-americano responsável pela regulamentação do mercado de capitais nos Estados Unidos, deu seu voto favorável para permitir que emissores estrangeiros privados apresentassem suas demonstrações contábeis com base no IFRS, sem necessidade de apresentar a reconciliação para o US Gaap.

Já em novembro de 2008, a SEC propôs ao público um "roteiro de implementação" do IFRS nos Estados Unidos. O roteiro descreve as etapas importantes que, se cumpridas, podem levar a uma transição obrigatória do IFRS, a partir dos exercícios fiscais findos em 15 de dezembro de 2014 ou após essa data.

O *roadmap* (roteiro de implementação do IFRS) contempla uma norma que permitirá a algumas companhias norte-americanas, dentro de certos critérios, arquivar suas demonstrações contábeis em IFRS na SEC. Com base no porte da empresa, as demonstrações contábeis em IFRS seguirão estas datas:

- 2014 = *Large accelerated filers*;
- 2015 = *Accelerated filers*;
- 2016 = *Non-accelerated filers*.

2.7 A participação do Brasil na contabilidade internacional

Algumas ações dos dois principais órgãos que normatizam o sistema financeiro brasileiro, Comissão de Valores Mobiliários (CVM) e Banco Central do Brasil (Bacen), direcionam o Brasil à contabilidade internacional, como se apresenta a seguir:

- **Bacen:** o Comunicado nº 14.259/06 determina o desenvolvimento de ação específica para que as instituições financeiras passem a adotar o padrão IFRS a partir de 2010;
- **Bacen:** *A Resolução nº 3.786/2009 determina o seguinte:*
  Art. 1º – As instituições financeiras e as demais instituições autorizadas a funcionar pelo Banco Central do Brasil, constituídas sob a forma de companhia aberta ou que sejam obrigadas a constituir comitê de auditoria nos termos da regulamentação em vigor, devem, a partir da data-base de 31 de dezembro de 2010, elaborar e divulgar anualmente demonstrações contábeis consolidadas adotando o padrão contábil internacional, de acordo com os pronunciamentos emitidos pelo Internacional Accounting Standards Board (Iasb), traduzidos para a língua portuguesa por entidade brasileira credenciada pelo Internacional Accounting Standards Committee Foundation (IASC Foundation).
  Parágrafo único – O disposto no *caput* também se aplica a instituição constituída sob a forma de companhia fechada, líder de conglomerado integrado por instituição sob a forma de companhia aberta.
- **CVM:** a Instrução nº 457/07 determina que as companhias abertas a partir de 2010 divulguem demonstrações contábeis consolidadas de acordo com o padrão IFRS.
- **CVM:** A Instrução CVM nº 485/2010 alterou a Instrução 457/2007 e determinou o seguinte: O Art. 1º da Instrução 457/2007 passa a vigorar com a seguinte redação:
  Art. 1º
  § 1º Para fins de atendimento ao disposto no *caput* deste artigo, as demonstrações financeiras consolidadas das companhias abertas deverão ser elaboradas com base em pronunciamentos, plenamente convergentes com as normas internacionais, emitidos pelo Comitê de Pronunciamentos Contábeis – CPC e referendados pela CVM. As demonstrações financeiras consolidadas das companhias abertas serão denominadas "Demonstrações Financeiras Consolidadas em IFRS".
  § 4º O disposto neste artigo aplica-se, ainda, às demonstrações financeiras consolidadas do exercício anterior apresentadas para fins comparativos. (NR)

A Superintendência de Seguros Privados (Susep) também ressaltou a importância de as empresas sob a sua regulamentação e fiscalização apresentarem demonstrações contábeis de acordo com o IFRS, como se apresenta na Circular Susep nº 357/07, que determina, no âmbito da Superintendência de Seguros Privados, o desenvolvimento de ação específica, a ser concluída até 31 de outubro de 2008. Serão editados normativos a partir do referido diagnóstico, objetivando a adoção de procedimentos para a elaboração e publicação das demonstrações financeiras consolidadas, referentes ao exercício findo em 31 de dezembro de 2010, em consonância com os pronunciamentos do Iasb.

Em 2010, a SUSEP emitiu a Circular nº 408/2010 que veio a estabelecer o seguinte:

Art. 2º – As sociedades e entidades supervisionadas deverão publicar, a partir do exercício findo em 31 de dezembro de 2010, inclusive, as demonstrações financeiras consolidadas elaboradas de acordo com pronunciamentos emitidos pelo International Accounting Standards Board – Iasb, na forma homologada pelo Comitê de Pronunciamentos Contábeis – CPC.

Além desses atos legais, o Governo Federal sancionou a Lei nº 11.638, de 28 de dezembro de 2007, complementada pela Medida Provisória – MP nº 449, de 3 de dezembro de 2008, convertida na Lei nº 11.941, de 27 de maio de 2009, que altera e revoga dispositivos da Lei nº 6.404/76, dando melhores condições ao processo de convergência/harmonização da contabilidade societária brasileira com a contabilidade internacional.

O quadro a seguir demonstra a situação das empresas no Brasil, principalmente com relação ao uso do IFRS.

Quadro 2.6 Situação das empresas brasileiras diante do IFRS

Tipos de companhias	Situação das empresas no Brasil – IFRS			
	Adoção de IFRS	Adoção de normas da CVM	Publicação de demonstrações contábeis	Contratação de auditoria independente
S/A capital aberto	Sim	Sim	Sim	Sim
S/A capital fechado e de grande porte	Não	Opcional	Sim	Sim
S/A capital fechado (pequenas e médias)	Não	Opcional	Sim	Não
Ltda. de grande porte	Não	Não	Não	Sim
Ltda. (pequenas e médias)	Não	Não	Não	Não

Fonte: KPMG. Lei nº 11.638/07 altera a Lei das SAs (Lei nº 6.404/76) – resumo dos principais impactos. www.kpmg.com.br – 2008.

2.8 Estrutura conceitual básica da contabilidade internacional

O Iasb mantém um Prefácio das Normas Internacionais de Contabilidade, parte do qual se refere a um documento que tem como título "Estrutura conceitual para a preparação e apresentação das demonstrações contábeis" (Framework for the Preparation and Presentation of Financial Statements), onde são apresentados os conceitos que lastreiam a preparação e apresentação das demonstrações contábeis destinadas a usuários externos. Entre os usuários das demonstrações contábeis incluem--se investidores atuais e potenciais, empregados, credores por empréstimos, fornecedores e outros credores comerciais, clientes, governos e suas agências e o público. Eles usam as demonstrações contábeis para satisfazer algumas das suas diversas necessidades de informação.

A estrutura conceitual não se refere a uma Norma Internacional de Contabilidade; serve principalmente como guia de elaboração de novas Normas Internacionais de Contabilidade e entendimento das demonstrações contábeis elaboradas e divulgadas segundo o IFRS.

Os conceitos estão relacionados com os seguintes temas:

- usuários e suas necessidades de informação;
- objetivo das demonstrações contábeis;
- pressupostos básicos (regime de competência e continuidade);
- características qualitativas das demonstrações contábeis;
- elementos das demonstrações contábeis;
- reconhecimento dos elementos das demonstrações contábeis;
- avaliação dos elementos das demonstrações contábeis;
- conceitos de capital e manutenção do capital.

Ressalte-se que tais conceitos estruturais são os mesmos adotados no Brasil pela CVM, Ibracon e CFC.

2.8.1 Objetivos da estrutura conceitual básica

Os objetivos da estrutura conceitual básica da contabilidade internacional são os seguintes:

- estabelecer os conceitos que lastreiam a elaboração e apresentação das demonstrações contábeis a serem divulgadas a usuários de informações externos;
- ajudar o Iasb no desenvolvimento e revisão de Normas Internacionais de Contabilidade;
- auxiliar as entidades normativas nacionais na elaboração das normas contábeis locais;
- ajudar os auditores na formação de uma opinião sobre a conformidade das demonstrações contábeis com as Normas Internacionais de Contabilidade;
- auxiliar os usuários de demonstrações contábeis na interpretação das informações divulgadas pelas empresas em conformidade com as Normas Internacionais de Contabilidade.

Objetivos e pressupostos básicos das demonstrações contábeis

Nas figuras a seguir são destacados os objetivos e pressupostos básicos das demonstrações contábeis, conforme a estrutura conceitual básica.

Objetivos das Demonstrações Contábeis

⬇

Evidenciar informações sobre a situação econômico-financeira da empresa que sejam úteis a um grande número de usuários em suas tomadas de decisões.

balanço patrimonial	demonstra a situação patrimonial da empresa
demonstração do resultado do exercício	evidencia a situação econômica da companhia por meio da apuração de seu resultado (lucro ou prejuízo) em um determinado exercício
demonstração do resultado abrangente	demonstra o resultado do período, bem como possíveis resultados futuros, decorrentes de transações que ainda não se realizaram financeiramente
demonstração das mutações do patrimônio líquido	apresenta as variações dos elementos que compõem o patrimônio líquido de um período para o outro
demonstração das origens e aplicações de recursos	divulga as origens e aplicações de recursos e as variações no capital circulante líquido (ativo circulante – passivo circulante); **não prevista no âmbito internacional**
demonstração dos fluxos de caixa	apresenta a geração de caixa das atividades operacionais, de investimentos e financiamentos da entidade
demonstração do valor adicionado	evidencia o valor agregado gerado e distribuído pela empresa; **não prevista no âmbito internacional**
balanço social	demonstra o montante investido pela companhia em ações sociais voltadas aos seus colaboradores e à sociedade; **não previsto no âmbito internacional**
notas explicativas	apresenta informações detalhadas sobre alguns ativos, passivos, receitas e despesas relevantes selecionados

Figura 2.1 Objetivos básicos das demonstrações contábeis.

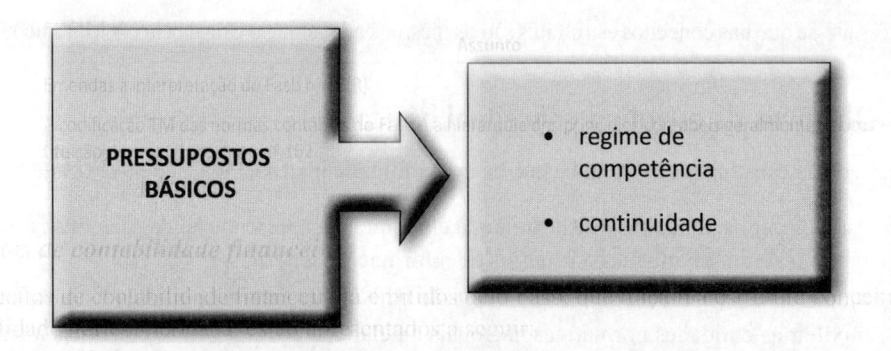

Figura 2.2 Pressupostos básicos das demonstrações contábeis.

2.8.2 Características qualitativas da informação contábil

Os atributos da informação contábil, de acordo com a estrutura conceitual básica da contabilidade internacional, são os que se seguem:

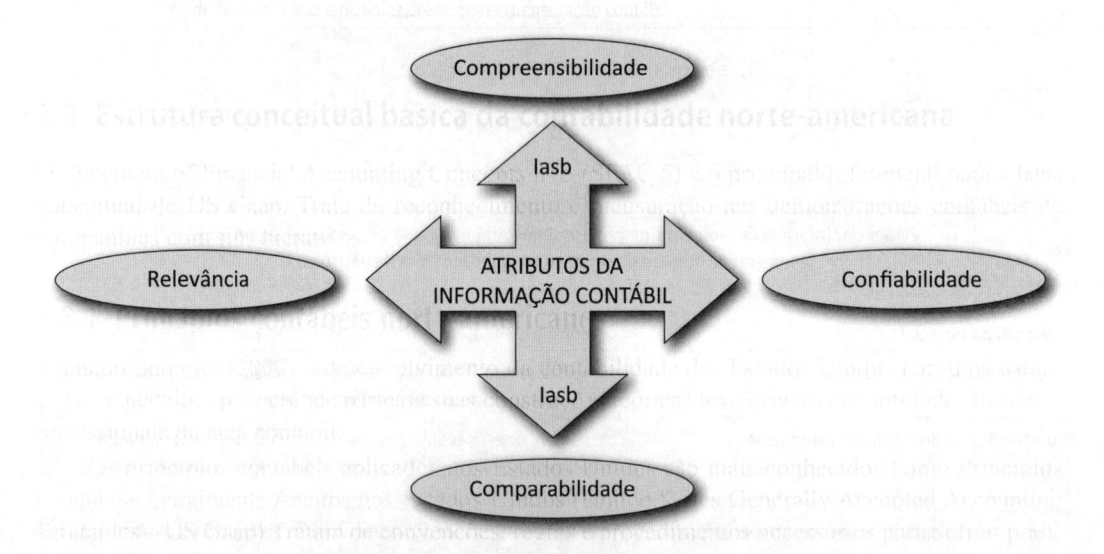

Figura 2.3 Características qualitativas da informação contábil.

Para que uma informação contábil seja útil e influencie decisões econômicas ela precisa ser compreensível, relevante, comparável e confiável. Vale ressaltar que a relevância envolve a materialidade e a confiabilidade resguarda os seguintes fatores:

- primazia da essência sobre a forma;
- representação adequada;
- neutralidade;
- prudência;
- integridade.

Há algumas limitações para a plena aplicação da relevância e confiabilidade, são elas:

- tempestividade;
- equilíbrio entre custo e benefício;
- equilíbrio entre as características qualitativas da informação.

No Capítulo 1 foram apresentados os conceitos e as avaliações das características qualitativas da informação contábil.

2.8.3 Reconhecimento, avaliação e mensuração dos elementos das demonstrações contábeis

Os seguintes elementos são partes integrantes das duas demonstrações contábeis principais, conforme a estrutura conceitual:

BALANÇO PATRIMONIAL
- ativos
- passivos
- patrimônio líquido

DEMONSTRAÇÃO DE RESULTADOS
- receitas
- despesas
- custos

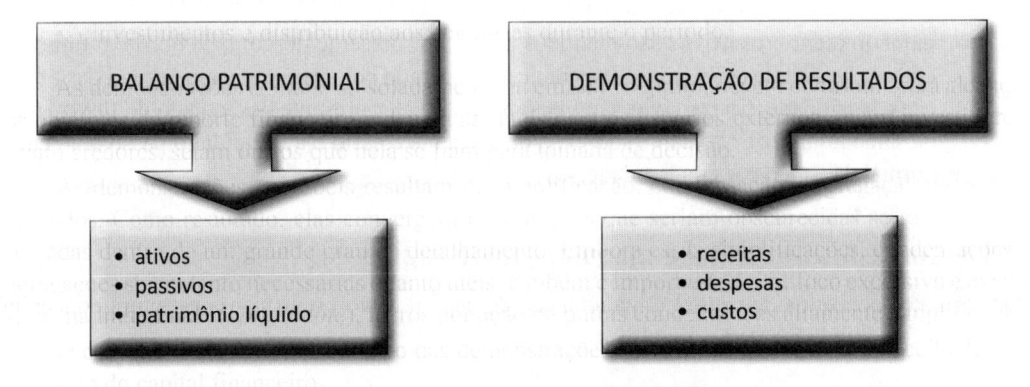

Figura 2.4 Elementos das demonstrações contábeis.

O resultado apresentado na Demonstração do Resultado é frequentemente usado como medida de "desempenho" ou como base para outras avaliações, tais como o retorno do investimento ou resultado por ação.

Os ativos, passivos, receitas, despesas e custos são **reconhecidos** nas demonstrações contábeis a partir dos seguintes critérios:

- **ativo:** é reconhecido quando for provável que a entidade venha a receber dele benefícios econômicos futuros e o seu custo ou valor possa ser medido em bases confiáveis;
- **passivo:** é reconhecido quando for provável que uma saída de recursos envolvendo benefícios econômicos ocorra na liquidação de uma obrigação atual, e quando o valor pelo qual a liquidação da obrigação se fará possível ser medido em bases confiáveis;
- **receita:** é reconhecida quando resulta em um aumento de ativo que possa ser medido em bases confiáveis nos benefícios econômicos futuros, ou resulta de uma diminuição de um passivo;
- **despesa e custo:** são reconhecidos quando surgem decréscimos nos futuros benefícios econômicos referentes a ativos que possam ser medidos em bases confiáveis, ou ainda quando há aumentos de passivos.

As bases de **avaliação e mensuração** dos ativos, passivos, receitas, despesas e custos para reconhecimento nas demonstrações contábeis são:

- **custo histórico:** os **ativos** são contabilizados pelos valores pagos em dinheiro ou equivalentes a dinheiro, ou pelo valor justo para adquiri-los. Os **passivos** são registrados pelos valores do que foi recebido em troca da obrigação (fornecedores, por exemplo) ou pelos valores em dinheiro ou equivalentes a dinheiro que serão necessários para satisfazer o passivo no curso normal das operações (Imposto de Renda, por exemplo);
- **custo corrente:** os **ativos** são contabilizados pelos valores em dinheiro ou equivalentes a dinheiro que teriam de ser pagos se eles fossem adquiridos no presente. Os **passivos** são contabilizados pelos não descontados a dinheiro ou equivalentes a dinheiro que seriam necessários para liquidar a obrigação no presente;
- **valor realizável:** os **ativos** são mantidos pelos valores em caixa ou equivalentes de caixa que poderiam ser obtidos pela venda numa forma ordenada. Os **passivos** são mantidos pelos seus valores de liquidação, isto é, pelos valores em caixa e equivalentes de caixa, não descontados, que se espera que seriam pagos para liquidar as correspondentes obrigações no curso normal das operações da entidade;
- **valor presente:** os **ativos** são mantidos pelo valor presente descontado do fluxo futuro de entrada líquida de caixa que se espera que seja gerado pelo item no curso normal das operações da entidade. Os **passivos** são mantidos pelo valor presente descontado do fluxo futuro de saída líquida de caixa que se espera que seja necessário para liquidar o passivo no curso normal das operações da entidade.

2.8.4 Conceitos de capital e manutenção de capital

Os seguintes conceitos de capital e manutenção de capital estão previstos na estrutura conceitual básica da contabilidade internacional:

- **Capital:** o conceito financeiro internacional de capital é adotado como sinônimo de **ativo líquido** ou **patrimônio líquido**.
- **Manutenção de capital:** o conceito de manutenção de capital está ligado ao modo como a entidade define o capital que ela procura manter no processo de gerenciamento de suas atividades. Representa um elo entre o retorno do capital investido e a geração de lucro. Considera ainda os conceitos do Capital Financeiro e do Capital Físico.

Questões e exercícios

1. Como são conhecidos os pronunciamentos contábeis internacionais emitidos pelo Iasb?
2. Dê cinco exemplos de países, exceto o Brasil, que adotam as normas internacionais de contabilidade.
3. No Brasil, quais tipos de empresas são obrigados a divulgar demonstrações contábeis em IFRS?
4. Quais são os pressupostos básicos das demonstrações contábeis previstos na estrutura conceitual da contabilidade internacional?
5. Quais as características qualitativas da informação contábil, conforme a estrutura conceitual internacional?
6. Explique os critérios contábeis para reconhecimento, avaliação e mensuração de ativos, passivos, receitas, custos e despesas da estrutura conceitual.

CAPÍTULO 3

Fundamentos e estrutura da contabilidade nos Estados Unidos - US Gaap

3.1 Entidades de contabilidade dos Estados Unidos

O Comitê de Normas de Contabilidade Financeira (Financial Accounting Standards Board – Fasb) é um órgão do setor privado da economia norte-americana, criado em 1973, para emitir pronunciamentos sobre assuntos contábeis. O Fasb surgiu para substituir o Comitê de Princípios Contábeis (Accounting Principles Board – APB), sob a sanção do Instituto Americano de Contadores Públicos Certificados (American Institute of Certified Public Accountants – AICPA).

A missão do Fasb é:

> Estabelecer e aperfeiçoar os padrões contábeis, servindo como guia e educador para todo o público, incluindo os legisladores da matéria contábil, auditores e os usuários da informação contábil.

O Fasb emite vários tipos de pronunciamentos, dentre os quais destacamos os seguintes:

- **Princípios contábeis**:
  - United States Generally Accepted Accounting Principles (US Gaap).
- **Normas contábeis**:
  - Statements of Financial Accounting Standards (SFAS).
- **Interpretações das normas contábeis**:
  - Fasb Interpretations.
- **Conceitos de contabilidade financeira**:
  - Statements of Financial Accounting Concepts (SFAC).
- **Outros**:
  - Fasb Staff Positions;
  - Fasb Technical Bulletins;
  - EITF Abstracts.

A Securities and Exchange Commission (SEC), que podemos considerar a CVM norte-americana, é o órgão governamental, independente, criado em 1934, que regula o mercado de capitais dos Estados Unidos, e é, em última instância, o responsável pela regulamentação contábil das companhias que atuam no referido mercado. Ela solicita ao Fasb que regulamente os procedimentos para novos eventos contábeis, que depois aprova para utilização no país. O procedimento inverso também pode ocorrer, quando o Fasb emite um novo pronunciamento e este é acatado pela SEC. Os principais pronunciamentos da SEC são:

- FRR – Financial Reporting Releases;
- AAER – Accounting and Auditing Enforcement Releases;
- SAB – Staff Accounting Bulletins.

3.2 Pronunciamentos contábeis do Fasb

Até outubro de 2010, o Fasb havia emitido 168 pronunciamentos sobre a matéria contábil, conhecidos como Statements of Financial Accounting Standards – SFAS (Pronunciamentos sobre Normas de Contabilidade Financeira). A seguir, relacionamos os pronunciamentos já emitidos pelo Fasb:

Normas contábeis

SFAS	Assunto
2	Contabilidade para custos com pesquisa e desenvolvimento
3	Mudanças de contabilidade e informações em demonstrações financeiras parciais
4	Informações sobre ganhos e perdas de liquidação de dívidas
5	Contabilidade para contingências
6	Classificação de obrigações a curto prazo passíveis de refinanciamento
7	Contabilidade e informações para empreendimentos em fase de desenvolvimento
10	Extensão de provisões de direitos adquiridos para combinações de negócios
11	Contabilidade para contingências: método de transição
13	Contabilidade para arrendamento mercantil
15	Contabilidade para os devedores e credores para reestruturações de dívidas
16	Ajustes de períodos anteriores
18	Relatórios financeiros para segmentos de empreendimentos comerciais: relatórios financeiros parciais
19	Contabilidade e relatórios financeiros de companhias produtoras de óleo e gás
21	Dispensa de relatório de lucros por ação e informações específicas de empresas fechadas
22	Mudanças em provisões de contratos de arrendamento decorrentes de reembolso de débitos de impostos isentos
23	Início de arrendamento
24	Relatório de informações específicas (notas explicativas) nas demonstrações financeiras que estão apresentadas em relatório financeiro de outra empresa
25	Dispensa de certos requerimentos contábeis para empresas produtoras de óleo e gás
27	Classificação de renovação ou extensão de atuais contratos de arrendamentos do tipo venda ou arrendamento financeiro direto
28	Contabilidade para arrendamento do tipo *"leasebacks"* (venda seguida de aluguel com opção de recompra)
29	Determinação de aluguéis contingentes

SFAS	Assunto
30	Divulgação de informações sobre principais clientes
34	Capitalização de custo de juros
35	Contabilidade e relatórios para planos de pensão com benefícios definidos
37	Classificação de impostos sobre a renda diferidos no balanço patrimonial
42	Determinação de materialidade para capitalização de custo de juros
43	Contabilização de ausências compensadas
44	Contabilidade para ativos intangíveis de transportadores motorizados
45	Contabilização de receita de honorários de franquias
47	Divulgação de obrigações de longo prazo
48	Reconhecimento de receitas sobre existência de direitos de retorno
49	Contabilidade para acordos de financiamento de produtos
50	Relatórios financeiros na indústria musical e gravadoras
51	Relatórios financeiros de companhias de televisão a cabo
52	Tradução em moeda estrangeira
57	Divulgação de partes relacionadas
58	Capitalização de custos e juros em relatórios financeiros que incluem investimentos avaliados pelo método da equivalência patrimonial
60	Contabilidade e relatórios de empresas de seguro
61	Contabilização de escritura de fábricas
62	Capitalização de custo de juros em situações que envolvem determinados empréstimos com isenção de impostos e determinadas doações
63	Relatórios financeiros de empresas de radiodifusão
64	Relatório de ganhos e perdas de liquidação de dívidas para satisfazer requerimentos de fundo de amortização
65	Contabilização de determinadas atividades bancárias de credores hipotecários
66	Contabilização de vendas de bens imóveis
67	Contabilização de custos e operações iniciais de aluguel de projetos imobiliários
68	Acordos de desenvolvimento e pesquisas
69	Divulgação sobre atividades de produção de gás e óleos
71	Contabilização de efeitos de determinados tipos de regulamentação
72	Contabilização de determinadas aquisições de instituições bancárias ou de parcimônia
73	Relatórios de mudanças na contabilidade para estruturas de estradas de ferro
76	Extinção dos débitos
77	Relatórios de *transferor* para transferência e recebimento com recursos
78	Classificação de obrigações que são sujeitas a resgates pelos credores
79	Eliminação de determinadas divulgações para combinações de negócios para empresas privadas
80	Contabilização de contratos futuros
84	Conversões induzidas e débitos conversíveis
85	Teste de rendimentos para determinação de quando um título conversível é equivalente a ação ordinária
86	Contabilização de custos de programas de computação para serem vendidos, arrendados ou comercializados de outra forma
87	Contabilização de planos de pensão para empregados

SFAS	Assunto
88	Contabilidade para liquidação ou redução de planos de benefício de pensão definidos
89	Relatórios financeiros e mudanças de preços
90	Empreendimentos regulamentados: contabilidade para abandono e rejeição de custos de fábricas
91	Contabilização de honorários não reembolsáveis, custos associados com empréstimos originados ou adquiridos e custos diretos iniciais de arrendamento
92	Empreendimentos regulamentados: contabilidade para planos de aumentos progressivos
93	Reconhecimento de depreciação por empresas sem fins lucrativos
94	Consolidação de subsidiária com participação majoritária
95	Demonstração dos fluxos de caixa
97	Contabilidade e relatórios para empreendimentos de seguros para determinados contratos de longa duração e para ganhos realizados e perdas de vendas de investimentos
98	Contabilização de arrendamentos mercantis: diversos tipos
99	Diferimento da data efetiva de reconhecimento de depreciação de empresas sem fins lucrativos
101	Empreendimentos regulamentados: contabilização de descontinuidade e aplicação do SFAS nº 71
102	Demonstração dos fluxos de caixa: exceção de determinados empreendimentos e classificação de fluxo de caixa de determinados títulos mobiliários adquiridos para revenda
104	Demonstração dos fluxos de caixa: relatório de determinados recebimentos e pagamentos de caixa e classificação de fluxos de caixa de transações de contratos a termo
105	Divulgação de informações sobre instrumentos financeiros com riscos não incluídos no balanço patrimonial e instrumentos financeiros com concentração de riscos e créditos
106	Contabilização de benefícios pós-aposentadoria para empregados, além de pensões
107	Divulgação de valor justo de instrumentos financeiros
109	Contabilidade para impostos sobre a renda
110	Relatórios de planos de pensão com benefícios definidos de contratos de investimentos
111	Rescisão do SFAS nº 32 e correções técnicas
112	Contabilização de benefícios pós-emprego de empregados
113	Contabilização e relatórios para resseguros de contratos de curta e longa duração
114	Contabilidade para amortização de um empréstimo
115	Contabilidade para determinados investimentos em débitos e ações de capital
116	Contabilidade para contribuições recebidas e oferecidas
117	Relatórios financeiros de organizações sem fins lucrativos
118	Contabilidade para credores de empréstimos: reconhecimento de receitas e divulgações
119	Divulgação sobre instrumentos financeiros derivativos e valor justo de instrumentos financeiros
120	Contabilidade e relatórios para empreendimentos de seguro de vida mútuo e para empreendimentos de seguro para determinados contratos de participação de longa duração
122	Contabilização de determinadas atividades bancárias de credores hipotecários
123	Contabilidade para compensação baseada em ações
124	Contabilidade para determinados investimentos mantidos por organizações sem fins lucrativos
125	Normatiza a contabilização e divulgação das transferências e realizações de ativos financeiros e extinção de passivos
126	Exceção de certas divulgações requeridas sobre instrumentos financeiros de certas entidades fechadas
127	Adiamento da data de vigência do pronunciamento SFAS nº 125
128	Lucro por ação

SFAS	Assunto
129	Divulgação de informações sobre estrutura de capital
130	Relatório sobre a receita total
131	Divulgação sobre segmentos de uma empresa e informações relacionadas
132	Divulgação sobre pensões e outros benefícios de aposentadoria
133	Contabilidade para instrumentos derivativos e atividades de *hedge*
134	Contabilidade para atividades de hipoteca em empreendimentos bancários
135	Rescisão do SFAS nº 75 e correções técnicas
136	Transferências de ativos numa organização sem fins lucrativos e doações de caridade que asseguram contribuições para terceiros
137	Contabilidade para instrumentos derivativos e atividades de *hedge*
138	Contabilidade para certos instrumentos derivativos e certas atividades de *hedge*
139	Rescisão do SFAS nº 53 e emendas para os SFAS nºs 63, 89 e 121
140	Normatiza a contabilização e divulgação das transferências e realizações de ativos financeiros e extinção de passivos: substituição do SFAS nº 125
141	Combinações de negócios
142	*Goodwill* e outros ativos intangíveis
143	Contabilidade para obrigações associadas com a retirada de ativos tangíveis de vida longa
144	Contabilidade para desvalorização de ativos de vida longa
145	Cancela os SFAS nºs 4, 44 e 63, modifica o SFAS nº 13 e introduz algumas correções técnicas
146	Contabilidade para custos de reestruturação
147	Aquisições de certas instituições financeiras
148	Contabilidade para remuneração baseada em ações – transição e evidenciação. Complementa o SFAS nº 123
149	Complementa o SFAS nº 133 sobre instrumentos derivativos e atividades de *hedge*
150	Contabilidade para determinados instrumentos financeiros com característica de empréstimo ou de investimento
151	Custos de estoques – complementa o ARB nº 43, Capítulo 4
152	Contabilidade para operações imobiliárias de tempo compartilhado – complementa os SFAS nºs 66 e 67
153	Transações de ativos não monetários – complementa o APB nº 29
154	Mudanças contábeis e correções de erros – revisão do APB nº 20 e SFAS nº 3
155	Contabilidade para certos instrumentos financeiros híbridos – emendas dos SFAS nº 133 e nº 140
156	Contabilidade para ativos financeiros – emenda do SFAS nº 140
157	Mensuração de valor justo
158	Contabilidade para Planos de Pensão de Benefício Definido e Outros Planos de Aposentadoria – Emendas dos SFAS – emendas dos SFAS nºs 87,88,106 e 132(R)
159	A opção de valor justo para ativos financeiros e passivos financeiros – incluindo emenda do SFAS nº 115
160	Participação de não controladores em demonstrações contábeis consolidadas – emenda do ABR nº 51
161	Evidenciação sobre instrumentos derivativos e atividades de hedge – emenda do SFAS nº 133
162	A hierarquia dos princípios contábeis geralmente aceitos
163	Contabilidade para contratos de seguros de garantias financeiras – uma interpretação do SFAS nº 60
164	Entidades sem fins lucrativos: fusões e aquisições – incluindo uma emenda do SFAS nº 142
165	Eventos subsequentes
166	Contabilidade para transferências de ativos financeiros – emenda do SFAS nº 140

SFAS	Assunto
167	Emendas à interpretação do Fasb nº 46(R)
168	A codificação TM das normas contábeis do Fasb e a hierarquia dos princípios contábeis geralmente aceitos – substituição da emenda do SFAS nº 162

Conceitos de contabilidade financeira

Os conceitos de contabilidade financeira já emitidos pelo Fasb, que traçam a estrutura conceitual da contabilidade norte-americana, estão apresentados a seguir:

SFAC	Assunto
1	Objetivos dos relatórios financeiros das empresas
2	Características qualitativas da informação contábil
3	Sem efeito, substituído pelo SFAC 6
4	Objetivos dos relatórios financeiros das organizações não empresariais
5	Reconhecimento e mensuração de demonstrações financeiras
6	Elementos das demonstrações financeiras
7	Uso do fluxo de caixa e do valor presente na mensuração contábil

3.3 Estrutura conceitual básica da contabilidade norte-americana

O Statement of Financial Accounting Concepts nº 5 (SFAC 5) é o principal referencial para a base conceitual do US Gaap. Trata do reconhecimento e mensuração nas demonstrações contábeis de companhias com fins lucrativos.

3.3.1 Princípios contábeis norte-americanos

Segundo Schmidt (2000) o desenvolvimento da contabilidade dos Estados Unidos tem uma característica peculiar, pois grande parte de suas construções teóricas teve origem em entidades ligadas a profissionais da área contábil.

Os princípios contábeis aplicados nos Estados Unidos são mais conhecidos como Princípios Contábeis Geralmente Aceitos nos Estados Unidos (United States Generally Accepted Accounting Principles – US Gaap).Tratam de convenções, regras e procedimentos necessários para definir práticas contábeis aceitas, não se limitam a guias de aplicação genérica, mas partem para o detalhamento.

Os princípios contábeis norte-americanos, são basicamente, os mesmos aplicados no Brasil pela Comissão de Valores Mobiliários (CVM) e o Instituto dos Auditores Independentes do Brasil (Ibracon). As diferenças são encontradas na aplicação desses princípios contábeis, ou seja, nas normas aplicáveis a alguns eventos econômicos.

A seguir, destacamos os princípios contábeis previstos no SFAC 5 da Fasb:

- entidade;
- continuidade;
- unidade monetária;
- periodicidade;
- custo histórico;
- reconhecimento de receita;
- confrontação da despesa;

- evidenciação;
- conservadorismo;
- competência.

3.3.2 Objetivos das demonstrações contábeis

As demonstrações contábeis são a figura central do reporte financeiro e o principal meio de comunicação de informação financeira da entidade para todos seus usuários externos. Algumas das informações úteis são fornecidas pelas demonstrações financeiras e outras só podem ser compreendidas por meio das notas explicativas. Para os itens cujos critérios de reconhecimento estão claros nas demonstrações contábeis não há necessidade de outros meios de demonstração.

Um conjunto completo de demonstrações contábeis para um período deve mostrar:

- a posição financeira no fim do período;
- a demonstração do resultado do período;
- a composição do lucro total (*comprehensive income*) compreensivo para o período;
- os fluxos de caixa durante o período;
- investimentos e distribuição aos acionistas durante o período.

As demonstrações contábeis, isoladamente ou em seu conjunto, devem contribuir para alcançar os objetivos de reporte financeiro e devem ser úteis para os usuários externos, sejam investidores, sejam credores, sejam outros que nela se fiam para tomada de decisão.

As demonstrações contábeis resultam da simplificação, condensação e agregação de massas de dados. Como resultado, elas convergem informações que seriam obscurecidas se fossem apresentadas dentro de um grande grau de detalhamento. Embora essas simplificações, condensações e agregações sejam tanto necessárias quanto úteis, também é importante evitar foco excessivo e exclusivo "na linha final" (*bottom line*), lucros por ação ou outras condensações altamente simplificadas.

O conjunto completo e articulado das demonstrações contábeis é baseado no conceito de manutenção do capital financeiro.

Manutenção do capital financeiro

Uma empresa recebe um retorno somente depois que seu capital tenha sido mantido ou recoberto. O conceito de manutenção do capital, portanto, baseia-se no retorno do investimento (Return on Investiment – ROI).

O retorno do capital financeiro se realiza apenas se a importância financeira dos ativos líquidos de uma empresa ao final de um período excede a importância financeira dos ativos líquidos do início do período, excluindo os efeitos das transações com os acionistas. Em outras palavras, o retorno do investimento caracteriza-se quando o valor do patrimônio líquido final é superior ao valor do patrimônio líquido inicial, desconsiderando-se entradas ou saídas de capital, bem como retiradas dos lucros.

Balanço patrimonial

O balanço patrimonial fornece informação sobre os ativos, passivos e patrimônio líquido da entidade e os relacionamentos entre cada um deles num momento do tempo. O balanço patrimonial delineia a estrutura de recursos da entidade – principais classes e importâncias dos ativos – e sua estrutura financeira – as principais classes e importâncias das exigibilidades e do patrimônio líquido.

O balanço patrimonial não tem a função de mostrar o valor do negócio empresarial, mas, com outras demonstrações financeiras, deve fornecer informações que sejam úteis para aqueles que desejam fazer suas próprias estimativas do valor da empresa. Essas estimativas são parte da análise financeira, não das demonstrações financeiras, mas estas devem auxiliar a análise financeira.

Demonstração dos lucros acumulados

A demonstração dos lucros acumulados e do lucro compreensivo (ou lucro abrangente) em conjunto deve refletir a extensão e os modos como o patrimônio líquido de uma entidade foi incrementado ou reduzido de todas as fontes separadamente das transações com os acionistas durante o período.

Lucro

O lucro é uma medida de desempenho da entidade durante um período. Ele mede a extensão de como os ativos cresceram (receitas e ganhos) associados com os ciclos de caixa substancialmente completados durante o período e que excederam às diminuições associadas dos ativos (despesas e perdas), direta ou indiretamente, nos mesmos ciclos.

Demonstração do resultado compreensivo ou abrangente

É a demonstração básica pelo US Gaap. Na demonstração do resultado do exercício, deve ser separado o lucro decorrente das operações contínuas e recorrentes daquele advindo das operações não recorrentes e de outros resultados que não são considerados operacionais ou não foram realizados.

Demonstração dos fluxos de caixa

Esta demonstração fornece informações úteis sobre as atividades de uma entidade que geram caixa por meio das operações para o pagamento de exigibilidades, distribuição de dividendos ou reinvestimento para manter ou expandir a capacidade operacional. Fornece também informações sobre o fluxo das entradas de capital e dos investimentos realizados.

Uma vez que os resultados e os lucros acumulados são mensurados pelo regime de competência de exercícios, a demonstração dos fluxos de caixa fornece informações relevantes sobre as importâncias, causas e intervalos de tempo entre os lucros e os recebimentos e saídas de caixa.

Outros resultados abrangentes ou compreensivos

Alguns componentes de outros resultados abrangentes (Other Comprehensive Income – OCI) não precisam transitar pela demonstração do resultado do exercício, devendo então ser apresentados no patrimônio líquido. Esses resultados incluem:

- ajustes acumulados de conversão;
- ganhos e perdas não realizados sobre títulos disponíveis para venda, líquidos dos impostos;
- porção não amortizada de ganhos e perdas atuariais, custo e crédito de serviço prévio e obrigação e ativo de transição relacionado a pensão de benefício definido e outros planos pós-aposentadoria;
- porção efetiva de ganhos e perdas sobre *hedges* de fluxo de caixa, líquidos dos impostos;
- porção efetiva de ganhos e perdas sobre *hedges* de investimento líquido em uma operação estrangeira.

3.3.3 Reconhecimento

Reconhecimento é o processo de registro formal ou de incorporação de um item nas demonstrações financeiras de uma entidade, como um ativo, exigibilidade, receita, despesa ou similar. O reconhecimento inclui a descrição de um item tanto em palavras como em números, com a importância monetária incluída nos totais das demonstrações contábeis.

Para um ativo ou exigibilidade, o reconhecimento envolve registro não apenas da aquisição ou ocorrência do item, mas também suas mudanças posteriores de valor, incluindo aquelas que resultem até na sua remoção das demonstrações contábeis.

Embora o reconhecimento envolva considerações de relevância e comparabilidade, os critérios, convenções e regras de reconhecimento têm a intenção primária de aumentar a confiabilidade das demonstrações financeiras. Sabe-se que a dinâmica dos negócios traz incerteza na realização dos números, por isso a função da acurácia dos critérios de reconhecimento é fundamental para minimizar essas incertezas.

3.3.4 Mensuração

A mensurabilidade é a condição de quantificação de um item em quantidade de unidades monetárias. O ativo, exigibilidade ou mudança no patrimônio líquido deve ter um atributo relevante que pode ser quantificado monetariamente com confiabilidade suficiente. A mensurabilidade deve ser considerada em conjunto com a relevância e a confiabilidade.

Atributos de mensuração

Os itens correntemente reportados nas demonstrações contábeis são mensurados por diferentes atributos, dependendo da natureza do item e da relevância e confiabilidade do atributo mensurado. Cinco diferentes atributos de ativos e exigibilidades são utilizados na prática presente:

a) *custo histórico*: imobilizados e a maior parte dos inventários são reportados pelo seu custo histórico, que é a importância em caixa, ou seu equivalente, pago para adquirir um ativo. São ajustados, após a aquisição, pelas amortizações ou outras alocações. Exigibilidades que envolvem obrigações por fornecimento de mercadorias ou serviços também são reportadas pelo custo histórico;

b) *custo corrente*: alguns inventários devem ser reportados pelo custo de reposição, que é a importância em caixa ou seu equivalente, que será paga para o mesmo ativo ou equivalente quando for adquirida;

c) *valor de mercado corrente*: alguns investimentos em ativos financeiros são reportados pelo seu valor de mercado corrente, que é a importância em caixa, ou seu equivalente, que seria obtido pela venda do ativo em uma liquidação comum e ordenada;

d) *valor realizável líquido*: recebíveis de curto prazo e alguns inventários são reportados pelo seu valor realizável líquido, que é a importância de caixa não descontada, ou seu equivalente, pelo qual um ativo é esperado para ser convertido no devido curso dos negócios, menos os custos diretos, se houver, necessários para essa conversão;

e) *valor presente (ou descontado) do fluxo futuro de caixa*: recebíveis de longo prazo são reportados ao seu valor presente (descontados à sua taxa implícita ou histórica), que é ele mesmo ou o valor do fluxo futuro de caixa descontado, pelo qual se espera que este ativo seja convertido no curso normal dos negócios, subtraindo-se o valor presente dos fluxos de caixa necessários para obter as suas entradas.

Unidade monetária ou escala de mensuração

A unidade monetária ou escala de mensuração nas demonstrações contábeis nas práticas correntes é a unidade nominal de moeda, isto é, não ajustada por mudanças no poder aquisitivo da moeda ao longo do tempo. Uma escala ideal de mensuração seria uma que fosse estável ao longo do tempo.

Em baixas taxas de mudança do poder aquisitivo da moeda (inflação ou deflação), as unidades nominais da moeda são relativamente estáveis. Só deve ser considerado outro modelo de mensuração (correção monetária das demonstrações contábeis, por exemplo) se as taxas de mudança no poder aquisitivo geral da moeda tiverem grande aumento.

3.3.5 Orientações gerais para o reconhecimento das receitas, ganhos, despesas e perdas

Basicamente concentram-se nos conceitos de realização e confrontação da receita com a despesa. As principais orientações são:

- *realização*: receitas e ganhos não são geralmente reconhecidos como componentes do lucro até serem realizados ou realizáveis. As receitas não devem ser reconhecidas até serem realizadas, o que ocorre quando a entidade tiver substancialmente executado o que deve ser feito para receber os benefícios representados pela receita. Para os ganhos, a realização é geralmente menos significante do que serem realizados ou realizáveis.
- *consumo do benefício*: as despesas são geralmente reconhecidas quando os benefícios econômicos para a entidade são consumidos nas atividades de ganhos ou receitas. As despesas e perdas também podem ser reconhecidas se ficar evidente que os benefícios econômicos futuros dos ativos reconhecidos foram previamente reduzidos ou eliminados, ou que as exigibilidades tenham sido incorridas ou aumentadas, mesmo que não estejam associadas a benefícios econômicos.

3.3.6 Orientações gerais para o reconhecimento das mudanças nos ativos e exigibilidades

Essas orientações concentram-se no reconhecimento inicial e as variações futuras. São elas:

- *reconhecimento inicial*: o reconhecimento inicial dos ativos adquiridos e exigibilidades incorridas geralmente envolve a mensuração baseada nos preços de troca correntes na data do reconhecimento. Uma vez que o ativo ou exigibilidade é reconhecido, ele continua a ser mensurado pela importância inicialmente reconhecida; até que um evento muda o ativo ou exigibilidade – ou sua importância – , sendo necessário outro critério de reconhecimento;
- *mudança nos ativos e exigibilidades*: são dois tipos de eventos que mudam o valor de um elemento patrimonial: 1. fluxos de entrada (aquisições de ativos ou incorrência de exigibilidades) e fluxos de saída (venda ou disposição ou perda de ativos e ajuste ou cancelamento de exigibilidades) e 2. mudança nas importâncias dos ativos ainda mantidos ou das exigibilidades ainda sob responsabilidade da entidade. Informações baseadas em preços correntes só devem ser reconhecidas se forem suficientemente relevantes e confiáveis para justificar os custos envolvidos e mais relevantes do que a informação alternativa.

3.3.7 Atributos da informação contábil

De acordo com o SFAC 2, os atributos da informação contábil são:

- compreensibilidade;
- relevância;
- confiabilidade;
- comparabilidade;
- consistência;
- neutralidade;
- materialidade;
- verificabilidade;
- relação custo × benefício.

Esses atributos são basicamente os mesmos adotados pelas normas contábeis internacionais e foram conceituados nos Capítulos 1 e 2.

3.4 A hierarquia dos US Gaap

O SFAS nº 162 identifica as fontes dos princípios contábeis e quais devem ser usados na preparação das demonstrações contábeis das entidades não governamentais, que são apresentadas em conformidade com as normas e princípios contábeis geralmente aceitos nos Estados Unidos.

É amplamente conhecido que a hierarquia Gaap enuncia o nível de autoridade atribuído a um determinado pronunciamento ou documento contábil. Por exemplo, um pronunciamento SFAS, que está na *Categoria A* da hierarquia Gaap, tem um nível hierárquico superior ao de um Fasb Boletim Técnico, que está na *Categoria B*. Ao elaborar as demonstrações contábeis, deverá ser observada primeiramente a *Categoria A* Gaap na seleção e aplicação dos princípios contábeis, e, em seguida, as categorias *B, C* e *D,* nessa ordem, somente no caso de uma transação ou acontecimento não especificado na *Categoria A*. Caso haja orientações conflitantes entre as duas categorias, a categoria de maior nível de autoridade deverá prevalecer.

A seguir, apresentamos, em ordem decrescente de importância, as fontes de princípios contábeis geralmente aceitos para entidades não governamentais:

Categoria A:

Nesta categoria estão os princípios e normas contábeis autorizados mais importantes.
- Financial Accounting Standards Board (Fasb) Statements (SFAS);
- Fasb Interpretations (FIN);
- Accounting Principles Board (APB) Opinions (não são mais publicados);
- AICPA Accounting Research Bulletins (ARB) (não são mais publicados);
- questões de implementação do SFAS 133 (DIGs);
- posições da equipe do Fasb – Fasb Staff Positions (FSPs).

Categoria B:

Quando o tratamento contábil de uma transação não for especificado por um pronunciamento atrelado à *Categoria A*, devem ser considerados os pronunciamentos de órgãos compostos por contadores especialistas, que sigam o devido processo do estabelecimento de princípios ou descrição de práticas existentes geralmente aceitas, incluindo uma distribuição ampla dos princípios de contabilidade propostos ao público para comentário.
- Boletins Técnicos do Fasb (Fasb Technical Bulletins – FTB);
- Diretrizes Contábeis e de Auditoria da Indústria da AICPA (se aceitos pelo Fasb) – AICPA Industry Audit and Accounting Guides;
- Demonstração da Posição da AICPA (se aceitos pelo Fasb) (Statements of Position – SOPs).

Categoria C:

São os órgãos compostos de contadores especialistas, seguindo um devido processo de interpretação e estabelecimento de princípios ou descrição das práticas contábeis existentes geralmente aceitas.
- posições de consenso do Fasb Emerging Issues Task Force (resumos da EITF);
- boletins da Prática da AICPA Accounting Standards Executive Committee (AcSEC) (se aceitos pelo Fasb) (não são mais publicados).

Categoria D:
- AICPA Accounting Interpretations (AIN) – (não são mais publicadas);
- diretrizes de interpretação do Fasb (Q&A);
- práticas da indústria amplamente reconhecidas e predominantes.

São práticas e procedimentos reconhecidos como geralmente aceitos, porque representam práticas que prevalecem na indústria.

Outras fontes de Gaap:
- Declarações do Fasb de Conceitos Contábeis Financeiros – Fasb Statements of Financial Accounting Concepts;
- Documentos de Questões da AICPA – AICPA Issue Papers;
- International Financial Reporting Standards – IFRS;
- declarações, interpretações e boletins técnicos do Federal Accounting Standards Advisory Board (Fasab);
- pronunciamentos de outras agências regulamentares ou associações profissionais;
- apoio prático técnico da AICPA;
- manuais, compêndios e artigos contábeis.

A *Categoria A* é constituída de princípios obrigatórios. Os pronunciamentos enquadrados nas categorias *B*, *C* e *D* representam pontos de vista acerca de um determinado assunto e não são de uso obrigatório.

As normas e os lançamentos interpretativos da SEC têm autoridade similar à dos pronunciamentos da *Categoria A* para registrantes na SEC.

Questões e exercícios

1. Explique o papel do Financial Accounting Standards Board (Fasb) no sistema contábil norte-americano.
2. Quais os tipos de pronunciamentos contábeis emitidos pelo Fasb?
3. Relacione os princípios contábeis norte-americanos de acordo com o Statement of Financial Accounting Concept (SFAC nº 5).
4. Quais os componentes dos "outros resultados abrangentes" apresentados no patrimônio líquido do balanço patrimonial, segundo a estrutura conceitual norte-americana?
5. Quais os métodos de mensuração dos elementos das demonstrações contábeis, segundo o Fasb?

CAPÍTULO 4

Fundamentos e estrutura da contabilidade no Brasil – BR Gaap

4.1 Entidades de contabilidade do Brasil

São quatro as principais entidades que se pronunciam sobre as normas e procedimentos contábeis no Brasil:

a) O Conselho Federal de Contabilidade (CFC);

b) O Instituto dos Auditores Independentes do Brasil (Ibracon), antigo Instituto Brasileiro de Contadores;

c) A Comissão de Valores Mobiliários (CVM), que tem autonomia apenas sobre as companhias abertas, as sociedades por ações listadas na Bolsa de Valores de São Paulo (BM&FBovespa);

d) O Comitê de Pronunciamentos Contábeis (CPC), atualmente a principal entidade.

Até 2007, o CFC era o principal responsável pela edição das normas contábeis e de auditoria, bem como por suas interpretações, válidas para todas as empresas do território nacional, independentemente de sua constituição jurídica e de acordo com as leis brasileiras. Contudo, dada a grande expressão econômica das companhias abertas e a necessidade de harmonização com as práticas internacionais de contabilidade, havia muitas divergências com a regulamentação da CVM e do Ibracon.

Dessa maneira, um movimento de todas as entidades interessadas culminou com a criação do Comitê de Pronunciamentos Contábeis (CPC), órgão que congrega entidades interessadas, como a Abrasca, Apimec Nacional, Bovespa, CFC, Fipecafi e Ibracon.

O Comitê de Pronunciamentos Contábeis foi criado em 7 de outubro de 2005, pela Resolução nº 1.055/05 do CFC, para ser o único órgão responsável pela emissão dos pronunciamentos contábeis no Brasil, em função das necessidades de:

a) convergência internacional das normas contábeis;

b) centralização na emissão de normas contábeis;

c) representação das instituições nacionais interessadas em eventos internacionais.

Antes da criação do CPC, as normas, procedimentos técnicos, orientações e interpretações contábeis eram, basicamente, de responsabilidade:

a) do Conselho Federal de Contabilidade, para todas as empresas no território nacional;
b) da Comissão de Valores Mobiliários (CVM), para as companhias abertas.

Também eram agentes legalmente autorizados o Ibracon, para as auditorias independentes, o Banco Central, para as instituições financeiras, a Susep, para as instituições seguradoras, e a Receita Federal, no âmbito tributário.

O CPC é composto por dois representantes de cada uma das seguintes entidades:

1. Associação Brasileira das Companhias Abertas (Abrasca);
2. Associação dos Analistas e Profissionais de Investimentos do Mercado de Capitais (Apimec Nacional);
3. Bolsa de Valores de São Paulo (Bovespa);
4. CFC – Conselho Federal de Contabilidade;
5. Fundação Instituto de Pesquisas Contábeis, Atuariais e Financeiras (Fipecafi);
6. Instituto dos Auditores Independentes do Brasil (Ibracon).

O CPC sempre convidará representantes do:

- Banco Central do Brasil;
- Comissão de Valores Mobiliários (CVM);
- Secretaria da Receita Federal;
- Superintendência de Seguros Privados (Susep).

Enquanto o CPC não cobrir a regulamentação de todas as normas contábeis existentes e necessárias, emitidas pelos diversos órgãos responsáveis ou mesmo pelo Legislativo brasileiro, estas continuarão em vigor e deverão ser seguidas pelos contadores.

4.2 Normas contábeis brasileiras

A sigla BR Gaap tem sido utilizada principalmente pela comunidade contábil que atua junto às empresas multinacionais para configurar a estrutura conceitual contábil brasileira. As letras BR representam a palavra Brasil e as letras Gaap correspondem à abreviatura da expressão norte-americana General Accepted Accounting Principles (Princípios Contábeis Geralmente Aceitos).

Pronunciamentos contábeis do CPC

Os **pronunciamentos contábeis** já emitidos pelo CPC até outubro de 2010 e que se encontram alinhados às normas internacionais de contabilidade que regulamentam assuntos específicos são os seguintes:

- Pronunciamento técnico CPC 01 – Redução no valor recuperável de ativos (Impairment) – emitido em 2007 – correlação com a IAS 36 (International Accounting Standard);
- Pronunciamento técnico CPC 02 – Conversão de demonstrações contábeis – emitido em 2008 – correlação com a IAS 21;
- Pronunciamento conceitual básico – Estrutura conceitual para a elaboração e apresentação de demonstrações contábeis – emitido em 2008 – correlação com a Estrutura Conceitual Internacional;
- Pronunciamento Técnico CPC 03 – Demonstração dos fluxos de caixa – emitido em 2008 – correlação com a IAS 7;
- Pronunciamento técnico CPC 04 – Ativos intangíveis – emitido em 2008 – correlação com a IAS 38;

- Pronunciamento técnico CPC 05 – Divulgação sobre partes relacionadas – emitido em 2008 – correlação com a IAS 24;
- Pronunciamento técnico CPC 06 – Operações de arrendamento mercantil – emitido em 2008 – correlação com a IAS 17;
- Pronunciamento técnico CPC 07 – Subvenção e assistência governamentais – emitido em 2008 – correlação com a IAS 20;
- Pronunciamento técnico CPC 08 – Custos de transação e prêmios na emissão de títulos e valores mobiliários – emitido em 2008 – correlação com a IAS 39;
- Pronunciamento técnico CPC 09 – Demonstração do valor adicionado – emitido em 2008;
- Pronunciamento técnico CPC 10 – Pagamento baseado em ações – emitido em 2008 – correlação com a IFRS 2;
- Pronunciamento técnico CPC 11 – Contratos de seguro – emitido em 2008 – correlação com a IFRS 4;
- Pronunciamento técnico CPC 12 – Ajuste a valor presente – emitido em 2008;
- Pronunciamento técnico CPC 13 – Adoção inicial da Lei nº 11.638/07 e da Medida Provisória nº 449/08 – emitido em 2008;
- Pronunciamento técnico CPC 14 – Instrumentos financeiros – emitido em 2008 – correlação com as IAS 32 e 39 (**revogado**);
- Pronunciamento técnico CPC 15 – Combinação de negócios – emitido em 2009 – correlação com a IFRS 3;
- Pronunciamento técnico CPC 16 – Estoques – emitido em 2009 – correlação com a IAS 2;
- Pronunciamento técnico CPC 17 – Contratos de construção – emitido em 2009 – correlação com a IAS 11;
- Pronunciamento técnico 18 – Investimento em coligada e controlada – emitido em 2009 – correlação com a IAS 28;
- Pronunciamento técnico 19 – Investimento em empreendimento controlado em conjunto (*joint venture*) – emitido em 2009 – correlação com a IAS 31;
- Pronunciamento técnico CPC 20 – Custos de empréstimos – emitido em 2009 – correlação com a IAS 23;
- Pronunciamento técnico CPC 21 – Demonstração intermediária – emitido em 2009 – correlação com a IAS 34;
- Pronunciamento técnico CPC 22 – Informações por segmento – emitido em 2009 – correlação com a IFRS 8;
- Pronunciamento técnico CPC 23 – Políticas contábeis, mudanças em estimativa e retificação de erro – emitido em 2009 – correlação com a IAS 8;
- Pronunciamento técnico CPC 24 – Evento subsequente – emitido em 2009 – correlação com a IAS 10;
- Pronunciamento técnico CPC 25 – Provisões, passivos contingentes e ativos contingentes – emitido em 2009 – correlação com a IAS 37;
- Pronunciamento técnico CPC 26 – Apresentação das demonstrações contábeis – emitido em 2009 – correlação com a IAS 1;
- Pronunciamento técnico CPC 27 – Ativo imobilizado – emitido em 2009 – correlação com a IAS 16;
- Pronunciamento técnico CPC 28 – Propriedade para investimento – emitido em 2009 – correlação com a IAS 40;
- Pronunciamento técnico CPC 29 – Ativo biológico e produto agrícola – emitido em 2009 – correlação com a IAS 41;
- Pronunciamento técnico CPC 30 – Receitas – emitido em 2009 – correlação com a IAS 18;
- Pronunciamento técnico CPC 31 – Ativo não circulante mantido para venda e operação descontinuada – emitido em 2009 – correlação com a IFRS 5;

- Pronunciamento técnico CPC 32 – Tributo sobre lucro – emitido em 2009 – correlação com a IAS 12;
- Pronunciamento técnico CPC 33 – Benefícios a empregados – emitido em 2009 – correlação com a IAS 19;
- Pronunciamento técnico CPC 35 – Demonstrações separadas – emitido em 2009 – correlação com a IAS 27;
- Pronunciamento técnico CPC 36 – Demonstrações consolidadas – emitido em 2009 – correlação com a IAS 27;
- Pronunciamento técnico CPC 37 – Adoção inicial das Normas Internacionais de Contabilidade – emitido em 2009 – correlação com a IFRS 1;
- Pronunciamento técnico CPC 38 – Instrumentos financeiros: reconhecimento e mensuração – emitido em 2009 – correlação com a IAS 39;
- Pronunciamento técnico CPC 39 – Instrumentos financeiros: apresentação – emitido em 2009 – correlação com a IAS 32;
- Pronunciamento técnico CPC 40 – Instrumentos financeiros: evidenciação – emitido em 2009 – correlação com a IFRS 7;
- Pronunciamento técnico CPC 41 – Resultado por ação – emitido em 2010 – correlação com a IAS 33;
- Pronunciamento técnico CPC 43 – Adoção inicial dos pronunciamentos CPC 15 a 41 – emitido em 2009/2010 – correlação com a IFRS 1.

Orientações Técnicas do CPC

As Orientações Técnicas do CPC (OCPC) já emitidas (até outubro de 2010) foram as seguintes:

- OCPC 01 – Entidades de incorporação imobiliária;
- OCPC 02 – Esclarecimentos sobre as Demonstrações Contábeis de 2008;
- OCPC 03 – Instrumentos financeiros: reconhecimento, mensuração e evidenciação.

Interpretações Técnicas do CPC

As Interpretações Técnicas do CPC (ICPC) emitidas até janeiro de 2010 foram:

- ICPC 01 – Contratos de concessão;
- ICPC 02 – Contrato de construção do setor imobiliário;
- ICPC 03 – Aspectos complementares das operações de arrendamento mercantil;
- ICPC 04 – Alcance do pronunciamento técnico CPC 10 – Pagamento baseado em ações;
- ICPC 05 – Pronunciamento técnico CPC 10 – Pagamento baseado em ações – Transações de ações do grupo e em tesouraria;
- ICPC 06 – *Hedge* de investimento líquido em operação no exterior;
- ICPC 07 – Distribuição de lucros *in natura*;
- ICPC 08 – Contabilização da proposta de dividendos;
- ICPC 09 – Demonstrações contábeis individuais, demonstrações separadas, demonstrações consolidadas e aplicação do método de equivalência patrimonial;
- ICPC 10 – Interpretação sobre a aplicação inicial ao ativo imobilizado e à propriedade para investimento dos pronunciamentos técnicos CPCs 27, 28, 37 e 43;
- ICPC 11 – Recebimento em transferência de ativos dos clientes;
- ICPC 12 – Mudanças em passivos por desativação, restauração e outros passivos similares.
- ICPC 13 – Direitos a participações decorrentes de fundos de desativação, restauração e reabilitação ambiental;
- ICPC 15 – Passivo decorrente de participação de um mercado específico – Resíduos de equipamentos eletrônicos.

Revisão de normas contábeis do CPC

Em 2010, o CPC revisou seus pronunciamentos técnicos por meio das revisões técnicas: **Revisão CPC nº 1 de Pronunciamentos Técnicos e Orientação Técnica e Revisão CPC 1 de Pronunciamentos Técnicos.** Foram revisados os seguintes pronunciamentos e orientação:

- Pronunciamento técnico CPC 01 (R1) – Redução ao valor recuperável de ativos;
- Pronunciamento técnico CPC 02 (R2) – Conversão de demonstrações contábeis;
- Pronunciamento técnico CPC 03 (R2) – Demonstração dos fluxos de caixa;
- Pronunciamento técnico CPC 05 (R1) – Divulgação sobre partes relacionadas;
- Pronunciamento técnico CPC 16 (R1) – Estoques;
- Apêndice A do CPC 26 (R1) – Apresentação das demonstrações contábeis;
- Pronunciamento técnico CPC 36 (R1) – Demonstrações consolidadas;
- Orientação técnica OCPC 01 (R1) – Entidades de incorporação imobiliária.

As normas contábeis do CPC e a posição do CFC

Como forma de validar e reconhecer os pronunciamentos técnicos, orientações e interpretações técnicas do CPC o CFC publicou a Resolução nº 1.159/2009, que trata da adoção das novas práticas contábeis brasileiras por parte das empresas, previstas na Lei nº 11.638/07 e MP 449/08 (Convertida na Lei nº 11.941/09). Tal resolução considera o seguinte:

1. As definições da Lei nº 11.638/07 e da MP nº 449/08 devem ser observadas por todas as empresas obrigadas a obedecer à Lei das S/As, compreendendo não só as sociedades por ações, mas também as demais empresas, inclusive as constituídas sob a forma de limitadas, independentemente da sistemática de tributação por elas adotada.
2. As empresas de grande porte, de acordo com a definição da Lei nº 11.638/07 (parágrafo único do art. 3º), devem, adicionalmente, observar as regras da CVM.

Devem também ser observadas as determinações previstas nas Normas Brasileiras de Contabilidade (NBCs) emitidas pelo CFC e os Pronunciamentos Técnicos editados pelo CPC.

Norma contábil para pequenas e médias empresas – CPC e CFC

O CPC emitiu, em dezembro de 2009, um importante pronunciamento contábil para pequenas e médias empresas, que é o Pronunciamento Técnico PME (Contabilidade para Pequenas e Médias Empresas), baseado na norma internacional The International Financial Reporting Standard for Small and Medium-sized Entities (IFRS for SMEs), emitida pelo Iasb. Tal pronunciamento entrou em vigor em 1º de janeiro de 2010.

O CFC já validou e reconheceu o Pronunciamento Técnico PME do CPC, por meio da Resolução CFC nº 1.255/2009, que aprova a NBC T 19.41 – Contabilidade para Pequenas e Médias Empresas.

Deliberações técnicas da CVM

As normas sobre assuntos de contabilidade já emitidas pela CVM até outubro de 2010, reconhecendo os pronunciamentos técnicos do CPC e que estão convergentes com as normas internacionais, são as seguintes:

- Deliberação 488/05 – Demonstrações contábeis (convergente com a IAS 1) – revogada pela Deliberação 595/09;
- Deliberação 489/05 – Provisões e contingências (convergente com a IAS 37) – revogada pela Deliberação 594/09;
- Deliberação 505/06 – Eventos subsequentes (convergente com a IAS 10) – revogada pela Deliberação 593/09;
- Deliberação 506/06 – Práticas contábeis, mudanças nas estimativas e correção de erros (convergente com a IAS 8) – revogada pela Deliberação 592/09;
- Deliberação 527/07 – Redução ao valor recuperável de ativos (convergente com a IAS 36);

- Deliberação 534/08 – Efeitos das alterações nas taxas de câmbio e conversão de demonstrações contábeis (convergente com a IAS 21);
- Deliberação 539/08 – Estrutura conceitual básica para elaboração e apresentação das demonstrações contábeis (convergente com a Estrutura Conceitual Básica do Iasb – *framework*);
- Deliberação 547/08 – Demonstração dos fluxos de caixa (convergente com a IAS 7);
- Deliberação 553/08 – Ativos intangíveis (convergente com a IAS 38);
- Deliberação 554/08 – Arrendamento mercantil (convergente com a IAS 17);
- Deliberação 555/08 – Subvenções governamentais (convergente com a IAS 20);
- Deliberação 556/08 – Custos de transação e prêmios na emissão de títulos e valores mobiliários (convergente com a IAS 39);
- Deliberação 557/08 – Demonstração do valor adicionado;
- Deliberação 562/08 – Pagamento baseado em ações (convergente com a IFRS 2);
- Deliberação 563/08 – Contratos de seguros (convergente com a IFRS 4);
- Deliberação 564/08 – Ajuste a valor presente;
- Deliberação 565/08 – Adoção inicial da Lei nº 11.638/07;
- Deliberação 566/08 – Instrumentos financeiros (convergente com as IAS 32 e 39, e IFRS 7) – revogada pela Deliberação 604/09;
- Deliberação 575/09 – Estoques (convergente com a IAS 2);
- Deliberação 576/09 – Contratos de construção (convergente com a IAS 11);
- Deliberação 577/09 – Custos de empréstimos (convergente com a IAS 23);
- Deliberação 580/09 – Combinação de negócios (convergente com a IFRS 3);
- Deliberação 581/09 – Demonstração intermediária (convergente com a IAS 34);
- Deliberação 582/09 – Informações por segmento (convergente com a IFRS 8);
- Deliberação 583/09 – Ativo imobilizado (convergente com a IAS 16);
- Deliberação 584/09 – Propriedade para investimento (convergente com a IAS 40);
- Deliberação 592/09 – Políticas contábeis, mudança em estimativa e retificação de erro (convergente com a IAS 8);
- Deliberação 593/09 – Evento subsequente (convergente com a IAS 10);
- Deliberação 594/09 – Provisões, ativos e passivos contingentes (convergente com a IAS 37);
- Deliberação 595/09 – Apresentação das demonstrações contábeis (convergente com a IAS 1);
- Deliberação 596/09 – Ativo biológico e produto agrícola (convergente com a IAS 41);
- Deliberação 597/09 – Receitas (convergente com a IAS 18);
- Deliberação 598/09 – Ativo não circulante mantido para venda e operação descontinuada (convergente com a IFRS 5);
- Deliberação 599/09 – Tributos sobre o lucro (convergente com a IAS 12);
- Deliberação 600/09 – Benefícios a empregados (convergente com a IAS 19);
- Deliberação 604/09 – Instrumentos financeiros (convergente com as IAS 32 e 39 e IFRS 7);
- Deliberação 605/09 – Investimento em coligada e em controlada (convergente com a IAS 28);
- Deliberação 606/09 – Investimento em empreendimento controlado em conjunto – *joint venture* (convergente com a IAS 31);
- Deliberação 607/09 – Demonstrações separadas (convergente com a IAS 27);
- Deliberação 608/09 – Demonstrações consolidadas (convergente com a IAS 27);
- Deliberação 609/09 – Adoção inicial das Normas Internacionais de Contabilidade (convergente com a IFRS 1);
- Deliberação 610/09 – Adoção inicial dos Pronunciamentos técnicos CPC 15 a 40 (convergente com a IFRS 1);
- Deliberação 624/10 – Revisão CPC 01 de Pronunciamentos Técnicos e Orientação Técnica;
- Deliberação 636/10 – Resultado por ação (convergente com a IAS 33).

Ressalte-se que as ICPC e OCPC emitidas pelo CPC também foram validadas e reconhecidas pela CVM, por meio de várias outras deliberações técnicas.

4.3 Estrutura conceitual da contabilidade brasileira

A estrutura conceitual da contabilidade brasileira para elaboração e apresentação das demonstrações contábeis é semelhante à estrutura conceitual da contabilidade internacional (Framework for the Preparation and Presentation of Financial Statements), do Iasb, que consta do Capítulo 2. Tal estrutura envolve os seguintes conceitos:

- objetivos e pressupostos básicos das demonstrações contábeis;
- características qualitativas da informação contábil;
- reconhecimento, avaliação e mensuração dos elementos das demonstrações contábeis;
- capital e manutenção de capital.

A Deliberação 539/2008 da CVM validou e reconheceu o Pronunciamento Conceitual Básico do CPC, que foi publicado em 2008 em linha com a estrutura conceitual da contabilidade internacional.

4.3.1 Princípios contábeis no Brasil: uma abordagem conceitual

Para retratar de forma justa e verdadeira as informações patrimoniais, econômicas e financeiras de uma companhia, evidenciadas em suas demonstrações contábeis, é preciso que a contabilidade, por meio de seus princípios e teorias, consiga atender o maior número possível de usuários, levando-se em consideração as características qualitativas da informação, que definimos como propriedades da informação necessárias para torná-la útil.

Os princípios contábeis podem ser considerados a base conceitual de sustentação das teorias contábeis e eventos contemplados pela contabilidade. A contabilidade procura evidenciar as variações estruturais patrimoniais e financeiras ocorridas nas entidades de tal forma que possamos visualizar a realidade econômica na qual essas entidades se encontram. Sendo assim, percebemos que os princípios contábeis estão relacionados de forma estrita com a realidade econômica, devendo estes sempre observar sua essência.

No Brasil, o CFC emitiu, em 29 de dezembro de 1993, a Resolução CFC nº 750, que dispõe sobre os princípios fundamentais de contabilidade, os quais, sob a ótica desse conselho, representam a essência das doutrinas e teorias relativas à ciência da contabilidade, consoante o entendimento predominante nos universos científico e profissional de nosso país. Concernem, pois, à contabilidade no seu sentido mais amplo de ciência social, cujo objeto é o patrimônio das entidades.

Partindo dessa fundamentação, o CFC apresentou os seguintes princípios fundamentais de contabilidade:

- **Princípio da entidade:** reconhecimento do patrimônio como objeto da contabilidade, afirmando a autonomia patrimonial da entidade referente à distinção com o patrimônio de seus sócios ou proprietários;
- **Princípio da continuidade:** vida definida ou provável da entidade deve ser considerada no ato da classificação e avaliação das mutações patrimoniais, quantitativas e qualitativas;
- **Princípio da oportunidade:** referência à tempestividade e integridade do registro do patrimônio e das suas mutações;
- **Princípio do registro pelo valor original:** os componentes do patrimônio devem ser registrados pelos valores originais das transações com o mundo exterior, expressos ao valor presente e na moeda do país;
- **Princípio da atualização monetária:** os efeitos da alteração do poder aquisitivo da moeda nacional devem ser reconhecidos nos registros contábeis por meio de ajustamento da expressão formal dos valores dos componentes patrimoniais;

- **Princípio da competência:** receitas e despesas devem ser incluídas na apuração do resultado do período em que ocorrerem, sempre simultaneamente quando se correlacionarem, independentemente de recebimento ou pagamento;
- **Princípio da prudência:** entre os valores para ativos a opção será pelo menor, e para passivos será pelo maior.

A Figura 4.1 a seguir ilustra o conjunto de princípios contábeis do CFC.

```
                    A visão do CFC
                   Resolução nº 750/93
```

Entidade | Continuidade | Oportunidade | Registro pelo valor original | Atualização monetária | Competência | Prudência

Figura 4.1 Princípios contábeis do CFC.

O Conselho Federal de Contabilidade (CFC) emitiu a **Resolução nº 1.282/2010** que atualizou e consolidou alguns dispositivos da **Resolução nº 750/193** que dispõe sobre os "Princípios Fundamentais de Contabilidade".

A seguir, são evidenciadas as principais disposições da Resolução nº 1.282/2010:

Art 1º Os "Princípios Fundamentais de Contabilidade (PFC)", citados na Resolução CFC no 750;93, passam a denominar-se "Princípios de Contabilidade (PC)".

Art. 3º Os arts. 5º, 6º, 7º, 9º e o § 1º do Art. 10, da Resolução CFC nº 750/93, passam a vigorar com as seguintes redações:

Art. 5º O Princípio da Continuidade pressupõe que a Entidade continuará em operação no futuro e, portanto, a mensuração e a apresentação dos componentes do patrimônio levam em conta esta circunstância.

Art. 6º O Princípio da Oportunidade refere-se ao processo de mensuração e apresentação dos componentes patrimoniais para produzir informações íntegras e tempestivas.

Parágrafo único. A falta de integridade e tempestividade na produção e na divulgação da informação contábil pode ocasionar a perda de sua relevância, por isso é necessário ponderar a relação entre a oportunidade e a confiabilidade da informação.

Art. 7º O Princípio do Registro pelo Valor Original determina que os componentes do patrimônio devem ser inicialmente registrados pelos valores originais das transações, expressos em moeda nacional.

§ 1º As seguintes bases de mensuração devem ser utilizadas em graus distintos e combinadas, ao longo do tempo, de diferentes formas:

I – Custo histórico. Os ativos são registrados pelos valores pagos ou a serem pagos em caixa ou equivalentes de caixa ou pelo valor justo dos recursos que são entregues para adquiri-los na data da aquisição. Os passivos são registrados pelos valores dos recursos que foram recebidos em troca da obrigação ou, em algumas circunstâncias, pelos valores em caixa ou equivalentes de caixa, os quais serão necessários para liquidar o passivo no curso normal das operações; e

II – Variação do custo histórico. Uma vez integrado ao patrimônio, os componentes patrimoniais, ativos e passivos, podem sofrer variações decorrentes dos seguintes fatores:

a) Custo corrente. Os ativos são reconhecidos pelos valores em caixa ou equivalentes em caixa, os quais teriam de ser pagos se esses ativos ou ativos equivalentes fossem adquiridos na data ou no período das demonstrações contábeis. Os passivos são reconhecidos pelos valores em caixa ou equivalentes de caixa, não descontados, que seriam necessários para liquidar a obrigação na data ou no período das demonstrações contábeis;

b) Valor realizável. Os ativos são mantidos pelos valores em caixa ou equivalentes em caixa, os quais poderiam ser obtidos pela venda em uma forma ordenada. Os passivos são mantidos pelos valores em caixa e equivalentes de caixa, não descontados, que se espera seriam pagos para liquidar as correspondentes obrigações no curso normal das operações da Entidade;

c) Valor presente. Os ativos são mantidos pelo valor presente, descontado do fluxo futuro de entrada líquida de caixa que se espera seja gerado pelo item no curso normal das operações da Entidade. Os passivos são mantidos pelo valor presente, descontado do fluxo futuro de saída líquida de caixa que se espera seja necessário para liquidar o passivo no curso normal das operações da Entidade;

d) Valor justo. É o valor pelo qual um ativo pode ser trocado, ou um passivo liquidado, entre partes conhecedoras, dispostas a isso, em uma transação sem favorecimentos; e

e) Atualização monetária. Os efeitos da alteração do poder aquisitivo da moeda nacional devem ser reconhecidos nos registros contábeis mediante o ajustamento da expressão formal dos valores dos componentes patrimoniais.

§ 2º São resultantes da adoção da atualização monetária:

I – a moeda, embora aceita universalmente como medida de valor, não representa unidade constante em termos do poder aquisitivo;

II – para que a avaliação do patrimônio possa manter os valores das transações originais, é necessário atualizar sua expressão formal em moeda nacional, a fim de que permaneçam substantivamente corretos os valores dos componentes patrimoniais e, por consquência, o do Patrimônio Líquido; e

III – a atualização monetária não representa nova avaliação, mas tão somente o ajustamento dos valores originais para determinada data, mediante a aplicação de indexadores ou outros elementos aptos a traduzir a variação do poder aquisitivo da moeda nacional em um dado período.

(...)

Art. 9º O Princípio da Competência determina que os efeitos das transações e outros eventos sejam reconhecidos nos períodos a que se referem, independentemente do recebimento ou pagamento.

Parágrafo único. O Princípio da Competência pressupõe a simultaneidade da confrontação de receitas e de despesas correlatas.

Art. 10 (...)

Parágrafo único. O Princípio da Prudência pressupõe o emprego de certo grau de precaução no exercício dos julgamentos necessários às estimativas em certas condições de incerteza, no sentido de que ativos e receitas não sejam superestimados e que passivos e despesas não sejam subestimados, atribuindo maior confiabilidade ao processo de mensuração e apresentação dos componentes patrimoniais.

Art. 4º Ficam revogados o inciso V do art. 3º, o art 8º e os §§ 2º e 3º do art. 10, da Resolução CFC nº 750/93, publicada no DOU, Seção I, de 31.12.93; a Resolução CFC nº 774/94, publicada no DOU, Seção I, de 18/1/95, e a Resolução CFC nº 900/01, publicada no DOU, Seção I, de 3/4/01.

Ainda em 2010 o CFC emitiu a Resolução nº 1.283, que revogou as Resoluções nºs 686/90, 732/92, 737/92, 846/99, 847/99, 887/00 e 1.049/05, que tratam da NBC T 3 – Conceito, Contéudo, Estrutura e Nomenclatura das Demonstrações Contábeis; da NBC T 4 – Da Avaliação Patrimonial e da NBC T 6 – Da Divulgação das Demonstrações Contábeis.

4.3.2 Apresentação das demonstrações contábeis no Brasil

O formato oficial de apresentação das demonstrações contábeis no Brasil foi estabelecido pela Lei nº 6.404/76, denominada Lei das Sociedades Anônimas, no seu Capítulo XV, artigos 175 a 188. Essa legislação estipulou as seguintes demonstrações obrigatórias para as sociedades anônimas, que, posteriormente, foram estendidas para as demais sociedades:

a) balanço patrimonial;

b) demonstração dos lucros ou prejuízos acumulados;

c) demonstração das mutações do patrimônio líquido (Instrução CVM nº 59/86);

d) demonstração do resultado do exercício;
e) demonstração das origens e aplicações de recursos;
f) notas explicativas para complementação das demonstrações contábeis.

Essa lei também apresentou os critérios básicos de avaliação, bem como estipulou que as demonstrações contábeis sejam publicadas constando os dados do exercício atual e do exercício anterior, em colunas, de forma comparativa.

Além das demonstrações contábeis, as companhias abertas devem divulgar outras informações financeiras e não financeiras a partir do Relatório Anual, cujas partes possuem bases legais específicas, objetivando evidenciar informações gerenciais sobre o desempenho dos negócios da corporação. A sua estrutura é composta por cinco partes:

- relatório da administração;
- demonstrações contábeis;
- notas explicativas;
- parecer dos auditores independentes;
- parecer do conselho fiscal (publicação opcional).

Ressalte-se que em 2007 foi publicada a Lei nº 11.638 e em 2009 a Lei nº 11.941 (MP nº 449/08), que alteram significativamente diversos dispositivos contábeis da Lei nº 6.404/76, principalmente no que se refere às demonstrações e práticas contábeis.

4.3.3 Lei nº 11.638/2007

A Lei nº 11.638, publicada em dezembro de 2007, altera vários dispositivos contábeis da Lei nº 6.404/76 que são aplicáveis às companhias abertas e de grande porte. Considera-se sociedade de grande porte, segundo a Lei nº 11.638/07, a sociedade ou conjunto de sociedades sob controle comum que tiver, no exercício social anterior, ativo total superior a R$ 240 milhões ou receita bruta anual superior a R$ 300 milhões.

Além de proporcionar maior transparência e qualidade às informações contábeis divulgadas ao mercado de capitais, a referida lei cria condições para harmonização da contabilidade brasileira com as melhores práticas contábeis internacionais (IFRS).

A Lei nº 11.638/07 determina que as normas expedidas pela CVM deverão ser elaboradas em consonância com os padrões internacionais de contabilidade (IFRS), além de tornar obrigatória a elaboração e apresentação da demonstração dos fluxos de caixa para todas as empresas abrangidas pela lei e a demonstração do valor adicionado para as companhias abertas.

De acordo com a Lei nº 11.638/07, as demonstrações contábeis obrigatórias são:

a) balanço patrimonial;
b) demonstração do resultado;
c) demonstração das mutações do patrimônio líquido;
d) demonstração dos fluxos de caixa (exceto para companhia fechada com patrimônio líquido inferior a R$ 2 milhões);
e) demonstração do valor adicionado (se companhia aberta);
f) notas explicativas.

Questões e exercícios

1. Apresente as principais funções do Comitê de Pronunciamentos Contábeis (CPC) no ambiente contábil brasileiro.
2. Quais são os pronunciamentos técnicos do CPC já emitidos que regulamentam os instrumentos financeiros?
3. Explique os princípios contábeis conforme a Resolução 750/93 do CFC.
4. Quais são as demonstrações contábeis obrigatórias segundo a Lei nº 11.638/07?

PARTE II

Relatórios contábeis em IFRS, US Gaap e BR Gaap

Capítulo 5 – Demonstrações contábeis anuais – IFRS, US Gaap e BR Gaap 75

Capítulo 6 – Demonstrações contábeis intermediárias – IFRS e BR Gaap 133

Capítulo 7 – Notas explicativas – IFRS e BR Gaap 145

Capítulo 8 – Demonstrações contábeis consolidadas e equivalência patrimonial – IFRS e BR Gaap 181

Capítulo 9 – Relatórios por segmento – IFRS e BR Gaap 207

CAPÍTULO 5

Demonstrações contábeis anuais – IFRS, US Gaap e BR Gaap

O objetivo deste capítulo é apresentar os formatos e estruturas das demonstrações contábeis pelos três modelos adotados em nosso livro (IFRS, US Gaap e BR Gaap), bem como os conceitos principais que fundamentam a apresentação dessas demonstrações. Serão também estudados alguns itens que merecem maior atenção por sua relevância e complexidade de mensuração, reconhecimento e apresentação.

5.1 Demonstrações contábeis em IFRS

A IAS 1 – Apresentação das Demonstrações Contábeis objetiva determinar a base de apresentação de demonstrações contábeis de uso geral, a fim de assegurar comparação tanto com as próprias demonstrações contábeis de períodos anteriores como com as demonstrações contábeis de outras entidades. É uma das principais normas internacionais de contabilidade a tratar de conteúdo e estrutura das demonstrações contábeis.

Portanto, a IAS 1 deve ser aplicada na apresentação de todas as demonstrações contábeis de uso geral, preparadas e apresentadas de acordo com as Normas Internacionais de Contabilidade (IFRS). Por outro lado, a IAS 7 – Demonstração dos Fluxos de Caixa trata exclusivamente da elaboração e apresentação da demonstração dos fluxos de caixa, considerando os métodos direto e indireto.

5.1.1 Fundamentos básicos das demonstrações contábeis em IFRS

De acordo com a IAS 1, as demonstrações contábeis consolidadas que devem obrigatoriamente ser elaboradas e divulgadas ao mercado, inerentes a pelo menos dois exercícios sociais comparativos, são as seguintes:

- balanço patrimonial;
- demonstração do resultado;
- demonstração do resultado abrangente;
- demonstração das mutações do patrimônio líquido;
- demonstração dos fluxos de caixa (regulamentada pela IAS 7);
- notas explicativas.

O Iasb encoraja as empresas a divulgarem um relatório da administração que contenha, no mínimo, as seguintes informações sobre o desempenho econômico-financeiro da empresa:

- políticas de investimentos, financiamentos e dividendos;
- ambiente econômico;
- fatores e influências determinantes no desempenho econômico-financeiro, entre outras.

Recomenda ainda a divulgação do balanço social e demonstração do valor adicionado, como demonstrações complementares às obrigatórias.

Vale ressaltar que não há normas contábeis internacionais específicas sobre relatório da administração, balanço social e demonstração do valor adicionado.

Informações comparativas

A menos que uma norma permita ou exija de outra forma, informações comparativas devem ser divulgadas em relação ao período anterior, para todos os valores incluídos nas demonstrações contábeis. As informações comparativas também devem ser incluídas nas notas explicativas, quando servirem ao melhor entendimento das demonstrações contábeis do período atual.

Identificação das demonstrações contábeis

Cada componente das demonstrações contábeis deve ser identificado claramente, considerando:

- o nome da empresa;
- o componente de empresa individual ou de grupo consolidado;
- a data do componente;
- a moeda de apresentação (relatório);
- o nível de arredondamento usado nos valores apresentados em cada um dos componentes.

Princípio da essência sobre a forma

Com o objetivo de preservar a essência sobre a forma, nos casos em que a administração concluir que a adoção de uma disposição prevista em uma IAS/IFRS resultará em informações não correspondentes à realidade, e que podem conflitar com os objetivos das demonstrações contábeis estabelecidos na estrutura conceitual básica da contabilidade, a entidade poderá deixar de aplicar essa disposição. Casos assim são extremamente raros, mas, quando ocorrerem, a companhia deverá reportar as seguintes informações:

a) que a administração concluiu que as demonstrações contábeis apresentam adequadamente sua posição patrimonial e financeira, o resultado de suas operações e os fluxos de caixa;

b) que as demonstrações contábeis estão de acordo com as IAS/IFRS, exceto quanto à mudança descrita, que objetivou a melhor apresentação dessas demonstrações;

c) qual a disposição e o número da IAS/IFRS que deixou de ser adotada, a natureza do desvio, incluindo o tratamento que a IAS/IFRS exige, a razão pela qual esse tratamento causaria distorções nas circunstâncias a ponto de prejudicar o alcance dos objetivos das demonstrações contábeis, bem como o tratamento adotado;

d) qual seria o efeito nas demonstrações contábeis em cada período apresentado caso a IAS/IFRS tivesse sido adotada.

5.1.2 Balanço patrimonial em IFRS

O balanço patrimonial deve incluir, no mínimo, itens que representem os seguintes montantes:

a) máquinas, edifícios e equipamentos;
b) ativos intangíveis;
c) ativos financeiros;
d) investimentos baseados na equivalência patrimonial;
e) estoques;
f) contas a receber;
g) caixa e equivalentes;
h) contas a pagar;
i) impostos sobre passivos e ativos;
j) provisões;
k) participações dos acionistas não controladores;
l) capital e reservas;
m) passivos não correntes com taxas de juros.

A IAS 1 não prescreve formato de apresentação do balanço patrimonial.[1] Este, em sua forma consolidada, pode ser apresentado como no formato abaixo.

Ativo	Nota	2010	2009	Patrimônio líquido e passivo	Nota	2010	2009
Ativo não corrente				**Patrimônio líquido**			
imobilizado, líquido investimentos societários intangíveis *goodwill* impostos diferidos contas a receber ativos financeiros outros ativos				capital social reservas lucros acumulados prejuízos acumulados outros resultados abrangentes **subtotal** participação do acionista não controlador Total do patrimônio líquido			
Ativo corrente				**Passivo não corrente**			
estoques contas a receber ativos financeiros caixa e equivalentes				empréstimos financiamentos impostos diferidos provisão para contingências receitas diferidas líquidas			
				Passivo corrente			
				fornecedores salários a pagar impostos a pagar contas a pagar			
Total do ativo				**Total do patrimônio líquido e passivo**			

A seguir apresentamos alguns procedimentos para apresentação de ativos, passivos e itens de patrimônio líquido:

- **ativos e passivos**: são separados em correntes (curto prazo) e não correntes (longo prazo), podendo ser apresentados também por ordem de liquidez, de acordo com a companhia.

---

[1] O artigo 8-10 da 4ª Diretiva define dois formatos de balanço: horizontal e vertical.

- **goodwill:** geralmente classificado e apresentado separadamente dos ativos intangíveis.
- **impostos diferidos:** geralmente classificados como ativos e/ou passivos não correntes.
- **ativos financeiros:** classificados em títulos "para negociação", "disponíveis para venda" e "mantidos até o vencimento", conforme as normas sobre instrumentos financeiros IAS 32 e IAS 39.
- **outros resultados abrangentes:** compreende variações na reserva de reavaliação, ganhos e perdas atuariais em planos de pensão com benefício definido, ganhos e perdas derivados de conversão de demonstrações contábeis de operações no exterior, ganhos e perdas na remensuração de ativos financeiros disponíveis para venda e parcela efetiva de ganhos ou perdas de instrumentos de *hedge* em *hedge* de fluxo de caixa.
- **participação do acionista não controlador:** é apresentada dentro do patrimônio líquido, como demonstrado no quadro anterior.
- **notas explicativas:** deve haver indicação do número da nota explicativa a que se refere o ativo, passivo e item de patrimônio líquido.

Cada companhia deverá determinar, considerando a natureza de suas operações e atividades, se apresenta ou não ativos e passivos correntes como categorias separadas dentro do balanço patrimonial. Quando optar por realizar a sua classificação de ativos e passivos, estes deverão estar em ordem de liquidez.

Independentemente dos critérios adotados pela companhia, esta deve informar a expectativa antes e depois de 12 meses dos valores a receber e a pagar.

Ativos correntes

Os ativos podem ser classificados como correntes quando:

1) a expectativa de realização, ou sua venda ou consumo estejam dentro do ciclo normal de suas operações;
2) mantêm-se fundamentalmente por motivos comerciais por um prazo de tempo curto, esperando sua realização no prazo de 12 meses;
3) tratam-se de um caixa ou equivalente cuja utilização não está restrita.

Todos os demais ativos devem ser classificados como não correntes.

O ciclo normal da operação de uma companhia vai desde a aquisição de materiais que entram no processo produtivo até a realização dos produtos em forma financeira, mediante um instrumento financeiro facilmente convertido em caixa. Esse ativo corrente inclui estoques, valores a receber sobre as vendas, dentro de um período normal de operações, e também aqueles itens que não se espera realizar dentro do período normal de operações, de 12 meses. As aplicações financeiras devem ser classificadas como correntes quando se espera sua realização nos 12 meses seguintes ao encerramento do balanço; caso ultrapassem esse período são classificadas como não correntes. Uma proposta de classificação semelhante dessas aplicações está adicionada na IAS 39.

Passivos correntes

Os passivos podem ser classificados como correntes quando:

1) há expectativa de liquidação no período normal da operação;
2) mantêm-se, fundamentalmente por motivos comerciais, por um prazo de tempo curto, e seu pagamento será no prazo de 12 meses.

Informação em notas explicativas

A companhia deve revelar, em suas notas explicativas, detalhes sobre a composição das rubricas do balanço patrimonial, critérios contábeis e demais informações para entendimento das demonstrações contábeis. Atenção especial deve ser dada às classes do capital social e suas reservas.

5.1.3 Demonstração do resultado em IFRS

A demonstração de resultado deve incluir, no mínimo, itens que representem os seguintes montantes:

a) receitas;
b) resultados de atividades resultantes;
c) custos financeiros;
d) lucros e prejuízos de associados e fusões contabilizadas pelo método de equivalência;
e) gastos tributários;
f) lucro ou prejuízo de atividades normais;
g) itens extraordinários;
h) participação dos acionistas não controladores;
i) lucro líquido ou prejuízo para o período.

A demonstração de resultado pode ser apresentada por função ou natureza de receitas e despesas, para dois exercícios sociais, a partir dos formatos seguintes:

Demonstração do resultado por função	Nota	2010	2009
Receita de vendas			
(–) custos das vendas			
(=) lucro bruto			
(–) despesas operacionais (administrativas, comerciais etc.)			
(–) outras despesas			
(+) outras receitas			
(=) lucro operacional líquido			
(+/–) resultado de equivalência patrimonial			
(=) lucro antes do resultado financeiro			
(+) receitas financeiras			
(–) despesas financeiras			
(+/–) variações monetárias líquidas			
(+/–) ganhos e perdas com derivativos			
(+/–) variações cambiais líquidas			
(=) lucro antes do imposto de renda			
(–) imposto de renda corrente			
(+/–) imposto de renda diferido			
Lucro líquido do período			
Lucro líquido atribuível a cada categoria de ações: ações preferenciais ações ordinárias			
Lucro líquido por ação: ação preferencial ação ordinária			

Por natureza	Nota	2010	2009
Receita de vendas			
(–) custos das vendas			
(–) depreciação, exaustão e amortização			
(–) despesas com pessoal, administrativas e comerciais			
(–) outras despesas			
(+) outras receitas			
(=) lucro operacional líquido			
(+/–) resultado de equivalência patrimonial			
(+) receitas financeiras			
(–) despesas financeiras			
(+/–) variações cambiais líquidas			
(=) lucro antes do imposto de renda			
(–) imposto de renda corrente			
(+/–) imposto de renda diferido			
Lucro líquido do período			
Lucro líquido atribuível a cada categoria de ações: ações preferenciais ações ordinárias			
Lucro líquido por ação: ação preferencial ação ordinária			

A seguir, apresentamos os procedimentos de alguns itens de resultado:

- **Resultado de equivalência patrimonial:** é apresentado em conta específica da demonstração de resultado, logo após o lucro operacional.
- **Receitas e despesas financeiras:** não compõem o lucro proveniente das operações; são itens não operacionais.
- **Lucro líquido do período:** apresentado por categoria de ações e por ação.
- **Notas explicativas:** os principais itens de resultado são mais bem detalhados em notas explicativas.

Itens adicionais, títulos e subtotais devem ser apresentados na demonstração do resultado quando requisitados por uma norma internacional de contabilidade (IAS/IFRS) ou quando tal for necessário para apresentar fielmente a performance financeira de uma companhia.

A companhia deve apresentar, na demonstração do resultado ou em notas desta, uma análise das despesas, usando a classificação baseada tanto na natureza das despesas quanto em sua função no empreendimento.

O método de análise das despesas mais simples é aplicado por sua "natureza". Despesas são agregadas à demonstração do resultado de acordo com sua natureza (ex.: salários e benefícios, propagandas, custo de transporte, depreciação e amortização etc.), sem qualquer alocação às funções na companhia.

Despesas são analisadas pela "função" quando são alocadas a várias funções da companhia (como distribuição, administração, custos de vendas, desenvolvimento etc.). Essa apresentação pode fornecer aos usuários informações mais relevantes, mas também pode envolver arbitrariedade na alocação de despesas e no exercício de julgamento.

Companhias que classificam as despesas por sua função devem divulgar informações adicionais de acordo com sua natureza, incluindo despesas de depreciação, amortização e custos de relatórios.

A companhia deve divulgar, nas notas explicativas das demonstrações dos resultados, o montante de dividendos por ação, declarado ou proposto, para o período coberto pelas demonstrações contábeis. Estas deverão apresentar os ganhos por ação básico e diluído para cada classe de ações ordinárias que tenha direito de ação ao lucro líquido do período. Destaque similar deverá ser dado para ambos os números de ganhos por ação, básico e diluído, para todos os períodos apresentados.

Lucro líquido e prejuízo do período

Atividades normais são quaisquer atividades realizadas pela companhia como parte de seus negócios e também as relacionadas a estes, nas quais a companhia se empenha em obter avanço ou aumento.

Quando o tamanho de receitas e despesas no lucro ou prejuízo de atividades normais o justifica e quando a natureza de sua divulgação for relevante para explicar a performance do empreendimento para o período, a natureza e o montante de tais itens devem ser divulgados separadamente.

5.1.4 Demonstração do resultado abrangente em IFRS

A demonstração do resultado abrangente objetiva apresentar o resultado líquido do período, bem como possíveis resultados futuros ajustados no patrimônio líquido (outros resultados abrangentes), decorrentes de transações que ainda não se realizaram financeiramente, pois dependem de eventos futuros.

Os resultados abrangentes de uma companhia envolvem os seguintes itens:

- o resultado líquido do período (apurado na demonstração do resultado);
- as variações na reserva de reavaliação;
- os ganhos e perdas com parcela efetiva de *hedge* de fluxo de caixa;
- os ganhos e perdas com ativos financeiros disponíveis para venda;
- os ajustes acumulados de conversão – variação cambial de investimento societário no exterior;
- os ganhos e perdas atuariais com planos de pensão com benefício definido.

A demonstração do resultado abrangente pode ser elaborada e divulgada ao mercado a partir do seguinte formato:

	Nota	2010	2009
Resultado líquido do período			
(+/–) outros resultados abrangentes da companhia: variações na reserva de reavaliação ajustes acum. de conv. – variação cambial de invest. societ. no exterior ganhos e perdas com parcela efetiva de *hedge* de fluxo de caixa ganhos e perdas com ativos financeiros disponíveis para venda ganhos e perdas atuariais com planos de pensão com benefício definido			
(+/–) outros resultados abrangentes de part. societ. p/ equiv. patrimonial			
Resultado abrangente do período			
Resultado abrangente atribuível aos acionistas controladores			
Resultado abrangente atribuível aos acionistas não controladores			

A demonstração do resultado abrangente ainda pode ser apresentada como parte integrante da demonstração das mutações do patrimônio líquido.

Os componentes dos resultados abrangentes serão explicados com um nível maior de detalhes nos capítulos específicos sobre:

- **ativo imobilizado:** variações na reserva de reavaliação;
- **instrumentos financeiros:** ganhos e perdas com parcela efetiva de *hedge* de fluxo de caixa e ganhos e perdas com ativos financeiros disponíveis para venda;
- **conversão de demonstrações contábeis:** ajustes acumulados de conversão – variação cambial de investimento societário no exterior;
- **benefícios a empregados:** ganhos e perdas atuariais com planos de pensão com benefício definido.

5.1.5 Demonstração das mutações do patrimônio líquido em IFRS

A IAS 1 requer, como demonstrações contábeis primárias, uma demonstração de mutações na posição patrimonial. Uma companhia deve exibir uma demonstração que apresente:

a) o lucro ou prejuízo líquido para o período;
b) cada item de receita e despesa, lucro ou prejuízo que, como requerido por outros padrões, seja reconhecido diretamente no patrimônio e no total desses itens;
c) o efeito acumulado de mudanças na política contábil e a correção de erros fundamentais feita sob os tratamentos de padronização da IAS 8.

Além disso, a companhia deve apresentar, em sua demonstração ou notas:

a) transições de capital com proprietários e distribuidores destes;
b) o balanço do lucro ou prejuízo acumulado no início do período e na data do balanço patrimonial e as mutações para o período;
c) reconciliação entre o montante existente de cada classe de liquidez do capital, prêmios de ações e de cada reserva no início e no fim do período, divulgando separadamente cada movimento.

A demonstração das mutações do patrimônio líquido pode ser divulgada no seguinte formato:

	Capital social	Reservas	Lucros acumulados	Prejuízos acumulados	Outros resultados abrangentes	Participação do acionista não controlador	Total do patrimônio líquido
Saldo em 31/12/2008							
(+/–) Variações							
Saldo em 31/12/2009							
(+/–) Variações							
Saldo em 31/12/2010							

5.1.6 Demonstração dos fluxos de caixa em IFRS

Todas as companhias devem preparar uma demonstração de fluxos de caixa de acordo com os requerimentos da norma IAS 7 e devem apresentá-la como parte de suas demonstrações contábeis para cada período.

A demonstração de fluxo de caixa, quando usada em conjunção com o restante das demonstrações contábeis, fornece informações que permitem aos usuários avaliar as mudanças no ativo líquido de uma companhia, sua estrutura financeira (incluindo sua liquidez e o quão solvente ela é) e sua capacidade de afetar os montantes e determinar os fluxos de caixa, para fazer adaptações nas circunstâncias e oportunidades. Informações sobre o fluxo de caixa são úteis para prever a capacidade de um empreendimento de gerar caixa e seus equivalentes e permitem aos usuários desenvolver modelos que prevejam e comparem o valor presente dos futuros fluxos de caixa de diferentes empreendimentos. Elas também melhoram a comparabilidade dos relatórios em relação à *performance* operante entre empreendimentos, porque eliminam os efeitos do uso de diferentes tratamentos contábeis para as mesmas transações e eventos.

Informações históricas de fluxo de caixa são geralmente usadas como um indicador do montante, que permite prever futuros fluxos de caixa. Também é útil para verificar o nível de acerto das previsões passadas e examinar o impacto de mudanças de preços, além da relação entre lucro e fluxo de caixa.

Os seguintes termos são usados na IAS 7:

- **caixa:** abrange dinheiro em mãos e depósitos demandados;
- **equivalentes de caixa:** são investimentos de curto prazo e altamente líquidos que estão prontos para serem convertidos em montantes conhecidos de caixa, os quais estão sujeitos a riscos insignificantes de mudança nos valores;
- **fluxos de caixa:** são entradas e saídas de caixa e de seus equivalentes;
- **atividades operacionais:** são as principais atividades de produção de renda de um empreendimento e outras atividades que não são de investimento ou financiamento;
- **atividades de investimento:** são a aquisição e a disposição de ativos de longo prazo e de outros investimentos que não estão incluídos em equivalentes de caixa;
- **atividades de financiamento:** são as que resultam em mudanças no tamanho e na composição da liquidez do capital e empréstimos do empreendimento.

Equivalentes de caixa são usados para o propósito de obediência a compromissos de curto prazo ou para outros propósitos, como investimentos. Para que um investimento seja qualificado como um equivalente de caixa, este deve estar pronto para ser convertido para um montante conhecido do caixa com riscos insignificantes de mudança em seu valor. Sendo assim, um investimento normalmente é qualificado como equivalente de caixa apenas quando possui um período de maturação curto, como três meses antes da data de aquisição. Investimentos líquidos são excluídos dos equivalentes de caixa a menos que o sejam em sua substância, como, por exemplo, no caso de ações preferenciais adquiridas em um curto período de maturação e com uma data de resgate.

Empréstimos bancários são geralmente considerados atividades de financiamento. Entretanto, em alguns países, *overdrafts* bancários que podem ser renovados são parte do gerenciamento do caixa do empreendimento. Nessas circunstâncias, *overdrafts* bancários são incluídos como componentes de caixa e de seus equivalentes. Uma característica de tais arranjos bancários é que o balanço bancário geralmente flutua do positivo ao negativo.

Fluxos de caixa excluem movimentos entre itens que constituem o caixa ou seus equivalentes porque esses componentes são parte da administração do caixa de um empreendimento, e não de suas atividades de operação, investimento e financiamento. A administração do caixa inclui o investimento do excesso de caixa e de seus equivalentes.

Apresentação da demonstração dos fluxos de caixa

A demonstração do fluxo de caixa deve relatar fluxos de caixa durante o período classificado por atividades operacionais, investimentos e financiamentos.

Atividades operacionais

Os fluxos de caixa de atividades operacionais são derivados das principais atividades que produzem receitas para a companhia. Portanto, eles geralmente resultam de transações e de outros eventos determinados pelo lucro líquido ou prejuízo.

Alguns exemplos de fluxos de caixa que decorrem das atividades operacionais são:

a) recebimento em dinheiro pela venda de mercadorias e a prestação de serviços;
b) pagamentos em dinheiro a fornecedores de mercadorias e serviços;
c) pagamentos em dinheiro a empregados ou por conta de empregados.

Algumas transações, tais como a venda de um item da fábrica, podem aumentar o lucro ou prejuízo predeterminados; entretanto, os fluxos de caixa relacionados a tais transações são provenientes de atividades de investimentos.

Uma companhia pode ter aplicação e empréstimos de negócios comerciais, caso em que estes são similares ao inventário adquirido especificamente para a revenda. Portanto, fluxos de caixa que surgem da compra e da venda de aplicações são classificados como atividades de operação. De forma similar, adiantamentos de caixa e empréstimos feitos por instituições financeiras são geralmente classificados como atividades de operação, desde que estejam relacionados à principal atividade produtora de renda do empreendimento.

Atividades de investimento

A divulgação separada de fluxos de caixa que surgem de atividades de investimento é importante porque os fluxos de caixa representam a extensão em que os gastos foram realizados por fontes que pretendiam gerar receita futura e fluxos de caixa. Os exemplos de fluxos de caixa que surgem de atividades de investimentos são:

a) fluxos de caixa (pagamentos e recebimentos) provenientes da aquisição e disposição de pagamentos, propriedades, fábricas e equipamento, intangíveis e outros ativos de longo prazo. Tais pagamentos incluem aqueles relacionados ao desenvolvimento capitalizado de custos e à própria construção de propriedades, fábrica e equipamento;
b) pagamentos de caixa para adquirir liquidez ou instrumentos de débito de outros empreendimentos e juros em fusões (além daqueles instrumentos considerados equivalentes de caixa ou negociados com propósitos comerciais);
c) recebimentos de caixa de vendas de instrumentos de liquidez ou dívida de outros empreendimentos e juros em fusões (além dos pagamentos para aqueles instrumentos considerados equivalentes de caixa ou negociados com propósitos comerciais).

Quando um contrato é contabilizado como proteção (*hedge*), uma defesa de uma posição identificável, os fluxos de caixa do contrato são classificados da mesma forma que aqueles que poderão ser protegidos.

Proteção do fluxo de caixa contra perdas cambiais (Cash Flow Hedge)

Devido à sua importância, apresentamos uma situação de um contrato de proteção cambial, para fluxo de caixa, também baseado na IAS 39.

Como divulgar e contabilizar transações que afetam o fluxo de caixa em conformidade com a IAS 39 – Instrumentos Financeiros: Reconhecimento e Mensuração?

A melhor forma de fazer isso é por meio de uma operação comum de proteção cambial – *hedge* – para um fluxo de caixa. Deve-se tomar por base o exemplo de um contrato de câmbio futuro, garantindo a compra futura em moeda estrangeira.

Vejamos um exemplo: em 30 de setembro de X2, uma companhia suíça entra em acordo com uma fornecedora alemã para compra de um equipamento no valor de DM 1 milhão. A data de entrega é 31 de março de X3 e o pagamento ocorre em 30 de junho de X3. Para cobertura do pagamento de DM 1 milhão, a companhia firma um contrato de câmbio futuro para compra de DM 1 milhão com taxa fixada em 0,81 (DM 1 milhão = SFr 810.000), com vencimento em 30 de junho de X3.

A companhia classifica o contrato futuro (instrumento de proteção – *hedge*) como fluxo de caixa protegido contra o risco cambial na compra futura do equipamento (transação protegida). Modificações no valor do contrato futuro, decorrentes de variações nas taxas de câmbio DM/SFr, devem ser refletidas como variações na taxa de câmbio futura. Os lançamentos contábeis em 31 de março de X3 estão demonstrados a seguir.

Taxas de câmbio atuais ao longo do período (taxas de câmbio – DM 1 = SFr):

Data	Spot	Taxa futura (30 junho X3)
30/09/X2	0,82	0,81
31/12/X2	0,81	0,85
31/03/X3	0,80	0,80
30/06/X3	0,79	N/A

A estimativa de valor do contrato futuro nas datas relevantes pode ser baseada nas variações das taxas futuras.

31/12/X2	SFr 5.000 (negativo)
31/03/X3	SFr 10.000 (negativo)
30/06/X3 (fechamento)	SFr 20.000 (negativo)

Em 31 de dezembro de X2, a taxa futura é 0,805. A companhia concordou em pagar SFr 810 mil por DM 1 milhão, que à taxa futura equivale a apenas SFr 805 mil.

Em 30 de junho de X3, a companhia irá pagar SFr 810 mil por DM 1 milhão que, baseado na taxa *spot*, equivale a apenas SFr 790 mil. Se o contrato foi fechado com base no valor líquido da operação, a companhia pagará SFr 20.000 ao banco.

O efeito líquido é que o equipamento fica registrado por SFr 810 mil, à taxa de câmbio contratada. Observe que isso acontece nesse simples exemplo porque as taxas de câmbio presente e futura em 31 de março de X3 estão demonstradas a seguir:

	Débito	Crédito
30/09/X2		
contrato futuro – ativo	0	
caixa		0

Reconhecimento do instrumento de proteção por valor zero – na prática, sempre haverá um valor

	Débito	Crédito
31/12/X2		
reserva de proteção – *hedging* – patrimônio líquido	5.000	
obrigação com contrato futuro – passivo		5.000

Reconhecimento da perda com contrato futuro, refletindo a variação na taxa futura desde 30/09/X2

	Débito	Crédito
31/03/X3		
reserva de proteção – *hedging* – patrimônio líquido	5.000	
obrigação com contrato futuro – passivo		5.000

Reconhecimento adicional de perda no valor do contrato futuro

	Débito	Crédito
equipamentos – ativo	800.000	
contas a pagar – passivo		800.000

Equipamento recebido e convertido pela taxa corrente

	Débito	Crédito
equipamentos – ativo	10.000	
reserva de proteção – *hedging* – patrimônio líquido		10.000

Os ganhos diferidos no patrimônio líquido estão incluídos no valor dos ativos

Até o momento vimos que a companhia reconheceu o ativo e a obrigação de pagar SFr 800 mil, e tem também como obrigação do contrato futuro a importância de SFr 10 mil. Há, ainda, a exposição ao risco cambial, uma vez que a companhia está sujeita a ganhos e perdas decorrentes de variações no valor do contrato futuro e ganhos e perdas em contas a pagar. Ambas vão se eliminar. Observe que o fluxo de caixa está protegido – proteção contra a variação cambial no valor reconhecido como passivo. Não há necessidade de destaque específico porque não há obrigatoriedade de contabilização especial para a proteção cambial contratada. O contrato futuro será divulgado ao mercado por meio da demonstração do resultado e a obrigação será reconvertida à taxa de fechamento em conformidade com a norma IAS 21 – Os Efeitos das Mudanças nas Taxas de Câmbio Externas. Os ganhos e as perdas decorrentes dos efeitos das variações cambiais de moedas estrangeiras devem transitar por resultado.

Os lançamentos contábeis em 30 de junho de X3 estão demonstrados a seguir:

	Débito	Crédito
contas a pagar – passivo	10.000	
ganhos e perdas cambiais – resultado		10.000

Passivo é reconvertido pela taxa de fechamento IAS 21

	Débito	Crédito
perda em contrato futuro – resultado	10.000	
obrigação com contrato futuro – passivo		10.000

Reconhecer a variação no valor do contrato futuro

	Débito	Crédito
obrigação com contrato futuro – passivo	20.000	
caixa		20.000

Perda realizada em contrato futuro

	Débito	Crédito
contas a pagar	790.000	
caixa		790.000

Atividades de financiamentos

A divulgação separada dos fluxos de caixa, que surgem de atividades de financiamentos, é importante por sua utilidade na previsão de reclamações em futuros fluxos de caixa que podem ser feitas por fornecedores de capital à companhia. Exemplos de fluxos de caixa que surgem de atividades de financiamentos são:

a) o caixa é proveniente da emissão de ações ou de outros instrumentos de capital;

b) pagamentos a proprietários para adquirir ou retomar as ações da companhia;

c) o caixa é proveniente da emissão de debêntures, empréstimos, notas, títulos, hipotecas e outros empréstimos de curto prazo;

d) novos pagamentos de caixa de montantes emprestados;

e) pagamentos de caixa por um proprietário para a redução de passivos pendentes relacionados a um arrendamento.

5.1.6.1 Aspectos importantes da demonstração dos fluxos de caixa

Reportando os fluxos de caixa de atividades operacionais

A companhia deve reportar fluxos de caixa de atividades operacionais usando:

a) o método direto, em que classes maiores de recebimentos e pagamentos brutos de caixa são divulgadas;
b) o método indireto, em que o lucro líquido ou prejuízo são ajustados em relação aos efeitos das transações que não são de natureza do caixa, quaisquer despesas ou ganhos de recebimentos ou pagamentos passados ou futuros do caixa e itens de renda ou despesas associados ao investimento ou financiamento de fluxos de caixa.

As companhias são encorajadas, porém não obrigadas a relatar os fluxos de caixa de atividades operacionais usando o método direto.

Reportando os fluxos de caixa das atividades de investimentos e financiamentos

Uma companhia deve reportar separadamente classes maiores de recebimentos brutos de caixa e pagamentos brutos de caixa que surgem de atividades de investimentos e financiamentos, exceto em relação à extensão de fluxos de caixa, que são relatados em uma base líquida.

Reportando os fluxos de caixa numa base líquida

Fluxos de caixa que surgem das seguintes atividades operacionais de investimentos e financiamentos devem ser reportados em uma base líquida:

a) recebimentos e pagamentos de caixa em nome de clientes, quando os fluxos de caixa refletem as atividades destes, em vez dos da companhia;
b) recebimentos e pagamentos de caixa para itens nos quais a rotação seja rápida, os montantes sejam significativos, grandes, e as maturidades, de curto prazo.

Fluxos de caixa que surgem de cada uma das seguintes atividades de uma instituição financeira devem ser reportados em uma base:

a) recebimentos e pagamentos de caixa para a aceitação e novo pagamento de depósitos com uma data de expiração fixada;
b) a colocação de depósitos com sua retirada de outras instituições financeiras;
c) adiantamentos e empréstimos do caixa feitos a clientes e o novo pagamento destes.

Fluxos de caixa em moeda estrangeira

Os fluxos de caixa decorrentes de transações em moedas estrangeiras devem ser registrados na moeda em que estão expressas as demonstrações contábeis da companhia, convertendo-se o montante em moeda estrangeira à taxa, na data do fluxo de caixa.

Os fluxos de caixa de uma subsidiária estrangeira devem ser convertidos pelas taxas existentes entre a moeda relatada e a estrangeira nas datas dos fluxos de caixa.

Itens extraordinários

Os fluxos de caixa associados aos itens extraordinários devem ser classificados como resultantes de atividades operacionais, de investimentos ou financiamentos quando for apropriado e divulgados separadamente.

Juros e dividendos

Fluxos de caixa de juros e dividendos recebidos e pagos devem ser divulgados separadamente. Cada um deve ser classificado de uma maneira consistente de período a período como atividades operacionais, de investimento ou financiamento.

Juros pagos e juros e dividendos recebidos são geralmente classificados como fluxos de caixa de operação para instituições financeiras. Entretanto, não há um consenso sobre a classificação desses fluxos de caixa para outros empreendimentos. Juros pagos e juros e dividendos recebidos podem ser classificados como fluxos de caixa de operação, porque eles entram na determinação de lucro ou prejuízo líquido. Alternativamente, juros pagos e juros e dividendos recebidos podem ser classificados como fluxos de caixa de financiamento e de investimento respectivamente, pois são custos de obtenção de fontes financeiras ou de retornos de investimentos.

Dividendos pagos podem ser classificados como fluxo de caixa de financiamento porque formam um custo da obtenção de fontes financeiras. Alternativamente, dividendos pagos podem ser classificados como um componente de fluxos de caixa de atividades de operação para ajudar usuários a determinarem a capacidade de um empreendimento de pagar dividendos fora dos fluxos de caixa de operação.

Impostos sobre a renda

Fluxos de caixa que surgem de impostos sobre a renda devem ser divulgados separadamente e classificados como fluxos de caixa de atividades de operação, exceto quando sejam especificamente identificados com atividades de financiamento e investimento.

Investimentos em subsidiárias, associadas (*joint ventures*) e em fusões

Quando o método de equivalência patrimonial for usado na contabilidade para um investimento em uma conta de uma associada ou subsidiária, um investidor deverá restringir sua apresentação na demonstração de fluxos de caixa entre ele e a investida, por exemplo, em relação aos dividendos e aos adiantamentos.

Uma companhia que reporta seus interesses em uma entidade controlada conjuntamente, usando consolidação proporcional, inclui em sua demonstração consolidada de fluxo de caixa suas ações proporcionais de fluxos de caixa da entidade, controlados conjuntamente. Uma companhia que relata tais acontecimentos usando o método de equivalência de liquidez inclui em sua demonstração de fluxo de caixa aqueles relacionados a seus investimentos na entidade controlada conjuntamente e as distribuições e outros pagamentos ou recebimentos entre este e a entidade controlada conjuntamente.

Aquisições e vendas de subsidiárias e de outras unidades de negócio da companhia

Os fluxos de caixa agregados que surgem de aquisições e de vendas de subsidiárias e outras unidades de negócio devem ser apresentados separadamente e classificados como atividades de investimento.

Em relação às aquisições e vendas de suas subsidiárias ou de outras unidades de negócio durante o período, uma companhia deve divulgar, de forma agregada:

a) o preço total de compra ou venda;

b) a porção do preço da compra ou venda paga por meio do caixa ou de seus equivalentes;

c) o montante do caixa e de seus equivalentes na subsidiária ou na unidade de negócios adquirida ou vendida;

d) o montante de ativos e passivos que não formam o caixa ou seus equivalentes na subsidiária ou na unidade de negócio adquirida ou vendida, resumida por importantes categorias.

Transações que não são caixa

Transações de investimento e financiamento que não requerem o uso do caixa e de seus equivalentes devem ser excluídas de uma demonstração do fluxo de caixa. Tais transações devem ser divulgadas nas demonstrações contábeis de modo que estas forneçam todas as informações relevantes sobre essas atividades de investimento e financiamento.

Alguns exemplos de transações que não afetam o caixa são:

a) aquisição de ativos assumindo diretamente o respectivo passivo ou por meio de um *lease* financeiro;
b) aquisição de uma empresa por meio de emissão de ações;
c) conversão da dívida em capital.

Componentes do caixa e de seus equivalentes

Uma companhia pode divulgar seus componentes do caixa e de seus equivalentes e deve apresentar uma reconciliação dos montantes em sua demonstração de fluxo de caixa com os itens equivalentes reportados no balanço.

Outras divulgações *(disclosure)*

Uma companhia deve divulgar, com os comentários feitos pela administração, o montante de saldos significativos do caixa e de seus equivalentes feitos pela companhia que não estão disponíveis ao uso do grupo.

A divulgação de fluxos de caixa segmentados permite que os usuários obtenham uma melhor compreensão da relação entre os fluxos de caixa dos negócios como um todo e algumas partes dos seus componentes e a disponibilidade e variedade de fluxos de caixa segmentados.

5.1.6.2 Formato da demonstração dos fluxos de caixa

A demonstração dos fluxos de caixa pode ser elaborada e divulgada a partir do método indireto, que é um dos mais adotados pelas companhias, sendo o seu formato o seguinte:

	2010	2009
Fluxo de caixa das atividades operacionais		
lucro líquido do período		
ajustes para conciliação do lucro líquido com o caixa proveniente das atividades operacionais: depreciação, exaustão e amortização, imposto de renda diferido etc.		
ajustes por mudança no capital de giro líquido aumento (redução) no ativo operacional aumento (redução) no passivo operacional		
Caixa líquido proveniente das atividades operacionais		
Fluxo de caixa das atividades de investimento		
adições ao imobilizado etc.		
Caixa líquido proveniente das atividades de investimento		
Fluxo de caixa das atividades de financiamento		
captações de financiamentos de longo prazo etc.		
Caixa líquido proveniente das atividades de financiamento		
Caixa líquido gerado no período		
Caixa e equivalentes no início do período		
Caixa e equivalentes no final do período		

5.1.7 Estudo de caso – demonstrações contábeis em IFRS

A seguir apresentamos as demonstrações contábeis em IFRS, divulgadas no Relatório Anual do Grupo Gerdau S.A., inerentes aos exercícios de 2007 e 2006. A Gerdau é uma sociedade anônima de capital aberto, com sede no Rio de Janeiro – RJ, Brasil, empresa *holding* integrante do Grupo Gerdau, dedicado principalmente à produção e comercialização de produtos siderúrgicos em geral, por meio de usinas localizadas no Brasil, Argentina, Chile, Colômbia, México, Peru, República Dominicana, Uruguai, Venezuela, Estados Unidos, Canadá, Espanha e Índia.

Gerdau S.A. e empresas controladas
Demonstrações financeiras consolidadas em 31 de dezembro de 2007 e de 2006

Elaboradas em conformidade com o padrão contábil estabelecido pelo International Accounting Standards Board – Iasb (conhecidos como International Financial Reporting Standards – IFRS) e consubstanciado na instrução CVM nº 457, de 13 de julho de 2007.

Balanços patrimoniais consolidados
(valores expressos em milhares de reais)

	Nota	2007	2006
Ativo circulante			
caixa e equivalentes de caixa	5	2.026.096	1.070.524
aplicações financeiras			
títulos para negociação		2.836.903	4.749.400
títulos disponíveis para venda		276.374	263.893
títulos mantidos até o vencimento		-	295.472
contas a receber de clientes	6	3.172.316	2.842.568
estoques	7	6.056.661	5.052.865
créditos tributários	8	598.317	527.420
pagamentos antecipados		108.690	84.014
ganhos não realizados com derivativos	16	14	5.687
outras contas a receber		237.602	192.113
		15.322.973	15.083.956
Ativo não circulante			
créditos tributários	8	594.894	449.590
imposto de renda/contribuição social diferidos	9	933.851	915.765
ganhos não realizados com derivativos	16	1.553	14.160
pagamentos antecipados		110.207	56.570
depósitos judiciais	18	223.735	168.145
outras contas a receber		290.783	257.900
gastos antecipados com plano de pensão	20	417.723	311.740
investimentos avaliados por equivalência patrimonial	11	613.112	450.080
outros investimentos	11	33.753	31.588
ágios	12	6.043.396	437.838
intangível	13	1.073.715	45.381
imobilizado	10	15.827.944	13.373.543
		26.164.666	16.512.300
Total do ativo		41.477.639	31.596.256

	Nota	2007	2006
Passivo circulante			
fornecedores		2.586.634	2.413.949
empréstimos e financiamentos	14	2.500.985	2.274.523
debêntures	15	38.125	2.932
impostos e contribuições sociais a recolher	17	462.311	465.724
salários a pagar		518.098	379.301
dividendos a pagar		392	185.458
perdas não realizadas com derivativos	16	1.964	2.690
outras contas a pagar		478.639	466.843
		6.587.148	6.191.420
Passivo não circulante			
empréstimos e financiamentos	14	12.461.128	6.671.456
debêntures	15	903.151	929.024
imposto de renda/contribuição social diferidos	9	2.315.771	1.474.931
perdas não realizadas com derivativos	16	16.106	22.425
provisão para contingências	18	489.103	402.795
benefícios a empregados	20	794.125	708.316
opções por compra de ações	26-f	889.440	547.953
outras contas a pagar		379.589	459.720
		18.248.413	11.216.620
Patrimônio líquido	22		
capital social		7.810.453	7.810.453
ações em tesouraria		(106.667)	(109.609)
reserva legal		278.713	159.109
lucros acumulados		5.779.339	3.030.459
ajustes cumulativos de conversão para moeda estrangeira		(1.049.333)	(259.130)
		12.712.505	10.631.282
Participações dos acionistas minoritários		3.929.573	3.556.934
Patrimônio líquido incluindo minoritários		16.642.078	14.188.216
Total do passivo		41.477.639	31.596.256

Demonstrações dos resultados consolidados			
(valores expressos em milhares de reais)			
	Nota	2007	2006
Receita líquida de venda	24	30.163.528	25.883.911
custo das vendas	29	(23.131527)	(19.039.266)
Lucro bruto		7.032.001	6.844.645
despesas com vendas	29	(618.938)	(557.045)
despesas gerais e administrativas	29	(1.877.654)	(1.784.865)
outras receitas (despesas) operacionais	25	(171.958)	(36.163)
Lucro operacional		4.363.451	4.466.572
resultado da equivalência patrimonial		118.399	243.550
Lucro antes do resultado financeiro e dos impostos		4.481.850	4.710.122
receitas financeiras		815.763	939.484
despesas financeiras		(1.202.027)	(903.292)
variação cambial, líquida		723.289	329.633
ganhos e perdas com derivativos, líquido		(4.456)	74.467
Lucro antes dos impostos		4.814.419	5.150.414
provisão para imposto de renda e contribuição social			
corrente	9	(872.315)	(906.297)
diferido	9	(82.011)	17.361
		(954.326)	(888.936)
		3.860.093	4.261.478
Lucro líquido do exercício			
atribuído a:			
participação do controlador		3.552.751	3.546.934
participação dos minoritários		757.342	714.544
		4.310.093	4.261.478
lucro básico por ação – ordinária e preferencial	23	5,36	5,34
lucro diluído por ação – ordinária e preferencial	23	5,32	5,30

Demonstração das mutações do patrimônio líquido consolidadas
(valores expressos em milhares de reais)

			Atribuído à participação dos minoritários				Participação dos minoritários	Total do patrimônio líquido
	capital social	ações em tesouraria	reserva legal	lucros acumulados	ajustes cumulativos de conversão para moeda estrangeira			
Saldo em 01/01/2006	5.206.969	(60.254)	465.063	2.623.507	–		2.087.167	10.322.452
lucro líquido do exercício	–	–	–	3.546.934	–		714.544	4.261.478
aumento de capital	2.603.484	–	(450.000)	(2.153.484)	–		–	–
opções de ações exercidas durante o período	–	14.245	–	(1.363)	–		–	12.882
ganho na venda de ações em tesouraria	–	–	–	189	–		–	189
dividendos/juros sobre o capital próprio	–	–	–	(821.063)	–		(157.282)	(978.345)
destinação proposta à assembleia geral	–	–	144.046	(144.046)	–		–	–
ajustes cumulativos de conversão para moeda estrangeira	–	–	–	–	(259.130)		(164.663)	(423.793)
participações de minoritários sobre alocação do valor justo	–	–	–	–	–		777.299	777.299
efeito de minoritários sobre entidades consolidadas	–	–	–	–	–		299.869	299.869
opções por compra de ações	–	–	–	(20.215)	–		–	(20.215)
ações em tesouraria	–	(63.600)	–	–	–		–	(63.600)
Saldo em 31/01/2006	7.810.453	(109.609)	159.109	3.030.459	(259.130)		3.556.934	14.188.216
lucro líquido do exercício	–	–	–	3.552.751	–		757.342	4.310.093
aumento de capital em subsidiárias	–	–	–	–	–		965.469	965.469
despesa com plano de opções de ações reconhecido no período	–	2.942	–	2.765	–		–	5.707
opções de ações exercidas durante o período	–	–	–	3.452	–		–	3.452
ganho na venda de ações em tesouraria	–	–	–	152	–		–	152
dividendos/juros sobre o capital próprio	–	–	–	(726.170)	–		(294.093)	(1.020.263)
destinação proposta à assembleia geral	–	–	119.604	(119.604)	–		–	–
ajustes cumulativos de conversão para moeda estrangeira	–	–	–	–	(790.203)		(338.661)	(1.128.864)
participações de minoritários sobre alocação do valor justo	–	–	–	–	–		(18.502)	(18.502)
efeito de minoritários sobre entidades consolidadas	–	–	–	(6.089)	–		(282.437)	(288.526)
opções por compra de ações	–	–	–	52.942	–		(417.963)	(365.021)
ações em tesouraria	–	–	–	1.797	–		–	1.797
gastos com aumento de capital em subsidiária	–	–	–	(26.839)	–		–	(26.839)
ganhos não realizados em aplicações disponíveis para venda	–	–	–	13.723	–		1.484	15.207
Saldo em 31/12/2007	7.810.453	(106.667)	278.713	5.779.339	(1.049.333)		3.929.573	16.642.078

Demonstrações consolidadas dos fluxos de caixa
(valores expressos em milhares de reais)

	Nota	2007	2006
Fluxo de caixa da atividade operacional		4.310.093	4.261.478
lucro líquido do período (inclui participação dos minoritários)			
ajustes para reconciliar o lucro líquido ao fluxo de caixa das atividades operacionais			
depreciação e amortização		1.317.156	1.136.950
equivalência patrimonial	11	(118.399)	(243.550)
variação cambial		(723.289)	(329.633)
ganhos com derivativos, líquido		4.456	(74.467)
benefícios pós-emprego e remuneração baseada em ações		(141.656)	(212.012)
imposto de renda e contribuição social diferidos		82.011	(17.361)
perda na alienação de imobilizado e investimento		87.069	39.803
provisão de créditos de liquidação duvidosa		15.116	16.633
provisão para passivos tributários, cíveis e trabalhistas		178.381	(52.061)
distribuição de *joint venture*		109.959	217.169
receita de juros de aplicações financeiras		(668.570)	(820.940)
despesa de juros sobre dívidas financeiras		750.033	729.061
		5.202.360	4.651.070
Variação de ativos e passivos			
aumento de contas a receber		(482.616)	(290.638)
aumento de estoques		(777.724)	(186.347)
aumento de contas a pagar e provisões		455.987	245.483
aumento de outros ativos		(456.834)	(109.353)
aumento de outros passivos		1.158.891	656.841
aplicações financeiras de títulos para negociação		(4.191.788)	(7.704.288)
resgate de aplicações financeiras de títulos para negociação		6.864.285	6.627.754
Caixa proveniente das atividades operacionais		7.772.561	3.890.522
pagamento de juros de empréstimos e financiamentos		(711.518)	(555.092)
pagamento de imposto de renda e contribuição social		(696.728)	(912.860)
caixa líquido proveniente das atividades operacionais		6.364.315	2.422.570
Fluxo de caixa das atividades de investimento			
adições de imobilizado		(2.757.093)	(2.373.508)
pagamentos na aquisição de empresas	3,6	(8.525.731)	(669.603)
juros recebidos sobre aplicações financeiras		191.561	752.424
Caixa líquido usado nas atividades de investimento		(11.091.263)	(2.290.687)
Fluxo de caixa das atividades de financiamentos			
dividendos e juros sobre o capital próprio pagos		(1.199.424)	(1.070.197)
financiamentos obtidos		11.693.389	4.606.793
pagamentos de financiamentos		(5.622.460)	(3.629.755)
aumento de capital		907.324	-
financiamentos com empresas ligadas, líquido		291.440	(49.142)
Caixa líquido proveniente de (usado em) atividades de financiamentos		6.070.269	(142.301)
efeito da variação cambial sobre o caixa e equivalentes de caixa		(387.749)	(146.758)
aumento do caixa e equivalentes de caixa		955.572	(157.176)
caixa e equivalentes de caixa no início do exercício		1.070.524	1.227.700
Caixa e equivalentes de caixa no final do exercício		2.026.096	1.070.524

5.2 Demonstrações contábeis em US Gaap

De acordo com o pronunciamento do Fasb, que trata do reconhecimento e mensuração de demonstrações contábeis, o Statement of Financial Accounting Concept n. 5 (SFAC 5), as demonstrações obrigatórias consolidados para elaboração e divulgação, inerentes a pelo menos três exercícios sociais comparativos, com exceção do balanço patrimonial que pode ser apresentado para dois, são os seguintes:

- balanço patrimonial;
- demonstração do resultado;
- demonstração do resultado abrangente;
- demonstração das mutações do patrimônio líquido;
- demonstração dos fluxos de caixa (regulamentada pelo SFAS 95);
- notas explicativas.

5.2.1 Fundamentos básicos das demonstrações contábeis em US Gaap

O Statement of Financial Accounting Concepts n. 6 (SFAC 6) trata basicamente dos elementos que devem constar nas demonstrações contábeis norte-americanas.

Conforme o SFAC 6, os elementos das demonstrações contábeis são blocos de construção com os quais as demonstrações contábeis são construídas – as classes de itens que devem compor as demonstrações financeiras.

Os itens nas demonstrações contábeis representam em palavras e números certos recursos da entidade, reivindicações sobre esses recursos e os efeitos das transações e outros eventos e circunstâncias que resultam nas mudanças naqueles recursos e reivindicações.

O SFAC 6 define dez elementos inter-relacionados que são diretamente relacionados para o processo de mensuração do desempenho e do *status* da entidade. São eles:

1. *ativos*: representam prováveis benefícios econômicos obtidos ou controlados por uma entidade particular como resultado de eventos ou transações passadas;
2. *exigibilidades*: representam prováveis sacrifícios de benefícios econômicos que surgem de obrigações presentes de uma entidade particular para transferir ativos ou fornecer serviços para outras entidades no futuro como resultado de eventos ou transações passadas;
3. *patrimônio líquido ou ativos líquidos*: representam o resultado residual nos ativos de uma entidade que permanece depois da dedução de suas exigibilidades. Num negócio empresarial, o patrimônio líquido é de interesse do proprietário;
4. *capital social*: representa os aumentos do patrimônio líquido resultantes da transferência para uma entidade de algo de valor;
5. *distribuições*: representam redução do valor do patrimônio líquido de uma entidade particular resultante da transferência de ativos, de retribuições por serviços ou da aceitação de exigibilidades pela entidade para os proprietários. As distribuições aos proprietários reduzem o interesse deles ou seu patrimônio líquido na empresa;
6. *lucro compreensivo*: representa a mudança no patrimônio líquido de uma entidade particular durante um período decorrente de transações e outros eventos e circunstâncias de fontes de terceiros. Inclui todas as mudanças no patrimônio durante um período, exceto aquelas resultantes dos investimentos feitos pelos proprietários e distribuições para eles;
7. *receitas*: representam as entradas ou outros aumentos de ativos de uma entidade ou ajustes de suas exigibilidades (ou uma combinação de ambos) provenientes da entrega ou produção de mercadorias, retribuição por serviços ou outras atividades que constituem as operações maiores ou centrais de uma entidade em atividade;
8. *despesas*: representam as saídas ou outras utilizações de ativos ou ocorrência de exigibilidades (ou a combinação de ambos) decorrente da entrega ou produção de mercado-

rias, retribuição por serviços, ou a realização de outras atividades que constituem a maior parte ou operação central de uma entidade em atividade;

9. *ganhos*: são incrementos no patrimônio líquido (ativos líquidos) decorrentes de transações eventuais ou periféricas de uma entidade e de todas as transações ou outros eventos e circunstâncias que afetam uma entidade, exceto aqueles que resultam de receitas ou investimentos pelos proprietários;

10. *perdas*: são decréscimos no patrimônio líquido (ativos líquidos) decorrentes de transações eventuais ou periféricas de uma entidade e de todas as transações ou outros eventos e circunstâncias que afetam o patrimônio líquido de uma entidade, exceto aqueles que resultam das despesas ou distribuições aos proprietários.

Recursos econômicos ou ativos e suas mudanças são centrais para a existência e operações de uma entidade individual. Tanto negócios empresariais como organizações sem fins lucrativos são essencialmente processadores de recursos ou ativos. A capacidade de produzir recursos a serem trocados por caixa ou outros ou a serem combinados com outros recursos para produzir mercadorias ou serviços escassos necessários ou desejados dá utilidade e valor (benefícios futuros econômicos) a uma entidade.

Recursos econômicos ou ativos são também *vitais* a um negócio empresarial. Uma vez que os ativos ou recursos são benefícios para uma entidade ao serem trocados, usados ou mesmo investidos, as mudanças nos recursos ou ativos são o propósito, os meios e o resultado das operações de uma entidade, e um negócio empresarial existe primariamente para adquirir, usar, produzir e distribuir recursos. Por intermédio dessas atividades ela fornece produtos ou serviços para os membros da sociedade e obtém caixa e outros ativos com os quais compensa aqueles que fornecem os recursos à entidade, incluindo seus proprietários.

Embora o relacionamento entre o lucro de uma companhia e a compensação recebida pelos proprietários seja complexa e frequentemente indireta, o lucro é a fonte básica de compensação para os proprietários, que fornecem o patrimônio ou o capital de risco para uma companhia.

Inter-relação entre os elementos

Os elementos das demonstrações contábeis são de dois tipos, muitas vezes explicados comparativamente à fotografia e a um filme. Os elementos definidos incluem três de um tipo e sete de outro. Ativos, exigibilidades e patrimônio líquido (ativos líquidos) descrevem níveis ou montantes de recursos ou reivindicações ou interesses nos recursos num momento do tempo. Todos os outros elementos (lucro, despesas, receitas, ganhos, perdas, investimentos e distribuições) descrevem o efeito de transações ou outros eventos e circunstâncias que afetam uma entidade durante intervalos de tempo (períodos).

5.2.1.1 Características dos elementos patrimoniais e das despesas e receitas

Características dos ativos

Ativos são prováveis benefícios econômicos futuros obtidos ou controlados por uma entidade particular como resultado de transações ou eventos passados.

Os ativos têm três características essenciais:

a) incorporam um provável benefício futuro que envolve uma capacidade, singularmente ou em combinação com outros ativos, de contribuir direta ou indiretamente para os fluxos líquidos futuros de caixa;

b) a entidade pode obter o benefício e controle sobre ele;

c) a transação ou outro evento que deu origem ao direito ou controle que a entidade tem sobre o benefício já ocorreu.

A característica comum de todos ativos (recursos econômicos) é "o serviço potencial" ou "benefício econômico futuro", a capacidade de fornecer serviços ou benefícios futuros para as entidades que os usam.

Características das exigibilidades

Exigibilidades são prováveis sacrifícios de benefícios econômicos futuros decorrentes de obrigações presentes que uma entidade tem de transferir ativos ou fornecer serviços a outras no futuro, como resultado de eventos ou transações passadas. Uma exigibilidade tem três características essenciais:

a) envolve uma obrigação presente ou responsabilidade para uma ou mais entidades que impõem um acordo para provável transferência futura ou uso de ativos em uma data específica ou determinada, na ocorrência de um evento específico ou demandado;

b) a obrigação ou responsabilidade obriga uma entidade particular, deixando pequena ou nenhuma discrição de evitar o sacrifício futuro;

c) a transação ou outro evento obrigando a entidade já aconteceu.

Embora a maior parte das exigibilidades resulte de contratos entre entidades, algumas obrigações são impostas às entidades pelo governo ou judiciário ou são aceitas para evitar imposições governamentais ou jurídicas.

Características do patrimônio líquido

Em um negócio empresarial, o patrimônio líquido é o interesse do proprietário. Ele se origina dos direitos dos proprietários (ou equivalente) e envolve a relação entre uma empresa e seus proprietários.

Uma vez que o patrimônio líquido fica atrás das exigibilidades como um reivindicador ou interesse sobre os ativos de uma empresa, ele é um interesse residual:

a) patrimônio líquido é o mesmo que ativos líquidos, ou seja, a diferença entre os ativos e as exigibilidades da empresa;

b) o valor do patrimônio líquido é aumentado ou reduzido por incrementos ou decréscimos nos ativos líquidos dos recursos que não são do proprietário, bem como pelos investimentos feitos pelos proprietários e distribuições feitas a eles.

O patrimônio líquido contém limites, frequentemente legais, que regulam sua distribuição pela empresa aos proprietários, seja em forma de dividendos em dinheiro ou distribuição de outros ativos.

Uma empresa pode ter diversas classes de ações representativas do patrimônio líquido, com diferentes graus de risco a depender do tipo de direito de participar nas distribuições dos ativos de uma empresa e das prioridades de reivindicação nos ativos da entidade num evento de liquidação.

Características dos investimentos e distribuições aos proprietários

Investimentos e distribuições aos proprietários são transações entre uma empresa e seus proprietários por sua participação.

Por intermédio dos investimentos dos proprietários uma empresa obtém recursos de que necessita para iniciar ou expandir suas operações, liquidar financiamentos ou outras exigibilidades ou ainda outros propósitos do negócio.

As distribuições pela empresa para seus proprietários diminuem seus ativos líquidos e diminuem ou encerram os interesses dos proprietários. A recompra de ações por uma entidade, transferindo ativos aos proprietários ou incorrendo em exigibilidades, também é considerada uma distribuição para os proprietários.

Características do lucro compreensivo

O lucro compreensivo é uma mudança no patrimônio líquido de uma entidade durante um período de transações ou outros eventos e circunstâncias de recursos dos não proprietários. Considerando a vida inteira de uma empresa, o lucro compreensivo iguala o líquido dos recebimentos e saídas de caixa, excluindo o que foi (ou equivalentes de caixa de ativos que não são caixa) investido pelos proprietários ou distribuído a eles. Essa característica é confirmada se os montantes de caixa e o lucro compreensivo são mensurados em moeda nominal ou moeda constante.

Conceitos como critérios de reconhecimento e escolha de atributos a serem mensurados não afetam os montantes do lucro compreensivo e receitas líquidas de caixa considerando a vida inteira da empresa, mas afetam os resultados periódicos, uma vez que a apuração do resultado pela contabilidade é baseada no regime de competência de exercícios.

O lucro compreensivo de uma empresa resulta de:

a) transações de troca e outras transferências entre a empresa e outras entidades;
b) esforços produtivos da empresa;
c) mudanças de preços, eventos ou outros efeitos das interações entre a empresa e o ambiente econômico, legal, social, político e físico de que ela faz parte.

Os esforços produtivos da empresa e a maior parte de suas transações de trocas com outras entidades constituem o conjunto principal das atividades operacionais para a continuidade do empreendimento, pelas quais a empresa esforça-se para cumprir sua função básica na economia de produção e distribuição de produtos e serviços, com resultado que permita dar um retorno satisfatório a seus proprietários.

Características das receitas

As receitas representam entradas de caixa reais ou esperadas (ou equivalentes de caixa) que ocorreram ou ocorrerão como resultado das operações centrais, objeto da entidade. Os ativos aumentados pelas receitas podem ser de várias espécies, assim como as transações e eventos que provocam as receitas podem ter vários nomes, tais como vendas, juros, dividendos, entregas, aluguéis etc., a depender dos tipos de operações que envolvem.

Características das despesas

As despesas representam saídas de caixa reais ou esperadas (ou equivalentes de caixa) que ocorreram ou ocorrerão como resultado das operações centrais objeto da entidade. Os ativos consumidos ou usados e as exigibilidades incorridas podem ser de várias espécies, assim como as transações e eventos que provocam as despesas podem ser de muitas formas e ter diversas denominações, tais como custo das mercadorias vendidas, custo dos serviços prestados, depreciação, juros, aluguéis, salários e encargos etc., dependendo do tipo de operações envolvidas e do modo como as despesas são reconhecidas.

Características dos ganhos e perdas

Ganhos e perdas resultam de transações incidentais ou periféricas e de outros eventos e circunstâncias largamente fora do controle das entidades e de seus administradores.

Ganhos e perdas podem ser descritos ou classificados de acordo com suas fontes. Alguns são resultados líquidos, como, por exemplo, as alienações de ativos imobilizados. Outros resultam de transferências não recíprocas entre uma entidade e outras, como brindes e doações. Podem resultar também de ganhos ou perdas pela manutenção de ativos, como baixas de inventários por preços inferiores ao de mercado, ou também podem advir da variação nas taxas de câmbio. Podem surgir também de fatores ambientais, como catástrofes naturais.

Ganhos e perdas também podem ser classificados como operacionais ou não operacionais, dependendo da sua relação com o curso normal de suas operações.

Receitas, despesas, ganhos e perdas

Receitas e ganhos são similares, assim como despesas e perdas, mas algumas diferenças são significativas para direcionar a informação sobre o desempenho da empresa.

Receitas e despesas resultam do conjunto central de operações que mantém a continuidade empresarial. Em contraste, perdas e ganhos resultam de transações periféricas ou incidentais para a cmpresa, ou de outros eventos e circunstâncias que a afetam e em que a possibilidade de controle da empresa e de seus administradores é mínima ou inexistente.

5.2.2 Balanço patrimonial em US Gaap

O balanço patrimonial consolidado pode ser apresentado a partir do formato evidenciado a seguir.

Ativo	Nota	2010	2009	Passivo e patrimônio líquido	Nota	2010	2009
ativo corrente				**passivo corrente**			
caixa e equivalentes				fornecedores			
contas a receber				salários a pagar			
estoques				impostos a pagar			
outros ativos				outros passivos			
total do ativo corrente				**passivo de longo prazo**			
imobilizado, líquido				empréstimos e financiamentos			
investimentos societários				outros passivos			
goodwill				contingências			
intangíveis				**participação acionista não controlador**			
outros ativos				**patrimônio líquido**			
contas a receber				ações autorizadas e emitidas			
impostos diferidos				ações preferenciais			
ativos financeiros				ações ordinárias			
				reservas			
				lucros acumulados			
				outros resultados abrangentes			
Total do ativo				**Total do passivo e patrimônio líquido**			

A seguir relacionamos alguns dos procedimentos para evidenciação de ativos, passivos e itens de patrimônio líquido:

- **ativos e passivos:** os ativos correntes (curto prazo) devem ser segregados dos demais ativos, de longo prazo, assim como os passivos correntes (curto prazo) são separados dos de longo prazo, podendo ser apresentados para dois exercícios sociais comparativos;

- *goodwill*: é o ágio ("mais-valia") que, quando adquirido numa combinação de negócios, é apresentado separadamente dos ativos intangíveis;

- **ativos financeiros:** são aplicações financeiras em renda fixa e variável que devem ser classificadas para avaliação e apresentação em três categorias: *destinadas a venda*, *mantidas para negociação* e *mantidas até o vencimento* (no capítulo sobre instrumentos financeiros trataremos melhor deste assunto);

- **contingências:** podem ser apresentadas em grupo específico quando reconhecidas nos termos do SFAS 5, do Fasb;

- **participação do acionista não controlador:** é evidenciada fora do patrimônio líquido, como demonstrado no quadro anterior;

- **ações autorizadas e emitidas:** retratam o capital social no patrimônio líquido e são apresentadas por categoria (preferenciais e ordinárias);

- **outros resultados abrangentes:** envolvem os ajustes (ganhos e perdas) de resultados de transações alocadas no patrimônio líquido que ainda não se realizaram financeiramente, pois dependem de eventos futuros (seguem o padrão do IFRS);
- **nota:** indicação do número da nota explicativa a que se refere o ativo, passivo e item de patrimônio líquido evidenciado no balanço patrimonial.

5.2.3 Demonstração do resultado em US Gaap

A demonstração de resultado consolidada pode ser apresentada para três exercícios sociais, a partir do formato seguinte:

	2010	2009	2008
Vendas de produtos e serviços			
(–) impostos sobre vendas			
(=) receita operacional líquida ou vendas líquidas			
(–) custos das vendas			
(–) depreciação, exaustão e amortização			
(–) despesas operacionais (administrativas, comerciais etc.)			
(–) despesas com pesquisa e desenvolvimento			
(–) outras despesas (perda com ativos etc.)			
Total de custos e despesas			
(=) lucro operacional líquido			
(+/–) resultado de equivalência patrimonial			
(+) receitas financeiras			
(–) despesas financeiras			
(+/–) variações monetárias e cambiais líquidas			
(=) lucro antes do imposto de renda			
(–) imposto de renda corrente			
(+/–) imposto de renda diferido			
Lucro líquido do período			
Lucro líquido atribuível a cada categoria de ações: ações preferenciais ações ordinárias			
Lucro líquido por ação: ação preferencial ação ordinária			

A seguir, apresentamos os procedimentos relacionados a alguns itens de resultado para que sejam adequadamente evidenciados na demonstração de resultado:

- **custos das vendas:** são apresentados separadamente das despesas operacionais, mas no mesmo grupo, como demonstrado no modelo anterior, sem a necessidade de evidenciação do lucro operacional bruto;
- **depreciação, exaustão e amortização:** normalmente são apresentadas em conta específica;
- **resultado de equivalência patrimonial:** é apresentado em conta específica da demonstração de resultado, logo após o lucro operacional;
- **receitas e despesas financeiras:** não compõem o lucro proveniente das operações; são itens não operacionais;
- **lucro líquido do período:** apresentado por categoria de ações e por ação;
- **nota explicativa:** os principais itens de resultado são mais bem detalhados em notas explicativas.

5.2.4 Demonstração do resultado abrangente em US Gaap

A demonstração do resultado abrangente (DRA) em US Gaap é semelhante à DRA em IFRS em todos os seus aspectos relevantes (a diferença está nas variações da reserva de reavaliação, não considerada em US Gaap, pois a reavaliação de ativos não é permitida nos Estados Unidos). Sendo assim, como já visto em IFRS, os resultados abrangentes de uma companhia em US Gaap envolvem os seguintes itens:

- o resultado líquido do período;
- os ganhos e perdas com parcela efetiva de *hedge* de fluxo de caixa;
- os ganhos e perdas com ativos financeiros disponíveis para venda;
- os ajustes acumulados de conversão – variação cambial de investimento societário no exterior;
- os ganhos e perdas atuariais com planos de pensão com benefício definido.

A DRA pode ser elaborada e divulgada ao mercado acoplada à demonstração das mutações do patrimônio líquido ou a partir do seguinte formato:

	Nota	2010	2009
Resultado líquido do período			
(+/–) outros resultados abrangentes da companhia: ajustes acum. de conv. – variação cambial de invest. societ. no exterior ganhos e perdas com parcela efetiva de *hedge* de fluxo de caixa ganhos e perdas com ativos financeiros disponíveis para venda ganhos e perdas atuariais com planos de pensão com benefício definido			
(+/–) outros resultados abrangentes de part. societ. p/ equiv. patrimonial			
Resultado abrangente do período			
Resultado abrangente atribuível aos acionistas controladores			
Resultado abrangente atribuível aos acionistas não controladores			

A demonstração do resultado abrangente ainda pode ser apresentada como parte integrante da demonstração das mutações do patrimônio líquido. Seus componentes serão detalhados e explicados nos capítulos seguintes do livro.

5.2.5 Demonstração das mutações do patrimônio líquido em US Gaap

A demonstração das mutações do patrimônio líquido objetiva apresentar as variações ocorridas em cada uma das contas que compõem o patrimônio líquido do balanço patrimonial, de um período para o outro. Assim, pode ser divulgada para três exercícios sociais a partir dos seguintes formatos:

Formato 1:

	Ações preferenciais	Ações ordinárias	Reservas	Lucros acumulados	Outros resultados abrangentes	Total do patrimônio líquido
saldo em 31/12/2007						
(+/–) variações						
saldo em 31/12/2008						
(+/–) variações						
saldo em 31/12/2009						
(+/–) variações						
saldo em 31/12/2010						

Formato 2:

	Exercício findo em 31 de dezembro		
	2010	2009	2008
ações preferenciais			
saldo em 1º de janeiro			
(+/−) variações			
saldo em 31 de dezembro			
ações ordinárias			
saldo em 1º de janeiro			
(+/−) variações			
saldo em 31 de dezembro			
reservas			
saldo em 1º de janeiro			
(+/−) variações			
saldo em 31 de dezembro			
lucros acumulados			
saldo em 1º de janeiro			
(+/−) variações			
saldo em 31 de dezembro			
outros resultados abrangentes			
saldo em 1º de janeiro			
(+/−) variações			
saldo em 31 de dezembro			
total do patrimônio líquido			

5.2.6 Demonstração dos fluxos de caixa em US Gaap

A Demonstração dos Fluxos de Caixa (DFC) é regulamentada pelo SFAS 95, do Fasb, norma semelhante, em todos os seus aspectos relevantes, à IAS 7, do Iasb, que estabelece uma série de critérios e procedimentos para elaboração e apresentação da DFC. Entretanto, o método que vem sendo mais adotado pelas companhias para apresentação ao mercado de capitais é o "indireto", que tem o formato a seguir:

	2010	2009	2008
Fluxo de caixa das atividades operacionais			
Lucro líquido do período			
Ajustes para conciliação do lucro líquido com o caixa proveniente das atividades operacionais: depreciação, exaustão e amortização, imposto de renda diferido etc.			

Ajustes por mudança no capital de giro líquido:
  aumento (redução) no ativo operacional
  aumento (redução) no passivo operacional			

caixa líquido proveniente das atividades operacionais			
fluxo de caixa das atividades de investimento			
adições ao imobilizado etc.			
caixa líquido proveniente das atividades de investimento			
fluxo de caixa das atividades de financiamento			
captações de financiamentos de longo prazo etc.			
caixa líquido proveniente das atividades de financiamento			
caixa líquido gerado no período			
caixa e equivalentes no início do período			
caixa e equivalentes no final do período			

5.2.7 Relatório da administração (Management Discussions & Analysis – MD&A)

Da mesma forma que as orientações da CVM sugerem a apresentação de um relatório da administração para as companhias abertas brasileiras, as práticas contábeis americanas (orientações da SEC e do Fasb) orientam para a divulgação do seguinte conjunto mínimo de informações no escopo do relatório:

- informações gerenciais sobre a empresa, seus negócios e perspectivas futuras;
- análise de riscos, ambientes e resultados;
- avaliação de mercado, controles internos e práticas de governança corporativa;
- outros pontos que merecem ser destacados.

5.2.8 Estudo de caso – demonstrações contábeis em US Gaap

A seguir apresentamos as demonstrações contábeis em US Gaap elaboradas e apresentadas pela Petrobras, inerentes aos exercícios sociais de 2007, 2006 e 2005. A Petróleo Brasileiro S.A. – Petrobras é a companhia petrolífera estatal brasileira e, diretamente ou por meio de suas controladas (denominadas, em conjunto, "Petrobras" ou "Companhia"), dedica-se à exploração, prospecção e produção de petróleo, xisto betuminoso e outros minerais, e ao refino, processamento, comercialização e transporte de petróleo, derivados de petróleo, gás natural e outros hidrocarbonetos fluidos, além de outras atividades relacionadas à energia. Adicionalmente, a Petrobras pode ainda empreender pesquisa, desenvolvimento, produção, transporte, distribuição e comercialização de todas as formas de energia, bem como outras atividades correlatas ou afins.

Balanços patrimoniais consolidados
31 de dezembro de 2007 e 2006
Em milhões de dólares norte-americanos

	31 de dezembro	
	2007	2006
ativo circulante		
caixa e equivalentes a caixa (nota 4)	6.987	12.688
títulos e valores mobiliários (nota 5)	267	346
contas a receber, líquidas (nota 6)	6.538	6.311
estoques (nota 7)	9.231	6.573
imposto de renda diferido (nota 8)	498	653
adiantamentos a fornecedores	3.488	2.593
outros ativos circulantes	683	948
	1.448	843
	29.140	30.955
imobilizado, líquido (nota 9)	84.523	58.897
participações em empresas não consolidadas e outros investimentos (nota 10)	5.112	3.262
outros ativos		
contas a receber, líquidas (nota 6)	1.467	513
adiantamentos a fornecedores	1.658	852
conta petróleo e álcool – crédito junto ao Governo Federal (nota 11)	450	368
títulos governamentais	670	479
títulos e valores mobiliários (nota 5)	2.144	94
depósitos vinculados para processos judiciais e garantias (nota 19(a))	977	816

continua

Balanços patrimoniais consolidados
31 de dezembro de 2007 e 2006
Em milhões de dólares norte-americanos *(continuação)*

	31 de dezembro	
	2007	2006
impostos a recuperar (nota 8)	2.477	1.292
imposto de renda diferido (nota 3)	15	61
ágio (nota 18)	313	243
despesas antecipadas	232	244
estoques (nota 7)	52	210
outros ativos	485	394
	10.940	5.566
Total do ativo	129.715	98.680

Balanços patrimoniais consolidados
31 de dezembro de 2007 e 2006
Em milhões de dólares norte-americanos

	31 de dezembro	
	2007	2006
Passivo e patrimônio líquido		
Passivo circulante		
fornecedores	7.816	5.418
financiamentos de curto prazo (nota 12)	1.458	1.293
parcela circulante dos financiamentos de longo prazo (nota 12)	1.273	2.106
parcela circulante dos projetos estruturados (nota 14)	1.692	2.182
parcela circulante das obrigações de arrendamento mercantil (nota 15)	227	231
juros provisionados	239	247
imposto de renda e contribuição social a pagar	560	235
outros impostos a pagar	3.950	3.122
imposto de renda diferido (nota 3)	7	8
salários e encargos sociais	1.549	1.192
dividendos e juros sobre o capital próprio a pagar (nota 17 (b))	3.220	3.693
contingência (nota 19 (a))	30	25
adiantamentos a clientes	276	880
benefícios pós-aposentadoria aos funcionários – plano de pensão (nota 16 (a))	364	198
benefícios pós-aposentadoria aos funcionários – plano de saúde (nota 16 (a))	259	190
outras contas a pagar e provisões	1.548	956
	24.468	21.976
Exigível a longo prazo		
financiamentos de longo prazo (nota 12)	12.148	10.510
projetos estruturados (nota 14)	4.586	4.192
obrigações de arrendamento mercantil (nota 15)	511	824
benefícios pós-aposentadoria aos funcionários – plano de pensão (nota 16 (a))	4.678	4.645
benefícios pós-aposentadoria aos funcionários – plano de saúde (nota 16 (a))	6.639	5.243
imposto de renda diferido (nota 3)	4.802	2.916
provisão para abandono de poço (nota 9 (c))	3.462	1.473

continua

Balanços patrimoniais consolidados
31 de dezembro de 2007 e 2006
Em milhões de dólares norte-americanos *(continuação)*

	31 de dezembro	
	2007	2006
contingências (nota 19 (a))	352	208
outros passivos	558	428
	37.736	30.439
Participação minoritária	2.332	1.966
Patrimônio líquido		
ações autorizadas e emitidas (nota 17 (a))		
ações preferenciais – 2007 e 2006 – 1.850.394.698 ações	8.620	7.718
ações ordinárias – 2007 e 2006 – 2.536.673.672 ações	12.196	10.959
reserva de capital – incentivos fiscais	877	174
lucros acumulados		
apropriados	34.863	23.704
a apropriar	6.618	10.541
outros resultados abrangentes acumulados		
ajustes de conversão acumulados	4.155	(6.202)
ajuste de reservas de benefícios pós-aposentadoria, líquidos de impostos (US$ 795 e US$ 1.058 em 31 de dezembro de 2007 e 2006, respectivamente) – plano de pensão (nota 16 (a))	(1.544)	(2.052)
ajuste de reservas de benefícios pós-aposentadoria, líquidos de impostos (US$ 478 e US$ 508 em 31 de dezembro de 2007 e 2006, respectivamente) – plano de saúde (nota 16 (a))	(928)	(987)
ganhos a realizar sobre títulos disponíveis para venda, líquidos de impostos	331	446
perda não reconhecida no *hedge* de fluxo de caixa, líquida de impostos	(9)	(2)
	65.179	44.299
Total do passivo e patrimônio líquido	129.715	98.680

Demonstrações consolidadas do resultado
Exercícios findos em 31 de dezembro de 2007, 2006 e 2005
Em milhões de dólares norte-americanos (exceto a quantidade e valores por ação)

	Exercício findo em 31 de dezembro		
	2007	2006	2005
Venda de produtos e serviços	112.425	93.893	74.065
menos:			
ICMS e outros impostos sobre vendas e serviços	(20.668)	(17.906)	(14.694)
contribuição de intervenção no domínio econômico – Cide	(4.022)	(3.640)	(3.047)
Receita operacional líquida	87.735	72.347	56.324
custo das vendas	49.789	40.184	29.828
depreciação, exaustão e amortização	5.544	3.673	2.026
exploração, incluindo poços exploratórios secos	1.423	934	1.009
despesas de vendas, gerais e administrativas	6.250	4.824	4.474

continua

Demonstrações consolidadas do resultado
Exercícios findos em 31 de dezembro de 2007, 2006 e 2005
Em milhões de dólares norte-americanos (exceto a quantidade e valores por ação) *(continuação)*

	Exercício findo em 31 de dezembro		
	2007	2006	2005
perda com ativos (*impairment*) (nota 9 (d))	271	21	156
despesas com pesquisa e desenvolvimento	881	730	399
outras despesas operacionais	2.136	1.120	1.453
Total de custos e despesas	**66.294**	**51.486**	**39.345**
participação no resultado de empresas não consolidadas (nota 10)	235	28	139
receita financeira (nota 13)	1.427	1.165	710
despesa financeira (nota 13)	(554)	(1.340)	(1.189)
variações monetárias e cambiais sobre os ativos e passivos monetários, líquidos (nota 13)	(1.455)	75	248
despesa com benefícios aos participantes aposentados	(990)	(1.017)	(994)
outros tributos	(662)	(594)	(373)
outras despesas, líquidas	(143)	(17)	(28)
	(2.142)	(1.700)	(1.487)
Lucro antes do imposto de renda, da contribuição social, da participação minoritária e do item extraordinário	**19.299**	**19.161**	**15.492**
Despesa de imposto de renda (nota 3)			
corrente	(4.826)	(5.011)	(4.223)
diferido	(1.062)	(680)	(218)
	(5.888)	(5.691)	(4.441)
participação minoritária no resultado de empresas consolidadas	(273)	(644)	35
lucro antes do item extraordinário	13.138	12.826	11.086
ganho extraordinário, líquido de impostos (nota 10 (a))	–	–	158
Lucro líquido do exercício	**13.138**	**12.826**	**10.244**
Lucro líquido aplicável a cada classe de ações			
ordinárias	7.597	7.417	5.982
preferenciais	5.541	5.409	4.362
Lucro líquido do exercício	**13.138**	**12.826**	**10.344**
Lucro básico e diluído por ação (nota 17 (c))			
ordinárias e preferenciais			
antes do efeito do item extraordinário	2,99	2,92	2,32
depois do efeito do item extraordinário	2,99	2,92	2,36
Lucro básico e diluído por ADS			
antes do efeito do item extraordinário	5,98	5,84 (*)	4,64 (*)
depois do efeito do item extraordinário	5,98	5,84 (*)	4,72 (*)
Média ponderada da quantidade de ações em circulação			
ordinárias	2.536.673.672	2.536.673.672	2.536.673.672
preferenciais	1.850.364.698	1.849.903.144	1.849.478.028

Demonstrações consolidadas dos fluxos de caixa
Exercícios findos em 31 de dezembro de 2007, 2006 e 2005
Em milhões de dólares norte-americanos

	Exercício findo em 31 de dezembro		
	2007	2006	2005
Fluxos de caixa de atividades operacionais			
lucro líquido do exercício:	13.138	12.826	10.344
ajustes para conciliação do lucro líquido com o caixa líquido gerado pelas atividades operacionais			
depreciação, exaustão e amortização	5.544	3.673	2.926
custos com poços secos	549	493	597
perda com imobilizado	247	225	292
participação minoritária no resultado de empresas consolidadas	273	644	(35)
imposto de renda e contribuição social diferidos	1.062	680	218
perdas cambiais e monetárias	641	465	140
juros sobre provisão para abandono	147	32	51
perda com ativos da área de óleo e gás (*impairment*)	271	21	156
provisão para devedores duvidosos	215	78	118
participação no resultado de empresas não consolidadas	(234)	(28)	(139)
receitas (despesas) financeiras de operações de *hedge*	–	434	170
outros	–	–	(8)
Redução (aumento) no ativo operacional			
contas a receber	(460)	308	(1.510)
conta petróleo e álcool	(6)	(7)	(9)
juros a receber sobre títulos governamentais	56	4	3
estoques	(1.619)	(533)	38
adiantamentos a fornecedores	787	(552)	(167)
despesas antecipadas	105	32	38
impostos a recuperar	(1.132)	(552)	(540)
outros	288	261	82
Aumento (redução) no passivo operacional			
fornecedores	1.709	1.385	275
salários e encargos sociais	113	200	215
outros impostos a pagar	135	(133)	566
imposto de renda e contribuição social a pagar	325	(190)	(56)
benefícios pós-aposentadoria aos funcionários – planos de pensão	422	489	647
benefícios pós-aposentadoria aos funcionários – planos de saúde	616	656	557
juros incorridos	–	21	8
contingências	121	(79)	(65)
provisão para abandono	(211)	(57)	325
outros passivos	(438)	281	(122)
Caixa líquido gerado por atividades operacionais	22.664	21.077	15.115

Demonstrações consolidadas dos fluxos de caixa
Exercícios findos em 31 de dezembro de 2007, 2006 e 2005
Em milhões de dólares norte-americanos

	Exercício findo em 31 de dezembro		
	2007	2006	2005
Fluxos de caixa de atividades de investimento			
adições ao imobilizado	(20.978)	(14.643)	(10.365)
investimentos em empresas não consolidadas	(25)	(187)	(71)
títulos e valores mobiliários (ver nota 5)	(1.707)	205	169
aquisição da refinaria Pasadena (ver nota 18 (d))	–	(416)	–
aquisição da Suzano (ver nota 18 (c))	(1.186)	–	–
aquisição da Ipiranga (ver nota 18 (b))	(365)	–	–
recursos provenientes de investimentos na Nigéria	–	199	–
dividendos recebidos de empresas não consolidadas	229	130	60
depósitos judiciais	6	31	–
Caixa líquido utilizado nas atividades de investimento	(24.026)	(14.681)	(10.207)
Fluxos de caixa das atividades de financiamento			
financiamentos a curto prazo, líquidos de captações e pagamentos	(6)	228	(1.058)
captações e reduções de financiamentos a longo prazo	2.980	2.251	1.697
pagamentos do principal sobre financiamentos a longo prazo	(3.561)	(2.555)	(1.120)
recompra de títulos – notas (ver nota 12 (c))	–	(1.046)	–
captações de projetos estruturados	1.568	1.524	1.492
pagamentos relativos a projetos estruturados	(2.599)	(1.209)	(1.392)
pagamentos de obrigações de arrendamento mercantil	(367)	(334)	(134)
dividendos pagos aos acionistas	(3.860)	(3.144)	(2.104)
dividendos pagos a acionistas minoritários	(143)	(69)	(6)
Caixa líquido utilizado em atividades de financiamento	(5.988)	(4.354)	(2.625)
aumento (redução) de caixa e equivalentes a caixa	(7.350)	2.042	2.283
efeito das variações cambiais sobre caixa e equivalentes de caixa	1.649	775	732
caixa e equivalentes a caixa no início do exercício	12.688	9.871	6.856
Caixa e equivalentes a caixa no final do exercício	6.987	12.688	9.871
Informações adicionais aos fluxos de caixa:			
Valores pagos durante o exercício			
juros líquidos do montante capitalizado	1.684	877	1.083
imposto de renda e contribuição social	5.146	4.686	3.843
imposto de renda retido na fonte sobre aplicações financeiras	65	26	29
Transações de investimentos e financiamentos que não envolvem caixa			
provisão para abandono – SFAS 143	1.836	632	356

Demonstrações consolidadas das mutações do patrimônio líquido
Exercícios findos em 31 de dezembro de 2007, 2006 e 2005
Em milhões de dólares norte-americanos (exceto os valores por ação)

	Exercício findo em 31 de dezembro		
	2007	2006	2005
Ganhos (perdas) a apropriar sobre títulos disponíveis para venda, líquidos de impostos			
saldo em 1º de janeiro	446	356	460
ganhos (perdas) a realizar	(174)	137	(158)
efeito tributário	59	(47)	54
Saldo em 31 de dezembro	331	446	356
Perda não reconhecida em *hedge* de fluxo de caixa, líquida de impostos			
saldo em 1º de janeiro	(2)	–	–
perdas a realizar	(7)	(3)	–
efeito tributário	–	1	–
Saldo em 31 de dezembro	(9)	(2)	–
Lucros acumulados apropriados			
reserva legal			
saldo em 1º de janeiro	3.045	2.225	1.520
transferência de lucros acumulados não apropriados, líquidos de ganho ou perda na conversão	1.252	820	705
Saldo em 31 de dezembro	4.297	3.045	2.225
Reserva de lucros a distribuir			
saldo em 1º de janeiro	20.074	17.439	9.688
aumento de capital	(1.647)	(6.969)	–
transferência de lucros acumulados não apropriados, líquidos de ganho ou perda na conversão	11.853	9.604	7.751
Saldo em 31 de dezembro	30.280	20.074	17.439
Reserva tributária			
saldo em 1º de janeiro	585	431	318
aumento de capital	(492)	–	–
transferência de lucros acumulados não apropriados, líquidos de ganho ou perda na conversão	193	154	113
Saldo em 31 de dezembro	286	585	431
Total de lucros acumulados apropriados	34.863	23.704	20.095
Lucros acumulados a apropriar			
saldo em 1º de janeiro	10.541	11.968	13.199
lucro líquido do exercício	13.138	12.826	10.344
dividendos e juros sobre o capital próprio (por ação: 2007 – US$ 0,70 por ações ordinárias e preferenciais; 2006 – US$ 0,83 por ações ordinárias e preferenciais; 2005 – US$ 0,68 por ações ordinárias e preferenciais)	(3.060)	(3.660)	(2.982)

continua

Demonstrações consolidadas das mutações do patrimônio líquido Exercícios findos em 31 de dezembro de 2007, 2006 e 2005 Em milhões de dólares norte-americanos (exceto os valores por ação) *(continuação)*			
	Exercício findo em 31 de dezembro		
	2007	2006	2005
apropriação de reserva de incentivos fiscais	(703)	(15)	(24)
apropriação de reservas	(13.298)	(10.578)	(8.569)
Saldo em 31 de dezembro	6.618	10.541	11.968
Total do patrimônio líquido	65.179	44.299	32.917
O lucro (prejuízo) abrangente é composto como se segue:			
lucro líquido do exercício	13.138	12.826	10.344
ajustes acumulados de conversão	10.357	3.230	3.107
ajuste de reservas de benefícios pós–aposentadoria líquido de impostos – planos de pensão	508	(25)	45
ajuste de reservas de benefícios pós–aposentadoria líquido de impostos – planos de pensão	59	–	–
ganhos (perdas) a realizar sobre títulos disponíveis para venda	(115)	90	(104)
perda não reconhecida em *hedge* de fluxo de caixa	(9)	(2)	–
Lucro abrangente total	23.938	16.119	13.392

5.3 Demonstrações contábeis em BR Gaap

Lei nº 11.638/2007

No Brasil, as demonstrações contábeis obrigatórias, de acordo com o Artigo 1º da Lei nº 11.638/07, para evidenciação e/ou consolidação da posição financeira e dos resultados das companhias de grande porte, de capital aberto ou fechado, são as seguintes:

- balanço patrimonial;
- demonstração do resultado;
- demonstração das mutações do patrimônio líquido;
- demonstração dos fluxos de caixa (exceto para companhia de capital fechado com patrimônio líquido inferior a R$ 2 milhões);
- demonstração do valor adicionado (se companhia de capital aberto).

Ressalte-se que as notas explicativas são parte integrante das demonstrações contábeis obrigatórias.

Considera-se de grande porte, nos termos do Parágrafo Único do Artigo 3º da Lei nº 11.638/07, a sociedade ou conjunto de sociedades sob controle comum que tiver, no exercício social anterior, ativo total superior a R$ 240 milhões ou receita bruta anual superior a R$ 300 milhões.

CPC 26 – Apresentação das Demonstrações Contábeis

O Comitê de Pronunciamentos Contábeis (CPC) publicou em 2009 o Pronunciamento Técnico CPC 26 – Apresentação das Demonstrações Contábeis, correlacionado com a IAS 1, do Iasb. Isso significa que as normas CPC 26 e IAS 1 são semelhantes em todos os seus aspectos relevantes.

O principal objetivo do CPC 26 é:

Determinar a base de apresentação de demonstrações contábeis de uso geral, a fim de assegurar a comparação tanto com as próprias demonstrações contábeis de períodos anteriores quanto com as demonstrações contábeis de outras entidades.

O CPC 26 deve ser aplicado na apresentação de todas as demonstrações contábeis de uso geral, preparadas e apresentadas de acordo com os pronunciamentos do CPC. Ressalte-se que o CPC 26 não se aplica às demonstrações contábeis intermediárias.

De acordo com o CPC 26, um conjunto completo de demonstrações contábeis envolve:

- o balanço patrimonial;
- a demonstração do resultado;
- a demonstração do resultado abrangente;
- a demonstração das mutações do patrimônio líquido;
- a demonstração dos fluxos de caixa (regulamentada pelo CPC 3 – Demonstração dos Fluxos de Caixa);
- a demonstração do valor adicionado (exigência legal para companhias abertas – Lei nº 11.638/07 – regulamentada pelo CPC 9 – Demonstração do Valor Adicionado);
- as notas explicativas.

5.3.1 Fundamentos básicos das demonstrações contábeis em BR Gaap

Finalidade das demonstrações contábeis

Segundo o Item 9 do CPC 26 (2009), as demonstrações contábeis são:

"[...] uma representação estruturada da posição patrimonial e financeira e do desempenho da companhia. O objetivo das demonstrações contábeis é proporcionar informação acerca da posição patrimonial e financeira, do desempenho e dos fluxos de caixa da entidade que sejam úteis a um grande número de usuários em suas avaliações e tomada de decisões econômicas."

Para atender a esse objetivo, as demonstrações contábeis devem fornecer informações acerca:

- dos ativos;
- dos passivos;
- do patrimônio líquido;
- das receitas e despesas, incluindo ganhos e perdas;
- das alterações no capital próprio mediante integralizações dos proprietários e distribuições a eles;
- dos fluxos de caixa.

Elementos das demonstrações contábeis

O pronunciamento conceitual básico do CPC considera que os elementos diretamente relacionados com a avaliação e mensuração da posição patrimonial e financeira de uma companhia são:

1. **ativos:** são recursos controlados, como resultados de eventos passados, e dos quais se espera que resultem futuros benefícios econômicos para a companhia;
2. **passivos:** são obrigações presentes, derivadas de eventos já ocorridos, cujas liquidações se espera que resultem em saída de recursos capazes de gerar benefícios econômicos;
3. **patrimônio líquido:** é o valor residual dos ativos da companhia depois de deduzidos todos os seus passivos, também tratado como fonte de recursos próprios, ou seja, capital próprio ou ativo líquido.

Já o resultado da companhia é normalmente usado como medida de desempenho e envolve:

1. **receitas:** aumentos nos benefícios econômicos durante o período contábil sob a forma de entrada de recursos, aumento de ativos ou diminuição de passivos, que resultam em aumentos do patrimônio líquido e que não sejam provenientes de aporte dos proprietários da companhia;
2. **despesas:** são decréscimos nos benefícios econômicos durante o período contábil sob a forma de saída de recursos, redução de ativos ou incrementos em passivos, que resultam em decréscimo do patrimônio líquido e que não sejam provenientes de distribuição aos proprietários da companhia;
3. **ganhos:** representam outros itens que se enquadram na definição de receita e podem ou não surgir no curso das atividades ordinárias da companhia, representando aumentos nos benefícios econômicos;
4. **perdas:** representam outros itens que se enquadram na definição de despesas e podem ou não surgir no curso das atividades ordinárias da companhia, representando decréscimos nos benefícios econômicos.

Pressupostos básicos das demonstrações contábeis – CPC 26

Regime de competência

Uma companhia deve elaborar as suas demonstrações contábeis, exceto para a demonstração dos fluxos de caixa, utilizando o regime de competência.

Continuidade

Quando da elaboração de demonstrações contábeis, a administração deve fazer a avaliação da capacidade da entidade para continuar em operação no futuro previsível. As demonstrações contábeis devem ser elaboradas no pressuposto da continuidade, a menos que a administração tenha intenção de liquidar a companhia ou cessar seus negócios, ou ainda não possua uma alternativa realista que não a descontinuação de suas atividades. Ao tomar conhecimento de incertezas relevantes relacionadas a eventos ou condições que possam lançar dúvidas significativas acerca da capacidade da companhia para continuar em operação no futuro previsível, a administração deve divulgar tais incertezas.

Informações comparativas

Conforme o CPC 26, a menos que uma norma permita ou exija de outra forma, informações comparativas devem ser divulgadas em relação ao período anterior, para todos os valores incluídos nas demonstrações contábeis. As informações comparativas também devem ser incluídas nas notas explicativas, quando forem materiais para um melhor entendimento das demonstrações contábeis do período atual.

Caso uma política contábil seja aplicada retrospectivamente ou quando há uma reclassificação de itens, a empresa deve apresentar três exercícios sociais comparativos para o balanço patrimonial.

Identificação das demonstrações contábeis

Cada demonstração contábil e as notas explicativas devem ser identificadas claramente, conforme o CPC 26, considerando:

- o nome da empresa;
- se a demonstração e as notas referem-se a uma empresa individual ou grupo consolidado;
- a data-base da demonstração contábil e notas explicativas;
- a moeda de apresentação (relatório);
- o nível de arredondamento usado nos valores apresentados em cada uma das demonstrações contábeis e notas explicativas.

Apresentação apropriada das demonstrações contábeis

Com o objetivo de preservar a essência sobre a forma, o CPC 26 permite que, nos casos – extremamente raros – em que a administração concluir que a adoção de uma determinada disposição prevista em um pronunciamento resultará em informações não correspondentes à realidade, chegando ao ponto de conflitarem com os objetivos das demonstrações contábeis estabelecidos na estrutura conceitual básica da contabilidade, a companhia poderá vir a deixar de aplicar essa disposição, a não ser que esse procedimento seja terminantemente vedado do ponto de vista legal e regulatório.

Caso a companhia deixe de aplicar uma disposição prevista em um pronunciamento, ela deverá reportar as seguintes informações:

a) que a administração concluiu que as demonstrações contábeis apresentam adequadamente sua posição patrimonial e financeira, o resultado de suas operações e os fluxos de caixa;
b) que as demonstrações contábeis estão de acordo com os pronunciamentos do CPC, exceto quanto à mudança descrita, que objetivou apresentar melhor essas demonstrações;
c) qual a disposição e o número do pronunciamento que deixaram de ser adotados, a natureza do desvio, incluindo o tratamento que o pronunciamento exige, a razão pela qual esse tratamento causaria distorções nas circunstâncias de tal forma que os objetivos das demonstrações contábeis não seriam atingidos, bem como o tratamento adotado;
d) qual seria o efeito financeiro nas demonstrações contábeis em cada período apresentado caso o pronunciamento tivesse sido adotado.

5.3.2 Balanço patrimonial em BR Gaap

De acordo com o CPC 26, um balanço patrimonial deve apresentar o seguinte conjunto mínimo de contas contábeis:

a) caixa e equivalentes de caixa;
b) clientes e outros recebíveis;
c) estoques;
d) ativos financeiros (exceto: *caixa e equivalentes de caixa*, *clientes e outros recebíveis* e *investimentos avaliados pelo método de equivalência patrimonial*);
e) ativos financeiros classificados como disponíveis para venda e ativos não circulantes à disposição para venda;
f) ativos biológicos;
g) investimentos avaliados pelo método da equivalência patrimonial;
h) propriedades para investimento;
i) imobilizado;
j) intangível;
k) contas a pagar comerciais e outras;
l) provisões;
m) obrigações financeiras (exceto as referidas nas alíneas "k" e "l");
n) obrigações e ativos relativos à tributação corrente;
o) impostos diferidos ativos e passivos, classificados no não circulante;
p) obrigações associadas a ativos à disposição para venda;
q) participação de não controladores apresentada de forma destacada dentro do patrimônio líquido;
r) capital integralizado, reservas e outras contas atribuíveis aos proprietários da entidade.

Sendo assim, considerando as Leis nº 11.638/07 e nº 11.941/09, e o CPC 26, um balanço patrimonial pode ser apresentado a partir do seguinte formato:

Ativo	Nota	2010	2009	Passivo e patrimônio líquido	Nota	2010	2009
Ativo circulante				**Passivo circulante**			
caixa e equivalentes títulos e valores mobiliários contas a receber de clientes estoques outros ativos				fornecedores salários e benefícios impostos e contribuições empréstimos e financiamentos outros passivos			
Ativo não circulante				**Passivo não circulante**			

realizável a longo prazo:
  contas a receber
  impostos diferidos
  ativos financeiros
  depósitos judiciais
  outros ativos
				empréstimos e financiamentos
				impostos diferidos
				provisão para contingências
				arrendamentos e compromissos contratuais
				receitas diferidas líquidas
				outros passivos			

investimento				**Patrimônio líquido**			
imobilizado				capital social integralizado (–) gastos com emissão de ações reservas de capital (–) ações em tesouraria reservas de lucros prejuízos acumulados outros resultados abrangentes **Total do patrimônio líquido dos controladores**			
intangível							
				participação dos acionistas não controladores			
				Total do PL incluindo part. ac. não contr.			
Total do ativo				**Total do passivo e patrimônio líquido**			

A seguir apresentamos alguns procedimentos para apresentação de ativos, passivos e itens de patrimônio líquido:

- **Ativos e passivos**: são separados em circulantes (curto prazo) e não circulantes (longo prazo).
- **Caixa e equivalentes:** envolve as disponibilidades financeiras imediatas (dinheiro em caixa, depósitos bancários e aplicações financeiras com prazo de liquidez de até 90 dias).
- **Impostos diferidos:** geralmente classificados como ativos e/ou passivos não circulantes.
- **Ativos financeiros:** classificados em títulos "para negociação", "disponíveis para venda" e "mantidos até o vencimento", conforme as normas sobre instrumentos financeiros CPC 38 e CPC 39.
- **Outros resultados abrangentes:** compreendem variações na reserva de reavaliação, ajustes acumulados de conversão, variação cambial de investimento societário no exterior, ganhos e perdas com parcela efetiva de *hedge* de fluxo de caixa, ganhos e perdas com ativos financeiros disponíveis para venda, ganhos e perdas atuariais com planos de pensão com benefício definido.
- **Participação dos acionistas não controladores:** é apresentada dentro do patrimônio líquido, como demonstrado no balanço patrimonial anterior.
- **Notas explicativas:** deve haver indicação do número da nota explicativa a que se refere o ativo, o passivo e o item de patrimônio líquido.

Ativos e passivos circulantes

Segundo o CPC 26, um ativo deve ser classificado como circulante quando satisfizer qualquer dos seguintes critérios:

1. espera-se que seja realizado, ou pretende-se que seja vendido ou consumido no decurso normal do ciclo operacional da companhia;
2. está mantido essencialmente com o propósito de ser negociado;
3. espera-se que seja realizado até 12 meses após a data do balanço;
4. é caixa ou equivalente de caixa (conforme definido no CPC 3 – Demonstração dos Fluxos de Caixa), a menos que sua troca ou uso para liquidação de passivo esteja vedado durante pelo menos 12 meses após a data do balanço.

Todos os demais ativos devem ser classificados como não circulantes.

Já um passivo deve ser classificado como circulante quando satisfizer qualquer dos seguintes critérios:

1. espera-se que seja liquidado durante o ciclo operacional normal da companhia;
2. está mantido essencialmente para a finalidade de ser negociado;
3. deve ser liquidado no período de até 12 meses após a data do balanço;
4. a entidade não tem direito incondicional de diferir a liquidação do passivo durante pelo menos 12 meses após a data do balanço.

Todos os outros passivos devem ser classificados como não circulantes.

Patrimônio líquido

Considerando as alterações no patrimônio líquido introduzidas pelas leis nº 11.638/07 e nº 11.941/09, e o CPC 26, os principais componentes do novo patrimônio líquido, do balanço patrimonial consolidado, são os seguintes:

Patrimônio líquido
Capital social integralizado
Reserva de capital
(–) Ações em tesouraria
Reserva de reavaliação (saldo antigo mantido até a sua realização)
Reservas de lucros:
   Legal
   Estatutária
   Incentivos fiscais
   Lucros retidos
Prejuízos acumulados
Outros resultados abrangentes:
   Ajustes de avaliação patrimonial (ativos financeiros disponíveis para venda e hedges *de fluxo de caixa e de investimento líquido no exterior)*
   Ajustes acumulados de conversão (variação cambial de investimento societário no exterior)
   Ganhos e perdas atuariais em planos de pensão com benefício definido
Total do patrimônio líquido dos acionistas controladores
Participação dos acionistas não controladores
Total do patrimônio líquido incluindo a participação de não controladores

5.3.3 Demonstração do resultado em BR Gaap

O CPC 26 ressalta que uma demonstração do resultado do período deve apresentar, no mínimo, as seguintes rubricas:

a) receitas;
b) custo dos produtos, das mercadorias ou dos serviços vendidos;
c) lucro bruto;
d) despesas com vendas, gerais, administrativas e outras despesas e receitas operacionais;
e) parcela dos resultados de empresas investidas reconhecida por meio do método de equivalência patrimonial;
f) resultado antes das receitas e despesas financeiras;
g) despesas e receitas financeiras;
h) resultado antes dos tributos sobre o lucro;
i) despesa com tributos sobre o lucro;
j) resultado líquido das operações continuadas;
k) valor líquido dos seguintes itens:
   1. resultado líquido após tributos das operações descontinuadas;
   2. resultado após os tributos decorrente da mensuração ao valor justo menos despesas de venda ou na baixa dos ativos ou do grupo de ativos à disposição para venda que constituem a unidade operacional descontinuada;
l) resultado líquido do período;
m) resultados líquidos atribuíveis:
   1. à participação de sócios não controladores;
   2. aos detentores do capital próprio da empresa controladora;

A demonstração do resultado pode ser apresentada por função ou natureza de receitas e despesas, a partir dos seguintes formatos:

Demonstração do resultado por função	Nota	2010	2009
Receitas líquidas de vendas			
(–) custo dos produtos vendidos			
Lucro bruto			
(+) outras receitas (–) despesas operacionais (gerais, administrativas, comerciais etc.) (–) outras despesas			
(+/–) resultado de participações societárias pela equivalência patrimonial			
Lucro líquido antes do resultado financeiro			
1. (+) receitas financeiras 2. (–) despesas financeiras 3. (+/–) variação cambial líquida 4. (+/–) variação monetária líquida 5. (+/–) ganhos e perdas com derivativos (=) resultado financeiro (1 a 5)			
Resultado antes dos tributos sobre o lucro			
(–) tributos sobre o lucro correntes			
(–) tributos sobre o lucro diferidos			
Resultado líquido das operações continuadas			
(+/–) resultado líquido após tributos das operações descontinuadas			
Resultado líquido do período			
Resultado líquido atribuível aos acionistas controladores			
Resultado líquido atribuível aos acionistas não controladores			
Lucro líquido por ação			

Demonstração do resultado por natureza	Nota	2010	2009
Receitas líquidas de vendas			
(+) outras receitas			
(−) variação dos estoques de produtos acabados			
(−) consumo de matérias-primas e materiais			
(−) depreciação, amortização e exaustão			
(−) perda com *impairment*			
(−) despesas com pesquisa e desenvolvimento			
(−) outras despesas			
(+/−) resultado de participações societárias pela equivalência patrimonial			
Lucro líquido antes do resultado financeiro			
1. (+) receitas financeiras			
2. (−) despesas financeiras			
3. (+/−) variação cambial líquida			
4. (+/−) variação monetária líquida			
5. (+/−) ganhos e perdas com derivativos			
(=) resultado financeiro (1 a 5)			
Resultado antes dos tributos sobre o lucro			
(−) tributos sobre o lucro correntes			
(−) tributos sobre o lucro diferidos			
Resultado líquido das operações continuadas			
(+/−) resultado líquido após tributos das operações descontinuadas			
Resultado líquido do período			
Resultado líquido atribuível aos acionistas controladores			
Resultado líquido atribuível aos acionistas não controladores			
Lucro líquido por ação			

A seguir, apresentamos os procedimentos de alguns itens de resultado:

- **Resultado de equivalência patrimonial:** é apresentado em conta específica da demonstração de resultado.
- **Receitas e despesas financeiras:** não compõem o lucro proveniente das operações, são itens considerados não operacionais.
- **Resultado das operações descontinuadas:** apresentado em conta específica e destacado.
- **Resultado líquido do período:** apresentado por categoria de ações e por ação.
- **Notas explicativas:** os principais itens de resultado são mais bem detalhados em notas explicativas.

Conforme o item 99 do CPC 26 (2009), a companhia deve:

"[...] apresentar análise das despesas utilizando uma classificação baseada na sua natureza, se permitida legalmente, ou na sua função dentro da entidade, devendo eleger o critério que proporcionar informação confiável e mais relevante, obedecidas as determinações legais."

5.3.4 Demonstração do resultado abrangente em BR Gaap

Como já visto em IFRS, a demonstração do resultado abrangente objetiva apresentar o resultado líquido do período, bem como possíveis resultados futuros ajustados no patrimônio líquido (outros resultados abrangentes), decorrentes de transações que ainda não se realizaram financeiramente, pois dependem de eventos futuros.

O CPC 26 estabelece que os resultados abrangentes de uma companhia devem considerar:

- o resultado líquido do período (apurado na demonstração do resultado);
- as variações na reserva de reavaliação (quando a reavaliação de ativos for permitida legalmente);
- os ganhos e perdas com parcela efetiva de *hedge* de fluxo de caixa;
- os ganhos e perdas com ativos financeiros disponíveis para venda;
- os ajustes acumulados de conversão – variação cambial de investimento societário no exterior;
- os ganhos e perdas atuariais com planos de pensão com benefício definido.

Sendo assim, a demonstração do resultado abrangente deve evidenciar as seguintes rubricas:

a) resultado líquido do período;
b) cada item dos outros resultados abrangentes classificados conforme sua natureza;
c) parcela dos outros resultados abrangentes de empresas investidas reconhecida por meio do método de equivalência patrimonial;
d) resultado abrangente do período;
e) resultados abrangentes totais do período atribuíveis:
    1. à participação de sócios não controladores;
    2. aos detentores do capital próprio da empresa controladora.

Com isso, a demonstração do resultado abrangente pode ser elaborada e apresentada como parte integrante da demonstração das mutações do patrimônio líquido ou a partir do modelo seguinte:

	Nota	2010	2009
Resultado líquido do período			
(+/–) outros resultados abrangentes da companhia: variações na reserva de reavaliação ajustes acumulados de conversão – variação cambial de investimento societ. no exterior ganhos e perdas com parcela efetiva de *hedge* de fluxo de caixa ganhos e perdas com ativos financeiros disponíveis para venda ganhos e perdas atuariais com planos de pensão com benefício definido			
(+/–) outros resultados abrangentes de participações societárias pela equivalência patrimonial			
Resultado abrangente do período			
Resultado abrangente atribuível aos acionistas controladores			
Resultado abrangente atribuível aos acionistas não controladores			

Os itens dos resultados abrangentes serão mais bem explicados nos capítulos específicos sobre:

- **Ativo imobilizado:** variações na reserva de reavaliação.
- **Instrumentos financeiros:** ganhos e perdas com parcela efetiva de *hedges* de fluxo de caixa e de investimento líquido no exterior e ganhos e perdas com ativos financeiros disponíveis para venda.
- **Benefícios a empregados:** ganhos e perdas atuariais com planos de pensão com benefício definido.
- **Conversão de demonstrações contábeis:** ajustes acumulados de conversão – variação cambial de investimento societário no exterior.

5.3.5 Demonstração das mutações do patrimônio líquido em BR Gaap

De acordo com o CPC 26 (2009), as informações constantes de uma demonstração das mutações do patrimônio líquido são as seguintes:

a) o resultado abrangente do período, apresentando separadamente o montante total atribuível aos proprietários da entidade controladora e o montante correspondente à participação de não controladores;
b) para cada componente do patrimônio líquido, os efeitos das alterações nas políticas contábeis e as correções de erros reconhecidas de acordo com o pronunciamento técnico CPC 23 – Políticas Contábeis, Mudança de Estimativa e Retificação de Erro;
c) para cada componente do patrimônio líquido, a conciliação do saldo no início e no final do período, demonstrando-se separadamente as mutações decorrentes:
    1. do resultado líquido;
    2. de cada item dos outros resultados abrangentes;
    3. de transações com os proprietários realizadas na condição de proprietário, demonstrando separadamente suas integralizações e as distribuições realizadas, bem como modificações nas participações em controladas que não implicaram perda do controle.

O patrimônio líquido deve apresentar o capital social, as reservas de capital, os ajustes de avaliação patrimonial, as reservas de lucros, as ações ou quotas em tesouraria, os prejuízos acumulados, se legalmente admitidos, os lucros acumulados e as demais contas exigidas pelos pronunciamentos emitidos pelo CPC.

A seguir, apresentamos o modelo de demonstração das mutações do patrimônio líquido.

	Demonstração das mutações do patrimônio líquido								
	Capital social integralizado	Reserva de capital	Reserva de reaval.	Reserva de lucros	Lucros e prejuízos acumul.	Outros resultados abrangentes	Patrimônio líquido dos acionistas controladores	Participação acionista não controlador	Total patrimônio líquido
Saldo em 31/12/2008									
variações									
Saldo em 31/12/2009									
variações									
Saldo em 31/12/2010									

5.3.6 Demonstração dos fluxos de caixa em BR Gaap

O CPC 03 – Demonstração dos Fluxos de Caixa estabelece as bases e critérios contábeis para a preparação e apresentação da demonstração dos fluxos de caixa pelos métodos direto e indireto. Em termos técnicos e em todos os seus aspectos relevantes o CPC 03 é semelhante à IAS 7 – Demonstração dos Fluxos de Caixa, norma internacional já abordada neste capítulo (5.1.6 – Demonstração dos fluxos de caixa em IFRS).

Alterações no CPC 03

Em janeiro de 2010, o CPC publicou a "Revisão CPC nº 1 de Pronunciamentos Técnicos e Orientação Técnica", uma norma contábil que revisa vários de seus pronunciamentos técnicos, dentre eles o CPC 3. As alterações estão relacionadas aos itens 8 e 9 do CPC 3, sendo seu texto final já revisado o seguinte:

> "Os equivalentes de caixa são mantidos com a finalidade de atender a compromissos de caixa de curto prazo, e não para investimento ou outros fins. Para ser considerada equivalente de

caixa, uma aplicação financeira deve ter conversibilidade imediata em um montante conhecido de caixa e estar sujeita a um insignificante risco de mudança de valor. Por conseguinte, um investimento, normalmente, se qualifica como equivalente de caixa quando tem vencimento de curto prazo, por exemplo, três meses ou menos, a contar da data da contratação. Os investimentos em ações de outras entidades devem ser excluídos dos equivalentes de caixa a menos que eles sejam, em essência, um equivalente de caixa, como, por exemplo, nos casos de ações preferenciais resgatáveis que tenham prazo definido de resgate e cujo prazo atenda à definição de curto prazo.

Empréstimos bancários são geralmente considerados atividades de financiamento. Entretanto, em determinadas circunstâncias, saldos bancários a descoberto, decorrentes de empréstimos obtidos por meio de instrumentos como cheques especiais ou contas-correntes garantidas são liquidados automaticamente de forma a integrarem a gestão das disponibilidades da entidade. Uma característica de tais contas-correntes é que frequentemente os saldos flutuam de devedor para credor. Nessas circunstâncias, esses saldos bancários a descoberto devem ser incluídos como componente de caixa e equivalentes de caixa. A parcela não utilizada do limite dessas linhas de crédito não deve compor os equivalentes de caixa."

Formato de DFC – método indireto

A demonstração dos fluxos de caixa pode ser preparada para apresentação ao mercado a partir do método indireto, que é um dos mais adotados pelas companhias, sendo o seu formato o seguinte:

	2010	2009
Fluxo de caixa das atividades operacionais		
lucro líquido do período		
ajustes para conciliação do lucro líquido com o caixa proveniente das atividades operacionais: depreciação, exaustão e amortização, imposto de renda diferido etc.		
ajustes por mudança no capital de giro líquido aumento (redução) no ativo operacional aumento (redução) no passivo operacional		
Caixa líquido proveniente das atividades operacionais		
Fluxo de caixa das atividades de investimento		
adições ao imobilizado etc.		
Caixa líquido proveniente das atividades de investimento		
Fluxo de caixa das atividades de financiamento		
captações de financiamentos de longo prazo etc.		
Caixa líquido proveniente das atividades de financiamento		
Caixa líquido gerado no período		
Caixa e equivalentes no início do período		
Caixa e equivalentes no final do período		

Estudo de caso ilustrativo – Elaboração de DFC pelo método indireto

A Subsidiária Lucena S/A está localizada no Brasil e é a controlada integral de uma companhia sediada nos Estados Unidos. Assim, com os dados abaixo, elabore a demonstração dos fluxos de caixa referente ao mês de janeiro de 2009 em reais (R$).

Balanço patrimonial

Ativo	Dezembro 2008	Janeiro 2009
Circulante	**80.000**	**129.000**
caixa e equivalentes	58.000	84.000
duplicatas a receber	10.000	20.000
estoques	12.000	25.000
Não circulante	**41.600**	**36.400**
Imobilizado	**41.600**	**36.400**
equipamentos	52.000	52.000
(–) depreciação acumulada	(10.400)	(15.600)
Total do ativo	**121.600**	**165.400**

Passivo e patrimônio líquido	Dezembro 2008	Janeiro 2009
Circulante	**9.500**	**18.000**
duplicatas a pagar	8.000	15.000
salários a pagar	1.500	3.000
Não circulante	**47.000**	**51.700**
empréstimos	47.000	51.700
Patrimônio líquido	**65.100**	**95.700**
capital social	55.000	55.000
reservas de lucros	10.100	10.100
lucros do período	–	30.600
Total do passivo e patrimônio líquido	**121.600**	**165.400**

Demonstração do resultado

Itens de resultado	Janeiro de 2009
Receita líquida	**80.000**
(–) custo das mercadorias vendidas	(32.000)
(=) lucro bruto	**48.000**
(–) salários	(10.000)
(–) depreciação	(5.200)
(–) despesas financeiras	(4.700)
(+) receitas financeiras	2.500
(=) lucro do período	**30.600**

Demonstração dos fluxos de caixa – método indireto

1. Atividades operacionais	Janeiro de 2009
Ajustes ao lucro do mês:	
lucro do mês	30.600
(+) depreciação	5.200
(=) lucro ajustado	**35.800**
Variações no capital circulante líquido – CCL:	
ativo circulante – operacional:	
duplicatas a receber	(10.000)
estoques	(13.000)
passivo circulante – operacional:	
duplicatas a pagar	7.000
salários a pagar	1.500
Caixa gerado pelas atividades operacionais	**21.300**
2. Atividades de investimentos	
Ativo não circulante:	
imobilizado não sofreu variação	–
Caixa gerado pelas atividades de investimentos	–
3. Atividades de financiamentos	
Passivo não circulante:	
empréstimos	4.700
Patrimônio líquido:	
capital social não sofreu variação	–
reservas de lucros não sofreram variação	–
Caixa gerado pelas atividades de financiamentos	**4.700**
4. Caixa gerado no mês (1 + 2 + 3)	**26.000**
5. Caixa e equivalentes no início do mês	**58.000**
6. Caixa e equivalentes no fim do mês (4 + 5)	**84.000**

- **Ajustes ao lucro do mês:** apresentados na demonstração de resultado.
- **Variações no capital circulante líquido – CCL:** calculadas pelas diferenças de saldo entre os meses de dezembro e janeiro no balanço patrimonial.
- **Atividades de investimentos e financiamentos:** calculadas pelas diferenças de saldos entre os meses de dezembro e janeiro no balanço patrimonial.
- **Caixa e equivalentes no início do mês:** saldo de dezembro no balanço patrimonial.

5.3.7 Demonstração do valor adicionado em BR Gaap

Valor adicionado representa a riqueza criada e produzida pela empresa, de forma geral medida pela diferença entre o valor das vendas e os insumos adquiridos de terceiros. Inclui também o valor adicionado recebido em transferência, ou seja, produzido por terceiros e transferido à entidade.

O principal objetivo da Demonstração do Valor Adicionado (DVA) é evidenciar a parcela de contribuição que a empresa tem na formação do Produto Interno Bruto (PIB). Em sua primeira parte a DVA apresenta a riqueza criada e produzida pela empresa; na segunda evidencia como se deu a distribuição dessa riqueza.

A DVA é regulamentada pelo CPC 9 – Demonstração do Valor Adicionado, do Comitê de Pronunciamentos Contábeis, e pela Deliberação nº 557/08, da Comissão de Valores Mobiliários. Ressalte-se que a DVA é obrigatória para companhias de capital aberto de acordo com a Lei nº 11.638/07.

Cálculo do valor adicionado – empresas em geral

Segundo o CPC 09, os seguintes elementos devem compor o cálculo da riqueza criada pela companhia:

Receitas

1. **venda de mercadorias, produtos e serviços:** inclui os valores dos tributos incidentes sobre essas receitas (por exemplo, ICMS, IPI, PIS e Cofins), ou seja, corresponde ao ingresso bruto ou faturamento bruto, mesmo quando na demonstração do resultado tais tributos estejam fora do cômputo dessas receitas;
2. **outras receitas:** da mesma forma que o item anterior, inclui os tributos incidentes sobre essas receitas;
3. **provisão para créditos de liquidação duvidosa:** constituição/reversão – inclui os valores relativos à constituição e reversão dessa provisão.

Insumos adquiridos de terceiros

1. **custo dos produtos, das mercadorias e dos serviços vendidos:** inclui os valores das matérias-primas adquiridas de terceiros e contidas no custo do produto vendido, das mercadorias e dos serviços vendidos adquiridos de terceiros; não inclui gastos com pessoal próprio;
2. **materiais, energia, serviços de terceiros e outros**: inclui valores relativos às despesas originadas da utilização desses bens, utilidades e serviços adquiridos de terceiros;
3. **observação:** nos valores dos custos dos produtos e mercadorias vendidos, materiais, serviços, energia etc. consumidos devem ser considerados os tributos incluídos no momento das compras (por exemplo, ICMS, IPI, PIS e Cofins), recuperáveis ou não. Esse procedimento é diferente das práticas utilizadas na demonstração do resultado;
4. **perda e recuperação de valores ativos:** inclui valores relativos a ajustes por avaliação a valor de mercado de estoques, imobilizados, investimentos etc. Também devem ser incluídos os valores reconhecidos no resultado do período, tanto na constituição quanto na reversão de provisão para perdas por desvalorização de ativos, conforme aplicação do CPC 1 – Redução ao Valor Recuperável de Ativos (se o valor líquido for positivo no período, deve ser somado).

Depreciação, amortização e exaustão

1. Inclui a despesa ou o custo contabilizado no período.

Valor adicionado recebido em transferência

1. **Resultado de equivalência patrimonial:** o resultado da equivalência pode representar receita ou despesa; se despesa, deve ser considerado como redução ou valor negativo.
2. **Receitas financeiras:** inclui todas as receitas financeiras, inclusive as variações cambiais ativas, independentemente de sua origem.
3. **Outras receitas:** inclui os dividendos relativos a investimentos avaliados ao custo, aluguéis, direitos de franquia etc.

Distribuição do valor adicionado – empresas em geral

De acordo com o CPC 9, a segunda parte da DVA deve apresentar a distribuição da riqueza considerando os seguintes elementos:

Pessoal: valores apropriados ao custo e ao resultado do exercício na forma de:

- *Remuneração direta* – representada pelos valores relativos a salários, 13º salário, honorários da administração (inclusive os pagamentos baseados em ações), férias, comissões, horas extras, participação de empregados nos resultados etc.

- *Benefícios* – representados pelos valores relativos a assistência médica, alimentação, transporte, planos de aposentadoria etc.
- *FGTS* – representado pelos valores depositados em conta vinculada dos empregados.

Impostos, taxas e contribuições: valores relativos ao imposto de renda, contribuição social sobre o lucro, contribuições aos INSS (incluídos aqui os valores do seguro de acidentes do trabalho) que sejam ônus do empregador, bem como os demais impostos e contribuições a que a empresa esteja sujeita. Para os impostos compensáveis, tais como ICMS, IPI, PIS e Cofins, devem ser considerados apenas os valores devidos ou já recolhidos, e representam a diferença entre os impostos e contribuições incidentes sobre as receitas e os respectivos valores incidentes sobre os itens considerados "insumos adquiridos de terceiros".

- *federais* – inclui os tributos devidos à União, inclusive aqueles que são repassados no todo ou em parte aos Estados, municípios, autarquias etc., tais como: IRPJ, CSSL, IPI, Cide, PIS, cofins. Inclui também a contribuição sindical patronal;
- *Estaduais* – inclui os tributos devidos aos Estados, inclusive aqueles que são repassados no todo ou em parte aos municípios, autarquias etc., tais como o ICMS e o IPVA;
- *municipais* – inclui os tributos devidos aos municípios, inclusive aqueles que são repassados no todo ou em parte às autarquias, ou quaisquer outras entidades, tais como o ISS e o IPTU.

Remuneração de capitais de terceiros: valores pagos ou creditados aos financiadores externos de capital.

- *juros* – inclui as despesas financeiras, inclusive as variações cambiais passivas, relativas a quaisquer tipos de empréstimos e financiamentos obtidos de instituições financeiras, empresas do grupo ou outras formas de obtenção de recursos. Inclui os valores que tenham sido capitalizados no período;
- *aluguéis* – inclui os aluguéis (inclusive as despesas com arrendamento operacional) pagos ou creditados a terceiros, inclusive os acrescidos aos ativos;
- *outras* – inclui outras remunerações que configurem transferência de riqueza a terceiros, mesmo que originadas em capital intelectual, tais como *royalties*, franquia, direitos autorais etc.

Remuneração de capitais próprios: valores relativos à remuneração atribuída aos sócios e acionistas.

- *juros sobre o capital próprio (JCP) e dividendos* – inclui os valores pagos ou creditados aos sócios e acionistas por conta do resultado do período, ressalvando-se os valores dos JCP transferidos para conta de reserva de lucros. Devem ser incluídos apenas os valores distribuídos com base no resultado do próprio exercício, desconsiderando-se os dividendos distribuídos com base em lucros acumulados de exercícios anteriores, uma vez que já foram tratados como "lucros retidos" no exercício em que foram gerados;
- *lucros retidos e prejuízos do exercício* – inclui os valores relativos ao lucro do exercício destinados às reservas, inclusive os JCP, quando tiverem esse tratamento; nos casos de prejuízo, esse valor deve ser incluído com sinal negativo;
- *observação* – as quantias destinadas aos sócios e acionistas na forma de Juros sobre o Capital Próprio (JCP), independentemente de serem registradas como passivo (JCP a pagar) ou como reserva de lucros, devem ter o mesmo tratamento dado aos dividendos no que diz respeito ao exercício a que devem ser imputados.

Aspecto importante – cálculo do valor adicionado – outras receitas

No cálculo da riqueza produzida pela companhia a empresa deve considerar as receitas operacionais, bem como "outras receitas", que envolvem:

- vendas de ativos não circulantes;

- valores de construção de ativos para uso próprio (ativos construídos pela empresa para uso próprio).

Ativos construídos pela empresa para uso próprio

Para fins de DVA, a construção de ativos corresponde à produção vendida para a própria empresa. Sendo assim, o valor contábil da construção (no período da construção) deve ser considerado como receita. O procedimento de reconhecimento dos valores gastos no período como outras receitas reflete o conceito econômico de valor adicionado (riqueza criada/gerada).

Os principais critérios para apresentação na DVA do valor contábil da construção são os seguintes:

a) a mão de obra própria (interna) alocada na construção é considerada distribuição de riqueza criada;
b) juros capitalizados durante o período de construção são tratados como distribuição da riqueza;
c) os gastos com serviços de terceiros e materiais são apropriados como insumos adquiridos de terceiros;
d) à medida que tais ativos entrem em operação, a geração de resultados desses ativos recebe tratamento idêntico aos resultados gerados por qualquer outro ativo adquirido de terceiros.

Modelo de DVA – CPC 9

A seguir apresentamos o modelo de DVA sugerido pelo CPC 9 para as empresas industriais, comerciais e prestadoras de serviços (empresas em geral):

Demonstração do valor adicionado Modelo para as empresas em geral	2010	2009
1) Receitas		
vendas de mercadorias, produtos e serviços		
outras receitas (*ativos não circulantes e ativos construídos para uso próprio*)		
provisão para devedores duvidosos		
2) Insumos adquiridos de terceiros		
custos dos produtos, mercadorias e serviços		
materiais, energia, serviços de terceiros e outros		
perda/recuperação de valores de ativos		
outros		
3) Valor adicionado bruto (1 – 2)		
4) Depreciação, amortização e exaustão		
5) Valor adicionado líquido gerado pela empresa (3 – 4)		
6) Valor adicionado recebido em transferência		
resultado de equivalência patrimonial e dividendos		
receitas financeiras, aluguéis e *royalties*		
7) Valor adicionado total a distribuir (5 + 6)	100%	100%
8) Distribuição do valor adicionado	2010	2009
Pessoal remuneração direta benefícios FGTS		
		continua

Demonstração do valor adicionado Modelo para as empresas em geral *(continuação)*	2010	2009
Impostos, taxas e contribuições federais estaduais municipais		
Remuneração de capitais de terceiros juros aluguéis outros		
Remuneração de capitais próprios dividendos lucros retidos outros		
9) Total do valor adicionado distribuído	100%	100%

5.3.8 Balanço social em BR Gaap

O balanço social é uma demonstração facultativa, mas que possibilita aos usuários das informações compreender de forma quantitativa e qualitativa a contribuição de uma entidade para com a sociedade. Tal demonstração faz valer a função social da contabilidade, que é trazer a informação de forma clara aos seus usuários. Há que se observar que o conceito de responsabilidade social teve uma evolução acentuada na última década, época em que o balanço social se tornou um documento largamente difundido e utilizado, graças a alguns mecanismos de imprensa e empresarial, como o Instituto Brasileiro de Análises Sociais e Econômicas (Ibase), Instituto Ethos de Responsabilidade Social, Gife e outros.

Historicamente, o balanço social tem sido objeto de discussão desde o início do século XX. Contudo, é certo que estudos mais profundos surgiram a partir dos anos 1960 nos Estados Unidos e, a partir dos anos 1970, na Europa, em particular na França. Nesse país, a responsabilidade social foi constantemente cobrada pela sociedade francesa, o que fez que a França fosse o primeiro país a editar uma lei obrigando a divulgação do balanço social, a Lei nº 77.769/1977. Essa lei obriga que as empresas, em princípio com mais de 300 funcionários, tornem público o seu balanço social.

No Brasil, a empresa Nitrofértil, estatal do Estado da Bahia, é considerada a primeira empresa a editar e divulgar um balanço social, em 1984. A partir de então várias outras empresas passaram a desenvolver suas versões da demonstração, como o Sistema Telebrás e o antigo Banespa.

O balanço social começou a ser divulgado com mais ênfase a partir dos anos 1980 e teve como grande incentivador e propagador o sociólogo Herbert de Souza, o Betinho, um dos presidentes do Ibase.

Balanço social e CPC 26 – Apresentação das Demonstrações Contábeis

O item 14 do CPC 26 ressalta que muitas entidades apresentam relatórios ambientais e sociais, sobretudo nos setores em que os fatores ambientais e sociais sejam significativos e quando os empregados são considerados um importante grupo de usuários, encorajando as companhias a divulgar o balanço social espontaneamente. Entretanto, não há um CPC específico que regulamente a apresentação de balanços sociais, mas muitas companhias no Brasil espontaneamente adotam o modelo do Ibase.

Modelo de balanço social do Ibase

O modelo de balanço social mais utilizado e difundido no Brasil é o do Ibase. Esse modelo é recomendado pela entidade e também pelo Instituto Ethos de Responsabilidade Social. No entanto, muitas empresas, em especial as multinacionais, usam o modelo da Global Reporting Initiative (GRI), cujo objetivo é a difusão de informações e, segundo sua própria definição:

"The Global Reporting Initiative (GRI) is a multi-stakeholder process and independent institution whose mission is to develop and disseminate globally applicable Sustainability Reporting Guidelines." [2]

A seguir, apresentamos o modelo condensado de balanço social do Ibase.

1. Base de cálculo	2010	2009			
Receita Líquida (RL)					
Resultado Operacional (RO)					
Folha de Pagamento Bruta (FPB)					

	VALOR (R$)		% S/FPB		% S/RO	
2. Indicadores sociais internos	2010	2009	2010	2009	2010	2009
Alimentação						
Encargos sociais						
Previdência privada						
Saúde						
Educação						
Participação nos resultados						
Outros						
Total						

	VALOR (R$)		% S/FPB		% S/RO	
3. Indicadores sociais externos	2010	2009	2010	2009	2010	2009
Educação						
Saúde e saneamento						
Cultura						
Esporte						
Outros						
Total						

	VALOR (R$)		% S/FPB		% S/RO	
4. Indicadores ambientais	2010	2009	2010	2009	2010	2009
Investimentos relacionados com a produção/ operação da empresa						
Investimentos em programa e/ou projetos externos						
Total						

5. Indicadores do corpo funcional	2010	2009
Numero de funcionários no final do período		
Número de admissões no período		
Número de funcionários com deficiência física		
Número de funcionários terceirizados		
Número de funcionários acima de 45 anos		
Número de negros que trabalham na empresa		
Outros		

6. Informações relevantes – cidadania empresarial	2010	2009
Relação entre a maior e menor remuneração na empresa		
Número total de acidentes de trabalho		
A previdência privada contempla: ( ) direção ( ) direção e gerências ( ) todos os funcionários		
Outros		

7. Outras informações	2010	2009

---

[2] A Global Reporting Initiative é uma instituição independente que atua em processos de multiparceria, em que o objetivo é a divulgação e o desenvolvimento de informações das diretrizes de sustentabilidade.

A importância do balanço social pode ser observada em alguns itens do modelo dado, como, por exemplo:

- **benefícios concedidos – indicadores sociais internos:** entre os indicadores sociais internos não se distinguem os benefícios concedidos por força de lei ou convenção profissional, de modo que não se pode estabelecer se há benefícios voluntários dentre os apresentados nem qual a participação deles em relação ao total. Entretanto, observa-se o nível de investimento social por parte da empresa nos percentuais de participação de cada indicador e no total desses benefícios concedidos dentro da própria organização para seus funcionários e familiares;
- **investimentos – indicadores sociais externos:** os indicadores que tratam dos investimentos da empresa com a sociedade aqui se evidenciam. Assim, os indicadores internos não distinguem os itens que são parte das obrigações da empresa daqueles que de fato são investidos de forma voluntária e sem intenção de ônus.

5.3.9 Relatório da administração em BR Gaap

O principal objetivo do Relatório da Administração é apresentar informações financeiras e não financeiras sobre os negócios sociais e os principais fatos administrativos e financeiros do exercício findo. As informações gerais que devem ser contempladas no escopo do relatório da administração são relacionadas com:

a) as atividades globais do grupo (análise corporativa);
b) o detalhamento dos segmentos (análise setorial);
c) o desempenho econômico-financeiro do grupo (análise econômico-financeira), entre outras.

O item 13 do CPC 26 (2009) ressalta o seguinte sobre a apresentação do Relatório da Administração:

"Muitas entidades apresentam, fora das demonstrações contábeis, relatório da administração que descreve e explica as características principais do desempenho e da posição financeira e patrimonial da entidade e as principais incertezas às quais está sujeita. Esse relatório pode incluir a **análise**:

a) dos principais fatores e influências que determinam o desempenho, incluindo alterações no ambiente em que a entidade opera, a resposta da entidade a essas alterações e o seu efeito e a política de investimento da entidade para manter e melhorar o desempenho, incluindo a sua política de dividendos;
b) das fontes de financiamento da entidade e a respectiva relação pretendida entre passivos e o patrimônio líquido;
c) dos recursos da entidade não reconhecidos nas demonstrações contábeis de acordo com os pronunciamentos."

Relatório da administração das companhias abertas

Em dezembro de 2009, a Comissão de Valores Mobiliários (CVM) publicou a Deliberação nº 480, que dispõe sobre o registro de emissores de valores mobiliários admitidos à negociação em mercados regulamentados de valores mobiliários. O Artigo 25 da referida deliberação ressalta o seguinte sobre a apresentação do Relatório da Administração das companhias abertas no Brasil:

Art. 25. O emissor deve entregar as demonstrações financeiras à CVM na data em que forem colocadas à disposição do público.

§ 1º As demonstrações financeiras devem ser acompanhadas de:

I – relatório da administração;

Parecer de orientação 15/1987 da CVM

Em 1987, a CVM publicou o Parecer de Orientação nº 15, que dispõe sobre os procedimentos a serem observados pelas companhias abertas e auditores independentes na elaboração e publicação das demonstrações financeiras, do **relatório da administração** e do parecer de auditoria relativos aos exercícios sociais encerrados a partir de dezembro de 1987. Porém, vários pareceres de orientação da CVM estão consolidados em um documento chamado Pareceres de Orientação – Consolidação (disponível em: www.cvm.gov.br).

Esse documento consolida alguns pareceres de orientação emitidos pela CVM ao longo da sua existência, que tratam de procedimentos contábeis e da divulgação de informações em notas explicativas e no **relatório dos administradores**, englobando, ainda, dois ofícios-circulares da presidência. São contemplados no presente documento os seguintes Pareceres de Orientação: PO nº 04/79; PO nº 13/87; **PO nº 15/87**; PO nº 17/89; PO nº 18/90; PO nº 21/90; PO nº 24/92; 27/94; PO nº 29/96; e ofícios-circulares CVM/PTE nº 578/85 e nº 309/86.

A CVM ressalta o seguinte:

"Com o objetivo de facilitar o acesso às disposições contidas naqueles atos, os referidos pareceres e ofícios-circulares foram agrupados por assunto mantendo-se, no entanto, os textos originais. Portanto, devemos ressaltar que esse trabalho **NÃO REPRESENTA** uma atualização. Algumas das disposições contidas nessa consolidação foram de aplicação exclusiva à época ou já se encontram superadas em virtude de outros atos normativos. Pela sua referência histórica e para preservar o conteúdo integral dos referidos documentos, optamos por mantê-las."

Considerando os termos do Parecer de Orientação 15/87 e as práticas de mercado, a CVM recomenda que as companhias abertas divulguem as seguintes informações no escopo dos seus relatórios da administração:

a) descrição dos negócios, produtos e serviços: histórico das vendas físicas dos últimos dois anos e vendas em moeda de poder aquisitivo da data do encerramento do exercício social;

b) comentários sobre a conjuntura econômica geral: concorrência nos mercados, atos governamentais e outros fatores exógenos relevantes sobre o desempenho da companhia;

c) recursos humanos: número de empregados no término dos dois últimos exercícios e *turnover* nos dois últimos anos, segmentação da mão de obra segundo a localização geográfica; nível educacional ou produto; investimento em treinamento; fundos de seguridade e outros planos sociais;

d) investimentos: descrição dos principais investimentos realizados, objetivo, montantes e origens dos recursos alocados;

e) pesquisa e desenvolvimento: descrição sucinta dos projetos, recursos alocados, montantes aplicados e situação dos projetos;

f) novos produtos e serviços: descrição de novos produtos, serviços e expectativas a eles relativas;

g) proteção ao meio ambiente: descrição e objetivo dos investimentos efetuados e montante aplicado;

h) reformulações administrativas: descrição das mudanças administrativas, reorganizações societárias e programas de racionalização;

i) investimentos em controladas e coligadas: indicação dos investimentos efetuados e objetivos pretendidos com as inversões;

j) direitos dos acionistas e dados de mercado: políticas relativas à distribuição de direitos, desdobramentos e grupamentos; valor patrimonial por ação, negociação e cotação das ações em bolsa de valores;

k) perspectivas e planos para o exercício em curso e os futuros: poderá ser divulgada a expectativa da administração quanto ao exercício corrente, baseada em premissas e fundamentos explicitamente colocados, sendo que essa informação não se confunde com projeções por não ser quantificada;

l) tratando-se de companhia de participações, o relatório deve contemplar as informações mencionadas nos itens anteriores, mesmo que de forma mais sintética, relativas às empresas investidas.

A divulgação de informações sobre o "desempenho econômico-financeiro" também é muito importante para os usuários externos.

A instrução nº 381/2003 da CVM, que dispõe sobre a divulgação, pelas entidades auditadas, de informações sobre a prestação, pelo auditor independente, de outros serviços que não sejam de auditoria externa, ainda exige que as companhias abertas divulguem, no escopo do relatório da administração, informações sobre os serviços de assessoria ou consultoria prestados por auditor independente. As informações requeridas são as seguintes:

- data da contratação, prazo de duração, se superior a um ano, e a indicação da natureza de cada serviço prestado;
- valor total dos honorários contratados e o seu percentual em relação aos honorários relativos aos de serviços de auditoria independente;
- política ou procedimentos adotados pela companhia para evitar a existência de conflito de interesses, perda de independência ou objetividade de seus auditores independentes;
- resumo das razões por que a prestação de outros serviços não afeta a independência, a objetividade e o bom desempenho da auditoria independente.

Ressalte-se que o relatório da administração deve ser redigido em linguagem simples para ser acessível ao maior número possível de leitores, devendo-se evitar adjetivos e frases tais como "excelente resultado", "ótimo desempenho", "baixo endividamento", "excelentes perspectivas", a menos que corroboradas por dados comparativos ou fatos.

Questões e exercícios

1. Quais são as demonstrações contábeis obrigatórias em US Gaap e IFRS?
2. Apresente as demonstrações contábeis exigidas pela Lei nº 11.638/07 e CPC 26 para as companhias abertas no Brasil.
3. Explique o formato de apresentação do balanço patrimonial de acordo com a IAS 1, do Iasb.
4. Qual a nova estrutura do balanço patrimonial de acordo com a Lei nº 11.638/07 e CPC 26?
5. Em BR Gaap, quais são os componentes dos resultados abrangentes?
6. Dados os itens patrimoniais a seguir, elabore o balanço patrimonial segundo as normas contábeis internacionais e norte-americanas.

Itens patrimoniais	Valores em reais (R$)
dinheiro em conta-corrente	50.000
contas a receber de clientes de curto prazo	60.000
fornecedores	20.000
aplicação financeira de liquidez imediata	45.000
dinheiro em tesouraria	5.000
imobilizado, líquido	130.000
salários a pagar	50.000
impostos a recolher	30.000
contas a pagar	5.000
ações preferenciais	50.000

Itens patrimoniais	Valores em reais (R$)
reserva de incentivos fiscais	5.000
ações ordinárias	50.000
participação dos acionistas minoritários	10.000
lucros acumulados	130.000
estoques de mercadorias	100.000
participações societárias em subsidiárias	400.000
financiamentos a pagar de longo prazo	610.000
contas a receber de subsidiárias de longo prazo	100.000
goodwill	80.000
provisão para contingências	80.000
impostos diferidos passivos	20.000
impostos diferidos ativos	10.000
ganhos com ativos disponíveis para venda	50.000
perdas com *hedge* de fluxo de caixa	10.000
ganho com variação cambial de investimento no exterior	90.000
instrumentos financeiros ativos	50.000
instrumentos financeiros passivos	10.000
ativos intangíveis	170.000

7. Considerando os dados do exercício anterior, elabore o balanço patrimonial de acordo as normas contábeis brasileiras.

CAPÍTULO 6

Demonstrações contábeis intermediárias – IFRS e BR Gaap

6.1 Demonstrações contábeis intermediárias em IFRS

A IAS 34 – Relatórios Financeiros Intermediários recomenda e encoraja as companhias abertas a divulgarem demonstrações contábeis para um período intermediário do exercício social. O seu objetivo principal é prescrever o conteúdo mínimo de um relatório financeiro intermediário e os princípios para reconhecimento e mensuração dos elementos constantes das demonstrações contábeis de um período intermediário.

Definições

Alguns termos são definidos pela IAS 34:

- **período intermediário:** é um período de divulgação financeira mais curto do que um exercício social completo. Exemplo: trimestre ou semestre;
- **relatório financeiro intermediário:** representa um conjunto completo de demonstrações contábeis (de acordo com a IAS 1 – Apresentação das Demonstrações Contábeis) ou um conjunto condensado de demonstrações contábeis (de acordo com a IAS 34), divulgado para um período intermediário.

Conteúdo

Um relatório financeiro intermediário deve conter, no mínimo, os seguintes componentes condensados para o período determinado:

- balanço patrimonial;
- demonstração do resultado;
- demonstração do resultado abrangente;
- demonstração das mutações do patrimônio líquido;
- demonstração dos fluxos de caixa;
- notas explicativas selecionadas.

Período intermediário

O período intermediário pode corresponder, regra geral, ao final do primeiro semestre do exercício corrente, mas ainda depende da regulamentação específica de cada mercado.

Observações:

- Na ausência de uma regulamentação local por parte do governo e da comissão de valores para apresentação de relatórios financeiros intermediários consideram-se os termos da IAS 34 para determinação do período intermediário semestral.
- Geralmente, os períodos intermediários definidos pelos governos e comissões de valores ao redor do mundo são trimestrais ou semestrais.

Prazo para divulgação

O prazo recomendado para divulgação é de 60 dias após o final do período intermediário determinado.

Períodos comparativos

Relatórios financeiros intermediários devem ser divulgados considerando os seguintes períodos comparativos para as demonstrações contábeis:

- **balanço patrimonial:** período intermediário corrente e exercício anual anterior;
- **demonstração do resultado:** período intermediário corrente e acumulado (caso seja trimestral) e o mesmo do exercício anterior;
- **demonstração do resultado abrangente:** período intermediário corrente e acumulado (caso seja trimestral) e o mesmo do exercício anterior;
- **demonstração das mutações do patrimônio líquido:** período intermediário corrente e o mesmo do exercício anterior, ambos acumulados;
- **demonstração dos fluxos de caixa:** período intermediário corrente e o mesmo do exercício anterior, ambos acumulados.

Exemplo de divulgação de balanço patrimonial – período semestral

Balanço patrimonial em 30 de junho de 2010					
Ativo	30 jun. 2010	31 dez. 2009	Patrimônio líquido e passivo	30 jun. 2010	31 dez. 2009
Ativo não corrente			Patrimônio líquido		
Ativo corrente			Passivo não corrente		
			Passivo corrente		
Total do ativo			Total do patrimônio líquido e passivo		

Exemplo de divulgação de demonstração do resultado – período semestral

Demonstração do resultado por função em 30 de junho de 2010	Período de seis meses		
	Nota	30 de junho de 2010	30 de junho de 2009
Receita de vendas			
(–) custos das vendas			
(=) lucro bruto			
(–) despesas operacionais (administrativas, comerciais etc.)			
(–) outras despesas			
(+) outras receitas			
(=) lucro operacional líquido			
(+/–) resultado de equivalência patrimonial			
(=) lucro antes do resultado financeiro			
(+) receitas financeiras (–) despesas financeiras (+/–) variações monetárias líquidas (+/–) ganhos e perdas com derivativos (+/–) variações cambiais líquidas			
(=) lucro antes do imposto de renda			
(–) imposto de renda corrente			
(+/–) imposto de renda diferido			
Lucro líquido do período			
Lucro líquido atribuível a cada categoria de ações: ações preferenciais ações ordinárias			
Lucro líquido por ação: ação preferencial ação ordinária			

Exemplo de divulgação de demonstração do resultado abrangente – período semestral

Demonstração do resultado abrangente em 30 de junho de 2010	Período de seis meses		
	Nota	2010	2009
Resultado líquido do período			
(+/–) outros resultados abrangentes da companhia: variações na reserva de reavaliação ajustes acum. de conv. – variação cambial de invest. societ. no exterior ganhos e perdas com parcela efetiva de *hedge* de fluxo de caixa ganhos e perdas com ativos financeiros disponíveis para venda ganhos e perdas atuariais com planos de pensão com benefício definido			
(+/–) outros resultados abrangentes de part. societ. p/ equiv. patrimonial			
Resultado abrangente do período			
Resultado abrangente atribuível aos acionistas controladores			
Resultado abrangente atribuível aos acionistas não controladores			

Exemplo de divulgação de demonstração das mutações do patrimônio líquido – período semestral

DMPL em 30 de junho de 2010	Capital social	Reservas	Lucros acumulados	Prejuízos acumulados	Outros resultados abrangentes	Participação do acionista não controlador	Total do patrimônio líquido
Saldo em 1/1/2009							
variações							
Saldo em 30/6/2009							
Saldo em 1/1/2010							
variações							
Saldo em 30/6/2010							

Exemplo de divulgação de demonstração dos fluxos de caixa – período semestral

Demonstração dos fluxos de caixa em 30 de junho de 2010 Método indireto	Período de seis meses	
	30 de junho de 2010	30 de junho de 2009
Fluxo de caixa das atividades operacionais		
lucro líquido do período		
ajustes para conciliação do lucro líquido com o caixa proveniente das atividades operacionais: depreciação, exaustão e amortização, imposto de renda diferido etc.		
ajustes por mudança no capital de giro líquido aumento (redução) no ativo operacional aumento (redução) no passivo operacional		
Caixa líquido proveniente das atividades operacionais		
Fluxo de caixa das atividades de investimento		
adições ao imobilizado etc.		
Caixa líquido proveniente das atividades de investimento		
Fluxo de caixa das atividades de financiamento		
captações de financiamentos de longo prazo etc.		
Caixa líquido proveniente das atividades de financiamento		
Caixa líquido gerado no período		
Caixa e equivalentes no início do período		
Caixa e equivalentes no final do período		

Notas explicativas selecionadas

A companhia que reportar relatórios financeiros intermediários deve divulgar no mínimo as seguintes notas explicativas selecionadas:

- políticas contábeis;
- relatórios por segmento econômico e por área geográfica, indicando receitas, despesas e resultados de cada um dos segmentos da empresa;
- eventos materiais subsequentes à data do relatório financeiro intermediário;
- dividendos pagos;

- emissões, recompras e reembolsos de valores mobiliários representativos de dívidas e de capital próprio;
- passivos contingentes.

Políticas contábeis de reconhecimento e mensuração

A companhia deve aplicar as mesmas políticas e critérios contábeis utilizados para reconhecimento e mensuração dos componentes das demonstrações contábeis anuais em seus relatórios intermediários, exceto quanto ao disposto na IAS 8 – Políticas Contábeis, Erros Fundamentais e Mudanças das Estimativas Contábeis.

6.2 Demonstrações contábeis intermediárias em BR Gaap

O CPC 21 – Demonstração Contábil Intermediária é a norma contábil do CPC que estabelece o conteúdo mínimo de uma demonstração contábil intermediária e os princípios para reconhecimento e mensuração dos elementos constantes das demonstrações contábeis de um período intermediário.

Ressalte-se que o CPC 21 correlaciona-se com a IAS 34. Isso significa que, em termos técnicos e relevantes, as duas normas são semelhantes.

Alcance

O CPC 21 é aplicável se uma entidade é solicitada a divulgar ou publicar demonstrações contábeis intermediárias de acordo com os pronunciamentos do CPC. As companhias abertas são incentivadas a divulgar demonstrações contábeis intermediárias de acordo com os princípios de reconhecimento, mensuração e divulgação contidos no CPC 21.

Conteúdo

A demonstração contábil intermediária representa um conjunto completo de demonstrações financeiras (de acordo com o CPC 26 – Apresentação das Demonstrações Contábeis) ou um conjunto condensado de demonstrações financeiras (de acordo com o CPC 21), divulgado para um período intermediário.

Uma demonstração contábil intermediária deve conter, no mínimo, os seguintes componentes condensados para o período determinado:

- balanço patrimonial;
- demonstração do resultado;
- demonstração do resultado abrangente;
- demonstração das mutações do patrimônio líquido;
- demonstração dos fluxos de caixa;
- notas explicativas selecionadas.

Período intermediário

As companhias abertas são encorajadas a disponibilizar demonstrações contábeis intermediárias pelo menos **semestralmente**, segundo o CPC 21.

Prazo de divulgação

Conforme o CPC 21 as companhias devem apresentar as demonstrações contábeis intermediárias em até 60 dias após o fim do período intermediário.

Períodos comparativos semestrais

Segundo o CPC 21, as demonstrações contábeis de um período intermediário devem ser divulgadas considerando os períodos comparativos seguintes:

- **balanço patrimonial:** período intermediário corrente e exercício anual anterior;
- **demonstração do resultado:** período intermediário corrente e acumulado (caso seja trimestral) e o mesmo do exercício anterior;
- **demonstração do resultado abrangente:** período intermediário corrente e acumulado (caso seja trimestral) e o mesmo do exercício anterior;
- **demonstração das mutações do patrimônio líquido:** período intermediário corrente e o mesmo do exercício anterior, ambos acumulados;
- **demonstração dos fluxos de caixa:** período intermediário corrente e o mesmo do exercício anterior, ambos acumulados.

Exemplo de divulgação de balanço patrimonial

Balanço patrimonial em 30 de junho de 2010							
Ativo	Nota	30 jun. 2010	31 dez. 2009	Passivo e patrimônio líquido	Nota	30 jun. 2010	31 dez. 2009
Ativo circulante				Passivo circulante			
Ativo não circulante				Passivo não circulante			
realizável longo prazo							
investimento				Patrimônio líquido			
imobilizado							
intangível							
Total do ativo				Total do passivo e patrimônio líquido			

Exemplo de divulgação de demonstração do resultado

Demonstração do resultado por função em junho de 2010	Período de seis meses		
	Nota	30 de junho de 2010	30 de junho de 2009
Receitas líquidas de vendas			
(−) custo dos produtos vendidos			
Lucro bruto			
(+) outras receitas (−) despesas operacionais (−) outras despesas			
(+/−) resultado de participações societárias pela equivalência patrimonial			
Lucro líquido antes do resultado financeiro			
1. (+) receitas financeiras 2. (−) despesas financeiras 3. (+/−) variação cambial líquida 4. (+/−) variação monetária líquida 5. (+/−) ganhos e perdas com derivativos **(=) resultado financeiro (1 a 5)**			

Demonstração do resultado por função em junho de 2010	Período de seis meses		
	Nota	30 de junho de 2010	30 de junho de 2009
Resultado antes dos tributos sobre o lucro			
(–) tributos sobre o lucro correntes			
(–) tributos sobre o lucro diferidos			
Resultado líquido das operações continuadas			
(+/–) resultado líquido após tributos das operações descontinuadas			
Resultado líquido do período			
resultado líquido atribuível aos acionistas controladores			
resultado líquido atribuível aos acionistas não controladores			
lucro líquido por ação			

Exemplo de divulgação de demonstração do resultado abrangente

Demonstração do resultado abrangente em 30 de junho de 2010	Período de seis meses		
	Nota	2010	2009
Resultado líquido do período			
(+/–) outros resultados abrangentes da companhia: variações na reserva de reavaliação ajustes acum. de conv. – variação cambial de invest. societ. no exterior ganhos e perdas com parcela efetiva de *hedge* de fluxo de caixa ganhos e perdas com ativos financeiros disponíveis para venda ganhos e perdas atuariais com planos de pensão com benefício definido			
(+/–) outros resultados abrangentes de part. societ. p/ equiv. patrimonial			
Resultado abrangente do período			
Resultado abrangente atribuível aos acionistas controladores			
Resultado abrangente atribuível aos acionistas não controladores			

Nota: A demonstração do resultado abrangente pode ser apresentada como parte integrante da demonstração das mutações do patrimônio líquido.

Exemplo de divulgação de demonstração das mutações do patrimônio líquido

Demonstração das mutações do patrimônio líquido em junho de 2010										
	Capital social integr.	Res. de capital	Res. de reaval.	Res. de lucros	Prejuízos acumul.	Outros resultados abrang.	Patrimônio líquido dos acionistas controladores	Participação acionista não controlador	Lucros acumulados	Total patrimônio líquido
1/1/2009										
variações										
30/6/2009										
1/1/2010										
variações										
30/6/2010										

Nota 1: A conta "Lucros acumulados" nas sociedades por ações não deve ser apresentada no patrimônio líquido do balanço patrimonial com saldo, sendo utilizada apenas como conta transitória para movimentação contábil e apresentada na demonstração das mutações do patrimônio líquido.

Nota 2: A conta "Reserva de lucros" pode ser subdividida em: reserva legal, reserva estatutária, reserva de incentivos fiscais e lucros retidos.

Nota 3: A demonstração do resultado abrangente pode ser apresentada como parte integrante da demonstração das mutações do patrimônio líquido.

Exemplo de divulgação de demonstração dos fluxos de caixa

Demonstração dos fluxos de caixa em 30 de junho de 2010 Método indireto	Período de seis meses	
	30 de junho de 2010	30 de junho de 2009
Fluxo de caixa das atividades operacionais		
lucro líquido do período		
ajustes para conciliação do lucro líquido com o caixa proveniente das atividades operacionais: depreciação, exaustão e amortização, imposto de renda diferido etc.		
ajustes por mudança no capital de giro líquido aumento (redução) no ativo operacional aumento (redução) no passivo operacional		
Caixa líquido proveniente das atividades operacionais		
Fluxo de caixa das atividades de investimento		
adições ao imobilizado etc.		
Caixa líquido proveniente das atividades de investimento		
Fluxo de caixa das atividades de financiamento		
captações de financiamentos de longo prazo etc.		
Caixa líquido proveniente das atividades de financiamento		
Caixa líquido gerado no período		
Caixa e equivalentes no início do período		
Caixa e equivalentes no final do período		

Períodos comparativos trimestrais

Caso o exercício social da companhia se encerre em 31 de dezembro de 2010, suas demonstrações contábeis intermediárias (condensadas ou completas) devem ser divulgadas considerando os seguintes períodos intermediários trimestrais:

- 31 de março de 2010 (1º trimestre);
- 30 de junho de 2010 (2º trimestre);
- 30 de setembro de 2010 (3º trimestre).

Sendo assim, as demonstrações contábeis intermediárias seriam divulgadas da seguinte forma:

Balanço patrimonial

31 de março de 2010	e	31 de dezembro de 2009
30 de junho de 2010	e	31 de dezembro de 2009
30 de setembro de 2010	e	31 de dezembro de 2009

Demonstração do resultado

<u>1º trimestre – 31 de março de 2010</u>
3 meses = 1/1/2010 a 31/3/2010   e   1/1/2009 a 31/3/2009

2º trimestre – 30 de junho de 2010
6 meses = 1/1/2010 a 30/6/2010   e   1/1/2009 a 30/6/2009
3 meses = 1/4/2010 a 30/6/2010   e   1/4/2009 a 30/6/2009

3º trimestre – 30 de setembro de 2010
9 meses = 1/1/2010 a 30/9/2010   e   1/1/2009 a 30/9/2009
3 meses = 1/7/2010 a 30/9/2010   e   1/7/2009 a 30/9/2009

Demonstração do resultado abrangente
1º trimestre – 31 de março de 2010
3 meses = 1/1/2010 a 31/3/2010   e   1/1/2009 a 31/3/2009

2º trimestre – 30 de junho de 2010
6 meses = 1/1/2010 a 30/6/2010   e   1/1/2009 a 30/6/2009
3 meses = 1/4/2010 a 30/6/2010   e   1/4/2009 a 30/6/2009

3º trimestre – 30 de setembro de 2010
9 meses = 1/1/2010 a 30/9/2010   e   1/1/2009 a 30/9/2009
3 meses = 1/7/2010 a 30/9/2010   e   1/7/2009 a 30/9/2009

Demonstração das mutações do patrimônio líquido
3 meses = 1/1/2010 a 31/3/2010   e   1/1/2009 a 31/3/2009
6 meses = 1/1/2010 a 30/6/2010   e   1/1/2009 a 30/6/2009
9 meses = 1/1/2010 a 30/9/2010   e   1/1/2009 a 30/9/2009

Demonstração dos fluxos de caixa
3 meses = 1/1/2010 a 31/3/2010   e   1/1/2009 a 31/3/2009
6 meses = 1/1/2010 a 30/6/2010   e   1/1/2009 a 30/6/2009
9 meses = 1/1/2010 a 30/9/2010   e   1/1/2009 a 30/9/2009

Notas explicativas selecionadas

O conjunto mínimo de notas explicativas que deve acompanhar as demonstrações contábeis para cada período intermediário, conforme o CPC 21, é o seguinte:

- políticas contábeis;
- relatórios por segmento econômico e por área geográfica, indicando receitas, despesas e resultados de cada um dos segmentos da empresa;
- eventos materiais subsequentes à data da demonstração contábil intermediária;
- dividendos pagos;
- emissões, recompras e reembolsos de valores mobiliários representativos de dívidas e de capital próprio;
- passivos contingentes.

Políticas contábeis de reconhecimento e mensuração

Segundo o CPC 21, a companhia deve aplicar as mesmas políticas e critérios contábeis utilizados para reconhecimento e mensuração dos componentes das demonstrações financeiras anuais em seus relatórios intermediários, exceto quanto ao disposto no CPC 23 – Políticas Contábeis, Mudanças em Estimativa e Retificação de Erro, principalmente no que se refere a materialidade e alterações em políticas contábeis das demonstrações contábeis anuais anteriores, que surtirão efeito no período intermediário corrente.

Exemplo de critérios de reconhecimento e mensuração de ativo intangível

Uma companhia aplica os critérios de definição e reconhecimento para ativos intangíveis **da mesma maneira no período intermediário e ao final do ano**.

1. gastos incorridos **antes** de os critérios de reconhecimento dos ativos intangíveis serem satisfeitos são reconhecidos como despesa;
2. gastos incorridos **depois** do ponto específico no tempo em que tais critérios são satisfeitos são reconhecidos como parte do custo do ativo intangível;
3. o diferimento de gastos de ativos em demonstração contábil intermediária na esperança de que o critério de reconhecimento seja satisfeito mais tarde no exercício social **não é justificável**;
4. esse tratamento contábil é aplicável aos gastos com pesquisa e desenvolvimento (P&D) relacionados a projetos de pesquisa e desenvolvimento de novos produtos e tecnologias que gerem benefícios econômicos para a companhia, de acordo com o CPC 4 – Ativos Intangíveis.

Reapresentação de demonstrações contábeis intermediárias de período anterior

A alteração de política contábil, que não seja por especificação de novo pronunciamento, deve ser refletida:

1. por **reapresentação** das demonstrações contábeis de períodos intermediários anteriores do exercício social corrente e das demonstrações contábeis comparáveis de períodos intermediários de qualquer exercício social anterior;
2. quando **impraticável** determinar os efeitos cumulativos no início do exercício social da aplicação da nova política contábil a todos os períodos anteriores, ajuste das demonstrações contábeis de períodos intermediários anteriores do exercício social corrente e demonstrações intermediárias comparáveis dos exercícios sociais anteriores, utilizando a nova política contábil prospectivamente a partir da primeira data aplicável.

Aspectos importantes das demonstrações contábeis intermediárias das companhias abertas

A Comissão de Valores Mobiliários (CVM) publicou a Deliberação nº 480, de dezembro de 2009, que dispõe sobre o registro de emissores de valores mobiliários admitidos à negociação em mercados regulamentados de valores mobiliários. O Artigo 21, da Seção II, Capítulo III, exige que o emissor de valores mobiliários envie à CVM, por meio de sistema eletrônico disponível em seu *site*, além de várias outras informações, o **formulário de informações trimestrais – ITR**.

Portanto, no Brasil, conforme legislação da CVM, o período intermediário para as companhias abertas corresponde ao **trimestre**.

Prazo de envio das informações trimestrais (ITRs)

As ITRs devem ser entregues à CVM pelas companhias abertas no prazo de um mês, contado da data de encerramento de cada trimestre, conforme a Deliberação CVM 480/09.

O formulário de informações trimestrais referente ao último trimestre de cada exercício social não precisa ser apresentado.

Revisão das ITRs por auditor independente

As ITRs dos três primeiros trimestres de cada exercício social devem ser acompanhadas de relatórios de revisão especial, emitidos por auditor independente registrado na CVM, segundo a Deliberação CVM 480/09.

Demonstrações contábeis intermediárias

As demonstrações contábeis apresentadas no escopo das ITRs são:

- balanço patrimonial;
- demonstração do resultado;
- demonstração das mutações do patrimônio líquido;
- demonstração dos fluxos de caixa;
- notas explicativas.

Outras informações

Várias outras informações devem ser divulgadas, como:

- relatório de revisão especial do auditor independente;
- composição do capital social;
- capital social subscrito e alterações no exercício social em curso;
- proventos em dinheiro deliberados e/ou pagos aos acionistas durante e após o trimestre, entre outras.

Questões e exercícios

1. Em IFRS, qual é o conteúdo de um relatório financeiro intermediário?
2. Considerando o período intermediário semestral, como devem ser divulgadas as demonstrações contábeis em IFRS em termos comparativos com o período anterior?
3. Há diferenças relevantes entre a IAS 34 e o CPC 21?
4. No Brasil, de acordo com o CPC 21, qual é o prazo máximo para divulgação das demonstrações contábeis intermediárias?
5. Qual é o prazo determinado pela CVM, após o encerramento do período intermediário, para que as companhias abertas divulguem suas demonstrações contábeis intermediárias?

CAPÍTULO 7

Notas explicativas – IFRS e BR Gaap

7.1 Notas explicativas às demonstrações contábeis em IFRS

As notas explicativas das demonstrações contábeis incluem descrições narrativas ou análises mais detalhadas de montantes demonstrados no balanço patrimonial, demonstrações do resultado e do resultado abrangente, demonstração de fluxo de caixa e das mutações do patrimônio líquido, assim como informações adicionais requeridas e encorajadas a serem divulgadas pelo IAS e IFRS, e outras divulgações necessárias para se chegar a uma apresentação justa.

Estrutura

As notas das demonstrações contábeis de uma companhia devem:

a) apresentar informações sobre a base da preparação das demonstrações contábeis e as políticas contábeis específicas selecionadas e aplicadas em importantes eventos e transações;

b) divulgar informações requeridas pelas normas IAS e IFRS que não são apresentadas nas demonstrações contábeis;

c) fornecer informação adicional que não está apresentada nas demonstrações contábeis, mas que é necessária para uma apresentação justa.

Notas explicativas às demonstrações contábeis devem ser apresentadas de maneira sistemática. Cada item do balanço patrimonial, demonstração do resultado e demonstração do fluxo de caixa deve fazer referência às informações relacionadas nas notas. As notas são normalmente apresentadas na ordem a seguir, o que ajuda os usuários a compreender as demonstrações contábeis e a compará-las às de outros empreendimentos:

a) demonstração de obediência das normas IAS e IFRS;

b) demonstração das bases de mensuração e de políticas contábeis aplicadas;

c) informação de apoio para itens apresentados em cada demonstração para a qual cada item e cada demonstração são apresentados;

d) outras divulgações requeridas nas diversas normas IAS e IFRS;

e) contingências, compromissos e outras divulgações financeiras e contábeis;

f) divulgações que não são financeiras, mas relevantes.

Políticas contábeis

A seção de notas de políticas contábeis das demonstrações contábeis deve descrever:

a) a base de avaliação e mensuração usada na preparação das demonstrações contábeis;
b) cada política contábil necessária para a compreensão apropriada das demonstrações contábeis.

Exemplos de políticas contábeis que uma companhia pode considerar na apresentação:

- reconhecimento da receita;
- base de consolidação de subsidiárias e métodos adotados para investimento em associadas;
- combinação de negócios;
- *joint ventures*;
- instrumentos financeiros etc.

Outras divulgações

Uma companhia deve divulgar os seguintes itens (se tais informações não forem publicadas com as demonstrações contábeis):

a) o domicílio e a forma legal da companhia, seu país de incorporação, o endereço do registro do escritório ou o local principal de negócios;
b) uma descrição da natureza das operações do empreendimento e suas principais atividades;
c) o nome da matriz da companhia;
d) o número de empregados no fim ou no meio do período.

7.2 Notas explicativas às demonstrações contábeis em BR Gaap

De acordo com o CPC 26 – Apresentação das Demonstrações Contábeis, o conjunto mínimo de notas explicativas normalmente apresentado é o seguinte:

- declaração de conformidade com os pronunciamentos, orientações e interpretações do comitê de pronunciamentos contábeis;
- resumo das políticas contábeis significativas aplicadas;
- informação de suporte de itens apresentados nas demonstrações contábeis pela ordem em que cada demonstração e cada rubrica são apresentadas;
- outras divulgações, incluindo:
  ✓ passivos contingentes e compromissos contratuais não reconhecidos;
  ✓ divulgações não financeiras, por exemplo, os objetivos e políticas de gestão do risco financeiro da entidade.

A entidade deve divulgar, ainda:

- o domicílio e a forma jurídica da entidade, o seu país de registro e o endereço da sede registrada (ou o local principal dos negócios, se diferente da sede registrada);
- a descrição da natureza das operações da entidade e das suas principais atividades;
- o nome da entidade controladora e a entidade controladora do grupo em última instância;
- se for uma entidade constituída por tempo determinado, informação a respeito do tempo de duração.

Ressalte-se que várias outras informações adicionais são requeridas pelos diversos pronunciamentos técnicos do CPC para divulgação em notas explicativas.

7.3 Estudo de caso Indústrias Romi S.A. – Notas explicativas em IFRS

A seguir apresentamos as notas explicativas em IFRS, divulgadas conjuntamente com as demonstrações contábeis em IFRS do Grupo Indústrias Romi S.A., inerentes aos exercícios de 2008 e 2007.

**Notas explicativas às demonstrações financeiras
referentes aos exercícios findos em 31 de dezembro de 2008 e de 2007**
(Valores expressos em milhares de reais, exceto se indicado de outra forma)

N.1 Informações gerais

A Indústrias Romi S.A. ("Companhia"), listada no Novo Mercado desde 23 de março de 2007, tem por objeto a indústria e o comércio de máquinas-ferramenta, máquinas para plásticos, equipamentos e acessórios industriais, ferramentas, partes e peças em geral e equipamentos para informática e seus periféricos; a análise de sistemas e elaboração de programas para processamento de dados quando ligados à produção, comercialização e uso de máquinas-ferramenta e máquinas para plástico; a indústria e o comércio de fundidos brutos e usinados; a exportação e a importação, a representação por conta própria ou de terceiros e a prestação de serviços relacionados com suas atividades, bem como a participação, como sócia, acionista ou quotista, em outras sociedades civis ou comerciais e em empreendimentos comerciais de qualquer natureza, no Brasil e/ou no exterior, e a administração de bens próprios e/ou de terceiros. O parque industrial da companhia é formado por 11 fábricas, em três estabelecimentos na cidade de Santa Bárbara d'Oeste, no Estado de São Paulo, e dois na região de Turim, na Itália. A companhia possui, ainda, participação em empresas controladas no Brasil e no exterior, conforme descrito na Nota 3.

N.2 Resumo das principais práticas contábeis

N.2.1 Base da apresentação

As demonstrações financeiras consolidadas da companhia foram preparadas para os exercícios findos em 31 de dezembro de 2008 e de 2007 e estão de acordo com o padrão contábil internacional emitido pelo International Accounting Standards Board (Iasb).

As demonstrações financeiras consolidadas foram preparadas utilizando o custo histórico como base de valor, exceto pela valorização de certos instrumentos financeiros.

N.2.2 Conversão de saldos em moeda estrangeira

Moeda funcional e de apresentação
As informações referentes às controladas incluídas na consolidação são mensuradas usando-se a moeda do país em que a entidade opera (a moeda funcional). A companhia define a moeda funcional de cada uma de suas subsidiárias analisando a moeda:

(i) que mais influencia os preços de bens e serviços (geralmente, será a moeda na qual o preço de venda de seus produtos e serviços está expresso e acertado);

(ii) do país cujas forças competitivas e regulamentos mais influenciam na determinação do preço de venda de seus produtos ou serviços;

(iii) que mais influencia na mão de obra, material e outros custos para o fornecimento de produtos ou serviços (geralmente será a moeda na qual tais custos estão expressos e são liquidados);

(iv) na qual são obtidos, substancialmente, os recursos das atividades financeiras (i.e., emissão de títulos de dívida ou ações);

(v) na qual são normalmente acumulados valores recebidos de atividades operacionais.

Os seguintes fatores adicionais também foram considerados na determinação da moeda funcional da entidade no exterior:

a) se as atividades da entidade no exterior são desenvolvidas como uma extensão da companhia e não com um grau significativo de autonomia. Um exemplo da extensão é quando uma entidade no exterior vende somente produtos importados da companhia e remete para esta o resultado das transações. Um exemplo de uma entidade autônoma no exterior é quando esta acumula caixa e outros itens monetários, incorre em despesas, gera receitas e obtém empréstimos, todos substancialmente na moeda local do país onde ela opera;

b) se as transações com a companhia são uma proporção alta ou baixa das atividades da entidade no exterior;

c) se fluxos de caixa das atividades da entidade no exterior afetam diretamente os fluxos de caixa da companhia e se estão prontamente disponíveis para remessa para esta;

d) se fluxos de caixa das atividades da entidade no exterior são suficientes para cobrir dívidas existentes e esperadas sem necessidade de aporte de recursos pela companhia.

As demonstrações financeiras consolidadas são apresentadas em reais (R$), moeda funcional e de apresentação da companhia, e as conversões são efetuadas de acordo com os critérios descritos a seguir:

a) Transações e saldos

As transações em moeda estrangeira são convertidas para a moeda funcional usando-se a taxa de câmbio vigente na data da transação. Os ganhos e perdas resultantes da diferença entre a conversão dos saldos ativos e passivos, em moeda estrangeira, no encerramento das demonstrações financeiras consolidadas, e a conversão dos valores das transações são reconhecidos na demonstração do resultado.

b) Empresas do grupo

Os resultados e a posição financeira de todas as controladas incluídas no consolidado e investimentos avaliados por equivalência patrimonial (nenhuma das quais situadas em economias hiperinflacionárias) que têm a moeda funcional diferente da moeda de apresentação são convertidos para a moeda de apresentação, conforme se segue:

(i) os saldos ativos e passivos são convertidos à taxa de câmbio vigente na data de encerramento das demonstrações financeiras consolidadas;

(ii) o patrimônio líquido inicial de cada balanço corresponderá ao patrimônio líquido final do período anterior conforme convertido à época; as mutações do patrimônio inicial durante o período corrente serão convertidas pela taxa de suas respectivas datas;

(iii) as contas de resultado são convertidas pela cotação média mensal do câmbio;

(iv) todas as diferenças resultantes de conversão de taxas de câmbio são reconhecidas no patrimônio líquido, na rubrica "Ajustes cumulativos de conversão para moeda estrangeira".

N.2.3 Ativos financeiros

Investimentos são reconhecidos e baixados na data da transação. A compra ou venda de um investimento está sob um contrato cujos termos requerem sua entrega seguindo um cronograma estabelecido pelo mercado ao qual pertence, e é inicialmente mensurada ao valor justo, acrescido dos custos transacionais, exceto pelos ativos financeiros avaliados ao valor justo por meio de lucros ou perdas, os quais são inicialmente mensurados ao valor justo.

Ativos financeiros são classificados nas seguintes categorias: ao valor justo por meio de lucros ou perdas, mantidos até o vencimento, disponíveis para venda e empréstimos e recebíveis. A classificação depende da natureza e do propósito dos ativos financeiros e é determinada no reconhecimento inicial.

Método dos juros efetivos

O método dos juros efetivos calcula o custo amortizado de um ativo ou passivo financeiro e aloca receita ou despesa dos juros durante o período relevante. A taxa efetiva de juros é a que desconta exatamente os recebimentos ou pagamentos futuros estimados de caixa (incluindo todas as taxas pagas ou recebidas que fazem parte da taxa efetiva de juros, custos de transação e outros prêmios ou descontos) por meio da vida esperada do ativo financeiro ou, quando apropriado, por um período menor.

Ativos financeiros ao valor justo por meio de lucros ou perdas

Ativos financeiros são classificados ao valor justo por meio de lucros ou perdas quando os ativos financeiros são mantidos para negociação ou designados, quando adquiridos, ao valor justo por meio de lucros ou perdas. Um ativo financeiro é classificado como mantido para negociação quando:

- é adquirido principalmente para o propósito de venda em um futuro próximo;
- é parte de uma carteira identificada de instrumentos financeiros que a companhia administra conjuntamente e que tenha um padrão recente real de lucros no curto prazo;
- é um derivativo que não é designado e efetivo como instrumento de *hedge*.

Um ativo financeiro que não seja mantido para negociação pode ser designado ao valor justo por meio de lucros e perdas no reconhecimento inicial quando:

- essa designação eliminar ou reduzir significativamente uma inconsistência surgida em sua mensuração ou reconhecimento;
- o ativo financeiro for parte de um grupo administrado de ativos ou passivos financeiros ou ambos e seu desempenho for avaliado com base no valor justo de acordo com a gestão dos riscos ou estratégia de investimento documentada pela companhia, e quando as informações a respeito desta forem fornecidas internamente com a mesma base; ou
- ele fizer parte de um contrato contendo um ou mais derivativos embutidos e o IAS 39 – Instrumentos financeiros: reconhecimento e mensuração permitir que o contrato combinado como um todo (ativo ou passivo) seja designado ao valor justo por meio de lucros ou perdas.

Ativos financeiros ao valor justo por meio de lucros ou perdas são avaliados ao valor justo, com ganhos ou perdas reconhecidos no resultado do período. Ganhos ou perdas líquidos reconhecidos no resultado incorporam os dividendos ou juros auferidos pelo ativo financeiro. O valor justo é determinado conforme descrito na Nota 14.

A companhia tem ativos financeiros mantidos para negociação. Não designou nenhum ativo financeiro ao valor justo por meio de lucros e perdas.

Empréstimos e recebíveis

A companhia considera as seguintes classes de ativos e passivos financeiros como parte da categoria de empréstimos e recebíveis: caixa e equivalentes de caixa, duplicatas a receber, financiamentos, financiamentos (Finame fabricante), valores a receber (repasse Finame fabricante) e outros recebíveis. Empréstimos e recebíveis são ativos e passivos financeiros que possuem pagamentos fixos ou determináveis e não são cotados em um mercado ativo. Empréstimos e recebíveis são mensurados pelo custo amortizado utilizando-se o método dos juros efetivos, deduzido de provisão para perda do valor recuperável (*impairment*). Receita com juros é reconhecida aplicando-se o método da taxa efetiva, exceto para os recebíveis de curto prazo, quando o reconhecimento dos juros for imaterial.

Deterioração dos ativos financeiros (*impairment*)

Ativos financeiros, exceto aqueles alocados a valor justo por meio dos lucros ou perdas, são avaliados por indicadores de *impairment* na data do balanço. Os ativos financeiros são considerados deteriorados quando há evidência de que, como resultado de um ou mais eventos ocorridos após seu reconhecimento inicial, os fluxos de caixa futuros estimados do investimento foram impactados.

Evidência objetiva de *impairment* poderia incluir:

- dificuldade financeira significativa do emissor ou contraparte;
- inadimplência ou mora no pagamento de juros ou do principal; ou
- quando se torna provável que o devedor entrará em falência ou em recuperação judicial.

Para certas categorias de ativos financeiros, como duplicatas e valores a receber (repasse Finame fabricante), a provisão para créditos de liquidação duvidosa é calculada com base na análise de risco dos créditos, que contempla o histórico de perdas, a situação individual dos clientes, a situação do grupo econômico ao qual pertencem, as garantias reais para os débitos e a avaliação dos consultores jurídicos, e é considerada suficiente para cobrir eventuais perdas sobre os valores a receber.

Para os ativos financeiros registrados ao valor de custo de amortização, o valor do *impairment* corresponde à diferença entre o valor contábil do ativo e o valor presente dos fluxos de caixa futuros estimados, descontada na taxa de juros efetiva original do ativo financeiro.

O valor contábil é reduzido diretamente pela perda por *impairment* para todos os ativos financeiros, com exceção das duplicatas a receber, caso em que o valor é reduzido pelo uso de uma conta de provisão. Quando uma duplicata a receber é considerada irrecuperável, ela é baixada contra a conta de provisão para créditos de liquidação duvidosa. Recuperações subsequentes de valores anteriormente baixados são creditadas contra a conta de provisão. As mudanças no valor contábil da provisão são reconhecidas em lucros ou perdas.

Para os ativos financeiros incluídos na categoria de empréstimos e recebíveis, se em um período subsequente o montante da perda com *impairment* diminuir e o decréscimo puder ser objetivamente relacionado a um evento que ocorreu após o reconhecimento do *impairment*, a perda anteriormente reconhecida é revertida por meio de lucros ou perdas (limitada ao que teria sido o valor do custo amortizado se o *impairment* não tivesse sido reconhecido).

Com relação às ações classificadas como disponíveis para venda, perdas com *impairment* anteriormente reconhecidas por meio de lucros ou perdas não são revertidas da mesma forma. Quaisquer aumentos no valor justo subsequentes ao reconhecimento da perda com *impairment* são reconhecidos diretamente no patrimônio líquido.

"Desreconhecimento" de ativos financeiros

A companhia "desreconhece" um ativo financeiro somente quando os direitos contratuais sobre o fluxo de caixa do ativo vencem, ou quando ela transfere para outra entidade o ativo financeiro e todos os riscos e retornos sobre a propriedade do ativo. Se a companhia não transfere nem retém substancialmente todos os riscos e retornos sobre a propriedade e continua a controlar o ativo transferido, ela reconhece a participação sobre o ativo e um respectivo passivo com base nos montantes que teria de pagar. Se retém todos os riscos e retornos sobre a propriedade de um ativo financeiro transferido, a companhia continua a reconhecer o ativo financeiro e também reconhece um empréstimo garantido pelos recursos recebidos.

N.2.4 Passivos financeiros e instrumentos de patrimônio ("capital social") emitidos pela companhia

Classificação como passivos financeiros e de capital social

Instrumentos de dívida e de patrimônio líquido são classificados como passivos financeiros ou capital social, de acordo com a essência do acordo contratual.

Instrumentos de patrimônio líquido

Um instrumento de patrimônio líquido representa qualquer contrato que contenha uma participação residual nos ativos de uma entidade após deduzidos todos os seus passivos. Instrumentos de patrimônio líquido emitidos pela companhia são registrados pelos recursos recebidos, líquidos dos custos diretos de emissão.

Passivos de garantias financeiras contratuais

Passivos de garantias financeiras contratuais são mensurados inicialmente pelo valor justo e mensurados subsequentemente pelo maior entre:

- o montante da obrigação do contrato, de acordo com o IAS 37 – Provisões, passivos contingentes e ativos contingentes;
- o montante inicialmente reconhecido deduzido, quando aplicável, pela amortização acumulada reconhecida de acordo com a prática contábil para reconhecimento de receita definida.

Passivos financeiros

Passivos financeiros são classificados pelo valor justo por meio de lucros ou perdas ou como outros passivos financeiros.

Passivos financeiros ao valor justo por meio de lucros ou perdas

Passivos financeiros são classificados ao valor justo por meio de lucros ou perdas quando o passivo financeiro é mantido para negociação ou quando designado ao valor justo por meio de lucros ou perdas.

Um passivo financeiro é classificado como mantido para negociação quando:

- for incorrido principalmente com propósito de recompra em futuro próximo;
- for parte de uma carteira identificada de instrumentos financeiros que a companhia administra conjuntamente e que tenha um padrão realizado de lucros no curto prazo; ou
- for um derivativo que não esteja designado como um instrumento de *hedge* efetivo.

Passivos financeiros que não sejam classificados como mantidos para negociação podem ser designados ao valor justo por meio de lucros ou perdas no reconhecimento inicial quando:

- tal designação eliminar ou reduzir significativamente uma inconsistência na mensuração ou reconhecimento que poderia surgir;
- o passivo financeiro fizer parte de um grupo de ativos ou passivos financeiros ou de ambos, que seja administrado e cujo desempenho seja avaliado com base em seu valor justo, de acordo com a administração de risco documentada ou estratégia de investimento da companhia, e as informações sobre esse grupo de ativos for fornecida internamente, dessa forma; ou

- fizer parte de um contrato contendo um ou mais derivativos embutidos e o IAS 39 – Instrumentos financeiros: reconhecimento e mensuração permitir que o contrato combinado como um todo (ativo ou passivo) seja designado ao valor justo por meio de lucros ou perdas.

Passivos financeiros ao valor justo por meio de lucros ou perdas são demonstrados ao valor justo, com lucros ou perdas reconhecidos como tais. Os ganhos ou perdas líquidos reconhecidos em lucros ou perdas incorporam quaisquer juros pagos no passivo financeiro. O valor justo é determinado conforme a Nota 14.

Outros passivos financeiros

Outros passivos financeiros, incluindo empréstimos, são inicialmente mensurados ao valor justo, líquido dos custos da transação. Outros passivos financeiros são subsequentemente mensurados pelo custo amortizado usando-se o método dos juros efetivos, com as despesas com juros reconhecidas com base no rendimento efetivo. O método dos juros efetivos calcula o custo amortizado de um passivo e aloca as despesas com juros durante o período relevante. A taxa de juros efetiva desconta pagamentos estimados futuros de caixa com base na vida esperada do passivo financeiro, ou, quando aplicável, por um período menor.

A companhia "desreconhece" os passivos financeiros quando, e somente quando, suas obrigações são liquidadas, canceladas ou vencidas.

N.2.5 Estoques

Os estoques estão demonstrados pelo menor valor entre o valor líquido de realização (valor estimado de venda no curso normal dos negócios menos o custo estimado para realizar a venda) e o custo médio de produção ou preço médio de aquisição. As provisões para estoques de baixa rotatividade ou obsoletos são constituídas quando consideradas necessárias pela administração. A companhia custeia seus estoques por absorção utilizando a média móvel ponderada.

N.2.6 Imobilizado

É avaliado ao custo histórico, acrescido de correção monetária, quando aplicável nos termos do IAS 29, deduzido das respectivas depreciações (à exceção dos terrenos, que não são depreciados), acrescido de juros capitalizados incorridos durante a fase de construção das principais novas unidades.

A depreciação é calculada pelo método linear, que leva em consideração a vida útil estimada dos bens.

Custos subsequentes são incorporados ao valor residual do imobilizado ou reconhecidos como item específico, conforme apropriado, somente se os benefícios econômicos futuros associados a esses itens forem prováveis e os valores mensurados de forma confiável. O saldo residual do item substituído é baixado. Demais reparos e manutenções são reconhecidos diretamente no resultado do exercício, quando houver.

O valor residual e a vida útil estimada dos bens são revisados e ajustados, se necessário, na data de encerramento do exercício. O valor residual dos itens do imobilizado é baixado imediatamente ao seu valor recuperável quando o saldo residual exceder o valor recuperável (Nota 2.8).

N.2.7 Intangível

O ativo intangível adquirido em uma combinação de negócios é identificado e reconhecido separadamente do ágio, quando atende à definição de um ativo intangível e seu valor justo pode ser mensurado com segurança. O custo desse ativo intangível está avaliado pelo seu valor justo na data da aquisição.

Subsequentemente ao reconhecimento inicial, o intangível adquirido como parte de uma combinação de negócios é reportado ao custo reduzido pela amortização acumulada e eventuais perdas decorrentes da análise de recuperabilidade.

O ágio com vida útil indefinida não é amortizado, porém a perda de valor recuperável é testada pelo menos anualmente (ver Nota 2.11, a seguir).

N.2.8 Provisão para recuperação dos ativos de vida longa

A administração revisa o valor contábil dos ativos de vida longa, principalmente o imobilizado a ser mantido e utilizado nas operações da companhia, com o objetivo de determinar e avaliar a deterioração em bases periódicas ou sempre que eventos ou mudanças nas circunstâncias indicarem que o valor contábil de um ativo ou grupo de ativos não poderá ser recuperado.

São feitas análises para identificar as circunstâncias que possam exigir a avaliação da recuperabilidade dos ativos de vida longa e determinar o tamanho dessa perda. Quando não é possível estimar o montante recuperável de um ativo individualmente, a companhia calcula o montante recuperável da unidade geradora de caixa à qual o ativo pertence.

O montante recuperável corresponde ao valor justo menos os custos da alienação ou o valor de uso, dos dois o maior. Na avaliação do valor de uso os fluxos de caixa futuros estimados são descontados ao valor presente pela taxa de desconto anterior à tributação, que reflete uma avaliação de mercado corrente do tempo, valor do dinheiro e riscos específicos para o ativo para o qual a estimativa de fluxos de caixa futuros não foi ajustada.

Se o montante recuperável de um ativo (ou unidade geradora de caixa) é calculado para ser menor que seu valor contábil, o valor contábil do ativo (ou unidade geradora de caixa) é reduzido ao seu valor recuperável. A perda por *impairment* é reconhecida imediatamente no resultado, a não ser que o ativo em questão esteja registrado ao valor reavaliado, caso em que ela é tratada como uma diminuição da revalorização.

O valor recuperável pode aumentar no futuro, requerendo um estorno da perda por *impairment* reconhecida no passado. Quando a perda por *impairment* é revertida subsequentemente, o valor contábil do ativo (ou unidade geradora de caixa) é aumentado para a estimativa revisada de seu valor recuperável, mas de modo que esse valor não exceda o valor contábil determinado para o caso de nenhuma perda por *impairment* ser reconhecida para o ativo (ou unidade geradora de caixa) em exercícios anteriores. A reversão da perda por *impairment* é reconhecida imediatamente no resultado.

N.2.9 Investimentos

A companhia consolidou integralmente as demonstrações financeiras de todas as empresas controladas. Considera-se existir controle quando a companhia detém, direta ou indiretamente, a maioria dos direitos de voto em assembleia geral ou tem o poder de determinar as políticas financeiras e operacionais, a fim de obter benefícios de suas atividades.

A participação de terceiros no patrimônio líquido e no lucro líquido das controladas é apresentada separadamente no balanço patrimonial consolidado e na demonstração consolidada do resultado, respectivamente, na rubrica "Participação dos minoritários".

Sempre que necessários, ajustes são efetuados nas demonstrações financeiras das empresas controladas visando à uniformização das respectivas práticas contábeis de acordo com o IFRS.

N.2.10 Combinação de negócios

O investimento adquirido decorrente de aquisição de participações societárias é registrado nas demonstrações financeiras pelo método de compra. O custo corresponde ao total (a) dos valores justos, na data de troca, do ativo cedido, do passivo incorrido ou assumido e dos instrumentos patrimoniais emitidos pela adquirente, mais (b) eventuais custos diretamente atribuíveis à combinação de empresas. O custo é avaliado na data de aquisição. Eventual participação minoritária na adquirida é apresentada na proporção minoritária do valor justo líquido dos ativos, passivos e passivos contingentes identificáveis da adquirida.

O ágio gerado na aquisição é avaliado como o custo da combinação de empresas que excede a participação da adquirente no valor justo líquido dos ativos, passivos e passivos contingentes identificáveis adquiridos.

Ágio e outros ativos intangíveis com vida útil indefinida não são amortizados, porém a perda de valor recuperável é testada pelo menos anualmente (ver Nota 2.11, a seguir).

Caso a participação da adquirente no valor justo líquido dos ativos, passivos e passivos contingentes identificáveis da adquirida seja superior ao custo, esse excesso (anteriormente conhecido como deságio) é registrado como um ganho imediato no resultado do exercício.

N.2.11 Ágio

O ágio representa o excesso do custo de aquisição sobre o valor justo líquido dos ativos, passivos e passivos contingentes identificáveis de uma subsidiária, entidade controlada conjuntamente ou associada, na respectiva data de aquisição, em conformidade com o estabelecido no IFRS 3. Decorrente da exceção prevista no IFRS 1, a companhia aplicou as disposições do IFRS 3 apenas às aquisições ocorridas posteriormente a 1º de janeiro de 2006 (data de transição para o IFRS). Anterior a essa data, o ágio registrado representa o valor apurado de acordo com as normas contábeis brasileiras aceitas na data da aquisição.

O ágio sobre empresas controladas é registrado como ativo e incluído na rubrica "Ágio". O ágio não é amortizado, sendo sujeito a testes de recuperabilidade anualmente ou sempre que existam indícios de eventual perda de valor econômico. Qualquer perda por recuperabilidade é registrada de imediato no resultado do exercício e não é suscetível de reversão posterior.

Na alienação de uma empresa controlada – conjuntamente ou associada – o ágio correspondente será incluído na determinação da mais ou menos-valia do resultado da alienação.

O ágio é inicialmente reconhecido como um ativo ao valor de custo e posteriormente calculado pelo valor de custo menos quaisquer perdas acumuladas no seu valor recuperável (*impairment*).

Para fins de teste de recuperação (*impairment*), o ágio é alocado para cada uma das unidades geradoras de caixa que se beneficiam das sinergias da combinação. As unidades geradoras de caixa às quais o ágio foi alocado são submetidas a testes de *impairment* todos os anos ou, mais frequentemente, quando houver indicação de que a unidade possa apresentar *impairment*. Se o valor recuperável da unidade geradora de caixa for menor que o valor contábil da unidade, a perda por *impairment* é primeiramente alocada para reduzir o valor contábil de qualquer ágio ligado à unidade e, depois, aos outros ativos da unidade *pro rata* com base no valor contábil de cada um de seus ativos. Uma perda por *impairment* reconhecida no ágio não é revertida em um período posterior.

N.2.12 Tributação

A despesa com imposto de renda e contribuição social representa a soma do tributo a pagar e do diferido.

N.2.12.1 Imposto corrente

O tributo a pagar está baseado no lucro tributável do exercício. Este difere do lucro apresentado na demonstração do resultado porque exclui receitas ou despesas tributáveis ou dedutíveis em outros exercícios, além de excluir itens que nunca são tributáveis ou dedutíveis. O passivo para imposto corrente é apurado com base nas alíquotas em vigor na data do balanço.

N.2.12.2 Imposto diferido

O imposto diferido é reconhecido nas diferenças entre o valor contábil de ativos e passivos nas demonstrações financeiras e nas bases de cálculo correspondentes usadas na apuração do lucro tributável, e é contabilizado pelo método do passivo no balanço patrimonial. O passivo fiscal diferido é geralmente reconhecido para todas as diferenças temporárias tributáveis e o ativo fiscal diferido é geralmente reconhecido para todas as diferenças temporárias dedutíveis quando for provável que o lucro tributável, contra o qual tais diferenças temporárias dedutíveis possam ser utilizadas, estará disponível. Esses ativos e passivos não são reconhecidos se a diferença temporária resultar de ágio ou de reconhecimento inicial (desde que não se trate de uma combinação de negócios) de outros ativos e passivos em uma transação que afeta tanto o lucro tributável quanto o contábil.

O passivo fiscal diferido é reconhecido para as diferenças temporárias tributáveis associadas a investimentos em subsidiárias, exceto quando a companhia for capaz de controlar a reversão da diferença temporária e quando for provável que essa reversão não irá ocorrer em um futuro previsível. O ativo fiscal diferido oriundo de diferenças temporárias dedutíveis relacionadas a tais investimentos somente será reconhecido quando for provável que haja lucro tributável suficiente, contra o qual serão utilizados os benefícios das diferenças temporárias e quando sua reversão for provável em um futuro previsível.

O valor contábil dos ativos fiscais diferidos é revisado na data de cada balanço e reduzido quando não for mais provável que o lucro tributável permita que todo o ativo, ou parte dele, seja recuperado.

Ativos e passivos fiscais diferidos são mensurados às alíquotas aplicadas no período em que o passivo foi liquidado ou o ativo realizado, com base nas alíquotas (e na legislação tributária) em vigor na data do balanço. A mensuração dos passivos e ativos fiscais diferidos reflete as consequências fiscais que resultariam da maneira como a companhia espera, na data de divulgação, recuperar ou liquidar o valor contábil de seus ativos e passivos.

Os ativos e passivos fiscais diferidos são compensados quando: a) existe um direito legalmente executável de compensar o ativo fiscal circulante com o passivo fiscal circulante; b) quando eles estão relacionados ao imposto de renda incidente pela mesma autoridade fiscal; e c) a companhia pretende liquidar o valor líquido dos seus ativos e passivos fiscais circulantes.

N.2.12.3 Impostos correntes e diferidos do exercício

Impostos correntes e diferidos são reconhecidos como despesa ou receita no resultado, exceto quando estão relacionados a itens creditados ou debitados diretamente do capital – caso em que os impostos também são reconhecidos diretamente no patrimônio líquido – ou quando eles se originam da contabilização inicial de uma combinação de negócios. Neste último caso, o efeito fiscal é contabilizado calculando-se o ágio ou a determinação do excesso de participação do adquirente no valor justo líquido dos ativos, passivos e passivos contingentes identificáveis da adquirida sobre o custo da combinação de negócios.

N.2.13 Benefícios a empregados

A companhia possui diversos planos de benefícios a empregados, incluindo planos de pensão e de aposentadoria, assistência médica e odontológica e participação nos lucros. A descrição dos principais planos de benefícios concedidos aos empregados da companhia está nas Notas 5 e 2.1.

O plano de aposentadoria pós-emprego caracteriza-se como plano de contribuição definida, sobre o qual a companhia não tem qualquer obrigação legal caso não possua ativos suficientes para o pagamento dos benefícios obtidos pelos funcionários como resultado de serviços passados prestados. Isso está descrito no IAS 19 – Benefícios a empregados.

As contribuições a planos de aposentadoria de contribuição definida são reconhecidas como despesa quando efetivamente incorridas, ou seja, no momento da prestação de serviços dos empregados da companhia.

N.2.14 Outros ativos e passivos circulantes e não circulantes

São demonstrados pelos valores de realização (ativos) e por aqueles conhecidos ou calculáveis, acrescidos, quando aplicável, dos correspondentes encargos e variações monetárias incorridas (passivos).

N.2.15 Distribuição de dividendos e juros sobre o capital próprio

É reconhecida como passivo no momento em que os dividendos são aprovados pelos acionistas da companhia. O estatuto social da companhia prevê que, no mínimo, 25% do lucro líquido do exercício, apurado de acordo com a legislação societária vigente e práticas contábeis adotadas no Brasil, sejam distribuídos como dividendos. A companhia registra, no encerramento do exercício social, provisão para o montante de dividendo mínimo que ainda não tenha sido distribuído durante o exercício até o limite do dividendo mínimo obrigatório descrito anteriormente.

Os juros sobre capital próprio foram tratados como uma distribuição de dividendos, uma vez que têm a característica de um dividendo para efeito de apresentação nas demonstrações financeiras. O valor dos juros foi calculado como uma porcentagem do patrimônio líquido da companhia, usando-se a taxa de juros a longo prazo (TJLP) estabelecida pelo governo brasileiro. Cumprindo exigência legal, foi limitado a 50% do lucro líquido do exercício ou 50% do saldo de lucros retidos antes de incluir o lucro líquido do próprio exercício, o que for maior. Adicionalmente, conforme permitido pela Lei nº 9.249/95, foi considerado como dedutível para fins de imposto de renda o imposto retido na fonte, calculado à alíquota de 15%, devido na época do pagamento ou do registro do respectivo valor da remuneração.

N.2.16 Reconhecimento de receita de vendas de produtos

A receita é calculada pelo valor justo da compensação recebida ou a receber. Adicionalmente, a receita é reduzida por impostos indiretos de venda, devoluções, abatimentos e outras provisões similares de clientes.

A receita de vendas de produtos é reconhecida quando todas as seguintes condições forem satisfeitas:

- a companhia transferiu ao comprador os riscos e benefícios significativos relacionados à propriedade dos produtos;
- a companhia não possui envolvimento administrativo contínuo no nível normalmente associado à propriedade ou controle efetivo sobre os produtos vendidos;
- o valor da receita pode ser calculado com confiabilidade;
- é provável que os benefícios econômicos associados à transação passem para a entidade;
- os custos – incorridos ou que incorrerão – relacionados à transação podem ser calculados com confiabilidade.

Os fretes sobre vendas são registrados como despesas de venda.

N.2.17 Provisões

As provisões são reconhecidas quando: a) um evento passado gerou uma obrigação legal ou implícita. b) existe a probabilidade de uma saída de recursos e c) o valor da obrigação pode ser estimado com segurança.

O valor constituído como provisão é a melhor estimativa do valor de liquidação na data do encerramento das demonstrações financeiras, levando em consideração os riscos e incertezas relacionados à obrigação. Quando a provisão é mensurada usando o fluxo de caixa estimado para liquidar a obrigação presente, o seu valor é determinado por meio do valor presente desses fluxos de caixa.

Quando se espera receber de terceiros o benefício econômico requerido para liquidar uma provisão, esse valor a receber é registrado como um ativo, desde que o reembolso seja virtualmente certo e o montante possa ser estimado com segurança.

Garantias

A provisão para custos com garantia é reconhecida na data da venda dos produtos, com base na melhor estimativa da administração dos custos a serem incorridos para liquidar a obrigação da companhia.

N.2.18 Aplicação de julgamentos e práticas contábeis críticas na elaboração das demonstrações financeiras

Práticas contábeis críticas são aquelas que a) são importantes para demonstrar a condição financeira e os resultados e b) requerem os julgamentos mais difíceis, subjetivos ou complexos por parte da administração, frequentemente como resultado da necessidade de fazer estimativas que têm impacto sobre questões inerentemente incertas. À medida que aumenta o número de variáveis e premissas que afetam a possível solução futura dessas incertezas, esses julgamentos se tornam ainda mais subjetivos e complexos. Na preparação das demonstrações financeiras consolidadas, a companhia adotou variáveis e premissas derivadas de experiência histórica e outros fatores que entende como razoáveis e relevantes. Ainda que tais estimativas e premissas sejam revistas pela companhia no curso ordinário dos negócios, a demonstração da sua condição financeira e dos resultados das operações frequentemente requer o uso de julgamentos quanto aos efeitos de questões inerentemente incertas sobre o valor contábil dos seus ativos e passivos. Os resultados reais podem ser distintos dos estimados sob variáveis, premissas ou condições diferentes. Com o objetivo de proporcionar um entendimento de como a companhia forma seus julgamentos sobre eventos futuros, inclusive as variáveis e premissas utilizadas nas estimativas, incluímos comentários referentes a cada prática contábil crítica descrita a seguir:

a) Imposto de renda diferido

O método do passivo de contabilização do imposto de renda é usado para imposto de renda diferido gerado por diferenças temporárias entre o valor contábil dos ativos e passivos e seus respectivos valores fiscais, e para compensação dos prejuízos fiscais. Ativos e passivos fiscais diferidos são calculados usando-se as alíquotas fiscais aplicáveis ao lucro tributável nos anos em que essas diferenças temporárias deverão ser realizadas. O lucro tributável futuro pode ser maior ou menor que as estimativas consideradas quando da definição da necessidade de registrar, e o montante a ser registrado, do ativo fiscal.

b) Vida útil de ativos de longa duração

A companhia reconhece a depreciação de seus ativos de longa duração com base na vida útil estimada, que representa as práticas da indústria e a experiência prévia e refletem a vida econômica de ativos de longa duração. Entretanto, as vidas úteis reais podem variar com base na atualização tecnológica de cada unidade. As vidas úteis de ativos de longa duração também afetam os testes de recuperação do custo dos ativos de longa duração, quando necessário.

N.2.19 Novos IFRS e interpretações Ifric

Os seguintes novos pronunciamentos, emendas ou interpretações são obrigatórios pela primeira vez para o exercício ou período iniciados em 1º de janeiro de 2008, exceto no caso das alterações ao IAS 39 e ao IFRS 7, como explicitado a seguir, mas não são atualmente relevantes ou aplicáveis à companhia:

- IAS 39 e IFRS 7: alterações relacionadas à "reclassificação dos ativos financeiros", vigente para transações que ocorreram em ou após 1º de julho de 2008;
- Ifric 11, IFRS 2: Transações no grupo e com ações em tesouraria;

- Ifric 12: Acordos de concessão de serviços;
- Ifric 14 e IAS 19: Limite sobre ativo decorrente de planos de benefício definido, requerimentos mínimos de capitalização e sua correlação.

Os seguintes novos pronunciamentos, emendas ou interpretações foram emitidos, mas não são efetivos para o exercício ou período iniciado em 1º de janeiro de 2008 e não foram adotados antecipadamente:

- IFRS (alterações em várias normas): vigente para exercícios iniciados em ou após 1º de janeiro de 2009;
- IFRS 8: Segmentos operacionais, vigente para exercícios iniciados em ou após 1º de janeiro de 2009. O IFRS 8 substitui o IAS 14 – Relatórios por segmento e requer "enfoque da administração". A informação por segmento é apresentada nas mesmas bases usadas para fins de relatórios internos;
- IAS 23 (revisado): Custos de empréstimos, vigente para exercícios iniciados em ou após 1º de janeiro de 2009;
- IAS 37 (revisado): Demonstrações financeiras consolidadas e separadas, vigente para exercícios iniciados em ou após 1º de julho de 2009;
- IFRS 2: alteração relacionada às condições de aquisição e cancelamentos, vigente para exercícios iniciados em ou após 1º de janeiro de 2009;
- IAS 39: alterações relacionadas aos itens elegíveis para *hedge accounting*, vigente para os exercícios iniciados em ou após 1º de julho de 2009;
- IFRS 1 (revisado e reestruturado em 2008): alterações relacionadas aos custos de investimento em uma subsidiária, apontadas nas demonstrações financeiras da controladora na adoção inicial dos IFRSs vigentes para os exercícios iniciados em ou após 1º de janeiro de 2009;
- IFRS 3 (revisado): Combinação de empresas, e consequentes revisões do IAS 27– Demonstrações financeiras consolidadas e separadas, do IAS 28 – Investimentos em associadas e do IAS 31 – Participações em *joint ventures*, vigente prospectivamente para combinações de negócios cuja data de aquisição tenha sido em ou após o começo do primeiro exercício iniciado em ou após 1º de julho de 2009. A administração da companhia está analisando o impacto dos novos requerimentos relacionados à contabilização de aquisições, consolidação e associadas no grupo;
- IAS 1 (revisado): Apresentação das demonstrações financeiras, vigente para exercícios iniciados em ou após 1º de janeiro de 2009;
- IAS 32 e IAS 1: alterações relacionadas aos *puttable instruments* e às obrigações decorrentes da liquidação, vigente para exercícios iniciados em ou após 1º de janeiro de 2009;
- Ifric 13: Programas de fidelização de clientes, vigentes para exercícios iniciados em ou após 1º de julho de 2008;
- Ifric 15: Acordos para construção de bens imobiliários, vigentes para exercícios iniciados em ou após 1º de janeiro de 2009;
- Ifric 16: *Hedge* dos investimentos líquidos no exterior, vigente para exercícios iniciados em ou após 1º de outubro de 2008;
- Ifric 17: Distribuição de ativos não monetários aos acionistas, vigente para exercícios iniciados em ou após 1º de julho de 2009;
- Ifric 18: Transferência de ativos de clientes, vigente para os exercícios iniciados em ou após 1º de julho de 2009.

A companhia adotará os referidos pronunciamentos a partir das datas de entrada em vigor, porém não são esperados impactos relevantes nas demonstrações financeiras quando dessa adoção.

N.3 Demonstrações financeiras consolidadas

Na elaboração das demonstrações financeiras consolidadas merecem destaque as seguintes práticas:

N.3.1 Empresas controladas

A companhia consolidou integralmente as demonstrações financeiras de todas as empresas controladas. Considera-se existir controle quando a companhia detém, direta ou indiretamente, a maioria dos direitos de voto em assembleia geral ou tem o poder de determinar as políticas financeiras e operacionais, a fim de obter benefícios de suas atividades. As demonstrações financeiras consolidadas em 31 de dezembro de 2008 e de 2007 incluem aquelas da controladora e de suas controladas, a saber:

Controlada		País	Objetivo principal
Rominor: Comércio, Empreendimentos e Participações S.A. ("Rominor")		Brasil	Empreendimentos e participações em geral
Romi Machine Tools, Ltd. ("Romi Machine Tools")		Estados Unidos	Distribuição de máquinas-ferramenta e fundidos e usinados para a América do Norte
Interocean Com. Importadora e Exportadora S.A. ("Interocean")		Brasil	Trading inativa nos períodos apresentados
Favel S.A. ("Favel")		Uruguai	Representação comercial para a América Latina
JAC. Indústria Metalúrgica Ltda. ("JAC")	(a)	Brasil	Fabricação de máquinas sopradoras de plástico
Romi Europa		Alemanha	Assistência técnica e apoio a revendedores da Europa, Ásia, África e Oceania
Romi Itália S.r.l. ("Romi Itália")	(b)	Itália	Desenvolvimento de projetos, produção e venda, distribuição, importação e exportação de máquinas e equipamentos para o processamento de matérias-primas plásticas
Controladas da "Romi Itália"	(b)		
Sandretto UK Ltd.		Reino Unido	
Sandretto Industries S.A.S.		França	Distribuição de máquinas para plásticos e serviços de peças de reposição
Metalmecanica Plast B.V.		Holanda	
Italprensas Sandretto S.A.		Espanha	

a) Essa controlada foi adquirida em 25 de janeiro de 2008, vide detalhes na Nota 4.1.

b) Sociedade de responsabilidade limitada constituída em 22 de maio de 2008 com o capital social de € 300 mil totalmente subscrito pelo sócio único Romi Europa. Conforme detalhes apresentados na Nota 4.2, a Romi Itália adquiriu, em 24 de julho de 2008, essas subsidiárias como parte do Contrato de Cessão de Participações Sociais e de Complexo Empresarial firmado com a Sandretto Industrie S.r.l. Durante o quarto trimestre de 2008, a companhia integralizou € 3.450.000 (equivalente a R$ 9.659.000) no capital social da Romi Itália, passando a deter participação direta de 92% no capital social desta controlada que, anteriormente ao aporte supramencionado, possuía a totalidade do seu capital detido pela controlada integral Romi Europa.

Os saldos sintéticos de balanço em 31 de dezembro de 2008 e de 2007, e de resultado referentes aos exercícios findos nessa data, das principais rubricas das demonstrações financeiras das controladas operacionais consolidadas estão demonstrados no quadro a seguir. As informações financeiras das controladas Interocean, Romi Europa, Favel e JAC não serão apresentadas devido à irrelevância dos saldos.

	Romi Itália e subsidiárias	Rominor		Romi Machine Tools	
	31/12/2008	31/12/2008	31/12/2007	31/12/2008	31/12/2007
Ativo:	(i)				
circulante	57.348	34.044	22.895	19.606	18.185
não circulante	20.317	6.461	6.624	522	368
total do ativo	77.665	40.505	29.519	20.128	18.553
Passivo:					
circulante	28.111	3.922	2.523	19.788	17.142
não circulante	26.741	–	–	158	162
patrimônio líquido	22.813	36.583	26.996	182	1.249
total do passivo e do patrimônio líquido	77.665	40.505	29.519	20.128	18.553

	31/12/2008	31/12/2008	31/12/2007	31/12/2008	31/12/2007
	(i)				
receita operacional	16.631	15.504	10.156	16.051	16.781
lucro bruto	7.100	15.504	10.156	2.144	2.785
lucro (prejuízo) operacional	13.796	15.316	9.453	(1.150)	(414)
resultados antes dos impostos sobre o lucro	14.589	15.316	9.453	(1.150)	(414)
lucro (prejuízo) líquido do exercício	7.739	12.783	8.020	(1.150)	(414)

(i) O balanço patrimonial e a demonstração do resultado estão sendo apresentados consolidados desde a data da aquisição, 24 de julho de 2008, até 31 de dezembro de 2008.

Na consolidação foram eliminados os saldos e transações entre as empresas por meio dos seguintes principais procedimentos:

a) eliminação de saldos das contas de ativos e passivos entre as companhias consolidadas;
b) eliminação dos lucros contidos nos estoques decorrentes de operações entre as companhias, quando significativos;
c) eliminação dos saldos de investimentos da controladora com os saldos de capital, de reservas e lucros (prejuízos) acumulados das companhias controladas;
d) eliminação de saldos de receitas, custos e despesas, decorrentes de negócios entre as companhias;
e) destaque do valor da participação dos acionistas minoritários nas demonstrações financeiras consolidadas.

N.4 Aquisições de subsidiárias

Durante o ano de 2008, a companhia adquiriu participação acionária na JAC Indústria Metalúrgica Ltda. ("JAC") e o complexo empresarial da Sandretto Industrie S.r.l. ("Sandretto Itália"), conforme apresentado a seguir:

	JAC (detalhes no item 7.4.1)			Sandretto Itália (detalhes no item 7.4.2)		
	Custo contábil	Ajuste ao valor de mercado	Valor de mercado	Custo contábil	Ajuste ao valor de mercado	Valor de mercado
Ativos						
caixa e equivalentes de caixa	89	–	89	4.111	–	4.111
duplicatas a receber de clientes	730	–	730	8.234	–	8.234
estoques	625	–	625	17.971	–	17.971
impostos a recuperar	122	–	122	3.112	–	3.112
outros créditos	39	–	39	2.147	–	2.147
total circulante	1.605	–	1.605	35.575	–	35.575
imobilizado	911	2.235	3.146	12.705	–	12.705
intangível	–	2.843	2.843	549	–	549
outros créditos	64	–	64	–	–	–
total não circulante	975	5.078	6.053	13.254	–	13.254
Passivos						
financiamentos	(765)	–	(765)	(2.782)	–	(2.782)
fornecedores	(1.014)	–	(1.014)	(4.020)	–	(4.020)
impostos e contribuições a recolher	(486)	–	(486)	–	–	–
outros passivos	(1.065)	–	(1.065)	(2.943)	–	(2.943)
total circulante	(3.330)	–	(3.330)	(9.745)	–	(9.745)
passivo não circulante	(293)	–	(293)	(239)	–	(239)
acervo líquido adquirido	(1.043)	5.078	4.035	38.845	–	38.845

	JAC (detalhes no item 7.4.1)			Sandretto Itália (detalhes no item 7.4.2)		
	Custo contábil	Ajuste ao valor de mercado	Valor de mercado	Custo contábil	Ajuste ao valor de mercado	Valor de mercado
ágio/deságio	–	–	1.496	–	–	(19.316)
valor da aquisição	–	–	5.531.000	–	–	19.529
Caixa líquido desembolsado na aquisição						
saldo de caixa e equivalentes de caixa adquirido	–	–	(89)	–	–	(4.111)
caixa líquido desembolsado na aquisição	–	–	3.413	–	–	9.463
Total	–	–	3.324	–	–	5.352

N.4.1 Aquisição da JAC

Em 25 de janeiro de 2008, a companhia adquiriu, pelo montante total de R$ 5.531.000, a totalidade das quotas representativas do capital social da JAC. A JAC é uma tradicional fabricante de máquinas sopradoras de plástico, com sede e operações na cidade de Americana, no estado de São Paulo. Essa aquisição está alinhada à estratégia da companhia, de expansão da sua gama de produtos e de suas atividades de fabricação e venda de máquinas para processamento de plástico, até então concentradas no segmento de injeção.

A transação foi aprovada pelo conselho de administração da companhia, em reunião realizada em 25 de janeiro de 2008, sendo dispensada a aprovação da assembleia geral, nos termos do Artigo 256 da Lei nº 6.404/76.

Do valor da aquisição, ainda não foram liquidados R$ 2.162.000, com vencimento para abril de 2013. Em 31 de dezembro de 2008 esse valor está registrado no passivo não circulante, na rubrica "Outras contas a pagar". Esse valor é reajustado pelo Índice de Preço ao Consumidor Amplo (IPCA), acrescido de 0,3% de juros ao mês.

Na demonstração do resultado consolidado, os valores da receita líquida e do lucro líquido dessa subsidiária, da data da aquisição até 31 de dezembro de 2008, é de R$ 4.504.000 e R$ 430.000, respectivamente.

N.4.2 Aquisição do complexo empresarial e das participações societárias da Sandretto Industrie S.r.l.

Em 24 de julho de 2008, por meio do Contrato de Cessão de Participações Sociais e de Complexo Empresarial ("contrato"), a subsidiária da companhia, Romi Itália, adquiriu, pelo montante total de 7,9 milhões de euros (equivalentes a R$ 19.529.000 na data do contrato), um complexo empresarial da Sandretto Industrie S.r.l. ("Sandretto Itália"), sociedade com um único sócio, em administração extraordinária, cuja sede se localiza em Grugliasco, na cidade de Turim, Itália. A subsidiária tem como objeto principal a atividade de engenharia, fabricação e comercialização de máquinas para plástico. O montante pago corresponde a (valores traduzidos para reais pela taxa da data do contrato):

a) € 2.480.500,00 (equivalentes a R$ 6.131.000), referentes às participações correspondentes a 100% do capital social das seguintes subsidiárias:

   i. € 1.323.000,00 (equivalentes a R$ 3.270.000) pela subsidiária inglesa Sandretto UK Limited;
   ii. € 266.500,00 (equivalentes a R$ 659.000) pela subsidiária sociedade francesa Sandretto Industrie SAS;
   iii. € 846.500,00 (equivalentes a R$ 2.092.000) pela subsidiária espanhola Italprensas Sandretto S.A. e 50% no capital social da Sandretto Centro S.A. e Sandretto Norte S.A., ambas localizadas na Espanha;
   iv. € 44.500,00 (equivalentes a R$ 110.000) pela subsidiária da Holanda, Metalmeccanica Plast B.V.

b) € 5.419.500,00 (equivalentes a R$ 13.397.000), referentes ao complexo empresarial da controlada Sandretto Itália, assim divididos:

   i. € 2.447.500,00 (equivalentes R$ 6.050.000) para os bens imóveis;
   ii. € 2.400.000,00 (equivalentes a R$ 5.933.000) para os estoques;
   iii. € 572.000,00 (equivalentes a R$ 1.414.000) para todos os bens móveis tangíveis e intangíveis.

A forma de pagamento do preço de aquisição é a que se segue:

a) € 1.000.000,00 (equivalentes a R$ 2.472.000), pagos em 14 de julho de 2008;
b) € 2.400.000,00 (equivalentes a R$ 7.000.000), pagos em 14 de novembro de 2008;
c) € 4.500.000,00 (equivalentes a R$ 14.472.000 em 31 de dezembro de 2008), a serem pagos em quatro parcelas semestrais no valor de € 1.125.000,00 cada (equivalentes a R$ 3.618.000), vencendo a primeira em 17 de janeiro de 2009. Os montantes foram registrados no consolidado, na rubrica de outras contas a pagar, sendo R$ 7.236.000 no circulante e o mesmo montante no não circulante. Este saldo é atualizado à taxa de 3% a.a., conforme determina o contrato.

Segundo o contrato de aquisição, a companhia se compromete – por pelo menos dois anos a contar da data do contrato – a manter as atividades empresariais nos locais produtivos, nas unidades de Grugliasco e Pont Canavese, ambas em Turim, na Itália, e a manter os níveis ocupacionais numa quantidade não inferior a 250 empregados ("garantias"). Em caso de inadimplência no atendimento dessas garantias, a companhia se obriga a pagar multa de € 1.375.000,00 (equivalentes a R$ 4.441.000 em 31 de dezembro de 2008).

A aquisição das participações sociais da Sandretto Itália gerou um ganho de € 7.822.000,00 (equivalentes a R$ 19.316.000 convertidos pela taxa de câmbio na data da aquisição), registrado na rubrica "Outras receitas operacionais", líquidas, como resultado de o valor pago ser inferior à estimativa preliminar do valor justo dos ativos adquiridos e dos passivos assumidos das subsidiárias, conforme apresentado a seguir.

A companhia ainda não finalizou a avaliação do valor justo dos ativos e passivos assumidos, e o IFRS 3 permite que ela registre os ajustes finais para definição do valor justo em até um ano após a aquisição. Portanto, os valores aqui apresentados podem ser diferentes daqueles apurados quando da sua determinação final. Em 31 de dezembro de 2008, com base na avaliação preliminar da companhia, o valor justo foi estimado como sendo substancialmente o respectivo valor patrimonial. A companhia espera concluir a análise do valor justo até o encerramento do 2º trimestre, findo em 30 de junho de 2009.

Conforme mencionado, a companhia adquiriu o complexo empresarial, composto por ativos tangíveis e intangíveis e participações sociais das subsidiárias da Sandretto Itália, a qual no momento da aquisição encontrava-se em administração extraordinária (por intervenção do governo italiano). Sendo assim, a administração da companhia defende que não é praticável a apresentação do *pro-forma* do resultado consolidado do exercício como se a aquisição tivesse ocorrido em 1º de janeiro de 2008, devido aos seguintes fatores, que inviabilizam tal leitura:

a) A aquisição do complexo empresarial da Sandretto Itália, composto por ativos tangíveis e intangíveis, não fornece subsídios para o levantamento das informações necessárias para elaboração de sua demonstração de performance.
b) O fato de que a Sandretto Itália e suas subsidiárias encontravam-se sob administração extraordinária, ou seja, possuíam receitas e despesas que não refletiam uma operação no curso normal da sua continuidade.

O valor da receita líquida e do lucro líquido dessa subsidiária, considerado na demonstração do resultado consolidado, da data da aquisição até 31 de dezembro de 2008, corresponde a R$ 16.631.000 e R$ 7.739.000, respectivamente.

N.5 Reconciliação entre IFRS e BR Gaap

A companhia arquivou as demonstrações financeiras individuais e consolidadas, preparadas de acordo com as práticas contábeis adotadas no Brasil (BR Gaap) e, portanto, deve apresentar a reconciliação das principais diferenças entre o IFRS e o BR Gaap que afetaram o patrimônio líquido e o resultado do exercício findo em 31 de dezembro de 2008.

Reconciliação do patrimônio líquido BR Gaap X IFRS em 31/12/2008	
patrimônio líquido em BR Gaap	679.243
ajustes em IFRS:	
reversão do deságio da controlada Rominor (a)	4.199
reconhecimento, ao resultado do exercício, do ganho apurado em controlada no exterior como resultado de aquisição de subsidiárias (b)	19.316
imposto de renda e contribuição social diferidos sobre os ajustes acima (a) (b)	(7.947)
ajuste cumulativo de conversão para moeda estrangeira	5.882
participação dos controladores	700.693
participação minoritária	2.536
patrimônio líquido em IFRS	703.229

Reconciliação do lucro líquido do exercício findo em 31/12/2008	
lucro líquido em BR Gaap antes da participação minoritária	113.834
ajustes em IFRS:	
reconhecimento, ao resultado do exercício, do ganho apurado em controlada no exterior como resultado de aquisição de subsidiárias (b)	19.316
imposto de renda e contribuição social diferidos sobre os ajustes acima (b)	(6.543)
lucro líquido em IFRS	126.607

a) De acordo com o IFRS 3, diferentemente do BR Gaap, não existe previsão para manutenção do deságio apurado na aquisição da controlada Rominor, em 1992, como resultado de o valor de aquisição do investimento ser inferior ao seu valor patrimonial. Portanto, tal montante foi ajustado, líquido dos efeitos tributários, ao patrimônio líquido de 1º de janeiro de 2006.

b) Refere-se ao ganho verificado na apuração preliminar do excesso do valor justo dos ativos adquiridos e dos passivos assumidos sobre o valor pago, registrado na rubrica "Outras receitas operacionais", líquidas, como parte da aquisição mencionada na Nota 4.2.

N.6 Caixa e equivalentes de caixa e títulos mantidos para negociação

Caixa e equivalentes de caixa incluem caixa, contas bancárias e investimentos de curto prazo com liquidez imediata e com baixo risco de variação no valor de mercado.

		31/12/2008	31/12/2007
caixa		15.635	16.174
Certificado de Depósito Bancário (CDB)		75.891	40.006
aplicações financeiras lastreadas por debêntures		39.242	22.851
Letra Financeira do Tesouro (LFT)		2.818	5.879
Fundo de Investimento em Cotas (FIC) – multimercado		–	102.890
outros		1.638	1.210
total de caixa e equivalentes de caixa	(a)	135.224	189.010
Certificado de Depósito Bancário (CDB)		46.055	49.991
aplicações financeiras lastreadas por debêntures		7.666	61.521
total de títulos mantidos para negociação	(b)	53.721	111.512

a) As aplicações financeiras são realizadas com instituições financeiras de primeira linha, para minimizar o risco de crédito, política adotada pela companhia no gerenciamento desses ativos financeiros. Sua rentabilidade está substancialmente atrelada ao Certificado de Depósito Interbancário (CDI).

b) As aplicações financeiras registradas como títulos mantidos para negociação são realizadas com instituições financeiras de primeira linha, para minimizar o risco de crédito, política adotada pela companhia no gerenciamento desses ativos financeiros. Sua rentabilidade está substancialmente atrelada ao Certificado de Depósito Interbancário (CDI), com carência de até 120 dias.

N.7 Duplicatas a receber

	31/12/2008	31/12/2007
circulante:		
clientes no país	38.168	44.182
clientes no exterior	44.075	21.681
provisão para créditos de liquidação duvidosa	(2.652)	(1.619)
	79.591	64.244
não circulante:		
clientes no país	1.233	889
clientes no exterior	2.467	1.247
	3.700	2.136

A exposição máxima ao risco de crédito da companhia é o saldo das duplicatas a receber mencionadas anteriormente.

Na tabela mostrada, o prazo médio de recebimento das vendas é de aproximadamente 60 dias; o risco de crédito das duplicatas a receber advém da possibilidade de a companhia não receber valores decorrentes de operações de vendas. Para atenuar esse risco, ela adota como prática a análise detalhada da situação patrimonial e financeira de seus clientes, estabelecendo um limite de crédito e acompanhando permanentemente seu saldo devedor; a provisão para créditos de liquidação duvidosa foi constituída com base na análise das duplicatas e valores a receber de clientes em montante julgado suficiente para cobrir prováveis perdas na realização, segundo critérios definidos pela administração, como se segue: (i) montantes de até R$ 5, vencidos há mais de 180 dias; (ii) montantes entre R$ 6 e R$ 30 (sem cobrança judicial) vencidos há mais de 360 dias e (iii) montantes acima de R$ 31 (com cobrança judicial) vencidos há mais de 360 dias. Para todas essas situações, são provisionados os montantes integrais dos débitos em atraso.

A companhia possui R$ 11.983 em 31 de dezembro de 2008 (R$ 2.017 em 31 de dezembro de 2007) em operações de Vendor com seus clientes. Nessas operações, a companhia figura como solidária responsável. Caso haja inadimplência por parte do cliente, a companhia arca com o pagamento à instituição financeira, mediante subrogação da garantia do bem alienado ao agente financiador. O saldo de duplicatas a receber é apresentado líquido das operações de Vendor.

O saldo de duplicatas a receber de clientes no país em 31 de dezembro de 2008 e de 2007 está distribuído conforme se segue:

	2008	2007
valores a vencer	22.294	35.004
vencidos:		
de 1 a 30 dias	8.097	5.667
de 31 a 60 dias	2.264	1.765
de 61 a 90 dias	411	33
de 91 a 180 dias	571	712
de 181 a 360 dias	3.895	545
mais de 360 dias	636	456
total vencido	15.874	9.178
total de duplicatas a receber de clientes – circulante	38.168	44.182

O saldo de duplicatas a receber de clientes no exterior em 31 de dezembro de 2008 e de 2007 está distribuído conforme se segue:

	2008	2007
valores a vencer	36.226	16.012
vencidos:		
de 1 a 30 dias	4.756	3.742
de 31 a 60 dias	424	900
de 61 a 90 dias	664	619
de 91 a 180 dias	1.173	381
de 181 a 360 dias	482	27
mais de 360 dias	350	–
total vencido	7.849	5.669
total de duplicatas a receber de clientes – circulante	44.075	21.681

A movimentação da provisão para créditos de liquidação duvidosa está demonstrada a seguir:

saldo em 01/01/2007	1.397
créditos provisionados no exercício	347
créditos baixados definitivamente da posição	(125)
saldo em 31/12/2007	1.619
créditos provisionados no exercício	1.042
créditos baixados definitivamente da posição	(9)
saldo em 31/12/2008	2.652

N.8 Valores a receber – Repasse Finame fabricante

		31/12/2008	31/12/2007
circulante:			
Finame a vencer		279.968	200.726
Finame aguardando liberação	(a)	4.427	10.551
Finame em atraso	(b)	22.497	11.944
		306.892	223.221
não circulante:			
Finame aguardando liberação	(a)	26.564	63.304
Finame a vencer		452.807	346.592
		479.371	409.896
total		786.263	633.117

Os valores a receber – repasse Finame fabricante – são provenientes das vendas efetuadas a clientes que serão financiadas com recursos obtidos do Banco Nacional de Desenvolvimento Econômico e Social (BNDES) por meio da linha de crédito denominada Finame fabricante (ver Nota 13).

Finame fabricante refere-se a recursos especificamente vinculados a operações de venda, com prazos de até 60 meses, com opção de até 12 meses de carência e juros entre 4% e 5,8% ao ano acrescidos da TJLP (taxa de juros de longo prazo). Tais condições de financiamento são estabelecidas pelo BNDES, com base nas características do cliente. Os recursos são liberados mediante a identificação do cliente e da venda e o enquadramento do cliente às condições da Circular nº 195, de 28 de julho de 2006, emitida pelo BNDES, por meio de agente financeiro, com a formalização de um contrato de financiamento em nome da companhia e anuência do cliente solicitante do financiamento. As condições de valores, prazos e encargos da operação são integralmente refletidas nos valores a receber pela companhia, que deverão ser repassados ao banco interveniente do contrato, do qual a companhia é a devedora. A companhia possui reserva de domínio do equipamento objeto da venda até a liquidação final da obrigação pelo cliente e o consequente repasse dos recursos ao agente financeiro.

Os valores a receber – repasse Finame fabricante – são representados por:

- Finame aguardando liberação: refere-se a operações de Finame fabricante que já foram caracterizadas e aprovadas pelas partes envolvidas, incluindo a preparação da documentação, a emissão da nota fiscal de venda e a entrega da mercadoria ao cliente. O crédito dos respectivos recursos em conta-corrente da companhia, a ser feito pelo banco agente, encontrava-se pendente nas datas das demonstrações financeiras, em função dos prazos normais operacionais do banco agente.
- Finame em atraso: refere-se a valores a receber não quitados pelos clientes na data de vencimento, considerando as datas das demonstrações financeiras. A companhia não registrou provisão para eventual perda na realização desse saldo, em função de possuir reserva de domínio das máquinas vendidas (garantia real) e, portanto, acredita que em uma eventual execução dessa garantia real o montante seria suficiente para cobrir o total devido pelo cliente.

Em 31 de dezembro de 2008 e de 2007, os valores a receber – repasse Finame fabricante – estavam distribuídos como se segue:

	2008	2007
valores a vencer	284.394	211.277
vencidos:		
de 1 a 30 dias	5.536	2.846
de 31 a 60 dias	2.941	1.248
de 61 a 90 dias	2.339	1.092
de 91 a 180 dias	4.249	1.940
de 181 a 360 dias	3.815	2.624
mais de 360 dias	3.617	2.194
total vencido	22.498	11.944
total circulante	306.892	223.221

	2008	2007
a vencer:		
2009	–	191.434
2010	121.679	151.163
2011	197.769	62.666
2012	109.575	4.633
2013	41.870	–
após 2013	8.478	–
total não circulante	479.371	409.896
total	786.263	633.117

N.9 Estoques

	31/12/2008	31/12/2007
produtos acabados	93.274	50.490
produtos em elaboração	92.996	69.115
matéria-prima e componentes	91.336	61.833
importações em andamento	7.738	1.606
total	285.344	183.044

O saldo de estoques está líquido do montante de R$ 15.484 (R$ 10.253 em 31 de dezembro de 2007) da provisão para realização dos estoques referente a materiais e componentes de baixa movimentação com perspectivas remotas de realização por venda ou utilização.

A movimentação da provisão para realização dos estoques e ajuste ao valor realizável líquido é demonstrada a seguir:

saldo em 01/01/2007	11.681
estoques baixados permanentemente	(8.308)
constituição da provisão	6.880
saldo em 31/12/2007	10.253
estoques baixados permanentemente	(6.102)
constituição da provisão	11.333
saldo em 31/12/2008	15.484

N.10 Impostos e contribuições a recuperar

	31/12/2008	31/12/2007
circulante:		
IRRF sobre as aplicações financeiras	1.303	2.012
IPI, PIS e Cofins a recuperar	4.025	3.915
ICMS a recuperar sobre ativo imobilizado	5.545	3.019
PIS e Cofins a recuperar sobre ativo imobilizado	4.978	2.172
outros	1.891	419
total	17.742	11.537
não circulante:		
PIS e Cofins a recuperar sobre ativo imobilizado	8.176	2.675
ICMS a recuperar sobre ativo imobilizado	6.006	2.716
impostos sobre o lucro a recuperar de empresas controladas	4.063	–
total	18.245	5.391

Os impostos e contribuições a recuperar decorrem das operações mercantis e financeiras realizadas pela companhia e controladas e são realizáveis no curso normal das operações.

A expectativa de realização dos créditos classificados no não circulante é apresentada como se segue:

	2008
2009	–
2010	7.264
2011	4.950
2012	3.593
2013	813
2014	1.625
	18.245

N.11 Imobilizado

a) Síntese da movimentação do ativo imobilizado:

Custo do imobilizado bruto	Terrenos	Prédios e pátios	Máquinas e equipamentos	Móveis e utensílios	Veículos	Tecnologia da informação	Obras em andamento	Adiantamentos	Total
saldo em 1º de janeiro de 2007	23.999	34.387	121.977	6.494	1.771	11.260	22.668	5.380	227.936
adições	3.205	1.776	19.903	415	313	1.187	6.002	(5.085)	27.716
alienações	(2.347)	(388)	(1.674)	(160)	(132)	(539)	(46)	–	(5.286)
transferências		23.258	2.636	1.012	30	36	(26.972)	–	–
saldo em 31 de dezembro de 2007	24.857	59.033	142.842	7.761	1.982	11.944	1.652	295	250.366
adições	46	2	13.810	484	634	5.686	99.179	3.492	123.333
aquisições controladas	3.380	8.258	4.771	515	921	932	900	–	19.677
alienações	(91)	–	(969)	(129)	(443)	(524)	(249)	–	(2.405)
transferências	–	25.665	1.860	334	–	–	(27.859)	–	–
variação cambial	562	2.579	1.421	194	302	417	–	–	5.475
saldo em 31 de dezembro de 2008	28.754	95.537	163.735	9.159	3.396	18.455	73.623	3.787	396.446
depreciação acumulada	–	–	–	–	–	–	–	–	–
saldo em 1º de janeiro de 2007	–	22.740	73.544	4.733	1.365	8.260	–	–	110.642
depreciação	–	1.623	8.596	376	181	1.079	–	–	11.855
alienação	–	(29)	(954)	(158)	(131)	(525)	–	–	(1.797)
transferências	–	–	–	–	–	–	–	–	–
saldo em 31 de dezembro de 2007	–	24.334	81.186	4.951	1.415	8.814	–	–	120.700
depreciação	–	2.015	10.763	425	330	1.642	–	–	15.175
alienação	–	(925)	–	(106)	(344)	(474)	–	–	(1.819)
transferências	–	–	–	–	–	–	–	–	–
aquisições controladas	–	172	2.298	480	875	684	–	–	4.509
variação cambial	–	59	707	177	312	316	–	–	1.571
saldo em 31 de dezembro de 2008	–	25.655	94.954	5.927	2.588	10.982	–	–	140.106
imobilizado líquido									
saldo em 1º de janeiro de 2007	23.999	11.647	48.433	1.761	406	3.000	22.668	5.380	117.294
saldo em 31 de dezembro de 2007	24.857	34.699	61.656	2.810	567	3.130	1.652	295	129.666
saldo em 31 de dezembro de 2008	28.754	69.882	68.781	3.232	808	7.473	73.623	3.787	256.340

Em função de contratos de financiamento com o BNDES para investimentos em imobilizado, em 31 de dezembro de 2008, aproximadamente R$ 60.959 (R$ 15.974 em 31 de dezembro de 2007) em bens do ativo imobilizado encontram-se gravados em garantia. Esses itens são representados, em sua totalidade, por máquinas e equipamentos.

A companhia capitalizou, durante o exercício findo em 31 de dezembro de 2008, encargos financeiros no montante de R$ 2.346 (R$ 215 em 31 de dezembro de 2007), apropriado na conta de obras em andamento.

b) Taxas de depreciação
A companhia deprecia o ativo imobilizado pelo método linear, usando as taxas de depreciação demonstradas a seguir:

	Taxa de depreciação %
edificações	4
máquinas e equipamentos	10
móveis e utensílios	10
tecnologia da informação	20
veículos	20
pátios e caminhos	10

N.12 Financiamentos

	Circulante		Não circulante		Vencimento	Amortização	2007 Encargos financeiros	Garantias
	31/12/2008	21/12/2007	31/12/2008	21/12/2007				
capital de giro – moeda estrangeira	–	14.906	–	–	04/06/2008	anual	juros de 0,25% a 0,80% ao ano + Libor + variação cambial	Nota promissória/aval
financiamentos de importação – US$	6.197	4.859	5.842	13.285	09/02/2010	semestral	0,80% ao ano + Libor + variação cambial	Nota promissória/aval
financiamentos de exportação – US$	–	3.648	–	–	21/08/2008	mensal a partir de 21/09/2007	juros de 2,5% ao ano + TJLP, pagos mensalmente junto da amortização do principal	Aval da Rominor no montante de R$ 3.232
capital de giro – moeda nacional	10.185	1.557	54.909	27.672	15/09/2014	mensal a partir de 15/06/2008	juros de 2% ao ano + TJLP	Alienação fiduciária de máquinas no montante contábil de R$ 60.959, e hipoteca de imóveis, terrenos UF11/14/15/16
imobilizado – moeda nacional	4.769	4.489	7.188	8.187	15/05/2013	mensal	juros de 1,3% a 12,5% ao ano + TJLP, pagos mensalmente junto da amortização do principal	Alienação fiduciária da máquina financiada/aval/ nota promissória
Finame diversos	2.128	1.356	2.013	987	01/11/2010	mensal	Libor + 1% *spread*	Contrato de prenda do cliente
saques refinanciados	56	39	158	162	30/06/2012	semestral	juros de 6,31% a 6,39% ao ano + variação cambial	Nota promissória/aval
Romi Machine Tools, Ltd. – capital de giro – US$	4.923	–	258	–	17/05/2012	mensal	juros de 1,3% a 12,5% ao ano + TJLP, pagos mensalmente junto da amortização do principal	Alienação fiduciária da máquina
Romi Itália – capital de giro – €	245	–	588	–	30/06/2009	anual	juros de 1,65% ao ano + Libor	Ativo imobilizado
JAC – capital de giro – R$								
total	28.503	30.854	70.957	50.293				

A companhia ofereceu como garantia na contratação de financiamentos em 31 de dezembro de 2008 máquinas e equipamentos no valor contábil de R$ 60.959 (ver Nota 11).

Os vencimentos dos financiamentos registrados no não circulante em 31 de dezembro de 2008 são os seguintes:

	2008
2010	24.541
2011	14.054
2012	13.388
2013	12.407
2014 em diante	6.567
total	70.957

N.13 Financiamentos – Finame fabricante

	31/12/2008	31/12/2007
circulante:		
Finame fabricante	270.028	192.884
não circulante:		
Finame fabricante	453.323	348.710

Os contratos de financiamentos Finame fabricante são garantidos por notas promissórias e avais, sendo a principal garantidora a controlada Rominor. Os saldos dos financiamentos Finame fabricante são diretamente relacionados com os saldos de Valores a receber – repasse Finame fabricante (ver Nota 8), tendo em vista que as operações de financiamento são diretamente vinculadas às vendas a clientes específicos. As condições contratuais relacionadas aos valores, encargos e aos prazos financiados no programa são integralmente repassadas aos clientes financiados, sendo que os recebimentos mensais oriundos da rubrica de Valores a receber – repasse Finame fabricante são integralmente utilizados para as amortizações dos contratos de financiamentos vinculados. A companhia atua, portanto, como repassadora dos recursos aos bancos intervenientes das operações de financiamento, porém permanece como a principal devedora dessa operação.

Os financiamentos Finame fabricante obtidos e repassados aos clientes têm prazos de até 60 meses, com opção de até 12 meses de carência e juros entre 4% e 5,8% ao ano, acrescidos da TJLP (taxa de juros de longo prazo), sendo que tais condições de financiamento são estabelecidas pelo BNDES, com base nas características do cliente. Os saldos de financiamento – Finame fabricante e, consequentemente, os saldos de Valores a receber – repasse Finame fabricante (ver Nota 8) em 31 de dezembro de 2008 e de 2007 estavam atualizados e corrigidos monetariamente até a data de encerramento das demonstrações financeiras. A diferença no montante de R$ 62.912 em 31 de dezembro de 2008 (R$ 91.523 em 2007) entre o saldo de Valores a receber – repasse Finame fabricante e o saldo de financiamento – Finame fabricante refere-se a duplicatas em atraso, renegociações em andamento por atraso e operações de Finame ainda não liberadas pelo banco agente. A administração entende que não existem riscos de realização desses montantes a receber, tendo em vista que os valores possuem garantia real das próprias máquinas comercializadas.

Os vencimentos do Finame fabricante registrados no passivo não circulante em 31 de dezembro de 2008 são como se segue:

	2008
2010	239.980
2011	141.693
2012	57.667
2013	13.983
total	453.323

N.14 Instrumentos financeiros

a) Considerações gerais: a companhia mantém operações com instrumentos financeiros, cujos riscos são administrados por meio de estratégias de posições financeiras e sistemas de limites de exposição a eles. Todas as operações estão integralmente reconhecidas na contabilidade e restritas aos instrumentos relacionados a seguir:

- Caixa e equivalentes de caixa e aplicações financeiras: estão reconhecidas pelo custo amortizado acrescido dos rendimentos auferidos até a data do encerramento das demonstrações financeiras consolidadas, os quais se aproximam do seu valor de mercado;
- Duplicatas e valores a receber de clientes: estão comentados e apresentados nas Notas 7 e 8;
- Empréstimos e financiamentos: estão comentados e apresentados nas Notas 12 e 13.

A companhia acredita que os demais instrumentos financeiros, como valores a pagar de aquisições em controladas – partes relacionadas que estão reconhecidas nas demonstrações financeiras consolidadas pelo seu valor contábil –, são substancialmente similares aos que seriam obtidos se fossem negociados no mercado. No entanto, por não possuírem um mercado ativo, poderiam ocorrer variações caso a companhia resolvesse liquidá-los antecipadamente.

b) Fatores de risco que podem afetar os negócios da companhia:
- *risco de preço das mercadorias*: esse risco está relacionado à possibilidade de oscilação no preço dos produtos que a companhia vende ou no preço das matérias-primas e demais insumos utilizados em seu processo de produção. As receitas de vendas e principalmente o custo dos produtos vendidos (afetado por alterações nos preços internacionais de sua matéria-prima) poderão sofrer alterações. Para minimizar esse risco, a companhia monitora permanentemente as oscilações de preços nos mercados nacional e internacional;
- *risco de taxas de juros*: esse risco é oriundo da possibilidade de a companhia vir a sofrer perdas (ou ganhos) por conta de flutuações nas taxas de juros que são aplicadas aos seus passivos e ativos captados (aplicados) no mercado. Para minimizar possíveis impactos advindos de oscilações em taxas de juros, a companhia adota a política de diversificação, alternando a contratação de taxas fixas e variáveis (como a Libor e o CDI), com repactuações periódicas de seus contratos, visando adequá-los ao mercado;
- *risco de taxas de câmbio*: esse risco está atrelado à possibilidade de alteração nas taxas de câmbio, afetando a despesa financeira (ou receita) e o saldo passivo (ou ativo) de contratos que tenham como indexador uma moeda estrangeira. Para se proteger das oscilações cambiais, além das contas a receber originadas por exportações a partir do Brasil e dos investimentos no exterior que se constituem em *hedge* natural, a companhia avalia a exposição cambial.

A companhia possui instrumentos financeiros atrelados ao dólar norte-americano e ao euro. Os instrumentos que estão expostos a variação cambial são representados por duplicatas a receber, financiamentos de importação e exportação, fornecedores e contratos mútuos com as controladas situadas nos Estados Unidos e na Europa. A exposição líquida da companhia, no momento, ao fator de risco de mercado da taxa de câmbio é demonstrada a seguir:

	Valor contábil		Valor de mercado	
	2008	2007	2008	2007
passivos em moeda estrangeira:				
financiamentos	(21.576)	(35.594)	(21.576)	(35.594)
fornecedores externos	(5.731)	(4.123)	(5.731)	(4.123)
contas a pagar (aquisição de controladas)	(14.772)	–	(14.772)	–
ativos em moeda estrangeira:				
duplicatas a receber	44.075	21.681	44.075	21.681
outros	2.056	1.121	2.056	1.121
exposição líquida	4.052	(16.915)	4.052	(16.915)

O método de mensuração utilizado para cômputo do valor de mercado de todos os elementos foi o do fluxo de caixa descontado à taxa referencial Selic, considerando as expectativas de liquidação ou realização dos passivos e ativos e taxas de mercado vigentes nas datas de corte das informações.

- *risco de crédito*: advém da possibilidade de as controladas e a companhia não receberem valores decorrentes de operações de vendas ou de créditos detidos junto a instituições financeiras gerados por operações de investimento financeiro. Para atenuar esse risco, as controladas e a companhia adotam como prática a análise detalhada da situação patrimonial e financeira de seus clientes, estabelece um limite de crédito e acompanha permanentemente seu saldo devedor. Além disso, para todas as operações de Finame fabricante é exigida garantia real dos clientes;

Com relação às aplicações financeiras, a companhia somente realiza aplicações em instituições de primeira linha com baixo risco de crédito. Ademais, cada instituição possui um limite máximo de saldo de aplicação, determinado pela administração da companhia.

- *risco relacionado às operações de Finame fabricante*: os passivos relacionados às operações de Finame fabricante possuem como lastro os saldos de Valores a receber – repasse Finame fabricante. Por sua vez, os equipamentos relacionados a esses valores a receber possuem reserva de domínio registrada em cartório, cm favor da companhia, com o objetivo de reduzir o eventual risco de perdas;

- *risco de gerenciamento de capital*: advém da escolha da companhia em adotar uma estrutura de financiamentos para suas operações. A companhia administra sua estrutura de capital, a qual consiste em uma relação entre as dívidas financeiras e o capital próprio (patrimônio líquido, lucros acumulados e reservas de lucros), baseada em políticas internas e *benchmarks*;

- *risco relacionado a aplicações financeiras*: as aplicações financeiras são representadas substancialmente por operações lastreadas por CDB, indexadas ao CDI, efetuadas com instituições financeiras de primeira linha e com características de alta liquidez e circulação no mercado;

- *risco de taxa de juros*: esse risco é oriundo da possibilidade de a companhia vir a incorrer em perdas por conta de flutuações nas taxas de juros que aumentem as despesas financeiras relativas a empréstimos e financiamentos;

- *análise sensitiva de variações na moeda estrangeira* (Foreign currency sensitivity analysis): as flutuações do câmbio podem afetar positiva ou adversamente, em virtude do aumento ou redução nos saldos de fornecedores de materiais em componentes importados, aumento ou redução nos saldos de valores a receber de clientes de exportação e aumento ou redução nos saldos de empréstimos e financiamentos, denominados em moeda estrangeira, em sua maioria dólares americanos.

Em 31 de dezembro de 2008, os saldos denominados em moeda estrangeira estavam sujeitos à variação cambial. Estimamos que uma valorização ou desvalorização de 10% na taxa de câmbio da moeda estrangeira em relação à moeda local teria ocasionado uma despesa ou uma receita de R$ 405. Em 31 de dezembro de 2007, levando em consideração a mesma premissa, uma valorização ou desvalorização de 10% na taxa de câmbio da moeda estrangeira em relação à moeda local teria ocasionado uma receita ou uma despesa de R$ 1.691.

- *análise sensitiva de variações na taxa de juros* (Interest rate sensitivity analysis): os rendimentos oriundos das aplicações financeiras, bem como as despesas financeiras provenientes dos empréstimos e financiamentos da companhia são afetados pelas variações nas taxas de juros, tais como TJLP e CDI.

Em 31 de dezembro de 2008, estimando um aumento ou redução de 10% nas taxas de juros, as receitas financeiras teriam aumentado ou diminuído em R$ 1.667 (R$ 1.590 em 31 de dezembro de 2007). Esse montante foi calculado considerando-se o impacto de aumentos ou reduções hipotéticas nas taxas de juros sobre o saldo das aplicações financeiras e financiamentos em aberto.

Devemos ressaltar que não existe impacto financeiro no resultado decorrente da flutuação da taxa de juros no Finame fabricante, uma vez que se trata de um financiamento especificamente vinculado a operações de vendas (Valores a receber – Finame fabricante) devidas a nós, mas cujas taxas de juros devem ser repassadas integralmente aos clientes, pelas regras do Finame fabricante.

c) Instrumentos financeiros por categoria

A totalidade dos instrumentos financeiros ativos está classificada como "disponíveis para venda". A totalidade dos instrumentos financeiros passivos está classificada como "outros passivos financeiros".

Ativos financeiros	2008	2007
circulante:		
caixa, equivalentes de caixa e aplicações financeiras	188.945	300.522
duplicatas a receber	79.591	64.244
valores a receber – repasse Finame fabricante	306.892	223.221
não circulante:		
duplicatas a receber	3.700	2.136
valores a receber – repasse Finame fabricante	479.371	409.896
depósitos judiciais	13.803	7.087

Passivos financeiros	2008	2007
circulante:		
financiamentos	28.503	30.854
financiamentos – Finame fabricante	270.028	192.884
fornecedores	31.136	25.193
outras contas a pagar	15.160	4.640
não circulante:		
financiamentos	70.957	50.923
financiamentos – Finame fabricante	453.323	348.710
outras contas a pagar	9.626	–

N.15 Salários e encargos sociais

	31/12/2008	31/12/2007
salários a pagar	4.204	3.295
provisão para férias e encargos	8.863	11.325
encargos sociais	7.762	6.102
provisão para participação nos resultados (Lei nº 10.101/2000)	13.016	15.212
total	33.845	35.934

A participação nos resultados de empregados foi registrada nas demonstrações do resultado dos exercícios findos em 31 de dezembro de 2008 e de 2007, e nas rubricas "Custo dos produtos vendidos", "Despesas com vendas" e "Despesas gerais e administrativas", de acordo com o centro de custo de referência de cada empregado.

N.16 Impostos e contribuições a recolher

	31/12/2008	31/12/2007
circulante:		
Cofins	1.600	3.221
PIS	349	700
ICMS	1.953	2.814
imposto de renda e contribuição social sobre o lucro	2.424	1.208
outros impostos e contribuições	1.031	70
total	7.357	8.013
não circulante:		
outros	3.578	1.896

O saldo de impostos e contribuições a recolher registrado no passivo não circulante em 31 de dezembro de 2008 tem o vencimento demonstrado a seguir:

2010	524
2011	717
2012	952
2013	648
2014	465
2015	272
total	3.578

N.17 Provisão para passivos eventuais

A administração da companhia e controladas, juntamente com seus assessores jurídicos, classificou os processos judiciais de acordo com o grau de risco de perda, conforme se segue:

	Classificação dos processos valores em 31 de dezembro de 2008			Provisão registrada	
	Remotas	Possíveis	Prováveis	31/12/2008	31/12/2007
fiscais	344	3.848	14.153	14.153	7.683
cíveis	1.938	724	202	202	168
trabalhistas	2.590	1.303	1.521	1.521	895
total	4.872	5.875	15.876	15.876	8.746

Para os processos cujas perdas foram classificadas como prováveis pelos assessores jurídicos, a administração registrou provisão para passivos eventuais, cuja movimentação no exercício findo em 31 de dezembro de 2008 é demonstrada a seguir:

	31/12/2007	Adições	Utilizações/ Reversões	Atualização monetária	31/12/2008
fiscais	7.683	6.470	–	–	14.153
cíveis	168	117	(83)	–	202
trabalhistas	895	1.228	(698)	96	1.521
	8.746	7.815	(781)	96	15.876

As controladas não possuem processos em andamento e não existem nestas riscos contingenciais a considerar, conforme avaliação da administração e de seus assessores jurídicos.

Em 31 de dezembro de 2008, a natureza das principais causas, classificada pela administração, com base na opinião de seus assessores jurídicos, como de risco provável de perda, e que, portanto, tiveram seus valores incluídos nas provisões acima, é como se segue:

a) Processos fiscais

Correspondem a provisão para PIS e Cofins sobre ICMS de vendas no montante de R$ 2.434 (R$ 1.280 em 31 de dezembro de 2007) e R$ 11.213 (R$ 5.897 em 31 de dezembro de 2007) respectivamente, e INSS sobre serviços prestados por cooperativas no montante de R$ 506 (R$ 506 em 31 de dezembro de 2007). A companhia está depositando judicialmente o PIS e o Cofins sobre o ICMS de vendas, montante esse que em 31 de dezembro de 2008 totalizava R$ 13.803 (R$ 7.087 em 31 de dezembro de 2007).

b) Processos cíveis

Referem-se a pedidos judiciais de revisões contratuais.

c) Processos trabalhistas

A companhia constituiu provisão para contingências para ações trabalhistas em que figura como ré, que têm como principais causas os seguintes pedidos: a) horas extras pela diminuição do intervalo para almoço; b) multa de 40% do FGTS anterior às aposentadorias; c) multa de 40% do FGTS sobre os valores dos expurgos dos planos Verão e Collor; e d) indenizações por acidentes de trabalho e responsabilidades subsidiárias de empresas terceirizadas.

As causas classificadas como de risco possível, de natureza fiscal, cível e trabalhista, discutem assuntos similares aos acima descritos. A administração da companhia acredita que o desfecho das causas em andamento não irá resultar em desembolso, pela companhia, de valores superiores aos registrados na provisão.

N.18 Patrimônio líquido

Capital social

O capital subscrito e integralizado em 31 de dezembro de 2008 e de 2007, corrigido monetariamente de acordo com os termos do IAS 29, é dividido em 78.557.547 ações ordinárias nominativas e escriturais, sem valor nominal, todas com os mesmos direitos e vantagens.

Emissão de ações

A companhia, durante o segundo trimestre de 2007, captou recursos no mercado de capitais, por meio de oferta pública de ações, cujo custo de captação – representado por comissões pagas às instituições financeiras, honorários de advogados, auditores externos, publicações e outras despesas relacionadas – montou em R$ 12.963, o qual foi contabilizado no patrimônio líquido. Como principal evento ocorrido e relacionado com a oferta pública de ações, destacamos o aumento de capital social da companhia por oferta pública – conforme ata de reunião do conselho de administração, de 11 de abril de 2007 e de 25 de abril de 2007 –, no montante de R$ 180.000 e R$ 62.936, respectivamente, passando o capital social de R$ 260.000 para R$ 502.936. Isso ocorreu mediante a emissão para subscrição pública de 16.195.719 novas ações ordinárias, as quais foram integralizadas em 17 de abril de 2007 e 25 de abril de 2007, respectivamente, no valor de R$ 15,00 por ação. Como decorrência desses aumentos de capital, em 31 de dezembro de 2007 o capital social da companhia está representado por 78.557.547 ações ordinárias nominativas e escriturais, sem valor nominal.

Dividendos

O estatuto social prevê a distribuição de dividendo mínimo obrigatório de 25% do lucro líquido ajustado na forma da lei societária. A proposta de distribuição de dividendos e de constituição de reserva de lucros, da administração à assembleia geral ordinária, é a que se segue:

	2008	2007
lucro líquido do exercício (participação dos controladores)	125.726	124.219
(–) constituição de reserva legal	(5.648)	(5.448)
lucro passível de distribuição	120.078	118.771
dividendos distribuídos	–	(31.158)
juros sobre o capital próprio	(40.336)	(42.814)
constituição de reserva de lucros	79.742	44.799
dividendos distribuídos	–	31.158
juros sobre o capital próprio, líquido do imposto de renda retido na fonte	35.451	37.623
	35.451	68.781
% do resultado distribuído	30%	58%

Reservas de capital

São as reservas de incentivo fiscal relacionadas a projetos de desenvolvimento.

Juros sobre capital próprio

A companhia optou pelo pagamento de juros sobre o capital próprio, no montante de R$ 40.336 (R$ 42.814 em 2007), com retenção de imposto de renda na fonte no valor de R$ 4.885 (R$ 5.191 em 2007). Os juros compõem os dividendos de cada um dos exercícios apresentados.

A companhia aprovou os pagamentos de juros sobre o capital próprio em 2008, conforme se segue:

Provento	Evento – data	Montante – R$ Líquido do IRRF	Montante – R$ Bruto	Valor por ação – R$ Bruto	Data de pagamento
juros sobre o capital próprio	RCA – 18/03/2008	8.300	9.427	0,12	18/04/2008
juros sobre o capital próprio	RCA – 10/06/2008	8.748	9.961	0,1268	18/07/2008
juros sobre o capital próprio	RCA – 02/09/2008	9.062	10.315	0,1313	20/10/2008
juros sobre o capital próprio	RCA – 09/12/2008	9.341	10.633	0,1393	20/01/2009
total		35.451	40.336		

O saldo de dividendos e juros sobre capital próprio a pagar no montante de R$ 11.777 em 31 de dezembro de 2008 estava acrescido de dividendos e juros sobre capital próprio de anos anteriores, o qual não havia sido reclamado pelos acionistas.

A companhia aprovou os pagamentos de juros sobre o capital próprio e dividendos em 2007, conforme se segue:

Provento	Evento – data	Montante – R$		Valor por ação – R$ Bruto		Data de pagamento
		Líquido do IRRF	Bruto	PN	ON	
juros sobre o capital próprio	RCA – 30/05/2007	11.408	12.962	–	0,1650	18/07/2007
juros sobre o capital próprio	RCA – 05/09/2007	12.432	14.140	–	0,1800	18/10/2007
juros sobre o capital próprio	RCA – 30/10/2007	13.783	15.712	–	0,2000	18/12/2007
dividendos	RCA – 07/02/2007	31.158	31.158	5,0000	4,5454	06/04/2007
total		68.781	73.972			

Reserva legal

De acordo com o previsto no Artigo 193 da Lei nº 6.404/76, 5% do lucro líquido do exercício deverão ser utilizados para constituição de reserva legal, que não pode exceder a 20% do capital social. Em 31 de dezembro de 2008, a companhia registrou R$ 5.648 (R$ 5.448 em 2007).

Reserva de lucros

O montante de lucros retidos no exercício, adicionados à reserva de lucros, será utilizado para suprir a necessidade de capital de giro e possibilitar investimentos destinados ao aumento e modernização da capacidade produtiva, introdução de novos produtos e investimentos em controladas, conforme plano de investimentos aprovado pelos órgãos da administração a ser submetido à assembleia geral ordinária.

Aquisição de ações de própria emissão

Em reunião realizada em 21 de outubro de 2008, o conselho de administração aprovou o programa de aquisição de ações ordinárias de emissão da companhia ("Programa"), para manutenção em tesouraria e posterior cancelamento ou alienação, sem redução do capital, nos termos do seu Estatuto Social, das instruções CVM nº 10/80 e nº 268/97 e das demais disposições legais vigentes.

O objetivo da companhia é maximizar a geração de valor para os seus acionistas, por meio da aplicação de parte dos seus recursos financeiros disponíveis, dentro do montante global das reservas de lucro e de capital.

No âmbito do Programa, as operações de aquisição de ações serão realizadas entre 22 de outubro de 2008 e 17 de abril de 2009. Em 31 de dezembro de 2008, a companhia havia adquirido 2.286.900 ações ao preço médio de R$ 6,81 por ação, totalizando R$ 15.566.

Ajustes cumulativos de conversão para moeda estrangeira

A companhia reconhece nesta rubrica o efeito acumulado da conversão cambial das demonstrações financeiras de suas subsidiárias que mantêm registros contábeis em moeda funcional diferente da moeda da controladora. Tais efeitos passaram a ser reconhecidos após a data de implementação do IFRS.

Esse efeito acumulado será revertido para o resultado do exercício como ganho ou perda somente em caso de alienação ou baixa do investimento.

N.19 Lucro por ação

a) Movimentação do número de ações

Ações emitidas	Ordinárias	Preferenciais	Total
ações em 31/12/2005	3.452.589	3.092.882	6.545.471
ações em 31/12/2006	3.452.589	3.092.882	6.545.471
desdobramento de ações em 15/02/2007	34.525.890	30.928.820	65.454.710
conversão de ações preferenciais em ações ordinárias em 15/02/2007	27.835.938	(30.928.820)	(3.092.882)
emissão de ações por oferta pública	16.195.719	-	16.195.719
ações em 31/12/2007	78.557.547	-	78.557.547
ações em 31/12/2008	78.557.547	-	78.557.547

b) Lucro por ação

Conforme requerido pelo IAS 33, *Earnings per Share*, as tabelas a seguir reconciliam o lucro líquido aos montantes usados para calcular o lucro por ação básico e diluído.

	2008	2007
lucro líquido do exercício atribuído à participação dos controladores	125.726	124.219
média ponderada das ações emitidas (em milhares)	78.301	73.765
lucro básico e diluído por ação	1,606	1,6840

N.20 Imposto de renda e contribuição social

O imposto de renda é calculado com base no lucro real, à alíquota de 15% acrescida do adicional de 10% sobre o lucro tributável anual que exceder a R$ 240. A contribuição social é calculada à alíquota de 9% sobre o resultado tributável. O quadro a seguir demonstra a reconciliação do efeito tributário sobre o lucro antes do imposto de renda e da contribuição social aplicando-se as alíquotas citadas, vigentes em 31 de dezembro de 2008 e de 2007.

	31/12/2008	31/12/2007
lucro operacional antes do imposto de renda e da contribuição social	161.759	150.317
alíquota vigente (impostos e contribuição social)	34%	34%
expectativa de despesa de imposto de renda e contribuição social à alíquota vigente	(54.998)	(51.108)
reconciliação para a taxa efetiva:		
imposto de renda e contribuição social sobre:		
juros sobre o capital próprio	13.714	14.557
outras (adições) exclusões permanentes, líquidas	7.960	9.094
imposto de renda e contribuição social – corrente	(33.324)	(27.457)
imposto de renda e contribuição social – diferido	(1.828)	1.914
despesa de imposto de renda e contribuição social	(35.152)	(25.543)
provisão do imposto de renda e da contribuição social	(35.152)	(25.543)
alíquota efetiva da despesa de imposto de renda e contribuição social	22%	17%

Imposto de renda e contribuição social diferidos

	31/12/2008				31/12/2007	
	Diferenças temporárias	Imposto de renda	Contribuição social	Total	Diferenças temporárias	Impostos creditados
Ativo (i):						
ajustes a valor de mercado ou outros:						
estoques – provisão para realização	15.684	3.912	1.393	5.305	10.253	3.476
reintegração de máquinas	1.621	404	146	550	766	260
investimentos	437	109	39	148	454	152
ajustes a valor presente: clientes e fornecedores	321	80	29	109	649	220
comissões condicionadas	780	194	70	264	666	226
provisão para passivos eventuais	16.174	4.034	228	4.262	8.997	2.405
provisão para garantia de máquinas	3.680	918	331	1.249	2.600	881
remuneração por performance	1.294	323	116	439	–	–
participação dos administradores	4.500	–	405	405	4.400	396
imposto de renda e contribuição social diferidos, líquidos	44.491	9.974	2.757	12.731	28.782	8.016
Passivo (ii):						
baixa do deságio na aquisição da controlada	23.515	5.831	2.116	7.947	4.199	1.404

(i) O ativo registrado limita-se aos valores cuja compensação é amparada por projeções de bases tributáveis futuras, baseadas no melhor entendimento e expectativa dos órgãos da administração. As projeções de resultados tributáveis futuros incluem várias estimativas referentes a desempenho da economia brasileira e internacional, seleção de taxas de câmbio, volume e preço de venda, alíquotas de impostos, entre outros, que podem apresentar variações em relação aos dados e aos valores reais.

Como o resultado do imposto de renda e da contribuição social sobre o lucro decorre não somente do lucro tributável, mas também da estrutura tributária e societária da companhia e de suas controladas no Brasil e no exterior, da expectativa de realização das diferenças temporariamente não dedutíveis, da existência de receitas não tributáveis, despesas não dedutíveis e de diversas outras variáveis, não existe uma correlação direta entre o lucro líquido da companhia e de suas controladas e o resultado do imposto de renda e da contribuição social sobre o lucro. Portanto, a evolução da realização das diferenças temporariamente não dedutíveis não deve ser considerada como um indicativo de lucros futuros da companhia e de suas controladas.

(ii) O imposto de renda e contribuição social passivos referem-se à baixa do deságio, registrado de acordo com as práticas contábeis adotadas no Brasil, gerado na aquisição da controlada Rominor e da Sandretto Itália, como parte da aplicação do IFRS. O imposto devido sobre o ganho decorrente da baixa do deságio será reconhecido no resultado no momento da efetiva realização desse deságio, que ocorrerá por alienação ou perecimento do investimento.

Em 31 de dezembro de 2008, a expectativa de realização do imposto de renda e da contribuição social diferidos, registrados no ativo não circulante, é demonstrada a seguir:

	2008		
	IRPJ	CSLL	Total
2009	2.087	1.155	3.243
2010	5.166	631	5.797
2011	1.462	522	1.983
2012	1.249	445	1.694
2013	10	4	14
	9.974	2.757	12.731

Composição e movimentação do imposto de renda e da contribuição social diferidos

	Saldo em 31/12/2006	Reconhecido no resultado	Saldo em 31/12/2007
estoques – provisão para realização	3.957	(481)	3.476
reintegração de máquinas	214	46	260
investimentos	146	6	152
ajustes a valor presente: clientes e fornecedores	190	30	220
provisão para passivos eventuais	331	1.168	1.499
comissões condicionadas	148	78	226
tributos suspensos	837	950	1.787
participação dos administradores	279	117	396
imposto de renda e contribuição social diferidos, líquidos	6.102	1.914	8.016
imposto de renda e contribuição social passivos:			
deságio na aquisição de controladas	(1.404)	–	(1.404)

	Saldo em 31/12/2007	Reconhecido no resultado	Saldo em 31/12/2008
estoques – provisão para realização	3.476	1.829	5.305
reintegração de máquinas	260	290	550
investimentos	152	(4)	148
ajustes a valor presente: clientes e fornecedores	220	(111)	109
provisão para garantia de máquinas	881	368	1.249
remuneração por performance	–	439	439
comissões condicionadas	226	38	264
provisão para passivos eventuais	2.405	1.857	4.262
participação dos administradores	396	9	405
imposto de renda e contribuição social ativos	8.016	4.715	12.731
imposto de renda e contribuição social passivos:			
deságio na aquisição de controladas	(1.404)	(6.543)	(7.947)
imposto de renda e contribuição social diferidos, líquidos		(1.828)	

A companhia registrou imposto de renda diferido ativo sobre os prejuízos fiscais e as diferenças temporárias de suas subsidiárias em 31 de dezembro de 2008 e no montante de aproximadamente R$ 8.500 e R$ 4.668, respectivamente. Pelo fato de a administração não possuir atualmente expectativa de realização desses valores, foi constituída provisão para não realização integral do valor registrado.

N.21 Plano de previdência privada aberta complementar

A companhia mantém contratado um plano de previdência privada complementar, com uma entidade aberta de previdência privada devidamente autorizada, em vigor desde 1º de outubro de 2000, destinado a todos os seus empregados e administradores, nas modalidades de Plano Gerador de Benefício Livre (PGBL) e Fundo Gerador de Benefícios (FGB), ambos da modalidade de contribuição definida.

A natureza do plano permite à companhia, por sua decisão única e exclusiva, a qualquer momento, suspender ou descontinuar permanentemente suas contribuições.

O custeio desse plano é suportado pela companhia e pelos participantes, de acordo com o tipo de benefício ao qual são elegíveis.

O montante de contribuições despendido pela companhia em 2008 foi de R$ 3.651 (R$ 3.166 em 2007).

N.22 Seguros

Os valores segurados são determinados e contratados em bases técnicas que se estimam suficientes para a cobertura de eventuais perdas decorrentes dos sinistros com bens do ativo permanente e dos estoques. É política da companhia e controladas manter cobertura de seguros para ativos sujeitos a riscos, em montantes julgados pela administração como suficientes para cobrir eventuais sinistros, de acordo com a natureza das atividades e a orientação de riscos feita por consultores especializados. Em 31 de dezembro de 2008, a cobertura de seguros está assim demonstrada (informações não examinadas pelos auditores independentes):

Cobertura	Vigência	Valor da cobertura
incêndio, vendaval e danos elétricos:		
edificações	01/01 a 31/12/2009	20.375
máquinas e equipamentos	01/01 a 31/12/2009	76.705
estoques	01/01 a 31/12/2009	22.772

N.23 Informações por segmento de negócio

Para gerenciar o seu negócio, a companhia está organizada em três unidades de negócios. Essas unidades são a base à qual a companhia reporta as suas informações primárias por segmento, de acordo

com o IAS 14 – Apresentação de informações por segmentos. Os principais segmentos são: máquinas-
-ferramenta, máquinas para plástico e fundidos e usinados. As informações por segmento dessas unidades
estão apresentadas abaixo:

	31/12/2008				
	Máquinas--ferramenta	Máquinas para plástico	Fundidos e usinados	Eliminações entre segmentos e outros	Consolidado
receita operacional	439.924	128.074	128.126	–	696.124
custos dos produtos vendidos	(238.481)	(60.056)	(118.013)	–	(416.550)
transferências remetidas	23.460	–	35.046	(58.506)	–
transferências recebidas	(28.669)	(19.163)	(10.674)	58.506	–
lucro bruto	196.234	48.855	34.485		279.574
receitas (despesas) operacionais:					
vendas	(42.463)	(15.853)	(7.611)	–	(65.927)
gerais e administrativas	(37.479)	(17.685)	(8.636)	–	(63.800)
pesquisa e desenvolvimento	(23.190)	(5.576)	–	–	(28.766)
participação e honorários da administração	(9.087)	(1.696)	(1.918)	–	(12.701)
tributárias	(1.855)	(575)	(483)	–	(2.913)
outras receitas operacionais, líquidas	20.989	–	–	–	20.989
lucro operacional antes do resultado financeiro	103.149	7.469	15.838	–	126.456
receita financeira	–	–	–	–	36.950
despesa financeira	–	–	–	–	(5.061)
receita de variação cambial	–	–	–	–	10.752
despesa de variação cambial	–	–	–	–	(7.338)
total do resultado financeiro	–	–	–	–	35.303
lucro antes do imposto de renda e da contribuição social	–	–	–	–	161.759
imposto de renda e contribuição social	–	–	–	–	(35.152)
lucro líquido do exercício	–	–	–	–	126.607
atribuído a:					
participação dos controladores	–	–	–	–	125.726
participação dos minoritários	–	–	–	–	881
estoques	203.404	66.599	15.341	–	285.344
depreciação	10.560	661	3.954	–	15.175
imobilizado, líquido	210.735	22.652	22.953	–	256.340
ágio	–	1.496	–	–	1.496

	31/12/2007				
	Máquinas--ferramenta	Máquinas para plástico	Fundidos e usinados	Eliminações entre segmentos e outros	Consolidado
receita operacional	416.790	104.204	110.994	–	631.988
custos dos produtos vendidos	(224.998)	(43.141)	(91.736)	–	(359.875)
transferências remetidas	22.793	–	30.645	(53.438)	–
transferências recebidas	(22.284)	(19.482)	(11.672)	53.438	–
lucro bruto	192.301	41.581	38.231		272.113
receitas (despesas) operacionais:					
vendas	(41.600)	(12.104)	(6.082)	–	(59.786)
gerais e administrativas	(31.329)	(6.834)	(7.293)	–	(45.456)
pesquisa e desenvolvimento	(21.525)	(4.815)	–	–	(26.340)
participação e honorários da administração	(9.174)	(1.513)	(1.738)	–	(12.425)
tributárias	(5.037)	(825)	(880)	–	(6.742)
outras receitas	1.031				1.031
lucro operacional antes do resultado financeiro	84.667	15.490	22.238	–	122.395
receita financeira	–	–	–	–	30.508
despesa financeira	–	–	–	–	(5.048)
receita de variação cambial	–	–	–	–	(3.796)
despesa de variação cambial	–	–	–	–	6.258
total do resultado financeiro	–	–	–	–	27.922
lucro antes do imposto de renda e da contribuição social	–	–	–	–	150.317
imposto de renda e contribuição social	–	–	–	–	(25.543)
lucro líquido do exercício	–	–	–	–	124.74
atribuído a:					
participação dos controladores	–	–	–	–	129.219
participação dos minoritários	–	–	–	–	555
estoques	151.235	18.052	13.757	–	183.044
depreciação	8.028	420	3.407	–	11.855
imobilizado, líquido	94.561	1.842	33.263	–	129.666

A companhia não faz vendas para clientes no exterior, por área geográfica, que representem 10% ou mais do montante de vendas para todos os clientes no exterior.

N.24 Compromissos futuros

Em 1º de maio de 2007, a companhia firmou contrato de fornecimento de energia elétrica com a concessionária de serviço público de energia elétrica, Centrais Elétricas Cachoeira Dourada S.A. (CDSA), pertencente ao Grupo Endesa, para o período de 1º de janeiro de 2008 até 31 de dezembro de 2012, no regime de consumidor livre, sendo o contrato reajustado anualmente pelo índice IGP-M e distribuído nos seguintes períodos:

Ano de fornecimento	Valor
2009	9.707
2010	10.579
2011	11.574
2012	12.105
Total	43.965

A administração da companhia estima que esse contrato está condizente com as necessidades de consumo de energia elétrica para o prazo contratado.

N.25 Despesas por natureza

A companhia optou por apresentar a demonstração do resultado consolidado por função. Conforme requerido pelo IFRS, apresenta, a seguir, o detalhamento da demonstração de resultado consolidado por natureza.

	2008	2007
depreciação e amortização	15.175	11.855
despesas com pessoal	204.911	167.975
matéria-prima e materiais de uso e consumo	334.136	255.728
fretes	14.753	10.787
outras despesas	21.682	64.279
total	590.657	510.624

	2008	2007
classificado como:		
custos dos produtos vendidos	416.550	359.875
despesas comerciais	65.927	59.786
despesas gerais e administrativas	63.800	45.456
pesquisa e desenvolvimento	28.766	26.340
participação e honorários da administração	12.701	12.425
tributárias	2.913	6.742
total	590.657	510.624

N.26 Receita e despesa financeira

	2008	2007
receita financeira:		
juros de aplicações financeiras	29.265	22.124
juros de duplicatas a receber	7.685	8.384
	36.950	30.508
despesa financeira:		
juros de financiamento	5.061	5.048

N.27 Eventos subsequentes

Aquisição de ações de própria emissão

Conforme mencionado na Nota 18, a companhia está no processo de aquisição das ações de própria emissão. De 1º de janeiro de 2009 até a data de emissão desse relatório, foram adquiridas 923.800 ações, pelo valor total de R$ 6.612, ao preço médio de R$ 7,16 por ação.

O total de ações adquiridas é de 3.210.700 ações, pelo valor de R$ 22.178, ao preço médio de R$ 6,91 por ação.

N.28 Aprovação das demonstrações financeiras

As demonstrações financeiras foram aprovadas pelo conselho de administração da companhia e autorizadas para emissão em 17 de fevereiro de 2009.

Questões e exercícios

1. Como devem ser estruturadas as notas explicativas às demonstrações contábeis em IFRS?
2. De acordo com o CPC 26, quais são as principais informações que devem ser divulgadas por uma companhia em notas explicativas?

CAPÍTULO 8

Demonstrações contábeis consolidadas e equivalência patrimonial – IFRS e BR Gaap

8.1 Breve histórico da consolidação das demonstrações contábeis

O surgimento de grandes grupos econômicos influenciou o processo de consolidação das demonstrações contábeis. As primeiras empresas a apresentar demonstrações contábeis consolidadas foram a American Cotton Oil Trust, em 1886, a National Lead Company, em 1892, e a General Electric Company, em 1894.

A Associação Americana de Contadores Públicos (American Association of Public Accountants – AAPA), atualmente o Instituto Americano de Contadores Públicos Certificados (American Institute of Certified Public Accountants – AICPA), por meio de seus exames, incluiu, pela primeira vez em 1904, as demonstrações contábeis consolidadas.

No Brasil, a Circular nº 179, de 11 de maio de 1972, em seu item XI, alínea "e", do Banco Central do Brasil, determinou que sempre que os investimentos em empresas coligadas, subsidiárias ou dependentes forem significativos o auditor elaborará, complementarmente, com as ressalvas que julgar cabíveis, parecer sobre o balanço consolidado e a demonstração de resultados consolidados relativos ao grupo. A Petrobras foi o empreendimento que publicou o primeiro balanço consolidado no Brasil, em 1974.

8.2 Necessidade de consolidação

Kam (1990, p. 391) explica que:

"A justificativa para a consolidação é que os relatórios são mais significativos e a matriz e suas subsidiárias são vistas como uma única entidade. Ainda que as subsidiárias sejam empresas separadas legalmente, o fato é que a matriz exerce o controle sobre elas. É uma questão de substância econômica sobre a forma legal."

A consolidação das demonstrações contábeis é necessária para diversos usuários da informação contábil, como, por exemplo:

- acionistas majoritários e minoritários;
- administração do grupo;

- investidores;
- governo etc.

8.2.1 Críticas à consolidação

Apesar do reconhecimento da eficiência e da necessidade de divulgação das informações contábeis consolidadas, percebemos alguns pontos fracos, como, por exemplo:

- dados consolidados podem encobrir algumas informações importantes, tais como a condição financeira de uma empresa particular do grupo consolidado;
- prejuízo de uma empresa particular do grupo sendo acobertado pelo processo de consolidação da matriz;
- relatórios consolidados perdem sua utilidade para os acionistas minoritários.

8.3 Normas contábeis

As normas internacionais e brasileiras de contabilidade que tratam das matérias contábeis "investimento em coligada e em controlada" e "consolidação de demonstrações contábeis" são semelhantes em seus aspectos conceituais e técnicos mais relevantes e são as seguintes:

- **Internacional:** IAS 28 e IAS 27, do International Accounting Standards Board;
- **Brasil:** pronunciamento técnico CPC 18 e CPC 36, e interpretação técnica ICPC 09, do Comitê de Pronunciamentos Contábeis.

8.4 Teoria geral da consolidação de demonstrações contábeis

Definições

As definições apresentadas a seguir foram extraídas do CPC 36:

- **demonstrações consolidadas:** "são as demonstrações contábeis de um conjunto de entidades (grupo econômico), apresentadas como se fossem as de uma única entidade econômica";
- **controle:** "é o poder de governar as políticas financeiras e operacionais da entidade de forma a obter benefício das suas atividades";
- **grupo econômico:** "é a controladora e todas as suas controladas";
- **participação de não controlador:** "é a parte do patrimônio líquido da controlada não atribuível, direta ou indiretamente, à controladora".

Consolidação das demonstrações contábeis é a metodologia contábil e financeira de somar os ativos e passivos e os resultados de todas as empresas de um grupo empresarial, reunindo as informações dentro de um único conjunto de demonstrações contábeis. Essas demonstrações contábeis são aplicáveis quando a empresa principal faz parte de um grupo de empresas e tem sob seu controle uma ou mais empresas desse grupo. Nessa condição, é muito mais importante a avaliação econômico-financeira do grupo, de forma aglutinada, do que a avaliação da empresa feita de forma individual.

O objetivo da consolidação das demonstrações contábeis é permitir uma visão global e geral do grupo, seus elementos patrimoniais e capacidade de geração de receitas e lucros. Para tanto, são necessários dois critérios básicos para se efetuar a consolidação das demonstrações contábeis:

1. Somar todos os elementos patrimoniais do ativo e passivo e as receitas e despesas das demonstrações de resultados.
2. Eliminar todas as transações entre as empresas do grupo constantes da demonstração dos resultados e os elementos patrimoniais do ativo e passivo, decorrentes de outras transações entre as empresas do grupo.

É condição imperativa a consolidação das demonstrações contábeis em corporações multinacionais, pelos seguintes motivos básicos:

a) necessidades gerenciais (planejamento, controle, avaliação de desempenho, tomada de decisão) tanto nos aspectos financeiros quanto nos operacionais do grupo;
b) prestação de contas aos acionistas do andamento das operações e resultado dos investimentos;
c) cumprimento das obrigações regulatórias fiscais e comerciais;
d) informações aos demais usuários (*stakeholders*) das demonstrações contábeis.

Para que haja o processo de consolidação das demonstrações contábeis é necessário que as filiais, estabelecimentos, subsidiárias, entre outras, localizadas em outros países elaborem, antes, suas demonstrações contábeis na moeda do país da empresa mãe (controladora), procedimentos esses desenvolvidos no Capítulo 30.

Apresentação das demonstrações contábeis consolidadas

A controladora, exceto aquela descrita no item 10 do CPC 36, deve apresentar as demonstrações contábeis consolidadas nas quais os investimentos em controladas estão consolidados de acordo com o requerido no CPC 36. A controladora que estiver dispensada da apresentação das demonstrações contábeis consolidadas em conformidade com o disposto no item 10 do CPC 36 pode apresentar as demonstrações contábeis separadas de acordo com o CPC 35 – Demonstrações separadas.

O item 10 do CPC 36 estabelece que a controladora pode deixar de apresentar as demonstrações contábeis consolidadas (além de permitido legalmente) se, e somente se:

a) a controladora é ela própria uma controlada (integral ou parcial) de outra entidade, a qual, em conjunto com os demais proprietários, incluindo aqueles sem direito a voto, foi consultada e não fez objeção quanto à não apresentação das demonstrações contábeis consolidadas pela controladora;
b) os instrumentos de dívida ou patrimoniais da controladora não são negociados em mercado aberto (bolsas de valores no País ou no exterior ou mercado de balcão – mercado descentralizado de títulos não listados em bolsa de valores ou cujas negociações ocorrem diretamente entre as partes, incluindo mercados locais e regionais);
c) a controladora não registrou e não está em processo de registro de suas demonstrações contábeis na CVM ou outro órgão regulador, visando a emissão de algum tipo ou classe de instrumento em mercado aberto;
d) a controladora final (ou intermediária) da controladora disponibiliza ao público suas demonstrações contábeis consolidadas em conformidade com os CPCs.

Abrangência das demonstrações contábeis consolidadas

As demonstrações contábeis consolidadas devem incluir todas as controladas da controladora.

De acordo com o CPC 36, presume-se que exista controle quando a controladora possui, direta ou indiretamente – por meio de suas controladas –, mais da metade do poder de voto da empresa. O controle também pode existir no caso de a controladora possuir metade ou menos da metade do poder de voto da empresa, quando houver:

a) poder sobre mais da metade dos direitos de voto por meio de acordo com outros investidores;
b) poder para governar as políticas financeiras e operacionais da entidade conforme especificado em estatuto ou acordo;
c) poder para nomear ou destituir a maioria dos membros da diretoria ou conselho de administração, quando o controle da empresa é exercido por esses órgãos;
d) poder para mobilizar a maioria dos votos nas reuniões da diretoria ou conselho de administração, quando o controle da empresa é exercido por essa diretoria ou conselho.

> Uma controlada não deve ser excluída da consolidação porque suas atividades de negócio são diferentes daquelas das demais empresas do grupo econômico.

Perda de controle

Se a controladora perde o controle da controlada, ela deve, conforme o CPC 36:

a) "desreconhecer os ativos (incluindo o ágio por rentabilidade futura – *goodwill*) e os passivos da controlada pelos seus valores contábeis na data em que o controle for perdido;
b) desreconhecer o valor contábil de qualquer participação de não controladores na ex-controlada na data em que o controle for perdido (incluindo quaisquer componentes de outros resultados abrangentes reconhecidos diretamente no patrimônio líquido e atribuíveis aos não controladores);
c) reconhecer:
   i) o valor justo da compensação recebida em troca, se houver, proveniente da transação, evento ou circunstância que resultou na perda do controle;
   ii) se a transação que resultou na perda do controle envolver a distribuição de ações da controlada aos sócios, na qualidade de proprietários; quando houver aumento de capital na controlada e a controladora não exercer o seu direito na compra de ações adicionais, pode haver a diluição da participação relativa da controladora. Se essa mudança é suficiente para ela perder o controle, essa perda pela diluição de sua participação deve ser considerada nesse item;
d) reconhecer o investimento remanescente na ex-controlada, se houver, ao seu valor justo na data em que o controle foi perdido de acordo com o CPC 38 – Instrumentos financeiros;
e) reclassificar para o resultado do período ou transferir diretamente para lucros acumulados, quando couber, os valores de outros resultados abrangentes em relação à controlada."

Divulgação

Conforme o CPC 36, os principais dados a serem divulgados em notas explicativas são:

a) a natureza da relação entre controladora e controlada, quando a controladora não possuir, direta ou indiretamente (por meio de suas controladas), mais da metade do poder de voto da controlada;
b) as razões pelas quais o fato de deter a propriedade, direta ou indireta (por meio de suas controladas), de mais da metade do poder de voto ou potencial poder de voto da investida não detém controle;
c) a data de encerramento do período abrangido pelas demonstrações contábeis da controlada (utilizadas para elaboração das demonstrações consolidadas) quando esta ocorrer na data de encerramento ou em um período diferente das demonstrações contábeis da controladora, explicando-se o motivo para utilizar uma data ou período diferente;
d) a natureza e a extensão de alguma restrição significativa (resultante de contratos de empréstimos ou exigência de órgãos reguladores, por exemplo) sobre a capacidade da controlada de transferir fundos para a controladora na forma de dividendos ou do pagamento de empréstimos ou adiantamentos;
e) um quadro evidenciando cronologicamente as mudanças na relação de propriedade da controladora sobre a controlada (participação relativa) e seus efeitos, bem como a alteração do patrimônio líquido consolidado atribuível aos proprietários da controladora, mas que não resultaram na perda do controle;

f) qualquer ganho ou perda decorrente da perda de controle da controlada, detalhando:
   i) a parte do ganho ou perda decorrente do reconhecimento, ao valor justo, do investimento remanescente na ex-controlada, se houver, na data em que o controle foi perdido;
   ii) a linha do item ou itens na demonstração do resultado consolidado em que o ganho ou a perda foi reconhecido, no caso de ele não estar apresentado em uma linha separada na demonstração do resultado consolidado.

8.5 Empresas controladas, coligadas e influência significativa

As principais normas que regulamentam este tópico são as seguintes:

- CPC 18 e 36;
- CVM – Deliberação CVM nº 605/09;
- CFC – NBC T 19.37 – Resolução CFC nº 1.241/09.

Na legislação societária e contábil considera-se empresa controlada aquela em que mais de 50% do seu capital social (mais de 50% da quantidade de ações ou cotas) são de propriedade de outra empresa, denominada controladora. Esta situação permite legalmente que a empresa controladora assuma, caso deseje, a administração geral e decida os destinos da controlada, razão da importância desse vínculo legal.

O CPC 36 estabelece "que existe controle quando a controladora possui, direta ou indiretamente, por meio de suas controladas, mais da metade do poder de voto da entidade, a menos que, em circunstâncias excepcionais, possa ficar claramente demonstrado que tal relação de propriedade não constitui controle. O controle também pode existir no caso de a controladora possuir metade ou menos da metade do poder de voto da entidade, quando houver:

a) poder sobre mais da metade dos direitos de voto por meio de acordo com outros investidores;
b) poder para governar as políticas financeiras e operacionais da entidade conforme especificado em estatuto ou acordo;
c) poder para nomear ou destituir a maioria dos membros da diretoria ou conselho de administração, quando o controle da entidade é exercido por esses órgãos;
d) poder para mobilizar a maioria dos votos nas reuniões da diretoria ou conselho de administração, quando o controle da entidade é exercido por essa diretoria ou conselho".

Empresas coligadas

O CPC 18 estabelece que "coligada é uma entidade, incluindo aquela não constituída sob a forma de sociedade tal como uma parceria, sobre a qual o investidor tem influência significativa e que não se configura como controlada ou participação em empreendimento sob controle conjunto (*joint venture*)".

Considera-se empresa coligada uma empresa que possui mais de 20% do capital social votante de outra. Esse percentual de participação é considerado significativo no mercado financeiro, demonstrando que a empresa detentora das ações ou cotas de outra empresa tem interesse na gestão e nos resultados da empresa investida, caracterizando uma situação de vínculo ou ligação.

É comum uma empresa investidora adquirir ações ou cotas de outra empresa com intenções futuras de controle, até mesmo de maneira hostil,[1] razão por que a situação de coligação é reconhecida como importante nos vínculos societários. Na legislação brasileira, pessoas físicas, jurídicas ou grupos de pessoas físicas ou jurídicas que detiverem 10% ou mais do capital de uma sociedade anônima podem requerer a participação de um diretor por elas indicado no conselho de administração da investida.

---

[1] Denomina-se aquisição hostil quando a investidora quer assumir, direta ou indiretamente, via controle acionário, a gestão da investida, sem algum acordo preestabelecido, muitas vezes à revelia da empresa investida.

Influência significativa

O CPC 18 define a influência significativa como "o poder de participar nas decisões financeiras e operacionais da investida, sem controlar de forma individual ou conjunta essas políticas". Ainda de acordo com o CPC 18, a existência de influência significativa por investidor geralmente é evidenciada por uma ou mais das seguintes formas:

a) representação no conselho de administração ou na diretoria da investida;
b) participação nos processos de elaboração de políticas, inclusive em decisões sobre dividendos e outras distribuições;
c) operações materiais entre o investidor e a investida;
d) intercâmbio de diretores ou gerentes; ou
e) fornecimento de informação técnica essencial.

O método de equivalência patrimonial para avaliação dos investimentos em outras empresas deve ser aplicado quando há influência significativa na investida. Dessa maneira, além das controladas e coligadas, deve ser aplicado o método de equivalência patrimonial em participações inferiores a 20%, quando se caracteriza a influência na sua administração. Dessa forma, os investimentos podem ser contabilizados por um dos dois critérios:

1. Os investimentos em participações em que não há influência significativa em ações (não coligadas ou não controladas) devem ser avaliados pelo custo de aquisição, que é o princípio contábil geral;
2. Os investimentos em controladas e coligadas e onde há influência significativa devem ser avaliados pelo método de equivalência patrimonial, que é um princípio que complementa e refina o princípio geral.

Perda de influência significativa

A empresa pode perder influência significativa sobre a investida quando perde o poder de participar nas decisões sobre as políticas financeiras e operacionais dela. A perda da influência significativa pode ocorrer com ou sem uma mudança no nível de participação acionária absoluta ou relativa. *Exemplos*: quando uma coligada torna-se sujeita ao controle do governo ou entidade reguladora, e ainda por acordo contratual.

De acordo com o CPC 18, o investidor deve suspender o uso do método de equivalência patrimonial a partir da data em que deixar de ter influência significativa sobre a coligada e deixar de ter controle sobre a até então controlada. A partir desse momento, contabilizar o investimento como instrumento financeiro de acordo com os requisitos do CPC 38 – Instrumentos financeiros: reconhecimento e mensuração.

Quando da perda da influência e do controle, o investidor deve mensurar ao valor justo qualquer investimento remanescente que mantenha na ex-coligada ou ex-controlada, o qual será considerado como ativo financeiro. As variações são reconhecidas no resultado do período.

Avaliação de investimentos em coligadas e controladas

De acordo com o CPC 18, "um investimento em coligada e em controlada (neste caso, no balanço individual) é inicialmente reconhecido pelo custo e o seu valor contábil será aumentado ou diminuído pelo reconhecimento da participação do investidor nos lucros ou prejuízos do período, gerados pela investida após a aquisição. A parte do investidor no lucro ou prejuízo do período da investida é reconhecida no lucro ou prejuízo do período do investidor. As distribuições recebidas da investida reduzem o valor contábil do investimento. Ajustes no valor contábil do investimento também são necessários pelo reconhecimento da participação proporcional do investidor nas variações de saldo dos componentes dos outros resultados abrangentes da investida, reconhecidos diretamente em seu patrimônio líquido. Tais variações incluem aquelas decorrentes da reavaliação de ativos imobilizados, quando permitida legalmente, e das diferenças de conversão em moeda estrangeira, quando aplicável. A parte do investidor nessas mudanças é reconhecida de forma reflexa, ou seja, em outros resultados abrangentes diretamente no patrimônio líquido do investidor".

O método de equivalência patrimonial deverá ser aplicado a todas as coligadas em que a investidora tenha influência significativa (20% ou mais do capital votante – ações ordinárias).

Exemplo:

A empresa X (investidora) tem participação de 100 ações ordinárias da companhia Z (investida), cujo capital é composto de 1.000 ações, sendo 500 ordinárias e 500 preferenciais. Assim, a empresa X tem 10% do capital total (ações ordinárias e preferenciais) e 20% do capital votante (sobre as ações ordinárias).

Conclusões:
1. Investimento não avaliado pela equivalência patrimonial na metodologia antiga, pois não alcançaria 20% do capital total (10% apenas).
2. Pela nova metodologia seria avaliado por ter 20% do capital votante.

Método da equivalência patrimonial

A palavra patrimonial deste método é utilizada para associar ao valor do patrimônio líquido da investida. Quando se adquire ações ou cotas de uma empresa, se está adquirindo parte proporcional no patrimônio líquido da investida, na proporção que as quantidades das ações ou cotas adquiridas representam no total das quantidades das ações ou cotas da empresa objeto de compra.

Por exemplo, vamos supor que a Empresa B tenha um patrimônio líquido numa determinada data, digamos 30/06/X1, de $ 400.000, e seu controle acionário seja representado por 100 mil ações, e que, uma outra empresa, a Empresa A, adquira 55 mil ações da Empresa B. O novo cenário indica uma situação de controle, uma vez que a Empresa A terá mais de 50% do capital votante da Empresa B.

1. Quantidade de ações da Empresa B	100 mil ações
2. Quantidade de ações adquiridas pela Empresa A	55 mil ações
3. Percentual de ações adquiridas (2:1)	55%

O método da equivalência patrimonial caracteriza-se quando se associa o percentual das ações adquiridas ao valor do patrimônio líquido da controlada. Neste caso, o valor patrimonial equivalente na aquisição é de $ 220.000.

1. Valor do patrimônio líquido da investida (controlada)	$ 400.000
2. Percentual das ações adquiridas	55%
3. Valor patrimonial equivalente na aquisição (1 × 2)	$ 220.000

Esse cálculo caracteriza a avaliação pelo método da equivalência patrimonial, que servirá de base para a contabilização da aquisição do investimento.

Resumo da avaliação de investimentos

A essência do relacionamento do investidor com as suas investidas irá determinar o método mais adequado para avaliação dos investimentos. A figura a seguir evidencia bem esse relacionamento, considerando diferentes cenários.

```
                    CENÁRIOS
"Essência do relacionamento do investidor com a investida"
```

Controle	Controle conjunto	Influência significativa	Pouca/nenhuma influência
CPC 36	CPC 19	CPC 18	CPC 38
Consolidação integral	Consolidação proporcional	Equivalência patrimonial	Valor justo ou custo
Controladas	*Joint venture*	Coligada	Ativo financeiro

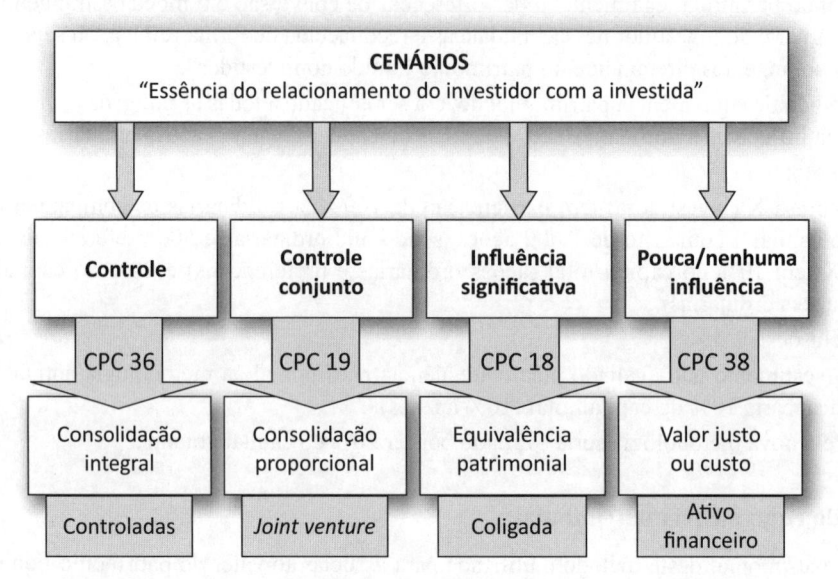

Figura 8.1 Resumo da avaliação de investimentos, adaptado de Iudícibus et al (2010).

Conforme a Figura 8.1, quando o investimento é em empresa controlada, a consolidação integral (normal) deve ser aplicada de acordo com o CPC 36, e em *joint venture* a consolidação proporcional deve ser aplicada considerando-se o CPC 19. Por outro lado, se o investimento é em coligada e tem influência significativa, o método de equivalência patrimonial deve ser adotado para avaliar tal investimento, segundo o CPC 18. Porém, se tem pouca ou nenhuma influência significativa, o investimento deve ser avaliado pelo custo ou valor justo, de acordo com o CPC 38.

8.6 Equivalência patrimonial

O valor resultante da aplicação do método da equivalência patrimonial em empresas controladas e coligadas já traz em si um conceito de consolidação, basicamente aplicável à demonstração de resultados e ao grupo dos investimentos no ativo não circulante.

Contudo, a equivalência patrimonial só consolida o lucro líquido final e o valor do investimento na controladora, e não as demais rubricas da demonstração de resultados e do balanço patrimonial. Para uma melhor visualização do grupo é necessário o procedimento de consolidação.

O método da equivalência patrimonial consiste em aplicar, ao valor do patrimônio líquido da controlada, a participação percentual detida pela controladora, ajustando o valor do investimento no ativo da controladora. A diferença entre o valor anterior e o valor obtido pela aplicação do percentual de participação acionária (sem considerar aumentos ou diminuições de capital, reavaliações, entre outros) é a parcela do lucro da controlada, de direito da controladora, que será contabilizado como despesa ou receita.

No exemplo que estamos adotando para este tópico, a Empresa A detém 80% da Empresa B. O valor anterior do investimento na Empresa A era de $ 2.200. O valor atual do patrimônio líquido da controlada é de $ 3.125. Assim, temos:

	$	
Valor do patrimônio líquido atual da Empresa A	3.125	(a)
Participação da controladora	80%	(b)
Valor patrimonial equivalente (a × b)	2.500	(c)
Valor patrimonial equivalente do exercício anterior	2.200	(d)
= Equivalência patrimonial (c – d)	300	

Participação minoritária

Quando a empresa não detém a totalidade da participação acionária da outra empresa, surge a participação minoritária, isto é, a participação de outros investidores na controlada. Portanto, esses valores não devem fazer parte do conjunto de valores consolidados, pois não são do grupo em questão. O valor dos minoritários tem o seguinte tratamento:

a) o valor patrimonial equivalente dos minoritários no investimento deve ser classificado no patrimônio líquido, conforme o CPC 26, de maneira destacada. No nosso exemplo, o valor patrimonial equivalente dos minoritários é de $ 625, que é o valor do patrimônio líquido da empresa controlada menos o valor equivalente da controladora ($ 3.125 – $ 2.500);

b) o lucro líquido da controlada não é de inteiro direito da controladora, já que parte é de direito dos minoritários. A participação dos minoritários na empresa indica uma participação percentual idêntica no lucro. No nosso exemplo, de um lucro líquido total de $ 375, 20% são dos minoritários, $ 75 ($ 375 × 20%). Esse valor não deve ser considerado como lucro líquido do grupo.

Ágio por expectativa de rentabilidade futura

Segundo o CPC 18, na aquisição do investimento, quaisquer diferenças entre o custo do investimento e a parte do investidor no valor justo líquido dos ativos e passivos identificáveis da investida devem ser contabilizadas como: "ágio (*goodwill*)", neste caso, no balanço individual da controladora deve ser incluído o valor contábil do investimento e sua amortização não é permitida. (Não deve ser reconhecido separadamente do valor contábil do investimento.)

Padronização das políticas contábeis

As demonstrações contábeis do investidor devem ser elaboradas utilizando políticas contábeis uniformes para eventos e transações de mesma natureza em circunstâncias semelhantes, conforme o CPC 18. Caso a investida utilize políticas contábeis diferentes daquelas empregadas pelo investidor, são necessários ajustes para adequar as demonstrações contábeis da investida às políticas contábeis do investidor quando da utilização dessas para aplicação do método de equivalência patrimonial.

Impairment

Após a aplicação do método de equivalência patrimonial o investidor deve determinar a necessidade de reconhecer perdas por desvalorização (*impairment*) do investimento, incluindo o ágio em seu valor.

Divulgação

As principais informações que devem ser divulgadas em notas explicativas, de acordo com o CPC 18, são as seguintes:

- o valor justo dos investimentos em coligadas e controladas para os quais existam cotações de preço divulgadas;
- informações financeiras resumidas das coligadas e controladas, incluindo os valores totais de ativos, passivos, receitas e do lucro ou prejuízo do período;
- as razões pelas quais foi desprezada a premissa de não existência de influência significativa, se o investidor tem, direta ou indiretamente por meio de suas controladas, menos de 20% do poder de voto da investida (incluindo o poder de voto potencial), mas conclui que possui influência significativa;
- as razões pelas quais foi desprezada a premissa da existência de influência significativa, se o investidor tem, direta ou indiretamente por meio de suas controladas, 20% ou mais do po-

der de voto da investida (incluindo o poder de voto potencial), mas conclui que não possui influência significativa;
- a data de encerramento do exercício social refletido nas demonstrações contábeis da coligada e da controlada utilizadas para aplicação do método de equivalência patrimonial, sempre que essa data ou período divergir da do investidor, devendo-se incluir as razões pelo uso de data ou período diferente, entre outros.

8.7 Principais ajustes para consolidação

São os seguintes:

- saldos devedores e credores intercompanhias do mesmo grupo, decorrentes de transações operacionais ou financeiras;
- investimentos em controladas;
- vendas intercompanhias;
- lucros em estoques decorrentes de compras intercompanhias;
- equivalência patrimonial;
- identificação da participação minoritária;
- identificação da participação minoritária no lucro da controlada;
- juros, comissões e outras receitas intercompanhias;
- dividendos distribuídos intercompanhias;
- lucros ou prejuízos não realizados nas vendas de ativos não circulantes;
- ágio ou deságio na aquisição do investimento, entre outros.

8.7.1 Dados e exemplo numérico

Nas tabelas 8.1 e 8.2 a seguir apresentamos um balanço patrimonial e uma demonstração de resultados consolidando os dados de duas empresas, a Empresa A, controladora com 80% de participação na Empresa B, a controlada. Para ilustrar as demonstrações consolidadas, além dos dados já evidenciados no tópico Equivalência patrimonial, as seguintes informações foram consideradas:

a) a Empresa B deve à Empresa A $ 440 por compras de mercadorias;
b) a Empresa A vendeu $ 1.400 de mercadorias para a Empresa B, que as revendeu imediatamente;
c) não há estoques de mercadorias adquiridas da Empresa A;
d) a Empresa A fez um empréstimo (mútuo) de $ 500 para a Empresa B.

Ressaltamos que neste exemplo numérico consideramos apenas os ajustes mais usuais, objetivando um exemplo simples e resumido.

Tabela 8.1 Balanço patrimonial consolidado

Ativo	Empresa A $	Empresa B $	Ajustes Débito	Ajustes Crédito	Saldos consolidados
Ativo circulante					
Caixa e equivalentes	1.440	265			1.705
Dupls. a receber – Clientes	3.050	1.150		440	3.760
(–) Ajuste a valor presente	(40)	(10)			(50)
Estoque de mercadorias	2.100	1.200			3.300
Mútuo com controlada	500	0		500	0
• Soma	7.050	2.605	0	940	8.715

Ativo	Empresa A $	Empresa B $	Ajustes Débito	Ajustes Crédito	Saldos consolidados
Ativo não circulante					
Realizável a longo prazo	100	20			120
Investimentos	2.500	0		2.500	0
Imobilizado bruto	9.000	4.000			13.000
(–) Depreciações acumuladas	(3.400)	(840)			(4.240)
• Soma	8.100	3.160	0	2.500	8.760
TOTAL	**15.250**	**5.785**	**0**	**3.440**	**17.595**

Passivo e patrimônio líquido	Empresa A $	Empresa B $	Ajustes Débito	Ajustes Crédito	Saldos consolidados
Passivo circulante					
Dupls. a pagar – Fornecedores	1.070	600	440		1.230
Salários e encargos a pagar	190	100			290
Contas a pagar	80	40			120
Imp. a recolher s/ mercadorias	590	220			810
Empréstimos/mútuo	0	500	500		0
• Soma	1.930	1.460	940	0	2.450
Passivo não circulante					
Financiamentos	5.600	1.200			6.800
Patrimônio líquido					
Capital social	7.000	2.600	2.600		7.000
Reservas	550	400	400		550
Lucros acumulados	170	125	125		170
Total	7.720	3.125	3.125	0	7.720
Participação minoritária	0	0		625	625
Total com participação minoritária	**7.720**	**3.125**	**3.125**	**625**	**8.345**
Total	**15.250**	**5.785**	**4.065**	**625**	**17.595**

O valor de $ 440 é eliminado da conta Duplicatas a receber, ao mesmo tempo em que é eliminado da conta Duplicatas a pagar.

O valor de $ 500 é eliminado da conta Mútuo com controlada no Ativo, em contrapartida à eliminação do mesmo valor como Empréstimos/mútuo no Passivo.

O valor do Investimento em controladas é eliminado do Ativo da Empresa A. A contrapartida é a total eliminação do Patrimônio líquido da Empresa B, emergindo $ 625 no Patrimônio líquido como Participação minoritária.

Tabela 8.2 Demonstração do resultado consolidado do período

	Empresa A $	Empresa B $	Ajustes Débito	Ajustes Crédito	Saldos consolidados
Receita operacional bruta	23.800	7.000	1.400		29.400
(–) Impostos sobre vendas	(2.380)	(700)			(3.080)
Receita operacional líquida	21.420	6.300	1.400	0	26.320
(–) Custo das mercadorias vendidas	(14.500)	(4.000)		1.400	(17.100)
Lucro bruto	6.920	2.300	1.400	1.400	9.220
Despesas operacionais (Administrativas e comerciais)					
• Salários e encargos sociais	(2.800)	(850)			(3.650)
• Despesas gerais	(1.400)	(400)			(1.800)
• Depreciações	(900)	(240)			(1.140)
Lucro operacional	1.820	810	1.400	1.400	2.630
Receitas financeiras	20	5			25
Despesas financeiras	(300)	(190)			(490)
Equivalência patrimonial	300	0	300		0
Lucro antes dos impostos	1.840	625	1.700	1.400	2.165
Impostos sobre o lucro	(700)	(250)			(950)
Lucro líquido após impostos	1.140	375	1.700	1.400	1.215
Participação minoritária no lucro			75		(75)
Lucro líquido consolidado	1.140	375	1.775	1.400	1.140

O valor de $ 1.400 de vendas de mercadorias da Empresa A para a Empresa B é eliminado do total de vendas, em contrapartida à diminuição do Custo das mercadorias vendidas.

O valor da Equivalência patrimonial é eliminado da Empresa A, pois soma-se o lucro da Empresa B.

Deve ser evidenciada, como redutor do lucro consolidado, a Participação minoritária no lucro de $ 75. Dessa forma, o Lucro líquido consolidado é exatamente o lucro líquido da empresa controladora, a Empresa A.

8.8 Equivalência, resultados e consolidação

O exemplo a seguir explora aspectos adicionais dos efeitos da participação de uma empresa controladora em empresas controladas, por ser a relação jurídica mais presente nas organizações multinacionais. Vamos imaginar que Empresa A do exemplo adquira, em dinheiro, 80% das ações do capital social da Empresa B, tendo como base o valor contábil. Neste momento a Empresa A passa a ser controladora da Empresa B, que, por sua vez, passa a ser sua controlada. A Tabela 8.3 mostra um balanço sintético das duas empresas antes desse evento.

Tabela 8.3 Balanços patrimoniais antes da aquisição de controlada

	Empresa A	Empresa B
Ativo	$	$
Caixa	40.000	15.000
Imobilizado	50.000	30.000
Total	90.000	45.000
Passivo		
Contas a pagar	20.000	5.000
Capital social	60.000	30.000
Lucros acumulados	10.000	10.000
Total	90.000	45.000

O valor da Empresa B para fins contábeis é o valor do patrimônio líquido, neste caso representado pelas contas de Capital social e Lucros, totalizando $ 40.000. Como a Empresa A adquiriu 80% da Empresa B, pelo valor contábil, ela pagou $ 32.000.

Valor da Empresa B	$
Capital social	30.000
Lucros acumulados	10.000
Total	40.000
Aquisição de B por A	× 80%
Valor do investimento adquirido	32.000

O novo balanço da Empresa A, após a aquisição, fica assim:

Tabela 8.4 Balanços patrimoniais após a aquisição de controlada

	Empresa A	Empresa B
Ativo	$	$
Caixa	8.000	
Investimentos em controlada	32.000	0
Imobilizado	50.000	30.000
Total	90.000	30.000
Passivo		
Contas a pagar	20.000	5.000
Capital social	60.000	30.000
Lucros acumulados	10.000	10.000
Total	90.000	45.000

Vamos imaginar que transcorra um ano de atividades, e que os resultados e o balanço final das duas empresas sejam os apresentados na Tabela 8.5. Consideraremos que as receitas e despesas foram todas efetivadas financeiramente à vista.

Tabela 8.5 Resultados e balanço patrimonial após um ano de atividades

	Empresa A	Empresa B
	$	$
Receitas	200.000	60.000
Custos e despesas	(190.000)	(55.000)
Lucro	10.000	5.000
Ativo		
Caixa	18.000	20.000
Investimentos em controlada	32.000	0
Imobilizado	50.000	30.000
Total	100.000	50.000
Passivo		
Contas a pagar	20.000	5.000
Capital social	60.000	30.000
Lucros acumulados	20.000	15.000
Total	100.000	50.000

De posse das demonstrações contábeis da Empresa B, a Empresa A, controladora, deve incorporar nas suas demonstrações contábeis o resultado e o investimento patrimonial equivalente. Como a Empresa B teve um lucro de $ 5.000, em tese, 80% desse lucro são de direito da controladora, a Empresa A. Esse procedimento é denominado equivalência patrimonial.

Aplicando-se 80% sobre o valor do patrimônio líquido total da Empresa B, obtém-se o valor contábil da Empresa B, que deverá ser evidenciado no ativo na conta Investimentos em controlada. A diferença entre o valor atual e o valor anterior será lançada na demonstração de resultados da Empresa A, como lucro ou prejuízo de Equivalência patrimonial. Veja os cálculos com base nos dados da Tabela 8.5.

Valor do patrimônio líquido da Empresa B	$	
Capital social	30.000	
Lucros acumulados	15.000	
Total	45.000	(a)
Participação da Empresa A	80%	(b)
Valor patrimonial equivalente atual	36.000	(c = a × b)
(–) Valor anterior do investimento em controlada	(32.000)	(d)
Resultado de equivalência patrimonial (lucro)	4.000	(c – d)

O valor de $ 4.000 deverá ser lançado como lucro na demonstração de resultados da Empresa A e o Valor patrimonial equivalente de $ 36.000 substituirá o valor anterior de $ 32.000 no ativo da Empresa A. As demonstrações contábeis da Empresa A após a apuração da equivalência patrimonial depois de um período de atividades ficam como mostra a Tabela 8.6.

Tabela 8.6 Resultados e balanço patrimonial após equivalência patrimonial

	Empresa A	Empresa B
	$	$
Receitas	200.000	60.000
Custos e despesas	(190.000)	(55.000)
Lucro I	20.000	5.000
Equivalência patrimonial	4.000	0
Lucro	24.000	5.000
Ativo		
Caixa	18.000	20.000
Investimentos em controlada	36.000	0
Imobilizado	50.000	30.000
Total	104.000	50.000
Passivo		
Contas a pagar	20.000	5.000
Capital social	60.000	30.000
Lucros acumulados	24.000	15.000
Total	104.000	50.000

Observe-se que o lucro da Empresa A, que antes da equivalência era de $ 20.000, passa agora a ser de $ 24.000, aumentado pelo resultado da equivalência, de $ 4.000. Isso quer dizer que a demonstração de resultados da Empresa A reconhece a parcela do lucro (80%) a que tem direito no lucro da Empresa B. Como o lucro da Empresa B foi de $ 5.000, 80% desse valor ($ 4.000) são incorporados no lucro da Empresa A.

É necessário ressaltar que essa é uma movimentação econômica, e não financeira, uma vez que a Empresa A não está aumentando ou alterando seu caixa em razão dessa movimentação econômica. Em resumo, a equivalência patrimonial provoca duas alterações nas demonstrações contábeis da empresa controladora:

1. Ajusta o valor do investimento em controladas classificado no ativo não circulante, pela utilização do novo valor do novo patrimônio líquido da investida controlada.
2. Incorpora na demonstração de resultados o lucro ou prejuízo proporcional a que tem direito a controladora sobre os resultados da empresa controlada.

Consolidação após a equivalência patrimonial

A equivalência patrimonial é um processo simplificado de consolidação, mas incompleto, porque não consolida todos os elementos patrimoniais nem todas as receitas e despesas, atendo-se ao resultado e ao valor do investimento na controladora.

A equivalência patrimonial na controladora tem o objetivo de apresentar as demonstrações contábeis da controladora de forma isolada, ou seja, quando se olha as demonstrações contábeis específicas da empresa controladora tem-se uma ideia geral dos investimentos que ela fez em outras empresas, mas não se tem ideia do conjunto das operações e investimentos do grupo todo. Assim, impõe-se a consolidação como um procedimento necessário para visualizar o grupo todo como uma única empresa.

Considerando os dados do mesmo exemplo, apresentamos na Tabela 8.7 os ajustes e procedimentos de consolidação para as demonstrações contábeis das empresas A e B, bem como as demonstrações contábeis consolidadas.

Tabela 8.7 Consolidação com equivalência

	Empresa A $	Empresa B $	Ajustes $	Consolidado $
Ativo				
Caixa	18.000	20.000	0	38.000
Investimentos em controlada	36.000	0	(36.000)	0
Imobilizado	50.000	30.000		80.000
Total	104.000	50.000		118.000
Contas a pagar	20.000	5.000		25.000
Capital social	60.000	30.000	(30.000)	60.000
Lucros acumulados	24.000	15.000	(15.000)	24.000
Participação minoritária	0	0		9.000
Total	104.000	50.000		118.000
Resultados				
Receitas	200.000	60.000		260.000
Custos e despesas	(190.000)	(55.000)		(245.000)
Lucro I	10.000	5.000		15.000
Equivalência patrimonial	4.000	0	(4.000)	0
Participação minoritária no lucro			(1.000)	(1.000)
Lucro II	14.000	5.000		14.000

Os principais pontos a observar são:

a) o valor do investimento em controladas não aparece no balanço consolidado, e é substituído pela soma dos ativos e passivos;

b) todos os demais elementos do ativo e passivo das duas empresas são somados. Assim, o consolidado apresenta o total do imobilizado e o total das contas a pagar das duas empresas;

c) o valor do patrimônio líquido da controlada é excluído do consolidado, como contrapartida da exclusão do investimento da controladora na controlada;

d) surge o valor da participação minoritária (no nosso exemplo, $ 9.000), que representa os demais 20% do patrimônio líquido da controlada ($ 45.000 × 20%), que não são da Empresa A e são de propriedade de outros acionistas que não o grupo empresarial;

e) as receitas e despesas são somadas, evidenciando o total das transações do grupo (este exemplo não contempla transações entre empresas do grupo);

f) o valor da equivalência patrimonial da demonstração de resultados da Empresa A desaparece, uma vez que o lucro do grupo é decorrente do total consolidado das receitas e despesas;

g) surge a participação minoritária no lucro, uma vez que 20% do lucro de todas as transações são de direito de terceiros;

h) o resultado (lucro ou prejuízo) final consolidado é igual ao resultado da Empresa A antes da consolidação e com equivalência patrimonial.

8.9 Resultados não realizados intercompanhias

Quando uma empresa do grupo vende produtos ou serviços a outra empresa do mesmo grupo, com preço de venda diferente do custo, a venda gera lucro ou prejuízo na empresa vendedora. No caso de venda de produtos, estes podem ser mantidos provisoriamente no estoque da empresa compradora. Como o princípio contábil de avaliação de estoques de produtos comprados é o custo de aquisição, o estoque da empresa compradora está com um preço de custo (o preço de venda da empresa vendedora) diferente do custo original da empresa vendedora. Enquanto não revendido (vendido pela empresa compradora), a diferença é considerada resultado não realizado e deve ser ajustada na consolidação das demonstrações contábeis do grupo empresarial.

Esse evento pode ser visualizado na Tabela 8.8. No exemplo, a Empresa A vende para a Empresa B, do mesmo grupo, mercadorias no valor de $ 45.000 à vista, que lhes tinham custado $ 30.000. Esta operação gera um resultado, no caso, lucro, de $ 15.000 para a Empresa A. Como a Empresa B (no exemplo atuando como compradora) mantém provisoriamente as mercadorias no estoque, ela estoca pelo preço de compra da Empresa A, ficando seu estoque no valor de $ 45.000.

Tabela 8.8 Vendas intercompanhias – resultados não realizados nos estoques

Balanço patrimonial	Empresa A		Empresa B	
	Inicial – $	Final – $	Inicial – $	Final – $
Ativo				
Caixa	0	45.000	45.000	0
Estoques	30.000	0	0	45.000
Total	30.000	45.000	45.000	45.000
Passivo				
Capital social	30.000	30.000	45.000	45.000
Lucros acumulados	0	15.000	0	0
Total	30.000	45.000	45.000	45.000
Resultados				
Vendas a empresas do grupo		45.000		0
(–) Custo das vendas		(30.000)		0
= Resultado (lucro)		15.000		0

Lucro não realizado nos estoques da Empresa B – $ 15.000

Como as mercadorias ainda não foram vendidas para terceiros (empresas fora do grupo), o lucro de $ 15.000, para o grupo, é fictício e não efetivo, realizado. No processo de consolidação das demonstrações contábeis, com os dados desse exemplo, não deverá ser evidenciado nenhum valor de venda, nenhum valor de custo das vendas e, consequentemente, não será apresentado o lucro de $ 15.000, uma vez que este não foi realizado. A Tabela 8.9, mostra os ajustes e a consolidação das demonstrações contábeis.

Tabela 8.9 Consolidação de resultados não realizados

Balanço patrimonial	Empresa A		Empresa B		Eliminações	Consolidado	
	Inicial – $	Final – $	Inicial – $	Final – $	(Final)	Inicial	Final
Ativo							
Caixa	0	45.000	45.000	0	0	45.000	45.000
Estoques	30.000	0	0	45.000	(15.000)	30.000	30.000
Total	30.000	45.000	45.000	45.000		75.000	75.000
Passivo							
Capital social	30.000	30.000	45.000	45.000		75.000	75.000
Lucros acumulados	0	15.000	0	0	(15.000)	0	0
Total	30.000	45.000	45.000	45.000		75.000	75.000
Resultados							
Vendas a empresas do grupo		45.000		0	(45.000)		0
(–) Custo das vendas		(30.000)		0	30.000		0
= Resultado (lucro)		15.000		0			0

Como o exemplo não contempla vendas para terceiros e as vendas intercompanhia não foram realizadas, mas mantidas em estoque, os dados consolidados iniciais e finais do balanço inicial são iguais. Os lucros acumulados do balanço final da Empresa A são eliminados, em contrapartida ao ajuste do valor dos estoques da Empresa B, fazendo que o valor dos estoques consolidados do grupo permaneçam ao custo original da Empresa A, como se não tivessem sido vendidos para a Empresa B. Todos os dados da demonstração de resultados da Empresa A são eliminados, porque consistiam apenas de vendas de mercadorias para uma empresa do grupo, as quais não tinham sido revendidas.

Consolidação com vendas intercompanhia realizadas integralmente

O exemplo a seguir contempla vendas para terceiros e vendas intercompanhia, estas últimas totalmente revendidas para terceiros, não ficando mantidas em estoque. Nesse caso, há a realização dos resultados. Para simplificar, consideramos que todas as transações foram à vista. No processo de ajustes para consolidação não é suficiente apenas eliminar os dados da Empresa A para a Empresa B. A Tabela 8.10 mostra uma **solução incorreta**.

Tabela 8.10 Vendas realizadas integralmente – **solução incorreta**

Balanço patrimonial	Empresa A Inicial – $	Empresa A Final – $	Empresa B Inicial – $	Empresa B Final – $	Eliminações (Final)	Consolidado Inicial	Consolidado Final
Ativo							
Caixa	0	16.000	16.000	21.000	0	16.000	37.000
Estoques	30.000	0	0	0	0	30.000	0
Total	30.000	16.000	16.000	21.000		46.000	37.000
Passivo							
Capital social	30.000	30.000	16.000	16.000		46.000	46.000
Lucros acumulados	0	18.000	0	5.000	0	0	23.000
Total	30.000	48.000	16.000	21.000		46.000	69.000
Resultados							
Vendas		48.000		21.000			53.000
a terceiros		32.000		21.000			53.000
a empresas do grupo		16.000		0	(16.000)		0
(–) Custo das vendas		(30.000)		(16.000)			(36.000)
a terceiros		20.000		16.000			36.000
a empresas do grupo		10.000		0	(10.000)		0
= Resultado (lucro)		18.000		5.000			17.000

Fica evidente que a eliminação apenas dos dados das vendas e custos da Empresa A para a Empresa B não é suficiente, pois o resultado consolidado da demonstração de resultados é diferente do resultado consolidado da conta Lucros acumulados no balanço patrimonial. A diferença é de $ 6.000, exatamente o resultado que a Empresa A teve quando vendeu para a empresa irmã B. A Tabela 8.11 mostra a **solução correta**.

Tabela 8.11 Vendas realizadas integralmente – **solução correta**

Balanço patrimonial	Empresa A Inicial – $	Empresa A Final – $	Empresa B Inicial – $	Empresa B Final – $	Eliminações (Final)	Consolidado Inicial	Consolidado Final
Ativo							
Caixa	0	16.000	16.000	21.000	0	16.000	37.000
Estoques	30.000	0	0	0	0	30.000	0
Total	30.000	16.000	16.000	21.000		46.000	37.000
Passivo							
Capital social	30.000	30.000	16.000	16.000		46.000	46.000
Lucros acumulados	0	18.000	0	5.000	0	0	23.000
Total	30.000	48.000	16.000	21.000		46.000	69.000
Resultados							
Vendas		48.000		21.000			53.000
a terceiros		32.000		21.000			53.000
a empresas do grupo		16.000		0	(16.000)		0
(–) Custo das vendas		(30.000)		(16.000)			(30.000)
a terceiros		20.000		16.000	(6.000)		30.000
a empresas do grupo		10.000		0	(10.000)		0
= Resultado (lucro)		18.000		5.000			23.000

A solução correta implica na necessidade de eliminar o lucro na venda intercompanhia contra o custo das vendas de terceiros. Esse ajuste é necessário para deixar claro que, para o grupo, o custo das vendas que a Empresa B fez para terceiros é realmente $ 10.000 (o custo oriundo da Empresa A) e não o custo registrado na sua própria contabilidade ($ 16.000). Esse ajuste restaura os valores reais de custo das vendas, totalizando os $ 30.000 que estavam inicialmente como custo do estoque da Empresa A.

Consolidação com vendas intercompanhia realizadas parcialmente

A Tabela 8.12 apresenta o exemplo mais comum, em que a Empresa B, que compra da Empresa A, uma empresa do grupo, vende parcialmente os estoques comprados, mantendo a outra parte. Para simplificar, consideraremos que as transações são à vista.

Tabela 8.12 Vendas realizadas parcialmente

Balanço patrimonial	Empresa A Inicial – $	Empresa A Final – $	Empresa B Inicial – $	Empresa B Final – $	Eliminações (Final)	Consolidado Inicial	Consolidado Final
Ativo							
Caixa	0	16.000	16.000	15.750	0	16.000	31.750
Estoques	30.000	0	0	4.000	(1.500)	30.000	2.500
Total	30.000	16.000	16.000	19.750		46.000	34.250
Passivo							
Capital social	30.000	30.000	16.000	16.000		46.000	46.000
Lucros acumulados	0	18.000	0	3.750	(1.500)	0	20.250
Total	30.000	48.000	16.000	19.750		46.000	66.250
Resultados							
Vendas		48.000		15.750			47.750
a terceiros		32.000		15.750			47.750
a empresas do grupo		16.000		0	(16.000)		0
(–) Custo das vendas		(30.000)		(12.000)			(27.500)
a terceiros		20.000		12.000	(4.500)		27.500
a empresas do grupo		10.000		0	(10.000)		0
= Resultado (lucro)		18.000		3.750			20.250

O primeiro ajuste a ser feito é no valor dos estoques remanescentes da Empresa B, oriundos de mercadorias adquiridas dentro do grupo. A Empresa B vendeu 75% das mercadorias compradas (Custo das vendas – $ 12.000/$ 16.000 – Valor total das compras = 75%).

O custo original total recebido da Empresa A foi de $ 10.000. Relacionando-o com o total pago pela Empresa B, $ 16.000, temos uma margem de lucro de 37,5%.

Valor pago pela Empresa B	$ 16.000	(a)
Valor do custo baixado pela Empresa A	$ 10.000	(b)
Lucro obtido pela Empresa A	$ 6.000	(c = a – b)
Margem de lucro no estoque da Empresa B	37,5%	(d = c/a)

Aplicando a margem de lucro nos estoques remanescentes da Empresa B, temos o valor dos lucros não realizados, que devem ser eliminados para fins de consolidação.

Valor dos estoques da Empresa B de produtos adquiridos dentro do grupo	$ 4.000	(a)
Margem de lucro da Empresa A	37,5%	(b)
Lucro nos estoques não realizados na Empresa B	$ 1.500	(a × b)

O valor dos lucros não realizados eliminado do estoque final da Empresa B também é eliminado da conta Lucros acumulados. A outra parte do valor do lucro da Empresa A para B ($ 6.000 – $ 1.500 = $ 4.500) é agora eliminada contra o custo das vendas a terceiros.

Questões e exercícios

1. O que é consolidação de balanços e qual seu objetivo básico?
2. Quais as finalidades gerenciais da consolidação de balanços?
3. O que vem a ser a participação minoritária na consolidação de investimentos?
4. Por que devemos eliminar o lucro nos estoques de vendas intercompanhia? Existe uma relação dessa eliminação com algum princípio contábil geralmente aceito? Qual?
5. De acordo com as normas internacionais de contabilidade, a parcela inerente aos acionistas minoritários deve ser evidenciada em qual grupo do balanço patrimonial consolidado?
6. A Empresa X é controladora da Empresa Y e detém 75% de suas ações. Com os demonstrativos a seguir, evidencie a eliminação do investimento em controlada, bem como a participação minoritária no passivo, no balanço consolidado.

	Empresa X Controladora	Empresa Y Controlada
ATIVO		
Circulante	8.000	7.000
Investimento em controlada	18.000	0
Imobilizado	25.000	25.000
Total	51.000	32.000
PASSIVO		
Circulante	6.000	8.000
Patrimônio líquido		
Capital social	40.000	22.000
Reservas e lucros	5.000	2.000
Total	51.000	32.000

7. Faça a eliminação dos saldos a receber e a pagar das duas empresas, consolidando os balanços após essa eliminação.

	Empresa C Controladora	Empresa D Controlada
I – BALANÇO PATRIMONIAL		
ATIVO		
Circulante	25.000	11.000
Contas a receber		
de terceiros	12.000	8.000
de empresas do grupo	13.000	3.000
Não circulante	25.000	25.000
Investimentos	2.500	0
Imobilizado	20.000	25.000
Total	50.000	36.000
PASSIVO E PATRIMÔNIO LÍQUIDO		
Circulante	25.000	23.000
Contas a pagar		
a terceiros	22.000	10.000
a empresas do grupo	3.000	13.000
Patrimônio líquido	25.000	13.000
Capital social	20.000	12.000
Reservas e lucros	5.000	1.000
Total	50.000	36.000

8. Com as seguintes demonstrações de resultados das empresas W e Z, faça a eliminação das vendas intercompanhia e consolide o resultado das duas empresas.

	Empresa W Controladora	Empresa Z Controlada
Demonstração de resultados		
Vendas	84.500	56.400
a terceiros	84.500	11.280
a terceiros do grupo	0	45.120
Custo das vendas	63.375	31.020
a terceiros	63.375	6.204
a empresas do grupo	0	24.816
Despesas	15.000	25.050
Total	6.125	330

9. Utilizando os mesmos dados do exercício anterior, verificamos ainda que parte das mercadorias compradas pela Empresa W da Empresa Z ainda não foi vendida e permanece em estoque. Faça a eliminação do lucro contido no estoque da Empresa W, consolide o balanço e reconsolide a demonstração de resultados do exercício anterior. Damos a seguir o balanço patrimonial das duas empresas.

	Empresa W Controladora	Empresa Z Controlada
I – Balanço patrimonial		
ATIVO		
Circulante	25.000	11.000
Estoques de mercadorias		
de terceiros	5.000	11.000
de empresas do grupo	20.000	0
Não circulante		
Investimentos	9.100	0
Imobilizado	15.900	25.000
Total	50.000	36.000
Passivo e patrimônio líquido		
Circulante	25.000	22.000
Patrimônio líquido	25.000	14.000
Capital social	20.000	12.000
Reservas e lucros	5.000	2.000
Total	50.000	36.000

10. Com as demonstrações contábeis a seguir, faça a eliminação da receita de equivalência patrimonial e dos investimentos em controladas.

	Empresa W Controladora	Empresa Z Controlada
I – Balanço patrimonial		
ATIVO		
Circulante	25.000	11.000
Não circulante	25.000	25.000
Investimentos	(*) 9.100	0
Imobilizado	15.900	25.000
Total	50.000	36.000

* 65% de participação na controlada.

	Empresa W Controladora	Empresa Z Controlada
Passivo e patrimônio líquido		
Circulante	25.000	22.000
Patrimônio líquido	25.000	14.000
Capital e reservas	17.380	11.700
Lucros acumulados	7.620	2.300
Total	50.000	36.000

	Empresa W Controladora	Empresa Z Controlada
Demonstração de resultados		
Vendas	84.500	56.400
Custo das vendas	66.375	31.020
Despesas	12.000	23.080
Equivalência patrimonial	1.495	0
Lucro líquido	7.620	2.300

11. A Empresa Alfa é controladora da Empresa Beta e detém 80% de suas ações. Com as demonstrações contábeis a seguir, faça todas as eliminações necessárias e apresente os relatórios contábeis consolidados.

	Empresa Alfa Controladora	Empresa Beta Controlada
I – Balanço patrimonial		
Ativo		
Disponibilidades	13.500	2.000
Contas a receber		
de terceiros	32.750	5.500
de empresas do grupo	750	3.000
Estoques		
adquiridos de terceiros	18.000	4.500
adquiridos de empresas do grupo	4.000	0
Investimentos em controladas		
Participação = 80%	12.000	0
Imobilizado	85.500	10.500
Total	166.500	25.500
Passivo e patrimônio líquido		
Contas a pagar		
a terceiros	42.600	8.550
a empresas do grupo	3.000	750
Patrimônio líquido		
Capital social	75.000	12.000
Reservas	15.000	1.200
Lucros acumulados	30.900	3.000
Total	166.500	25.500

	Empresa Alfa Controladora	Empresa Beta Controlada
II – Demonstração de resultados		
Vendas		
a terceiros	180.000	12.000
a empresas do grupo	0	18.000
Custo das vendas		
a terceiros	105.000	8.400
a empresas do grupo	0	12.600
Despesas	45.300	6.000
Equivalência patrimonial	1.200	0
Lucro líquido	30.900	3.000

III – Demonstração da equivalência patrimonial	
Patrimônio líquido da controlada	16.200
(–) Lucros não realizados nos estoques	(1.200)
= Patrimônio líquido ajustado	15.000
Participação da controladora = 80%	× 0,80
Valor patrimonial equivalente	12.000
(–) Valor contábil corrigido	(10.800)
= Equivalência patrimonial	1.200

Os ajustes que devem ser feitos são:
- eliminação dos saldos intercompanhia;
- eliminação dos investimentos;
- eliminação das vendas intercompanhia;
- eliminação dos lucros nos estoques;
- eliminação da equivalência patrimonial;
- apuração da participação minoritária.

12. Consolidação

    Damos a seguir os dados de duas empresas, uma controladora e outra controlada. Faça a consolidação dos demonstrativos contábeis.

		Empresa W Controladora	Empresa Z Controlada
Ativo			
Circulante		43.210	17.100
Contas a receber de terceiros		31.210	9.700
Contas a receber – empresas do grupo		12.000	7.400
Não circulante		28.090	25.000
Investimentos em controladas	(55%)	11.605	0
Imobilizado		16.485	25.000
Total		71.300	42.100
Passivo e patrimônio líquido			
Circulante		29.400	21.000
Contas a pagar a terceiros		22.000	9.000
Contas a pagar – empresas do grupo		7.400	12.000
Patrimônio líquido		41.900	21.100
Capital social		23.380	14.700
Reservas e lucros		18.520	6.400
Total		71.300	42.100

Demonstração de resultados		
Vendas	105.000	46.400
a terceiros	70.000	46.400
a controlada	35.000	0
Custo das vendas	63.000	25.000
a terceiros	42.000	25.000
a controlada	21.000	
Despesas	27.000	15.000
Equivalência patrimonial	3.520	0
Lucro líquido	18.520	400

CAPÍTULO 9

Relatórios por segmento – IFRS e BR Gaap

9.1 Visão geral

O crescimento de empresas diversificadas e sua expansão em mercados estrangeiros têm resultado na necessidade de agregação de informações contábeis que incluem elementos não homogêneos. Esse problema tem se tornado mais sério com o desenvolvimento de grandes grupos econômicos que se diversificam por meio de reestruturação societária (fusões e aquisições), em uma ampla variedade de unidades com operações pouco relacionadas. O público em geral e o investidor acabam perdendo a informação, a cada combinação, uma vez que as empresas que divulgavam dados e informações separadamente passam a divulgá-los de forma consolidada pela controladora dos negócios, no processo de consolidação de resultados.

Muitas companhias fornecem grupos de produtos e serviços ou operam em áreas geográficas sujeitas a taxas de diferenciação de lucro, oportunidade de crescimento, futuros prospectos e riscos. Informações sobre os diferentes tipos de produtos e serviços da companhia e sobre suas operações em áreas geográficas diferentes, geralmente chamadas de segmentos de informações, são relevantes para a previsão de riscos e de retornos de negócios diversificados ou multinacionais, mas não podem ser determinadas a partir de datas agregadas. Portanto, segmentos de informações são necessários para que as necessidades dos usuários de demonstrações contábeis sejam atendidas.

A divulgação de informações por segmento econômico e por área geográfica é o contraponto às informações consolidadas de um grupo econômico, envolvendo a desagregação das demonstrações contábeis consolidadas. Tal fato pode gerar dúvidas em relação ao processo de consolidação e divulgação de demonstrações contábeis de grandes conglomerados, ao analisarmos os diferentes tipos de atividades, de locais com rentabilidades variadas e com riscos e características de crescimento diferenciados. Essas informações desagregadas por segmento econômico e por área geográfica garantem uma análise mais detalhada e segura aos investidores e ao público em geral, no processo de julgamentos e decisões. A análise das informações contábeis acumuladas de uma empresa diversificada por segmento fornece elementos úteis para permitir que os usuários façam melhor avaliação da atuação passada e das perspectivas dessa empresa.

A evidenciação da informação por segmento ainda envolve decisões baseadas, em parte, em julgamentos. Entre elas estão as decisões sobre a identificação dos segmentos e sobre a atribuição de receitas e despesas a esses segmentos. As informações a respeito das bases usadas na elaboração das demonstrações contábeis por segmento contribuem para a melhor compreensão do usuário sobre as informações resultantes de tal processo.

Os investidores são os principais interessados nas informações contábeis divulgadas por segmento de um empreendimento, tendo em vista o risco do retorno do investimento inerente às distintas atividades e áreas geográficas diferenciadas. Dessa forma, esses investidores se interessam pelo desempenho global da empresa em vez do desempenho de qualquer elemento específico das atividades da corporação.

Atividades industriais diferentes e países com áreas geográficas distintas têm uma variedade de potenciais de lucro, oportunidades de crescimento, tipos de risco e também prováveis taxas diferenciadas de retorno do investimento nos vários segmentos de um negócio empresarial.

Outros usuários, como credores, empregados e o governo, têm frequente interesse e relação direta com os grandes grupos econômicos que divulgam informações por segmento econômico e por área geográfica.

Hendriksen e Breda (1999, p.122), explicam que:

"Há necessidade de divulgação das operações de acordo com os principais segmentos de empresas diversificadas e empresas com mercados organizados por região ou cliente porque tendências de crescimento, variabilidade das operações e risco não podem ser avaliados adequadamente com dados agregados."

Quer o objetivo seja a comparabilidade, quer seja permitir melhores previsões, isso tem alguma influência sobre o tamanho mínimo do segmento de uma empresa para que deva fazer suas divulgações separadamente. Para permitir a comparabilidade de empresas com operações semelhantes, o critério de seleção deve ser a magnitude absoluta das operações.

A informação a respeito de segmentos de uma empresa também pode ser considerada relevante nos relatórios externos, para impedir que a administração da empresa oculte informações que não deseja ver publicadas. Por exemplo, um administrador pode querer ocultar o fato de que certos segmentos da empresa estão operando com resultados negativos, pois teme ser criticado pelos acionistas por sua ineficiência. Se alguns segmentos forem bastante rentáveis poderão ser usados para encobrir o fato de que outros segmentos causam prejuízo.

9.2 Normas contábeis

As normas contábeis internacionais e brasileiras que regulamentam a matéria contábil "relatórios por segmento" são semelhantes em seus aspectos conceituais e técnicos mais relevantes, e são as seguintes:

- **Internacional:** IFRS 8, do International Accounting Standards Board;
- **Brasil:** pronunciamento técnico CPC 22, do Comitê de Pronunciamentos Contábeis.

Seus objetivos principais são:

a) estabelecer princípios para divulgação de informações financeiras por segmento econômico e por área geográfica para auxiliar os usuários das demonstrações contábeis a entender melhor o desempenho passado e presente da entidade;
b) avaliar melhor os riscos e oportunidades de investimentos da entidade.

As normas IFRS 8 e CPC 22 devem ser aplicadas por companhias cujas ações (títulos) são publicamente comercializadas e por aquelas que estão em processo de emitir títulos em mercados públicos de valores. Se uma companhia, cujos valores não são comercializados publicamente, escolhe divulgar segmentos de informações voluntariamente em demonstrações contábeis que seguem as normas IFRS e BR Gaap, ela deverá obedecer completamente os requerimentos do padrão. Se um único relatório financeiro contiver demonstrações contábeis consolidadas de uma companhia, cujos valores são publicamente comercializados, e demonstrações contábeis separadas da matriz ou demais subsidiárias, segmentos de informações devem ser apresentados apenas na base das demonstrações contábeis consolidadas. Se uma subsidiária for a própria companhia, cujos valores são publicamente comercializados, ela apresentará segmentos de informações em um relatório financeiro separado.

De maneira similar, se um relatório financeiro tiver demonstrações contábeis de uma companhia cujos valores são publicamente comercializados e demonstrações contábeis separadas pelo método de equivalência associado, ou uma fusão na qual o empreendimento possui um interesse final, o segmento de informação precisa ser apresentado apenas na base das demonstrações contábeis da companhia. Se a equivalência patrimonial ou se uma fusão for a própria companhia, com valores publicamente comercializados, ela apresentará o segmento de informações em um relatório financeiro separado.

9.3 Aspectos conceituais

A IFRS 8 e o CPC 22 apresentam diferentes definições, de acordo com a modalidade que regulamentam.

Segmento operacional – é um componente de uma companhia:

- que desenvolve atividades de negócio de que obtém receitas e pelas quais incorre gastos;
- cujos resultados operacionais são regularmente revisados e avaliados pelo executivo responsável pela tomada de decisões sobre a alocação de recursos;
- sobre a qual esteja disponível informação financeira diferenciada.

Observação: nem todas as partes da entidade constituem, necessariamente, segmento operacional ou parte de segmento operacional. Por exemplo, a sede corporativa ou alguns departamentos funcionais podem não obter receitas ou podem obter receitas que sejam apenas ocasionais em relação às atividades da entidade, e não são segmentos operacionais.

Isto é, segmento operacional é um segmento econômico ou de negócio (componente distinguível e separado de uma companhia que fornece produtos ou serviços, que está sujeito a riscos e rendimentos diferentes de outros segmentos de negócios). Tal segmento é baseado principalmente:

- na natureza dos produtos ou serviços;
- na natureza dos processos de produção;
- no tipo ou classe de clientes dos produtos ou serviços.

Segmento geográfico: é um componente distinguível e separado de um grupo empresarial que fornece produtos ou serviços dentro de um ambiente econômico diferente da companhia matriz (controladora) ou do país de origem do grupo em que o segmento econômico está localizado, isto é, é o país em que opera a linha de negócios. Os segmentos geográficos são baseados:

- na localização das instalações e ativos de produção ou de serviços de uma empresa; ou
- na localização dos seus mercados e clientes.

Observação: inicialmente a área geográfica pode ser considerada como um país, região ou continente em que o segmento econômico desenvolve a sua operação.

Segmento divulgável ou reportável: é um segmento operacional (econômico e/ou geográfico) identificado que deverá divulgar separadamente relatórios por segmento em atendimento à IFRS 8 e à CPC 22.

9.4 Segmentos divulgáveis ou reportáveis

Parâmentos mínimos quantitativos

A empresa deve divulgar separadamente informações sobre o segmento operacional quando:

- a sua receita proveniente de vendas a clientes internos e externos corresponde a 10% ou mais da receita total consolidada do grupo;
- o seu resultado por segmento corresponde a 10% ou mais do resultado consolidado do grupo;
- os seus ativos correspondem a 10% ou mais dos ativos totais de todos os segmentos.

Os segmentos operacionais que não atinge quaisquer dos parâmetros mínimos quantitativos podem ser considerados divulgáveis e podem ser apresentados separadamente se a administração entender que essa informação é útil para os usuários das demonstrações contábeis.

A estrutura organizacional de gestão de uma empresa e o seu sistema societário de divulgação de relatórios financeiros proporcionam a melhor prova de fonte de riscos e retornos para a finalidade de apresentação do seu relatório por segmento. Por isso, uma empresa divulgará informação por segmento nas suas demonstrações financeiras na mesma base em que reporta internamente para a alta administração.

Combinação de segmentos

Dois ou mais segmentos operacionais que sejam substancialmente semelhantes podem ser combinados em um só. As principais características de semelhança são:

- natureza dos produtos e serviços;
- natureza dos processos de produção;
- tipo ou categoria de clientes;
- desempenho econômico-financeiro semelhante no longo prazo.

As informações sobre outras atividades de negócio e outros segmentos operacionais não divulgáveis devem ser combinadas e apresentadas numa categoria "outros segmentos".

9.5 Fontes de informações

Normalmente, as companhias divulgam informações por segmento em notas explicativas, a partir das informações apresentadas nas demonstrações contábeis consolidadas e no sistema gerencial de reporte ao principal gestor das operações.

9.6 Divulgação de informações

Informações gerais

As principais informações gerais que devem ser divulgadas pela companhia são:

a) os fatores utilizados para identificar os segmentos divulgáveis da entidade, incluindo a base da organização (por exemplo, se a administração optou por organizar a entidade em torno das diferenças entre produtos e serviços, áreas geográficas, ambiente regulatório, ou combinação de fatores, e se os segmentos operacionais foram agregados);

b) tipos de produtos e serviços a partir dos quais cada segmento divulgável obtém suas receitas.

Principais informações sobre resultado, ativo e passivo de cada segmento operacional (econômico)

As principais informações sobre resultado, ativo e passivo são as seguintes:

a) ativo total;
b) passivo total;
c) lucro ou prejuízo;
d) receitas de clientes externos;
e) receitas de transações com outros segmentos;
f) receitas financeiras;
g) despesas financeiras;
h) depreciações e amortizações;

i) despesas ou receitas com tributos sobre o lucro;
j) participações societárias avaliadas pela equivalência patrimonial, entre outras.

Informações sobre produtos e serviços

A companhia deve divulgar as receitas de clientes externos para cada produto ou serviço ou cada grupo de produtos e serviços semelhantes, salvo se as informações necessárias não se encontrarem disponíveis e o custo de sua elaboração for excessivo, fato que deve ser divulgado.

Informações sobre os principais clientes

As informações que devem ser divulgadas a respeito dos principais clientes são as seguintes:

a) A entidade deve fornecer informações sobre seu grau de dependência de seus principais clientes.
b) Se as receitas provenientes das transações com um único cliente externo representarem 10% ou mais das receitas totais da empresa, esse fato deve ser divulgado.

Informações sobre área geográfica

As seguintes informações geográficas devem ser divulgadas, salvo se não se encontrarem disponíveis e o custo de sua elaboração for excessivo:

a) Receitas provenientes de clientes externos:
   - atribuídas ao país-sede da entidade;
   - atribuídas a todos os países estrangeiros de onde a entidade obtém receitas. Se as receitas provenientes de clientes externos atribuídas a determinado país estrangeiro forem materiais, devem ser divulgadas separadamente.
b) Ativo não circulante:
   - do país-sede da entidade;
   - de todos os países estrangeiros em que a entidade mantém ativos. Se os ativos em determinado país estrangeiro forem materiais, devem ser divulgados separadamente.

Os montantes divulgados devem basear-se nas informações utilizadas para elaborar as demonstrações contábeis da entidade. É preciso notificar caso as informações necessárias não estejam disponíveis e o custo de sua elaboração for excessivo.

Se as informações por região geográfica dentro do país (Brasil, por exemplo) forem relevantes e forem utilizadas gerencialmente, as mesmas regras de evidenciação devem ser observadas.

9.7 Mensuração

O montante de cada item dos segmentos divulgados deve corresponder ao valor reportado ao principal gestor das operações para fins de tomada de decisão sobre a alocação de recursos e de avaliação do seu desempenho.

A companhia deve explicar as mensurações do lucro ou do prejuízo, dos ativos e dos passivos do segmento para cada segmento divulgável.

9.8 Conciliação

A companhia deve fornecer conciliações dos seguintes elementos:

a) total das receitas dos segmentos divulgáveis com as receitas da entidade;
b) total dos valores de lucro ou prejuízo dos segmentos divulgáveis com o lucro ou o prejuízo da entidade antes das despesas (receitas) de imposto de renda e contribuição social e das operações descontinuadas;
c) total dos ativos dos segmentos divulgáveis com os ativos da entidade;

d) total dos passivos dos segmentos divulgáveis com os passivos da entidade;
e) total dos montantes de quaisquer outros itens materiais das informações evidenciadas dos segmentos divulgáveis com os correspondentes montantes da entidade.

9.9 Reapresentação de informação previamente divulgada

Caso a companhia venha a alterar a sua estrutura organizacional interna de forma que mude a composição dos seus segmentos divulgáveis/reportáveis, as informações correspondentes de períodos anteriores, incluindo os intermediários, devem ser reapresentadas, salvo se não estiverem disponíveis e o custo de sua elaboração for excessivo.

9.10 Relatórios por segmento principal e secundário

É importante que a administração da companhia proceda a uma análise gerencial quando for preparar e divulgar relatórios por segmento considerando o que se segue:

a) se os riscos e taxas de retorno da empresa são predominantemente afetados por diferenças nos produtos e serviços que ela produz, o seu relatório principal deve ser por segmento econômico, com informação secundária divulgada geograficamente;
b) se os riscos e taxas de retorno da empresa são predominantemente afetados por fatores externos relacionados ao ambiente de diferentes países, o seu relatório principal deve ser por segmento geográfico, com informação secundária divulgada economicamente.

9.11 Modelos de relatórios por segmento

A estrutura organizacional seguinte apresenta exemplos de segmentos operacionais de uma indústria, que ora tomaremos como base para a demonstração de modelos de relatórios por segmento.

Os segmentos operacionais divulgáveis separadamente que foram identificados são:

a) divisão de papel e embalagem;
b) divisão de engenharia.

Os demais segmentos não alcançaram individualmente os parâmetros quantitativos mínimos para apresentação destacada nos relatórios por segmento e estão sendo evidenciados na coluna "Outros segmentos".

Por sua vez, as áreas geográficas correspondentes, ou seja, a localização dos segmentos econômicos são os diversos países onde estas estão operacionalizando suas atividades.

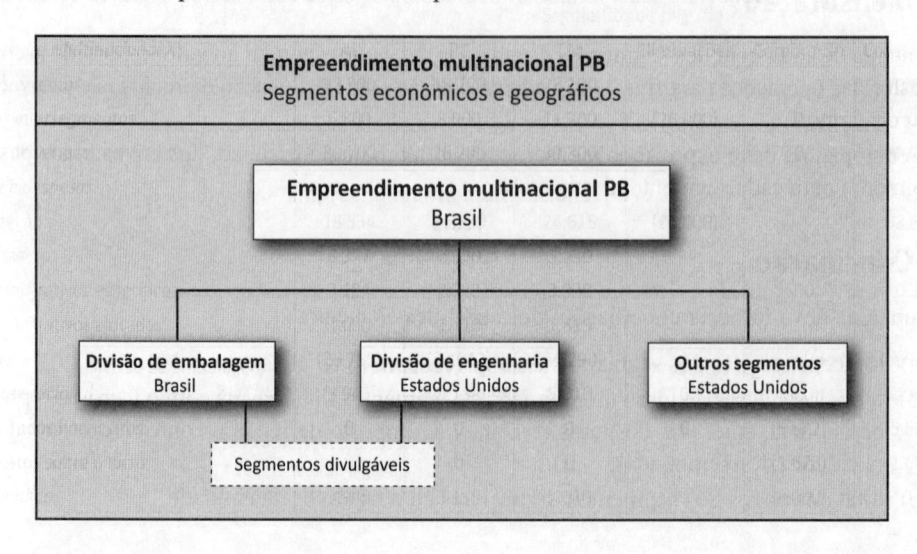

Modelo de divulgação de informações sobre resultado, ativo e passivo

	EMPREENDIMENTO MULTINACIONAL PB Relatório por segmento econômico – 2010 Informações sobre resultado, ativo e passivo Em milhares de reais (R$)			
Itens segmentares	Divisão de papel e embalagem	Divisão de engenharia	Outros segmentos	Total
Receitas de clientes externos	1.000	500	50	**1.550**
Receitas entre os segmentos	100	200	20	**320**
Receitas financeiras	20	10	5	**35**
Despesas financeiras	10	15	2	**27**
Depreciação e amortização	100	20	2	**122**
Resultado do segmento	400	200	50	**650**
Ativo total	10.000	5.000	1.000	**16.000**
Passivo total	5.500	2.000	500	**8.000**

Modelo de divulgação de conciliação de informações sobre resultado, ativo e passivo

EMPREENDIMENTO MULTINACIONAL PB Relatório por segmento econômico – 2010 Informações sobre resultado, ativo e passivo Conciliação das receitas de clientes externos Em milhares de reais (R$)	
Total de receitas de segmentos divulgáveis	1.800
(+) Outras receitas	70
(–) Eliminação de receitas entre os segmentos	(320)
Receitas de clientes externos	1.550

Modelo de divulgação de informações sobre os principais clientes

EMPREENDIMENTO MULTINACIONAL PB Informações sobre os principais clientes – 2010 Em milhares de reais (R$)
As receitas provenientes de um cliente externo do **Segmento de engenharia** do **Empreendimento multinacional PB** no exercício social de 2010 chegaram a perfazer um montante de **R$ 250**, representando cerca de **16%** do total de receitas de clientes externos da empresa.

Modelo de divulgação de informações sobre área geográfica

	EMPREENDIMENTO MULTINACIONAL PB Relatório por área geográfica – 2010 Em milhares de reais (R$)	
Áreas geográficas	Receitas de clientes externos	Ativos não circulantes
Brasil	1.000	6.000
Estados Unidos	550	2.000
Total	1.550	8.000

Modelo de divulgação de informações por segmento econômico e geográfico

	EMPREENDIMENTO MULTINACIONAL PB Relatório por segmento econômico e por área geográfica – 2010 Em milhares de reais (R$)				
Itens segmentares	Divisão de papel e embalagem	Divisão de engenharia	Outros segmentos	Ajustes e eliminações	Total
	Brasil	Estados Unidos	Estados Unidos		
Receitas	1.000	500	50		1.550
Depreciação e amortização	100	20	2		122
Resultado	400	200	50		650
Ativo total	10.000	5.000	1.000		16.000
Passivo total	5.500	2.000	500		8.000

Nota 1. Modelo baseado apenas nas informações das demonstrações contábeis consolidadas e quando há poucos segmentos econômicos e geográficos.
Nota 2. A coluna "Ajustes e eliminações" serve para promover os ajustes decorrentes das transações entre os segmentos na consolidação dos resultados.

9.12 Informações por segmento e contabilidade divisional/setorial

A seguir, apresentamos um exemplo de relatório gerencial decorrente da utilização do conceito de contabilidade divisional, incorporando os principais fundamentos e características desse tipo de contabilidade por responsabilidade, para fins de geração e evidenciação de informações por segmento.

O exemplo sugere uma empresa segmentada em duas unidades de negócios principais, Divisão 1 e Divisão 2, além de um centro de lucro de apoio, que engloba Administração e vendas, para sugerir a possibilidade de transformar em centros de resultados as principais atividades de prestação de serviço dentro da empresa (logística, compras, recursos humanos, finanças, tecnologia de informação etc.). Como recomendado, há um centro de resultado para apurar os efeitos financeiros das operações e o custo de oportunidade de capital, denominado Resultados financeiros. As divisões 1 e 2, ao mesmo tempo em que fazem o papel de unidades de negócios, também são consideradas atividades de processo, uma vez que a Divisão 1 é fornecedora da Divisão 2. Os principais aspectos retratados no exemplo são:

1) O centro Resultados financeiros recebe a) as receitas financeiras pelas vendas a prazo e os custos financeiros pelas compras a prazo; b) as receitas de aplicações financeiras e os custos dos financiamentos com encargos financeiros; e c) a receita de custo de oportunidade de capital, cobrado das demais divisões. O custo de capital é contabilizado pelo conceito de preço de transferência: os valores são debitados em cada unidade e o somatório é creditado no centro de lucros Resultados financeiros.

2) A Divisão 1 caracteriza-se por ser essencialmente transferidora, remetendo produtos e serviços para a Divisão 2, contabilizados como Receita interna na Divisão 1 e como Custo interno na Divisão 2. O conceito aplicado é a transferência a preços de mercado.

3) A divisão Administração e vendas é tratada como centro de lucro ao receber receita internamente pelos serviços prestados. No exemplo, arbitramos um pagamento de 12% de suas receitas pelas divisões 1 e 2, que são consideradas receitas da área Administração e vendas, também utilizando o fundamento de preços de transferência.

4) As três divisões operacionais pagam um custo de oportunidade de capital pela utilização de ativos, que foram financiados pelo centro de lucros Resultados financeiros. No exemplo em questão, foi atribuído um custo de capital de 15% a.a., aplicados sobre o total dos investimentos em capital de giro (principalmente estoques) e ativos imobilizados utilizados pelas

três divisões. Esse custo financeiro é alocado para incorporar o conceito de lucro residual. A contrapartida é uma receita para Resultados financeiros que, neste conceito, acaba fazendo o papel do acionista, o supridor interno de capital às atividades operacionais. Os cálculos estão demonstrados ao final do quadro.

Exemplo – Contabilidade divisional e fluxo de transferências – período anual

	Divisão 1	Divisão 2	Administração e vendas	Resultados financeiros	Total
RECEITAS	50.000	80.000	15.600	16.150	161.750
Externas	0	80.000	0	1.600 (1)	81.600
Internas – transferências	50.000	0	15.600	14.550	80.150
CUSTOS	35.400	63.100	0	1.200	99.700
Compras/consumo	27.000	4.000	0	1.200 (2)	32.200
Internos – transferências	0	50.000	0	0	50.000
Custos de fabricação	8.400	9.100	0	0	17.500
DESPESAS	6.000	9.600	16.500	0	32.100
Departamentais	0	0	16.500		16.500
Internas – transferências	6.000	9.600			15.600
RESULTADOS FINANCEIROS	0	0	0	13.400	13.400
Receitas financeiras	0	0	0	2.000	2.000
Despesas financeiras	0	0	0	15.400	15.400
LUCRO OPERACIONAL	8.600	7.300	(900)	1.550	16.550
CUSTO DE CAPITAL*	7.200	6.750	600	0	14.550
LUCRO RESIDUAL (a)	1.400	550	(1.500)	1.550	2.000
LUCRO RESIDUAL – Percentual (a/b)	2,9%	1,2%	–37,5%	0,0%	2,1%

	Divisão 1	Divisão 2	Administração e vendas	Resultados financeiros	Total
ATIVOS DAS DIVISÕES					
Capital de giro	8.000	25.000	0	0	33.000
Ativos fixos	40.000	20.000	4.000	0	64.000
Total (b)	48.000	45.000	4.000	0	97.000
*Custo de capital – 15% a.a. × (b)	7.200	6.750	600	0	14.550

(1) Receita financeira de vendas a prazo
(2) Custo financeiro de compras a prazo

Numa análise primária dos dados apresentados, as divisões 1 e 2 geraram lucro operacional suficiente para cobrir o custo de capital de seus investimentos. A Divisão 1 teve um desempenho maior, pois seu lucro residual foi de 2,9%, enquanto a Divisão 2, mesmo tendo menos ativos, teve um lucro residual menor, 1,2%. A divisão/centro de lucro Administração e vendas não teve resultado positivo e, por consequência, não cobriu também o custo financeiro de capital. O resultado total da empresa evidencia que a geração total de lucro operacional cobriu o custo mínimo de capital e ainda gerou um lucro residual (o mesmo que o valor econômico adicionado da metodologia EVA) de $ 2.000, 2,1% sobre os ativos da empresa.

Relatórios por segmento

Apresentaremos a seguir um exemplo numérico de uma corporação multinacional, que denominamos Corporação Multinacional XY, que tem plantas fabris no Brasil, Argentina, EUA e Coreia do Sul, e que atua nos segmentos de alumínio, papel e celulose e cimento. Em cada país atua em pelo menos dois dos segmentos, e tem uma sede administrativa central. A administração central (matriz) localiza-se nos EUA e tem uma contabilidade separada. Todas as demonstrações financeiras estão em moeda estrangeira da matriz, em dólares.

Apresentamos a seguir as informações de contabilidade por divisões de cada país.

	Valores em US$				
	Brasil				
Corporação Multinacional XY	AL	PC	CO	FIN	Total
Vendas externas					
América Latina	2.000	4.000			6.000
EUA	3.000	2.000			5.000
Europa	4.500	5.200			9.700
Ásia	0	0			0
Soma	9.500	11.200			20.700
Vendas intersegmentos	3.000	5.000			8.000
Total de vendas	12.500	16.200			28.700
Custos e despesas					
Produção	7.500	10.530			18.030
Vendas	1.500	1.620			3.120
Administrativos	1.250	1.782	1.435		4.467
Soma	(10.250)	(13.932)	(1.435)		(25.617)
Lucro operacional	2.250	2.268	(1.435)	0	3.083
Resultados financeiros				(1.148)	(1.148)
Impostos sobre o lucro					(658)
Lucro líquido					1.277
Ativos segmentares	5.000	6.000		0	11.000
Ativos corporativos não alocados			1.600		1.600
Ativos totais consolidados	5.000	6.000	1.600	0	12.600
Passivos segmentares	2.500	3.600		0	6.100
Passivos corporativos não alocados			6.500		6.500
Passivos totais consolidados	2.500	3.600	6.500	0	12.600
Depreciação	400	510	160		1.070
Outras despesas que não afetaram o caixa	100	100	0		200
Informações gerenciais					
Número de funcionários	2.000	3.000			
Quantidade vendida	400	800			
Preço médio de venda	31,25	20,25			
Custo médio de produção	18,75	13,16			

AL – Alumínio PC – Papel e Celulose CM – Cimento
CO – Administração Central da Corporação FIN – Resultados Financeiros

A primeira tabela apresenta os dados da filial brasileira, que tem os segmentos de negócio de alumínio e papel e celulose. A tabela procura evidenciar informações no formato das demonstrações financeiras internacionais por segmento. Além disso, ao final, apresenta algumas informações de caráter gerencial, que não necessariamente precisam ser divulgadas, mas são um exemplo de que os relatórios financeiros devem atender tanto os aspectos regulamentares quanto os gerenciais. Cada unidade de negócio tem seus próprios gastos administrativos, enquanto a administração localizada no país tem seus gastos administrativos apresentados separadamente. Os resultados financeiros também são apresentados dessa forma, não sendo vinculados aos resultados operacionais de cada segmento de negócio. Essas observações valem para as demonstrações financeiras das unidades localizadas nos demais países.

Na Argentina e nos EUA, a corporação atua nos segmentos de alumínio e cimento, e na Coreia do Sul, nos segmentos de papel e celulose e cimento.

	Valores em US$				
	Argentina				
Corporação Multinacional XY	AL	CM	CO	FIN	Total
Vendas externas					
América Latina	1.000	3.200			4.200
EUA	1.400	0			1.400
Europa	2.500	2.500			5.000
Ásia	0	0			0
Soma	4.900	5.700			10.600
Vendas intersegmentos	800	1.200			2.000
Total de vendas	5.700	6.900			12.600
Custos e despesas					
Produção	3.534	5.175			8.709
Vendas	627	690			1.317
Administrativos	684	690	630		2.004
Soma	(4.845)	(6.555)	(630)		(12.030)
Lucro operacional	855	345	(630)	0	570
Resultados financeiros				(378)	(378)
Impostos sobre o lucro					(58)
Lucro líquido					134
Ativos segmentares	4.000	5.000		0	9.000
Ativos corporativos não alocados			1.200		1.200
Ativos totais consolidados	4.000	5.000	1.200	0	10.200
Passivos segmentares	2.500	2.700		0	5.200
Passivos corporativos não alocados			5.000		5.000
Passivos totais consolidados	2.500	2.700	5.000	0	10.200
Depreciação	320	425	120		865
Outras despesas que não afetaram o caixa	100	100	0		200
Informações gerenciais					
Número de funcionários	800	1.000			
Quantidade vendida	200	300			
Preço médio de venda	28,50	23,00			
Custo médio de produção	17,67	17,25			

AL – Alumínio   PC – Papel e Celulose   CM – Cimento
CO – Administração Central da Corporação   FIN – Resultados Financeiros

	Valores em US$				
	EUA				
Corporação Multinacional XY	AL	CM	CO	FIN	Total
Vendas externas					
América Latina	1.000	0			1.000
EUA	4.500	6.200			10.700
Europa	0	5.400			5.400
Ásia	4.000	0			4.000
Soma	9.500	11.600			21.100
Vendas intersegmentos	3.000	5.000			8.000
Total de vendas	12.500	16.600			29.100
Custos e despesas					
Produção	7.500	9.960			17.460
Vendas	1.250	1.660			2.910
Administrativos	1.250	1.660	1.746		4.656
Soma	(10.000)	(13.280)	(1.746)		(25.026)
Lucro operacional	2.500	3.320	(1.746)	0	4.074
Resultados financeiros				(1.164)	(1.164)
Impostos sobre o lucro					(1.164)
Lucro líquido					1.746
Ativos segmentares	7.000	9.000		0	16.000
Ativos corporativos não alocados			2.500		2.500
Ativos totais consolidados	7.000	9.000	2.500	0	18.500
Passivos segmentares	6.000	8.000		0	14.000
Passivos corporativos não alocados			4.500		4.500
Passivos totais consolidados	6.000	8.000	4.500	0	18.500
Depreciação	560	765	250		1.575
Outras despesas que não afetaram o caixa	100	100	0		200
Informações gerenciais					
Número de funcionários	1.500	2.200			
Quantidade vendida	450	820			
Preço médio de venda	27,78	20,24			
Custo médio de produção	16,67	12,15			

AL – Alumínio   PC – Papel e Celulose   CM – Cimento
CO – Administração Central da Corporação   FIN – Resultados Financeiros

	Valores em US$				
	Coreia do Sul				
Corporação Multinacional XY	PC	CM	CO	FIN	Total
Vendas externas					
América Latina	0	0			0
EUA	3.000	5.800			8.800
Europa	1.500	0			1.500
Ásia	2.500	5.000			7.500
Soma	7.000	10.800			17.800
Vendas intersegmentos	3.000	5.000			8.000
Total de vendas	10.000	15.800			25.800
Custos e despesas					
Produção	6.000	9.480			15.480
Vendas	1.000	1.580			2.580
Administrativos	1.000	1.580	774		3.354
Soma	(8.000)	(12.640)	(774)		(21.414)
Lucro operacional	2.000	3.160	(774)	0	4.386
Resultados financeiros				(1.032)	(1.032)
Impostos sobre o lucro					(839)
Lucro líquido					2.516
Ativos segmentares	7.000	8.000		0	15.000
Ativos corporativos não alocados			1.600		1.600
Ativos totais consolidados	7.000	8.000	1.600	0	16.600
Passivos segmentares	5.000	6.000		0	11.000
Passivos corporativos não alocados			5.600		5.600
Passivos totais consolidados	5.000	6.000	5.600	0	16.600
Depreciação	560	680	160		1.400
Outras despesas que não afetaram o caixa	100	100	0		200
Informações gerenciais					
Número de funcionários	1.800	2.700			
Quantidade vendida	380	770			
Preço médio de venda	26,32	20,52			
Custo médio de produção	15,79	12,31			

AL – Alumínio   PC – Papel e Celulose   CM – Cimento
CO – Administração Central da Corporação   FIN – Resultados Financeiros

A unidade administrativa central apresenta apenas despesas administrativas e os custos financeiros que não foram alocados às divisões localizadas em cada país.

| Corporação Multinacional XY | Valores em US$ |||||
| | Matriz |||| |
	0	0	CO	FIN	Total
Custos e despesas					
Administrativos	0	0	500		500
Soma	0	0	(500)		(500)
Lucro operacional	0	0	(500)	0	(500)
Resultados financeiros				(2.100)	(2.100)
Impostos sobre o lucro					1.040
Lucro líquido					(1.560)
Ativos segmentares	0	0		0	0
Ativos corporativos não alocados			500		500
Ativos totais consolidados	0	0	500	0	500
Passivos segmentares	0	0		0	0
Passivos corporativos não alocados			500		500
Passivos totais consolidados	0	0	500	0	500
Depreciação	0	0	50		50
Outras despesas que não afetaram o caixa	0	0	0		0
Informações gerenciais					
Número de funcionários			200		

AL – Alumínio   PC – Papel e Celulose   CM – Cimento
CO – Administração Central da Corporação   FIN – Resultados Financeiros

Com base nas demonstrações financeiras específicas de cada país, mais a demonstração financeira da administração central, elaboram-se as demonstrações financeiras por segmento de negócio. A primeira, e a mais importante, é consolidar as informações sobre os segmentos de negócios, suas receitas, lucros e investimentos.

Na consolidação, as vendas intersegmentares (vendas dentro do próprio grupo) são eliminadas contra o custo da produção. Os gastos administrativos de cada país foram alocados em cada negócio na proporção do total das vendas. Os resultados financeiros de cada país foram consolidados junto aos dados da corporação. Os ativos e passivos não alocados em cada país foram alocados no consolidado, com os dados da corporação.

Demonstrações por segmento de negócio (produtos)   Valores em US$

| Corporação Multinacional XY | Segmentos de negócio ||||||
	AL	PC	CM	Eliminações	Corporação	Consolidado
Vendas externas	23.900	18.200	28.100			70.200
Vendas intersegmentos	6.800	8.000	11.200	(26.000)	0	0
Total de vendas	30.700	26.200	39.300		0	70.200
Custos e despesas						
Produção	18.534	16.530	24.615	(26.000)		33.679
Vendas	3.377	2.620	3.930			9.927
Administrativos específicos	3.184	2.782	3.930		500	10.396
Administrativos alocados	1.660	1.110	1.815			4.585
Soma	(26.755)	(23.042)	(34.290)		(500)	(58.587)
Lucro operacional	3.945	3.158	5.010	0	(500)	11.613
Resultados financeiros	0	0	0	0	(5.822)	(5.822)
Impostos sobre o lucro	0	0	0		(1.678)	(1.678)
Lucro líquido	3.945	3.158	5.010		(8.000)	4.113

Corporação Multinacional XY	Segmentos de negócio					
	AL	PC	CM	Eliminações	Corporação	Consolidado
Ativos segmentares	16.000	13.000	22.000	0	0	51.000
Ativos corporativos não alocados					7.400	7.400
Ativos totais consolidados	16.000	13.000	22.000	0	7.400	58.400
Passivos segmentares	11.000	8.600	16.700	0	0	36.300
Passivos corporativos não alocados					22.100	22.100
Passivos totais consolidados	11.000	8.600	16.700	0	22.100	58.400
Depreciação	1.935	1.575	1.400	0	50	4.960
Outras despesas que não afetaram o caixa	400	200	200	0	0	800

AL – Alumínio   PC – Papel e Celulose   CM – Cimento
CO – Administração Central da Corporação   FIN – Resultados Financeiros

Fazendo uma análise preliminar de margem e retorno de investimento, vemos que o negócio de alumínio tem a melhor margem sobre vendas, bem como o maior retorno do investimento. Verifica-se também que os demais segmentos de negócio também têm margem e rentabilidade boas. A última coluna incorpora tanto os gastos administrativos e financeiros da corporação como os ativos administrativos. Verifica-se então uma queda muito grande na margem líquida e, automaticamente, do retorno do investimento. Neste exemplo, fica claro que os custos administrativos, tanto gerais como locais, têm prejudicado sensivelmente os resultados obtidos especificamente pelas unidades de negócio, ou, por outro lado, as margens das unidades de negócios não têm sido suficientes para cobrir os custos corporativos administrativos e financeiros.

Relatórios por segmento – IFRS e BR Gaap

Análise de rentabilidade por segmento de negócio

Corporação Multinacional XY	Segmentos de negócio			
	AL	PC	CM	Total
Lucro líquido (a)	3.945	3.158	5.010	4.113
Vendas totais (b)	30.700	26.200	39.300	70.200
Margem líquida (a : b)	12,9%	12,1%	12,7%	5,9%
Ativos (c)	16.000	13.000	22.000	58.400
Retorno do Investimento (ROI) (a : c)	24,7%	24,3%	22,8%	7,0%

AL – Alumínio   PC – Papel e Celulose   CM – Cimento

A outra demonstração financeira requerida internacionalmente é a demonstração de resultados e ativos por localização física. Normalmente essa apresentação consolida regiões de risco similar. Assim, nosso exemplo indica a região da América Latina, que engloba as operações do Brasil e da Argentina, separada das demais. No exemplo a seguir, os resultados financeiros locais estão apresentados em cada região.

Demonstrações por segmento – localização física					Valores em US$	
	Localização física					
Corporação Multinacional XY	Am. Latina	EUA	Ásia	Eliminações	Corporação	Consolidado
Vendas externas	31.300	21.100	17.800			70.200
Vendas intersegmentos	10.000	8.000	8.000	(26.000)	0	0
Total de vendas	41.300	29.100	25.800		0	70.200
Custos e despesas						
Produção	26.739	17.460	15.480	(26.000)		33.679
Vendas	4.437	2.910	2.580			9.927
Administrativos específicos	6.471	4.656	3.354		500	14.981
Administrativos alocados	(37.647)	(25.026)	(21.414)		(500)	(58.587)
Soma	3.653	4.074	4.386	0	(500)	11.613
Lucro operacional	(1.526)	(1.164)	(1.032)	0	(2.100)	(5.822)
Resultados financeiros	(716)	(1.164)	(839)		1.040	(1.678)
Impostos sobre o lucro	1.412	1.746	2.516		(1.560)	4.113
Lucro líquido	3.945	3.158	5.010		(8.000)	4.113
Ativos segmentares	22.800	18.500	16.600	0	0	57.900
Ativos corporativos não alocados					500	500
Ativos totais consolidados	22.800	18.500	16.600	0	500	58.400
Passivos segmentares	22.800	18.500	16.600	0	0	57.900
Passivos corporativos não alocados					500	500
Passivos totais consolidados	22.800	18.500	16.600	0	500	58.400
Depreciação	1.935	1.575	1.400		50	4.960
Outras despesas que não afetaram o caixa	400	200	200		0	800

Cabe também uma análise de lucratividade e rentabilidade por região. No exemplo, o resultado da América Latina é mais fraco, mesmo sendo a região que mais vende, tanto em margem de venda quanto em retorno sobre ativos. A unidade asiática, mesmo vendendo menos, tem um desempenho superior ao das demais, também tanto em margem quanto em retorno do investimento.

Análise de rentabilidade por localização física				Valores em US$
	Localização física			
Corporação Multinacional XY	Am. Latina	EUA	Ásia	Total
Lucro líquido (a)	1.412	1.746	2.516	4.113
Vendas totais (b)	41.300	29.100	25.800	70.200
Margem líquida (a : b)	3,4%	6,0%	9,8%	5,9%
Ativos (c)	22.800	18.500	16.600	58.400
Retorno do investimento (ROI) (a : c)	6,2%	9,4%	15,2%	7,0%

Outra demonstração financeira considerada importante é a evidenciação das vendas pela localização dos clientes, uma vez que há um tipo de risco associado às regiões compradoras.

Demonstrações por segmento – vendas externas por localização dos clientes

Corporação Multinacional XY	Valores em US$				
	Localização dos clientes				
	Am. Latina	USA	Europa	Ásia	Total
Vendas externas					
Alumínio	4.000	8.900	7.000	4.000	23.900
Papel e celulose	4.000	5.000	6.700	2.500	18.200
Cimento	3.200	12.000	7.900	5.000	28.100
Soma	11.200	25.900	21.600	11.500	70.200

O ideal seria a apresentação dos resultados, porém nem sempre essa informação é de fácil obtenção pelas empresas. Mesmo que os custos de produção sejam alocados adequadamente, é muito difícil uma alocação das despesas financeiras e operacionais, bem como dos impostos sobre o lucro.

Estudo de caso

Microsoft simplifica divisões de negócios – *Valor Econômico*, 21/09/2005, p. B3

A Microsoft, maior fabricante mundial de programas de computador, pretende reduzir de sete para três o número de unidades nas quais está dividida, dentro de sua estratégia para enfrentar a concorrência cada vez maior de rivais como o Google. Com as mudanças, o objetivo é aperfeiçoar o processo de tomada de decisões e a velocidade da execução.

Uma divisão englobará os negócios de Windows para computadores pessoais, a área de servidores e ferramentas, além das operações do serviço de internet MSN. A outra unidade ficará com o pacote de produtividade Office, que inclui *softwares* como Word e Excel. A terceira unidade operacionalizará a nova unidade de entretenimento e dispositivos, que inclui o console de videogame Xbox.

9.12.1 Preços de transferências

Esse conceito emerge naturalmente quando da adoção de uma contabilidade setorial. Na identificação e segmentação dos centros geradores de resultados serão encontrados aqueles que prestam serviços internamente ou produzem e transferem produtos dentro da própria empresa, ou seja, seus clientes são internos, não externos.

Assim, o ponto fundamental para apuração dos resultados dos centros que prestam serviços ou transferem produtos internamente é o preço a ser adotado para mensuração de suas receitas. A questão sempre está na mensuração das receitas, uma vez que a obtenção do valor das despesas é geralmente suprida pela contabilidade das despesas por setores ou departamentos por meio dos centros de custos.

Preço de transferência é o valor obtido pelo método de mensuração da receita dos produtos e serviços transferidos internamente. A adoção de critérios inadequados será fatal para o sistema de informação de contabilidade divisional, pois da mensuração da receita obter-se-á a mensuração do resultado e a consequente avaliação de desempenho dos gestores. Critérios inadequados conduzirão fatalmente ao descrédito em todo esse sistema de informação. Além da própria incorreção da mensuração dos resultados setoriais, critérios inadequados afetarão totalmente os gestores e a motivação, um dos aspectos mais importantes do Sistema de Contabilidade Setorial.

A seguir, os principais critérios para preços de transferência.

Custo real

É um critério de preço de transferência, mas não é recomendado. Transferir produtos e serviços internamente mensurando sua receita pelo custo real não traz nenhuma vantagem informacional ou motivacional. Se a unidade transferidora puder repassar todo seu custo, ela ficará à vontade para custos maiores e indevidos. A unidade recebedora, por outro lado, fica totalmente à mercê do custo da outra unidade.

Além disso, a adoção do conceito de custo real não permite, em princípio, a obtenção de um lucro, já que o total da receita será igual ao dos gastos. Portanto, não permite uma avaliação de eficiência operacional nem eficácia em termos de lucro.

Custo-padrão

É uma variação do preço de transferência baseado em custo, e menos problemático que o custo real, porém com a possibilidade de trazer riscos semelhantes. Se os padrões forem construídos buscando-se os custos reais, em condições de competitividade externa, pelo menos esse critério poderá medir a eficiência operacional.

Caso a unidade transferidora consiga custos ainda menores que o custo-padrão, ela apresentará um resultado. Não há muitos inconvenientes, nesse critério, para a unidade recebedora.

Custo-padrão mais margem de lucro

É uma variação do critério de custo-padrão, acrescentando ao custo uma margem-padrão de lucratividade, buscando aspectos adicionais de motivação. É um dos critérios mais utilizados, pois a margem de lucro incorpora o aspecto motivacional, porque a unidade transferidora deverá, em princípio, apresentar esta margem-padrão de lucro como resultado global.

Preço de mercado

É o critério mais indicado. Praticamente qualquer produto ou serviço, sejam eles intermediários ou finais, tem um preço de mercado. É o preço que seria pago caso fosse adquirido de um fornecedor externo à empresa.

Esse é o critério que deve ser utilizado, pois tem todas as vantagens e nenhuma desvantagem:

- é objetivo, pois é aferido pelo mercado;
- evita discussões, pois o preço é dado por entidades externas à empresa;
- incorpora competividade, pois dá referencial externo às atividades internas da empresa.

Preço negociado

Quando existir algum problema grave para obtenção do preço de mercado, a alternativa poderá ser a negociação de um preço de transferência entre as partes envolvidas. Como base, poderia ser utilizado o custo-padrão.

O problema potencial está na habilidade de negociar. Se o gestor de um dos dois lados for mais hábil que o outro, poderá haver um acordo de preços que também não seja adequado para a empresa.

Preço arbitrado

Eventualmente, um produto ou serviço intermediário pode não ter preço de mercado (um produto inédito, por exemplo), ou, então, é determinação da alta administração que seja executado internamente. Se não se conseguir o preço de transferência com nenhum dos critérios citados, a alta administração deverá arbitrar o preço e valorar às transferências.

Muitas empresas adotam o critério de mensurar as receitas dos produtos e serviços fornecidos internamente por preços de custo (custo real, custo-padrão, custo-padrão mais margem arbitrada), partindo da premissa que são atividades internas e há dificuldades em obter-se referencial externo ou de mercado. Todos os preços baseados em custo trazem o problema central de transferência de ineficiência e, portanto, não devem ser utilizados. Entendemos que o melhor critério é a adoção de preços de mercado, pelo conceito de valor realizável líquido, pois, com raríssimas exceções, todas as atividades internas têm referencial externo, pois podem ser desempenhadas fora da empresa.

9.12.1.1 Preços de transferências internacionais (*transfer pricing*)

De um modo geral, os preços praticados nas operações internacionais têm sido objeto de regulamentação pela maior parte dos países, como uma resposta às práticas empresariais que têm por objetivo a redução da renda tributável. As primeiras iniciativas foram das autoridades fiscais dos EUA, em 1929, que passaram a regular os preços das transações intercompanhias (Rosseto, 1998, p. 79).

O preço de transferência internacional (*transfer pricing*) é aquele praticado em operações internacionais entre empresas multinacionais do mesmo grupo econômico. Os objetivos básicos dos governos em regular esses preços são:

a) evitar a evasão fiscal de tributos;
b) evitar a subavaliação ou superavaliação dos preços das mercadorias e serviços transacionados entre corporações do mesmo grupo;
c) evitar transferências inadequadas de divisas;
d) evitar distribuição ilegal de resultados por meio da adulteração dos preços dos produtos e serviços comercializados internacionalmente etc.

O princípio do *Arm's Lenght Transaction*

Esse princípio, que pode ser traduzido como *operação em base puramente comercial*, fundamenta as regulamentações de preços de transferência internacionais. De acordo com ele, para negócios e condições comparáveis, o preço das transações realizadas entre partes relacionadas deve ser semelhante ao praticado com terceiros, no pressuposto de que a transação foi efetuada em condições semelhantes às que seriam aplicadas entre partes não relacionadas (Rosseto, 1998, p. 80).

Esse princípio foi consagrado internacionalmente em 1995 pela OECD (Organização para Cooperação Econômica e Desenvolvimento) e foi adotado e adaptado para o Brasil pela Lei nº 9.430/96.

Partes relacionadas

Consideram-se partes relacionadas, vinculadas ou associadas às pessoas jurídicas de países diferentes que têm algum vínculo comercial ou financeiro, como, por exemplo:

a) matriz ou filial de empresa sediada no exterior;
b) empresa controlada ou controladora no exterior;
c) empresa coligada no exterior;
d) empresas distribuidoras no exterior onde há grau de dependência comercial.

Além das pessoas jurídicas, as legislações internacionais também tendem a contemplar as pessoas físicas que, de alguma forma, possam ser beneficiadas por preços de transferências comerciais ou financeiros.

As regras de preços de transferências internacionais aplicam-se tanto às importações quanto às exportações.

A legislação brasileira

A legislação brasileira permite a aplicação dos seguintes preços de transferência, ficando a critério da empresa contribuinte a utilização de um deles, dentro de seu negócio de atuação, devendo escolher um para parametrizar as importações e outro para as exportações.

I) Importações

a) **método dos Preços Independentes Comparados (PIC):** definido como a média aritmética ponderada dos preços de bens e serviços idênticos ou similares, apurados no mercado brasileiro ou de outros países, em operações de compra e venda, em condições de pagamento semelhantes;

b) **método do Preço de Revenda menos Lucro (PRL):** definido como a média aritmética dos preços de revenda dos produtos ou serviços, diminuídos dos descontos incondicionais, impostos e contribuições incidentes sobre as vendas, comissões e corretagens, e da margem de lucro (20% para alguns setores e 60% para outros);

c) **método do Custo da Produção mais Lucro (CPL):** definido como o custo médio de produção dos produtos e serviços, idênticos ou similares, no país onde tiverem sido originariamente produzidos, acrescidos dos impostos cobrados pelo referido país e da margem de lucro de 20%.

II) Exportações

a) **método do Preço de Venda nas Exportações (PVEx):** definido como a média aritmética ponderada dos preços de venda nas exportações efetuadas pela própria empresa para outros clientes não vinculados a ela;

b) **método do Preço de Venda (por Atacado ou Varejo) no País de Destino, Diminuído do Lucro (PVA/PVV):** definido como a média aritmética ponderada dos preços dos produtos e serviços, idênticos ou similares, praticados no mercado atacadista do país de destino, em condições de pagamento semelhantes, diminuídos dos tributos incluídos no preço cobrado no referido país, e da margem de lucro sobre o preço de venda (15% e 30%, respectivamente);

c) **método do Custo de Aquisição ou Produção mais Tributos e Lucro (CAP):** definido como a média aritmética ponderada dos custos de produção ou aquisição dos produtos e serviços exportados, acrescidos dos impostos e contribuições cobrados no Brasil e da margem de lucro de 15% sobre a soma dos custos mais impostos.

Estrutura brasileira, norte-americana e OECD

As regras da OECD têm sido utilizadas pela maior parte dos países, inclusive da Europa, e são similares às regras dos EUA. A diferença entre a estrutura brasileira e a da OECD e dos EUA é que o Brasil criou critérios para as exportações diferentes dos aplicados às importações.

Os critérios utilizados pela OECD e pelos EUA são os seguintes:

a) *comparable Uncontrolled Price* (CUP): relacionado com os métodos brasileiros PIC (Preços Independentes Comparados) e PVEx (Preço de Venda nas Exportações), é definido como o preço de venda em transações não controladas, ou seja, com terceiros, já que as transações com empresas relacionadas são consideradas controlados. Esse é o método recomendável para OECD como regra geral, reconhecendo, no entanto, que ele não é aplicável em todas as situações;

b) *cost Plus Method* (CUP): relacionado com os métodos brasileiros CAP (Custo de Aquisição ou Produção mais Tributos e Lucros) e CPL (Custo da Produção mais Lucro);

c) *retail Price Method* (RPM): relacionado com os métodos brasileiros PRL (Preço de Revenda menos Lucro) e PVA/PVV (Preço de Venda por Atacado ou Varejo).

O quadro a seguir apresenta uma comparação dos métodos brasileiros e internacionais.

Comparação dos métodos de *transfer pricing* internacionais e brasileiros

Operações internacionais	Brasil	OECD e EUA
Importação	PIC	CUP
	PRL	RPM
	CPL	CPM
Exportação	PVEx	CUP
	PVA/PVV	RPM
	CAP	CPM

Aspectos tributários nas transações internacionais com empresas relacionadas

Em linhas gerais, os preços de transferências internacionais são adotados como padrões de aferição de preços máximos para as importações e preços mínimos para as exportações, que são utilizados pelos órgãos fiscais e reguladores. Em tese, as empresas podem utilizar qualquer preço de transferência em termos comerciais, mas devem ater-se aos padrões contidos nos critérios estabelecidos, para fins tributários.

Assim, se o valor das exportações for inferior a qualquer um dos quatro métodos admitidos para este tipo de operação, a empresa exportadora deverá ser tributada na diferença existente entre o valor real exportado e o valor obtido pelo critério que ela escolhe para parametrizar a operação internacional. Fica claro que o objetivo é impedir subfaturamento das exportações e, consequentemente, a menor entrada de divisas e menor base de tributação do lucro.

No caso das importações, se o valor delas for superior a qualquer um dos três métodos admitidos, a empresa importadora deverá ser tributada na diferença entre o valor real da importação e o valor obtido pelo critério que a empresa escolhe para parametrizar essa operação. Assim, o objetivo é impedir importações superfaturadas, que provocarão necessidade adicional de remessa de divisas, bem como reduzirão o lucro tributável no país do estabelecimento importador.

No Brasil, os tributos que serão pagos nos valores reais que excederem aos valores que seriam obtidos pelos preços de transferência são o Imposto de Renda (IR) e a Contribuição Social sobre o Lucro Líquido (CSLL). O IR tem uma alíquota básica de 15%, mais um adicional aplicável aos lucros anuais superiores a R$ 240.000, o que, na prática, torna a alíquota igual a 25% para a grande maioria das empresas. A CSLL tem uma alíquota única de 9%, levando a alíquota total dos tributos sobre o lucro a cerca de 34%.

Tributação de *transfer pricing* nas exportações com empresas relacionadas

Discriminação	Quantidade	Preço unitário – US$	Total
Situação I			
Exportação realizada (a)	200	3.000,00	600.000
Exportação com *transfer pricing* adotado (b)	200	2.400,00	480.000
Diferença (a – b)		600,00	120.000
Impostos sobre o lucro			34%
Valor a ser recolhido			0
Situação II			
Exportação realizada (a)	200	2.000,00	400.000
Exportação com *transfer pricing* adotado (b)	200	2.400,00	480.000
Diferença (a – b)		(400,00)	(80.000)
Impostos sobre o lucro			34%
Valor a ser recolhido			27.200

A tabela anterior mostra dois exemplos de exportações para empresas do mesmo grupo econômico. Na Situação I, a exportação para a empresa relacionada foi efetuada ao preço unitário de US$ 3.000,00. Parametrizando a exportação por um dos preços de transferências possíveis, o preço mínimo a ser praticado na exportação seria de US$ 2.400,00. Nesta situação, a empresa exportou por um preço superior ao mínimo exigido, e não haverá penalidade tributária.

Na Situação II, o preço de transferência constante na fatura de exportação foi de US$ 2.000,00. Como o parâmetro utilizado pela empresa exigia um preço mínimo de exportação de US$ 2.400,00, a empresa tem de recolher o equivalente a US$ 27.200,00 para o governo do país da unidade exportadora.

No caso das importações prevalece o inverso. Se o preço efetivamente negociado e constante da declaração de importação for superior ao preço de transferência adotado como parâmetro, haverá a tributação do valor da diferença. Assim, na Situação I da tabela seguinte, a empresa recebedora pagou pela importação o preço de US$ 24,00, superior ao permitido pela legislação. Assim, ela terá de recolher o equivalente a US$ 136.000 em tributos para o governo do estabelecimento da unidade importadora. No caso da Situação II, o preço da importação é inferior ao preço parâmetro e, assim, não haverá penalidade tributária.

Tributação de *transfer pricing* nas importações com empresas relacionadas

Discriminação	Quantidade	Preço unitário – US$	Total
Situação I			
Importação realizada (a)	200.000	24,00	4.800.000
Importação com *transfer pricing* adotado (b)	200.000	22,00	4.400.000
Diferença (a – b)		2,00	400.000
Impostos sobre o lucro			34%
Valor a ser recolhido			136.000
Situação II			
Importação realizada (a)	200.000	20,00	4.000.000
Importação com *transfer pricing* adotado (b)	200.000	22,00	4.400.000
Diferença (a – b)		(2,00)	(400.000)
Impostos sobre o lucro			34%
Valor a ser recolhido			0

Exemplo 1 – Preços de transferência

A questão dos preços de transferência pode ser trabalhada objetivando minimizar o impacto tributário no imposto de renda consolidado do grupo. Para tanto, é necessário que a tributação entre as divisões que operacionalizam as transferências tenham alíquotas de imposto de renda diferentes.

Tomemos como exemplo uma divisão de um grupo multinacional localizado no Brasil que tem condições de enviar mercadorias para a Alemanha, que fará a revenda para o consumidor final. A alíquota máxima de imposto de renda no Brasil é 34%, enquanto na Alemanha a alíquota é maior, 46%. O planejamento tributário consiste em fazer o maior lucro possível na divisão brasileira e o menor lucro (ou até prejuízo) na divisão alemã. O planejamento deve incluir também a política de tributação dos preços de transferência em cada país.

No nosso exemplo, a premissa é que estão sendo respeitados os limites de *transfer pricing* em cada país. A empresa brasileira gasta $ 1.100 para adquirir mercadorias que, em seguida, serão enviadas à Alemanha por $ 2.150. Na Alemanha, as mercadorias são vendidas ao consumidor final por $ 5.400. O lucro consolidado antes do imposto de renda é de $ 4.300 ($ 5.400 (–) $ 1.100).

Transações entre as filiais do Brasil e da Alemanha	Brasil	Alemanha	Consolidado
Preço de transferência para a Alemanha	2.150		
Preço de venda ao consumidor final		5.400	5.400
(–) Preço de aquisição no Brasil	(1.100)		(1.100)
(–) Preço recebido em transferência		(2.150)	
Lucro antes do imposto de renda	1.050	3.250	4.300
Alíquota de imposto de renda	34%	46%	
Valor do imposto de renda	(357)	(1.495)	(1.852)
Lucro após o imposto de renda	693	1.755	2.448
Margem de lucro	32%	33%	45%
Alíquota média do imposto de renda do grupo			43%

Nesse momento, a margem de lucro consolidado é 45% e o impacto médio do imposto de renda é 43%. Acionando um planejamento tributário, poderia ser transferido para a divisão alemã por um valor maior, no caso, $ 3.200. Como os preços de aquisição, no Brasil, e de venda para o consumidor final, na Alemanha, são de mercado, esses ficam inalterados. Cada divisão tem agora um novo lucro, e o grupo, uma nova tributação.

Transações entre as filiais do Brasil e da Alemanha	Brasil	Alemanha	Consolidado
Preço de transferência para a Alemanha	3.200		
Preço de venda ao consumidor final		5.400	5.400
(–) Preço de aquisição no Brasil	(1.100)		(1.100)
(–) Preço recebido em transferência		(3.200)	
Lucro antes do imposto de renda	2.100	2.200	4.300
Alíquota de imposto de renda	34%	46%	
Valor do imposto de renda	(714)	(1.012)	(1.726)
Lucro após o imposto de renda	1.386	1.188	2.574
Margem de lucro	43%	22%	48%
Alíquota média do imposto de renda do grupo			40%

O lucro gerado na divisão brasileira aumentou e na divisão alemã diminuiu. Como a carga tributária brasileira de imposto de renda é menor, o grupo paga, no conjunto, menos imposto de renda, ficando a alíquota média reduzida de 43% para 40%. O lucro líquido subiu de $ 2.448 para $ 2.574, aumentando a margem líquida de 45% para 48%, configurando-se um planejamento tributário que deu resultado.

A continuidade do exemplo mostra um preço de transferência da divisão brasileira para a divisão alemã ($ 5.700) maior do que o preço de venda ao consumidor final na Alemanha.

Transações entre as filiais do Brasil e da Alemanha	Brasil	Alemanha	Consolidado
Preço de transferência para a Alemanha	5.700		
Preço de venda ao consumidor final		5.400	5.400
(–) Preço de aquisição no Brasil	(1.100)		(1.100)
(–) Preço recebido em transferência		(5.700)	
Lucro antes do imposto de renda	4.600	(300)	4.300
Alíquota de imposto de renda	34%	46%	
Valor do imposto de renda	(1.564)	138	(1.426)
Lucro após o imposto de renda	3.036	(162)	2.874
Margem de lucro	53%	–3%	53%
Alíquota média do imposto de renda do grupo			33%

Essa hipótese teórica melhora ainda mais a margem líquida, que passa para 53%, caindo o impacto médio do imposto de renda para 33%. Fica claro que esse planejamento tributário é muito útil, e evidencia diversas outras possibilidades de elisão fiscal.[1]

---

[1] Denominam-se elisão fiscal os procedimentos dentro da lei para reduzir a carga tributária das empresas.

Questões e exercícios

1. Apresente as normas contábeis internacionais e brasileiras que regulamentam o assunto "Relatórios por segmento".
2. Defina os seguintes termos de acordo com a norma contábil brasileira sobre informações por segmento:
   a) segmento operacional;
   b) segmento divulgável.
3. Quais são os parâmetros quantitativos mínimos para a identificação de segmentos divulgáveis de acordo com a norma contábil internacional sobre informações por segmento?
4. Quais são as principais informações por segmento econômico sobre resultado, ativo e passivo, conforme as normas contábeis internacionais e brasileiras?
5. Estabeleça as diferenças entre relatórios por segmento principais e secundários.
6. Preços de transferência:
   Uma empresa multinacional francesa transaciona produtos com sua controlada no Brasil. O custo dos produtos vendidos à filial brasileira foi de $ 30.000. Para a transferência, foi adotado um multiplicador de 1,9. O produto foi vendido no Brasil ao consumidor final por $ 70.000. Calcule os resultados de cada divisão, bem como o lucro após o imposto, considerando que na França a alíquota dos impostos sobre o lucro é de 25% e no Brasil é de 34%. Faça também o resultado consolidado e apure a alíquota média dos impostos sobre o lucro resultante das operações do grupo.

   Demonstrações por segmento
   Com os dados a seguir, elabore demonstrações de resultados:
   a) por localização geográfica;
   b) por segmento de negócio;
   c) pela localização dos clientes.

Transações	Receita	Custo da venda	Despesa	Cliente	Localização	Negócio
Venda 1	1.000	600	0	EUA	Brasil	Eletrônicos
Venda 2	2.000	1.400	0	EUA	China	Celulares
Venda 3	1.500	900	0	Europa	China	Celulares
Venda 4	1.200	800	0	EUA	Índia	Eletrodomésticos
Venda 5	900	600	0	Europa	Brasil	Eletrônicos
Venda 6	1.800	1.400	0	China	China	Celulares
Venda 7	1.350	900	0	China	Brasil	Eletrônicos
Venda 8	1.450	800	0	Europa	Índia	Eletrodomésticos
Venda 9	2.750	2.200	0	China	Índia	Eletrodomésticos
Despesas operacionais	0	0	640	–	Brasil	Eletrônicos
Despesas operacionais	0	0	1.000	–	China	Celulares
Despesas operacionais	0	0	1.450	–	Índia	Eletrodomésticos
Despesas operacionais	0	0	250	–	EUA	Matriz
Despesas financeiras	0	0	2.200	–	EUA	Matriz

Considere que não houve vendas intersegmentares, e que as alíquotas de imposto de renda são, respectivamente: 34% no Brasil, 28% na China, 25% na Índia e 47% nos EUA.

PARTE III

Práticas contábeis em IFRS e BR Gaap: principais aplicações

Capítulo 10 – Valor justo e valor presente de ativos e passivos   233

Capítulo 11 – Políticas contábeis, mudanças em estimativas e correção de erros   245

Capítulo 12 – Receitas   253

Capítulo 13 – Estoques   261

Capítulo 14 – Provisões, ativos e passivos contingentes   267

Capítulo 15 – Redução ao valor recuperável de ativos – *impairment*   277

Capítulo 16 – Custos de empréstimos   289

Capítulo 17 – Ativo imobilizado   293

Capítulo 18 – Arrendamento mercantil – *leasing*   305

Capítulo 19 – Ativo não circulante mantido para venda e operação descontinuada   315

Capítulo 20 – Propriedades para investimento   321

Capítulo 21 – Ativos intangíveis   327

Capítulo 22 – Combinação de negócios e goodwill   339

Capítulo 23 – Tributos sobre o lucro   359

Capítulo 24 – Subvenção e assistência governamentais   371

Capítulo 25 – Instrumentos financeiros – reconhecimento e mensuração   375

Capítulo 26 – Benefícios de curto prazo a empregados   391

Capítulo 27 – Ativos biológicos e produtos agrícolas   395

Capítulo 28 – Eventos subsequentes   401

CAPÍTULO 10

Valor justo e valor presente de ativos e passivos

10.1 Valor justo

10.1.1 Normas contábeis

Neste capítulo, apresentamos algumas normas contábeis internacionais, norte-americanas e brasileiras, que usam o valor justo na avaliação e mensuração de ativos e passivos.

- **Internacional:** IASs 2, 16, 17, 19, 21, 32, 36, 39, 41 e IFRS 3, do International Accounting Standards Board;
- **Estados Unidos:** SFAS 157, do Financial Accounting Standards Board;
- **Brasil:** Pronunciamentos Técnicos CPCs 2, 4, 6, 7, 8, 10, 13, 15 e 16, do Comitê de Pronunciamentos Contábeis.

10.1.2 Conceito de valor justo

O termo valor justo representa o montante que os investidores considerariam um "retorno justo". Esse conceito vem sendo utilizado desde o final do século passado. Posteriormente, alguns autores relatam que a utilização conceitual foi expandida, primeiro por pressão das empresas de utilidade pública que desejavam o cômputo de valores correntes, e depois pelos tribunais, que decidiram exigir a sua aplicação, a fim de garantir uma apresentação mais adequada dos fatos relevantes nas demonstrações contábeis. O valor justo tem sido amplamente definido e discutido nas normas do Fasb, do ASB (Accounting Standards Board – Comitê de Normas Contábeis, do Reino Unido), do Iasb e do CPC (Comitê de Pronunciamentos Contábeis, do Brasil).

Valor justo significa, inicialmente, "atribuir valores de mercado a ativos ou passivos". Isso beneficiaria tanto os investidores (que querem saber o valor corrente acurado da companhia) como os executivos (que necessitam conhecer sua condição financeira num dado momento). Primariamente, valor justo é o valor de mercado.

Podemos ainda considerar valor justo como o montante pelo qual um ativo poderia ser transacionado entre partes interessadas e dispostas a uma negociação sem favorecimentos.

A verdade é que nem todos os acadêmicos e profissionais concordam em limitar o foco da contabilidade no resultado e excluir de seu escopo a determinação do *valor* do patrimônio. Geralmente, uma empresa mantém ativos e passivos com o objetivo de que eles lhe rendam um retorno, o que, no capitalismo, convencionou-se chamar de maximização do lucro e, mais especificamente na teoria de finanças, maximização do valor do acionista.

A partir desse posicionamento parece lógico inferir que a contabilidade deveria captar o "verdadeiro" valor econômico dos ativos. O que é o "verdadeiro" valor econômico e o que a contabilidade poderia fazer para determiná-lo? O valor é um conceito subjetivo, que diz respeito às preferências ou desejos que as pessoas têm por um determinado bem ou serviço. As preferências pessoais fazem parte de um infindável número de variáveis.

O valor justo tem sido empregado em muitas situações, por exemplo, na apreciação de superveniências biológicas, no processo de aquisição de ativos, no reconhecimento da obsolescência de bens permanentes, no reconhecimento de instrumentos financeiros, entre outras. A razão comum para o emprego do valor justo em todos esses procedimentos é que se reflita a posição patrimonial de um item ou do patrimônio como um todo, de modo que a avaliação evidencie a essência patrimonial, e não a mera formalidade legal. De fato, as características que se buscam na avaliação do valor justo são confiabilidade e relevância.

Nos primórdios de sua normalização, durante a década de 1930, a contabilidade restringiu o conceito da avaliação patrimonial ao custo histórico, com raras exceções. Porém, o custo é o valor justo no momento da entrada do bem na entidade, e continua a satisfazer as características de confiabilidade e relevância somente se o bem não estiver exposto a muitas modificações, sejam elas em relação ao seu potencial de utilização ou de troca.

Percebe-se que, na maioria dos casos, o valor justo é representado por um preço de entrada. Todavia, em outros casos, como nos instrumentos financeiros, ele é um valor de saída. Portanto, o conceito tem a característica de flexibilidade e depende do objetivo da mensuração.

A premissa da contabilização de ativos ao valor justo é que alguém aceite essa medida de valor, uma vez que ela não é pontual. O Iasb entende que o responsável por isso é o elaborador das demonstrações contábeis, ou seja, o contador. O custo histórico é uma medida segura, portanto, afastar-se de tal segurança implica em preparo e técnica, é como "nadar num lago que não dá pé". A pergunta que se faz é: os contadores estão preparados para substituir, pelo menos em parte, o custo histórico? Se a resposta for afirmativa, quais serão os meios empregados para isso?

Antes do SFAS 133 (Instrumentos Financeiros), do Fasb, muitos instrumentos financeiros encontravam-se fora do balanço patrimonial. A partir de sua entrada em vigor, os ganhos e perdas com atividades de *hedge* com instrumentos derivativos devem ser reconhecidos ao valor justo no balanço; logo, todos os instrumentos financeiros deverão ser reconhecidos e divulgados ao valor justo.

A valoração de ativos ao valor justo pode ter um impacto potencial na Demonstração do Resultado do Exercício (DRE) se o conceito *all-inclusive* for seguido. O conceito *all-inclusive*, dado por meio do resultado abrangente, aproxima-se do conceito de manutenção de capital, que é mais consistente com os conceitos de resultado econômico.

A mesma preocupação em relação à volatilidade presente nos instrumentos financeiros valorados ao valor justo não se justifica e nem é demonstrada na norma para a agropecuária. Aparentemente, o reconhecimento dos ganhos (superveniências) ou perdas (insubsistências) em ativos biológicos e outros itens peculiares a essas atividades não estariam sujeitos à incerteza de sua realização da mesma forma que os instrumentos financeiros. Daí o tratamento diferenciado no resultado.

Cada usuário da informação tem o seu próprio modelo decisório, cabendo a este a utilização, ou não, de tais informações. Nessa ótica, a atitude do Fasb é corajosa, pois se afasta do objetivismo do custo histórico ao utilizar o valor justo e procura detalhar ao máximo a movimentação econômica do patrimônio nos relatórios de desempenho.

Vale ressaltar que a "subjetividade" é parte integrante do processo de avaliação e mensuração do valor justo (valor econômico), pois as preferências pessoais dos agentes negociadores podem influenciar a sua determinação.

Conceito internacional – IFRS

Algumas normas contábeis internacionais, como a IAS 39 – Instrumentos Financeiros, definem valor justo como:

> "o montante pelo qual um ativo poderia ser trocado, ou um passivo liquidado, entre partes conhecedoras e dispostas, em uma transação sem favorecimentos".

Conceito norte-americano – US-Gaap

O SFAS 157, do Fasb, define valor justo da seguinte forma:

> "preço que poderia ser recebido pela venda de um ativo ou pago pela transferência de um passivo em uma transação ordenada entre participantes do mercado, sem favorecimentos".

Conceito brasileiro – BR-Gaap

Algumas normas brasileiras de contabilidade (por exemplo: CPC 15 – Combinação de Negócios) conceituam valor justo como se segue:

> "Valor justo é o valor pelo qual um ativo pode ser negociado, ou um passivo liquidado, entre partes interessadas, conhecedoras do negócio e independentes entre si, com a ausência de fatores que pressionem para a liquidação da transação ou que caracterizem uma transação compulsória".

10.1.3 Mensuração do valor justo e IFRS

Os principais métodos que podem ser utilizados na determinação do valor justo, segundo as normas contábeis internacionais, são:

- **valor de mercado:** preço de mercado do ativo ou passivo;
- **valor de mercado de similares:** preço de mercado de ativos e passivos similares;
- **custo de reposição:** preço que seria pago para repor o ativo;
- **fluxo de caixa descontado:** valor presente dos fluxos futuros de caixa.

10.1.4 Mensuração de valor justo e US-Gaap

Segundo as normas norte-americanas de contabilidade, os principais métodos que podem ser utilizados para mensuração do valor justo são:

- valor de mercado;
- custo de reposição;
- expectativa de obtenção de benefícios futuros.

Níveis hierárquicos

Os níveis hierárquicos que devem ser seguidos na mensuração do valor justo são:

- **valor de mercado:** provável valor de realização de um ativo ou liquidação de um passivo, na data da avaliação (**Nível 1**);
- **custo de reposição:** valor que se pagaria para repor o bem, levando em consideração sua utilidade e obsolescência (**Nível 2**);
- **expectativa de obtenção de benefícios futuros:** projeção de resultados futuros (fluxo de caixa) trazidos a valor presente por meio de taxa de atratividade que reflete o custo de oportunidade dos provedores de capital (**Nível 3**).

Reconhecimento

O reconhecimento do valor justo deve considerar os elementos seguintes:

- **reconhecimento inicial:** ocorre na "combinação de negócios", quando os ativos e passivos adquiridos são avaliados e contabilizados com base em seus valores justos;
- **reconhecimento recorrente:** ocorre no caso de "derivativos e ativos financeiros disponíveis para venda", em que as mudanças (ganhos e perdas) no valor justo são reconhecidas quando incorridas;
- **reconhecimento não recorrente:** ocorre quando o valor justo é utilizado para mensurar o efeito de uma perda de substância econômica de ativos, por exemplo: *impairment*.

10.1.5 Mensuração de valor justo e BR-Gaap

Os principais métodos que podem ser utilizados na determinação do valor justo, de acordo com as normas contábeis brasileiras, são:

- valor de mercado;
- valor de mercado de similares;
- custo de reposição;
- fluxo de caixa descontado.

Exemplo de utilização dos métodos de mensuração

O CPC 4 (Ativos Intangíveis) determina que um ativo intangível adquirido numa combinação de negócios, que possa ser identificado individualmente e separado dos demais, deve ser avaliado e mensurado a valor justo.

Os **preços de mercado (valor de mercado)** cotados em mercado ativo oferecem uma estimativa confiável do valor justo do ativo intangível. O preço de mercado adequado costuma ser o preço corrente de oferta de compra. Se não estiver disponível, o **preço da operação similar (valor de mercado de similares)** mais recente pode oferecer uma base de estimativa do valor justo, desde que não tenha ocorrido nenhuma mudança econômica significativa entre a data da operação e a data em que o valor justo do ativo foi estimado.

Caso não exista mercado para um ativo intangível, **o seu valor justo será o valor que a entidade teria pago por ele, na data de aquisição (custo de reposição).** Na apuração desse valor, a entidade deve considerar o resultado de operações recentes com ativos similares.

As entidades envolvidas na compra e venda de ativos intangíveis exclusivos (ou únicos) podem desenvolver técnicas para mensurar indiretamente os seus valores justos. Essas técnicas podem ser utilizadas para a mensuração inicial de ativo intangível adquirido em uma combinação de negócios se o seu objetivo for estimar o valor justo e se refletirem operações correntes no setor a que esses ativos pertencem. Tais técnicas incluem, conforme o caso:

a) a aplicação de múltiplos que refletem as atuais operações de mercado a indicadores que determinam a rentabilidade do ativo (tais como receitas, participação de mercado e lucro operacional) ou o fluxo de *royalties*, que pode ser obtido com o licenciamento do ativo intangível a terceiros em operação sem favorecimento; ou

b) a estimativa de fluxo de caixa futuro líquido descontado gerado por esse ativo **(fluxo de caixa descontado).**

10.1.6 Exemplo de mensuração do valor justo a partir do fluxo de caixa descontado

O princípio do custo como base de valor é fundamental para o entendimento do conceito de valor para a contabilidade. O ajuste do custo de aquisição de um ativo para um valor diferente é necessário quando o valor contábil supera o valor recuperável desse ativo. Assim, o princípio contábil diz, "custo ou mercado, dos dois o menor". Contudo, dada a extrema importância desse princípio, e uma vez que o *valor de mercado* propiciava algumas dúvidas, a contabilidade em âmbito internacional desenvolveu e formalizou nos últimos anos o conceito de *impairment* (deterioração ou desvalorização de ativos). Um conceito fundamental para confrontar o valor contábil de um ativo para fins de contabilizar ou não o *impairment* é o conceito de valor justo.

Impairment significa literalmente dano, prejuízo, deterioração, desvalorização. Em termos contábeis, podemos definir *impairment* como declínio no valor de um ativo ou dano/desvalorização econômico. O Comitê de Pronunciamentos Contábeis, em seu Pronunciamento Técnico CPC 1 – Redução ao Valor Recuperável de Ativos, aprovado em 14/09/2007, elaborado a partir do IAS 36, do Iasb, definiu valor recuperável como "o maior valor entre o preço líquido de venda do ativo e o seu valor em uso".

Quando o valor contábil for superior ao valor recuperável do ativo, deve-se fazer o ajuste do *impairment* contabilizando a diferença (o *impairment)* entre o valor recuperável do ativo e o seu valor contábil como despesa, em contrapartida ao valor contábil do ativo, como provisão retificadora. O conceito de *impairment* deverá ser aplicado a todos os ativos ou conjunto de ativos relevantes relacionados a todas as atividades da empresa, inclusive as financeiras. Esse procedimento deverá ser feito regularmente, pelo menos no encerramento do exercício contábil.

A mensuração do valor recuperável deve ser feita por dois critérios:

a) pelo preço líquido de venda;
b) pelo seu valor em uso.

Para fins da aplicação do *impairment*, deve-se utilizar o maior valor entre os dois critérios. Stickney & Weil relatam que os dois critérios são considerados como "o valor justo" de um ativo. Sendo assim, podemos definir valor justo como o preço negociado entre um comprador e um vendedor que agem racionalmente, defendendo seu próprio interesse (uma transação *arm's-lenght*) ou, na ausência desse valor objetivo, o valor presente do fluxo de caixa esperado pelo ativo.

Dessa maneira, o valor justo incorpora-se ao conjunto de conceitos para ajustar o valor contábil de um ativo quando o valor de mercado é inferior a este, e liga-se ao conceito de *impairment*. O CPC indica os seguintes critérios para apurar o valor recuperável, o valor justo:

a) preço líquido de venda do ativo a partir de um contrato de venda formalizado;
b) preço líquido de venda a partir de negociação em um mercado ativo, menos as despesas necessárias de venda;
c) preço líquido de venda baseado na melhor informação disponível para alienação do ativo;
d) fluxos de caixa futuros descontados para valor presente, derivados do uso contínuo dos ativos relacionados.

Valor presente líquido

O critério de Valor Presente Líquido (VPL) é o modelo clássico para a decisão de investimentos, e compreende as seguintes variáveis:

- o valor de investimento;
- o valor dos fluxos futuros de benefícios (de caixa, de lucro, de dividendos, de juros);
- a quantidade de períodos em que haverá os fluxos futuros;
- a taxa de juros desejada pelo investidor.

O fundamento do VPL é o custo do dinheiro no tempo. Um bem ou direito tem um valor para as pessoas hoje que é diferente do que ele terá no futuro. Essa diferença tem como base o custo do dinheiro. Ou seja, sempre haverá uma possibilidade de emprestar o dinheiro, que será remunerado por uma taxa de juros. Portanto, o valor de um bem ou direito que não acompanhe o juro mínimo existente no mercado perde valor econômico.

Adicionalmente, quanto mais tempo for necessário para que haja retorno do investimento, mais riscos existem, e, portanto, a taxa de juros a ser incorporada ao modelo deve ser adequada para cobrir o risco decorrente da extensão do tempo.

Valor presente líquido significa descontar o valor dos fluxos futuros a uma determinada taxa de juros, de tal forma que esse fluxo futuro se apresente a valores de hoje, ou ao valor atual. O valor atual dos fluxos futuros, confrontado com o valor atual do investimento a ser feito, indica a decisão a ser tomada:

a) se o valor atual dos fluxos futuros for *igual ou superior* ao valor atual a ser investido, o investimento *deverá ser aceito*;

b) se o valor atual dos fluxos futuros for *inferior* ao valor a ser investido, o investimento *não deverá ser aceito*.

Tabela 10.1 Exemplo de VPL

Investimento a ser feito (Ano 0 ou T0)	1.000.000
Rentabilidade mínima exigida (taxa de juros)	12%
Fluxo futuro de benefícios:	
Ano 1 (T1)	500.000
Ano 2 (T2)	500.000
Ano 3 (T3)	500.000
Total	1.500.000

	Fluxo futuro	Índice da taxa de desconto	Valor atual do fluxo futuro (fluxo descontado)
	A	B	C (A:B)
Ano 1	500.000	1,12	446.429
Ano 2	500.000	1,2544	398.597
Ano 3	500.000	1,404928	335.890
	1.500.000		1.200.916

Critérios e elementos do fluxo de caixa e valor em uso

Os seguintes critérios e elementos devem ser considerados na determinação do valor justo:

a) estimativa dos fluxos de caixa, considerando as possíveis variações, com suas entradas e saídas, decorrentes do uso contínuo do ativo em suas condições atuais;

b) a utilização de uma taxa de desconto antes dos impostos que reflita:
- o valor do dinheiro no tempo, pela taxa atual de juros livre de risco;
- os riscos específicos do ativo objeto da avaliação;
- o custo do capital próprio;
- o custo médio ponderado de capital;
- utilização do modelo de precificação de ativos (CAPM);
- as taxas de mercado.

c) adicionar o valor do ativo considerando sua vida útil remanescente, se for o caso, no momento da baixa do ativo;

d) utilizar a quantidade de 5 anos de períodos do fluxo, no máximo;
e) utilizar orçamentos existentes, desde que confiáveis;
f) os fluxos projetados devem ter respaldo em fluxos reais obtidos anteriormente;
g) utilizar taxas de crescimento para além dos 5 anos, em condições decrescentes ou mesmo estáveis;
h) as projeções de saídas devem considerar as saídas necessárias para utilização e manutenção do ativo;
i) as estimativas dos fluxos de caixa não devem ter as atividades de financiamento, nem devem sofrer o ajuste pelos tributos sobre a renda;
j) o critério abrange ativos individuais ou ativos em conjunto como unidade geradora de caixa;
k) caso haja necessidade, incorporar a probabilidade de receber o fluxo futuro;
l) levar em conta, se for o caso, o risco país, o risco da moeda e o risco de preços.

A Tabela 10.2 ilustra uma demonstração de resultados projetada, que é o cálculo inicial necessário para se elaborar, em seguida, o fluxo de caixa.

Tabela 10.2 Fluxo de caixa descontado ou valor presente líquido de um projeto de investimento

	Período 1	Período 2	Período 3	Total
Receita de vendas				
Quantidade de produtos	50.000	50.000	50.000	150.000
Preço médio unitário	6,00	6,00	6,00	–
Receita de vendas	300.000	300.000	3000.000	9000.000
Custos e despesas				
Custo das vendas	(180.000)	(180.000)	(180.000)	(540.000)
Despesas operacionais	(76.566)	(76.566)	(76.566)	(229.697)
Depreciações	(33.333)	(33.333)	(33.333)	(100.000)
Lucro operacional	10.101	10.101	10.101	30.303
Impostos sobre o lucro (34%)	(3.434)	(3.434)	(3.434)	(10.303)
Lucro líquido	6.667	6.667	6.667	20.000

Em seguida, conforme mostra a Tabela 10.3, calcula-se o lucro que dará origem ao fluxo de caixa, adicionando-se o valor das depreciações ao valor do lucro líquido dos períodos.

Tabela 10.3 Fluxo de caixa descontado ou valor presente líquido de um projeto de investimento

	Período 1	Período 2	Período 3	Total
Lucro líquido	6.667	6.667	6.667	20.000
(+) Depreciações	33.333	33.333	33.333	100.000
= Caixa gerado no período	40.000	40.000	40.000	120.000

Em seguida, adiciona-se o valor dos investimentos que darão origem aos fluxos futuros de caixa, para se obter o fluxo de caixa projetado nominal, isto é, ainda sem o desconto pelo custo de capital, conforme a Tabela 10.4.

Tabela 10.4 Fluxo de caixa descontado ou valor presente líquido de um projeto de investimento

	Período 0	Período 1	Período 2	Período 3	Total
Investimento (saídas)	(100.000)	0	0	0	(100.000)
Retornos (entradas) nominais	0	40.000	40.000	40.000	120.000
Fluxo de caixa nominal	(100.000)	40.000	40.000	40.000	20.000
Taxa de desconto – 8% ao ano	1,00000	1,08000	1,16640	1,25971	
Fluxo de caixa descontado	(100.000)	37.037	34.294	31.753	3.084

Com esses dados e o custo de capital (no exemplo, 12% ao ano), descontam-se todos os fluxos de caixa nominais, trazendo-os a valor presente, conforme mostra a Tabela 10.5.

É importante salientar o conceito de valor residual. Normalmente, um empreendimento, e, seguramente, qualquer empresa, está sujeito a ter uma vida indefinida. Assim, o valor residual corresponde a uma estimativa de todos os fluxos futuros de caixa além do ano 5. O método mais utilizado é o da perpetuidade, considerando o custo de capital adotado e um fluxo de caixa mínimo para toda a vida da empresa.

Tabela 10.5 Fluxo de caixa descontado para valor justo

Períodos	Fluxo líquido de caixa	Taxa de desconto	Fluxo descontado
Ano 1	1.850.000	1,1200	1.651.786
Ano 2	2.120.000	1,2544	1.690.051
Ano 3	2.380.000	1,4049	1.694.037
Ano 4	2.740.000	1,5735	1.741.320
Ano 5	2.920.000	1,7623	1.656.886
TOTAL	12.010.000	–	8.434.080
Valor residual de venda a preços do Ano 5	–	–	6.903.693
Soma	12.010.000	–	15.337.773

A Tabela 10.6 mostra um fluxo de caixa descontado considerando probabilidades de ocorrência, quando é necessário incorporar a mensuração das incertezas e de mais de uma possibilidade de ocorrência de fluxo de caixa.

Tabela 10.6 Fluxo de caixa descontado para valor justo – adicionando probabilidades

Recebimento esperado em anos	Fluxo de caixa nominal	Taxa de desconto	Fluxo descontado	Probabilidade	Valor provável
Em 1 ano	1.000,00	5,00% 1,0500	952,38	10%	95,24
Em 2 anos	1.000,00	5,25% 1,1078	902,73	60%	541,64
Em 3 anos	1.000,00	5,50% 1,1742	851,61	30%	255,48
Soma					892,36

Neste exemplo, o fluxo de caixa de $ 1.000,00 pode ocorrer todo no primeiro ano, em dois anos ou em três anos, cada um com suas peculiaridades, expostas a seguir.

Para o primeiro ano foi considerado um custo de capital de 5% para o desconto do fluxo de caixa. A probabilidade de ocorrer $ 1.000,00 no primeiro ano é de 10%. Assim, a mensuração estatística é: $ 1.000,00 / 1,05 * 10% = $ 95,24.

A probabilidade de o fluxo de caixa ocorrer em dois anos é de 60%. Para dois anos, o custo de capital foi aumentado para 5,25%, pressupondo que, já que o tempo é mais longo, os juros seriam maiores. Assim, o valor dessa faixa de probabilidade é: $ 1.000,00 / 1,0525 * 60% = $ 541,64. A mesma lógica vale para o terceiro ano.

Somando as três possibilidades de ocorrência encontramos o fluxo de caixa – descontado e esperado com a incorporação de probabilidades – de $ 892,36.

10.1.7 Estudo de caso – Divulgação de informações sobre valor justo de instrumentos financeiros derivativos em IFRS

A seguir, apresentamos uma nota explicativa das demonstrações contábeis em IFRS, sobre o valor justo dos instrumentos financeiros derivativos, divulgada no Relatório Anual do Grupo Gerdau S.A., inerente aos exercícios de 2007 e 2006. A Gerdau é uma sociedade anônima de capital aberto, com sede na cidade do Rio de Janeiro, Brasil. Trata-se de uma empresa *holding* integrante do Grupo Gerdau, dedicado, principalmente, à produção e à comercialização de produtos siderúrgicos em geral por meio de usinas localizadas no Brasil, Argentina, Chile, Colômbia, México, Peru, República Dominicana, Uruguai, Venezuela, nos Estados Unidos, no Canadá, Espanha e Índia.

**Notas explicativas às demonstrações contábeis consolidadas em IFRS
dos exercícios findos em 31 de dezembro de 2007 e de 2006**

Nota 2 – resumo das principais práticas contábeis

2.19 – Aplicação de julgamentos e práticas contábeis críticas na elaboração das demonstrações financeiras consolidadas

d) Instrumentos financeiros derivativos

A companhia valoriza os instrumentos financeiros derivativos considerando cotações obtidas junto aos participantes do mercado, que consistem no valor justo dos instrumentos financeiros na data das demonstrações financeiras. Contudo, a intensa volatilidade dos mercados de câmbio e de juros no Brasil causou, em certos períodos, mudanças significativas nas taxas futuras e nas taxas de juros sobre períodos muito curtos de tempo, gerando variações significativas no valor de mercado dos *swaps* em um curto período de tempo. O valor de mercado reconhecido em suas demonstrações financeiras consolidadas pode não necessariamente representar o montante de caixa que a companhia receberia ou pagaria, conforme apropriado, se ela liquidasse as transações na data das demonstrações financeiras consolidadas.

Os instrumentos financeiros derivativos da Gerdau S/A foram mensurados e apresentados por seus valores justos, considerando as cotações de mercado.

10.2 Valor presente – BR-Gaap

No Brasil, a Lei nº 11.638/07 instituiu o ajuste a valor presente de ativos e passivos, prática contábil que foi regulamentada em 2008 pelo pronunciamento técnico CPC 12 – Ajuste a Valor Presente.

10.2.1 Resumo do CPC 12

Alcance

A mensuração contábil a valor presente deve ser aplicada no "reconhecimento inicial" de ativos e passivos de longo e de curto prazo que sejam relevantes. Ressalte-se que os prazos de realização financeira e valores são dois fatores básicos para determinar os ativos e passivos de curto prazo que sejam "relevantes" para fins de ajuste a valor presente.

Segundo o CPC 12, apenas em certas situações excepcionais, como a que é adotada em uma renegociação de dívida em que novos termos são estabelecidos, o ajuste a valor presente deve ser aplicado como se fosse uma nova medição de ativos e passivos.

Vale ressaltar ainda que o ajuste a valor presente nem sempre equipara o ativo ou o passivo ao seu valor justo. Por isso, valor presente e valor justo nem sempre são "sinônimos".

Mensuração

A seguir, apresentamos os principais critérios da mensuração a valor presente de ativos e passivos, segundo o CPC 12:

- ativos e passivos monetários com juros implícitos ou explícitos embutidos devem ser mensurados pelo seu valor presente quando do seu reconhecimento inicial;
- ativos e passivos fiscais diferidos não são ajustados a valor presente;
- empréstimos e financiamentos subsidiados pelo governo não são contemplados pelo CPC 12 mas pelo CPC 7, que trata das subvenções governamentais;
- devem ser alocados em resultado os descontos advindos do ajuste a valor presente de ativos e passivos (juros). Por essa sistemática, vale dizer, deve ser utilizada para desconto a taxa contratual ou implícita (para o caso de fluxos de caixa não contratuais) e, uma vez aplicada, deve ser adotada consistentemente até a realização do ativo ou liquidação do passivo;
- a taxa de desconto a ser adotada para ativos e passivos contratuais deve ser a taxa do contrato, caso esta reflita a taxa de mercado. Por outro lado, para os ativos e passivos não contratuais a taxa de mercado deve ser adotada. Vale salientar que as taxas de desconto devem refletir o valor do dinheiro no tempo e ser calculadas antes dos impostos.

Contabilização das reversões dos ajustes a valor presente

De acordo com o CPC 12, as reversões dos ajustes a valor presente dos ativos e passivos monetários qualificáveis devem ser apropriadas como receitas ou despesas financeiras, a não ser que a empresa possa devidamente fundamentar que o financiamento feito a seus clientes faz parte de suas atividades operacionais, quando então as reversões serão apropriadas como receita operacional. Esse é o caso, por exemplo, quando a empresa opera em dois segmentos distintos: (i) venda de produtos e serviços e (ii) financiamento das vendas a prazo, e desde que sejam relevantes esse ajuste e os efeitos de sua evidenciação.

Divulgação

No mínimo, as seguintes informações devem ser divulgadas em notas explicativas sobre os ajustes a valor presente de ativos e passivos:

- descrição pormenorizada do item objeto da mensuração a valor presente, a natureza de seus fluxos de caixa (contratuais ou não) e, se aplicável, o seu valor de entrada cotado a mercado;
- premissas utilizadas pela administração, taxas de juros decompostas por prêmios incorporados e por fatores de risco (*risk-free*, risco de crédito etc.), montantes dos fluxos de caixa estimados ou séries de montantes dos fluxos de caixa estimados, horizonte temporal

estimado ou esperado, expectativas em termos de montante e temporalidade dos fluxos (probabilidades associadas);
- modelos utilizados para cálculo de riscos e *inputs* dos modelos;
- breve descrição do método de alocação dos descontos e do procedimento adotado para acomodar mudanças de premissas da administração;
- propósito da mensuração a valor presente, se para reconhecimento inicial ou nova medição e motivação da administração para levar a efeito tal procedimento;
- outras informações consideradas relevantes.

10.2.2 Modelos de ajuste a valor presente

Modelo 1 – Ajuste a valor presente de ativos de curto prazo relevantes com encargos financeiros

A companhia realizou uma venda a prazo em 12 de abril de 2008, no valor de R$ 20.000 (preço a prazo), com vencimento da duplicata em 12 de maio de 2008, sendo R$ 19.000,00 o valor presente dessa duplicata em 12 de abril de 2008 (preço à vista). A diferença entre os preços a prazo e à vista no dia 12 de abril de 2008 corresponde a uma taxa de juros que reflete a taxa de mercado. No dia 30 de abril de 2008 o valor presente era de R$ 19.400 (juros do período de R$ 400).

Reconhecimento da venda a prazo = R$ 20.000 (12/04/2008):
Débito = duplicatas a receber (ativo circulante)
Crédito = receita de vendas (resultado)

Reconhecimento inicial da provisão para ajuste a valor presente = R$ 1.000 (12/04/2008):
Débito = ajuste a valor presente (resultado – redutora da receita)
Crédito = provisão para ajuste a valor presente (redutora de duplicatas a receber)

Ativo circulante em 12/04/2008:
Duplicatas a receber	= R$ 20.000
Provisão para ajuste a valor presente	= (R$ 1.000)
Valor líquido	= R$ 19.000

Receita de vendas em 12/04/2008:
Receita de vendas	= R$ 20.000
Ajuste a valor presente	= (R$ 1.000)
Valor líquido	= R$ 19.000

Ajuste da provisão para ajuste a valor presente de R$ 400 (30/04/2008):
Débito = provisão para ajuste a valor presente (redutora de duplicatas a receber)
Crédito = receita de financiamento de venda (resultado)

Ativo circulante em 30/04/2008:
Duplicatas a receber	= R$ 20.000
Provisão para ajuste a valor presente (R$ 1.000 – R$ 400)	= (R$ 600)
Valor líquido	**= R$ 19.400**

Modelo 2 – Ajuste a valor presente de ativos de longo prazo com encargos financeiros (extraído e adaptado do CPC 12)

A companhia efetua uma venda a prazo no valor de R$ 10.000 para receber o valor em parcela única, com vencimento em cinco anos. Caso a venda fosse efetuada à vista, opção que estava disponível, o seu valor teria sido de R$ 6.210, o que equivale a um custo financeiro anual de 10%. Verifica-se que essa taxa é igual à taxa de mercado na data da transação.

No primeiro momento, a transação deve ser contabilizada considerando o seu valor presente, cujo montante de R$ 6.210 é registrado como contas a receber, em contrapartida de receita de vendas pelo mesmo montante.

Nota-se que, nesse primeiro momento, o valor presente da transação é equivalente ao seu valor de mercado ou valor justo.

No caso de aplicação da técnica de ajuste a valor presente, passado o primeiro ano, o reconhecimento da receita financeira deve respeitar a taxa de juros da transação na data de sua origem (ou seja, 10% ao ano), independentemente da taxa de juros de mercado em períodos subsequentes. Assim, depois de um ano, o valor das contas a receber, para fins de registros contábeis, será de R$ 6.830, independentemente de variações da taxa de juros no mercado. Ao fim de cada um dos cinco exercícios, a contabilidade deverá refletir os seguintes efeitos:

Ano	Valor presente	Juros (taxa efetiva)	Valor futuro
1	R$ 6.210	R$ 620	R$ 6.830
2	R$ 6.830	R$ 683	R$ 7.513
3	R$ 7.513	R$ 751	R$ 8.264
4	R$ 8.264	R$ 827	R$ 9.091
5	R$ 9.091	R$ 909	R$ 10.000

Questões e exercícios

1. Defina valor justo em contabilidade.
2. Há diferenças conceituais relevantes entre as normas contábeis internacionais e as brasileiras?
3. Explique os métodos de mensuração do valor justo de acordo com as normas contábeis internacionais e brasileiras.
4. Quais são os principais critérios da mensuração a valor presente de ativos e passivos?

CAPÍTULO 11

Políticas contábeis, mudanças em estimativas e correção de erros

11.1 Normas contábeis

As normas internacionais e brasileiras de contabilidade que regulamentam o assunto políticas contábeis, mudanças em estimativas e correção de erros são semelhantes em seus aspectos relevantes, e são as seguintes:

- **Internacional:** IAS 8, do International Accounting Standards Board;
- **Brasil:** Pronunciamento Técnico CPC 23, do Comitê de Pronunciamentos Contábeis.

Tais normas devem ser aplicadas na seleção e na aplicação de políticas contábeis, bem como na contabilização de mudanças nas políticas contábeis, nas estimativas contábeis e de retificação de erros de períodos anteriores. Os efeitos tributários de retificação de erros de períodos anteriores e de ajustes retrospectivos feitos para a aplicação de alterações nas políticas contábeis são contabilizados e divulgados de acordo com as normas que trata de tributos sobre o lucro (IAS 12 e CPC 32).

11.2 Políticas contábeis

Conceito

Políticas contábeis são os princípios, bases, convenções, regras e práticas específicas aplicadas por uma entidade na preparação e apresentação de demonstrações financeiras.

Seleção e aplicação

A companhia deve selecionar e aplicar as políticas contábeis determinadas nas normas que tratam das diversas transações e eventos.

Quando o efeito de uma política contábil for imaterial, a entidade não precisa aplicá-la (princípio da relevância). Na ausência de normas contábeis que se apliquem especificamente a uma transação, outro evento ou condição, a administração da companhia exercerá seu julgamento no desenvolvimento e na aplicação de política contábil que resulte em informação que seja:

a) relevante para a tomada de decisão econômica por parte dos usuários;
b) confiável, de tal modo que as demonstrações contábeis:

- representem adequadamente a posição patrimonial e financeira, o desempenho financeiro e os fluxos de caixa da entidade;
- reflitam a essência econômica de transações, outros eventos e condições, e não meramente a forma legal;
- sejam neutras, isto é, estejam isentas de viés;
- sejam prudentes;
- sejam completas em todos os aspectos materiais.

Nesse julgamento, a administração também pode considerar as mais recentes posições técnicas assumidas por outros órgãos normatizadores contábeis que usem uma estrutura conceitual semelhante à do CPC para desenvolver pronunciamentos de contabilidade, ou ainda, outra literatura contábil e práticas geralmente aceitas do setor. Essa mudança deve ser contabilizada e divulgada como mudança voluntária na política contábil.

Alteração

A empresa deve alterar uma política contábil apenas se a mudança:

a) for exigida por normas de contabilidade;
b) resultar em informação confiável e mais relevante nas demonstrações contábeis sobre os efeitos das transações, outros eventos ou condições acerca da posição patrimonial e financeira, do desempenho ou dos fluxos de caixa da empresa.

Aplicação retrospectiva

Quando uma mudança na política contábil é aplicada retrospectivamente, a companhia deve ajustar o saldo de abertura de cada componente do patrimônio líquido afetado para o período anterior mais antigo apresentado e os demais montantes comparativos divulgados para cada período anterior apresentado, como se a nova política contábil tivesse sempre sido aplicada.

Segundo o IAS 8 e o CPC 23, uma mudança na política contábil deve ser aplicada retrospectivamente, exceto quando for impraticável determinar os efeitos específicos do período ou o efeito cumulativo da mudança. Quando for impraticável determinar o período dos efeitos específicos da mudança na política contábil na informação comparativa para um ou mais períodos anteriores apresentados, a companhia deve aplicar a nova política contábil aos saldos contábeis de ativos e passivos de abertura do período mais antigo para o qual seja praticável a aplicação retrospectiva, que pode ser o período corrente, e deve proceder ao ajuste correspondente no saldo de abertura de cada componente do patrimônio líquido desse período.

Divulgação

As principais informações que devem ser divulgadas em notas explicativas sobre mudanças em políticas contábeis são:

a) o título da norma contábil;
b) quando aplicável, que a mudança na política contábil seja feita de acordo com as disposições da aplicação inicial das normas contábeis;
c) a natureza da mudança na política contábil;
d) quando aplicável, uma descrição das disposições transitórias na adoção inicial;
e) quando aplicável, as disposições transitórias que possam ter efeito em futuros períodos;
f) o montante dos ajustes para o período corrente e para cada período anterior apresentado, até ao ponto em que seja praticável:
   - para cada item afetado da demonstração contábil;

- se as normas sobre o resultado por ação se aplicarem à companhia, para resultados por ação básicos e diluídos.

g) o montante do ajuste relacionado com períodos anteriores aos apresentados, até ao ponto em que seja praticável;

h) se a aplicação retrospectiva for impraticável para um período anterior em particular, ou para períodos anteriores aos apresentados, as circunstâncias que levaram à existência dessa condição e uma descrição de como e desde quando a política contábil tem sido aplicada.

11.2.1 Estudo de caso – Divulgação de políticas contábeis em BR-Gaap

A seguir, apresentamos de maneira ilustrativa uma das notas explicativas às demonstrações contábeis de 2009 e 2008 em BR-Gaap da empresa Vale S.A., anteriormente denominada Companhia Vale do Rio Doce, que trata da divulgação das principais políticas contábeis do grupo. A Vale S.A. é uma sociedade anônima de capital aberto com sede na cidade do Rio de Janeiro, Brasil, e tem como atividades preponderantes a extração, o beneficiamento e a venda de minério de ferro, pelotas, cobre concentrado e potássio, a prestação de serviços logísticos, a geração de energia elétrica e a pesquisa e desenvolvimento mineral. Além disso, por meio de suas controladas diretas, indiretas e de controle compartilhado, opera também nas áreas de níquel, metais preciosos, cobalto (subproduto), manganês, ferroligas, caulim, carvão, produtos siderúrgicos e produtos da cadeia de alumínio.

---

6 – Notas explicativas às demonstrações contábeis dos exercícios findos em 31 de dezembro de 2009 e de 2008

6.2 – Sumário das principais práticas contábeis

(a) Bases da apresentação

As demonstrações contábeis foram aprovadas pelo conselho de administração no dia 10 de fevereiro de 2010 e não houve eventos subsequentes à data do balanço que devam ser registrados.

As demonstrações contábeis foram elaboradas de acordo com as práticas contábeis adotadas no Brasil, tomando-se como a base a Lei das Sociedades por Ações (com nova redação dada pela Lei nº 11.638), e as normas e pronunciamentos emitidos pelo Comitê de Pronunciamentos Contábeis (CPC) e pela Comissão de Valores Mobiliários (CVM). Essas demonstrações seguiram os princípios, métodos e critérios uniformes em relação àqueles adotados no encerramento do último exercício social findo em 31 de dezembro de 2008, exceto quanto à amortização de ágio.

Conforme requerido pelo Pronunciamento CPC 13 – Adoção Inicial das Leis nºs 11.638 e 11.941, o ágio proveniente de expectativa de resultado futuro decorrente de aquisição de outra companhia deixou de ser amortizado a partir de 2009. Em 31 de dezembro de 2008, o valor registrado a esse título foi de R$ 1.429 (R$ 351 no 4T08).

A preparação das demonstrações contábeis requer que a administração utilize estimativas e premissas que afetem os valores reportados de ativos e passivos, a divulgação de ativos e passivos contingentes na data das demonstrações contábeis, bem como os valores reconhecidos de receitas e despesas durante o exercício. As estimativas são utilizadas para, mas não se limitam: à seleção da vida útil de ativos imobilizados, provisões para contingências, valores justos atribuídos a ativos e passivos em transações de aquisição de companhias, provisão para perdas de créditos de imposto de renda, benefícios pós-aposentadoria para empregados e outras avaliações semelhantes. Os resultados reais podem ser diferentes dessas estimativas.

A Vale apresenta como informação complementar às demonstrações contábeis o cálculo do lucro antes do resultado financeiro, resultado de participações societárias, imposto de renda e contribuição social e depreciação, amortização e exaustão – Lajida (EBITDA). Embora este não forneça uma medida de mensuração para fluxo de caixa operacional segundo as práticas contábeis adotadas no Brasil, é frequentemente usado por analistas financeiros na avaliação de negócios. A administração da companhia utiliza esse indicador para a avaliação do desempenho operacional.

Certas cifras relativas às demonstrações contábeis de 2008 foram reclassificadas para fim da melhor comparabilidade.

(b) Conversão de operações em moeda estrangeira

Os direitos e obrigações monetárias denominadas em moedas estrangeiras são convertidos às taxas de câmbio vigentes na data das demonstrações contábeis, sendo US$ 1,00 equivalente a R$ 1,7412 em 31 de dezembro de 2009 (US$ 1,00 equivalente a R$ 2,3370 em 31 de dezembro de 2008).

As receitas de vendas, custo e despesas denominados em moedas estrangeiras são convertidos pela taxa média de câmbio do mês de suas ocorrências.

(c) Consolidação

As demonstrações contábeis consolidadas refletem os saldos de ativos e passivos em 31 de dezembro de 2009 e 2008 e operações dos exercícios findos nessas datas, da Controladora, de suas controladas diretas e indiretas e de controle compartilhado, cada qual proporcionalmente. Para as coligadas – entidades sobre as quais a Vale tem influência significativa, mas não o controle –, os investimentos são contabilizados pelo método de equivalência patrimonial. As operações no exterior são convertidas para a moeda de apresentação das demonstrações contábeis no Brasil para fins de registro da equivalência patrimonial e de consolidação integral ou proporcional. As práticas contábeis das controladas e coligadas são ajustadas para assegurar consistência com as políticas adotadas pela controladora. As operações entre as companhias consolidadas, bem como os saldos, os ganhos e as perdas não realizados nessas operações, são eliminados.

A participação em projetos hidrelétricos é feita por meio de contratos de consórcio sob os quais a companhia participa nos ativos e passivos dos empreendimentos na proporção da cota que detém sobre a energia gerada. A companhia não possui responsabilidade conjunta por nenhuma obrigação. Uma vez que, pela legislação brasileira, não existe entidade legal separada para o consórcio, não há demonstrações financeiras, declaração de imposto de renda, resultado e patrimônio líquido separados. Dessa forma, a companhia reconhece a participação proporcional dos custos e das participações não divisíveis nos ativos relacionados aos projetos hidrelétricos.

(d) Caixa e equivalentes de caixa e investimentos a curto prazo

Os fluxos de caixa dos investimentos a curto prazo são demonstrados pelos valores líquidos (aplicações e resgates). As aplicações a curto prazo que possuem liquidez imediata e vencimento original em até 90 dias são consideradas como caixa e equivalentes. Os demais investimentos, com vencimentos superiores a 90 dias, são reconhecidos a valor justo e registrados em investimentos a curto prazo.

(e) Contas a receber

Os valores a receber são registrados e mantidos no balanço pelo valor nominal dos títulos representativos desses créditos, acrescidos das variações monetárias ou cambiais, quando aplicáveis, deduzidos de provisão para cobrir eventuais perdas na sua realização.

A provisão para créditos de liquidação duvidosa é constituída em montante considerado suficiente pela administração para cobrir eventuais perdas estimadas na realização desses créditos. O valor estimado da provisão para créditos de liquidação duvidosa pode ser modificado em função das expectativas da administração com relação à possibilidade de recuperar os valores envolvidos, assim como por mudanças na situação financeira dos clientes.

(f) Não circulante

Os direitos realizáveis e as obrigações vencíveis após os 12 meses subsequentes à data das demonstrações contábeis são considerados como não circulantes.

(g) Receitas

As receitas de vendas são reconhecidas quando da transferência da titularidade do produto ou quando os serviços são prestados. As receitas de serviços de transporte são reconhecidas quando o serviço é executado.

(h) Estoques

Os estoques estão demonstrados pelo menor valor entre o custo médio de aquisição ou produção e os valores de reposição ou realização.

Quando aplicável, é constituída provisão para estoques obsoletos ou de baixa movimentação.

No momento em que ocorre a extração física do minério, este deixa de fazer parte do cálculo das reservas provadas e prováveis e passa a fazer parte do estoque da pilha de minério. Portanto, fica de fora do cálculo da depreciação, amortização e exaustão por unidade de produção.

(i) Imobilizado

O imobilizado está registrado ao custo (sendo os bens adquiridos no Brasil acrescidos das atualizações monetárias até 1995) e inclui os encargos financeiros incorridos durante o período de construção. Os bens são depreciados pelo método linear, com base nas vidas úteis estimadas. A exaustão das jazidas é apurada com base na relação obtida entre a produção efetiva e o montante total das reservas provadas e prováveis.

(j) Política de paradas programadas

Os gastos relevantes com manutenção de áreas industriais e de navios, incluindo peças para reposição, serviços de montagens, entre outros, são registrados no ativo imobilizado e depreciados durante o período de benefícios desta manutenção até a próxima parada.

(k) Intangíveis

Os ativos intangíveis são avaliados ao custo de aquisição, deduzido da amortização acumulada e perdas por redução do valor recuperável, quando aplicável. Os ativos intangíveis que possuem vida útil definida são amortizados considerando a sua utilização efetiva ou um método que reflita os seus benefícios econômicos, enquanto os de vida útil indefinida são testados anualmente quanto à sua recuperabilidade.

(l) Redução para valor recuperável de ativos de longa duração

A companhia analisa anualmente se há evidências de que o valor contábil de um ativo não será recuperável. Caso tais evidências sejam identificadas, a companhia estima o valor recuperável do ativo. Independentemente da existência de indicação de não recuperação de seu valor contábil, saldos de ágio originados da combinação de negócios e ativos intangíveis com vida útil indefinida têm sua recuperação testada pelo menos uma vez por ano. Quando o valor residual contábil do ativo excede seu valor recuperável, a companhia reconhece uma redução do saldo contábil desse ativo (deterioração). Se não for possível determinar o valor recuperável de um ativo individualmente, realiza-se a análise do valor recuperável da unidade geradora de caixa à qual o ativo pertence.

(m) Gastos com estudos e pesquisas

Os gastos com estudos e pesquisas minerais são considerados como despesas operacionais até que se tenha a comprovação efetiva da viabilidade econômica da exploração comercial de determinada jazida. A partir dessa comprovação, os gastos incorridos passam a ser capitalizados como custo de desenvolvimento de mina.

Durante a fase de desenvolvimento de uma mina, antes do início da produção, os gastos de remoção de estéril (isto é, os custos associados com remoção de estéril e outros materiais residuais) são contabilizados como parte dos custos depreciáveis de desenvolvimento. Subsequentemente, esses custos são amortizados durante o período de vida útil da mina com base nas reservas prováveis e provadas. Após o início da fase produtiva da mina, os gastos com remoção de minério são tratados como custo de produção.

(n) Arrendamento mercantil

Os arrendamentos mercantis nos quais uma parte significativa dos riscos e benefícios de propriedade ficam com o arrendador são classificados como arrendamentos operacionais. Os encargos dos arrendamentos são apropriados ao resultado pelo método linear ao longo do período do arrendamento.

(o) Obrigações com desmobilização de ativos

Os gastos representativos de fechamento de mina decorrentes da finalização das atividades estão registrados como obrigações com desmobilização de ativos. As obrigações consistem principalmente de custos associados com encerramento de atividades. O custo de desmobilização de ativo equivalente à obrigação está capitalizado como parte do valor contábil do ativo sendo depreciado pelo período de vida útil do ativo.

(p) Benefícios a empregados

Os pagamentos de benefícios como salário, férias vencidas ou proporcionais, bem como os respectivos encargos trabalhistas incidentes sobre esses benefícios, são reconhecidos mensalmente no resultado por meio de provisão, respeitando-se o regime de competência.

(q) Fundo de pensão e outros benefícios pós-aposentadoria

A companhia adota as práticas contábeis previstas na Deliberação CVM 371/00 para reconhecimento dos passivos e resultados advindos da avaliação atuarial do fundo de pensão de seus funcionários e do plano de assistência médica dos funcionários aposentados. Os ganhos e perdas atuariais gerados por ajustes e alterações nas premissas atuariais dos planos de benefícios de pensão e aposentadoria e os compromissos atuariais relacionados ao plano de assistência médica são reconhecidos no resultado do exercício, segundo o método do corredor.

(r) Participação no resultado

A participação nos resultados, a ser paga no ano seguinte, é provisionada mensalmente respeitando-se o regime de competência e é classificada como custos de produtos vendidos e serviços prestados ou despesas operacionais de acordo com a lotação do empregado em atividades produtivas ou administrativas, respectivamente.

(s) Incentivo de longo prazo

A companhia contabiliza o custo desse incentivo de acordo com o Plano de Remuneração de Longo Prazo, seguindo os requerimentos da "Deliberação CVM 562/2008". As obrigações são medidas, em cada data de divulgação, a valor justo, baseado em cotações de mercado. Os custos de compensação incorridos são reconhecidos durante os três anos definidos como período aquisitivo.

(t) Derivativos e operações de *hedge*

Os instrumentos financeiros derivativos são reconhecidos como ativo ou passivo no balanço patrimonial e são mensurados a valor justo.

Mudanças no valor justo dos derivativos são registradas em cada período como ganhos no resultado ou em ajustes de avaliação patrimonial no patrimônio líquido, quando a transação for caracterizada como um *hedge* efetivo e que tenha sido efetivo durante o exercício.

(u) Impostos diferidos

O reconhecimento de impostos diferidos é baseado nas diferenças temporárias entre o valor contábil e o valor para base fiscal dos ativos e passivos e nos prejuízos fiscais do imposto de renda e na base de cálculo negativa de Contribuição Social Sobre o Lucro (CSSL) na medida em que foi considerada provável sua realização contra resultados tributáveis futuros. Se a companhia não for capaz de gerar lucros tributáveis futuros, ou se houver uma mudança significativa no tempo necessário para que os impostos diferidos sejam dedutíveis, a administração avalia a necessidade de constituir provisão para perda desses impostos diferidos.

(v) Valor presente

Os ativos e passivos de longo prazo da companhia e de suas controladas são, quando aplicável, ajustados a valor presente utilizando taxas de desconto que refletem a melhor estimativa da companhia.

(w) Destinação dos resultados

No encerramento do ano, a companhia destina seus resultados entre dividendos e reservas na forma prevista na legislação societária. Com relação aos dividendos, a companhia pode utilizar-se de benefício fiscal por meio da modalidade de juros sobre capital próprio, respeitando os critérios e limites definidos pela legislação brasileira. O benefício atribuído para os acionistas nessa modalidade é considerado legalmente como parte do dividendo mínimo anual e, portanto, é registrado para fins contábeis como dividendos a pagar com contrapartida em lucros acumulados.

As demonstrações contábeis da controladora refletem a proposta do Conselho de Administração para a destinação do lucro líquido do exercício no pressuposto de sua aprovação pela Assembleia Geral Ordinária.

(x) Provisão para contingências

Os passivos contingentes são constituídos sempre que a perda for avaliada como provável, o que ocasionaria uma provável saída de recursos para a liquidação das obrigações, e quando os montantes envolvidos forem mensuráveis com suficiente segurança, levando-se em conta a opinião dos assessores jurídicos, a natureza das ações, similaridade com processos anteriores, complexidade e posicionamento de tribunais. Os passivos contingentes classificados como perdas possíveis não são reconhecidos contabilmente, sendo apenas divulgados nas demonstrações financeiras, e os classificados como remotos não requerem provisão e nem divulgação.

Os depósitos judiciais são atualizados monetariamente e apresentados como dedução do valor do correspondente passivo constituído quando não houver possibilidade de resgate desses depósitos, a menos que ocorra desfecho favorável da questão para a entidade.

11.3 Mudanças em estimativas

Conceito

Estimativas contábeis são ajustes em quantias escrituradas de um ativo ou de um passivo.

O uso de estimativas razoáveis é parte essencial da elaboração de demonstrações contábeis e não reduz sua confiabilidade.

Exemplos de estimativas:

- créditos de liquidação duvidosa;
- obsolescência de estoque;
- valor justo de ativos e passivos financeiros;
- vida útil de ativos depreciáveis ou o padrão esperado de consumo dos futuros benefícios econômicos incorporados nesses ativos;
- obrigações decorrentes de garantias, entre outros.

Revisão e mudança

A estimativa pode necessitar de revisão se ocorrerem alterações nas circunstâncias em que ela se baseou ou em consequência de novas informações ou de maior experiência (deve ser refletida a melhor estimativa corrente). Ressalte-se que a revisão da estimativa não se relaciona com períodos anteriores nem representa correção de erro.

Caso a mudança na estimativa contábil resulte em mudanças em ativos e passivos, ou relacione-se ao componente do patrimônio líquido, ela deve ser reconhecida pelo ajuste no correspondente item do ativo, do passivo ou do patrimônio líquido no período da mudança.

Divulgação

As principais informações que devem ser divulgadas em notas explicativas sobre alterações em estimativas contábeis são as seguintes:

a) a natureza e o montante de mudança na estimativa contábil que tenha efeito no período corrente ou se espera que tenha efeito em períodos subsequentes, salvo quando a divulgação do efeito de períodos subsequentes for impraticável;
b) se o montante do efeito de períodos subsequentes não for divulgado porque a estimativa deste é impraticável, a companhia deve divulgar tal fato.

11.4 Correção de erros

Conceito

Erros contábeis são omissões e distorções nas demonstrações financeiras da companhia de um ou mais períodos anteriores decorrentes da falta de uso ou do uso incorreto de informação confiável que:

- estava disponível quando as demonstrações financeiras desses períodos foram autorizadas para divulgação;
- poder-se-ia razoavelmente esperar que tivesse sido obtida e levada em consideração na preparação e apresentação dessas demonstrações financeiras.

Tais erros incluem os efeitos de erros matemáticos, erros na aplicação de políticas contábeis, descuidos ou interpretações incorretas de fatos e fraudes.

Retificação

Erros de períodos anteriores são corrigidos na informação comparativa apresentada nas demonstrações contábeis do período subsequente. A empresa deve corrigir os erros materiais de períodos anteriores retrospectivamente no primeiro conjunto de demonstrações contábeis cuja autorização para publicação ocorra após a descoberta de tais erros:

- por reapresentação dos valores comparativos do período anterior em que tenha ocorrido o erro;
- se o erro ocorreu antes do período anterior mais antigo apresentado, da reapresentação dos saldos de abertura dos ativos, dos passivos e do patrimônio líquido para o período anterior mais antigo apresentado.

Um erro de período anterior deve ser corrigido por reapresentação retrospectiva, salvo quando for impraticável determinar os efeitos específicos do período ou o efeito cumulativo do erro. Quando for impraticável determinar os efeitos de erro em um período específico na informação comparativa para um ou mais períodos anteriores apresentados, a entidade deve retificar os saldos de abertura de ativos, passivos e patrimônio líquido para o período mais antigo para o qual seja praticável a reapresentação retrospectiva (que pode ser o período corrente).

> **Observação: a retificação de erro de período anterior deve ser excluída dos resultados do período em que o erro é descoberto.**

Divulgação

As informações principais que devem ser divulgadas em notas explicativas a título de correção de erros contábeis são:

a) a natureza do erro de período anterior;
b) o montante da retificação para cada período anterior apresentado, na medida em que seja praticável:
   - para cada item afetado da demonstração contábil;
   - se as normas sobre resultado por ação se aplicarem à companhia, para resultados por ação básicos e diluídos.
c) o montante da retificação no início do período anterior mais antigo apresentado;
d) as circunstâncias que levaram à existência dessa condição e uma descrição de como e desde quando o erro foi corrigido, se a reapresentação retrospectiva for impraticável para um período anterior em particular.

Questões e exercícios

1. Defina políticas contábeis, estimativas contábeis e erros de períodos anteriores.
2. Quais são as normas internacionais e brasileiras de contabilidade que tratam de políticas contábeis e retificação de erros?
3. Dê três exemplos de estimativas contábeis.
4. Quais são os principais procedimentos para se corrigir um erro contábil de exercícios anteriores?

CAPÍTULO 12

Receitas

12.1 Normas contábeis

As normas contábeis internacionais e brasileiras que tratam do assunto receitas são semelhantes em seus aspectos relevantes, e são as seguintes:

- **Internacional:** IAS 18, do International Accounting Standards Board;
- **Brasil:** Pronunciamento Técnico CPC 30, do Comitê de Pronunciamentos Contábeis.

O objetivo das referidas normas é estabelecer o tratamento contábil de receitas provenientes de certos tipos de transações e eventos. Ressalte-se que a IAS 18 e o CPC 30 não tratam de receitas regulamentadas por normas contábeis específicas, tais como as provenientes de:

- contratos de arrendamento mercantil;
- dividendos provenientes de investimentos que sejam contabilizados pelo método da equivalência patrimonial;
- contratos de seguro;
- alterações no valor justo de ativos e passivos financeiros, ou da sua alienação;
- alterações no valor de outros ativos circulantes;
- reconhecimento inicial e alterações no valor justo de ativos biológicos, relacionados com a atividade agrícola;
- reconhecimento inicial de produtos agrícolas;
- extração de recursos minerais.

12.2 Conceito de receita

A receita pode ser definida como um aumento nos benefícios econômicos durante o período contábil sob a forma de entrada de recursos ou aumento de ativos, ou ainda sob a forma de diminuição de passivos que resultam em aumentos do patrimônio líquido (capital próprio) da companhia e que não sejam provenientes de aporte de recursos dos seus proprietários.

As receitas englobam tanto aquelas propriamente ditas como os ganhos, e surgem no curso das atividades ordinárias da companhia, podendo ser designadas por uma variedade de nomes, tais como:

a) **venda de bens:** inclui bens fabricados pela companhia com a finalidade de venda e bens comprados para revenda, tais como mercadorias compradas para venda no atacado e no varejo, terrenos e outras propriedades mantidas para revenda;

b) **prestação de serviços (honorários):** envolve tipicamente o desempenho da companhia diante da tarefa estabelecida contratualmente a ser executada ao longo de um período acordado entre as partes;
c) **juros:** encargos pela utilização de caixa e equivalentes de caixa ou de quantias devidas à companhia;
d) *royalties*: encargos pela utilização de ativos de longo prazo da companhia, tais como: patentes, marcas, direitos autorais e *software* de computadores;
e) **dividendos:** distribuição de lucros a detentores de instrumentos patrimoniais na proporção das suas participações em uma classe particular do capital.

Segundo o CPC 30: "Receita é o ingresso bruto de benefícios econômicos durante o período proveniente das atividades ordinárias da entidade que resultam no aumento do seu patrimônio líquido, exceto as contribuições dos proprietários".

12.3 Mensuração

A receita deve ser mensurada pelo valor justo do benefício recebido ou a receber. O valor justo é aquele pelo qual um ativo pode ser trocado, ou um passivo liquidado, entre as partes conhecedoras e dispostas a efetuar uma operação em que não existe relacionamento entre essas partes e sem favorecimentos.

O valor da receita proveniente de uma operação é geralmente determinado por um acordo entre a companhia e o comprador ou proprietário de um ativo. A receita é mensurada pelo valor justo do benefício recebido ou a receber levando-se em consideração o valor de quaisquer descontos comerciais e de valores concedidos pela companhia.

12.4 Reconhecimento

A receita deve ser reconhecida quando for provável que benefícios econômicos futuros fluam para a entidade e possam ser mensurados com segurança.

De acordo com a IAS 18 e o CPC 30 as receitas que devem ser reconhecidas são as provenientes de:

a) venda de bens;
b) prestação de serviços;
c) utilização, por parte de terceiros, de outros ativos da companhia que geram:
  - juros;
  - *royalties*;
  - dividendos.

Reconhecimento da receita da venda de bens

A receita proveniente da venda e/ou revenda de bens deve ser reconhecida quando tiverem sido satisfeitas as seguintes condições:

- a companhia tiver transferido para o comprador os riscos e vantagens significativas da propriedade dos bens;
- a companhia não estiver envolvida com a gestão, a posse e o controle dos bens vendidos;
- o valor da receita puder ser mensurado com certo grau de confiança;
- for provável que os benefícios econômicos identificados com a operação fluam para a companhia;
- os custos incorridos ou a incorrer referentes à operação puderem ser identificados e mensurados.

Reconhecimento da receita da prestação de serviços

Quando a realização de uma operação que envolve a prestação de serviços puder ser estimada com certo grau de certeza a receita associada com a operação deve ser reconhecida, sempre levando em consideração a fase de acabamento na data do balanço patrimonial. A efetivação de uma operação pode ser estimada com certo grau de certeza quando todas as condições seguintes forem satisfeitas:

- o valor da receita puder ser mensurado de forma confiável;
- for provável que os benefícios econômicos identificados com a operação fluem para a companhia;
- a fase de acabamento da operação na data do balanço patrimonial puder ser mensurada de forma confiável;
- os custos incorridos com a operação e os custos para efetivá-la puderem ser mensurados de forma confiável.

Para o reconhecimento da receita referente à fase de acabamento de uma operação, às vezes se utiliza o método da porcentagem de acabamento. Nesse método, a receita é reconhecida nos períodos contábeis em que os serviços estiverem sendo prestados. O reconhecimento da receita com a utilização do referido método possibilita a informação útil sobre a extensão da atividade de serviço e permite a avaliação de desempenho da companhia em determinado período.

Quando ocorre a efetivação da operação que não envolva a estimativa de forma confiável da prestação de serviços, a receita somente deve ser reconhecida na medida em que sejam recuperáveis os gastos identificados.

Reconhecimento das receitas de juros, *royalties* e dividendos

As receitas de juros, *royalties* e dividendos devem ser reconhecidas nas seguintes condições:

- os **juros** devem ser reconhecidos usando-se o método das taxas efetivas: é o método utilizado para calcular o custo amortizado de ativo ou de passivo financeiro e para alocar a receita ou a despesa de juros no período que, aplicada na forma de desconto sobre os pagamentos ou recebimentos futuros estimados ao longo da expectativa de vigência do instrumento financeiro, resulta no valor contábil líquido do ativo ou passivo financeiro.
- os *royalties* devem ser reconhecidos de acordo com cláusulas estabelecidas em contrato;
- os **dividendos** devem ser reconhecidos quando for estabelecido o direito do acionista de receber o efetivo pagamento.

12.5 Apresentação da receita na demonstração de resultado

Para fins de evidenciação na demonstração do resultado, a receita inclui somente os ingressos brutos de benefícios econômicos recebidos e a receber pela companhia quando originários de suas próprias atividades. As quantias cobradas por conta de terceiros, tais como tributos sobre vendas, tributos sobre bens e serviços e tributos sobre valor adicionado não são benefícios econômicos que fluem para a companhia e não resultam em aumento do patrimônio líquido. Portanto, são excluídos da receita.

Sendo assim, as receitas líquidas (sem tributos sobre receitas brutas) são as apresentadas na demonstração de resultado, ficando o início da referida demonstração da seguinte forma:

Receitas líquidas de vendas e serviços	R$ 1.000	100%
(–) Custos dos produtos e serviços	(R$500)	(50%)
(=) **Lucro bruto**	R$ 500	50% (margem bruta)

Ressalte-se que em notas explicativas a companhia deve apresentar conciliações entres os valores das receitas brutas de vendas e serviços que são tributáveis com as receitas líquidas apresentadas na demonstração de resultado.

12.6 Divulgação

Uma companhia deve divulgar, em notas explicativas:

- as políticas contábeis adotadas para o reconhecimento das receitas, incluindo os métodos para determinar a fase de acabamento de transações que envolvam a prestação de serviços;
- a quantia de cada categoria significativa de receita reconhecida durante o período, incluindo a receita proveniente de:
  a. venda de bens;
  b. prestação de serviços;
  c. juros;
  d. *royalties*;
  e. dividendos.
- a quantia de receita proveniente de trocas de bens ou serviços incluídos em cada categoria significativa da receita.

12.6.1 Estudo de caso – Divulgação de informações sobre reconhecimento de receitas em BR-Gaap

A seguir, apresentamos uma das notas explicativas das demonstrações contábeis em BR-Gaap sobre o reconhecimento de receitas, elaboradas e apresentadas pela Petrobras, inerentes aos exercícios sociais de 2008 e 2007. A Petróleo Brasileiro S.A. – Petrobras é a companhia petrolífera estatal brasileira e, diretamente ou por meio de suas controladas (denominadas, em conjunto, Petrobras ou Companhia), dedica-se à exploração, prospecção e produção de petróleo, xisto betuminoso e outros minerais, e ao refino, processamento, comercialização e transporte de petróleo, derivados de petróleo, gás natural e outros hidrocarbonetos fluidos, além de outras atividades relacionadas à energia. Adicionalmente, a Petrobras pode ainda empreender pesquisa, desenvolvimento, produção, transporte, distribuição e comercialização de todas as formas de energia, bem como outras atividades correlatas ou afins.

Notas explicativas às demonstrações contábeis consolidadas e da controladora
(Em milhares de reais)

4. Sumário das principais práticas contábeis

4.2. Apuração do resultado, ativos e passivos circulantes e não circulantes

[...] a receita de vendas é reconhecida quando todos os riscos e benefícios inerentes ao produto são transferidos ao comprador. A receita de serviços prestados é reconhecida no resultado em função de sua realização.

12.7 Caso especial 1 – Programas de fidelidade de clientes

Os programas de fidelidade de cliente são usados por diversas companhias para fornecer aos seus clientes incentivos para comprar seus produtos ou serviços. Se um cliente compra produtos ou serviços, a companhia concede ao cliente créditos de prêmio (frequentemente descritos como "pontos", "milhagens" etc.). O cliente pode resgatar os créditos de prêmio por meio de produtos ou serviços gratuitos ou com desconto.

A Interpretação A – Programa de Fidelidade de Cliente do CPC 30 – Receitas, aplica-se aos créditos de prêmio por fidelidade de cliente que:

a) a companhia concede aos seus clientes como parte de transação de venda de produtos, prestação de serviços ou utilização pelo cliente dos ativos da companhia;

b) sujeito ao cumprimento de quaisquer outras condições para qualificação, os clientes podem resgatar no futuro produtos ou serviços gratuitos ou com desconto.

A referida Interpretação A trata da contabilização pela companhia que concede os créditos de prêmio aos seus clientes e corresponde à Ifric 13 (Revenue: Customer Loyalty Programmes) do Iasb. Seus principais pontos são destacados a seguir:

Questões

As questões tratadas nesta Interpretação são:

a) se a obrigação da entidade em fornecer produtos ou serviços gratuitos ou com desconto ("prêmios") no futuro deve ser reconhecida e mensurada por meio de:
   (i) alocação de parte da contrapartida recebida ou a receber proveniente da transação de vendas aos créditos de prêmio e diferimento do reconhecimento da receita (aplicação do item 13 do CPC 30 – Receitas);
   (ii) provisão dos custos futuros estimados de fornecer os prêmios (aplicação do item 19 do CPC 30 – Receitas).
b) se a contrapartida for alocada aos créditos de prêmio:
   (i) quanto deve ser alocado a eles;
   (ii) quando a receita deve ser reconhecida;
   (iii) se um terceiro fornecer os prêmios, como a receita deve ser mensurada.

Consenso

A entidade aplica o item 13 do CPC 30 e contabiliza créditos de prêmio como componente separadamente identificável da transação de venda em que eles são concedidos (venda inicial). O valor justo da contrapartida recebida ou a receber em relação à venda inicial será alocado entre os créditos de prêmio e os outros componentes da venda.

A contrapartida alocada aos créditos de prêmio é mensurada com base no seu valor justo, ou seja, o valor pelo qual os créditos de prêmio podem ser vendidos separadamente.

Se a própria entidade fornecer os prêmios, ela reconhece a contrapartida alocada aos créditos de prêmio como receita quando estes forem resgatados e ela cumprir suas obrigações de fornecer os prêmios. O valor da receita reconhecida é baseado no número de créditos de prêmio que foram resgatados em troca de prêmios, em relação ao número total que se espera que seja resgatado.

Se um terceiro fornecer os prêmios, a entidade avalia se está cobrando a contrapartida alocada aos créditos de prêmio por sua própria conta (ou seja, como principal na transação) ou em nome do terceiro (ou seja, como agente do terceiro).

a) se a entidade estiver cobrando a contrapartida em nome do terceiro, ela:
   (i) mensura sua receita como o valor líquido retido por sua própria conta, ou seja, a diferença entre a contrapartida alocada aos créditos de prêmio e o valor pagável a terceiro pelo fornecimento dos prêmios;
   (ii) reconhece esse valor líquido como receita quando o terceiro for obrigado a fornecer os prêmios e tiver direito a receber contrapartida por fazê-lo. Esses eventos podem ocorrer assim que os créditos de prêmio forem concedidos. Alternativamente, se o cliente puder escolher reivindicar os prêmios da entidade ou do terceiro, esses eventos podem ocorrer somente quando o cliente escolher reivindicar os prêmios do terceiro.
b) se a entidade estiver cobrando a contrapartida por sua própria conta, ela mensura sua receita como a contrapartida bruta alocada aos créditos de prêmio e reconhece a receita quando cumprir suas obrigações em relação aos prêmios.

Se espera, em qualquer época, que os custos inevitáveis de cumprir as obrigações de fornecer os prêmios excedam a contrapartida recebida e a receber em relação a eles (ou seja, a contrapartida alocada aos créditos de prêmio na época da venda inicial que ainda não foi reconhecida como receita, mais qualquer outra contrapartida a receber quando o cliente resgatar os créditos de prêmio), significa que a entidade possui contratos onerosos. O passivo será reconhecido pelo excedente de acordo com o Pronunciamento Técnico CPC 25 – Provisões, Passivos Contingentes e Ativos Contingentes. A necessidade de reconhecer esse passivo pode surgir se os custos esperados para fornecer os prêmios aumentarem (por exemplo, se a entidade revisar suas expectativas sobre a quantidade de créditos de prêmio que serão resgatados).

12.8 Caso especial 2 – Recebimento em transferência de ativos dos clientes

Em dezembro de 2009 o Comitê de Pronunciamentos Contábeis emitiu a Interpretação Técnica ICPC 11, que mantém uma correlação direta com a Ifric 18, do Iasb. A ICPC 11 trata da contabilização da transferência de itens do imobilizado pela companhia que recebe as referidas transferências de seus clientes.

De acordo com ela, em linhas gerais, temos o seguinte sobre o reconhecimento de receitas, considerando o recebimento em transferência de ativos de clientes:

Como deve ser contabilizada a contrapartida do lançamento de reconhecimento inicial de um item transferido do imobilizado de seu cliente?

A discussão seguinte parte da premissa de que a entidade beneficiada com o item transferido do imobilizado chegou à conclusão de que o item transferido deve ser reconhecido e mensurado de acordo com os itens 9 a 11.

O item 12 do Pronunciamento Técnico CPC 30 – Receitas orienta que: "Quando os bens ou serviços forem objeto de troca ou permuta por bens ou serviços que sejam de natureza e valor semelhantes, a troca não é vista como transação que gera receita". De acordo com os termos dos contratos contemplados no alcance desta interpretação, a transferência de um item do imobilizado seria considerada uma troca por bens ou serviços de natureza distinta. Consequentemente, a entidade deverá reconhecer uma receita, conforme previsto no Pronunciamento Técnico CPC 30.

Serviços separadamente identificáveis

A entidade pode contratar a prestação de um ou mais serviços em troca do item do imobilizado transferido, como, por exemplo, conectar o cliente a uma rede, prover o cliente com o acesso contínuo ao fornecimento de bens e serviços, ou ambos. De acordo com o item 13 do Pronunciamento Técnico CPC 30, a entidade deve segregar os serviços separadamente identificáveis contemplados no contrato.

Características indicativas de que a conexão do cliente a uma rede é um serviço separadamente identificável incluem:

(a) um serviço de conexão é prestado ao cliente e possui valor por si mesmo (*stand-alone value*) para o cliente;
(b) o valor justo do serviço de conexão pode ser mensurado confiavelmente.

Uma característica indicativa de que o ato de prover o cliente com acesso contínuo ao fornecimento de bens e serviços é um serviço separadamente identificável repousa no fato de que, no futuro, o cliente, procedendo à transferência, terá acesso contínuo aos bens ou serviços, ou a ambos, a um preço menor do que seria praticado não fosse a transferência do item do imobilizado.

Por outro lado, uma característica indicativa de que a obrigação de prover o cliente com acesso contínuo ao fornecimento de bens e serviços origina-se de termos de uma licença de operação da entidade ou de outra medida de regulação, muito mais do que advém de um contrato relativo à transferência de um item do imobilizado, repousa no fato de que o cliente que procedeu à transferência paga o mesmo preço que aqueles que assim não procederam, muito embora façam jus ao mesmo acesso contínuo de bens e serviços, ou de ambos.

Reconhecimento de receita

Se somente um serviço é identificado, a entidade deverá reconhecer a receita quando o serviço for prestado de acordo com o item 20 do Pronunciamento Técnico CPC 30.

Se mais de um serviço separadamente identificável for observado, o item 13 do Pronunciamento Técnico CPC 30 requer que o valor justo do total do objeto negocial recebido ou a receber, com base no contrato, seja alocado a cada serviço e então aplicado o critério de reconhecimento do Pronunciamento Técnico CPC 30 a cada serviço.

Se um serviço contínuo é identificado como parte de um contrato, o período sobre ICPC 11 no qual a receita deverá ser reconhecida pelo serviço é geralmente determinado pelos termos do contrato com o cliente. Se o contrato não especificar um período, a receita deverá ser reconhecida para um período não excedente à vida útil do ativo transferido para ser utilizado na prestação contínua do serviço.

Questões e exercícios

1. Defina receita a partir das normas contábeis internacionais e brasileiras.
2. Quais são os principais critérios de reconhecimento das receitas de vendas de bens e da prestação de serviços?
3. Como devem ser apresentadas na demonstração de resultado as receitas provenientes da venda de bens e da prestação de serviços?

CAPÍTULO 13

Estoques

13.1 Normas contábeis

As normas internacionais e brasileiras de contabilidade que regulamentam o tema estoques em seus aspectos relevantes são semelhantes. Tais normas são apresentadas a seguir:

- **Internacional:** IAS 2, do International Accounting Standards Board;
- **Brasil:** Pronunciamento Técnico CPC 16, do Comitê de Pronunciamentos Contábeis.

O ponto principal na contabilização dos estoques está relacionado ao valor do custo a ser reconhecido como ativo e mantido nos registros até que as respectivas receitas sejam reconhecidas. Sendo assim, a IAS 2 e o CPC 16 estabelecem o tratamento contábil para os estoques, proporcionando orientações sobre a mensuração do valor de custo dos estoques e sobre o seu subsequente reconhecimento como despesa em resultado, incluindo qualquer redução ao valor realizável líquido. Também proporcionam orientação sobre o método e os critérios usados para atribuir custos aos estoques.

Vale ressaltar que a IAS 2 e o CPC 16 não se aplicam a estoques (ativos) específicos regulamentados por outras normas, tais como:

a) produção em andamento proveniente de contratos de construção, incluindo contratos de serviços diretamente relacionados;
b) instrumentos financeiros;
c) ativos biológicos relacionados com a atividade agrícola e o produto agrícola no ponto da colheita.

Com relação à mensuração, a IAS 2 e o CPC 16 não se aplicam aos estoques mantidos por:

a) produtores agrícolas e florestais, de produtos após a colheita, de minerais e produtos minerais, na medida em que eles sejam mensurados pelo valor realizável líquido de acordo com as práticas já estabelecidas nesses setores. Quando tais estoques são mensurados pelo valor realizável líquido, as alterações nesse valor devem ser reconhecidas no resultado do período em que tenha sido verificada a alteração;
b) comerciantes de *commodities* que mensurem seus estoques pelo valor justo deduzido dos custos de venda. Nesse caso, as alterações desse valor devem ser reconhecidas no resultado do período em que tenha sido verificada a alteração.

13.2 Aspectos conceituais

Estoques

A Fundação Instituto de Pesquisas Contábeis, Atuariais e Financeiras – Fipecafi (1994, p.137) conceitua estoques da seguinte maneira:

"Os estoques são ativos tangíveis (ou aplicações de recursos visando sua obtenção) destinados à venda, à distribuição, à transformação ou ao uso próprio no curso normal das atividades. Estão representados basicamente por: mercadorias para revenda, produtos acabados, produtos em elaboração, matérias-primas, almoxarifado, importações em andamento e adiantamentos a fornecedores de estoques."

Os estoques representam ativos colocados à venda ou em industrialização no decorrer das atividades da companhia, sendo os mais comuns: mercadorias, produtos acabados, produtos em fase de fabricação ou elaboração, matérias-primas e materiais.

O conceito apresentado pela Fipecafi, basicamente, é o mesmo previsto pela IAS 2 e pelo CPC 16. Para o Iasb e o CPC, estoques são ativos quando:

- destinados à venda no curso normal dos negócios;
- em processo de produção para venda;
- sob a forma de matéria-prima ou materiais para serem consumidos no processo de produção ou na prestação de serviços.

Portanto, estoques representam os bens adquiridos ou produzidos pela companhia com o objetivo de venda ou utilização própria no decorrer de suas atividades operacionais, sendo considerados um dos ativos mais importantes do capital de giro e de avaliação da posição financeira de curto prazo da maioria das empresas comerciais e industriais.

Os estoques normalmente são representados por:

a) bens que existem fisicamente e que são de propriedade da empresa;
b) bens adquiridos, mas que estão em trânsito, a caminho da companhia, na data do balanço;
c) bens da empresa que foram remetidos para terceiros em consignação para venda posterior;
d) bens de propriedade da empresa que estão em poder de terceiros para armazenagem, beneficiamento etc.

Valor realizável líquido

Valor realizável líquido é o preço de venda estimado no curso normal dos negócios deduzido dos custos estimados para sua conclusão e dos gastos estimados necessários para se concretizar a venda.

> Exemplo:
>
> Produto A
> Preço de venda estimado = R$ 150
> Custo de produção estimado = (R$ 70)
> Despesa de venda estimada = (R$ 20)
> Valor realizável líquido = R$ 60

> Ressalte-se que o valor realizável líquido refere-se ao montante líquido que a empresa espera realizar com a venda do estoque no curso normal dos negócios. Sendo assim, o valor realizável líquido é um valor específico para a empresa.

Métodos de avaliação e mensuração dos estoques

Avaliação de estoques significa atribuir valores monetários (custos) aos diversos tipos de ativos que compõem os estoques. Existem diversos tipos de métodos e critérios que podem ser utilizados para essa avaliação, contudo, segundo Iudícibus et al (2000, p.106-7), os comumente utilizados são:

- **Primeiro que entra é o primeiro que sai – Peps ou *First-In – First-Out – Fifo***: à medida que ocorrem as vendas ou consumo, vai-se dando baixa, a partir das primeiras compras, o que equivale ao seguinte raciocínio: vendem-se ou consomem-se antes as primeiras mercadorias compradas;
- **Último a entrar é o primeiro a sair – Ueps ou *Last-In – First-Out – Lifo***: esse critério representa exatamente o oposto do sistema anterior, dando-se baixa nas vendas pelo custo da última mercadoria que entrou;
- **Média ponderada móvel**: por esse critério, o valor médio de cada unidade em estoque altera-se pelas compras de outras unidades por um preço diferente.

> Ressalte-se que, conforme as normas internacionais e brasileiras de contabilidade, os métodos aceitos são: Peps/Fifo e média ponderada móvel (custo médio).

Para uma compreensão melhor dos procedimentos de apuração do "custo das vendas" e a "valoração dos estoques finais", apresentamos uma comparação utilizando os critérios Peps (Fifo), Ueps (Lifo) – este apenas para fins de ilustração –, e média ponderada móvel (custo médio).

Suponha que uma empresa tenha a seguinte sequência de aquisição e vendas de mercadorias (sem impostos):

1) 10/04 – Compras de 20 unidades a R$ 15 cada uma.
2) 15/04 – Compras de 25 unidades a R$ 16 cada uma.
3) 20/04 – Vendas de 30 unidades a R$ 22 cada uma.
4) 25/04 – Compras de 28 unidades a R$ 17 cada uma.
5) 30/04 – Vendas de 35 unidades a R$ 23 cada uma.

A seguir apresentamos um exemplo ilustrativo baseado no Peps (Fifo):

Peps (Fifo)										
		ENTRADAS			SAÍDAS			ESTOQUES		
Data	Unid.	Quant.	Unit.	Total	Quant.	Unit.	Total	Quant.	Unit.	Total
10/04	cx.	20	15	300				20	15	**300**
15/04	cx.	25	16	400				25	16	**400**
20/04	cx.				20 10	15 16	300 160	15	16	**240**
25/04	cx.	28	17	476				28	17	**476**
30/04	cx.				15 **20**	16 **17**	240 **340**	8	17	**136**

Comparação entre as normas contábeis

	Brasil (CPC 16)	Iasb (IAS 2)
Receitas de vendas	1.465	1.465
(−) Custo das vendas (CMV)	(1.040)	(1.040)
Lucro bruto	425	425
Custo dos estoques finais	8 x 17 = 136	8 x 17 = 136

O critério Peps (Fifo) pode ser interpretado como se os primeiros custos representassem as mercadorias vendidas e as últimas mercadorias adquiridas ainda estivessem disponíveis para venda. Portanto, no exemplo, percebe-se que não há diferenças entre as normas contábeis. A seguir, a critério de ilustração, apresentamos o critério Ueps (Lifo):

Ueps (Lifo)										
	ENTRADAS				SAÍDAS			ESTOQUES		
Data	Unid.	Quant.	Unit.	Total	Quant.	Unit.	Total	Quant.	Unit.	Total
10/04	cx.	20	15	300				20	15	**300**
15/04	cx.	25	16	400				25	16	**400**
20/04	cx.				25 5	16 15	400 75	15	15	**225**
25/04	cx.	28	17	476				28	17	**476**
30/04	cx.				28 7	17 15	476 105	8	15	**120**

Comparação entre as normas contábeis

	Brasil (CPC 16)	Iasb (IAS 2)
Receitas de vendas	1.465	1.465
(−) Custo das vendas (CMV)	(1.056)	(1.056)
Lucro bruto	409	409
Custo dos estoques finais	8 x 15 = 120	8 x 15 = 120

Vale lembrar que a legislação tributária brasileira não permite a utilização do critério Ueps (Lifo), bem como as normas internacionais. Esse critério parte do princípio de que as últimas unidades adquiridas são consideradas como custo das vendas, permanecendo em estoque as unidades mais antigas.

A seguir, apresentamos um exemplo da média ponderada móvel ou preço ponderado médio:

Média ponderada móvel										
	ENTRADAS				SAÍDAS			ESTOQUES		
Data	Unid.	Quant.	Unit.	Total	Quant.	Unit.	Total	Quant.	Unit.	Total
10/04	cx.	20	15	300				20	15	**300**
15/04	cx.	25	16	400				45	15,56	**700**
20/04	cx.				30	15,56	467	15	15,56	**233**
25/04	cx.	28	17	476				43	16,49	709
30/04	cx.				35	16,49	577	8	16,49	132

Comparação entre as normas contábeis

	Brasil (CPC 16)	Iasb (IAS 2)
Receitas de vendas	1.465	1.465
(−) Custo das vendas (CMV)	(1.044)	(1.044)
Lucro bruto	421	421
Custo dos estoques finais	8 x 16,49 = 132	8 x 16,49 = 132

> Em síntese, as práticas brasileiras e internacionais de contabilidade evidenciam que os estoques devem ser mensurados pelo custo ou valor realizável líquido, dos dois o menor (Princípio da Prudência/Conservadorismo).

13.3 Divulgação

As principais informações que devem ser divulgadas pela empresa em notas explicativas às demonstrações contábeis sobre os estoques, de acordo com a IAS 2 e o CPC 16, são:

- políticas contábeis adotadas na mensuração dos estoques, incluindo os critérios de custeio;
- valores do total e subgrupos dos estoques de mercadorias e produtos;
- valores dos custos dos estoques apropriados no resultado pela venda;
- valores dos estoques que foram registrados pelo valor justo menos custos estimados de venda;
- a quantia escriturada de estoques dada como garantia de pagamento de passivos (dívidas).

13.3.1 Estudo de caso – Divulgação de informações sobre os estoques em IFRS

A seguir, apresentamos duas notas explicativas às demonstrações contábeis em IFRS sobre estoques, divulgadas pelo grupo Indústrias Romi S.A., inerentes aos exercícios de 2008 e 2007. A Indústrias Romi S.A. (Companhia), listada no Novo Mercado desde 23 de março de 2007, tem por objeto a indústria e o comércio de máquinas-ferramenta, de máquinas para plásticos, de equipamentos e acessórios industriais, de ferramentas, partes e peças em geral, e de equipamentos para informática e seus periféricos; análise de sistemas e a elaboração de programas para processamento de dados ligados à produção, comercialização e uso de máquinas-ferramenta e máquinas para plástico; a indústria e o comércio de fundidos brutos e usinados; a exportação e a importação, a representação por conta própria ou de terceiros e a prestação de serviços relacionados com suas atividades, bem como a participação, como sócia, acionista ou quotista, em outras sociedades civis ou comerciais e em empreendimentos comerciais de qualquer natureza, no Brasil e/ou no exterior, e a administração de bens próprios e/ou de terceiros. O parque industrial da companhia é formado por 11 fábricas, em três estabelecimentos na cidade de Santa Bárbara d'Oeste, no Estado de São Paulo, e dois na região de Turim, na Itália. A companhia possui, ainda, participação em controladas no Brasil e no exterior.

Notas explicativas às demonstrações contábeis consolidadas em IFRS dos exercícios findos em 31 de dezembro de 2007 e de 2006

Nota 2 – Resumo das principais práticas contábeis

2.6 – Estoques

Os estoques estão demonstrados pelo menor valor entre o custo médio de produção ou preço médio de aquisição e o valor líquido de realização (valor estimado de venda no curso normal dos negócios, menos o custo estimado para realizar a venda). As provisões para estoques de baixa rotatividade ou obsoletos são constituídas quando consideradas necessárias pela administração. A companhia custeia seus estoques pelo método de absorção, utilizando a média ponderada móvel para tal.

Nota 8 – Estoques

	31/12/2007	31/12/2006
Produtos acabados	55.014	59.924
Produtos em elaboração	71.404	66.487
Matéria-prima e componentes	65.273	51.504
Importações em andamento	1.606	3.556
Provisão para realização dos estoques	(10.253)	(11.681)
	183.044	**169.790**

O valor da provisão para realização dos estoques refere-se a materiais e componentes de baixa movimentação com perspectivas remotas de realização por venda ou utilização.

13.4 Alterações no CPC 16

Em janeiro de 2010, o CPC publicou a Revisão CPC 1 de Pronunciamentos Técnicos e Orientação Técnica, que alterou o item 11 do CPC 16, que trata da mensuração do estoque – custos de aquisição. O texto final da referida alteração ficou assim:

Texto original (antigo)

"O custo de aquisição dos estoques compreende o preço de compra, os impostos de importação e outros tributos, bem como os custos de transporte, seguro, manuseio e outros diretamente atribuíveis à aquisição de produtos acabados, materiais e serviços. Descontos comerciais, abatimentos e outros itens semelhantes devem ser deduzidos na determinação do custo de aquisição."

Texto final (atual)

"O custo de aquisição dos estoques compreende o preço de compra, os impostos de importação e outros tributos (exceto os recuperáveis junto ao fisco), bem como os custos de transporte, seguro, manuseio e outros diretamente atribuíveis à aquisição de produtos acabados, materiais e serviços. Descontos comerciais, abatimentos e outros itens semelhantes devem ser deduzidos na determinação do custo de aquisição."

Questões e exercícios

1. Quais são as normas contábeis brasileiras e internacionais sobre estoques?
2. Defina estoques de acordo com as normas internacionais de contabilidade.
3. Quais são as principais diferenças entre os métodos de avaliação dos estoques: Peps e média ponderada móvel?

CAPÍTULO 14

Provisões, ativos e passivos contingentes

14.1 Normas contábeis

As normas contábeis internacionais e brasileiras que tratam do assunto provisões, ativos e passivos contingentes são as seguintes:

- **Internacional:** IAS 37, do International Accounting Standards Board;
- **Brasil:** Pronunciamento Técnico CPC 25, do Comitê de Pronunciamentos Contábeis.

Em seus aspectos relevantes, pode-se afirmar que as normas contábeis internacionais e brasileiras que tratam do referido assunto são semelhantes, guardadas as particularidades de cada ambiente econômico e legal.

Estabelecer que sejam aplicados critérios de reconhecimento e bases de mensuração apropriados a provisões e a ativos e passivos contingentes e que seja divulgada informação suficiente nas notas explicativas é o principal objetivo da IAS 37 e do CPC 25.

Tais normas devem ser aplicadas na contabilização de provisões, ativos e passivos contingentes, exceto:

a) os que resultem de contratos a executar, a menos que o contrato seja oneroso;
b) os cobertos por outras normas contábeis.

Ressalte-se ainda que a IAS 37 e o CPC 25 tratam da contabilização de todas as provisões, ativos e passivos contingentes, exceto os que são abordados em outras normas ou que resultem de contratos sujeitos a execução. Certas provisões, ativos e passivos contingentes são tratados em outras normas, e devem seguir as suas regras, tais como:

- contratos de construção;
- tributos sobre o lucro;
- arrendamentos mercantis;
- benefícios a empregados;
- contratos de seguros;
- instrumentos financeiros;
- combinação de negócios.

14.2 Aspectos conceituais

A IAS 37 e o CPC 25 apresentam algumas definições de termos:

- **provisão:** é um passivo de valor e vencimento incertos;
- **ativo contingente:** é um possível ativo que surge de eventos passados e que será confirmado a partir de eventos futuros incertos, que não estão sob o controle da empresa;
- **passivo contingente:** é uma obrigação possível que surge de eventos passados e que será confirmada pela ocorrência de eventos futuros incertos, que não estão sob o controle da empresa;
- **obrigação legal:** é uma obrigação que deriva de um contrato, da legislação ou de outros dispositivos legais;
- **reestruturação:** é um programa planejado e controlado pela empresa que muda significativamente os seus negócios ou a sua gestão.

Percebe-se que a norma internacional considera que contingência é uma condição ou situação, cujo resultado final, favorável ou desfavorável, somente será confirmado caso ocorram, ou não, um ou mais eventos futuros incertos.

Dessa forma, as contingentes ativas ou passivas representam condições ou situações existentes, cujo efeito financeiro será determinado por eventos futuros à data das demonstrações contábeis, que podem ou não ocorrer.

Geralmente, a probabilidade de acontecimento ou não e os valores estimados correspondentes às provisões das despesas incertas são determinados pelo julgamento e experiência da administração da companhia. A auditoria também recomenda o reconhecimento dessas despesas pela probabilidade e risco de sua efetivação.

Os exemplos mais comuns de passivos contingentes são:

- ações trabalhistas e previdenciárias em julgamento;
- processos judiciais fiscais e tributários em andamento.

Provisões e outros passivos

As provisões se distinguem de outros passivos que apresentam valores e vencimentos para liquidação certos e conhecidos, como fornecedores e salários a pagar, pois elas, de acordo com a IAS 37 e o CPC 25, são caracterizadas pela incerteza de realização.

Provisões e passivos contingentes

No sentido geral, todas as provisões são passivos contingentes em razão de sua incerteza quanto ao vencimento e valor. A expressão "passivo contingente" é usada para passivos que não satisfaçam os critérios de reconhecimento nas demonstrações contábeis.

14.3 Reconhecimento de provisões

Para reconhecer uma provisão a companhia deve observar os seguintes critérios contábeis:

a) [...] que a companhia tenha uma obrigação presente (legal ou não formalizada) como resultado de evento passado;

b) que seja provável que uma saída de recursos que incorporam benefícios econômicos será necessária para liquidar a obrigação;
c) que possa ser feita uma estimativa confiável do valor da obrigação.

> Caso essas condições não sejam satisfeitas, nenhuma provisão deve ser reconhecida.

Exemplo:
Terreno contaminado por empresa – é praticamente certo que a legislação ambiental será aprovada.

- Uma companhia do setor de petróleo causa contaminação, mas só efetua a limpeza quando é requerida a fazê-la nos termos da legislação de um país em particular no qual opera. No entanto, este país não possui legislação requerendo a limpeza, e a companhia vem contaminando o terreno há diversos anos. Em 31 de dezembro de 2009 é praticamente certo que um projeto de lei requerendo a limpeza do terreno já contaminado será aprovado.

Análise:
- Obrigação presente como resultado de evento passado que gera obrigação: o evento que gera a obrigação é a contaminação do terreno, pois é praticamente certo que a legislação requeira a limpeza.
- Saída de recursos envolvendo benefícios futuros na liquidação: provável.
- Conclusão: uma provisão é reconhecida pela melhor estimativa dos custos de limpeza.

14.4 Reconhecimento de ativos e passivos contingentes

Ativos contingentes

O ativo contingente só é reconhecido se a realização da receita for praticamente certa, esgotando-se todas as possibilidades de recurso. Sendo provável a entrada de benefícios econômicos, os ativos contingentes devem ser divulgados em nota explicativa.

> Ativos contingentes não devem ser reconhecidos (princípio da prudência/conservadorismo).

Reembolsos
Nos casos em que há a expectativa de que parte ou todo o valor requerido para liquidar a obrigação provisionada será reembolsado por terceiros (exemplos: contratos de seguros e garantias de fornecedores), o reembolso só deverá ser reconhecido quando for praticamente certo o seu recebimento.

O reembolso deverá ser tratado como um ativo separado e não poderá exceder o valor da provisão.

Passivos contingentes

A figura a seguir resume o processo de reconhecimento e divulgação dos passivos contingentes.

PROCESSO DE RECONHECIMENTO E DIVULGAÇÃO

- Obrigação provável → Provisionar e divulgar em nota explicativa — A estimativa é confiável
- Obrigação possível → Divulgar em nota explicativa
- Obrigação remota → Não fazer nada

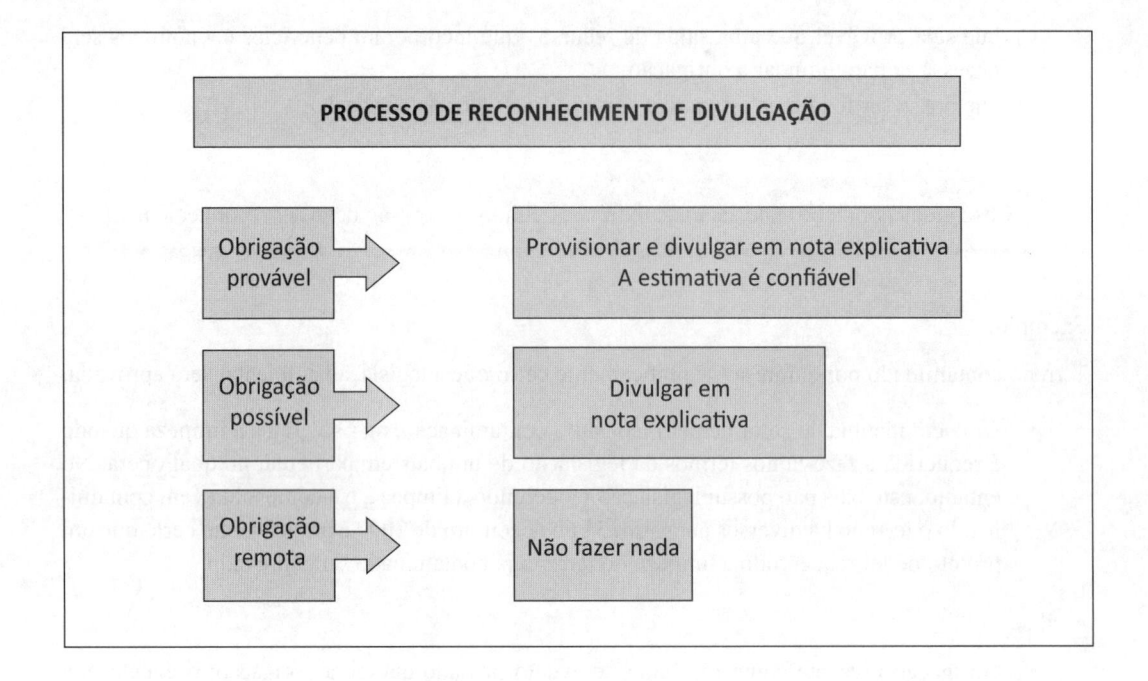

a) **Obrigação provável:** quando a obrigação for classificada pelo setor jurídico da empresa como de provável realização financeira, de acordo com a sua experiência em transações semelhantes e se for possível estimar o seu valor com segurança, a empresa realiza a provisão e ainda divulga informações em notas explicativas.

b) **Obrigação possível:** nessa categoria as obrigações são divulgadas apenas em notas explicativas, sendo dispensada a empresa das provisões correspondentes.

c) **Obrigação remota:** nesse caso, a empresa não provisiona e nem divulga informações sobre os passivos contingentes remotos.

14.5 Mensuração

O valor de reconhecimento nas demonstrações contábeis como provisão deverá ser a melhor estimativa do gasto exigido para liquidar a obrigação na data do balanço patrimonial. Essa estimativa é determinada pela administração da empresa, baseada na experiência em transações similares e na análise de especialistas independentes. Riscos e incertezas deverão ser considerados para se alcançar a melhor estimativa da provisão.

> Conforme a IAS 37 e o CPC 25, uma provisão deve ser mensurada antes dos impostos. As consequências tributárias da provisão são tratadas pelas normas relacionadas a tributos sobre o lucro (IAS 12 e CPC 32).

Ajuste a valor presente

Quando o efeito do valor do dinheiro no tempo é material, o valor da provisão deve ser o valor presente dos desembolsos que se espera que sejam exigidos para liquidar a obrigação. A taxa de desconto deve ser a taxa antes dos impostos e refletir as atuais avaliações de mercado quanto ao valor do dinheiro no tempo, além dos riscos específicos para o passivo.

Exemplo de mensuração

Suponhamos que uma empresa fabrica e vende produtos com garantia para reparos em defeitos de produção que sejam detectados até seis meses após a compra. Os custos estimados para a reparação dos produtos são os seguintes:

- se pequenos defeitos fossem detectados em todos os produtos, o custo de reparo seria de R$ 100.000,00;
- se grandes defeitos fossem detectados em todos os produtos, o custo de reparo seria de R$ 500.000,00.

A experiência da empresa e as expectativas futuras indicam que, para o próximo ano:

- 85% dos produtos vendidos não apresentarão defeitos;
- 10% dos produtos vendidos apresentarão pequenos defeitos;
- 5% dos produtos vendidos apresentarão grandes defeitos.

$$(10\% \times R\$\ 100.000,00) + (5\% \times R\$\ 500.000,00) = \mathbf{R\$\ 35.000,00}$$

Nesse caso, o valor estimado da provisão seria R$ 35.000,00.

Alterações em provisões

As provisões devem ser revistas no fechamento das demonstrações contábeis e ajustadas a fim de refletir a melhor estimativa corrente. Se a obrigação provisionada deixar de ser provável, seu valor deverá ser revertido.

14.6 Reestruturação

A provisão para custos de reestruturação só é reconhecida nas demonstrações contábeis quando os critérios gerais para reconhecimento são atendidos.

São exemplos de atividades de reestruturação da gestão e dos negócios de uma empresa:

- venda, encerramento ou realocação de uma linha de negócios;
- eliminação de um nível da administração;
- fechamento de instalações industriais em um país.

14.7 Divulgação

As normas internacionais e brasileiras requerem que, para cada classe de provisão, sejam divulgadas, no mínimo, as seguintes informações em notas explicativas:

- breve descrição da natureza da obrigação e o cronograma esperado de quaisquer saídas de benefícios econômicos resultantes;
- indicação das incertezas sobre o valor ou o cronograma dessas saídas. Sempre que necessário para fornecer informações adequadas, a companhia deve divulgar as principais premissas adotadas em relação a eventos futuros;
- quantia escriturada no começo e no fim do período;
- provisões adicionais feitas no período, incluindo aumentos nas provisões existentes;

- quantias usadas (isto é, incorridas e debitadas à provisão) no período;
- quantias não usadas revertidas no período;
- aumento na quantia descontada em virtude da passagem do tempo e o efeito de qualquer alteração na taxa de desconto no período;
- valor de qualquer reembolso esperado, declarando o valor de qualquer ativo que tenha sido reconhecido por conta dele.

Observação: não se exige a entrega de informações comparativas.

Modelo de divulgação de quantias das provisões para contingências no fim do período

Provisões para contingências em 31 de dezembro de 2010 e 2009		
Contingências	2010	2009
Previdenciárias		
Trabalhistas		
Tributárias		
Cíveis		
Outras		
Total		

Estudo de caso

Divulgação de informações sobre passivos contingentes em BR Gaap

A seguir apresentamos, de maneira ilustrativa, uma nota explicativa às demonstrações contábeis de 2009 e 2008 em BR Gaap da empresa Vale S. A., anteriormente denominada Companhia Vale do Rio Doce, que trata da divulgação de informações sobre passivos contingentes do grupo.

A Vale S. A. é uma sociedade anônima de capital aberto com sede na cidade do Rio de Janeiro, Brasil, e tem como atividades preponderantes a extração, o beneficiamento e a venda de minério de ferro, pelotas, cobre concentrado e potássio, a prestação de serviços logísticos, a geração de energia elétrica e a pesquisa e o desenvolvimento mineral. Além disso, por meio de suas controladas diretas, indiretas e de controle compartilhado, opera também nas áreas de níquel, metais preciosos, cobalto (subproduto), manganês, ferroligas, caulim, carvão, produtos siderúrgicos e da cadeia de alumínio.

---

6 – Notas explicativas às demonstrações contábeis dos exercícios findos em 31 de dezembro de 2009 e de 2008

6.16 – Passivos contingentes e compromissos

A Vale e suas controladas são partes envolvidas em ações trabalhistas, cíveis, tributárias e outras em andamento e estão discutindo estas questões tanto na esfera administrativa quanto na judicial, as quais, quando aplicável, são amparadas por depósitos judiciais. As provisões para as perdas decorrentes desses processos são estimadas e atualizadas pela administração, amparada pela opinião da diretoria jurídica da companhia e de seus consultores legais externos.

Adicionalmente às provisões registradas, existem outros passivos contingentes, distribuídos entre processos tributários, cíveis e trabalhistas, considerados como perda possível no montante de R$ 9.242,00 (R$ 4.009,00 na controladora).

Provisão para contingências

As provisões líquidas de depósitos judiciais considerados pela administração da companhia e por seus consultores jurídicos como suficientes para cobrir eventuais perdas em processos judiciais de qualquer natureza são detalhadas [...]

I) Contingências tributárias

As principais naturezas das causas tributárias referem-se substancialmente a discussões sobre a base de cálculo da Compensação Financeira pela Exploração de Recursos Minerais (CFEM) e sobre indeferimentos de pedidos de compensação de créditos na liquidação de tributos federais. As demais referem-se a cobranças de Adicional de Indenização do Trabalhador Portuário (AITP) e questionamentos sobre a localidade de incidência para fins de Imposto sobre Serviços (ISS).

Em 2009, procedeu-se a baixa dos valores provisionados referentes à discussão sobre a compensação de prejuízos fiscais e bases negativas de contribuição social acima de 30%, devido à desistência da ação e consequentemente extinção do processo com liberação dos recursos depositados judicialmente em favor da União.

II) Contingências cíveis

As ações cíveis estão relacionadas às reclamações de companhias contratadas por perdas que supostamente teriam ocorrido como resultado de vários planos econômicos, acidentes e ação reivindicatória solicitando devolução de terreno.

III) Contingências trabalhistas

Contingências trabalhistas e previdenciárias consistem principalmente de: a) horas "itinere", b) adicional de periculosidade e insalubridade e c) reclamações vinculadas a disputas sobre o montante de compensação pago sobre demissões e ao terço constitucional de férias.

Outros compromissos

(a) Em relação ao acordo de benefício fiscal para financiamento sobre arrendamento patrocinado pelo governo francês, a Vale fornece algumas garantias em favor da Vale Inco New Caledonia (Vinc), como pagamentos devidos da Vinc até o máximo de US$ 100 milhões ("montante máximo") em relação à indenização. Também fornece garantia adicional que cobre pagamentos devidos à Vinc de valores que excedam o montante máximo em relação à indenização e outros valores pagáveis pela Vinc sob o acordo de arrendamento que cobre alguns ativos.

Durante o segundo trimestre, duas novas garantias bancárias de € 43 milhões foram constituídas pela Vale em benefício da Vinc e em favor da South Province of New Caledonia, de maneira que garantisse a realização de certas obrigações ambientais referentes a sua planta metalúrgica e à instalação do armazém de resíduos de Kwe West.

A Sumic Nickel Netherlands B.V. (Sumic), que detém 21% das ações da Vinc, tem opção de vender para a Vale 25%, 50% ou 100% de suas ações da Vinc. Esta opção poderá ser exercida se o custo definido do projeto de desenvolvimento de níquel-cobalto ultrapassar o valor acordado com os acionistas e um acordo não for alcançado sobre como proceder com relação ao projeto.

A Vale concedeu garantia cobrindo pagamentos indenizatórios da Vinc devidos ao fornecedor, no âmbito de um acordo de fornecimento de energia elétrica (ESA) celebrado em outubro de 2004 para o projeto Vinc. O montante da indenização depende de uma série de fatores, incluindo se a eventual rescisão for resultado de descumprimento contratual por parte da Vinc e a data do término do contrato for antecipada. Se a Vinc descumprir o ESA antes da data prevista para o início do fornecimento de eletricidade ao projeto, a indenização, que atualmente está no seu valor máximo, seria de € 145 milhões. Após o início do fornecimento de energia elétrica no âmbito da ESA, os montantes garantidos serão reduzidos ao longo do período do contrato.

Em fevereiro de 2009, a Vale Inco Newfoundland e Labrador Limited (VINL), subsidiária da Vale, celebrou um quarto aditivo para o acordo de desenvolvimento de Voisey's Bay com o governo de Newfoundland e Labrador, Canadá, que permite à VINL embarcar até 55 mil toneladas métricas de níquel concentrado das minas da área de Voisey's Bay. Como parte do acordo, a VINL concordou em fornecer ao governo de Newfoundland e Labrador garantia financeira na forma de cartas de crédito, no montante de CAD$[1] 16 milhões para cada embarque de níquel concentrado saído da província de 1º de janeiro de 2009 até 31 de agosto do mesmo ano. O valor máximo desta garantia financeira é de CAD$ 112 milhões, com base no sétimo embarque de níquel concentrado. Em 31 de dezembro de 2009 todas as cartas de crédito já foram emitidas, permanecendo CAD$ 61,6 milhões em aberto.

(b) Por ocasião do primeiro passo de sua privatização, em 1997, a Vale emitiu debêntures para os acionistas existentes na ocasião, incluindo o governo brasileiro. Os termos das debêntures foram estabele-

---

[1] Dólares canadenses.

cidos para garantir que os acionistas pré-privatização participassem em possíveis benefícios futuros, que pudessem ser obtidos a partir da exploração de certos recursos minerais.

A Vale possui 388.559.056 debêntures participativas emitidas com valor nominal unitário na data de emissão de R$ 0,01 (um centavo de real), cuja atualização se dá de acordo com a variação do Índice Geral de Preços de Mercado (IGP-M), conforme o disposto na escritura de emissão.

Os debenturistas têm o direito de receber prêmios, pagos semestralmente, equivalentes a um percentual das receitas líquidas provenientes de determinados recursos minerais, conforme escritura de emissão.

Em abril e setembro, respectivamente, a Vale efetuou pagamento de remuneração das debêntures participativas no valor de R$ 8,00 e R$ 7,00.

14.8 Caso especial

Mudanças em passivos por desativação, restauração e outros passivos similares

Em dezembro de 2009 o Comitê de Pronunciamentos Contábeis emitiu a Interpretação Técnica ICPC 12 (correlação com a Ifric 1, do Iasb), com orientações sobre a contabilização dos efeitos das mudanças na mensuração de passivos por desativação, restauração e outros passivos similares. Ressalte-se que o CPC 25, que discorre sobre provisões, ativos e passivos contingentes, contém requisitos sobre como mensurar passivos por desativação, restauração e outros passivos similares.

Um passivo por desativação, restauração ou outro passivo similar pode existir pela reabilitação de danos ambientais em indústrias extrativas, remoção de equipamentos, desativação de unidades fabris (fábricas) ou de usinas nucleares.

A seguir, são destacadas as principais questões da ICPC 12:

Questão
Esta interpretação trata de como o efeito dos seguintes eventos – que mudam a mensuração de passivo por desativação, restauração ou outro passivo similar – deve ser contabilizado para:
   a) mudança no fluxo de saída estimado de recursos que incorporam benefícios econômicos (por exemplo, fluxos de caixa) necessários para liquidar a obrigação;
   b) mudança na taxa de desconto corrente baseada em mercado, conforme definido no item 47 do CPC 25 – Provisões, passivos contingentes e ativos contingentes (isso inclui mudanças no valor temporal do dinheiro e os riscos específicos do passivo);
   c) aumento que reflete a passagem do tempo (também referido como a reversão do desconto).

Consenso
As mudanças na mensuração de passivo por desativação, restauração e outros passivos similares, que resultam das alterações nas estimativas do valor ou período do fluxo de saída de recursos que incorporam benefícios econômicos necessários para liquidar a obrigação ou ainda uma mudança na taxa de desconto, são contabilizadas de acordo com os itens 5 a 7.

Itens 5 a 7
5. Se o respectivo ativo for mensurado utilizando o método de custo:
   a) sujeitas ao item (b), as mudanças no passivo serão adicionadas ao/deduzidas do custo do respectivo ativo no período corrente;
   b) o valor deduzido do custo do ativo não excederá o seu valor contábil. Se a redução no passivo exceder o valor contábil do ativo, o excedente é reconhecido imediatamente no resultado;
   c) se o ajuste resultar na adição ao custo do ativo, a entidade considera se essa é uma indicação de que o novo valor contábil do ativo pode não ser plenamente recuperável. Se houver tal indicação, a entidade testa o ativo quanto à redução no valor recuperável por estimativa e contabiliza qualquer perda por redução ao valor recuperável, de acordo com o CPC 1 – Redução ao valor recuperável de ativos.

6. Se o respectivo ativo tiver sido mensurado utilizando o método de reavaliação (quando legalmente possível):
   a) as mudanças no passivo alteram a reserva de reavaliação anteriormente reconhecida desse ativo, de modo que:
      i) a redução no passivo é (sujeita ao item (b)) reconhecida em outros resultados abrangentes e aumenta a reserva de reavaliação no patrimônio líquido, mas é reconhecida no resultado na medida em que reverter a redução da reavaliação no ativo previamente reconhecida no resultado;
      ii) o aumento no passivo é reconhecido no resultado – exceto aquele reconhecido em outros resultados abrangentes – e a reserva de reavaliação no patrimônio líquido é reduzida até o limite de qualquer saldo credor existente na reserva em relação a esse ativo;
   b) caso uma redução no passivo exceda o valor contábil que teria sido reconhecido caso o ativo tivesse sido registrado de acordo com o método do custo, o excedente será reconhecido imediatamente no resultado;
   c) uma mudança no passivo é uma indicação de que o ativo pode ter que ser reavaliado (se for permitido legalmente) para garantir que o valor contábil não difira significativamente daquele que seria determinado utilizando o valor justo no final do período de relatório. Qualquer reavaliação será levada em consideração na determinação dos valores a serem reconhecidos no resultado ou em outros resultados abrangentes de acordo com a alínea (a). Se a reavaliação for necessária, todos os ativos dessa classe serão reavaliados;
   d) o CPC 26 – Apresentação das demonstrações contábeis exige a divulgação na demonstração do resultado abrangente de cada componente de outra receita ou despesa abrangente. Ao cumprir esse requisito, a mudança na reserva de reavaliação resultante de mudança no passivo será identificada e divulgada separadamente como tal.

7. O valor depreciável ajustado do ativo é depreciado ao longo de sua vida útil. Portanto, uma vez que o respectivo ativo tenha chegado ao fim de sua vida útil, todas as mudanças subsequentes no passivo são reconhecidas no resultado à medida que ocorrerem. Isso é aplicável tanto no método de custo quanto no de reavaliação.

Reversão do desconto

A reversão periódica do desconto deverá ser reconhecida no resultado como custo de financiamento à medida que ocorrer. A capitalização prevista no CPC 20 – Custos dos empréstimos não é permitida.

Exemplo do método de custo – adaptado da ICPC 12

Uma companhia possui vários campos e plataformas de exploração e produção de petróleo e um respectivo passivo por desativação de tais campos e plataformas. Ela iniciou as operações em 1º de janeiro de 2000 e a vida útil dos campos e plataformas de petróleo é de 40 anos. Seu custo inicial foi de 120 milhões de reais. Isso incluiu o valor dos custos de desativação (de 10 milhões) que representavam 70,4 milhões em fluxos de caixa estimados pagáveis em 40 anos, descontados a uma taxa ajustada de risco de 5%. O exercício social da companhia é encerrado em 31 de dezembro.

Desenvolvimento do exemplo

Em 31 de dezembro de 2009 a companhia tem 10 anos de idade. A depreciação acumulada é de 30 milhões de reais (R$ 120.000 × 10/40 anos). Por causa da reversão do desconto (5%) ao longo de 10 anos, o passivo por desativação cresceu de 10 milhões para 16,3 milhões.

Em 31 de dezembro de 2009, a taxa de desconto não se alterou. Entretanto, a companhia estima que, como resultado dos avanços tecnológicos, o valor presente líquido do passivo por desativação tenha diminuído em 8 milhões. Consequentemente, a companhia ajusta o passivo por desativação de 16,3 milhões para 8,3 milhões. Nessa data, a companhia realiza o seguinte lançamento contábil para refletir a mudança:

   Débito   = Passivo por desativação = 8 milhões
   Crédito   = Custo do ativo   = 8 milhões

Após esse ajuste, o valor contábil do ativo é de 82 milhões de reais (120 – 8 – 30 milhões), que será depreciado ao longo dos 30 anos restantes da vida do ativo, resultando na despesa de 2,733 milhões de reais (82 milhões ÷ 30), referentes à depreciação para o próximo exercício social. O custo financeiro da reversão do desconto para o próximo exercício social será de 415 mil reais (8,3 milhões × 5%).

Se a mudança no passivo tivesse resultado da mudança na taxa de desconto, em vez da mudança nos fluxos de caixa estimados, a contabilização da mudança teria sido a mesma, porém o custo financeiro do próximo exercício social teria refletido a nova taxa de desconto.

Questões e exercícios

1. Defina provisão e passivo contingente.
2. Explique os critérios de reconhecimento das provisões.
3. Quais são os critérios de reconhecimento dos passivos contingentes?
4. O que é um passivo por desativação ou restauração de acordo com a ICPC 12?

CAPÍTULO 15

Redução ao valor recuperável de ativos – *impairment*

15.1 Normas contábeis

As normas contábeis internacionais e brasileiras que regulamentam a matéria redução ao valor recuperável de ativos – *impairment* são semelhantes. Tais normas são as seguintes:

- **Internacional:** IAS 36, do International Accounting Standards Board;
- **Brasil:** Pronunciamento Técnico CPC 1, do Comitê de Pronunciamentos Contábeis.

O principal objetivo da IAS 36 e do CPC 1 é definir procedimentos visando a assegurar que os ativos não estejam registrados contabilmente por um valor superior àquele passível de ser recuperado por uso ou venda. São de natureza geral e se aplicam a todos os "ativos relevantes" relacionados às atividades industriais, comerciais, agropecuárias, minerais, financeiras, de serviços e outras, tais como: ativos imobilizados, intangíveis e financeiros.

> Caso existam evidências claras de que ativos estão avaliados por valor não recuperável no futuro, a empresa deverá imediatamente reconhecer a desvalorização por meio da constituição de provisão para perdas ajustada no resultado.

15.2 Aspectos conceituais

O princípio do custo como base de valor é fundamental para o entendimento do conceito de valor em contabilidade. O ajuste do custo de aquisição de um ativo para um valor diferente é necessário quando o seu valor contábil supera o seu valor recuperável. Assim, o princípio contábil diz: "custo ou mercado, o menor". Contudo, dada a extrema importância desse princípio, associada ao fato de o entendimento do valor de mercado propiciar algumas dúvidas, a contabilidade desenvolveu e formalizou nos últimos anos, em âmbito internacional, o conceito de *impairment*. Fundamental para confrontar o valor contábil de um ativo para fins de contabilizar ou não, o *impairment* é o conceito de valor justo (*fair value*).

Impairment

Impairment significa literalmente dano, desvalorização ou deterioração. Em termos contábeis, podemos definir *impairment* como declínio no valor de um ativo ou dano econômico. O Pronunciamento

Técnico CPC 1 – Redução ao valor recuperável de ativos, aprovado em 14/09/2007, elaborado a partir da IAS 36 do Iasb, definiu valor recuperável como "o maior valor entre o preço líquido de venda do ativo e o seu valor em uso".

Quando o valor contábil for superior ao valor recuperável do ativo, o ajuste do *impairment* deverá ser feito contabilizando a diferença (o *impairment*) entre o valor recuperável do ativo e o seu valor contábil como despesa, em contrapartida ao valor contábil do ativo, como provisão retificadora. O conceito de *impairment* deverá ser aplicado a todos os ativos ou conjunto de ativos relevantes relacionados a todas as atividades da empresa, inclusive as financeiras. Esse procedimento deverá ser feito regularmente, pelo menos no encerramento do exercício contábil.

Valor justo – *fair value*

A mensuração do valor recuperável (valor justo) deve ser feita por dois critérios:

a) valor líquido de venda;
b) valor em uso.

Para fins da aplicação do *impairment* deve-se utilizar o maior valor entre os dois critérios. Stickney & Weil relatam que os dois critérios são considerados como "o valor justo" de um ativo (Stickney; Weil, 2001, p. 408). Podemos definir, então, valor justo como o preço negociado entre um comprador e um vendedor que agem racionalmente, defendendo seu próprio interesse (uma transação *arm's-lenght*) ou, na ausência desse valor objetivo, como o valor presente do fluxo de caixa esperado pelo ativo.

Exemplo de *impairment* de imobilizado

*Avaliação de **impairment** de máquinas de grande porte:*

Valor contábil líquido	=	R$ 1.000.000	(já descontada a depreciação)
Valor em uso	=	R$ 950.000	= **Valor recuperável (maior valor)**
Valor líquido de venda	=	R$ 900.000	

Perda por *impairment* = **R$ 50.000** (R$ 1.000.000 – R$ 950.000)

Contabilização:

Débito = Perda por desvalorização de ativos (resultado)
Crédito = Perda por desvalorização de ativos (redutora do ativo imobilizado)

Observação:
O Princípio do Conservadorismo/Prudência foi aplicado na avaliação do ativo.

Dessa maneira, o valor justo incorpora-se ao conjunto de conceitos para ajustar o valor contábil de um ativo quando o valor de mercado é inferior a este, e liga-se ao conceito de *impairment*. As normas internacionais e brasileiras de contabilidade indicam os seguintes métodos para se apurar o valor recuperável (valor justo):

a) valor líquido de venda do ativo a partir de um contrato de venda formalizado;
b) valor líquido de venda a partir de negociação em um mercado ativo, menos as despesas necessárias de venda;
c) valor líquido de venda baseado na melhor informação disponível para alienação do ativo;
d) valor em uso (fluxos de caixa futuros descontados para valor presente, derivados do uso contínuo dos ativos relacionados).

> Caso haja qualquer indicação de que um ativo possa estar desvalorizado, o valor recuperável deve ser estimado individualmente para cada ativo. Se não for possível estimar o valor recuperável individualmente, a entidade deve determinar o valor recuperável da "unidade geradora de caixa" à qual o ativo pertence.

Unidade geradora de caixa

É importante ressaltar o conceito de conjunto de ativos, uma vez que o *impairment* não necessariamente aplica-se apenas a ativos contabilizados individualmente. Nesse sentido, até a capacidade geral da empresa de gerar fluxos de caixa futuro deve ser objeto de avaliação pelo valor recuperável.

Sendo assim, foi desenvolvido o conceito de unidade geradora de caixa. Considera-se uma unidade geradora de caixa "o menor grupo de ativos que inclui o ativo em uso e que gera entradas de caixa, que são em grande parte independentes das entradas de caixa provenientes de outros ativos ou grupo de ativos".

Desta maneira, pode-se considerar como unidade geradora de caixa:

a) um ativo único que tem capacidade de prestação de serviços geradora de caixa;
b) o conjunto de ativos (máquinas, equipamentos, utensílios, veículos) de uma linha de produção e comercialização, como, por exemplo, uma linha de produção de determinada bebida, um conjunto de veículos de transporte para determinados tipos de fretes etc.;
c) um estabelecimento fabril ou comercial;
d) uma divisão ou unidade de negócios etc.

Quando não for possível medir a capacidade geradora de caixa de um único ativo, ou esta for insignificante, ou quando não houver possibilidade de identificar a capacidade de geração de caixa de um único ativo de forma independente de outros, deve-se fazer a mensuração da capacidade de um único ativo em conjunto com os ativos dos quais ele depende para fazer geração de caixa.

Exemplo de determinação de unidade geradora de caixa

Uma empresa de mineração tem uma estrada de ferro particular para dar suporte às suas atividades de mineração. Essa estrada pode ser vendida somente pelo valor (residual) de sucata e ela não gera entradas de caixa provenientes de uso contínuo que sejam em grande parte independentes das entradas de caixa vindas de outros ativos da mina.

Não é possível estimar o valor recuperável da estrada de ferro porque seu valor em uso não pode ser determinado e é provavelmente diferente do valor de sucata. Portanto, a empresa estima o valor recuperável da unidade geradora de caixa à qual a estrada de ferro pertence, isto é, **a mina como um todo**.

15.3 Teste para aplicação do *impairment*

Uma empresa deve avaliar em cada data de demonstrações contábeis anuais se há qualquer indicação de que um ativo possa ter sofrido desvalorização (diz-se "estar com *impairment*"). Se existir qualquer indicação, a empresa deve estimar o valor recuperável do ativo em questão.

Independentemente de existir ou não qualquer indicação de *impairment*, uma empresa deve também testar anualmente:

- o *goodwill* (ágio por expectativa de rentabilidade futura);
- os ativos intangíveis com vida útil indefinida ou ainda não disponíveis para uso.

Alguns fatores que podem indicar a necessidade de aplicação do teste de *impairment* são:

- diminuição significativa do preço de mercado;
- mudança significativa na forma de utilizar o bem que reduza sua vida útil;
- danificação do bem;
- mudança significativa de aspectos legais ou de negócios que possam afetar seu valor, ou a avaliação do regulador;
- expectativa real de que o ativo será vendido ou baixado antes do término de sua vida útil anteriormente prevista, entre outros.

As seguintes indicações também devem ser consideradas para verificar a necessidade de aplicação ou não do *impairment*:

Fontes externas de informação

- diminuição significativa do preço de mercado do ativo;
- alteração relevante com efeito adverso na empresa, relativa ao ambiente econômico, tecnológico, mercadológico ou legal;
- diminuição do valor de mercado da empresa com relação ao valor contábil dos seus ativos líquidos escriturados.

Fontes internas de informação

- mudança significativa na forma de utilizar o bem que reduza sua vida útil;
- obsolescência ou danificação do bem;
- expectativa real de que o ativo será vendido ou baixado antes do término de sua vida útil anteriormente prevista;
- indicação em relatórios internos de avaliação de desempenho de que o ativo avaliado não terá o resultado esperado.

15.4 Mensuração do valor recuperável

Considera-se valor recuperável o maior valor entre o valor líquido de venda do ativo e o seu valor em uso.

Valor líquido de venda

Considera-se a maior evidência do valor líquido de venda aquela obtida a partir de um contrato de venda formalizado, ou seja, um pedido de compra ou um pedido de venda. Caso não exista contrato formal, o preço poderá ser obtido a partir do valor de um mercado ativo, menos as despesas necessárias de venda. Mercado ativo é um mercado em que todas as seguintes condições existam:

a) os itens transacionados no mercado são homogêneos;
b) vendedores e compradores com disposição para negociar são encontrados a qualquer momento para efetuar a transação;
c) os preços estão disponíveis para o público.

Em último caso, o valor líquido de venda também pode ser obtido com base na melhor informação possível que reflete o quanto a empresa conseguiria obter, na data do balanço, pela venda do ativo em uma negociação normal.

Valor em uso

O valor em uso será estimado com base nos fluxos de caixa futuros decorrentes do uso do ativo ou conjunto de ativos. Os seguintes elementos devem ser refletidos no cálculo do valor em uso do ativo:

a) estimativa dos fluxos de caixa futuros que a entidade espera obter com esse ativo;
b) expectativas sobre possíveis variações no montante ou período desses fluxos de caixa futuros;
c) o valor do dinheiro no tempo, representado pela atual taxa de juros livre de risco;
d) o preço decorrente da incerteza inerente ao ativo;
e) outros fatores, tais como falta de liquidez, que participantes do mercado iriam considerar ao determinar os fluxos de caixa futuros que a entidade espera obter com o ativo.

A estimativa do valor em uso de um ativo envolve os seguintes passos:

a) estimar futuras entradas e saídas de caixa decorrentes de uso contínuo do ativo e de sua baixa final para um período máximo de cinco anos, a menos que se justifique, fundamentalmente, um período mais longo;
b) aplicar taxa de desconto adequada a esses fluxos de caixa futuros, antes dos impostos, que reflita as avaliações atuais de mercado.

Para efeito de taxas de desconto, a IAS 36 e o CPC 1 consideram o seguinte:

a) seja qual for a abordagem adotada pela empresa para avaliar o valor em uso de um ativo, as taxas de juros utilizadas para descontar fluxos de caixa não devem refletir os riscos pelos quais os fluxos de caixa estimados foram ajustados. Caso contrário, os efeitos de algumas premissas serão contados em duplicidade;
b) quando uma taxa específica de um ativo não está acessível diretamente no mercado, a entidade usa substitutos para estimar a taxa de desconto. Como ponto de partida para realizar essa estimativa, e apenas para iniciar o estudo da taxa de desconto a utilizar, a entidade pode começar a análise pelas seguintes taxas:
  - o custo de capital médio ponderado da entidade, apurado por meio de técnicas como o Modelo de Avaliação de Ativos Financeiros (CAPM);
  - a taxa de empréstimo incremental da empresa;
  - outras taxas de empréstimo de mercado.

No entanto, essas taxas precisam ser ajustadas:

a) para refletir a forma como o mercado avaliaria os riscos específicos associados aos fluxos de caixa estimados do ativo;
b) para excluir riscos que não são relevantes para os fluxos de caixa estimados do ativo ou para os quais os fluxos de caixa estimados tenham sido ajustados.

Deve-se levar em conta riscos como o risco-país, o risco da moeda e o risco de preços.

A taxa de desconto é independente da estrutura de capital da empresa e da forma como ela financiou a aquisição do ativo uma vez que os fluxos de caixa futuros a serem gerados pelo ativo não dependem da forma como a empresa financiou essa aquisição.

A taxa de desconto a ser utilizada é a taxa antes de impostos. Portanto, quando a base utilizada para estimar a taxa de desconto é a taxa após impostos, a base é ajustada para refletir a taxa antes de impostos.

Normalmente a empresa utiliza uma única taxa de desconto para estimar o valor de uso de um ativo. Por outro lado, ela utiliza taxas de descontos separadas para diferentes períodos futuros em que o valor de uso é sensível à diferença de riscos para diferentes períodos ou para a estrutura de prazo das taxas de juros.

> Observações para mensuração do valor em uso
>
> 1. As estimativas de fluxos de caixa futuros não devem incluir:
>   a) entradas ou saídas de caixa provenientes de atividades de financiamento;
>   b) recebimentos ou pagamentos de tributos sobre a renda.
>
> 2. A taxa de avaliação atual de mercado do ativo é o retorno que os investidores exigiriam se tivessem de escolher um investimento que gerasse fluxos de caixa de montantes, tempo e perfil de risco equivalentes àqueles que a entidade espera extrair do ativo. Pode ser o custo médio ponderado de capital.

Valor do *impairment* x valor recuperável

Vamos imaginar que um equipamento de produção contínua, que gera fluxo de caixa dentro de uma linha de produção de produtos claramente identificáveis, tenha o seguinte valor contábil ao final de um exercício:

Valor de aquisição, corrigido se for o caso	R$ 2.000,00
(–) Depreciação acumulada	(R$ 800,00)
Valor contábil líquido	R$ 1.200,00

Há evidências de que o valor contábil está superior ao valor de mercado ou valor em uso com as seguintes mensurações:

Valor líquido de venda	R$ 950,00
Valor em uso	R$ 800,00

Neste caso, considera-se valor recuperável o maior dos dois valores anteriores, ou seja, R$ 950,00 (valor líquido de venda). Dessa maneira, o *impairment* será de R$ 250,00, que deverá ser contabilizado dentro do resultado do exercício. O ativo será assim demonstrado:

Valor contábil líquido	R$ 1.200,00
(–) Redução ao valor recuperável – *impairment*	(R$ 250,00)
Valor recuperável do ativo	R$ 950,00

15.5 Depreciação e amortização

Após o reconhecimento de uma perda por *impairment*, a depreciação e a amortização do ativo devem ser ajustadas nos períodos futuros, considerando a sua vida útil remanescente.

15.6 Reversão da perda por desvalorização – *impairment*

As normas contábeis brasileira (CPC 1) e internacional (IAS 36) estabelecem que uma perda por *impairment* registrada de um ativo que não seja o *goodwill* (ágio por expectativa de rentabilidade futura) e que tenha sido reconhecida em períodos anteriores deve ser revertida, até o limite do montante registrado, se houver alteração nas estimativas do valor justo do ativo.

15.7 Divulgação

A empresa deve divulgar em notas explicativas no mínimo as seguintes informações sobre o teste de *impairment*:

- o valor da perda (reversão de perda) com desvalorizações reconhecidas no período e eventuais reflexos em reservas de reavaliações;
- os eventos e circunstâncias que levaram ao reconhecimento ou reversão da desvalorização;
- a relação dos itens que compõem a unidade geradora de caixa e uma descrição das razões que justifiquem a maneira como foi identificada a unidade geradora de caixa;
- se o valor recuperável é o valor líquido de venda, divulgar a base usada para determinar esse valor; e, se o valor recuperável é o valor do ativo em uso, a taxa de desconto usada nessa estimativa.

Estudo de caso – Divulgação de informações sobre o teste de *impairment* em BR Gaap

A seguir, apresentamos uma das notas explicativas das demonstrações contábeis em BR Gaap sobre o teste de *impairment*, elaboradas e apresentadas pela Petrobras, inerentes aos exercícios sociais de 2008 e 2007. A Petróleo Brasileiro S.A. – Petrobras é a companhia petrolífera estatal brasileira e, diretamente ou por meio de suas controladas (denominadas, em conjunto, Petrobras ou companhia) dedica-se à exploração, prospecção e produção de petróleo, de xisto betuminoso e outros minerais, e ao refino, processamento, comercialização e transporte de petróleo, derivados de petróleo, gás natural e outros hidrocarbonetos fluidos, além de outras atividades relacionadas à energia. Adicionalmente, a Petrobras pode ainda empreender pesquisa, desenvolvimento, produção, transporte, distribuição e comercialização de todas as formas de energia, bem como outras atividades correlatas ou afins.

Notas explicativas às demonstrações contábeis consolidadas e da controladora
(Em milhares de reais)

14. Imobilizado

14.5. Redução ao valor recuperável de ativos

14.5.1. Por área de negócio

	Consolidado			Controladora		
	2008			2008		
	Impairment	Reversão	Total	*Impairment*	Reversão	Total
Exploração e produção	602.675		602.675	602.675		602.675
Internacional	330.413		330.413			
Total	933.088		933.088	602.675		602.675

14.5.2. Por tipo de ativo

	Consolidado			Controladora		
	2008			2008		
	Impairment	Reversão	Total	*Impairment*	Reversão	Total
Edificações e benfeitorias	3.832		3.832	602.675		602.675
Equipamento e outros bens	90.766		90.766	89.153		89.153
Gastos com exploração, desenvolvimento e produção de petróleo e gás	838.490		838.490	513.522		513.522
Total	933.088		933.088	602.675		602.675

Na aplicação do teste de redução ao valor recuperável de ativos, o valor contábil de um ativo ou unidade geradora de caixa é comparado com o seu valor recuperável. O valor recuperável é o maior possível entre o valor líquido de venda de um ativo e seu valor em uso. Considerando-se as particularidades dos ativos da companhia, o valor recuperável utilizado para avaliação do teste de redução ao valor recuperável é o valor em uso, exceto quando especificamente indicado.

O valor de uso é estimado com base no valor presente dos fluxos de caixa futuros, resultado das melhores estimativas da companhia. Os fluxos de caixa, decorrentes do uso contínuo dos ativos relacionados, são ajustados pelos riscos específicos e utilizam a taxa de desconto pré-imposto. Essa taxa deriva da taxa pós-imposto estruturada no Custo Médio Ponderado de Capital (WACC). As principais premissas dos fluxos de caixa são: preços baseados no último plano estratégico divulgado, curvas de produção associadas aos projetos existentes no portfólio da companhia, custos operacionais de mercado e investimentos necessários para a realização dos projetos.

Exploração e produção

Os ativos foram agrupados em unidades geradoras de caixa para identificação de possíveis perdas por desvalorização de ativos. Cada campo corresponde a uma unidade geradora de caixa.

Durante 2008, o segmento de exploração e produção registrou despesas com provisão para perda por desvalorização de ativos no montante de R$ 602.675,00.

A perda foi relacionada principalmente aos ativos em produção no Brasil. Em 2008, dois fatores influenciaram negativamente os resultados dos campos: o preço do Brent de 31 de dezembro de 2008 e os custos operacionais (equipamentos e serviços) que não tiveram uma queda tão acentuada quanto o do Brent. Durante a análise econômica, esses dois fatores tiveram efeitos redutores, que levaram à constituição de provisão para perda por desvalorização em alguns campos.

Internacional

No exercício de 2008 foram reconhecidas perdas por desvalorização de ativos no segmento internacional no montante de R$ 330.413,00, apuradas, principalmente, sobre os gastos exploratórios do campo de Cottonwood, nos Estados Unidos (R$ 307.784,00), em decorrência dos baixos preços projetados do petróleo e das altas taxas praticadas, reflexos do novo cenário econômico mundial.

Abastecimento, gás e energia e distribuição

Não houve perdas por desvalorização de ativos em 2008.

Estudo de caso – Aplicação do teste de *impairment* em empresa do setor petrolífero

O estudo de caso apresentado a seguir foi baseado e adaptado de Paula et al (2006), e é focado em uma indústria do setor de petróleo (segmento de exploração e produção de petróleo). Para a simulação do teste de *impairment* de acordo com as normas contábeis do Iasb e do CPC, serão utilizadas três situações distintas.

- **Situação 1.** Refere-se ao teste em que não há perda de valor por *impairment*.
- **Situação 2.** Descreve o caso em que será necessário reconhecer uma perda de valor por *impairment*.
- **Situação 3.** Descreve um caso em que há valorização dos ativos (reversão de perda registrada).

Valor recuperável

Para cálculo do **valor recuperável** dos ativos foi adotada a metodologia de **fluxo de caixa descontado**, considerando o **valor em uso**. Dadas as peculiaridades do ativo do segmento de exploração e produção de petróleo, não seria possível precisar o valor de mercado (valor líquido de venda), pois na maioria das vezes não há mercado para esses ativos, não sendo possível também determinar o valor de bens similares, considerando que as características do projeto o tornam particular, inclusive na composição dos ativos, sem permitir comparação.

Com relação ao tempo de fluxo de caixa, foi considerado o tempo de vida útil da reserva de petróleo do campo produtor BR001 (unidade geradora de caixa) que tinha reservas provadas de petróleo num montante de 9 milhões de BOE (barris de óleo equivalente). Desse total, cerca de 17% já sofreram exaustão (depreciação), garantindo ao campo vida útil remanescente de 25 anos e reservas de 7,5 milhões de BOE.

Situação patrimonial

A situação dos ativos imobilizados no balanço patrimonial de X10 da empresa era a seguinte:

- Total dos ativos imobilizados   =   R$ 1.500 (em milhões de reais)

A depreciação dos ativos segue o método das unidades produzidas, ou seja, considera a performance do campo. As taxas de depreciação (exaustão) para os exercícios sociais utilizados na simulação foram estimadas em:

- X10 = 0,71%;
- X11 = 0,71%;
- X12 = 1,76%;
- X13 = 3,16%.

Unidade geradora de caixa

Do total de R$ 1.500,00 de ativos imobilizados, R$ 1.000,00 correspondiam a ativos de exploração e produção de petróleo (poços, plataformas, equipamentos e facilidades), sendo que todos estavam vinculados ao campo produtor BR001 (unidade geradora de caixa), localizado na Baía Oceânica.

Sendo assim, o valor contábil dos ativos de exploração e produção de petróleo, ao final de X10, estava registrado da seguinte forma:

Valor contábil   =   R$ 1.000,00
Depreciação acumulada   =   R$ (170,00)
Valor contábil líquido =   **R$ 830,00**

Procedimentos contábeis

O principal procedimento contábil para a realização do teste de *impairment* foi comparar o valor contábil líquido dos ativos (já descontada a depreciação) com o valor recuperável estimado, considerando o fluxo de caixa descontado (valor em uso).

Aplicação do teste – Situação 1

Ao final de X11, a empresa realizou o teste de *impairment* para saber se teria de registrar uma perda por desvalorização dos ativos vinculados à unidade geradora de caixa. Para cálculo do valor em uso, utilizou-se o fluxo de caixa futuro proporcionado pelos ativos vinculados ao campo BR001. Para o caso do valor presente do fluxo de caixa futuro, considerou-se uma taxa livre de risco de 10%. A Tabela 15.1 mostra os fluxos de caixa futuro e descontado vinculados aos ativos.

Tabela 15.1 Fluxos de caixa futuro e descontado

Ano	Receitas	Custos e despesas	Tributos sobre receitas	Fluxo de caixa futuro	Fluxo de caixa descontado (10%)
X11	178,8	27,6	47,1	104,2	104,2
X12	208,9	24,4	60,6	123,8	112,6
X13	183,5	20,3	55	108,2	89,4
X35	81,3	9,3	54,5	17,5	1,8
Total	3.035,90	322,4	990,8	1.723	837

Nota: Por questões didáticas não apresentamos os dados dos anos de X14 a X34; entretanto, os totais são dos 25 anos.

Cálculo do valor contábil líquido

Valor contábil	=	R$ 830,00
Taxa de depreciação	=	0,71%
Valor contábil líquido	=	**R$ 824,00**

Avaliação da desvalorização dos ativos

Valor contábil líquido	=	R$ 824,00
Valor recuperável	=	R$ 837,00
Perda por desvalorização	=	–

Como o valor contábil líquido é menor do que o valor recuperável (valor em uso), não há perda por desvalorização de ativos – *impairment*.

Situação patrimonial em 31 de dezembro de X11

Valor contábil líquido	=	R$ 824,00
Perda por desvalorização	=	–
Valor contábil líquido	=	**R$ 824,00**

Aplicação do teste – Situação 2

Ao final do exercício X12, ocorreram mudanças significativas na empresa, principalmente em relação à capacidade de produção do campo e às variáveis macroeconômicas do óleo. Para efeito de projeção do fluxo de caixa, considerou-se que os cenários vislumbrados pela administração da empresa se deterioram enormemente, sendo que os principais fatores impactantes foram:

- a necessidade de melhorias no processo produtivo (aumentando os custos);
- a deterioração no cenário dos preços internacionais do barril de petróleo, em função da expansão na utilização de energias limpas e da descoberta de campos gigantes de petróleo;
- revisão da taxa de juros livre de risco (12%), dadas as condições macroeconômicas.

Com isso, o fluxo de caixa que evidencia a nova expectativa de retorno dos ativos é o seguinte:

Tabela 15.2 Fluxos de caixa futuro e descontado

Ano	Receitas	Custos e despesas	Tributos sobre receitas	Fluxo de caixa futuro	Fluxo de caixa descontado (12%)
X11	0	0	0	0	0
X12	114,9	30,5	33,3	51	51
X13	100,9	25,3	30,2	45,3	40,5
X35	56,9	10,6	38,2	8,1	0,6
Total	**1.799,50**	**351,6**	**581,1**	**801**	**335**

Cálculo do valor contábil líquido

Valor contábil	=	R$ 824,00
Taxa de depreciação	=	1,76%
Valor contábil líquido	=	**R$ 810,00**

Avaliação da desvalorização dos ativos

Valor contábil líquido	=	R$ 810,00
Valor recuperável	=	R$ 335,00
Perda por desvalorização	=	**R$ 475,00 (R$ 810,00 – R$ 335,00)**

Como o valor contábil líquido é maior do que o valor recuperável (valor em uso), há perda por desvalorização de ativos – *impairment*.

Contabilização da perda por desvalorização dos ativos

Débito = perda por desvalorização de ativos – *impairment* (resultado)
Crédito = perda por desvalorização de ativos – *impairment* (redutora do ativo imobilizado)
Valor = R$ 475,00

Situação patrimonial em 31 de dezembro de X12

Valor contábil líquido = R$ 810,00
Perda por desvalorização = (R$ 475,00)
Valor contábil líquido = **R$ 335,00**

Aplicação do teste – Situação 3

As situações macroeconômicas melhoraram, da mesma forma que o custo do capital da empresa reduziu, fazendo que a taxa livre de risco voltasse à condição de X11 (10%). A tendência dos preços manteve-se estável. Além disso, com as melhorias empregadas pela empresa no decorrer de X13, a expectativa em relação à produção de petróleo aumentou significativamente, impactando na elevação das receitas previstas. Novos testes realizados na avaliação da reserva de petróleo fizeram que esta tivesse um acréscimo da ordem de 2%, saindo de 7.469 mil BOE para 7.616 mil BOE.

Tendo em vista a baixa ocorrida no período anterior e para efeito do cálculo da depreciação, deve-se considerar a quantidade das reservas remanescente. Assim, a taxa de depreciação no período ficou em 3,16% (240,5 / 7.616,2 milhões de m^3).

Os fluxos de caixa futuro e descontado ficaram assim:

Tabela 15.3 Fluxos de caixa futuro e descontado

Ano	Receitas	Custos e despesas	Tributos sobre receitas	Fluxo de caixa futuro	Fluxo de caixa descontado (10%)
X11	0	0	0	0	0
X12	0	0	0	0	0
X13	156	26,1	46,7	83,1	83,1
X35	69,1	11	46,4	11,8	1,4
Total	2.251,00	330,7	750,7	1.170	586

Cálculo do valor contábil líquido

Valor contábil = R$ 335,00
Taxa de depreciação = 3,16%
Valor contábil líquido = **R$ 324,00**

Avaliação da desvalorização dos ativos

Valor contábil líquido = R$ 324,00
Valor recuperável = R$ 586,00
Reversão de perda por desvalorização = **R$ 262,00 (R$ 586,00 – R$ 324,00)**

Como o valor contábil líquido é menor do que o valor recuperável (valor em uso), mas está numa situação de reversão, a perda por desvalorização de ativos anteriormente registrada deve ser revertida até o limite do seu montante (R$ 475,00).

Contabilização da reversão de perda por desvalorização dos ativos
Débito = reversão de perda por desvalorização de ativos – *impairment* (ativo imobilizado)
Crédito = reversão de perda por desvalorização de ativos – *impairment* (resultado)
Valor   = R$ 262,00

Situação patrimonial em 31 de dezembro de X13
Valor contábil líquido   =   R$ 324,00
Reversão de perda por desvalorização =   R$ 262,00
Valor contábil líquido   =   **R$ 586,00**

Questões e exercícios

1. Conceitue *impairment*.
2. Quais as normas contábeis internacionais e brasileiras que regulamentam o assunto *impairment*?
3. De que forma uma empresa pode determinar o valor justo de ativos que serão testados por *impairment*, de acordo com as normas contábeis internacionais?
4. Considerando as informações a seguir, das máquinas de grande porte da Cia Industrial S.A., inerentes ao exercício social de 2008, avalie se há necessidade de se registrar uma perda por *impairment*, mostrando os valores da perda e do patrimônio, bem como os critérios de contabilização, de acordo com as normas contábeis internacionais e brasileiras.
   Informações:
   Valor contábil   =   R$ 1.000,00
   Taxa de depreciação   =   10%
   Valor líquido de venda = R$ 850,00
   Valor em uso   =   R$ 800,00
5. A partir dos dados a seguir, do exercício de 2008, inerentes à unidade geradora de caixa determinada pela Empresa Ltda. para fins de avaliação de *impairment*, avalie se há a necessidade de reconhecimento e mensuração de perdas por desvalorização, considerando as normas contábeis brasileiras.
   Dados:
   Valor contábil da unidade geradora de caixa =   R$ 100.000,00
   Taxa de depreciação estimada   =   8%
   Valor em uso   =   R$ 105.000,00
   Valor líquido de venda   =   R$ 102.000,00
6. Considerando a situação da Empresa Ltda. do exercício anterior, avalie, em 2009, se há necessidade de registro e mensuração de perdas por desvalorização da unidade geradora de caixa em questão, considerando as normas contábeis brasileiras, a partir dos novos dados.
   Dados:
   Valor contábil líquido da unidade geradora de caixa =   R$ 92.000,00
   Taxa de depreciação estimada   =   8%
   Valor em uso   =   R$ 83.000,00
   Valor líquido de venda   =   R$ 82.000,00

   Observação: Considere que alguns dos componentes da unidade geradora de caixa passam por um processo de redução de valor de mercado por obsolescência tecnológica e danificação, alterando a sua capacidade de gerar benefícios econômicos.

CAPÍTULO 16

Custos de empréstimos

16.1 Normas contábeis

A matéria Custos de empréstimos é regulamentada pelas seguintes normas internacionais e brasileiras de contabilidade:

- **Internacional:** IAS 23, do International Accounting Standards Board;
- **Brasil:** Pronunciamento Técnico CPC 20, do Comitê de Pronunciamentos Contábeis.

É importante ressaltar que, em seus aspectos relevantes, as referidas normas são semelhantes. Seu principal objetivo é estabelecer critérios contábeis para o reconhecimento de custos de empréstimos relacionados ao capital de terceiros, e não dos custos do capital próprio.

16.2 Aspectos conceituais

Custos de empréstimos

De acordo com a IAS 23 e o CPC 20, custos de empréstimos são juros e outros custos que a companhia assume e que estão ligados ao empréstimo de recursos. Eles incluem:

- encargos financeiros calculados com base no método da taxa efetiva de juros;
- encargos financeiros relativos aos arrendamentos mercantis financeiros;
- variações cambiais decorrentes de empréstimos em moeda estrangeira na medida em que elas são consideradas como ajustes, para mais ou para menos, do custo dos juros.

Ativos qualificáveis

Ativos qualificáveis são ativos que, necessariamente, demandam um período de tempo substancial para ficarem prontos para seu uso ou venda.

Exemplos de ativos qualificáveis
- propriedades para investimento (terreno ou imóvel para investimento);
- estoques produzidos em longo período (aeronaves, navios etc.);
- plantas para manufatura;
- ativos intangíveis;
- usinas de geração de energia.

Observações:
- ativos financeiros e estoques que são manufaturados, ou produzidos, ao longo de um curto período de tempo não são ativos qualificáveis;
- ativos que estão prontos para o uso ou venda pretendido não são ativos qualificáveis quando adquiridos de terceiros (exemplo: máquinas e equipamentos adquiridos prontos para o uso pretendido).

16.3 Reconhecimento

> Custos de empréstimos que são diretamente atribuíveis à aquisição, à construção ou à produção de ativos qualificáveis fazem parte do custo dos ativos. Outros custos de empréstimos devem ser reconhecidos como despesas.

Ressalte-se que a contabilização dos custos de empréstimos deve ser feita em conta específica do ativo para garantir o controle e o histórico da transação, facilitando a auditoria e a divulgação de informações sobre a capitalização de tais custos.

Início da capitalização

Segundo a IAS 23 e o CPC 20, a companhia deve iniciar a capitalização dos custos de empréstimos como parte do custo de ativo qualificável na data de início, considerando a data em que:

a) incorre em gastos com o ativo;
b) incorre em custos de empréstimos;
c) inicia as atividades que são necessárias ao preparo do ativo para seu uso ou venda pretendido.

Suspensão da capitalização

A companhia deve suspender a capitalização dos custos de empréstimos durante períodos extensos nos quais as atividades de desenvolvimento do ativo qualificável são interrompidas.

Finalização da capitalização

Quando todas as atividades necessárias ao preparo do ativo qualificável para seu uso ou venda pretendido pela administração estiverem concluídas, a companhia deve finalizar a capitalização dos custos de empréstimos, devendo os custos remanescentes ser contabilizados como despesas no resultado.

16.4 Divulgação

Em notas explicativas uma companhia deve divulgar as seguintes informações sobre os custos de empréstimos:

- o total de custos de empréstimos capitalizados durante o período;
- a taxa de capitalização usada na determinação do montante dos custos de empréstimo elegível à capitalização.

Estudo de caso – Reconhecimento e divulgação de custos de empréstimos

Informações gerais do caso

Em 1º de janeiro de 2009, a Companhia X contratou da Companhia Z a fabricação de um equipamento (ativo qualificável) para utilização em seu processo produtivo, no montante de R$ 1.100.000,00.

A Companhia X efetuou cinco pagamentos (custo de fabricação), previstos no contrato com a Companhia Z, no decorrer de 2009, sendo o último na disponibilização do equipamento na fábrica, pronto para uso, conforme indicado a seguir:

Data		R$
1º/01/2009	=	300.000,00
31/03/2009	=	170.000,00
30/06/2009	=	230.000,00
30/09/2009	=	210.000,00
31/12/2009	=	190.000,00
Total	=	**1.100.000,00**

A Companhia X apresentava os seguintes financiamentos de terceiros vinculados ao projeto (fabricação do equipamento) em 31 de dezembro de 2009, com vencimento em 2012:

	Captação	Juros no período
Data	R$	R$
1º/01/2009	500.000,00	97.809,09
31/03/2009	350.000,00	43.145,27
30/09/2009	250.000,00	10.647,69
Total	**1.100.000,00**	**151.602,05**

Em 31 de dezembro de 2009, os financiamentos de terceiros não vinculados ao projeto eram os seguintes:

	Captação	Juros no período
Data	R$	R$
1º/01/2009	100.000,00	20.983,04

Reconhecimento dos custos de empréstimos

Empréstimos	Valor do principal	Valor dos juros
Encargos financeiros qualificáveis	R$ 1.100.000,00	R$ 151.602,05
Encargos financeiros não qualificáveis	R$ 100.000,00	R$ 20.983,04
Encargos financeiros totais do período	**R$ 1.200.000,00**	**R$ 172.585,09**

Os encargos financeiros não qualificáveis (não vinculados ao projeto) de R$ 20.983,04 serão contabilizados como despesas financeiras.

Resumo do custo de formação do ativo – imobilização em andamento

1) Serviços de terceiros – custo:

1º/01/2009	R$	300.000,00
31/03/2009	R$	170.000,00
30/06/2009	R$	230.000,00
30/09/2009	R$	210.000,00
31/12/2009	R$	190.000,00
Total	**R$**	**1.100.000,00**

2) Encargos financeiros capitalizados:
   31/12/2009   R$ 151.602,05

3) Custo total do ativo:
   31/12/2009   R$ 1.251.602,05   (1 + 2)

Divulgação de informações em notas explicativas

Companhia X	
Custos de empréstimos em 31/12/2009	
Custos de empréstimos capitalizados (custo do ativo)	R$ 151.602,05
Custos de empréstimos não capitalizados (despesa financeira)	R$ 20.983,04
Custos de empréstimos totais	R$ 172.585,09

Questões e exercícios

1. Conceitue e dê exemplos de
   - custos de empréstimos;
   - ativos qualificáveis;
2. Quando deve ser iniciada a capitalização de custos de empréstimos de ativos qualificáveis?
3. Quais são os critérios para a suspensão e a finalização da capitalização de custos de empréstimos?

CAPÍTULO 17

Ativo imobilizado

17.1 Normas contábeis

A matéria ativo imobilizado é regulamentada pelas seguintes normas contábeis internacionais e brasileiras que, em seus aspectos relevantes, são semelhantes:

- **Internacional:** IAS 16, do International Accounting Standards Board;
- **Brasil:** Pronunciamento Técnico CPC 27, do Comitê de Pronunciamentos Contábeis.

A IAS 16 e o CPC 27 tratam da contabilização de ativos imobilizados, e não de:

- ativos imobilizados classificados como mantidos para venda;
- ativos biológicos;
- ativos de exploração e avaliação de recursos minerais;
- direitos sobre jazidas e reservas minerais, tais como petróleo, gás natural e carvão mineral.

17.2 Aspectos conceituais

Ativo imobilizado

Ativos imobilizados (ou ativos fixos tangíveis) representam todos os bens de longa permanência na empresa, destinados ao atendimento do funcionamento normal das atividades da empresa e de seu empreendimento.

Os elementos contábeis a serem classificados como ativos imobilizados são, principalmente, bens tangíveis, tais como: máquinas, equipamentos, veículos, móveis, instalações, entre outros.

O CPC 27 define ativo imobilizado como um item tangível que:

a) é mantido para uso na produção ou fornecimento de mercadorias ou serviços, para aluguel a outros ou para fins administrativos;
b) espera-se seja utilizado por mais de um período.

Em linhas gerais, os ativos imobilizados correspondem aos direitos que tenham por objeto bens tangíveis destinados à manutenção das atividades da empresa ou exercidos com essa finalidade, inclusive os decorrentes de operações que transfiram a ela os benefícios, os riscos e o controle desses bens (no caso das operações de arrendamento mercantil financeiro).

Podemos ainda definir os ativos fixos tangíveis como itens usados na produção ou no fornecimento de bens ou serviços, para arrendamento a outros ou para fins administrativos, e que se espera que sejam utilizados durante mais do que um período.

Vida útil e depreciação

Segundo a IAS 16 e o CPC 27, a vida útil de um ativo imobilizado corresponde ao:

a) período de tempo durante o qual a empresa espera utilizar o ativo;
b) número de unidades de produção ou de unidades semelhantes que a empresa espera obter pela utilização do ativo.

Já a depreciação corresponde ao reconhecimento contábil do valor econômico do desgaste natural do bem pelo uso durante a sua vida útil.

17.3 Reconhecimento e mensuração

Reconhecimento

Um item do ativo fixo tangível deve ser reconhecido como ativo se:

- forem prováveis os benefícios econômicos futuros para a empresa em função dele;
- o seu custo puder ser mensurado com certo grau de confiabilidade.

Mensuração no reconhecimento

Um item do ativo fixo tangível deve ser inicialmente mensurado pelo seu custo para reconhecimento. Tal custo deve compreender os seguintes elementos:

- o seu preço de compra, incluindo os gastos de importação e os impostos não recuperáveis, deduzindo os descontos comerciais e abatimentos sobre compras;
- outros custos diretamente atribuíveis para colocar o ativo em condições de uso (mão de obra de instalação, gastos com fretes e seguros, entre outros);
- a estimativa inicial dos custos de desmontagem e remoção do item e de restauração do local (sítio) no qual este está localizado. Tais custos representam a obrigação que a entidade assume quando o item é adquirido ou como consequência de usá-lo durante determinado período para finalidades diferentes da produção de estoque.

Exemplos de custos diretamente atribuíveis

Para colocar o ativo imobilizado em condições de uso podem ser necessários alguns serviços profissionais específicos. Tais serviços podem consumir recursos e representar custos diretamente atribuíveis ao ativo fixo tangível, como, por exemplo:

- custos de instalação e montagem de equipamentos;
- honorários profissionais;
- custos de testes de equipamentos;
- custos de frete.

Exemplo de mensuração

Pensemos ilustrativamente: quando uma empresa adquire um terreno, é necessário incluir no custo de aquisição desse ativo fixo tangível os gastos relacionados à compra, como: honorários profissionais, títulos de propriedade, comissão do corretor de imóveis, imposto de transferência de propriedade, entre outros.

Suponha que a Indústria X adquira um terreno para suas instalações pagando à vista R$ 200.000,00 pelo terreno; R$ 5.000,00 pela escritura pública; R$ 6.000,00 em comissões para o corretor e R$ 8.000,00 pelo imposto de transferência de propriedade. O registro contábil do terreno no subgrupo do imobilizado deve ser de R$ 219.000,00.

Custos	Valores
Custo de aquisição	R$ 200.000,00
Custo de escritura pública	R$ 5.000,00
Comissões do corretor	R$ 6.000,00
Imposto de transferência de propriedade	R$ 8.000,00
Custo total do terreno	R$ 219.000,00

Observações

A seguir são apresentados alguns pontos importantes sobre o processo de reconhecimento e mensuração dos ativos imobilizados:

- sobressalentes, peças de reposição, ferramentas e equipamentos de uso interno são classificados como ativos fixos tangíveis quando a empresa espera usá-los por mais de um exercício social;
- custos de manutenção periódica do item não devem ser reconhecidos como ativos fixos tangíveis. Pelo contrário, esses custos devem ser reconhecidos no resultado quando incorridos;
- o reconhecimento dos custos no valor contábil de um item do ativo fixo tangível cessa quando o item está no local e nas condições operacionais pretendidas pela administração;
- os custos incorridos no uso, na transferência ou reinstalação de um item não são incluídos no seu valor contábil.

Mensuração após o reconhecimento

Método do custo

Após o reconhecimento inicial do item como ativo imobilizado, a empresa deve apresentar tal item à base de custo subtraindo qualquer depreciação ou perda acumulada por redução ao valor recuperável (*impairment*).

Método da reavaliação – CPC 27

A prática de reavaliação dos ativos imobilizados tem por finalidade que os bens sejam reavaliados e registrados pelos seus valores justos, ou seja, ela objetiva dar um novo valor aos bens. A reavaliação ocorre em função da defasagem entre o valor justo de um bem e o seu valor contábil, que pode ocorrer devido, por exemplo, à valorização normal do bem (políticas de mercado, benfeitorias, entre outros).

Após o reconhecimento inicial como um ativo, o item do ativo fixo tangível cujo valor justo possa ser mensurado confiavelmente pode ser apresentado (se permitido por lei – atualmente, a Lei nº 11.638/07 proíbe tal prática) pelo seu valor reavaliado, correspondente ao seu valor justo à data da reavaliação subtraindo-se qualquer depreciação ou perda acumulada por redução ao valor recuperável.

A seguir são apresentados alguns dos principais critérios contábeis para a reavaliação de ativos fixos tangíveis:

- Caso um item do ativo fixo tangível seja reavaliado, toda a classe à qual ele pertence deve ser reavaliada. Exemplo de classes de ativos imobilizados:
  - ✓ máquinas;
  - ✓ terrenos e edifícios;
  - ✓ móveis e utensílios;
  - ✓ veículos.

- A reavaliação do ativo fixo tangível deve ser feita com suficiente regularidade para atualização do seu valor justo.

- A frequência das reavaliações vai depender das alterações no valor justo do ativo imobilizado reavaliado durante a sua vida útil (ativos fixos tangíveis que têm seu valor justo alterado constantemente e de maneira significativa necessitam de reavaliação anual; já os ativos imobilizados que não sofrem mudança significativa no seu valor justo podem ser reavaliados a cada três ou cinco anos).

- Caso o valor contábil do ativo imobilizado aumente por causa da reavaliação, esse aumento deve ser creditado diretamente à conta própria do patrimônio líquido (reserva de reavaliação), como demonstrado no exemplo seguinte:
    - ✓ Débito = ativo imobilizado (ativo não circulante).
    - ✓ Crédito = reserva de reavaliação (patrimônio líquido).

- Caso o valor contábil do ativo imobilizado reavaliado venha a diminuir, tal diminuição deve ser reconhecida no resultado, como se segue:
    - ✓ Débito = perda com reavaliação de ativo imobilizado (resultado).
    - ✓ Crédito = ativo imobilizado (ativo não circulante).

- Caso haja saldo de reserva de reavaliação (patrimônio líquido), a diminuição do ativo deve ser debitada diretamente do patrimônio líquido contra a conta de reserva de reavaliação, até o seu limite, como demonstrado a seguir:
    - ✓ Débito = reserva de reavaliação (patrimônio líquido).
    - ✓ Crédito = ativo imobilizado (ativo não circulante).

- A realização da reserva de reavaliação ocorre nos seguintes casos:
    - ✓ depreciação, amortização ou exaustão computada como custo ou despesa operacional no período;
    - ✓ baixa dos bens (alienação ou perecimento).

- A reavaliação pode ser feita por avaliadores internos ou externos da empresa, desde que comprovem experiência em avaliações de ativos.

- O laudo de avaliação é o principal documento da reavaliação de ativos fixos tangíveis, que deve ser aprovado por órgão competente da administração da empresa, a menos que o seu estatuto ou contrato social contenha requerimento adicional, o qual deve ser cumprido.

- O laudo de avaliação deve conter pelo menos as seguintes informações:
    - ✓ descrição detalhada de cada bem avaliado;
    - ✓ identificação contábil (conta, custo, histórico, correção monetária, se for o caso, avaliações anteriores, depreciações);
    - ✓ critérios utilizados para avaliação e sua respectiva fundamentação técnica;
    - ✓ vida útil remanescente do bem;
    - ✓ data/período de referência da avaliação.

Para um melhor entendimento dos critérios contábeis da reavaliação de ativos fixos tangíveis, será apresentado a seguir um exemplo ilustrativo do processo de reavaliação.

Exemplo 1 – Reavaliação de ativos imobilizados

Suponha que, em 31/12/2007, a empresa ABC apresentou seu balanço patrimonial antes da reavaliação e depreciação (IAS 16):

Ativo	Passivo e patrimônio líquido
Ativo não circulante	**Patrimônio líquido**
Imobilizado	Capital social 250.000,00
Edifícios 500.000,00	Reserva de lucros 150.000,00
(–) Depreciação acumulada .... (100.000,00)	
Total 400.000,00	**Total 400.000,00**

Informações adicionais:
1) Valor do laudo de avaliação do edifício em 31/12/2007: R$ 900.000,00.
2) Vida útil do bem: 25 anos (dos quais 5 já transcorridos).

Exemplificando, temos:
1) Pela baixa do edifício e a depreciação acumulada:
Débito   =   depreciação acumulada   =   R$ 100.000,00
Débito   =   edifício (laudo de avaliação)   =   R$ 400.000,00
Crédito   =   edifício (custo histórico)   =   R$ 500.000,00

2) Pela constituição da reserva de reavaliação:
Débito   =   edifício (laudo de avaliação)   =   R$ 500.000,00
Crédito   =   reserva de reavaliação (patrimônio líquido)   =   R$ 500.000,00

3) Pela depreciação do exercício (remanescentes 20 anos = 5% a.a.):
Débito   =   despesa de depreciação   =   R$ 45.000,00
Crédito   =   depreciação acumulada – edifícios   =   R$ 45.000,00 (5% × 900.000)

4) Pela apuração do resultado do exercício:
Débito   =   resultado do exercício   =   R$ 45.000,00
Crédito   =   despesa de depreciação   =   R$ 45.000,00

5) Pela realização da reserva de reavaliação:
Débito   =   reserva de reavaliação realizada (patrimônio líquido)   =   R$ 25.000,00
Crédito   =   lucros acumulados (reserva de lucros)   =   R$ 25.000,00

6) Pela transferência do resultado do exercício:
Débito   =   resultado do exercício   =   R$ 105.000,00
Crédito   =   lucros acumulados (reserva de lucros)   =   R$ 105.000,00

Balanço patrimonial em 31/12/2007, após reavaliação e depreciação:

Ativo	Passivo e patrimônio líquido
Ativo não circulante	**Patrimônio líquido**
Imobilizado	Capital social 250.000,00
Edifícios (laudo de avaliação) 900.000,00	Reserva de lucros 130.000,00
(–) Depreciação acumulada .... (45.000,00)	Reserva de reavaliação 500.000,00
	(–) Reserva de reavaliação realizada .... (25.000,00)
Total 855.000,00	**Total 855.000,00**

Exemplo 2 – Reavaliação de ativos imobilizados

Suponha que um ativo fixo tangível foi registrado contabilmente por seu valor de custo, que chegou a perfazer um montante de R$ 1.000.000,00, e que sua depreciação acumulada chega a um valor total de R$ 400.000,00. O valor do ativo após reavaliação foi de R$ 1.100.000,00. Assim, teremos:

1) Apuração do valor da reavaliação:

Novo valor do ativo	=	**R$ 1.100.000,00**
Valor contábil atual:		
Custo histórico	=	R$ 1.000.000,00
(–) Depreciação acumulada	=	(R$ 400.000,00)
Valor contábil	=	**R$ 600.000,00**

Valor da reavaliação = **R$ 500.000,00**   (R$ 1.100.000,00 – R$ 600.000,00)

2) Lançamento contábil da reavaliação:

Débito   =   ativo imobilizado   =   R$ 500.000,00
Crédito =   reserva de reavaliação   =   R$ 500.000,00

3) Composição do novo valor do ativo:

Saldo contábil	=	R$ 600.000,00
(+) Reavaliação	=	R$ 500.000,00
Novo valor do ativo	=	**R$ 1.100.000,00**

4) Realização da reserva de reavaliação:

Considerando que o laudo de reavaliação do ativo fixo tangível estimou que sua vida útil restante é de **seis anos**, temos o seguinte para a realização da reserva de reavaliação no patrimônio líquido:

4.1) Depreciação do valor contábil (custo histórico):

$$\frac{R\$ 600.000,00}{6} = \mathbf{R\$ 100.000,00} = \text{(saldo contábil dividido por seis anos)}$$

4.2) Depreciação do valor reavaliado:

$$\frac{R\$ 500.000,00}{6} = \mathbf{R\$ 83.333,33} = \text{(valor da reavaliação dividido por seis anos)}$$

4.3) Depreciação total:

R$ 100.000,00   +   R$ 83.333,33   =   **R$ 183.333,33**

4.4) Contabilização da realização da reserva de realização:

Débito   =   reserva de reavaliação
Crédito =   lucros acumulados (reserva de lucros)
            Valor   =   R$ 83.333,33

Método da reavaliação – IAS 16

Diferentemente da legislação contábil brasileira (CPC 27 e Lei nº 11.638/07), a norma internacional de contabilidade (IAS 16) permite o método da reavaliação após o reconhecimento inicial de um ativo imobilizado.

Os critérios contábeis internacionais são basicamente os mesmos dos brasileiros no que se refere à execução da reavaliação de ativos imobilizados.

17.4 Depreciação

Cada componente de um item do ativo imobilizado deve ser depreciado considerando-se a sua vida útil econômica estimada, de acordo com a IAS 16 e o CPC 27 (legislação contábil e societária).

Os principais critérios contábeis da depreciação de ativos imobilizados são:

- a depreciação deve ser ajustada no resultado;
- a vida útil econômica estimada do ativo imobilizado deve ser revisada ao menos anualmente;
- a depreciação de um ativo imobilizado deve cessar quando o ativo é classificado como mantido para venda ou na data de sua baixa;
- o método de depreciação utilizado deve refletir o padrão de consumo pela companhia dos benefícios econômicos futuros;
- o método de depreciação aplicado a um ativo deve ser revisado pelo menos ao final de cada exercício;
- vários métodos de depreciação podem ser utilizados: método da linha reta, método dos saldos decrescentes, método de unidades produzidas, entre outros.

Depreciação no Brasil pela legislação tributária

O Decreto nº 3.000, de 1999 (Regulamento do Imposto de Renda), apresenta as seguintes vidas úteis e taxas de depreciação para fins tributários:

Tabela 17.1 Depreciação no Brasil pela legislação tributária

Itens	Taxa anual de depreciação	Anos de vida útil
Edifícios	4%	25
Máquinas e equipamentos	10%	10
Instalações	10%	10
Móveis e utensílios	10%	10
Veículos	20%	5
Sistema de processamento de dados	20%	5

Admite-se ainda que a empresa passe a adotar taxas diferenciadas de depreciação a partir de laudos periciais técnicos emitidos pelo Instituto Nacional de Tecnologia (INT) ou de outra organização oficial ligada à pesquisa científica ou tecnológica.

Em função do número de horas diárias de operação, a legislação tributária brasileira (Art. 312, do Decreto nº 3.000/99) ainda aceita uma aceleração de depreciação, fiscalmente mais conhecida como "depreciação acelerada". O cálculo dar-se-á, neste caso, pela aplicação dos seguintes coeficientes multiplicados pelas horas diárias de utilização dos bens:

Tabela 17.2 Depreciação acelerada no Brasil pela legislação tributária

Horas de operação	Coeficiente
Um turno de 8 horas	1,0
Dois turnos de 8 horas	1,5
Três turnos de 8 horas	2,0

17.5 Redução ao valor recuperável de ativos imobilizados – *impairment*

Os ativos imobilizados relevantes com indícios de desvalorizações econômicas devem ter os seus valores recuperáveis estimados e testados por *impairment*, de acordo com o CPC 01.

17.6 Baixa de ativos imobilizados

Segundo a IAS 16 e o CPC 27, o valor contábil de um item do ativo imobilizado deve ser baixado:

a) por ocasião de sua alienação;
b) quando não há expectativa de benefícios econômicos futuros com a sua utilização ou alienação.

Vale ressaltar que os ganhos ou perdas decorrentes da baixa de um item do ativo imobilizado devem ser reconhecidos no resultado de sua competência.

17.7 Divulgação

Uma empresa deve divulgar, em notas explicativas às demonstrações contábeis, no mínimo, para cada classe de ativos fixos tangíveis, o seguinte:

- os critérios de mensuração usados para determinar a quantia escriturada bruta;
- os métodos de depreciação usados;
- a vida útil ou as taxas de depreciação usadas;
- a quantia escriturada bruta e a depreciação acumulada (agregada com perdas acumuladas por *impairment*) no início e no fim do período;
- uma conciliação da quantia escriturada no início e no fim do período.

Modelo de divulgação de vida útil e taxas de depreciação

Vida útil e taxas de depreciação em 31 de dezembro de 2009		
Ativos imobilizados	Vida útil econômica estimada	Taxa anual de depreciação
Terrenos		
Máquinas		
Móveis e utensílios		
Veículos		
Outros		

Modelo de divulgação da conciliação da quantia escriturada no início e fim do período

Movimentação dos ativos fixos tangíveis em 2009					
	Terrenos	Máquinas	Móveis e utensílios	Veículos	Total
Saldo em 1º de janeiro de 2009					
Aquisições					
Adições					
Transferências					
Efeitos cambiais					
Alienações					
Depreciações					
Impairment					
Saldo em 31 de dezembro de 2009					

Estudo de caso

Divulgação de informações sobre ativos imobilizados em IFRS

A seguir apresentamos duas das notas explicativas às demonstrações contábeis em IFRS, divulgadas no Relatório Anual do Grupo Gerdau S.A., inerentes aos exercícios de 2007 e 2006, sobre o reconhecimento e a mensuração de ativos imobilizados. A Gerdau é uma sociedade anônima de capital aberto, com sede no Rio de Janeiro – RJ, Brasil, empresa *holding* integrante do Grupo Gerdau, dedicado, principalmente, à produção e à comercialização de produtos siderúrgicos em geral, por meio de usinas localizadas no Brasil, Argentina, Chile, Colômbia, México, Peru, República Dominicana, Uruguai, Venezuela, nos Estados Unidos, no Canadá, Espanha e Índia.

Gerdau S.A. e empresas controladas

Notas explicativas da administração às demonstrações financeiras consolidadas em 31 de dezembro de 2007 e de 2006

(Valores expressos em milhares de reais, exceto quando especificado)

Nota 2 – Resumo das principais práticas contábeis

2.5 – Imobilizado

Com exceção dos terrenos, que não são depreciados, os demais imobilizados são avaliados ao custo histórico, acrescido de correção monetária, quando aplicável nos termos do IAS 29, deduzida das respectivas depreciações. A companhia agrega mensalmente ao custo de aquisição do imobilizado em formação os juros incorridos sobre empréstimos e financiamentos considerando os seguintes critérios para capitalização: (a) o período de capitalização ocorre quando o imobilizado encontra-se em fase de construção, sendo encerrada a capitalização de juros quando o item do imobilizado encontra-se disponível para utilização; (b) os juros são capitalizados considerando a taxa média ponderada dos empréstimos vigentes na data da capitalização; (c) os juros capitalizados mensalmente não excedem o valor das despesas de juros apuradas no período de capitalização; (d) os juros capitalizados são depreciados considerando os mesmos critérios e vida útil determinados para o item do imobilizado ao qual foram incorporados.

A depreciação é calculada pelo método linear, a taxas que levam em consideração a vida útil estimada dos bens.

Custos subsequentes são incorporados ao valor residual do imobilizado ou reconhecidos como item específico, conforme apropriado, somente se os benefícios econômicos associados a esses itens forem prováveis e os valores mensurados de forma confiável. O saldo residual do item substituído é baixado. Demais reparos e manutenções são reconhecidos diretamente no resultado quando incorridos.

O valor residual e a vida útil estimada dos bens são revisados e ajustados, se necessário, na data de encerramento do exercício.

O valor residual dos itens do imobilizado é baixado imediatamente ao seu valor recuperável quando o saldo residual exceder o valor recuperável (Nota 2.7).

2.7 – Provisão para recuperação dos ativos de vida longa

A administração revisa o valor contábil dos ativos de vida longa, principalmente o imobilizado a ser mantido e utilizado nas operações da companhia, com o objetivo de determinar e avaliar sempre que eventos ou mudanças nas circunstâncias indicarem que o valor contábil de um ativo ou grupo de ativos não poderá ser recuperado.

São realizadas análises para identificar as circunstâncias que possam exigir a avaliação da recuperabilidade dos ativos de vida longa e medir a taxa potencial de deterioração. Os ativos são agrupados e avaliados segundo a possível deterioração, com base nos fluxos futuros de caixa projetados descontados do negócio durante a vida remanescente estimada dos ativos, conforme o surgimento de novos acontecimentos ou novas circunstâncias. Nesse caso, uma perda seria reconhecida com base no montante pelo qual o valor contábil excede o valor provável de recuperação de um ativo de vida longa. O valor provável de recuperação é determinado como sendo o maior valor entre (a) o valor de venda estimado dos ativos menos os custos estimados para venda e (b) o valor em uso, determinado pelo valor presente esperado dos fluxos de caixa futuros do ativo ou da unidade geradora de caixa.

17.8 Caso especial 1 – ICPC 10 – Aplicação inicial do CPC 27

O Comitê de Pronunciamentos Contábeis emitiu, em dezembro de 2009, a Interpretação Técnica ICPC 10, sobre a aplicação inicial ao ativo imobilizado e à propriedade para investimento dos pronunciamentos técnicos 27, 28, 37 e 43. Os principais assuntos contábeis abordados pela referida interpretação são os seguintes:

- depreciação e vida útil econômica estimada dos ativos imobilizados;
- determinação do valor residual de ativos imobilizados para fins de depreciação.

Custo atribuído (*deemed cost*)

Caso existam ativos imobilizados substancial ou totalmente depreciados, conforme a legislação tributária na data da primeira aplicação do CPC 27 (1º de janeiro de 2010), tais ativos poderão ser ajustados contabilmente ao custo atribuído (*deemed cost*) por seus valores justos, se for esta a opção da empresa.

A contrapartida dos ajustes será a conta Ajustes de avaliação patrimonial, no patrimônio líquido. Como exemplo de lançamento contábil que aumenta o valor contábil do imobilizado, temos o seguinte:

> Débito – ativo imobilizado (ativo não circulante)
> Crédito – ajustes de avaliação patrimonial (patrimônio líquido)

De acordo com o CPC 23 (Políticas contábeis, mudança de estimativa e retificação de erro), tal procedimento pode ser tratado como mudança em estimativa contábil.

Impostos diferidos

Os tributos diferidos ativos ou passivos, decorrentes dos ajustes contábeis ao custo atribuído, devem ser registrados conforme o CPC 32 – Tributos sobre o lucro.

Ajustes contábeis

Na medida em que os ativos imobilizados ajustados forem depreciados ou baixados em contrapartida do resultado, os respectivos valores devem ser transferidos da conta Ajustes de avaliação patrimonial para a Lucros ou prejuízos acumulados, no patrimônio líquido.

Avaliadores

A avaliação do valor justo do ativo imobilizado pode ser realizada por profissionais internos ou externos, desde que tenham comprovada experiência em avaliações.

Laudo de avaliação

Segundo a ICPC 10, o laudo de avaliação de responsabilidade da empresa deve conter as seguintes informações:

a) Antecedentes internos: investimentos em substituições dos bens, informações relacionadas à sobrevivência dos ativos, informações contábeis, especificações técnicas e inventários físicos existentes.
b) Antecedentes externos: informações referentes ao ambiente econômico onde a empresa opera, novas tecnologias, *benchmarking*, recomendações e manuais de fabricantes e taxas de vivência dos bens.

c) Estado de conservação dos bens: informações referentes a manutenção, falhas e eficiência dos bens; dados que possam servir de padrão de comparação, todos suportados, dentro do possível, pelos documentos relativos aos bens avaliados; localização física e correlação com os registros contábeis ou razões auxiliares; valor residual dos bens para as situações em que a empresa tenha o histórico e a prática de alienar os bens após um período de utilização; vida útil remanescente estimada com base em informações e alinhamento ao planejamento geral do negócio da empresa.

Ressalte-se que o laudo de avaliação deve ser aprovado pelos órgãos administrativos da empresa (conselho de administração, conselho fiscal, por exemplo), considerando os requisitos do seu estatuto ou contrato social.

Principais divulgações

No mínimo, as seguintes informações devem ser divulgadas em notas explicativas:

- premissas e fundamentos utilizados para proceder à avaliação e à estimativa da vida útil e determinação do valor residual;
- bases da avaliação e avaliadores;
- datas e histórico (descrição) da avaliação;
- sumário das contas objeto da avaliação e respectivos valores;
- efeito, no resultado do exercício, oriundo das mudanças nos valores das depreciações;
- taxa de depreciação anterior e atual.

17.9 Caso especial 2 – ICPC 11 – Recebimento em transferência de ativos dos clientes

A prática de recebimento em transferência de ativos dos clientes

Para um melhor entendimento da prática de recebimento em transferência de ativos dos clientes, a ICPC 11 fornece os seguintes exemplos:

a) no segmento de utilidades, uma entidade pode receber de seus clientes itens do ativo imobilizado que têm de ser usados para conectar esses clientes a uma rede e com isso prové-los com acesso contínuo ao fornecimento de serviços como eletricidade, gás ou água. Alternativamente, uma entidade pode receber recursos (caixa) de seus clientes para servir ao propósito da aquisição ou construção desses itens do imobilizado. Normalmente, esses clientes são compelidos a pagar montantes adicionais pela aquisição de bens ou serviços com base no uso;

b) transferências de ativos dos clientes podem ser observadas na indústria e em outros segmentos além do de utilidades. Por exemplo, uma entidade que terceirize seu departamento de tecnologia da informação (TI) pode transferir itens do imobilizado dessa natureza para o prestador do serviço terceirizado;

c) em alguns casos, aquele que transfere o ativo pode não ser a entidade que eventualmente tenha o acesso contínuo ao fornecimento de bens e serviços e será o beneficiário desses bens e serviços. Entretanto, por conveniência, esta interpretação qualifica a entidade que transfere o ativo como sendo o cliente.

Alcance da ICPC 11

O Comitê de Pronunciamentos Contábeis emitiu a Interpretação Técnica ICPC 11 em dezembro de 2009, a qual se correlaciona com a Ifric 18, do Iasb. A ICPC 11 estabelece critérios para a contabilização, pela empresa, de itens do imobilizado transferidos pelos clientes para a empresa.

Questões da ICPC 11 sobre ativos imobilizados

As principais questões disciplinadas pela ICPC 11 que envolve ativos imobilizados são:

a) a definição de um ativo é alcançada?
b) se a definição de um ativo é alcançada, como deve ser mensurado no reconhecimento inicial um item transferido do imobilizado de seu cliente?

Consenso da ICPC 11 sobre as questões

A definição de um ativo é alcançada?

Quando a entidade recebe de um cliente uma transferência de algum item do ativo imobilizado, a sua administração deve verificar, por meio de julgamento, se esse item se enquadra no conceito de ativo à luz da Estrutura Conceitual para a Elaboração e Apresentação das Demonstrações Contábeis. O item 49 (a) da estrutura Conceitual orienta que ativo é um recurso controlado pela entidade como resultado de eventos passados e do qual se espera que resultem futuros benefícios econômicos para a entidade. Na maior parte das circunstâncias, a entidade obtém o direito de propriedade para o item do imobilizado transferido. Entretanto, ao se verificar se existe um ativo, o direito de propriedade não é essencial. Dessa forma, se o cliente continua a controlar o item transferido, não há enquadramento no conceito de ativo, muito embora tenha sido observada a transferência de propriedade.

A entidade que controla um ativo pode dar a destinação que julgar conveniente para ele. Por exemplo, pode trocá-lo por outros ativos, empregá-lo na produção de bens ou serviços, cobrar um preço pelo seu uso por terceiros, utilizá-lo para liquidar passivos, mantê-lo ou distribuí-lo para os proprietários etc. A entidade que recebe de um cliente uma transferência de um item do imobilizado deve considerar todos os fatos e circunstâncias relevantes quando for avaliar se o controle sobre este sofreu alteração. Por exemplo, muito embora a entidade precise utilizar o item transferido do imobilizado para prover um ou mais serviços aos seus clientes, ela pode ter a capacidade de decidir como o item transferido do imobilizado deve ser operado e mantido e quando deve ser reposto. Nesse caso, a entidade naturalmente iria chegar à conclusão de que controla o item transferido do imobilizado de seu cliente.

Como mensurar no reconhecimento inicial um item transferido do imobilizado de seu cliente?

Se a entidade conclui que a definição de ativo é alcançada, ela deve reconhecer o ativo transferido como um item do imobilizado em linha com o disposto no item 7 do Pronunciamento Técnico CPC 27 – Ativo imobilizado, e mensurá-lo no reconhecimento inicial ao valor justo, de acordo com o item 24 desse mesmo pronunciamento.

O item 7 do CPC 27 citado pela ICPC 11 trata dos critérios de reconhecimento do custo de ativos imobilizados, considerando a sua geração de benefícios econômicos e a sua mensuração com segurança.

Questões e exercícios

1. Defina os seguintes elementos de acordo com as normas contábeis brasileiras e internacionais:
   - ativo imobilizado;
   - vida útil;
   - depreciação.
2. Quais são as principais diferenças entre os métodos de mensuração do custo e da reavaliação?
3. O método de reavaliação na mensuração do ativo imobilizado é permitido no Brasil?
4. Considerando a ICPC 10, explique a prática contábil do "custo atribuído" na avaliação de ativos imobilizados.
5. Um ativo imobilizado foi contabilizado por R$ 100.000,00 no dia 2 de janeiro de 2005, e sua depreciação acumulada em 31 de dezembro de 2009 chegou a R$ 50.000,00. Nesta data o bem foi reavaliado e seu novo valor econômico, segundo o laudo pericial, foi de R$ 120.000,00, com uma vida útil remanescente de 7 anos. Assim, aplique os critérios para reconhecimento dos valores da realização do ativo imobilizado.

CAPÍTULO 18

Arrendamento mercantil – *leasing*

18.1 Normas contábeis

As normas contábeis internacionais e brasileiras sobre arrendamento mercantil (*leasing*) são:

- **Internacional:** IAS 17, do International Accounting Standards Board;
- **Brasil:** Pronunciamento Técnico CPC 6, do Comitê de Pronunciamentos Contábeis.

Em seus aspectos relevantes, as normas citadas são semelhantes, e o seu principal objetivo é:

> Estabelecer políticas e critérios contábeis sobre reconhecimento, mensuração e divulgação de informações de arrendamentos mercantis para os arrendadores e arrendatários.

Estão fora do escopo da IAS 17 e do CPC 6 os seguintes assuntos:

a) arrendamentos mercantis para explorar ou usar minérios, petróleo, gás natural e recursos similares não regeneráveis;
b) acordos de licenciamento para itens como fitas cinematográficas, registros de vídeo, peças de teatro, manuscritos, patentes e direitos autorais (*copyrights*).

Em termos de aplicação da base de mensuração, ainda estão fora das referidas normas os seguintes itens:

a) propriedade detida por arrendatário que seja contabilizada como propriedade de investimento;
b) propriedade de investimento fornecida pelos arrendadores segundo arrendamentos mercantis operacionais;
c) ativos biológicos detidos por arrendatários segundo arrendamentos mercantis financeiros;
d) ativos biológicos fornecidos por arrendadores segundo arrendamentos mercantis operacionais;
e) ativo decorrente de contrato de arrendamento mercantil financeiro que seja classificado pelo arrendador como mantido para venda.

18.2 Aspectos conceituais

As operações de arrendamento mercantil, mais conhecidas como *leasing*, caracterizam-se por haver, de um lado, a figura do arrendador (empresa de arrendamento mercantil) que concede ao arrendatário (empresa interessada em tomar o arrendamento mercantil) a utilização de um determinado ativo (bem) que juridicamente seja de sua propriedade, por um certo prazo, mediante pagamentos normalmente mensais, sendo tais operações resguardadas por contratos assinados entre as partes.

Para fins contábeis, os arrendamentos mercantis devem ser classificados no início do contrato em duas categorias, da seguinte forma:

a) **arrendamento mercantil financeiro:** é aquele que transfere ao arrendatário os riscos e benefícios relacionados à propriedade do bem arrendado, havendo ou não a transferência do título de propriedade. Na essência econômica da transação, pode tratar-se de um bem que está sendo adquirido por meio de um financiamento;

b) **arrendamento mercantil operacional:** é um tipo de arrendamento diferente do mercantil financeiro; não há uma transferência substancial ao arrendatário dos riscos e benefícios inerentes à propriedade do bem arrendado. Pode caracterizar-se pela essência econômica da transação como aluguel de bens.

Tal classificação de arrendamentos mercantis baseia-se na extensão até a qual os riscos e vantagens inerentes à propriedade de um ativo arrendado permanecem no arrendador ou no arrendatário.

18.3 Arrendamento mercantil financeiro

As características e situações individuais ou conjuntas inerentes aos benefícios e riscos para se considerar um arrendamento mercantil como financeiro são as seguintes:

a) o arrendamento transfere a propriedade do ativo ao arrendatário no fim do período do arrendamento;

b) o arrendatário tem a opção de comprar o ativo por um preço que se espera que seja mais baixo que o valor justo na data final do arrendamento;

c) o prazo do arrendamento mercantil reflete a maior parte da vida útil do ativo;

d) no início do contrato, o valor presente dos pagamentos mínimos do arrendamento mercantil totaliza pelo menos substancialmente o valor justo do ativo arrendado;

e) os bens objeto de arrendamento mercantil são de natureza especializada, de maneira que apenas o arrendatário pode usá-los sem grandes alterações;

f) caso o arrendatário possa cancelar o contrato de arrendamento, as perdas do arrendador vinculadas a esse cancelamento são de responsabilidade do arrendatário;

g) os ganhos ou perdas da variação no valor justo do valor residual são atribuídos ao arrendatário;

h) o arrendatário tem a capacidade de continuar o arrendamento mercantil por um período adicional com pagamentos que sejam substancialmente inferiores ao valor de mercado.

Portanto, não havendo a transferência substancial dos benefícios e riscos relacionados à propriedade do bem arrendado, verificada, principalmente, nas características e situações descritas anteriormente, o arrendamento mercantil deve ser classificado como operacional. A figura a seguir propicia um melhor entendimento disso:

NÃO   **SIM**

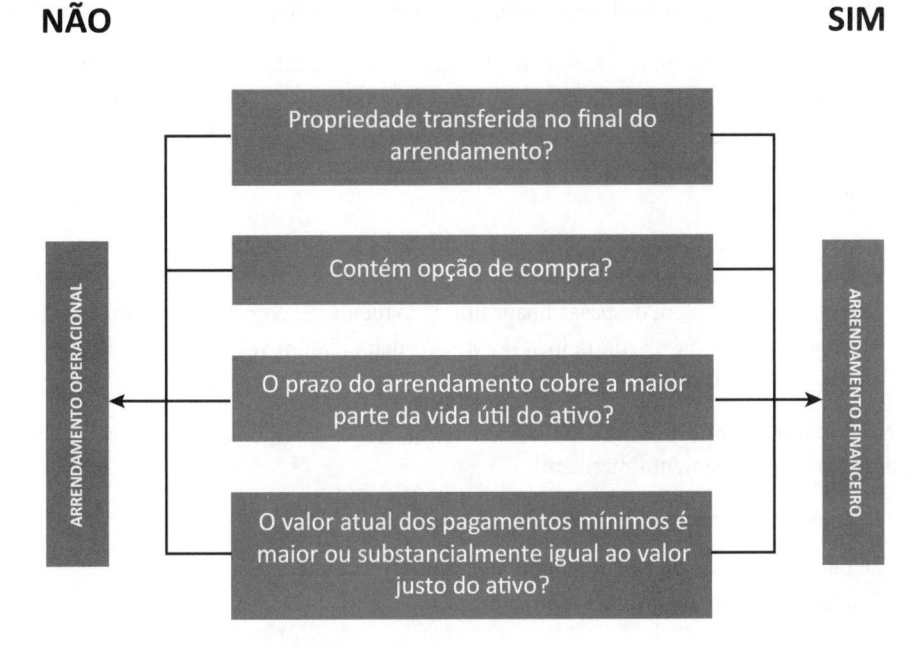

Fluxograma (ARRENDAMENTO OPERACIONAL ← / → ARRENDAMENTO FINANCEIRO):
- Propriedade transferida no final do arrendamento?
- Contém opção de compra?
- O prazo do arrendamento cobre a maior parte da vida útil do ativo?
- O valor atual dos pagamentos mínimos é maior ou substancialmente igual ao valor justo do ativo?

18.4 Demonstrações contábeis do arrendatário

Reconhecimento do arrendamento mercantil

No início do contrato de arrendamento mercantil, a empresa arrendatária deve reconhecer seus arrendamentos em contas contábeis específicas, como se segue:

- **Arrendamento financeiro:** deve ser refletido no balanço patrimonial pelo reconhecimento de um ativo e um passivo pelo valor justo do bem arrendado ou, se menor, pelo valor presente das prestações. Quaisquer custos diretos iniciais do arrendatário, tais como os de negociação e garantia de acordos, são somados ao valor reconhecido como ativo e a depreciação deve ser realizada normalmente.

Considerando isso, um arrendamento mercantil financeiro de máquinas será contabilizado assim:

> Débito = Máquinas recebidas em arrendamento (ativo imobilizado)
> Crédito = Arrendamento mercantil a pagar (passivos circulante e não circulante)

Exemplo de reconhecimento de arrendamento de máquina:

Características do contrato de arrendamento financeiro de máquina:

- valor do bem constante no contrato (ou valor de mercado): R$ 50.000,00;
- valor do contrato: R$ 60.000,00;
- prazo do contrato de arrendamento: 40 meses;
- valor da prestação: R$ 1.500,00;
- o valor de mercado do bem é igual ao valor presente das contraprestações do arrendamento;
- as prestações são atualizadas pela variação do IGP-M, da FGV;
- contrato assinado em dezembro de 2009.

O arrendamento mercantil será contabilizado em dezembro de 2009, da seguinte forma:

Débito = máquinas e equipamentos (ativo imobilizado) = R$ 50.000,00
Crédito = arrendamento a pagar (passivo circulante) = R$ 15.000,00 (12 meses)
Crédito = arrendamento a pagar (passivo não circulante) = R$ 35.000,00 (28 meses)

Vale ressaltar que:

- a depreciação será mensurada e contabilizada normalmente;
- os juros no valor de R$ 10.000,00 (R$ 60.000,00 – R$ 50.000,00) serão creditados ao passivo e debitados em despesas financeiras pelo regime de competência e *pro-rata temporis*;
- a atualização da dívida pelo IGP-M será debitada em resultado a título de variação monetária passiva.

- **Arrendamento operacional:** deve ser reconhecido na demonstração de resultado como despesa de arrendamento mercantil.

Exemplo de reconhecimento de arrendamento de edifícios

Débito = despesas de arrendamento mercantil (resultado)
Crédito = arrendamento mercantil a pagar (passivo)

Esclarecendo o exemplo anterior, temos o seguinte: edifícios que são arrendados têm vida útil que se estende muito além do final do prazo do arrendamento. Além disso, os contratos de arrendamento em longo prazo referentes a edifícios muitas vezes contêm cláusulas segundo as quais os aluguéis são regularmente majorados para atingir preços de mercado. Não havendo transferência do título de propriedade, o arrendador retém uma parte significativa dos riscos e compensações decorrentes da propriedade. Tais arrendamentos são, portanto, classificados como arrendamentos operacionais.

Divulgação do arrendamento mercantil financeiro

Sobre os arrendamentos financeiros, a IAS 17 e o CPC 6 determinam que as empresas arrendatárias divulguem, no mínimo, as seguintes informações em notas explicativas às demonstrações contábeis:

- Para cada categoria de ativo, valor contábil líquido ao final do período.
- Conciliação entre o total dos futuros pagamentos mínimos do arrendamento mercantil ao final do período e o seu valor presente. Além disso, a entidade deve divulgar o total dos futuros pagamentos mínimos do arrendamento mercantil ao final do período e o seu valor presente para cada um dos seguintes períodos:
  ✓ até um ano;
  ✓ mais de um ano e até cinco anos;
  ✓ mais de cinco anos.
- Pagamentos contingentes reconhecidos como despesa durante o período.
- Valor, no final do período, referente ao total dos futuros pagamentos mínimos de subarrendamento mercantil que se espera que sejam recebidos nos subarrendamentos mercantis não canceláveis.
- Descrição geral dos acordos relevantes de arrendamento mercantil do arrendatário incluindo, mas não se limitando, o seguinte:
  ✓ base pela qual é determinado o pagamento contingente a efetuar;
  ✓ existência e condições de opção de renovação ou de compra e cláusulas de reajustamento;
  ✓ restrições impostas por acordos de arrendamento mercantil, tais como as relativas a dividendos e juros sobre o capital próprio, dívida adicional e posterior arrendamento mercantil.

Modelo de divulgação de valores futuros e presentes dos pagamentos

A seguir apresentamos um modelo de divulgação de informações sobre os valores futuros e presentes dos pagamentos do arrendamento mercantil financeiro:

31 de dezembro de 2009	Pagamentos mínimos futuros			
	Até 1 ano	Mais de 1 até 5 anos	Acima de 5 anos	Total
Pagamentos futuros estimados				
(–) Montante de juros anuais de 5% a 10%				
(=) Valor presente dos pagamentos mínimos				

Estudo de caso
Divulgação de informações sobre arrendamentos financeiros em BR Gaap

A seguir apresentamos algumas notas explicativas sobre arrendamentos mercantis financeiros, que acompanham as demonstrações contábeis de 2009 e 2008 em BR Gaap da companhia de capital aberto Suzano Papel e Celulose S.A. A Suzano e suas controladas, com unidades de produção nos Estados da Bahia e de São Paulo, têm como atividade principal a fabricação e a comercialização, no Brasil e no exterior, de celulose de fibra curta de eucalipto e papel, além da formação e exploração de florestas de eucalipto para uso próprio e venda a terceiros. Para a comercialização de seus produtos no mercado internacional, a Suzano utiliza-se de suas subsidiárias integrais localizadas no exterior, as quais não possuem unidades fabris.

Notas explicativas às demonstrações contábeis de 2009 e 2008

3. Sumário das principais práticas contábeis

3.8 Arrendamento mercantil: os contratos de arrendamento mercantil financeiro são reconhecidos, no ativo imobilizado e no passivo de empréstimos e financiamentos, pelo menor valor entre o valor presente das parcelas mínimas obrigatórias do contrato e o valor justo do ativo, acrescidos, quando aplicável, dos custos iniciais diretos incorridos na transação. Os montantes registrados no ativo imobilizado são depreciados pela vida útil econômica estimada dos bens ou a duração prevista do contrato de arrendamento, de acordo com as características específicas de cada transação. Os juros implícitos no passivo reconhecido de empréstimos e financiamentos são apropriados ao resultado de acordo com a duração do contrato pelo método da taxa efetiva de juros. Os contratos de arrendamento mercantil operacional são reconhecidos como despesa numa base sistemática que represente o período em que o benefício sobre o ativo arrendado é obtido, mesmo que tais pagamentos não sejam feitos nessa base.

15. Financiamentos e empréstimos

Arrendamento financeiro mercantil

A companhia mantém contratos de arrendamento mercantil financeiro, relacionados a:

i) Equipamentos utilizados no processo industrial de fabricação de celulose, localizados nas cidades de Suzano-SP, Limeira-SP e Mucuri-BA. Esses contratos são feitos em dólares norte-americanos e possuem cláusulas de opção de compra de tais ativos ao final do prazo do arrendamento, que varia de 8 a 15 anos, por um preço substancialmente inferior ao seu valor justo.

ii) Equipamentos de *hardware* e serviço de instalação. Esses contratos foram celebrados em reais e possuem cláusulas de opção de compra dos ativos ao final de 5 anos por um preço substancialmente inferior ao seu valor justo.

A administração possui a intenção de exercer as opções de compra nas datas previstas em cada contrato.

Os valores capitalizados no ativo imobilizado, líquidos de depreciação, e o valor presente das parcelas obrigatórias do contrato (financiamentos) correspondente a esses ativos estão demonstrados a seguir:

	Controladora e Consolidado	
	2009	2008
Máquinas e equipamentos	98.557	94.954
(–) Depreciação acumulada	(39.236)	(30.434)
Imobilizado líquido	59.321	64.520
Valor presente das parcelas obrigatórias (financiamentos):		
Menos de 1 ano	14.986	14.249
Mais de 1 ano e até 5 anos	50.280	60.917
Mais de 5 anos	11.870	17.944
Total do valor presente das parcelas obrigatórias (financiamentos)	77.136	93.110
Encargos financeiros a serem apropriados no futuro	12.959	23.168
Valor das parcelas obrigatórias ao final dos contratos	90.095	116.278

Fonte: Notas explicativas publicadas e disponibilizadas no site da Suzano Papel e Celulose S.A., www.suzano.com.br. Acesso em 3 de março de 2010.

Divulgação do arrendamento mercantil operacional

As normas contábeis orientam as empresas arrendatárias a divulgar as seguintes informações sobre arrendamentos mercantis operacionais em notas explicativas:

- O total dos futuros pagamentos mínimos dos arrendamentos mercantis operacionais não canceláveis para cada um dos seguintes períodos:
    - ✓ até um ano;
    - ✓ mais de um ano e até cinco anos;
    - ✓ mais de cinco anos.
- O total dos pagamentos mínimos futuros de subarrendamento mercantil que se espera que sejam recebidos nos subarrendamentos mercantis não canceláveis ao final do período.
- Os pagamentos de arrendamento mercantil e de subarrendamento mercantil reconhecidos como despesa do período, com valores separados para pagamentos mínimos de arrendamento mercantil, pagamentos contingentes e pagamentos de subarrendamento mercantil.
- Uma descrição geral dos acordos relevantes de arrendamento mercantil do arrendatário incluindo, mas não se limitando ao seguinte:
    - ✓ base pela qual é determinado o pagamento contingente a efetuar;
    - ✓ existência e condições de opção de renovação ou de compra e cláusulas de reajustamento;
    - ✓ restrições impostas por acordos de arrendamento mercantil, tais como as relativas a dividendos e juros sobre o capital próprio, dívida adicional e posterior arrendamento mercantil.

18.5 Demonstrações contábeis do arrendador

Reconhecimento do arrendamento mercantil

Os arrendamentos mercantis devem ser reconhecidos no início do contrato nas empresas arrendadoras da seguinte forma:

- **arrendamento financeiro:** deve ser reconhecido no balanço patrimonial como contas a receber (ativos mantidos por arrendamento mercantil financeiro), por valor igual ao investimento líquido no arrendamento mercantil;
- **arrendamento operacional:** deve ser refletido no balanço patrimonial pelo reconhecimento de um ativo de acordo com a sua natureza. A depreciação é feita normalmente. A receita é contabilizada no resultado.

Divulgação do arrendamento mercantil financeiro

A IAS 17 e o CPC 6 orientam a divulgação, por parte das empresas arrendadoras, das seguintes informações sobre os arrendamentos mercantis financeiros:

- conciliação entre o investimento bruto no arrendamento mercantil ao final do período e o valor presente dos pagamentos mínimos do arrendamento a receber. Além disso, ao final do período a empresa deve divulgar o investimento bruto no arrendamento mercantil e o valor presente dos pagamentos mínimos do arrendamento a receber, para cada um dos seguintes períodos:
  - ✓ até um ano;
  - ✓ mais de um ano e até cinco anos;
  - ✓ mais de cinco anos.
- receita financeira não realizada;
- valores residuais não garantidos que resultem em benefício do arrendador;
- provisão para pagamentos mínimos incobráveis do arrendamento mercantil a receber;
- pagamentos contingentes reconhecidos como receita durante o período;
- descrição geral dos acordos relevantes de arrendamento mercantil do arrendador.

Divulgação do arrendamento mercantil operacional

As seguintes informações sobre arrendamentos mercantis operacionais devem ser divulgadas em notas explicativas pelos arrendadores:

- O total dos futuros pagamentos mínimos dos arrendamentos mercantis operacionais não canceláveis, para cada um dos seguintes períodos:
  - ✓ até um ano;
  - ✓ mais de um ano e até cinco anos;
  - ✓ mais de cinco anos.
- O total dos pagamentos contingentes reconhecidos como receita durante o período.
- Uma descrição geral dos acordos de arrendamento mercantil do arrendador.

18.6 Transação de venda e *leaseback*

Sobre a transação de venda e *leaseback*, o CPC 6 esclarece o seguinte:

> Uma transação de venda e *leaseback* (retroarrendamento pelo vendedor junto ao comprador) envolve a venda de um ativo e o concomitante arrendamento mercantil do mesmo ativo pelo comprador ao vendedor. O pagamento do arrendamento mercantil e o preço de venda são geralmente interdependentes por serem negociados como um pacote. O tratamento contábil de uma transação de venda e *leaseback* depende do tipo de arrendamento mercantil envolvido.

Arrendamento mercantil financeiro

Caso uma transação de venda e *leaseback* resulte em *leasing* financeiro, qualquer receita de venda obtida acima do valor contábil não deve ser reconhecida imediatamente por um vendedor-arrendatário como receita. Tal valor deve ser diferido e amortizado durante o prazo do arrendamento mercantil.

O CPC 6 esclarece nesses termos:

> Se o *leaseback* for um arrendamento mercantil financeiro, a transação é um meio pelo qual o arrendador financia o arrendatário, com o ativo como garantia. Por essa razão, não é apropriado considerar como receita um excesso de vendas obtido sobre o valor contábil. Tal excesso é diferido e amortizado durante o prazo do arrendamento mercantil.

Arrendamento mercantil operacional

Caso uma transação de venda e *leaseback* resulte em *leasing* operacional, e se a operação é determinada pelo valor justo, qualquer lucro ou prejuízo deve ser reconhecido imediatamente. Sobre isso, o CPC 6 orienta o seguinte:

> Se o preço de venda estiver abaixo do valor justo, qualquer lucro ou prejuízo deve ser imediatamente reconhecido, exceto se o prejuízo for compensado por futuros pagamentos do arrendamento mercantil a preço inferior ao de mercado, situação em que ela deve ser diferida e amortizada proporcionalmente aos pagamentos do arrendamento mercantil durante o período pelo qual se espera que o ativo seja usado. Se o preço de venda estiver acima do valor justo, o excesso sobre o valor justo deve ser diferido e amortizado durante o período pelo qual se espera que o ativo seja usado.

Para entender melhor o tratamento contábil do *leaseback* como um arrendamento mercantil operacional, o CPC 6 apresenta, ainda, os seguintes esclarecimentos:

> Se o *leaseback* for um arrendamento mercantil operacional, e os pagamentos do arrendamento mercantil e o preço de venda estiverem estabelecidos pelo valor justo, na verdade houve uma transação de venda normal, e qualquer lucro ou prejuízo é imediatamente reconhecido.
>
> Para os arrendamentos mercantis operacionais, se o valor justo no momento de transação de venda e *leaseback* for menor do que o valor contábil do ativo, uma perda igual ao valor da diferença entre o valor contábil e o valor justo deve ser imediatamente reconhecida.

18.7 Caso especial – ICPC 3 – Aspectos complementares das operações de arrendamento mercantil

Contextualização

Uma empresa pode firmar um acordo que inclua uma transação que não tenha o formato legal de arrendamento mercantil, mas pode transferir o direito de usar um ativo imobilizado em troca de um pagamento ou de uma série de pagamentos. Os exemplos de acordos desse tipo podem incluir:

- acordos de terceirização (setor de informática e processamento de dados, por exemplo);
- acordos no setor de telecomunicações, em que fornecedores de capacidade de rede firmam contratos para fornecer direitos de capacidade aos compradores.

Considerando isso, em dezembro de 2009, o Comitê de Pronunciamentos Contábeis emitiu a Interpretação Técnica ICPC 03, que mantém uma correlação com a Ifric 4 e SICs 15 e 27, do Iasb. A ICPC 3 fornece um conjunto de orientações para determinar se acordos firmados são ou contêm arrendamentos mercantis que devam ser contabilizados de acordo com o CPC 6.

Questão principal

A principal questão tratada é como determinar se um acordo é, ou contém, um arrendamento mercantil, conforme definido no CPC 6

Determinar se um acordo é ou contém arrendamento mercantil, depende de uma análise criteriosa que considere se:

a) o cumprimento do acordo depende do uso de ativo ou ativos específicos (o ativo);
b) o acordo transfere o direito de usar o ativo.

Sobre essa questão, a ICPC 3 esclarece o seguinte:

Consenso

Cumprimento do acordo depende do uso de um ativo específico

Embora um ativo específico possa ser explicitamente identificado no acordo, ele não é o objeto do arrendamento se o cumprimento do acordo não depender de seu uso. Por exemplo, se o fornecedor for obrigado a entregar uma quantidade específica de bens ou serviços e tiver o direito e a capacidade de fornecer esses bens ou serviços usando outros ativos não especificados no acordo, o cumprimento do acordo não depende do ativo específico e o acordo não contém arrendamento. A obrigação de garantia que permite ou exige a substituição dos mesmos ativos ou ativos similares, quando o ativo especificado não funcionar de forma apropriada, não impede o tratamento de arrendamento. Além disso, a disposição contratual (contingente ou outra) que permite ou exige que o fornecedor substitua outros ativos, por qualquer razão, a partir de uma data especificada, não impede o tratamento de arrendamento antes da data da substituição.

Um ativo foi implicitamente especificado se, por exemplo, o fornecedor possuir ou arrendar somente um ativo com o qual cumpra a obrigação e não for economicamente exequível ou praticável para o fornecedor cumprir sua obrigação por meio do uso de ativos alternativos.

Acordo transfere o direito de usar o ativo

O acordo transfere o direito de usar o ativo se transferir ao comprador (arrendatário) o direito de controlar o uso do ativo subjacente. O direito de controlar o uso do ativo subjacente é transferido se for atendida qualquer uma das seguintes condições:
   a) o comprador tem a capacidade ou o direito de operar o ativo ou de comandar outros na operação da forma que determinar, ao mesmo tempo em que obtém ou controla um valor que não seja insignificante da produção ou de outra utilidade do ativo;
   b) o comprador tem a capacidade ou o direito de controlar o acesso físico ao ativo subjacente, ao mesmo tempo em que obtém ou controla um valor que não seja insignificante da produção ou outra utilidade do ativo;
   c) fatos e circunstâncias indicam que é raro que uma ou mais partes, exceto o comprador, venham a obter um valor que não seja insignificante da produção ou de outra utilidade que será produzida ou gerada pelo ativo durante o prazo do acordo, e o preço que o comprador paga pela produção não é contratualmente fixo por unidade de produção, nem equivalente ao preço de mercado atual por unidade de produção na época de entrega da produção.

Questões e exercícios

1. Quais são as principais diferenças entre arrendamentos mercantis operacionais e financeiros?
2. No arrendatário, como são reconhecidos os arrendamentos mercantis financeiros?
3. No arrendador, de que forma deve ser contabilizado um arrendamento financeiro?
4. Explique a operação de *leaseback*.

CAPÍTULO 19

Ativo não circulante mantido para venda e operação descontinuada

19.1 Normas contábeis

As normas internacionais e brasileiras de contabilidade que regulamentam o assunto "ativo não circulante mantido para venda e operação descontinuada" são semelhantes em seus aspectos relevantes. São elas:

- **Internacional:** IFRS 5, do International Accounting Standards Board;
- **Brasil:** Pronunciamento Técnico CPC 31, do Comitê de Pronunciamentos Contábeis.

Segundo o CPC 31, por vezes uma companhia pode colocar à venda um grupo de ativos gerador de caixa, possivelmente com alguns passivos diretamente associados a ele, em conjunto numa única operação. Com isso, espera-se que o seu valor contábil seja recuperado pela transação de venda.

Considerando isso, a IFRS 5 e o CPC 31 estabelecem critérios para contabilização de ativos não circulantes mantidos para venda (colocados à venda) pela companhia, bem como trata da apresentação e divulgação de operações descontinuadas. Portanto, todos os ativos não circulantes reconhecidos de acordo com o CPC 26 (Apresentação das demonstrações contábeis) são alcançados pelas referidas normas contábeis. Os principais ativos são:

- investimentos societários;
- imobilizados;
- intangíveis.

Ressalte-se que os ativos classificados como não circulantes, segundo o CPC 26, não devem ser reclassificados como ativos circulantes enquanto não satisfizerem os critérios de classificação como mantidos para venda conforme o CPC 31.

A IFRS 5 e o CPC 31 não se aplicam aos seguintes ativos em termos de mensuração:

- de impostos diferidos (IAS 12 e CPC 32);
- provenientes de benefícios de empregados (IAS 19 e CPC 33);
- financeiros (IAS 39 e CPC 38);
- para investimento, contabilizados pelo valor justo (IAS 40 e CPC 28);
- biológicos (IAS 41 e CPC 29);
- de direitos contratuais, de acordo com contratos de seguros (IFRS 4 e 11).

19.2 Aspectos conceituais

Componentes de uma companhia

Componentes de uma companhia são unidades operacionais e fluxos de caixa que podem ser claramente distinguidos do resto da companhia, enquanto detidas para uso (exemplo: segmentos econômicos – de negócios).

Operações descontinuadas

Operações descontinuadas são componentes de uma companhia que foram alienados ou estão classificados como mantidos para venda, representando um segmento econômico ou geográfico. Podem, ainda, representar uma subsidiária adquirida exclusivamente para revenda.

19.3 Critérios de classificação de ativos não circulantes mantidos para venda

Alguns critérios são estabelecidos pela IFRS 5 e pelo CPC 31 para classificação de ativos não circulantes como mantidos para venda. Os principais são os seguintes:

- uma companhia deve classificar um ativo não corrente ou um grupo para alienação como mantido para venda se o seu valor contábil vai ser recuperado principalmente por meio de uma operação de venda, e não pelo uso continuado;
- o ativo ainda deve estar disponível para venda imediata na sua condição presente, estando sujeito apenas aos termos habituais de mercado para realização da transação de venda.
- a venda do ativo deve ser altamente provável;
- a administração da companhia deve estar empenhada em vender o ativo e deve apresentar, por meio de um plano estratégico de venda, as ações que serão desenvolvidas para concretizar a venda, considerando o prazo de realização de no máximo um ano;
- havendo circunstâncias ou acontecimentos fora do controle da companhia que a impossibilitem de vender o ativo dentro do prazo de um ano, não há necessidade de reclassificá-lo se os esforços para vendê-lo ainda estiverem de acordo com o plano estratégico de venda;
- as transações de venda podem incluir trocas de ativos não circulantes por outros ativos não circulantes quando uma troca tiver substância comercial de acordo com a IAS 16 e o CPC 27, que tratam de ativos imobilizados;
- quando uma companhia adquire um ativo não circulante (ou um grupo de ativos) exclusivamente para alienação posterior, só deve classificar o ativo (ou o grupo de ativos) como mantido para venda após a data de aquisição se o requisito de um ano for satisfeito.

Exemplo de classificação

Contextualização

A administração de uma companhia está empenhada em vender uma de suas unidades fabris por meio de um plano estratégico de venda, iniciando as ações necessárias para localizar um comprador em potencial.

A unidade fabril já está disponível para venda imediata e a companhia pretende transferi-la a um possível comprador após o término da desocupação – que deverá levar um mês – e depois que o comprador aderir ao plano de venda com as negociações habituais, que deverão levar nove meses (prazo para localizar o comprador e fechar o acordo de venda).

O andamento do processo de venda da unidade fabril indica que a alienação desse grupo de ativos é altamente provável no momento atual.

Análise

O grupo de ativos vinculado à unidade fabril atende à classificação de ativo não circulante como mantido para venda, pois o principal fator de classificação foi atendido. Trata-se do seguinte:

> O ativo está disponível para venda imediata na sua condição presente, estando sujeito apenas aos termos habituais de mercado para a realização da transação de venda.

19.4 Ativos não circulantes baixados (abandonados)

Uma companhia não deve classificar como mantido para venda um ativo não circulante (ou grupo de ativos) que deverá ser baixado (abandonado). Isso porque a sua quantia escriturada será recuperada principalmente por meio do uso continuado.

Os ativos não circulantes (ou grupos de ativos) que serão baixados incluem aqueles que deverão ser usados até o final da sua vida econômica e os que deverão ser encerrados ou abandonados em vez de vendidos.

Uma companhia não deve reconhecer contabilmente o ativo não circulante que tenha sido temporariamente retirado de serviço como se tivesse sido baixado.

19.5 Mensuração

O ativo não circulante mantido para venda deve ser mensurado inicialmente pelo menor valor entre o seu custo de aquisição e o seu valor justo menos suas despesas de venda estimadas, atendendo ao princípio da prudência/conservadorismo.

Exemplo de mensuração

A seguir apresentamos um exemplo de mensuração de um prédio onde fica instalada a sede administrativa de uma determinada companhia, que ora foi classificado como mantido para venda:

Valor contábil	=	R$ 900,00
Valor justo	=	R$ 1.200,00
(−) Despesas de venda	=	R$ 400,00
(=) Valor justo líquido	=	R$ 800,00

Valor da remensuração = R$ 800,00 (menor valor entre o valor contábil e o valor justo líquido)

A diferença de **R$ 100,00** (R$ 900,00 − R$ 800,00), decorrente da remensuração do prédio, deve ser contabilizada como perda na recuperação do ativo, de acordo com o CPC 1 – Redução ao valor recuperável de ativos.

Observação

Quando se espera que a venda ocorra em um período superior a um ano, a companhia deve mensurar os custos estimados de venda pelo valor presente. Qualquer aumento no valor presente dos custos que resulte da passagem do tempo deve ser apresentado no resultado como gastos de financiamento (despesas financeiras).

19.6 *Impairment*, depreciação e amortização

O teste de *impairment* deve ser realizado no ativo não circulante até a sua definitiva classificação como mantido para venda. A companhia não deve depreciar (ou amortizar) um ativo não circulante classificado como mantido para venda. A sua suspensão dar-se-á a partir da reclassificação como mantido para venda.

19.7 Apresentação no balanço patrimonial

Uma companhia deve apresentar um ativo não circulante (ou um grupo de ativos) classificado como mantido para venda separadamente dos outros ativos no balanço patrimonial, bem como os passivos associados diretamente a tais ativos não circulantes mantidos para venda, da seguinte forma:

Ativo circulante	Passivo circulante
Caixa e equivalentes	Fornecedores
Contas a receber	Salários
Estoques	Impostos
Ativos não circulantes mantidos para venda	**Financiamentos associados a ativos não circulantes mantidos para venda**

19.8 Apresentação na demonstração do resultado

Após a alienação do ativo não circulante mantido para venda, a companhia deve apresentar, na demonstração de resultado (após os impostos sobre lucro), o valor do resultado da operação descontinuada.

Demonstração do resultado por função	Nota	2010	2009
Receitas líquidas de vendas			
(−) Custo dos produtos vendidos			
Lucro bruto			
(+) Outras receitas (−) Despesas operacionais (gerais, administrativas, comerciais etc.) (−) Outras despesas			
(+/−) Resultado de participações societárias pela equivalência patrimonial			
Lucro líquido antes do resultado financeiro			
1. (+) Receitas financeiras 2. (−) Despesas financeiras 3. (+/−) Variação cambial líquida 4. (+/−) Variação monetária líquida 5. (+/−) Ganhos e perdas com derivativos			
(=) Resultado financeiro (1 a 5)			
Resultado antes dos tributos sobre o lucro			
(−) Tributos sobre o lucro			
Resultado líquido das operações continuadas			
(+/−) Resultado líquido após tributos das operações descontinuadas			
Resultado líquido do período			
Resultado líquido atribuível aos acionistas controladores			
Resultado líquido atribuível aos acionistas não controladores			
Lucro líquido por ação			

19.9 Divulgação

Em notas explicativas, uma companhia deve divulgar as seguintes informações sobre ativos não circulantes mantidos para venda e operações descontinuadas:

- descrição do ativo (ou grupo de ativos) não circulante;
- descrição dos fatos e das circunstâncias da venda, ou que conduziram à alienação esperada, forma e cronograma esperados para essa alienação;
- ganho ou perda reconhecido(a) e, se não for apresentado(a) separadamente na demonstração do resultado, a linha na demonstração do resultado que inclui esse ganho ou perda;
- se aplicável, segmento em que o ativo não circulante ou o grupo de ativos mantido para venda está apresentado, de acordo com a IFRS 8 e o CPC 22, que tratam de relatórios por segmento.

Questões e exercícios

1. Conceitue operações descontinuadas segundo a IFRS 5.
2. Cite dois critérios para a classificação de ativos não circulantes como mantidos para venda, de acordo com o CPC 31.
3. Quais são os critérios de mensuração dos ativos não circulantes mantidos para venda?
4. De que forma os ativos não circulantes mantidos para venda devem ser apresentados no balanço patrimonial?

CAPÍTULO 20

Propriedades para investimento

20.1 Normas contábeis

A matéria contábil "propriedades para investimento" é regulamentada pelas seguintes normas internacionais e brasileiras de contabilidade, que são semelhantes:

- **Internacional:** IAS 40, do International Accounting Standards Board;
- **Brasil:** Pronunciamento Técnico CPC 28, do Comitê de Pronunciamentos Contábeis.

Ambas as normas tratam do reconhecimento, mensuração e divulgação das propriedades para investimento, ficando fora do escopo das referidas normas contábeis os assuntos cobertos pela IAS 17 e pelo CPC 6, sobre as transações de arrendamentos mercantis.

20.2 Aspectos conceituais

Propriedades para investimento

Propriedade para investimento é a propriedade (terreno, imóvel ou parte dele) mantida pelo proprietário para a obtenção de rendimentos ou para valorização do capital investido, ou ambos, sem a intenção direta de uso ou alienação, gerando fluxos de caixa independentes dos demais ativos da empresa.

A IAS 40 e o CPC 28 definem "propriedade para investimento" da seguinte forma:

> "[...] é a propriedade (terreno ou edifício – ou parte de edifício – ou ambos) mantida (pelo proprietário ou pelo arrendatário em arrendamento financeiro) para auferir aluguel ou para valorização do capital ou para ambas, e não para:
> a) uso na produção ou fornecimento de bens ou serviços ou para finalidades administrativas;
> b) venda no curso ordinário do negócio."

Exemplos de propriedades para investimento

A seguir apresentamos uma relação de ativos considerados como propriedades para investimento:

- terrenos mantidos para valorização de capital a longo prazo, e não para venda a curto prazo no curso ordinário dos negócios da empresa;

- terrenos mantidos para futuro uso (se a empresa não tiver determinado que usará o terreno como propriedade ocupada pelo proprietário ou para venda a curto prazo no curso ordinário do negócio, o terreno é considerado como mantido para valorização do capital);
- edifício que seja propriedade da empresa (ou mantido pela empresa em arrendamento financeiro) e que seja arrendado sob um ou mais arrendamentos operacionais;
- edifício que esteja desocupado, mas mantido para ser arrendado sob um ou mais arrendamentos operacionais;
- propriedade que esteja sendo construída ou desenvolvida para futura utilização como propriedade para investimento.

Exemplos de ativos que não são propriedades para investimento

A seguir, exemplos de itens que não são propriedades de investimento, estando, por isso, fora do âmbito da IAS 40 e do CPC 28:

- propriedade destinada à venda no decurso ordinário da atividade comercial ou em vias de construção ou desenvolvimento para tal venda (ver IAS 2 e CPC 16);
- propriedade a ser construída ou desenvolvida por conta de terceiros (ver IAS 11 e CPC 17);
- propriedade ocupada pelo dono (ver IAS 16 e CPC 27), incluindo, entre outras coisas, propriedade mantida para uso futuro;
- propriedade que seja arrendada a outra empresa segundo um arrendamento financeiro (ver IAS 17 e CPC 6).

Observação

Algumas propriedades podem compreender uma parte que é mantida para obter renda ou para valorização de capital e outra parte que é mantida para uso na produção ou fornecimento de bens ou serviços, ou ainda para finalidades administrativas. Caso essas partes possam ser vendidas separadamente, a empresa as contabilizará separadamente (propriedade para investimento e imobilizado). Se as partes não puderem ser vendidas separadamente, a propriedade só é uma propriedade para investimento se uma parte não significativa for mantida para uso na produção ou fornecimento de bens ou serviços ou para finalidades administrativas.

20.3 Reconhecimento

As propriedades para investimento são reconhecidas como um ativo somente quando:

- for provável que haja benefícios econômicos futuros;
- o seu custo possa ser mensurado com segurança.

Vale ressaltar que os custos de reparo e manutenção da propriedade são apropriados no resultado.

Apresentação no balanço patrimonial

No balanço patrimonial as propriedades para investimento devidamente reconhecidas como um ativo devem ser apresentadas no ativo não circulante, subgrupo Investimento, da seguinte forma:

Ativo não circulante
Realizável a longo prazo
Investimento:
  Propriedades para investimento
Imobilizado
Intangível

20.4 Mensuração

Método do custo

Uma propriedade para investimento deve ser mensurada inicialmente para reconhecimento pelo seu custo. Os gastos adicionais para realização da transação de aquisição devem ser incluídos na mensuração inicial.

Exemplos de gastos adicionais:

- serviços legais;
- honorários profissionais;
- impostos de transferência de propriedade.

O custo de uma propriedade para investimento de construção própria é **o seu custo na data de conclusão da construção ou desenvolvimento**. Até essa data, aplicam-se a IAS 16 e o CPC 27. Nessa data, a propriedade torna-se propriedade para investimento e aplicam-se a IAS 40 e o CPC 28.

Método do valor justo

A IAS 40 e o CPC 28 orientam que, após o reconhecimento inicial, que deve ser realizado pelo método de custo, uma empresa pode manter tal método de custo ou adotar o método do valor justo, para nova mensuração após o reconhecimento inicial de suas propriedades mantidas para investimento.

Esse procedimento de alteração em política contábil só é recomendado quando a mudança resultar numa apresentação mais adequada da situação econômico-financeira da empresa nas demonstrações financeiras (ver a IAS 8 e o CPC 23, que tratam de políticas contábeis, mudanças em estimativas e correções de erros).

Procedimentos para mensuração do valor justo

Ao adotar o método do valor justo, a empresa deve aplicar vários procedimentos contábeis para proceder à nova mensuração. Os principais são os seguintes:

a) todas as propriedades para investimento devem ser reavaliadas pelo valor justo;
b) o valor justo para propriedades de investimento reflete inicialmente o valor de mercado à data do balanço patrimonial. Na ausência de mercado ativo para determinação do valor justo a preço de mercado, os seguintes critérios podem ser adotados:
   - **Valor de mercado de similar:** valor de mercado de ativos similares, considerando a sua condição atual.
   - **Fluxo de caixa descontado:** valor presente dos fluxos futuros de caixa.
c) ao adotar o método do valor justo, a empresa deve reconhecer no resultado do período em que ocorram os ganhos ou perdas resultantes de alterações no valor justo;
d) uma empresa é incentivada (embora não seja uma exigência) a determinar o valor justo das propriedades para investimento por meio de um avaliador independente, com qualificação profissional relevante e reconhecida e que tenha experiência recente na localização e na categoria da propriedade para investimento que esteja sendo valorizada;
e) o laudo de avaliação é o documento que suportará a nova mensuração contábil e deverá ser aprovado pelos órgãos competentes da administração da empresa.

20.5 Transferências

As transferências para, ou de, propriedades para investimento devem ser realizadas quando houver uma alteração clara e direta de uso, que considere principalmente:

- o início do uso pelo proprietário da propriedade (ver a IAS 16 e o CPC 27);
- a intenção clara de venda da propriedade (ver a IFRS 5 e o CPC 31).

20.6 Alienações

Uma propriedade para investimento deve ser "desreconhecida" (eliminada do balanço patrimonial) na venda ou quando nenhum benefício econômico for esperado dela. Os ganhos ou perdas resultantes das vendas devem ser reconhecidos no resultado do período, considerando a diferença entre o valor contábil líquido escriturado e o valor líquido da venda.

A IAS 40 e o CPC 28 esclarecem o seguinte:

> A alienação de propriedade para investimento pode ser alcançada pela venda ou pela celebração de arrendamento financeiro. Ao determinar a data de alienação da propriedade para investimento, a empresa aplica os critérios enunciados na IAS 18 e no CPC 30 sobre receitas. A IAS 17 e o CPC 6, sobre arrendamentos mercantis, aplicam-se à alienação efetuada pela celebração de arrendamento financeiro, venda e *leaseback*.

20.7 Divulgação

As principais informações que devem ser divulgadas pelas empresas em notas explicativas sobre as propriedades para investimento, de acordo com a IAS 40 e o CPC 28, são as seguintes:

- se aplica o método do valor justo ou o método do custo;
- caso aplique o método do valor justo, se, e em que circunstâncias, os interesses em propriedade mantidos em arrendamentos operacionais são classificados e contabilizados como propriedade para investimento;
- quando a classificação for difícil, os critérios que usa para distinguir propriedades para investimento daquelas ocupadas pelo proprietário e também das que são mantidas para venda no curso ordinário dos negócios;
- os métodos e pressupostos significativos aplicados na determinação do valor justo de propriedade para investimento;
- a extensão até a qual o valor justo da propriedade para investimento (tal como mensurado ou divulgado nas demonstrações contábeis) se baseia em avaliação de profissional independente que possua qualificação reconhecida e relevante e que tenha experiência recente no local e na categoria da propriedade para investimento que está sendo avaliada. Se não tiver havido tal avaliação, esse fato deve ser divulgado;
- as quantias reconhecidas no resultado;
- os valores contábeis e justos na data das demonstrações contábeis;
- a existência e quantias de restrições sobre a capacidade de realização de propriedades para investimento ou a remessa de lucros e recebimentos de alienação;
- as obrigações contratuais para comprar, construir ou desenvolver propriedades para investimento ou para reparos, manutenção ou aumentos.

20.8 Caso especial – ICPC 10 – Aplicação inicial do CPC 28

Em dezembro de 2009, o Comitê de Pronunciamentos Contábeis emitiu a ICPC 10, que trata da aplicação inicial ao ativo imobilizado e à propriedade para investimento dos pronunciamentos técnicos CPCs 27, 28, 37 e 43.

Vale ressaltar que os critérios contábeis estabelecidos pela ICPC 10 para a aplicação inicial do CPC 27, sobre ativos imobilizados, são os mesmos para a aplicação inicial do CPC 28, sobre propriedades para investimento, principalmente no que se refere ao método de custo na mensuração e ao uso do "custo atribuído (*deemed cost*)". Tais critérios já foram apresentados de maneira detalhada no Capítulo 17 – Ativo imobilizado. Por outro lado, a ICPC 10 dá a seguinte orientação sobre o uso do método do valor justo na aplicação inicial do CPC 28 (em 1º de janeiro de 2010):

No método do valor justo e após o reconhecimento inicial, as variações de valor das propriedades para investimento entre dois períodos distintos são reconhecidas no resultado do período. Esse procedimento independe de se a propriedade é detida para obter rendas ou para valorização do capital, ou para ambas. Nas propriedades mantidas para renda o resultado é, portanto, afetado por dois eventos econômicos: a receita de arrendamento (aluguel) e o efeito do ajustamento do valor justo entre os períodos.

A essência econômica do ajuste, no resultado, da variação do valor justo entre os períodos, deve ser considerada quando da definição de seu registro. O Pronunciamento Técnico CPC 28, da mesma forma que a IAS 40, não indica, nem tece comentários, sobre o registro desse ajuste no resultado. Importante é considerar que, nas entidades que têm como objeto principal a administração de propriedades com intenção de obter rendimentos, o valor justo é alterado em função de causas internas e externas, ou seja, podem decorrer da gestão direta da propriedade e de fatores externos, que interagem entre si e se complementam. Dessa forma, a classificação do ajuste do valor justo deve ser efetuada em rubrica de resultado antes do resultado financeiro, caracterizando-o como item objetivamente vinculado à operação. Por outro lado, se o investimento em propriedades é especulativo, sendo ou não o objeto principal da entidade, a essência econômica mais se assemelha a instrumentos financeiros avaliados pelo valor justo por meio do resultado. Se assim for, tal ajuste deve ser efetuado no grupo de resultado financeiro. Em quaisquer das situações, deve estar claro nas demonstrações contábeis qual o critério de classificação utilizado e os respectivos valores.

Questões e exercícios

1. Defina "propriedade para investimento" segundo a IAS 40, dando exemplos.
2. Quais são os critérios de reconhecimento das propriedades para investimento?
3. Explique os métodos do custo e valor justo na mensuração de propriedades para investimento, conforme o CPC 28.
4. Como devem ser apresentadas no balanço patrimonial as propriedades para investimento?

CAPÍTULO 21

Ativos intangíveis

21.1 Normas contábeis

O Iasb e o CPC emitiram as seguintes normas contábeis sobre ativos intangíveis:

- **Internacional:** IAS 38, do International Accounting Standards Board;
- **Brasil:** Pronunciamento Técnico CPC 4, do Comitê de Pronunciamentos Contábeis.

As referidas normas de contabilidade são semelhantes em seus aspectos relevantes e objetivam definir os critérios contábeis para a mensuração, reconhecimento e divulgação de ativos intangíveis não abrangidos por outras normas. Entretanto, a IAS 38 e o CPC 4 não se aplicam:

a) aos ativos intangíveis dentro do alcance de outro pronunciamento;
b) ao *goodwill* (ágio por expectativa de rentabilidade futura) surgido na aquisição de investimento avaliado pelo método de equivalência patrimonial ou decorrente de combinação de negócios;
c) aos ativos financeiros;
d) aos arrendamentos mercantis;
e) aos direitos de exploração de recursos minerais e gastos com a exploração ou o desenvolvimento e a extração de minérios, petróleo, gás natural e outros recursos exauríveis similares;
f) aos ativos intangíveis de longo prazo, classificados como mantidos para venda, ou incluídos em um grupo de itens classificados como mantidos para venda;
g) aos ativos fiscais diferidos;
h) aos ativos decorrentes de benefícios a empregados;
i) aos custos de aquisição diferidos e ativos intangíveis resultantes dos direitos contratuais de seguradora segundo contratos de seguro.

21.2 Aspectos conceituais

Ativos intangíveis

Ativos intangíveis são conceituados por Iudícibus e Marion (2000) como: "[...] bens que não se podem tocar, pegar, que passaram a ter grande relevância a partir das ondas de fusões e incorporações na Europa e Estados Unidos."

A Lei nº 11.638/07, em seu Artigo 179, VI, classifica no ativo intangível os direitos que tenham por objeto bens incorpóreos destinados à manutenção da companhia ou exercidos com essa finalidade, inclusive o fundo de comércio adquirido, tais como: marcas de produtos e empresas, imagem empresarial, posição comercial, entre outros.

Existem vários exemplos que mostram a força dos ativos intangíveis de uma companhia. Um deles é o da Philip Morris, dos Estados Unidos, quando incorporou a indústria de alimentos Kraft pelo valor de 10 bilhões de dólares. No entanto, o valor contábil físico do patrimônio da Kraft era de apenas 1 bilhão de dólares. Os 9 bilhões de dólares adicionais estavam refletidos nos ativos intangíveis da Kraft.

Iudícibus e Marion (2000) citam outro exemplo, este ocorrido no Brasil, em 1997, quando um negócio marcante veio consolidar a importância do intangível. Tratou-se da aquisição da Kibon pela Unilever por 930 milhões de dólares. Neste caso, o impacto se deu porque o patrimônio físico da Kibon representava menos de 30% do preço de negociação.

Segundo Weygandt et al (1998):

"Ativos intangíveis são recursos não correntes que não têm substância física e são registrados ao custo, e este custo é amortizado em cima da vida útil do recurso intangível. Ativos intangíveis incluem patentes, direitos autorais e marcas registradas ou nomes de comércio que dão para o proprietário direito exclusivo de uso por um período especificado de tempo."

O que se percebe da conceituação acima é que os ativos intangíveis são considerados ativos não circulantes que devem ser registrados contabilmente pelo custo, sofrendo posteriormente uma amortização calculada com base em sua vida útil. Sendo assim, podemos visualizar melhor sua classificação contábil com o exemplo a seguir, da companhia norte-americana Brunswick Corporation (apud Weygandt et al, 1998), partindo de seu balanço patrimonial parcial de 1997, seção ativos intangíveis:

Intangible assets
Patents, trademarks and other intangibles   US$ 10.460,000[1]

Características e pré-requisitos dos ativos intangíveis

Geralmente, as empresas despendem recursos no desenvolvimento, manutenção ou melhoria de itens intangíveis, tais como conhecimentos científicos ou técnicos, concepção e implementação de novos processos ou sistemas, licenças, propriedade intelectual, conhecimento de mercado e marcas comerciais (incluindo nomes comerciais e títulos de publicações). Entretanto, pode ser que os itens mencionados não atendam aos pré-requisitos conceituais de ativos intangíveis, que exigem que eles sejam identificáveis, controlados e geradores de benefícios econômicos.

Identificabilidade

O pré-requisito conceitual "identificação" requer que um ativo intangível:

- tenha seu valor distinto do valor do *goodwill* (ágio por expectativa de rentabilidade futura);
- possa ser separado da empresa, para venda, aluguel ou troca, por meio de contrato.

Controle

O "controle" como pré-requisito conceitual considera o direito da empresa de obter benefícios econômicos futuros provenientes do ativo intangível e restringir o seu acesso a terceiros.

---

[1] Ativos intangíveis
Patentes, marcas registradas e outros intangíveis   US$ 10.460,000.

Ativos intangíveis **329**

Benefícios econômicos futuros

Já o pré-requisito "benefícios econômicos" determina que o ativo intangível deve ser capaz de gerar benefícios econômicos em favor da empresa, tais como: renda por aluguel, economia de custos por uso, receita por comercialização etc.

Exemplos de classes de ativos intangíveis

Considerando as características, os pré-requisitos e os critérios de reconhecimento e mensuração dos ativos intangíveis, previstos na IAS 38 e no CPC 4, podemos citar alguns exemplos de classes de ativos intangíveis:

- marcas e patentes;
- cabeçalhos e títulos de publicações;
- *softwares*;
- licenças e franquias;
- *copyrights* (direitos autorais) e outros direitos de propriedade industrial;
- ativos intangíveis em desenvolvimento (projetos de pesquisa e desenvolvimento).

***Software*: ativos tangíveis ou intangíveis?**

A IAS 38 e o CPC 4 consideram que:

> "Alguns ativos intangíveis podem estar contidos em elementos que possuem substância física, como um disco (no caso de *software*), documentação jurídica (no caso de licença ou patente). Para saber se um ativo que contém elementos intangíveis e tangíveis deve ser tratado como ativo imobilizado ou como ativo intangível, a empresa avalia qual elemento é mais significativo.
>
> Por exemplo, um *software* de uma máquina-ferramenta controlada por computador que não funciona sem esse *software* específico é parte integrante do referido equipamento, devendo ser tratado como ativo imobilizado. O mesmo se aplica ao sistema operacional de um computador. Quando o *software* não é parte integrante do respectivo *hardware*, ele deve ser tratado como ativo intangível."

Portanto, se um *software* operacional (sistema operacional) for parte integrante de uma máquina ou equipamento, deve ser tratado como "ativo imobilizado", pelo fato de não ter vida própria. Por outro lado, um *software* de gestão (sistema gerencial) que venha a atender aos critérios de reconhecimento e as características de "ativo intangível", conforme a IAS 38 e o CPC 4, deve ser tratado contabilmente como tal.

Exemplos de sistemas gerenciais (*software* de gestão) que podem ser tratados como intangíveis:

- *software* de gerenciamento da produção;
- *software* de gerenciamento financeiro;
- sistema integrado de gerenciamento de informações.

21.3 Reconhecimento

Conforme a IAS 38 e o CPC 4, para que um item seja reconhecido como ativo intangível no balanço patrimonial, ele deve:

- enquadrar-se na definição de um ativo intangível;
- atender aos critérios de reconhecimento, considerando:
    - ✓ a sua probabilidade de gerar benefícios econômicos em favor da empresa;
    - ✓ a mensuração do seu custo com segurança.

Vale ressaltar que os critérios de reconhecimento aplicam-se aos custos incorridos inicialmente para adquirir ou gerar internamente um ativo intangível e àqueles incorridos posteriormente, seja para adicionar algo, substituir parte, seja para recolocá-lo em condições de uso.

Um ativo intangível deve ser baixado:

- no momento da alienação (venda);
- quando não mais se esperam dele benefícios econômicos futuros.

Os ganhos ou perdas decorrentes da baixa devem ser ajustados no resultado do período e são determinados pela diferença entre o valor de alienação e o valor contábil líquido (custo menos amortização). A seguir, um exemplo de alienação de uma marca comercial que foi adquirida de terceiros:

Valor de venda da marca comercial	=	R$ 1.000.000,00
Valor contábil líquido da marca comercial	=	R$ 750.000,00
Ganho com a alienação	=	**R$ 250.000,00**

Ativos intangíveis gerados internamente

Ativos intangíveis não vinculados a projetos de pesquisa e desenvolvimento de novos produtos e serviços e novas tecnologias, tais como marcas, títulos de publicações, listas de clientes e similares gerados internamente, não devem ser reconhecidos, tendo em vista que os custos incorridos com esses ativos intangíveis não podem ser separados dos demais custos relacionados ao desenvolvimento do negócio como um todo.

21.4 Mensuração

Método do custo

Um ativo intangível adquirido separadamente deve ser mensurado inicialmente pelo seu custo de aquisição, que inclui:

- preço pago na aquisição (incluindo impostos não recuperáveis);
- quaisquer custos diretamente atribuíveis na preparação do ativo intangível para o seu uso pretendido pela administração da empresa. São exemplos:
    ✓ honorários profissionais;
    ✓ custos de testes para avaliar e concluir o ativo;
    ✓ benefícios aos empregados.

A contabilização de custos no valor contábil do ativo intangível deve cessar quando esse ativo está nas condições operacionais de uso pretendidas pela administração.

Após o reconhecimento inicial, um ativo intangível deve ser escriturado pelo seu custo menos qualquer amortização acumulada e quaisquer perdas por *impairment* acumuladas (IAS 36 e CPC 1). A empresa deve ficar atenta aos fundamentos e premissas da IAS 36 e do CPC 1, que versam sobre o teste de recuperabilidade dos ativos (*impairment*). Eles orientam que o cálculo da perda por *impairment* deve ser realizado ao menos uma vez por ano e, também, sempre que houver indicações de desvalorizações ou deteriorações de recuperação do valor contábil dos ativos intangíveis e demais ativos sujeitos a avaliação por *impairment*.

Método da reavaliação

Após o reconhecimento inicial de um ativo intangível pelo método do custo, a empresa tem a opção de adotar o "método da reavaliação" como política contábil, considerando o valor justo do ativo intangível. Entretanto, no Brasil, apesar de o CPC 4 prever o método da reavaliação, a Lei nº 11.638/07 não permite a reavaliação espontânea de ativos, incluindo os intangíveis. Por outro lado, a IAS 38 permite nova mensuração do ativo intangível após o reconhecimento inicial – que é dado pelo método do custo – como prática opcional de política contábil.

Vale lembrar: se um ativo intangível tiver nova mensuração pelo valor justo a partir do método da reavaliação, todos os ativos da sua classe devem ser contabilizados utilizando-se o mesmo método, exceto quando não existir mercado ativo para tais intangíveis.

Ativos intangíveis na combinação de negócios

De acordo com o CPC 15, que trata de combinação de negócios, em casos de fusão, aquisição ou incorporação de empresas o ativo intangível adquirido da empresa investida (adquirida na combinação de negócios) que ora foi registrado por essa empresa pelo método do custo deve ter nova mensuração para o valor justo para contabilização na empresa investidora (compradora). Os métodos para determinação do valor justo do ativo intangível são os seguintes, em ordem hierárquica:

a) preço de mercado, se houver mercado ativo específico;
b) preço de mercado de itens similares na ausência de mercado ativo específico;
c) custo de reposição na condição atual;
d) valor presente dos fluxos de caixa futuros.

21.5 Vida útil e amortização

Uma empresa deve avaliar se a vida útil de um ativo intangível pode ser definida ou indefinida. Considera-se de vida útil indefinida o ativo intangível que não pôde ter o seu período de geração de benefícios econômicos futuros estimado pela empresa.

A amortização com base na vida útil econômica estimada do ativo intangível deve começar quando este estiver disponível para uso e cessar quando o ativo for destinado à venda ou baixado. O método de amortização utilizado deve refletir o modelo pelo qual se espera que os futuros benefícios econômicos sejam consumidos pela empresa.

Os fatores a seguir devem ser considerados na determinação da vida útil dos ativos intangíveis para fins de amortização, segundo a IAS 38 e o CPC 4:

- uso esperado do ativo;
- ciclos de vida típicos para o ativo;
- obsolescência técnica, tecnológica e comercial;
- estabilidade do setor;
- nível de gastos de manutenção para a obtenção dos benefícios econômicos futuros;
- limites legais e período de controle sobre o ativo.

Exemplos de determinação de vida útil

Exemplo 1 – Lista de clientes adquirida (adaptado do CPC 4)

- Uma empresa de marketing compra uma lista de clientes e espera ser capaz de obter benefícios da informação por pelo menos um ano, mas não mais do que três anos. Nesse caso, o referido ativo intangível deveria ser amortizado durante a melhor estimativa da administração em relação à sua vida útil econômica, por exemplo: 18 meses. A lista de clientes também seria analisada por *impairment*.

Exemplo 2 – Contratos de concessão de serviços públicos

- Um determinado governo estadual (chamado de concedente) concede o direito a uma empresa (chamada de concessionária) de explorar o serviço público relacionado a uma importante rodovia estadual, por meio da assinatura de um contrato, por um período de 40 anos. O concedente autoriza a concessionária a cobrar valores dos usuários pela prestação dos serviços. A concessionária, nesse caso, registra o direito (autorização) de concessão como ativo intangível e pode amortizar tal item em 40 anos, considerando o prazo do contrato, período em que se espera que o ativo intangível gere benefícios econômicos.

Exemplo 3 – Direitos autorais adquiridos que têm vida legal remanescente de 60 anos (adaptado do CPC 4)

- A análise dos hábitos dos consumidores e das tendências do mercado proporciona evidência de que o material com *copyright* irá gerar fluxos de caixa líquidos em benefício da empresa durante apenas mais 40 anos. O *copyright* deve ser amortizado durante a sua vida útil estimada de 40 anos e testado por *impairment*.

Ativo intangível com vida útil definida

Ativos intangíveis com vida útil definida pela empresa:

- devem ser amortizados, quando estiverem disponíveis para uso ou quando estiverem em condições de gerar qualquer benefício econômico;
- devem ser amortizados conforme a efetiva ocorrência dos benefícios estimados ou, na impossibilidade disso, por meio do método da linha reta.

Os critérios adotados pela empresa para estimar a vida útil econômica de cada classe de ativos intangíveis devem ser revisados anualmente.

Ativo intangível com vida útil indefinida

Os ativos intangíveis com vida útil indefinida não podem ser amortizados, porém devem ser testados por *impairment* (conforme a IAS 36 e o CPC 1), obrigatoriamente, uma vez por ano ou sempre que houver qualquer indicação de redução em seus valores recuperáveis.

21.6 Pesquisa e desenvolvimento

Segundo a IAS 38 e o CPC 4, os custos incorridos internamente com as atividades relacionadas aos projetos de pesquisa e desenvolvimento de novos produtos e serviços e de novas tecnologias são separados e tratados na contabilidade diferentemente dos ativos intangíveis adquiridos de terceiros.

> Os custos de pesquisa devem ser registrados como despesa quando incorridos, pois nessa fase a administração ainda não consegue estimar com segurança se o projeto será concluído e se benefícios econômicos serão obtidos no futuro.

São exemplos de atividades de pesquisa:

a) atividades destinadas à obtenção de novo conhecimento;
b) busca, avaliação e seleção final das aplicações dos resultados de pesquisa ou outros conhecimentos;
c) busca de alternativas para materiais, dispositivos, produtos, processos, sistemas ou serviços;
d) formulação, projeto, avaliação e seleção final de alternativas possíveis para materiais, dispositivos, produtos, processos, sistemas ou serviços novos ou aperfeiçoados.

> Os custos de desenvolvimento devem ser **capitalizados** quando certos critérios específicos apresentados na norma são cumpridos pelo projeto e pela entidade.

Tais critérios requerem que a administração da empresa demonstre:

a) as seguintes viabilidades: técnica, para concluir o projeto; e comercial, do produto ou serviço desenvolvidos;
b) sua intenção em completar o projeto em questão;
c) sua habilidade em usar ou comercializar o ativo;
d) de que forma o ativo irá gerar benefícios econômicos à empresa;
e) disponibilidade de recursos técnicos, financeiros ou quaisquer outros necessários para a conclusão do projeto;
f) sua capacidade de mensurar os custos incorridos com o projeto na fase de desenvolvimento.

Caso algum desses critérios não seja cumprido pela administração da empresa, os custos incorridos com o projeto de desenvolvimento devem ser registrados como despesa.

São exemplos de atividades de desenvolvimento:

a) projeto, construção e teste de protótipos e modelos pré-produção ou pré-utilização;
b) projeto de ferramentas, gabaritos, moldes e matrizes que envolvam nova tecnologia;
c) projeto, construção e operação de fábrica-piloto, desde que já não esteja em escala economicamente viável para produção comercial;
d) projeto, construção e teste da alternativa escolhida de materiais, dispositivos, produtos, processos, sistemas e serviços novos ou aperfeiçoados.

Exemplo de contabilização de custos de projetos de pesquisa e desenvolvimento

Uma empresa está desenvolvendo internamente uma nova tecnologia para o gerenciamento integrado dos setores contábil, financeiro, tributário, comercial e de produção (classificada como: *software* de gestão desenvolvido internamente).

No exercício de 2009, os gastos incorridos foram de R$ 2.000,00, dos quais R$ 1.100,00 foram incorridos antes de 1º de dezembro de 2009 e os restantes R$ 900,00 durante todo o mês de dezembro.

A empresa está apta a demonstrar que, em 1º de dezembro de 2009, a nova tecnologia de gestão atendia aos critérios para reconhecimento como ativo intangível.

Ao final de 2009, a nova tecnologia de gestão foi reconhecida como ativo intangível ao custo de R$ 900,00 (gasto incorrido desde a data em que os critérios de reconhecimento foram atendidos, ou seja, 1º de dezembro de 2009).

Por outro lado, os gastos de R$ 1.100,00 incorridos antes de 1º de dezembro de 2009 são reconhecidos como despesa porque os critérios de reconhecimento só foram atendidos nessa data.

Pesquisa e desenvolvimento em combinações de negócios

Projetos de pesquisa e desenvolvimento de novos produtos e serviços e de novas tecnologias adquiridos de outras empresas em operações de combinação de negócios, segundo o CPC 15, são registrados como ativos intangíveis por seus valores justos. Custos adicionais incorridos com tais projetos somente podem ser capitalizados quando atenderem aos critérios de reconhecimento de projetos de desenvolvimento.

21.7 Gastos pré-operacionais

Gastos de constituição da empresa, gastos para abrir novas instalações ou negócios (gastos pré-abertura), gastos com o lançamento de novos produtos ou processos, dentre outros, são contabilizados como despesas no resultado quando incorridos, a não ser que sejam de natureza capitalizável como ativo fixo tangível.

21.8 Divulgação

O CPC 4 e a IAS 38 estabelecem as mesmas regras para divulgação de informações gerais sobre ativos intangíveis em notas explicativas. As principais informações para cada classe de ativos intangíveis gerados internamente e adquiridos de terceiros são:

- indicação de vida útil indefinida ou definida e, se definida, os prazos de vida útil ou taxas de amortização utilizados;
- métodos de amortização utilizados para ativos intangíveis com vida útil definida;
- valor contábil bruto e eventual amortização acumulada (mais as perdas acumuladas no valor recuperável) no início e no final do período;
- rubrica da demonstração do resultado em que qualquer amortização de ativo intangível for incluída;
- conciliação do valor contábil no início e no final do período, demonstrando:
    a) adições, indicando separadamente as que foram geradas por desenvolvimento interno e as adquiridas, bem como as adquiridas por meio de uma combinação de negócios;
    b) ativos classificados como mantidos para venda ou incluídos em grupo de ativos classificados como mantidos para venda e outras baixas;
    c) aumentos ou reduções durante o período, decorrentes de reavaliações e perda por desvalorização de ativos reconhecidas ou revertidas diretamente no patrimônio líquido;
    d) provisões para perdas de ativos, reconhecidas no resultado do período;
    e) reversão de perda por desvalorização de ativos, apropriada ao resultado do período;
    f) qualquer amortização reconhecida no período;
    g) variações cambiais líquidas geradas pela conversão das demonstrações contábeis para a moeda de apresentação e de operações no exterior para a moeda de apresentação da entidade;
    h) outras alterações no valor contábil durante o período.

Modelo de divulgação de vida útil e taxa de amortização

Vida útil e taxas de amortização em 31 de dezembro de 2009		
Ativos intangíveis	Vida útil econômica estimada	Taxa anual de amortização
Patentes		
Software de gestão		
Direitos autorais		

Modelo de divulgação da conciliação do valor contábil no início e no fim do período

	Movimentação dos ativos intangíveis em 2009				
		Software de gestão			
	Patentes	Adquirido	Desenvolvido internamente	Direitos autorais	Total
Saldo em 1º de janeiro de 2009					
Adição					
Baixa					
Transferência					
Amortização					
Impairment					
Saldo em 31 de dezembro de 2009					

Estudo de caso 1
Divulgação de informações sobre ativos intangíveis em IFRS

A seguir apresentamos algumas notas explicativas sobre ativos intangíveis, as quais acompanham as demonstrações contábeis em IFRS da Gerdau S.A., inerentes aos exercícios sociais de 2007 e 2006. A Gerdau é uma sociedade anônima de capital aberto, com sede no Rio de Janeiro, Brasil. Empresa *holding* integrante do Grupo Gerdau, dedicado, principalmente, à produção e à comercialização de produtos siderúrgicos em geral, por meio de usinas localizadas no Brasil, Argentina, Chile, Colômbia, México, Peru, República Dominicana, Uruguai, Venezuela, nos Estados Unidos, no Canadá, Espanha e Índia.

Gerdau S.A. e empresas controladas
Notas explicativas da administração às demonstrações financeiras
consolidadas em 31 de dezembro de 2007 e de 2006
(Valores expressos em milhares de reais, exceto quando especificado)

Nota 2 – Resumo das principais práticas contábeis

2.6 – Intangível

É avaliado ao custo de aquisição, deduzido da amortização acumulada e perdas por redução do valor recuperável, quando aplicável. Os ativos intangíveis são compostos de certificados de redução de emissão de carbono, contratos de prestação de serviços de longo prazo de corte e dobra de aço, contratos e relacionamento com clientes, que representam a capacidade de geração de valor agregado de companhias adquiridas com base no histórico de relacionamento com clientes. Os ativos intangíveis são amortizados geralmente levando-se em conta a sua utilização efetiva, considerando que possuem vida útil definida, ou bases sistemáticas de amortização mensal. O valor residual dos itens do intangível é baixado imediatamente ao seu valor recuperável quando o saldo residual exceder o valor recuperável (Nota 2.7).

2.7 – Provisão para recuperação dos ativos de vida longa

A administração revisa o valor contábil dos ativos de vida longa, principalmente o imobilizado a ser mantido e utilizado nas operações da companhia, com o objetivo de determinar e avaliar sempre que eventos ou mudanças nas circunstâncias indicarem que o valor contábil de um ativo ou grupo de ativos não poderá ser recuperado.

São realizadas análises para identificar as circunstâncias que possam exigir a avaliação da recuperabilidade dos ativos de vida longa e medir a taxa potencial de deterioração. Os ativos são agrupados e avaliados segundo a possível deterioração, com base nos fluxos futuros de caixa projetados descontados do negócio durante a vida remanescente estimada dos ativos, conforme o surgimento de novos acontecimentos ou novas circunstâncias. Nesse caso, uma perda seria reconhecida com base no montante pelo qual o valor contábil excede o valor provável de recuperação de um ativo de vida longa. O valor provável de recuperação é determinado como sendo o maior valor entre a) o valor de venda estimado dos ativos menos os custos estimados para venda; e b) o valor em uso, determinado pelo valor presente esperado dos fluxos de caixa futuros do ativo ou da unidade geradora de caixa.

Nota 13 – Intangível

O intangível refere-se, substancialmente, ao fundo de comércio decorrente da aquisição de empresas:

	Pacific Coast Steel Inc.	Corporación Sidenor, S.A.	Chaparral Steel Company	Enco Materials Inc.		
	Fundo de comércio	Cert. redução emissão carbono	Fundo de comércio	Fundo de comércio	Outros	Total
Saldo em 01/01/2006	–	–	–	–	–	–
Aquisição	17.322	18.648	–	–	9.411	45.381
Saldo em 31/12/2006	17.322	18.648	–	–	9.411	45.381
Variação cambial	(2.646)	(1.666)	(39.983)	43	(488)	(44.740)
Aquisição	1.628	5.472	1.112.808	14.917	4.156	1.138.981
Baixa	(831)	(15.890)	-	–	(264)	(16.985)
Amortização	(2.684)	–	(42.514)	–	(2.733)	(48.922)
Saldo em 31/12/2007	12.789	6.564	1.030.311	13.969	10.082	1.073.715
Vida útil média estimada	5 anos	Indeterminado	15 anos	5 anos	5 anos	

Estudo de caso 2
Divulgação de informações sobre ativos intangíveis em BR Gaap

A seguir apresentamos algumas notas explicativas às demonstrações contábeis em BR Gaap sobre ativos intangíveis, inerentes aos exercícios sociais de 2009 e 2008, da companhia de capital aberto Suzano Papel e Celulose S.A. A Suzano e suas controladas, com unidades de produção nos estados da Bahia e de São Paulo, têm como atividade principal a fabricação e a comercialização, no Brasil e no exterior, de celulose de fibra curta de eucalipto e papel, além da formação e exploração de florestas de eucalipto para uso próprio e venda a terceiros. Para a comercialização de seus produtos no mercado internacional, a Suzano utiliza-se de suas subsidiárias integrais localizadas no exterior, as quais não possuem unidades fabris.

Notas explicativas às demonstrações contábeis de 2009 e 2008

3. Sumário das principais práticas contábeis

3.9. Intangível: Refere-se a ágios gerados nas aquisições de investimentos ocorridas até 31 de dezembro de 2008, que têm como fundamento econômico a rentabilidade futura e foram amortizados de forma linear pelo prazo de 5 a 10 anos até aquela data. A partir de 1º de janeiro de 2009 não estão mais sendo amortizados, devendo apenas ser submetidos a teste anual para análise de perda do seu valor recuperável (vide Nota explicativa nº 14).

14. Intangível – controladora e consolidado

Em 31 de dezembro de 2009, os intangíveis registrados nas demonstrações contábeis da controladora e consolidados referem-se a ágios gerados nas aquisições de investimentos e têm como fundamento econômico a expectativa de rentabilidade futura. As combinações de negócios que ocasionaram o reconhecimento desses intangíveis foram: i) Ágio gerado nas aquisições de participações societárias na Ripasa S.A.

Celulose e Papel, ocorridas durante os exercícios de 2005 a 2007, amortizado linearmente pelo prazo de 10 anos até 31 de dezembro de 2008; ii) Ágio gerado na aquisição do controle societário da B.L.D.S.P.E. Celulose e Papel S.A., ocorrida em 30 de março de 2007, amortizado linearmente pelo prazo de 5 anos até 31 de dezembro de 2008.

A seguir apresentamos um demonstrativo da movimentação dos ativos intangíveis:

	Custo	Amortização	Baixas por alienação	Líquido
Ripasa S.A. Celulose e Papel	722.646	(185.477)	–	537.169
B.L.D.S.P.E. Celulose e Papel S.A.	49.305	(5.973)	–	43.332
Ariemil Indústria de Papéis S.A.	21.121	(438)	(20.683)	–
Água Fria Indústria de Papéis S.A.	47.104	(978)	(46.126)	–
Saldos em 31 de dezembro de 2007	**840.176**	**(192.866)**	**(66.809)**	**580.501**
Ripasa S.A. Celulose e Papel	–	(69.759)	–	(69.759)
B.L.D.S.P.E. Celulose e Papel S.A.	–	(9.285)	–	(9.285)
Saldos em 31 de dezembro de 2008	**840.176**	**(271.910)**	**(66.809)**	**501.457**
Ripasa S.A. Celulose e Papel	5	–	–	5
Saldos em 31 de dezembro de 2009	**840.181**	**(271.910)**	**(66.809)**	**501.462**

A companhia avaliou a recuperação do valor contábil dos ágios com base no seu valor de uso, utilizando o modelo de fluxo de caixa descontado das unidades geradoras de caixa, representativas do conjunto de bens tangíveis e intangíveis utilizados na operação. O processo de estimativa do valor em uso envolve premissas, julgamentos e estimativas sobre os fluxos de caixa futuros, taxas de crescimento e de desconto. As premissas sobre o fluxo de caixa futuro e projeções de crescimento são baseadas no plano de negócios de longo prazo da companhia, aprovado pelo conselho de administração, bem como em dados de mercado comparáveis. Elas representam a melhor estimativa da administração a respeito das condições econômicas que existirão durante a vida útil econômica do conjunto de ativos que proporcionam a geração dos fluxos de caixa.

As principais premissas utilizadas na estimativa do valor em uso, às quais o valor de recuperação dos ativos é mais sensível, estão descritas a seguir: i) Receitas – as receitas foram projetadas com base no plano de negócios da companhia, abrangendo o período entre 2010 e 2014; ii) Custos e despesas operacionais – os custos e despesas foram projetados com base no desempenho histórico da companhia e seu crescimento foi projetado em linha com o crescimento das vendas, considerando sua relação; iii) Investimento de capital – os investimentos em bens de capital foram estimados considerando a infraestrutura necessária para suportar o crescimento das vendas.

Tais premissas foram estimadas considerando o desempenho histórico da companhia e tendo por base premissas macroeconômicas razoáveis e consistentes com fontes externas de informações fundamentadas em projeções de mercado financeiro, documentadas e aprovadas pelos órgãos da administração da companhia.

De forma consistente com as técnicas de avaliação econômica, a avaliação do valor em uso é efetuada por um período de 5 anos. As taxas de crescimento das receitas utilizadas são compatíveis com as expectativas macroeconômicas de longo prazo, as quais são revisadas anualmente com base no desempenho histórico e nas perspectivas para o setor em que a companhia opera.

O teste de recuperação dos ativos intangíveis da companhia, efetuado em 31 de dezembro de 2009, não resultou na necessidade de reconhecimento de perdas, visto que o valor estimado de uso excede o seu valor líquido contábil na data da avaliação.

Fonte: Notas explicativas publicadas e disponibilizadas no *site* corporativo da Suzano Papel e Celulose S.A., www.suzano.com.br. Acesso em 3 de março de 2010.

Questões e exercícios

1. Conceitue ativos intangíveis e apresente exemplos.
2. Segundo a IAS 38, quais são os requisitos para reconhecimento dos ativos intangíveis no balanço patrimonial?
3. Relacione os critérios contábeis de mensuração dos ativos intangíveis, de acordo com o CPC 4.
4. Que tipos de ativos intangíveis são amortizados?
5. De acordo com a IAS 38 e o CPC 4, quando um projeto de desenvolvimento pode ser capitalizado?
6. Considere uma empresa que no início de 2009 tem apenas dois elementos patrimoniais: Caixa e Bancos de R$ 4.000,00 e Capital Social de R$ 4.000,00. Considere os seguintes eventos do ano, todos realizados à vista:
   a. receita de serviços de R$ 1.700,00;
   b. pagamento de despesas com seguro de incêndio de R$ 480,00 em 01/09/2009 com apólice válida para um ano;
   c. pagamento de despesas com desenvolvimento de um *software* de gestão da produção de R$ 900,00, que deverá gerar benefícios econômicos futuros nos próximos 5 anos a partir de 01/07/2009.

   Pede-se:
   a. apurar o valor do ativo circulante, do ativo não circulante e do patrimônio líquido, considerando os gastos de desenvolvimento como ativo intangível;
   b. apurar o valor do ativo circulante, do ativo não circulante e do patrimônio líquido, considerando os gastos com desenvolvimento como despesa;
   c. apurar e contabilizar em conta os eventos do ativo intangível, considerando todos os anos de sua vida útil estimada.

CAPÍTULO 22

Combinação de negócios e *goodwill*

22.1 Normas contábeis

A matéria combinação de negócios e *goodwill* é regulamentada pelas seguintes normas contábeis internacionais e brasileiras, as quais são semelhantes em seus aspectos relevantes:

- **Internacional:** IFRS 3, do International Accounting Standards Board;
- **Brasil:** Pronunciamento Técnico CPC 15, do Comitê de Pronunciamentos Contábeis.

A IFRS 3 e o CPC 15 estabelecem princípios e exigências a respeito da forma como a empresa adquirente deve:

a) reconhecer e mensurar, em suas demonstrações contábeis, os ativos identificáveis adquiridos, os passivos assumidos e as participações societárias de não controladores na adquirida;
b) reconhecer e mensurar o ágio por expectativa de rentabilidade futura (*goodwill*) da combinação de negócios ou o ganho proveniente de compra vantajosa;
c) determinar as informações que devem ser divulgadas para possibilitar que os usuários das demonstrações contábeis avaliem a natureza e os efeitos financeiros da combinação de negócios.

A IFRS 3 e o CPC 15 não se aplicam à:

a) formação de empreendimentos controlados em conjunto (*joint ventures*);
b) aquisição de ativo ou grupo de ativos que não constitua negócio nos termos do CPC 15;
c) combinação de entidades ou negócios sob controle comum.

22.2 Aspectos conceituais

A IFRS 3 e o CPC 15 definem combinação de negócios, controle e *goodwill* da seguinte forma:

- **combinação de negócios** é uma operação ou outro evento por meio do qual um adquirente obtém o controle de um ou mais negócios, independentemente da forma jurídica da operação;
- **controle** é o poder para governar a política financeira e operacional da empresa de forma que obtenha benefícios de suas atividades;
- **ágio por rentabilidade futura (*goodwill*)** é um ativo que representa benefícios econômicos futuros resultantes dos ativos adquiridos em combinação de negócios, os quais não são individualmente identificados e separadamente reconhecidos.

Combinações de negócios são operações que correspondem à junção de empresas diferentes em uma única empresa. Portanto, é uma junção de empresas distintas em uma única entidade econômica, como resultado da união entre duas empresas ou de uma empresa ter obtido controle sobre o ativo líquido e operações de outra.

Essas operações são muito complexas e apresentam aspectos contábeis e fiscais que devem ser observados. Um dos aspectos contábeis diz respeito à mensuração e reconhecimento do ágio nas demonstrações contábeis. O ágio também pode ser considerado como o *goodwill*, que, de acordo com alguns estudiosos, reflete a diferença entre o valor justo de uma empresa e o seu valor contábil. Essa diferença pode ser atribuída aos ativos intangíveis da empresa.

Iudícibus e Marion (2000) consideram que o conceito correto de *goodwill* é a diferença entre o valor da empresa e o valor de mercado dos ativos e passivos, e relatam que:

> "A diferença entre o valor da empresa e o valor contábil dos ativos e passivos é denominada, nos meios contábeis, de ágio, e não *goodwill*."

22.2.1 Reorganizações societárias – Abordagem conceitual

Faz-se necessário o estudo das possibilidades de organização e reorganização societária em finanças e contabilidade internacionais, uma vez que, de um modo geral, as corporações multinacionais utilizam-se desses meios para garantir o controle de suas operações e recursos, a facilitação do acesso a financiamentos, bem como um caminho para um crescimento contínuo.

22.2.1.1 *Holding* (empresa controladora)

A estrutura societária mais comum das corporações multinacionais é a sua organização como sociedade anônima no país de sua sede, tendo filiais tanto no país como no exterior que são controladas contábil e financeiramente de forma centralizada. As unidades localizadas em outros países não precisam ser organizadas como sociedades anônimas e podem ser estruturadas societariamente como sociedades limitadas. As filiais fora do país-sede são consideradas subsidiárias integrais, ou seja, o controle da empresa mãe é total (100%).

Uma estrutura relativamente diferente, mas também bastante utilizada, é a *holding*. Ela se caracteriza por ser uma empresa aberta especificamente para deter o controle de outras empresas, as controladas. O conjunto das controladas forma a organização; a *holding* é a controladora.

A diferença entre a estrutura *holding* e a estrutura tradicional de uma empresa com filiais é que as empresas que formam a *holding* são consideradas juridicamente independentes, enquanto no formato de organização central com subsidiárias estas são totalmente dependentes. Além disso, a *holding* também é uma empresa independente. Dessa maneira, tanto as ações da *holding* quanto aquelas das controladas podem ser negociadas no mercado de títulos. Outra diferença é que a estrutura *holding* admite empresas controladas sem que exista a propriedade de 100% de suas ações ou quotas, ou seja, o controle pode ser exercido quando se tem mais de 50% dos títulos societários.

Outra característica de uma *holding* é que ela pode ser criada apenas para **investir em outras empresas**, sem ter a preocupação básica de **investir em um ou mais segmentos de negócios**. Nessa linha de atuação, muitas *holdings* são denominadas **holdings financeiras**. As *holdings* que procuram atuar em determinados segmentos de negócios, e, portanto, ter o controle dos recursos e operações, são denominadas **holdings operacionais**.

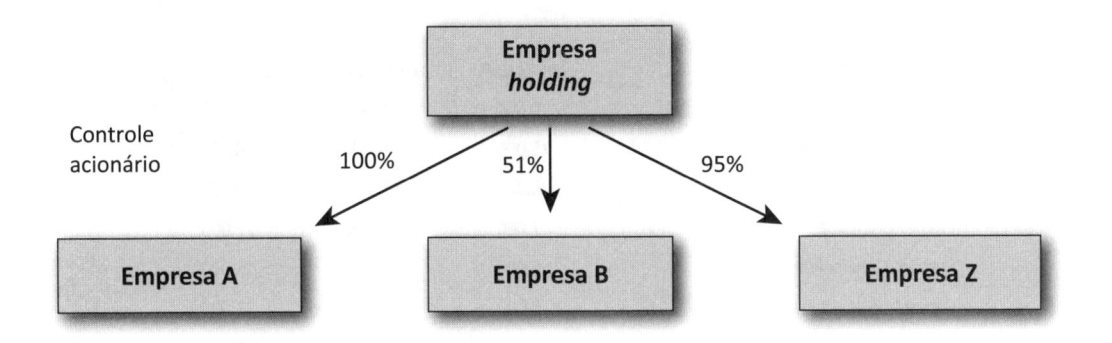

```
Controle                    Empresa
acionário                   holding
              100%      51%        95%
         Empresa A    Empresa B    Empresa Z
```

Vantagens

As principais vantagens relacionam-se com a sua própria estrutura societária. Ela permite o controle com propriedade fracionada, ou seja, uma não precisa controlar a totalidade de outra empresa. Também em função da possibilidade de esta estrutura abrigar uma quantidade significativa de empresas de diversos ramos e segmentos, ela acopla automaticamente uma diversificação de investimentos, e, com isso, permite o isolamento e a minimização do risco de investimento.

No caso de um *holding* **operacional**, cujo objetivo é atuar especificamente em determinado segmento de negócio, a estrutura da *holding* permite o controle de operações em larga escala, com os benefícios decorrentes dessa situação. Grandes conglomerados internacionais chegam a uma situação de oligopólio, ou até monopólio em determinadas regiões, pela aquisição e controle contínuo de empresas de um mesmo ramo de atuação, via *holding*.

A estrutura de *holding* permite bastante flexibilidade, pois as decisões financeiras podem ser da controladora ou de cada controlada. Essa formatação permite ao grupo a obtenção de um alto grau de alavancagem financeira, pois cada empresa pode captar individualmente recursos financeiros, bem como a *holding* pode fazer diretamente a captação.

Desvantagens

A independência jurídica das empresas controladas e da controladora faz que todas as transações entre elas sejam caracterizadas juridicamente como transações com entidades externas, exigindo, em linhas gerais, a tributação normal de qualquer companhia. Desse modo, uma desvantagem que tende a se concretizar é a eventual dupla tributação em algumas transações.

A facilidade de dissolução forçada é outra desvantagem considerada, uma vez que os elos entre controladora e controlada podem ser facilmente transferidos.

Demonstrações contábeis

A *holding* caracteriza-se por ser uma empresa de investimentos em outras empresas. Podemos evidenciar esse aspecto apresentando as demonstrações contábeis, com valores hipotéticos, das empresas controladas e como os valores dos investimentos estão representados na empresa *holding*.

Balanço patrimonial	Empresa A	Empresa B	Empresa Z
Ativo circulante	10.000	70.000	30.000
Ativo não circulante	15.000	90.000	40.000
Total	25.000	160.000	70.000
Passivo circulante	7.000	85.000	22.000
Passivo não circulante	8.000	35.000	15.000
Patrimônio líquido (a)	10.000	40.000	33.000
Total	25.000	160.000	70.000
Participação da *holding* (b)	100%	51%	95%
Valor da participação (a x b)	10.000	20.400	31.350

O valor do investimento da *holding* em cada empresa é mensurado contabilmente pela aplicação do percentual de controle acionário sobre o valor do patrimônio líquido da empresa investida. Esses valores são evidenciados no ativo não circulante da empresa *holding*, no grupo investimentos.

Balanço patrimonial	Empresa *holding*
Ativo circulante	25.000
Ativo não circulante	61.750
Investimentos	61.750
Investimento na Empresa A	10.000
Investimento na Empresa B	20.400
Investimento na Empresa C	31.350
Total	86.750
Passivo circulante	6.000
Passivo não circulante	45.000
Patrimônio líquido	35.750
Total	86.750

22.2.1.2 *Joint ventures* (empreendimentos em conjunto)

Define-se *joint venture* como um acordo contratual pelo qual duas ou mais partes empreendem uma atividade econômica, sujeita a um controle conjunto. Caracteriza-se, portanto, como um empreendimento operado em conjunto e uma união de riscos.

Uma *joint venture* dá criação a uma empresa específica, onde duas ou mais empresas, suas controladoras, associam-se para o desenvolvimento e execução de um projeto específico econômico/financeiro, criando uma nova empresa.

Uma *joint venture* não é uma continuidade das operações de suas partes, mas um empreendimento específico em que duas ou mais empresas resolvem unir-se para correr um risco comum, fazendo um investimento e obtendo dele um resultado. O mais comum é haver uma *joint venture* com duas empresas formando uma nova empresa, com participação acionária na base de 50% para cada uma.

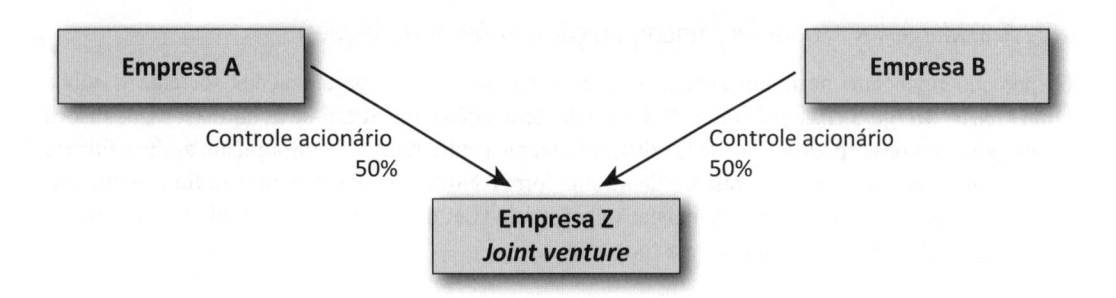

```
     Empresa A                                    Empresa B
         │                                            │
  Controle acionário                          Controle acionário
        50%                                          50%
              ↘                              ↙
                        Empresa Z
                       Joint venture
```

Em termos contábeis e financeiros, as empresas sócias devem reconhecer nas demonstrações contábeis individuais a sua parte nos ativos, passivos, receitas, despesas e lucros. Cada sócio tem direito a parte dos resultados da entidade sob controle conjunto.

Demonstrações contábeis

A princípio os investimentos na *joint venture* são classificados no ativo não circulante, grupo investimentos, das empresas participantes no controle conjunto.

Balanço patrimonial	Empresa A	Empresa B
Ativo circulante	10.000	70.000
Ativo não circulante	15.000	90.000
Imobilizado	10.000	85.000
Investimento – joint venture Z	5.000	5.000
Total	25.000	160.000
Passivo circulante	7.000	85.000
Passivo não circulante	8.000	35.000
Patrimônio líquido	10.000	40.000
Total	25.000	160.000

Na *joint venture*, o valor investido pelas duas empresas que a formaram consta do patrimônio líquido, na conta de capital social.

Balanço patrimonial	Empresa Z – *joint venture*
Ativo circulante	7.000
Ativo não circulante	12.000
Total	19.000
Passivo circulante	4.000
Passivo não circulante	5.000
Patrimônio líquido	10.000
Capital social	10.000
Ações da Empresa A	5.000
Ações da Empresa B	5.000
Total	19.000

22.2.1.3 Mergers & acquisitions (incorporações, fusões e aquisições)

O mercado financeiro norte-americano trata genericamente das reorganizações societárias sob o tema M&A – Mergers & Acquisitions. Sob essa denominação enquadram-se as aquisições, as fusões e incorporações de empresas. Não se faz distinção técnica entre fusão e incorporação; as duas formas de reorganização societária são tratadas da mesma forma. No Brasil, elas têm uma definição diferenciada. Além disso, em nosso país a legislação societária (Lei das Sociedades Anônimas – 6.404/76, artigos 220 a 234) reconhece também a forma de cisão.

Cisão

É a operação pela qual a companhia transfere parcelas do seu patrimônio para uma ou mais sociedades, constituídas para esse fim ou já existentes, extinguindo-se a companhia cindida, se houver versão de todo o seu patrimônio, ou dividindo-se o seu capital, se a versão for parcial.

Essa definição pode ser representada da seguinte forma. A Empresa A é cindida (repartida), gerando duas novas empresas decorrentes da cisão, as Empresas B e C, extinguindo-se a Empresa original A.

$$A = B + C$$

Pode também haver uma cisão em que a Empresa A continua existindo, mas com patrimônio inferior, gerando uma ou mais empresas com ativos e passivos transferidos para as novas entidades. No exemplo a seguir, a Empresa A continua existindo com um patrimônio menor, gerando duas novas empresas decorrentes da cisão, as Empresas B e C.

$$A = A + B + C$$

Essa situação pode ser assim representada em demonstrações contábeis:

Balanço patrimonial	Cisão Empresa original – A	Empresas resultantes da cisão		
		Empresa A	Empresa B	Empresa C
Ativo circulante	110.000	10.000	70.000	30.000
Ativo não circulante	145.000	15.000	90.000	40.000
Total	255.000	25.000	160.000	70.000
Passivo circulante	114.000	7.000	85.000	22.000
Passivo não circulante	58.000	8.000	35.000	15.000
Patrimônio líquido	83.000	10.000	40.000	33.000
Total	255.000	25.000	160.000	70.000

Incorporação

Incorporação é a operação pela qual uma ou mais sociedades são absorvidas por outra, que lhes sucede em todos os direitos e obrigações. Na incorporação, normalmente a empresa controladora absorve a(s) empresa(s) controlada(s) ou coligada(s), fazendo que deixe(m) de existir. A representação a seguir ilustra esse processo. A Empresa A incorpora a Empresa B, continuando a existir apenas a

Empresa A, agora com o patrimônio maior pela adição do ativo e passivo da Empresa B, que deixa de existir.

$$A + B = A$$

Na tabela a seguir, a Empresa A, controladora de 100% da Empresa B, faz a sua incorporação, remanescendo apenas a Empresa A.

Balanço patrimonial	Incorporação		
	Empresa A	Empresa B	Empresa A – incorporadora
Ativo circulante	10.000	10.000	20.000
Ativo não circulante	40.000	44.000	44.000
Investimento na Empresa B – 100%	40.000	0	0
Total	50.000	54.000	64.000
Passivo circulante	7.000	12.000	19.000
Passivo não circulante	8.000	2.000	10.000
Patrimônio líquido (a)	35.000	40.000	35.000
Total	50.000	54.000	64.000

A Empresa A, após a incorporação de B, tem seu ativo circulante aumentado pelos ativos circulantes da Empresa B, e incorpora também, pelo exemplo, os seus imobilizados. Os passivos também são somados, já que a Empresa A passa a assumir os passivos da Empresa B.

O patrimônio líquido e o capital social da Empresa A, após a incorporação, são idênticos aos da situação anterior, uma vez que ela já tinha adquirido a Empresa B no passado. Verifica-se, na Empresa A, que o valor do investimento na Empresa B, na situação inicial, desaparece na situação final após a incorporação. O mesmo ocorre com o patrimônio líquido da Empresa B, que desaparece na nova situação, uma vez que, no processo de incorporação de controlada ou coligada, eliminam-se os valores do investimento da controladora com o patrimônio líquido equivalente da controlada.

Fusão

É a operação pela qual se unem duas ou mais sociedades para formar sociedade nova, que lhes sucederá em todos os direitos e obrigações. Normalmente a empresa maior é que provoca a fusão, passando a manter o controle administrativo da nova empresa formada. No exemplo, a fusão da Empresa A com a Empresa B gerou a Empresa C, que passa a assumir todos os direitos e obrigações das duas empresas fundidas.

$$A + B = C$$

Nesse caso, os acionistas das Empresas A e B receberão ações da Empresa C, em troca das ações das empresas que serão extintas. A tabela a seguir mostra as demonstrações contábeis dessa reorganização societária.

	Fusão		
Balanço patrimonial	Empresa A	Empresa B	Empresa C – fusionada
Ativo circulante	20.000	30.000	50.000
Ativo não circulante	35.000	44.000	79.000
Total	55.000	74.000	129.000
Passivo circulante	7.000	12.000	19.000
Passivo não circulante	8.000	2.000	10.000
Patrimônio líquido (a)	40.000	60.000	100.000
Total	55.000	74.000	129.000

Os tipos de fusões são os mais variados e podem ser classificados de várias maneiras. O mais comum é classificar as fusões como *horizontais* e *verticais*. É considerada horizontal a fusão em que as empresas reunidas são do mesmo segmento de negócio, por exemplo, quando uma montadora de veículos funde-se com outra montadora de veículos. A fusão vertical caracteriza-se por adicionar uma ou mais etapas da cadeia produtiva. Assim, a fusão de uma montadora com uma indústria fornecedora de autopeças seria considerada uma fusão vertical.

A lógica das fusões

Cada fusão tem atrativos e aspectos que são considerados bons meios para aumentar o valor da riqueza dos acionistas, como, por exemplo:

- *sinergia*: aumentar o valor da empresa combinando, por exemplo, economias operacionais com maior escala de produção, economias financeiras, já que empresas de maior porte têm naturalmente maior poder de negociação, aumento de poder de mercado, reduzindo a competição etc.;
- *considerações fiscais*: por exemplo, adquirir empresas com prejuízos fiscais;
- *preços atrativos*: compras de ativos abaixo de seu custo de reposição;
- *diversificação e crescimento*: oportunidade de entrar em novos negócios etc.

O objetivo central de todas as fusões é o mesmo do objetivo básico de finanças, que é, criar maior valor para o acionista. Portanto, qualquer fusão que consiga obter e manter esse objetivo será considerada financeiramente interessante.

22.2.1.4 Aquisição de investimentos, ágio e deságio

O modo mais comum de reorganização societária é a aquisição direta, parcial ou total, de outras empresas. A aquisição de empresas tem sido utilizada com uma das principais estratégias de crescimento empresarial, já que, por meio de aquisições, é possível acelerar o processo de crescimento das receitas que, por sua vez, aumentam os lucros e o valor das empresas.

Alavancagem

As aquisições têm sido classificadas como alavancadas e não alavancadas. Uma aquisição é alavancada quando ela é financiada no seu total, ou em sua grande maioria, com recursos de terceiros, via empréstimos ou títulos de dívida. As aquisições não alavancadas são aquelas em que a empresa adquirente utiliza-se de recursos próprios ou gerados por ela mesma.

Vejamos um exemplo numérico, com as demonstrações contábeis das empresas A e B antes da aquisição.

	Empresa A	Empresa B
Ativo	$	$
Caixa	10.000	4.000
Imobilizado	50.000	26.000
Total	60.000	30.000
Passivo		
Contas a pagar	20.000	5.000
Patrimônio líquido	40.000	25.000
Total	60.000	30.000

A Empresa A adquire 80% da Empresa B pelo valor de $ 20.000. Para o pagamento desse total, a Empresa A capta $ 18.000 de financiamentos bancários, utilizando apenas $ 2.000 do seu próprio caixa. Essa aquisição é considerada alavancada.

Aquisição alavancada		
	Empresa A	Empresa B
Caixa	8.000	4.000
Investimentos em controlada	20.000	0
Imobilizado	50.000	26.000
Total	78.000	30.000
Contas a pagar	20.000	5.000
Financiamentos	18.000	0
Patrimônio líquido	40.000	25.000
Total	78.000	30.000

A ideia geral da alavancagem financeira é que o custo de capital de terceiros é mais barato do que o custo do capital próprio, fato que estimula a utilização de recursos de terceiros até o máximo de endividamento que a empresa pode assumir como risco.

Ágio e deságio na aquisição de investimento

Dificilmente uma empresa adquire ações de outra empresa exatamente pelo valor patrimonial equivalente – em outras palavras, pelos valores constantes das demonstrações contábeis. O processo de avaliação de empresas é muito complexo e nem sempre (ou no mais das vezes) o valor contábil patrimonial (o valor do patrimônio líquido) reflete os interesses dos compradores e vendedores de ações ou cotas das empresas.

No processo de avaliação de empresas para fins de venda, diversos outros fatores podem ser considerados, como a somatória do valor de mercado de todos os elementos patrimoniais, o valor de mercado das ações nas bolsas de valores, a estimativa do valor dos *intangíveis* (marca, ponto, capital intelectual, patentes, tecnologia, participação no mercado etc.), o valor baseado em fluxos futuros de lucros ou de caixa etc.

Dessa maneira, o valor da aquisição pode diferir, substancialmente até, do valor contábil. Por exemplo, se uma empresa tem boas expectativas de vendas e lucro, é bem possível que o valor de venda da empresa seja superior ao seu valor contábil. Por outro lado, se as expectativas futuras não são boas, o valor de venda da empresa pode ser inferior ao seu valor contábil; assim, outros elementos que tornem o valor da aquisição da empresa (ou parte dela) diferente do valor do seu patrimônio líquido contábil podem ser considerados.

Quando o valor de aquisição é diferente do valor contábil, a diferença deve ser reconhecida no momento da contabilização da aquisição, identificada por ágio ou deságio na aquisição de investimento, da seguinte forma:

1. quando o *valor de aquisição é superior* ao valor patrimonial equivalente, a diferença é denominada *ágio* na aquisição de investimento;
2. quando o *valor de aquisição é inferior* ao valor patrimonial equivalente, a diferença é denominada *deságio* na aquisição de investimento.

Para exemplificar, vamos supor que a Empresa A pagou $ 282 mil por 55 mil ações da Empresa B, que tem como capital total 100 mil ações, com patrimônio líquido no valor de $ 400 mil. Isso significa que a Empresa A adquiriu 55% da Empresa B e houve um ágio de $ 62 mil nessa transação.

1. Valor da aquisição de 55 mil ações da Empresa B $ 282.000
2. Valor patrimonial equivalente das 55 mil ações   (220.000) (55% × $ 400.000)
3. *Ágio* na aquisição de investimento (1-2)   62.000

Caso a Empresa A tivesse pago $ 190 mil pelas 55 mil ações da Empresa B, teríamos um deságio de $ 30.000.

1. Valor da aquisição de 55 mil ações da Empresa B $ 190.000
2. Valor patrimonial equivalente das 55 mil ações   (220.000)
3. *Deságio* na aquisição de investimento (1-2)   30.000

22.2.1.5 Valor dos investimentos e controle acionário nas reorganizações

Dois aspectos são fundamentais num processo de reorganização societária: 1. a determinação do valor das empresas que serão objeto da operação; 2. a reorganização do controle acionário. Os principais requisitos nesse processo são:

a) determinar a quantidade e o tipo de ações que serão atribuídas em substituição às existentes, bem como os critérios de distribuição;
b) definir a data e os critérios de avaliação do patrimônio líquido (algumas legislações determinam que isso seja feito por peritos);
c) determinar o valor do capital das sociedades a serem criadas ou do aumento da sociedade remanescente;
d) definir o valor do reembolso das ações para os acionistas dissidentes;
e) respeitar os direitos de retiradas;
f) providenciar as alterações estatutárias etc.

Em termos das demonstrações contábeis, as reorganizações devem ser feitas ao valor justo. De um modo geral, em termos tributários, são feitas a valor contábil, para evitar problemas de antecipação de tributação, principalmente porque, na obtenção de valores econômicos ou de mercado (valor justo), há uma tendência de valor maior que o contabilizado, em decorrência da existência de intangíveis não contabilizados.

Contudo, a nova posição acionária sempre será baseada em valores de mercado (ou valores econômicos, nos quais normalmente se utiliza o método de avaliação de empresas pelo fluxo de caixa descontado), para dar fundamento econômico às mudanças na quantidade de ações e do controle acionário.

A seguir vemos um exemplo de incorporação de empresa considerando os pontos levantados. No exemplo, a Empresa A já é dona de 60% da Empresa B, e fará a incorporação. No ativo de A consta o valor do investimento em B – $ 16.800 –, que corresponde, como já dito, a 60% de seu patrimônio líquido, que é de $ 28.000 (60% × $ 28.000 – $ 16.800).

Exemplo de incorporação – Empresa controlada

Incorporação – Vrs. Contábeis	Valor contábil A	Valor contábil B	Valor de mercado A	Valor de mercado B	Incorporação A Valor contábil
Ativo circulante	56.000	22.000	76.000	30.000	78.000
Ativo não circulante					
Investimento em B – 60%	16.800		27.600		–
Outros	87.200	20.000	90.000	30.000	107.200
Total	160.000	42.000	193.600	60.000	185.200
Passivo circulante	26.000	14.000	26.000	14.000	40.000
Patrimônio líquido	134.000	28.000	167.600	46.000	145.200
Total	160.000	42.000	193.600	60.000	185.200
Quantidade de ações	100.000	20.000			
Permuta de ações – Valor de mercado					
Valor de mercado – Empresa A	167.600				
Valor de mercado – Empresa B	46.000				
(–) Vr. invest. empr. A na empr. B	(27.600)				
Valor líquido da incorporação	186.000				
Valor de mercado outros acionistas B	18.400				
Patrimônio acionistas A	167.600	0,9011	=	100.000	ações
Patrimônio outros acionistas B	18.400	0,0989	=	10.979	
	186.000	1,0000	=	110.979	(100.000:0,9011)

Para dar consistência econômica à incorporação, o patrimônio de ambas as empresas foi submetido a um processo de avaliação a preços de mercado. Os ativos circulantes da Empresa A, os quais, a valores contábeis são de $ 56.000, valem $ 76.000 a preços de mercado (normalmente os estoques são os principais itens do ativo circulante cujo valor de mercado é maior que os valores contábeis, que estão a preços de custo). Os ativos imobilizados também estão com maior valor de mercado. O exemplo contempla também maior valor de mercado dos ativos circulantes e dos imobilizados da Empresa B.

Com os valores de mercado da Empresa B obtém-se, por diferença, o valor do patrimônio líquido a preços de mercado. No nosso exemplo, o novo patrimônio líquido de B é $ 46.000. Como a participação da Empresa A é de 60%, o novo valor do investimento a preços de mercado é $ 27.600 (60% × $ 46.000). Esse valor complementa a avaliação da Empresa A a preço de mercado, obtendo-se o seu **patrimônio líquido** ($ 167.600).

A Empresa A tem seu capital social representado por 100 mil ações; a Empresa B tem 20 mil ações. Em nosso exemplo, será feito um complemento de emissão de ações para permitir que os acionistas minoritários de B façam parte do controle acionário da Empresa A. Os acionistas minoritários têm direito a um valor de $ 18.400, que é a aplicação de 40% das ações sobre o valor de mercado da Empresa B (40% × 27.600). Esses acionistas têm 8 mil ações da Empresa B.

Como a Empresa B deixará de existir e será incorporada por A, os acionistas minoritários terão direito a 10.979 ações da Empresa A. Assim, a Empresa A passará a ter seu capital representado por 110.979 ações, ao invés das 100 mil ações iniciais.

Com relação às demonstrações contábeis pós-incorporação, estas poderão ser mantidas a valores contábeis. Os ativos circulantes de A e B são somados, bem como os ativos não circulantes e o passivo circulante. A conta que representa o investimento de A em B desaparece, já que a Empresa B não existe mais. O novo valor do patrimônio líquido contábil é o da Empresa A, mais 40% do patrimônio líquido contábil da Empresa B, que pertenciam aos minoritários em B, mas que agora fazem parte da empresa que efetuou a incorporação.

Patrimônio líquido contábil após a incorporação	$
Patrimônio líquido da controladora e incorporadora	134.000
Patrimônio líquido minoritário de B ($ 28.000 × 40%)	11.200
	145.200

Exemplo de fusão de empresas distintas

No exemplo dado a seguir, as empresas A e B se reorganizam numa fusão, gerando a empresa C. Para dar consistência econômica à operação, faz-se uma avaliação a preços de mercado das duas empresas que serão fusionadas. O capital social da Empresa A é representado por 200 mil ações e o da Empresa B por 40 mil ações. Neste exemplo, a empresa que emergirá da fusão terá seu capital social representado por 100 mil ações, não guardando nenhuma relação com as duas empresas que lhe deram origem.

	Valor contábil		Valor de mercado		Fusão – Empresa C	
	Empresa A	Empresa B	Empresa A	Empresa B	Vr. Contábil	Vr. Mercado
Ativo circulante	45.000	22.000	57.000	30.000	67.000	87.000
Ativo não circulante	58.000	30.000	85.000	66.000	88.000	151.000
Total	103.000	52.000	142.000	96.000	155.000	238.000
Passivo circulante	26.000	14.000	26.000	14.000	40.000	40.000
Passivo não circulante	30.000	5.000	30.000	5.000	35.000	35.000
Patrimonio líquido	47.000	33.000	86.000	77.000	80.000	163.000
Total	103.000	52.000	142.000	96.000	155.000	238.000
Quantidade de ações	200.000	40.000			100.000	

Distribuição de ações – Base: Valor de mercado			
	Vr. mercado – $	Percentual	Qtde. de ações – Empresa C
Valor de mercado – Empresa A	86.000	52,76%	52.761 ações
Valor de mercado – Empresa B	77.000	47,24%	47.239 ações
Valor da empresa C após a fusão	163.000	100,00%	100.000 ações

Como a preços de mercado a Empresa A vale $ 86 mil, que equivalem a 52,76% do patrimônio líquido da Empresa C, também a preços de mercado, os acionistas de A receberão 52.761 ações da Empresa C, em troca das 200 mil ações que detinham da Empresa A, que será extinta. Os acionistas antigos da Empresa B, que detinham suas 40 mil ações, receberão em troca 47.239 ações da Empresa C, resultante da fusão.

22.2.1.6 Estudos de casos de reorganizações societárias

Viacom divide-se – *Valor Econômico*, 2/1/2006, p. B1

A Viacom, empresa de comunicação que controla a MTV e a Paramount Pictures, completou seu plano de separação em duas companhias, a CBS e a Viacom. Segundo informações da empresa, as duas companhias vão começar a negociar suas ações na Bolsa de Valores de Nova York amanhã. Os investidores receberão uma ação da Viacom e uma da CBS para cada duas ações que possuem da Viacom.

Marcopolo negocia *joint venture* **global com indiana Tata Motors** – *O Estado de S. Paulo*, 11/8/2005, p. B14

O objetivo da associação entre as empresas seria principalmente ganhar mercados na África e na Ásia. Na Índia, a Marcopolo poderá usar os canais de distribuição da Tata para fornecer ônibus de luxo, um dos nichos que será explorado. O negócio ainda não foi concluído porque as companhias ainda não chegaram a um acordo sobre a parte financeira do acordo – troca de ações entre a Tata e a Marcopolo é uma das opções que estão sendo estudadas.

A Tata Motors faz parte da *holding* Tata Group, o maior conglomerado da Índia, formado por 91 empresas nas áreas de tecnologia da informação e comunicações, química, engenharia, aço, chá, automóveis e caminhões, energia e produtos de consumo. A Marcopolo, empresa de Caixas do Sul, RS, fabrica carrocerias de ônibus rodoviários, urbanos e micro-ônibus.

22.3 Aspectos contábeis da combinação de negócios

Método de contabilização

De acordo com a IFRS 3 e o CPC 15, o método de contabilização das combinações de negócios adotado por uma empresa deve ser o "método de compra/aquisição" (*purchase method*). O método de compra envolve os seguintes passos:

1. identificar uma adquirente;
2. determinar a data da aquisição;
3. reconhecer e mensurar os ativos identificáveis adquiridos, os passivos assumidos e as participações societárias de não controladores na adquirida;
4. reconhecer e mensurar o *goodwill* (ágio por expectativa de rentabilidade futura).

Reconhecimento e mensuração

A empresa compradora deve reconhecer separadamente do *goodwill* (ágio por expectativa de rentabilidade futura):

- os ativos adquiridos identificados;
- os passivos e passivos contingentes assumidos, mesmo que estes não tenham sido reconhecidos anteriormente pela entidade adquirida em suas demonstrações contábeis.

Os ativos identificáveis adquiridos e os passivos assumidos devem ser mensurados a valor justo na data da aquisição. Alguns dos principais ativos e passivos que são necessariamente mensurados a valor justo na combinação de negócios são:

- instrumentos financeiros;
- contas a receber;
- estoques;
- terrenos e construções;
- imobilizado;

- intangíveis;
- ativos e passivos de benefícios a empregados;
- ativos e passivos fiscais;
- passivos onerosos e dívidas de longo prazo;
- passivos contingentes;
- ativos não circulantes mantidos para venda (devem ser mensurados pela diferença entre os seus valores justos menos os custos estimados para venda).

Ativos intangíveis na combinação de negócios

A empresa compradora deve reconhecer **separadamente** um ativo intangível da adquirida apenas se este for um "**ativo não monetário identificável sem substância física**" (de acordo com a IAS 38 e o CPC 4), bem como se o seu **valor justo** puder ser mensurado com segurança.

Passivos contingentes na combinação de negócios

Os passivos contingentes (de acordo com a IAS 37 e o CPC 25) adquiridos são reconhecidos **separadamente**, como parte da alocação do custo de uma combinação de negócio, se estes forem prováveis e puderem ser mensurados com segurança.

Goodwill (ágio por expectativa de rentabilidade futura)

> Representa um conjunto de benefícios econômicos futuros resultantes de ativos que não são capazes de ser individualmente identificados e separadamente reconhecidos.

Na combinação de negócio, o *goodwill* é reconhecido contabilmente como um ativo **quando há um excesso sobre o valor justo de aquisição**.

O *goodwill* resultante de uma combinação de negócios deve ser alocado ao menor conjunto de ativos que gera fluxo de caixa (unidade geradora de caixa).

Exemplo de mensuração de *goodwill*

O *goodwill* pode ser mensurado a partir do exemplo evidenciado a seguir, considerando que o custo da combinação de negócios tenha sido de R$ 3.000,00 e a situação patrimonial avaliada a valor justo seja a apresentada na tabela abaixo:

Custo da combinação de negócio	3.000
Ativo não corrente	2.000
Ativo corrente	800
Total do ativo	**2.800**
Patrimônio líquido	2.000
Passivo não corrente	500
Passivo corrente	300
Total do patrimônio líquido e passivo	**2.800**
Goodwill adquirido	1.000

Portanto, o *goodwill* adquirido na transação foi de R$ 1.000,00 (custo da combinação de R$ 3.000,00 menos o patrimônio líquido, que é de R$ 2.000,00).

Teste de *impairment* do *goodwill*

O *goodwill* não deve ser amortizado, contudo, o seu valor de recuperação deve ser avaliado no mínimo uma vez por ano, e sempre que houver uma indicação de que o valor do ativo não será recuperado pela empresa deve-se realizar o teste de *impairment* (de acordo com a IAS 36 e o CPC 1). Se o valor de recuperação do *goodwill* for inferior ao valor contábil, uma **perda** deve ser reconhecida no resultado do exercício.

***Goodwill* negativo**

O *goodwill* negativo poderá existir quando o valor de compra estiver abaixo do valor justo de aquisição. Nesse caso, o *goodwill* negativo deve ser inicialmente revisto, de forma que certifique que os valores justos atribuídos aos ativos e passivos adquiridos foram adequadamente identificados e valorizados.

Caso, após esse exercício de revisão, conclua-se que um *goodwill* negativo tenha realmente sido originado da transação, este **deve ser imediatamente reconhecido como um ganho** no resultado do exercício.

22.3.1 Exemplo de aquisição de empresa com *goodwill* (ágio)

Suponha que a *holding* adquiriu, em 02/01/2010, à vista, 100% das ações da afiliada por R$ 198.000,00. Os balanços patrimoniais das duas empresas, antes da aquisição, apresentavam a seguinte situação:

Itens	Holding		Afiliada	
	Valor contábil	Valor de mercado (1)	Valor contábil	Valor de mercado (1)
Caixa	220.000	220.000	5.000	5.000
Contas a receber líquidas	80.000	80.000	30.000	30.000
Estoques	90.000	100.000	40.000	50.000
Outros ativos circulantes	20.000	20.000	10.000	10.000
Imobilizado líquido	220.000	300.000	60.000	85.000
Total do ativo	630.000	720.000	145.000	180.000
Passivos totais	80.000	80.000	25.000	25.000
Capital social	400.000		100.000	
Lucros acumulados	150.000		20.000	
Total do passivo e p. líquido	630.000		145.000	
Ativos líquidos (PL)			120.000	155.000

(1) valor justo

Calculando o *goodwill*, teremos:

Custo de aquisição	198.000
(–) Valor contábil dos ativos líquidos (patrimônio líquido da afiliada)	(120.000)
Excesso de custo de aquisição	78.000

Excesso atribuível a:			
Itens	Valor de mercado	Valor contábil	Excesso
Estoques	50.000	40.000	10.000
Ativo imobilizado líquido	85.000	60.000	25.000
Goodwill			43.000
Total			78.000

Após a aquisição, os balanços patrimoniais das duas empresas foram consolidados da seguinte forma:

Itens	Holding	Afiliada	Ajustes	Eliminações	Consolidado
Caixa	22.000	5.000	0	0	27.000
Contas a receber líquidas	80.000	30.000	0	0	110.000
Estoques	90.000	40.000	10.000	0	140.000
Outros ativos circulantes	20.000	10.000	0	0	30.000
Investimentos	198.000	0	0	198.000	0
Imobilizado líquido	220.000	60.000	25.000	0	305.000
Goodwill	0	0	43.000	0	43.000
Total do ativo	**630.000**	**145.000**	**78.000**	**198.000**	**655.000**
Passivos totais	80.000	25.000	0	0	105.000
Capital social	400.000	100.000	0	100.000	400.000
Lucros acumulados	150.000	20.000	0	20.000	150.000
Total do passivo e p. líquido	**630.000**	**145.000**	**0**	**120.000**	**655.000**

Portanto, conforme as normas contábeis brasileiras, o balanço patrimonial consolidado a ser divulgado é o seguinte:

<td colspan="4">Holding Balanço patrimonial consolidado em 2/1/2010 – BR Gaap</td>			
Ativo	R$	Patrimônio líquido e passivo	R$
Ativo circulante	**307.000**	**Passivo circulante**	**25.000**
Caixa e equivalentes	27.000	Contas a pagar	25.000
Contas a receber	110.000	**Passivo não circulante**	**80.000**
Estoques	140.000	Financiamentos	40.000
Outros ativos circulantes	30.000	Empréstimos	40.000
Ativo não circulante	**348.000**	**Patrimônio líquido**	**550.000**
Imobilizado	305.000	Capital social	400.000
Intangível: goodwill	43.000	Lucros acumulados	150.000
Total do ativo	**655.000**	**Total do patrimônio líquido e passivo**	**655.000**

Por outro lado, de acordo com as normas contábeis internacionais, o balanço patrimonial consolidado a ser divulgado é o seguinte:

<td colspan="4">Holding Balanço patrimonial consolidado em 2/1/2010 – IFRS</td>			
Ativo	R$	Patrimônio líquido e passivo	R$
Ativo não corrente	**348.000**	**Patrimônio líquido**	**550.000**
Imobilizado, líquido	305.000	Capital social	400.000
Goodwill	43.000	Lucros acumulados	150.000
Ativo corrente	**307.000**	**Passivo não corrente**	**80.000**
Outros ativos correntes	30.000	Financiamentos	40.000
Estoques	140.000	Empréstimos	40.000
Contas a receber	110.000	**Passivo corrente**	**25.000**
Caixa	27.000	Contas a pagar	25.000
Total do ativo	**655.000**	**Total do patrimônio líquido e passivo**	**655.000**

22.4 Divulgação

O adquirente deve divulgar informações em notas explicativas que permitam aos usuários das demonstrações contábeis avaliar a natureza e os efeitos financeiros de combinação de negócios que ocorra:

a) durante o período de reporte corrente;
b) após o final do período de reporte, mas antes de autorizada a emissão das demonstrações contábeis.

Estudo de caso

Divulgação de informações sobre *goodwill* (ágio) de uma combinação de negócios em IFRS

A seguir apresentamos uma nota explicativa sobre o *goodwill* (ágio) de combinações de negócios, que acompanha as demonstrações contábeis em IFRS da Companhia de Bebidas das Américas (AmBev), inerentes aos exercícios sociais de 2008 e 2007. A AmBev (referida como "Companhia" ou "AmBev" ou "Controladora"), com sede em São Paulo, tem por objetivo, diretamente ou mediante participação em outras sociedades, no Brasil e em outros países das Américas, produzir e comercializar cervejas, chopes, refrigerantes, outras bebidas não alcoólicas e malte. A companhia mantém contrato com a PepsiCo International Inc. ("PepsiCo") para engarrafar, vender e distribuir os produtos Pepsi no Brasil e em outros países da América Latina, incluindo Lipton Ice Tea, Gatorade e H2OH! A companhia mantém contrato de licenciamento com a Anheuser-Busch Inc. por meio da sua subsidiária Labatt Brewing Company Limited ("Labatt Canadá"), para produzir, engarrafar, vender e distribuir os produtos Budweiser no Canadá. Além disso, a companhia e algumas de suas controladas produzem e distribuem Stella Artois sob licença da Anheuser-Busch InBev S.A./N.V. ("AB InBev") no Brasil, Argentina, Canadá e outros países e, por meio de licença concedida à InBev, distribui Brahma nos Estados Unidos e em determinados países da Europa, Ásia e África. A companhia tem suas ações negociadas na Bolsa de Valores de São Paulo (Bovespa) e na Bolsa de Valores de Nova York (Nyse), na forma de Recibos de Depósitos Americanos (ADRs).

Companhia de Bebidas das Américas – AmBev
Notas explicativas às demonstrações contábeis consolidadas de 2008 e 2007
3. Sumário das principais práticas contábeis
Ágio

O ágio (deságio) surge na aquisição de entidades controladas, coligadas e controladas em conjunto.

Aquisições anteriores a 1º de janeiro de 2005

Como parte das isenções de transição para as IFRS, a companhia decidiu reelaborar conforme a IFRS 3 somente aquelas combinações de negócios ocorridas em 1º de janeiro de 2005 ou após essa data. Com relação às aquisições ocorridas antes de 1º de janeiro de 2005, o ágio representa o montante previamente reconhecido nas demonstrações contábeis consolidadas elaboradas de acordo com os princípios contábeis geralmente aceitos no Brasil (BR Gaap).

Aquisições de 1º de janeiro de 2005 em diante

Nas aquisições realizadas em 1º de janeiro de 2005 ou após essa data, o ágio constitui o excedente entre o custo de aquisição e a participação da companhia no valor justo líquido dos ativos, passivos e passivos contingentes da adquirente. Quando o excesso é negativo (deságio), este é reconhecido imediatamente no resultado.

Em conformidade com a IFRS 3, Combinações de negócios, o ágio é contabilizado pelo custo e não é amortizado, mas avaliado anualmente para se determinar se há indícios de redução ao valor de recuperação da unidade geradora de caixa à qual ele foi alocado.

O ágio é expresso na moeda da subsidiária ou controlada em conjunto a que se refere e convertido em reais pela taxa de câmbio vigente no final do exercício, exceto para as aquisições anteriores a 1º de janeiro de 2005, as quais a companhia tratou como seus ativos.

Com respeito às coligadas, o valor contábil do ágio é incluído no valor contábil da participação na coligada.

Se a participação da AmBev no valor justo líquido dos ativos, passivos e passivos contingentes identificados e reconhecidos exceder o custo da combinação de negócios, tal excedente é reconhecido imediatamente na demonstração do resultado, conforme determina a IFRS 3.

Os gastos com o ágio gerado internamente são contabilizados como despesa quando incorridos.

Questões e exercícios

1. Qual a característica de uma *holding*?
2. O que se entende por uma *joint venture*?
3. Relacione as principais características de: fusão, aquisição, incorporação e cisão.
4. Explique o método de contabilização nas transações de combinações de empresas (negócios), de acordo com a IFRS 3 e o CPC 15.
5. Quando o *goodwill* deve ser reconhecido como ativo numa transação de combinação de empresas?
6. Incorporação, fusão, cisão:

    A Empresa A detém 40% da Empresa B e fará sua incorporação. Os dados contábeis são:

	Empresa A	Empresa B
Ativo circulante	718.000	251.500
Ativo não circulante		
Investimento na Empresa B	76.000	0
Outros imobilizados	200.000	92.500
Ativo total	994.000	344.000
Passivo circulante	661.000	154.000
Patrimônio líquido		
Capital social	250.000	90.000
Reservas e lucros acumulados	83.000	100.000
Passivo total	994.000	344.000
Quantidade de ações	500.000	150.000

    Os ativos imobilizados da Empresa A valem $ 346.000 a preços de mercado, e os da Empresa B valem $ 102.500. Os demais itens continuam com o mesmo valor. Faça a incorporação pelos valores contábeis.

    A Empresa A deverá emitir ações adicionais para os acionistas remanescentes da Empresa B, em quantidade que será calculada com base nos valores de mercado. Apure a quantidade de ações de que deverá constar o capital social da Empresa A com a incorporação, partindo das quantidades atuais; utilizando o método de compra e considerando os valores de mercado, verifique se haverá necessidade de contabilizar o *goodwill* na incorporadora.

7. Procure identificar motivos adicionais, explicando-os, que poderiam levar uma corporação multinacional a aquisição contínua de outros empreendimentos.
8. A Empresa Z tem um capital social de $ 400.000 em caixa, para fazer aquisições de outras empresas. Negocia e compra 80% da Empresa X por $ 315.000, que tem um patrimônio líquido de

$ 380.000. Verifique se houve deságio ou ágio na operação e faça a apresentação do balanço patrimonial da Empresa Z após a transação.

9. Com os mesmos dados iniciais do exercício anterior, considere agora que a Empresa Z pagou pelos 80% da Empresa X o valor de $ 295.000. Verifique se houve ágio ou deságio na operação e faça a apresentação do balanço patrimonial da Empresa Z após a transação.

10. Incorporação:

A Empresa A detém 55% da Empresa B e fará sua incorporação. Os dados contábeis são:

		Empresa A	Empresa B
Ativo circulante		500.000	150.000
Ativo não circulante			
Investimento na Empresa B	55%	104.500	0
Outros imobilizados		200.000	92.500
Ativo total		804.500	242.500
Passivo circulante		454.500	52.500
Patrimônio líquido		350.000	190.000
Passivo total		804.500	242.500
Quantidade de ações		200.000	600.000

Os ativos imobilizados da Empresa A valem $ 450.000 a preços de mercado, e os da Empresa B valem $ 112.500. Os demais itens continuam com o mesmo valor. Faça a incorporação pelos valores contábeis.

A Empresa A deverá emitir ações adicionais para os acionistas remanescentes da Empresa B, em quantidade que será calculada utilizando os valores de mercado. Apure a quantidade de ações de que deverá constar o capital social da Empresa A com a incorporação, partindo das quantidades atuais. Utilizando o método de compra, e considerando os valores de mercado, verifique se haverá necessidade de contabilizar o *goodwill* na incorporadora.

CAPÍTULO 23

Tributos sobre o lucro

23.1 Normas contábeis

As normas internacionais e brasileiras de contabilidade que regulamentam o assunto tributos sobre o lucro são semelhantes em seus aspectos relevantes, e são as seguintes:

- **Internacional:** IAS 12, do International Accounting Standards Board;
- **Brasil:** Pronunciamento Técnico CPC 32, do Comitê de Pronunciamentos Contábeis.

De acordo com a IAS 12 e o CPC 32, o ponto principal no reconhecimento dos tributos sobre o lucro é como contabilizar os efeitos fiscais correntes e futuros de:

- futura recuperação (liquidação) do valor contábil dos ativos (passivos) que são reconhecidos no balanço patrimonial da empresa;
- operações e outros eventos do período atual que são reconhecidos nas demonstrações contábeis da empresa.

23.2 Aspectos conceituais

Tributo sobre o lucro (impostos sobre a renda)

Imposto sobre a renda pode ser definido como uma operação de tributação sobre o lucro auferido pelas companhias em determinado período, cobrado pelas autoridades tributárias de cada país.

Lucro tributável

Lucro tributável é o lucro de um período, determinado de acordo com as regras estabelecidas pelas autoridades fiscais, sobre o qual são pagos (ou recuperáveis) impostos sobre a renda.

Tributo corrente

Tributo corrente é a quantia a pagar (ou a recuperar) de impostos sobre a renda conforme o lucro tributável de um período.

Passivos por impostos diferidos

Passivos por impostos diferidos são as quantias de impostos sobre a renda pagáveis em períodos futuros com respeito a diferenças temporárias tributáveis.

Ativos por impostos diferidos

Ativos por impostos diferidos são as quantias de impostos sobre a renda recuperáveis em períodos futuros inerentes a:

- diferenças temporárias dedutíveis;
- compensação de perdas fiscais não utilizadas;
- compensação de créditos tributáveis não utilizados.

Diferença temporária

Diferença temporária é a diferença entre o valor contábil de ativo ou passivo no balanço patrimonial e sua base fiscal. As diferenças temporárias podem ser tanto:

a) **tributáveis**: diferença temporária que resulta em valores tributáveis para determinar o lucro tributável (prejuízo fiscal) de períodos futuros quando o valor contábil de ativo ou passivo é recuperado ou liquidado;
b) **dedutíveis**: diferença temporária que resulta em valores que são dedutíveis para determinar o lucro tributável (prejuízo fiscal) de futuros períodos quando o valor contábil do ativo ou passivo é recuperado ou liquidado.

Exemplos de diferenças temporárias tributáveis que afetam o resultado:

- A depreciação do ativo imobilizado é acelerada para fins fiscais.
- Os custos de desenvolvimento foram capitalizados e serão amortizados na demonstração do resultado, mas foram deduzidos para determinar o lucro tributável no período em que eles foram incorridos.

Observação: todas as diferenças temporárias tributáveis dão margem ao passivo fiscal diferido.

Exemplos de diferenças temporárias dedutíveis que afetam o resultado:

- A depreciação acumulada do ativo no balanço patrimonial é maior do que a depreciação acumulada permitida até o final do período que está sendo reportado para fins fiscais.
- Os gastos com pesquisa são reconhecidos como despesa na apuração do lucro contábil, mas somente são permitidos como dedução para determinar o lucro tributável em período posterior.

Observação: todas as diferenças temporárias dedutíveis dão origem a ativos fiscais diferidos.

Base fiscal de ativo

Segundo o CPC 32, a base fiscal de um ativo é o valor que será dedutível para fins fiscais contra quaisquer benefícios econômicos tributáveis que fluirão para a empresa quando ela recuperar o valor contábil desse ativo. Se aqueles benefícios econômicos não serão tributáveis, a base fiscal do ativo é igual ao seu valor contábil.

Exemplo de base fiscal de ativo:

> Os juros a receber têm o valor contábil de R$ 800,00. A receita de juros relacionada é tributada pelo regime de caixa. A base fiscal dos juros a receber é zero.

Base fiscal de passivo

Conforme o CPC 32, a base fiscal de um passivo é o seu valor contábil menos qualquer valor que será dedutível para fins fiscais relacionado àquele passivo em períodos futuros. No caso da receita que é recebida antecipadamente, a base fiscal do passivo resultante é o seu valor contábil menos qualquer valor da receita que não será tributável em períodos futuros.

Exemplo de base fiscal de passivo:

> O passivo circulante inclui receita de juros recebidos antecipadamente, com o valor contábil de R$ 800,00.
> A receita de juros correspondente foi tributada em regime de caixa.
> A base fiscal dos juros recebidos antecipadamente é zero.

23.3 Reconhecimento de passivos e ativos fiscais correntes

Os tributos sobre lucros correntes e anteriores devidos devem ser reconhecidos como passivos. Por outro lado, caso o montante já pago de tributos sobre lucros do período atual ou de períodos anteriores exceder o montante devido para aqueles períodos, o excesso deve ser reconhecido como ativo.

Já o benefício referente a um prejuízo fiscal que pode ser compensado para recuperar o tributo sobre lucro corrente de um período anterior deve ser reconhecido como ativo.

> A contrapartida do reconhecimento dos passivos e ativos fiscais correntes será como receita ou despesa no resultado, exceto quando o tributo prover de:
>
> - transação ou evento reconhecido no mesmo período ou em um período diferente, fora do resultado, em outros resultados abrangentes ou diretamente no patrimônio líquido;
> - combinação de negócios.

23.4 Reconhecimento de passivos e ativos fiscais diferidos

Processo de registro dos efeitos fiscais futuros nas demonstrações contábeis, considerando a recuperação (ativo fiscal diferido) ou liquidação (passivo fiscal diferido).

Caracteriza-se pelo reconhecimento, nas demonstrações contábeis, das diferenças temporárias, mensuradas a partir de tratamentos distintos dados ao lucro contábil e ao lucro fiscal (BR Gaap X BR Gaap – BR Gaap X US Gaap ou IFRS).

A diferença entre o lucro contábil e o lucro tributável surge em razão de adições e/ou exclusões de despesas dedutíveis e/ou não dedutíveis, consideradas:

a) **diferenças permanentes**: quando adicionadas ou excluídas do lucro, não serão mais consideradas. Exemplo: doações;
b) **diferenças temporárias**: são adicionadas ou excluídas em períodos diferentes nos livros contábeis e fiscais. Exemplo: provisão para devedores duvidosos – PDD.

De acordo com Perez Junior (2001, p.142), imposto de renda diferido é o "imposto calculado sobre as diferenças entre os critérios contábeis brasileiros e norte-americanos que afetam o resultado em períodos diferentes."

Para visualizar melhor as diferenças encontradas entre lucro contábil e fiscal, suponha as seguintes operações em uma companhia:

Operações	Visão contábil	Visão fiscal
Lucro líquido antes do imposto de renda	10.000,00	10.000,00
(–) Lucro inflacionário não realizado (exclusão)	–	(1.000,00)
(=) Lucro contábil/fiscal antes do imposto de renda	10.000,00	9.000,00
(x) Alíquota do imposto de renda	25%	25%
(=) Imposto de renda	2.500,00	2.250,00

A operação que diferiu o imposto de renda em R$ 250,00 (R$ 2.500,00 – R$ 2.250,00) foi o lucro inflacionário não realizado. A importância de R$ 250,00 corresponde ao imposto de renda diferido e deverá ser paga em exercícios futuros. Nesse caso, a postergação do prazo de pagamento será refletida na contabilidade da seguinte forma:

Débito – despesas com imposto de renda (despesa): R$ 2.500,00
Crédito – imposto de renda a pagar (passivo circulante): R$ 2.250,00
Crédito – imposto de renda diferido (passivo não circulante): R$ 250,00

A seguir, apresentamos outro exemplo de avaliação e cálculo de imposto de renda diferido:

1) **Resultado contábil e fiscal:**

Lucro contábil	R$ 100.000,00
Diferenças temporárias:	
Adições ao lucro – PDD	R$ 20.000,00
Diferenças permanentes:	
Adições ao lucro – doações	R$ 10.000,00
Lucro tributável	**R$ 130.000,00**

2) **Composição da conta Clientes:**

	Contábil	Fiscal	Diferença
Clientes brutos	R$ 100.000,00	R$ 100.000,00	–
(–) PDD	(R$ 20.000,00)	–	(R$ 20.000,00)
Clientes líquidos	**R$ 80.000,00**	**R$ 100.000,00**	**(R$ 20.000,00)**

3) **Cálculo do imposto de renda diferido:**
   R$ 20.000,00 (diferença temporária) × 25% (alíquota do imposto de renda)
   R$ 5.000,00 (imposto de renda diferido ativo)

4) **Contabilização:**
   Débito – imposto de renda diferido (ativo não circulante)
   Crédito – imposto de renda diferido (resultado)
   Valor = R$ 5.000,00

O caso dos contratos de longo prazo é um exemplo claro de postergação ou diferimento do imposto de renda, conforme Iudícibus et al (2000, p. 239). Neles há o reconhecimento das receitas em um período, porém elas não são recebidas, sempre considerando o regime contábil de competência para apuração de resultados.

Diferença temporária tributável

De acordo com o CPC 32, um passivo fiscal diferido deve ser reconhecido para todas as diferenças temporárias tributáveis, exceto o passivo fiscal diferido que advir de:

- reconhecimento inicial de ágio derivado da expectativa de rentabilidade futura (*goodwill*);
- reconhecimento inicial de ativo ou passivo em transação que:
    ✓ não é combinação de negócios;
    ✓ não afeta o lucro contábil nem o lucro tributável (prejuízo fiscal) no momento da transação.

> A contrapartida do reconhecimento dos passivos fiscais diferidos será como despesa no resultado, exceto quando o tributo prover de:
> - transação ou evento reconhecido no mesmo período ou em um período diferente, fora do resultado, em outros resultados abrangentes ou diretamente no patrimônio líquido;
> - combinação de negócios.

Diferença temporária dedutível

Conforme o CPC 32, o ativo fiscal diferido deve ser reconhecido para todas as diferenças temporárias dedutíveis na medida em que seja provável a existência de lucro tributável contra o qual a diferença temporária dedutível possa ser utilizada, a não ser que o ativo fiscal diferido surja do reconhecimento inicial de ativo ou passivo em transação que:

- não é uma combinação de negócios;
- não afeta o lucro contábil nem o lucro tributável (prejuízo fiscal) no momento da transação.

> A contrapartida do reconhecimento dos ativos fiscais diferidos será como receita no resultado, exceto quando o tributo prover de:
> - transação ou evento reconhecido no mesmo período ou em um período diferente, fora do resultado, em outros resultados abrangentes ou diretamente no patrimônio líquido;
> - combinação de negócios.

Prejuízos e créditos fiscais não utilizados

Um ativo fiscal diferido deve ser reconhecido no balanço patrimonial para o registro de prejuízos e créditos fiscais não utilizados na medida em que seja provável que estarão disponíveis lucros tributáveis futuros contra os quais eles possam ser utilizados. Para o CPC 32, uma empresa deve avaliar a probabilidade de que haverá disponibilidade de lucro tributável no futuro para compensação de prejuízos ou créditos fiscais ainda não utilizados. Os critérios de avaliação são os seguintes:

- se a empresa tem diferenças temporárias tributáveis suficientes relacionadas com a mesma autoridade tributária e a mesma entidade tributável que resultarão em valores tributáveis contra os quais os prejuízos ou créditos fiscais não utilizados podem ser utilizados antes que expirem;
- se for provável que a empresa terá lucros tributáveis antes que os prejuízos ou créditos fiscais não utilizados expirem;

- se os prejuízos fiscais não utilizados resultarem de causas identificáveis e improváveis de ocorrer novamente;
- se estiverem disponíveis para a empresa oportunidades de planejamento tributário que criarão lucro tributável no período em que prejuízos fiscais ou créditos fiscais não utilizados possam ser utilizados.

Como exemplo de avaliação, temos o seguinte:

> Uma empresa melhora e flexibiliza as políticas de industrialização e comercialização de seus produtos, aumentando assim a sua capacidade de gerar lucros futuros que sejam tributáveis.

23.5 Mensuração

Passivos e ativos de tributos sobre lucros correntes devem ser mensurados pelo valor esperado que seja liquidado ou recuperado, utilizando as alíquotas de tributos e legislação tributária que estejam aprovadas no final do período que está sendo reportado.

Por outro lado, o CPC 32 ressalta que os ativos e passivos fiscais diferidos devem ser mensurados pelas alíquotas que se espera sejam aplicáveis no período quando for realizado o ativo ou liquidado o passivo, com base nas alíquotas e legislação tributária em vigor ao final do período que está sendo reportado.

Vale ainda ressaltar que os ativos e passivos fiscais correntes e diferidos são geralmente mensurados utilizando as alíquotas de tributos e legislação tributária que estejam em vigor.

23.6 Apresentação no balanço patrimonial dos ativos e passivos fiscais

Segundo o CPC 32, a empresa só pode compensar os saldos dos ativos e passivos fiscais correntes, para fins de apresentação no balanço patrimonial, se ela:

- tiver o direito legalmente executável de compensar os valores reconhecidos;
- pretender liquidar em bases líquidas, ou realizar o ativo e liquidar o passivo simultaneamente.

Já os ativos e passivos fiscais diferidos só podem ter seus saldos compensados pela empresa se:

- ela tem o direito legalmente executável de compensar os ativos fiscais correntes contra os passivos fiscais correntes;
- os ativos fiscais diferidos e os passivos fiscais diferidos estão relacionados com tributos sobre o lucro lançados pela mesma autoridade tributária:
  - ✓ na mesma entidade tributável;
  - ✓ nas entidades tributáveis diferentes que pretendem liquidar os passivos e os ativos fiscais correntes em bases líquidas, ou realizar os ativos e liquidar os passivos simultaneamente, em cada período futuro no qual se espera que valores significativos dos ativos ou passivos fiscais diferidos sejam liquidados ou recuperados.

23.7 Divulgação

As seguintes informações a respeito dos tributos sobre o lucro devem ser divulgadas em notas explicativas:

- Os principais componentes de despesa (receita) de impostos devem ser divulgados separadamente.

- O que se segue deve ser também divulgado separadamente:
  ✓ o imposto diferido e corrente agregado relacionado com itens que sejam debitados ou creditados ao capital próprio;
  ✓ uma explicação do relacionamento entre despesa (receita) de impostos e lucro contábil em uma ou em ambas das seguintes formas:
    (i) uma reconciliação numérica entre gasto (renda) de impostos e o produto de lucro contábil multiplicado pela(s) taxa(s) de imposto aplicável(eis), divulgando também a base pela qual a(s) taxa(s) de imposto aplicável(eis) é (são) calculada(s);
    (ii) uma reconciliação numérica entre a taxa média efetiva de imposto e a taxa de imposto aplicável, divulgando também a base pela qual é calculada a taxa de imposto aplicável.
  ✓ uma explicação de alterações nas taxas de impostos aplicáveis comparada com o período contábil anterior;
  ✓ a quantia (e a data de extinção, se houver) de diferenças temporárias dedutíveis, perdas fiscais não usadas e créditos por impostos não usados relativamente aos quais nenhum ativo por impostos diferidos seja reconhecido no balanço patrimonial;
  ✓ a quantia agregada de diferenças temporárias associadas com investimentos em subsidiárias, sucursais e associadas e interesses em empreendimentos conjuntos, relativamente aos quais passivos por impostos diferidos não tenham sido reconhecidos;
  ✓ com respeito a cada tipo de diferença temporária e com respeito a cada tipo de perda por impostos não usada e crédito por impostos não usado:
    (i) a quantia de ativos e passivos por impostos diferidos reconhecidos no balanço para cada período apresentado;
    (ii) a quantia de rendimentos ou gastos por impostos diferidos reconhecidos na demonstração dos resultados, se isso não for evidente das alterações das quantias reconhecidas no balanço.
  ✓ com respeito a operações descontinuadas, o gasto de impostos relacionado com:
    (i) o ganho ou perda da descontinuação;
    (ii) o resultado das atividades ordinárias da operação descontinuada do período, com as quantias correspondentes de cada período anterior apresentado;
    (iii) a quantia consequente do imposto de renda dos dividendos da empresa que foram propostos ou declarados antes de as demonstrações financeiras serem autorizadas para emissão, mas que não são reconhecidos como passivo nas demonstrações financeiras.
- Uma empresa deve divulgar a quantia de um ativo por impostos diferidos e a natureza das provas que suportam o seu reconhecimento quando:
  ✓ a utilização do ativo por impostos diferidos for dependente de lucros tributáveis futuros em excesso dos lucros provenientes da reversão de diferenças temporárias tributáveis existentes;
  ✓ a empresa tiver sofrido um prejuízo, quer no período corrente, quer no período precedente, na jurisdição fiscal com que se relaciona o ativo por impostos diferidos.

Modelo de divulgação de informações de tributos sobre lucros

O montante do imposto de renda diferido ativo é revisado a cada data das demonstrações contábeis e reduzido pelo montante que não seja mais realizável por meio de lucros tributáveis futuros. Ativos e passivos fiscais diferidos são calculados usando as alíquotas fiscais aplicáveis ao lucro tributável nos anos em que essas diferenças temporárias deverão ser realizadas. O lucro tributável futuro pode ser maior ou menor que as estimativas consideradas quando da definição da necessidade de registrar, e o montante a ser registrado, do ativo fiscal.

Conciliação	Imposto de renda	Contribuição social	Total
Lucro contábil antes do imposto de renda e da contribuição social			
Alíquotas nominais			
Despesas de imposto de renda e contribuição social			
Ajustes dos tributos sobre a renda referente a: Juros sobre o capital próprio Incentivos fiscais Ágio dedutível fiscalmente contabilizado Diferenças permanentes Outros			
Imposto de renda e contribuição social no resultado: Corrente Diferido			
Alíquotas efetivas			

Estudo de caso

Divulgação de informações de tributos sobre lucros em BR Gaap

A seguir apresentamos algumas notas explicativas a respeito dos tributos sobre o lucro, que acompanham as demonstrações contábeis de 2009 e 2008 em BR-Gaap da companhia de capital aberto Suzano Papel e Celulose S.A. A Suzano e suas controladas, com unidades de produção nos estados da Bahia e de São Paulo, têm como atividade principal a fabricação e a comercialização, no Brasil e no exterior, de celulose de fibra curta de eucalipto e papel, além da formação e exploração de florestas de eucalipto para uso próprio e venda a terceiros. Para a comercialização de seus produtos no mercado internacional a Suzano utiliza-se de suas subsidiárias integrais localizadas no exterior, as quais não possuem unidades fabris.

Notas explicativas às demonstrações contábeis de 2009 e 2008

3. Sumário das principais práticas contábeis

3.13. Imposto de renda e contribuição social sobre o lucro: A tributação sobre o lucro do exercício compreende o Imposto de Renda Pessoa Jurídica (IRPJ) e a Contribuição Social sobre Lucro Líquido (CSLL), no imposto corrente e no diferido, que são calculados com base nos resultados tributáveis (lucro contábil ajustado), às alíquotas vigentes nas datas dos balanços, sendo elas: (i) imposto de renda – calculado à alíquota de 25% sobre o lucro contábil ajustado (15% sobre o lucro tributável acrescido do adicional de 10% para os lucros que excederem R$ 240.000,00 no período de 12 meses); (ii) contribuição social – calculada à alíquota de 9% sobre o lucro contábil ajustado. As inclusões ao lucro contábil de despesas temporariamente não dedutíveis, ou exclusões de receitas temporariamente não tributáveis, consideradas para apuração do lucro tributável corrente, geram créditos ou débitos tributários diferidos.

Os débitos e créditos tributários diferidos decorrentes de prejuízo fiscal, base negativa de contribuição e diferenças temporárias são constituídos em conformidade com a Instrução CVM nº 371/02.

9. Imposto de renda e contribuição social

Neutralidade para fins tributários da aplicação inicial da Lei nº 11.941/09

A companhia optou pelo Regime Tributário de Transição (RTT) instituído pela Lei nº 11.941, de 27 de maio de 2009, por meio do qual as apurações do imposto sobre a renda (IRPJ), da contribuição social sobre o lucro líquido (CSLL), da contribuição para o PIS e da contribuição para o financiamento da seguridade social (Cofins), para o biênio 2008-2009, continuam a ser determinadas sobre os métodos e critérios contábeis definidos pela Lei nº 6.404, de 15 de dezembro de 1976, vigentes em 31 de dezembro de 2007. Dessa forma, o imposto de renda e a contribuição social diferidos, calculados sobre os ajustes decorrentes da adoção das novas práticas contábeis advindas da Lei nº 11.638/07 e Lei nº 11.941/09 foram registrados nas demonstrações contábeis da companhia, quando aplicáveis, em conformidade com a Instrução CVM nº 371.

A companhia consignou a referida opção na Declaração de Informações Econômico-Fiscais da Pessoa Jurídica (DIPJ) no ano de 2009.

Imposto de renda e contribuição social diferidos

O imposto de renda e a contribuição social diferidos são registrados para refletir os efeitos fiscais futuros, atribuíveis às diferenças temporárias e sobre os prejuízos fiscais e bases negativas de contribuição social.

O imposto de renda e a contribuição social diferidos têm a seguinte origem:

	Controladora		Consolidado	
	2009	2008	2009	2008
ATIVO				
Créditos sobre prejuízos fiscais (*)	**346.539**	436.346	**348.973**	436.346
Creditos sobre bases negativas da contribuição social	**9.084**	34.336	**10.026**	34.336
Créditos sobre diferenças temporárias:				
– Créditos sobre provisões	**106.076**	105.437	**116.006**	178.470
– Créditos sobre amortizações de ágios	**53.631**	81.424	**53.631**	81.424
Créditos sobre efeitos da Lei 11.941/09	**42.479**	47.422	**42.479**	47.422
	557.809	704.965	**571.115**	777.998
Parcela circulante	**62.385**	60.766	**69.297**	131.351
Parcela não circulante	**495.424**	644.199	**501.818**	646.647

(*) Em 31 de dezembro de 2009, os créditos sobre prejuízos fiscais foram reduzidos no montante de R$ 33.549,00 pela utilização como parte de pagamento de obrigações tributárias, por meio da adesão da Companhia ao Refis da Crise, conforme descrito na Nota explicativa 18.

	Controladora		Consolidado	
	2009	2008	2009	2008
PASSIVO				
Débitos sobre depreciação acelerada incentivada	**592.805**	607.687	**592.805**	607.687
Débitos sobre amortização de ágios	**36.522**	–	**36.522**	–
Custos de reflorestamento	**3.924**	4.819	**3.924**	4.819
Débitos sobre efeitos da Lei 11.941/09	**12.431**	30.318	**12.431**	30.318
	645.682	642.824	**645.682**	642.824
Parcela circulante	**19.743**	19.474	**19.743**	19.474
Parcela não circulante	**625.939**	623.350	**625.939**	623.350

A adoção inicial da Lei nº 11.638/07 e da MP nº 449/08, posteriormente convertida na Lei nº 11.941/09, determinou o fim da amortização contábil do ágio por expectativa futura (*goodwill*) a partir de 1º de janeiro de 2009. No entanto, para fins fiscais, a referida amortização continua a ser uma exclusão permitida no cálculo do imposto de renda e da contribuição social. Dessa forma, a companhia constituiu imposto de renda e contribuição social diferidos passivos sobre os montantes amortizados fiscalmente no exercício findo em 31 de dezembro de 2009.

A composição do prejuízo fiscal acumulado e da base negativa da contribuição social está demonstrada a seguir:

	Controladora		Consolidado	
	2009	2008	2009	2008
Prejuízos fiscais	**1.386.155**	1.745.384	**1.395.892**	1.745.384
Base negativa da contribuição social	**100.932**	381.511	**111.402**	381.511

De acordo com a Instrução CVM nº 371/02, a companhia, fundamentada na expectativa de geração de lucros tributáveis futuros determinada em estudo técnico aprovado pela administração, reconheceu créditos tributários sobre as diferenças temporárias, prejuízos fiscais e bases negativas de contribuição social, que não possuem prazo prescricional. O valor contábil do ativo diferido é revisado anualmente pela companhia e os ajustes decorrentes não têm sido significativos em relação à previsão inicial da administração.

A companhia, baseada neste estudo técnico de geração de lucros tributáveis futuros com os saldos do exercício, estima recuperar esses créditos tributários nos seguintes exercícios:

	Controladora		Consolidado	
	2009	2008	2009	2008
Parcela não circulante:				
2010	–	136.599	–	136.599
2011	**65.658**	95.686	**65.658**	95.686
2012	**71.731**	98.384	**73.681**	98.384
2013	**87.257**	98.720	**87.257**	98.720
2014	**62.642**	96.819	**62.542**	96.819
2015	**73.969**	62.710	**73.969**	62.710
2016 em diante	**134.267**	55.281	**138.711**	57.729
Parcela não circulante	**495.424**	644.199	**501.818**	646.647

As estimativas de recuperação dos créditos tributários foram baseadas nas projeções dos lucros tributáveis, levando em consideração diversas premissas financeiras e de negócios consideradas na data de preparação dos balanços. Consequentemente, essas estimativas estão sujeitas a não se concretizarem no futuro, tendo em vista as incertezas inerentes a essas previsões.

Imposto de renda – Redução de 75% Sudene – Unidade Mucuri (linha 1)

A companhia possui da Sudene (antiga Adene) incentivo fiscal de redução de 75% do imposto de renda, relativamente à Unidade Mucuri (linha 1 de celulose e máquina de papel), a ser auferida até 2011 para a celulose e até 2012 para o papel. Esse incentivo fiscal é calculado com base no lucro da exploração, proporcionalmente à receita líquida de vendas da Unidade Mucuri (linha 1 de celulose e máquina de papel).

A redução do imposto de renda, decorrente desse benefício, é contabilizada como uma redução da despesa de imposto de renda e contribuição social correntes no resultado do exercício. Todavia, ao final de cada exercício social, depois de apurado o lucro líquido, o valor da redução do imposto que foi auferido é alocado a uma reserva de capital, como destinação parcial do lucro líquido apurado, cumprindo assim a disposição legal de não distribuir esse valor. A companhia não utilizou tal incentivo fiscal no exercício findo em 31 de dezembro de 2008, por ter apurado prejuízo. Ele voltou a ser utilizado no exercício findo em 31 de dezembro de 2009.

Imposto de renda – Redução de 75% Sudene – Unidade Mucuri (linha 2)

A companhia apresentou à Sudene pedido de idêntico incentivo fiscal de redução do imposto de renda para a linha 2 de celulose de Mucuri (expansão), sendo que em 18 de agosto de 2009 obteve o Laudo Constitutivo nº 0082/2009, emitido pela Sudene, concedendo o benefício de redução do imposto de renda e adicionais não restituíveis no percentual de 75%, pelo prazo de fruição de 10 anos, com vigência do ano calendário de 2009 até 2018. A companhia já utilizou tal incentivo fiscal no exercício findo em 31 de dezembro de 2009.

Imposto de renda – Incentivo de depreciação acelerada relativamente à Unidade Mucuri

A Lei nº 11.196, de 21/11/2005, em seu Art. 31, estabeleceu, para as pessoas jurídicas que tenham projeto aprovado em microrregiões menos desenvolvidas, nas áreas de atuação da Sudene e Sudam, a faculdade de proceder à depreciação acelerada incentivada para bens adquiridos a partir de 1º de janeiro de 2006. Esse benefício foi deferido à Unidade Mucuri pela Portaria nº 0018/2007 da Adene (atual Sudene), em 29 de março de 2007, tendo, no entanto, efeito retroativo em relação às aquisições ocorridas durante o exercício social de 2006. A depreciação acelerada incentivada em questão consiste na depreciação integral no ano de aquisição, representando uma exclusão do lucro líquido para a determinação do lucro real (tributável), feita por meio do Lalur (Livro de Apuração do Lucro Real), não alterando, no entanto, a despesa de depreciação a ser registrada no resultado do exercício, quando do início das atividades do projeto expansão, com base na vida útil estimada dos bens.

Imposto de renda – Incentivo de depreciação acelerada relativamente à Unidade Mucuri

A Lei nº 11.196, de 21/11/2005, em seu Art. 31, estabeleceu, para as pessoas jurídicas que tenham projeto aprovado em microrregiões menos desenvolvidas, nas áreas de atuação da Sudene e Sudam, a faculdade de proceder à depreciação acelerada incentivada para bens adquiridos a partir de 1º de janeiro de 2006. Esse benefício foi deferido à Unidade Mucuri pela Portaria nº 0018/2007 da Adene (atual Sudene), em 29 de março de 2007, tendo, no entanto, efeito retroativo em relação às aquisições ocorridas durante o exercício social de 2006. A depreciação acelerada incentivada em questão consiste na depreciação integral no ano de aquisição, representando uma exclusão do lucro líquido para a determinação do lucro real (tributável), feita por meio do Lalur (Livro de Apuração do Lucro Real), não alterando, no entanto, a despesa de depreciação a ser registrada no resultado do exercício, quando do início das atividades do projeto expansão, com base na vida útil estimada dos bens.

A depreciação acelerada incentivada representa diferimento do pagamento do imposto de renda (não alcança a contribuição social) pelo tempo de vida útil do bem, devendo, nos anos futuros, ser adicionado ao lucro tributável valor igual à depreciação contabilizada em cada um dos anos para os bens em questão.

Conciliação da despesa de imposto de renda e contribuição social

A conciliação da despesa calculada pela aplicação das alíquotas fiscais nominais combinadas e da despesa de imposto de renda e contribuição social registrada no resultado está demonstrada a seguir:

	Controladora		Consolidado	
	2009	2008	2009	2008
Lucro antes do imposto de renda e da contriubuição social	1.141.698	(583.927)	1.232.099	(635.783)
Exclusão do resultado de equivalência patrimonial	10.342	122.934	–	515
Lucro após a exclusão do resultado da equivalência patrimonial	1.152.040	(460.993)	1.232.099	(635.268)
Imposto de renda e contribuição social pela alíquota fiscal nominal de 34%	(391.694)	156.738	(418.914)	215.991
Ajustamentos do lucro contábil para o fiscal:				
Tributação do lucro de controladas no exterior	(123)	(184)	–	(3.795)
Efeito cambial de conversão das demonstrações contábeis de controladas no exterior	–	–	(3.350)	(23.768)
Realização de perda de estoques de controladas no exterior, sem base fiscal para dedução	–	–	(32.859)	–
Tributação sobre os ajustes da Lei nº 11.941/09 registrados nas empresas controladas no exterior	7.814	(9.016)	–	–
Juros sobre capital próprio	77.364	–	77.364	–
Incentivos fiscais – Rouanet e Sudene (perda permanente/redução do imposto)	35.715	–	35.715	–
Ganho não tributável por indenização de precatório	19.024	–	(31.564)	–
Outros	(4.919)	1.606	417	(3.953)
Imposto de renda e contribuição social – correntes	(184.644)	(11)	(190.115)	(33.216)
Imposto de renda e contribuição social – diferidos	(103.739)	149.155	(164.052)	217.691
Despesa de imposto de renda e contribuição social no resultado do período	(288.383)	149.144	(354.167)	184.475
Alíquota efetiva	25,0%	32,4%	28,8%	29,0%

Fonte: Notas explicativas publicadas e disponibilizadas no *site* corporativo da Suzano Papel e Celulose S.A., www.suzano.com.br. Acesso em 03 de março de 2010.

Questões e exercícios

1. Defina tributos correntes e diferidos.
2. Defina, dando exemplos, "diferenças temporárias tributáveis e dedutíveis".
3. Como os ativos e passivos fiscais correntes e diferidos devem ser reconhecidos?
4. Qual é a base de mensuração dos ativos e passivos fiscais correntes e diferidos?

CAPÍTULO 24

Subvenção e assistência governamentais

24.1 Normas contábeis

As normas internacionais e brasileiras de contabilidade que regulamentam o tema subvenção e assistência governamentais são semelhantes em seus aspectos relevantes. Tais normas são apresentadas a seguir:

- **Internacional:** IAS 20, do International Accounting Standards Board;
- **Brasil:** Pronunciamento Técnico CPC 7, do Comitê de Pronunciamentos Contábeis.

O principal objetivo das referidas normas contábeis é estabelecer os critérios para o reconhecimento e divulgação das subvenções governamentais recebidas por uma empresa, bem como orientar a divulgação de assistências governamentais.

24.2 Aspectos conceituais

Assistência governamental

Assistência governamental, tal como é definida pelo CPC 7, representa a ação de um governo destinada a fornecer benefício econômico específico a uma empresa que atenda a critérios pré-estabelecidos.

Subvenção governamental

O CPC 7 define subvenção governamental como um tipo de assistência do governo em termos de contribuição pecuniária, porém não restrita a ela, concedida a uma empresa normalmente em troca do cumprimento passado ou futuro de certas condições relacionadas às suas atividades operacionais. A subvenção governamental pode ser designada por prêmio, doação, subsídio, incentivo fiscal, entre outras formas.

24.3 Critérios de reconhecimento

A subvenção governamental, inclusive a subvenção não monetária avaliada a valor justo, não deve ser reconhecida até que exista segurança de que a empresa receberá a tal subvenção e cumprirá todas as condições estabelecidas pelo governo.

De acordo com o CPC 7, uma subvenção governamental deve ser reconhecida como receita ao longo do período confrontada com as despesas que pretende compensar, em base sistemática, de acordo com o regime de competência, não devendo, portanto, ser creditada diretamente no patrimônio líquido em conta de reserva de capital, como acontecia na sistemática antiga. Dessa forma, a parcela do lucro líquido decorrente de doações e subvenções governamentais para investimento poderá ser destinada a reserva de incentivos fiscais, sendo excluída da base de cálculo do dividendo obrigatório, para que a empresa não venha a perder o benefício fiscal da subvenção. Isso é demonstrado no exemplo a seguir, em que uma empresa recebeu uma doação de equipamentos no valor de R$ 1.000.000,00:

Contabilização pela sistemática nova:
Pela doação:
    Débito = máquinas e equipamentos (imobilizado – ativo não circulante)
    Crédito = receita de doações (outras receitas – resultado)
Pela constituição da reserva de incentivos fiscais:
    Débito = lucro do exercício (lucros acumulados – patrimônio líquido)
    Crédito = reserva de incentivos fiscais (reservas de lucros – patrimônio líquido)

Contabilização pela sistemática antiga (não mais aceita em BR Gaap):
    Débito = máquinas e equipamentos (imobilizado)
    Crédito = reserva de capital (patrimônio líquido)

Observação

Vale ressaltar que, enquanto não forem atendidos os requisitos para reconhecimento no resultado, a contrapartida da subvenção governamental registrada no ativo deve ser em conta específica do passivo.

Apresentação no balanço patrimonial

No balanço patrimonial são aceitos dois métodos de apresentação de subvenção que não mantenha vínculo com obrigações futuras, relacionadas com ativos:

1. Receita diferida no passivo, sendo reconhecida como receita em base sistemática e racional durante a vida útil do ativo.
2. Dedução da contrapartida do próprio ativo recebido como subvenção para se chegar ao valor escriturado líquido do ativo, que pode ser nulo. A subvenção é reconhecida como receita durante a vida do ativo depreciável por meio de crédito à depreciação registrada no resultado.

Perda da subvenção governamental

Uma subvenção governamental a ser devolvida pela empresa deve ser reconhecida como revisão de estimativa contábil.

Conforme o CPC 7, o reembolso deve ser contabilizado contra qualquer crédito diferido ainda não amortizado que seja relacionado à subvenção governamental. Na medida em que o reembolso exceder tal crédito diferido, ou quando não existir crédito diferido, o reembolso deve ser reconhecido imediatamente como despesa.

Por outro lado, o reembolso de subvenção relacionada a ativo deve ser registrado aumentando o valor escriturado do ativo ou reduzindo o saldo da receita diferida pelo montante reembolsável. A depreciação adicional acumulada que deveria ter sido reconhecida até a data como despesa na ausência da subvenção deve ser imediatamente reconhecida como despesa.

24.4 Divulgação

De acordo com a IAS 20 e o CPC 7, uma empresa deve divulgar, em notas explicativas, as seguintes informações sobre as subvenções governamentais:

- política contábil adotada para as subvenções governamentais, incluindo os métodos de apresentação adotados nas demonstrações contábeis;
- natureza e montantes reconhecidos das subvenções governamentais ou das assistências governamentais, bem como a indicação de outras formas de assistência governamental de que a empresa tenha diretamente se beneficiado;
- condições a serem regularmente satisfeitas ligadas à assistência governamental que tenha sido reconhecida;
- descumprimento de condições relativas às subvenções ou existência de outras contingências;
- eventuais subvenções a reconhecer contabilmente, após cumpridas as condições contratuais;
- premissas utilizadas para o cálculo do valor justo;
- informações relativas às parcelas aplicadas em fundos de investimentos regionais e às reduções ou isenções de tributos em áreas incentivadas.

Modelo de divulgação de informações sobre subvenção governamental apropriada no resultado

	Montantes em milhares de reais (R$)	
Outras receitas	2009	2008
Subvenções governamentais para investimento*		
Ganhos na alienação de imobilizados		
Total		

* As subvenções governamentais estão relacionadas a incentivos fiscais de isenção do ICMS concedidos pelos estados de São Paulo, Paraíba e Paraná.

Estudo de caso

Divulgação de informações sobre subvenção governamental em IFRS

A seguir apresentamos uma nota explicativa sobre as subvenções governamentais apropriadas no resultado na conta "Outras receitas e despesas operacionais", que acompanham as demonstrações contábeis em IFRS da Companhia de Bebidas das Américas (AmBev), inerentes aos exercícios sociais de 2008 e 2007. A AmBev (ora em diante referida como "companhia" ou "AmBev" ou "controladora"), com sede em São Paulo, tem por objetivo, diretamente ou mediante participação em outras sociedades, no Brasil e em outros países das Américas, produzir e comercializar cervejas, chopes, refrigerantes, outras bebidas não alcoólicas e malte. A companhia mantém contrato com a PepsiCo International Inc. (PepsiCo) para engarrafar, vender e distribuir os produtos Pepsi no Brasil e em outros países da América Latina, incluindo Lipton Ice Tea, Gatorade e H2OH! A companhia mantém contrato de licenciamento com a Anheuser-Busch Inc. por meio da sua subsidiária Labatt Brewing Company Limited (Labatt Canadá) para produzir, engarrafar, vender e distribuir os produtos Budweiser no Canadá. Além disso, a companhia e algumas de suas controladas produzem e distribuem Stella Artois sob licença da Anheuser-Busch InBev S.A./N.V. (AB InBev) no Brasil, Argentina, Canadá e outros países e, por meio de licença concedida à InBev, distribui Brahma nos Estados Unidos e em determinados países da Europa, Ásia e África. A companhia tem suas ações negociadas na Bolsa de Valores de São Paulo (Bovespa) e na Bolsa de Valores de Nova York (Nyse), na forma de Recibos de Depósitos Americanos (ADRs).

Companhia de Bebidas das Américas (AmBev)
Notas explicativas às demonstrações contábeis consolidadas de 2008 e 2007
7. Outras receitas e despesas operacionais

	2008	2007
Subvenção para investimento	238.349	232.013
Adições/Reversões de provisões	(29.146)	17.937
Recuperação de imposto	58.687	46.123
Ganho na alienação de imobilizado	46.554	2.302
Receita líquida de aluguéis	2.606	1.783
Outras receitas/despesas operacionais	66.410	6.685
	383.460	306.843

As subvenções governamentais estão relacionadas a incentivos fiscais de ICMS concedidos por alguns estados do Brasil.

Questões e exercícios

1. Defina subvenção governamental e dê exemplos.
2. Quais são os principais critérios de reconhecimento das subvenções governamentais recebidas por uma empresa?
3. Uma empresa recebeu uma doação de terreno avaliado em R$ 2.000.000,00 a valor justo. A doação veio de um determinado governo estadual para que se instale em sua capital sem necessidade imediata ou futura de contrapartida que venha a gerar obrigações. Considerando esse fato, como deve ser registrada a subvenção recebida?

CAPÍTULO 25

Instrumentos financeiros – reconhecimento e mensuração

25.1 Normas contábeis

As principais normas contábeis internacionais e brasileiras que tratam da regulamentação dos instrumentos financeiros são apresentadas a seguir:

- **Internacional:** IAS 32 e 39, IFRS 7 e Ifric 16, do International Accounting Standards Board;
- **Brasil:** Pronunciamentos Técnicos CPC 38, 39 e 40, Orientação Técnica OCPC 3 e Interpretação Técnica 6, do Comitê de Pronunciamentos Contábeis.

A IAS 39 e o CPC 38 estabelecem princípios para reconhecer e mensurar instrumentos financeiros primários e derivativos. Tais normas contábeis devem ser aplicadas pelas empresas a todos os tipos de instrumentos financeiros, exceto:

- participações em controladas, coligadas e sociedades de controle conjunto (*joint ventures*);
- direitos e obrigações decorrentes de contratos de arrendamento mercantil (*leasing*);
- direitos e obrigações dos empregadores decorrentes de planos de benefícios a empregados;
- instrumentos financeiros emitidos pela entidade que satisfaçam à definição de título patrimonial (inclusive opções e *warrants*);
- direitos e obrigações decorrentes de: (i) contratos de seguro conforme definido no CPC 11, excetuando-se os referentes a contratos de garantia financeira segundo o Item 9, ou (ii) contratos que contenham cláusulas de participação discricionária. Para os contratos definidos anteriormente como contratos de seguro e os contabilizados dessa forma, a entidade possui a opção de tratá-los como instrumentos financeiros ou contratos de seguro. Uma vez feita a opção, ela é irrevogável;
- contratos entre um adquirente e um vendedor numa combinação de negócios para comprar ou vender uma entidade investida em data futura;
- instrumentos financeiros, contratos e obrigações decorrentes de pagamentos baseados em ações;
- compromissos de empréstimos que não estejam dentro do escopo do CPC 38.

25.2 Aspectos conceituais

O CPC 39 define instrumento financeiro, ativo financeiro e passivo financeiro da seguinte forma:

Instrumento financeiro é qualquer contrato que origine um ativo financeiro para uma empresa e um passivo financeiro ou título patrimonial para outra empresa.

Ativo financeiro é qualquer ativo que seja:
- caixa;
- título patrimonial de outra empresa;
- direito contratual de:
  a. receber caixa ou outro ativo financeiro de outra empresa;
  b. trocar ativos ou passivos financeiros com outra empresa sob condições potencialmente favoráveis para a empresa.

Passivo financeiro é qualquer passivo que seja obrigação contratual de:
- entregar caixa ou outro ativo financeiro para outra empresa;
- trocar ativos ou passivos financeiros com outra empresa sob condições potencialmente desfavoráveis para a empresa.

Os instrumentos financeiros podem ser utilizados para negociação (especulação, aplicação ou captação) ou proteção (*hedge*) e podem ser classificados, de acordo com a sua natureza, em:

- **primários**: instrumentos financeiros que dão origem a ativos e passivos. São os recebíveis, pagáveis, empréstimos e financiamentos, entre outros;
- **derivativos**: instrumentos financeiros cuja característica principal é a alteração do seu valor em resposta às mudanças em seus indexadores, tais como: taxas de juros, taxas de câmbio, preços de mercadorias, entre outros.

25.2.1 Derivativos

Os instrumentos financeiros representam contratos que originam tanto ativos financeiros de uma empresa como passivos financeiros ou instrumentos patrimoniais de outra empresa. Na visão de Lima e Lopes (1999, p.13), os instrumentos financeiros considerados como derivativos derivam ou dependem do valor de outro ativo e caracterizam-se, normalmente, como contratos padronizados, negociados entre as partes em mercados secundários.

Segundo Niyama e Gomes (2000, p.102), o termo derivativos é:

"[...] relativamente recente, sendo usualmente definido como um instrumento financeiro (contrato) cujo valor deriva do preço ou *performance* de outro ativo, que pode ser um bem (ação ou mercadorias, tais como café, algodão, boi gordo), uma taxa de referência (dólar norte-americano ou Depósitos Interfinanceiros (DI), por exemplo) ou índices (Ibovespa etc.)."

Na verdade, o que se entende é que qualquer ativo que possa ser valorizado ou ter sua *performance* medida pode ser objeto de um contrato. Dessa forma, os derivativos são, normalmente, representados pelos contratos negociados nos mercados a termo, de futuros e opções e de *swaps*, que possibilitam, mediante a estruturação de uma ou mais operações, a proteção (*hedge*) contra variações de preços e taxas, a captação ou aplicação de recursos, bem como a redução de custos operacionais e diluição dos riscos inerentes às atividades operacionais.

O CPC 38 define derivativo como:

"[...] um instrumento financeiro que possui todas as três características seguintes:
(a) seu valor se altera em resposta a mudanças na taxa de juros específica, no preço de instrumento financeiro, preço de *commodity*, taxa de câmbio, índice de preços ou de taxas, avaliação (*rating*)

de crédito ou índice de crédito, ou outra variável, às vezes denominada "ativo subjacente", desde que, no caso de variável não financeira, a variável não seja específica a uma parte do contrato;

(b) não é necessário qualquer desembolso inicial ou o desembolso inicial é menor do que seria exigido para outros tipos de contratos onde seria esperada resposta semelhante às mudanças nos fatores de mercado; e

(c) deve ser liquidado em data futura."

Os derivativos mais comuns podem ser classificados da seguinte forma:

- **contratos a termo (*forward*)**: são contratos que visam reduzir as incertezas sobre os preços futuros das diversas mercadorias negociadas. Tais contratos também visam à proteção dos passivos de uma empresa de variações cambiais. Sendo assim, se uma empresa possui obrigações indexadas ao dólar norte-americano e assina o contrato a termo com uma instituição financeira, esta compromete-se a vender os dólares norte-americanos à empresa por uma taxa que ambas julgarem adequada. Com isso, se a cotação do dólar ficar abaixo da taxa especificada no contrato, a empresa paga a diferença para a instituição financeira e, se a taxa for superior ao valor contratado, a instituição financeira é que pagará à empresa;

- **contratos a futuro:** são compromissos assumidos de compra e venda de um determinado ativo em uma data futura, por um preço previamente estabelecido. Diferentemente dos contratos a termo, os contratos futuros estabelecem uma padronização do preço, qualidade do produto, local e data de entrega, tamanho e volume negociados, de tal forma que aumente a liquidez desses contratos. Essa padronização foi estabelecida para garantir a segurança do mercado contra grandes especulações por parte dos agentes do mercado;

- **opções de compra (*call*) e opções de venda (*put*):** envolvem o pagamento de um prêmio para aquisição do contrato no mercado de opções. As opções de compra e de venda são contratos que conferem ao comprador (titular) o direito de comprar ou vender o ativo objeto do contrato. Nas opções de compra o titular tem o direito de comprar e o lançador (vendedor da opção, aquele que cede o direito ao titular – recebedor do prêmio) a obrigação de vender o ativo objeto do contrato, em uma data e por um preço determinado. Já nas opções de venda o titular tem o direito de vender em certa data um ativo e o lançador a obrigação de comprar. O preço do contrato é o valor futuro do ativo a ser negociado;

- **contratos de *swaps*:** a palavra *swap* significa "troca". Os contratos de *swaps* objetivam a troca de resultados financeiros decorrente da aplicação de taxas ou índices sobre ativos ou passivos utilizados como referenciais, tais como: *taxas de câmbio, taxas de juros e outros*. Na verdade, tal operação pode ser vista como uma estratégia financeira em que dois agentes chegam a concordar na troca de fluxos futuros de fundos de uma maneira preestabelecida. Nessa operação não há pagamento do valor principal, este serve apenas como base de cálculo dos juros, onde a liquidação financeira será efetivada por diferença entre quem tem mais a pagar do que a receber.

Em relação aos "agentes" que atuam nos mercados futuros negociando os instrumentos financeiros, os principais são, conforme Lima e Lopes (1999, p. 21-2),

- **clientes:** subdivididos em *hedgers* (clientes que buscam eliminar os riscos provenientes de perdas com as oscilações de preços), especuladores (clientes que procuram ganhos financeiros e, dessa forma, assumem uma posição de risco entrando e saindo do mercado rapidamente) e arbitradores (participantes do mercado que procuram um lucro sem risco, realizando operações simultâneas em dois ou mais mercados, aproveitando-se da má formação dos preços);

- **corretoras:** intermediárias que atuam entre os *hedgers* e os especuladores;

- **câmara de compensação (*clearing house*):** participante auxiliar à Bolsa, tendo como principal função garantir o adimplemento das partes, calculando a posição líquida de cada um dos membros e cobrando as diferenças;

25.3 Classificação e avaliação dos instrumentos financeiros

Os instrumentos financeiros podem ainda ser classificados em uma das quatro categorias seguintes, conforme as normas contábeis internacionais e brasileiras que versam sobre o assunto:

- **ativo ou passivo financeiro avaliado a valor justo por meio do resultado (mantidos para negociação):** são ativos e passivos financeiros adquiridos ou originados principalmente com a finalidade de venda ou de recompra no curto prazo (são avaliados pelo valor justo com efeitos no resultado, acrescido dos juros);
- **mantidos até o vencimento:** são ativos financeiros não derivativos, com pagamentos fixos, ou determináveis, com vencimentos definidos e que a entidade tem intenção positiva e capacidade de manter até o vencimento (são avaliados pelo custo, acrescido dos juros);
- **disponíveis para venda:** são aqueles ativos financeiros que a entidade tem a intenção de vender antes do vencimento e que não foram classificados em uma das três categorias anteriores (são avaliados pelo valor justo com efeitos no patrimônio líquido, acrescido dos juros);
- **empréstimos e recebíveis:** são instrumentos financeiros não derivativos com pagamentos fixos ou determináveis que não são cotados em mercado ativo (são avaliados pelo custo, acrescido dos juros).

Exemplos de avaliação

Uma companhia adquiriu um título a vista por R$ 3.000,00, com rendimentos até a data do balanço patrimonial de R$ 100,00. O valor de mercado (valor justo) na mesma data era de R$ 3.200,00.

Classificando esse título como mantido para negociação, temos o seguinte:

Mantidos para negociação:
Pela aquisição do título (R$ 3.000,00)
Débito = ativos financeiros para negociação (ativo)
Crédito = banco – conta corrente (ativo)
Pelos rendimentos (R$ 100,00)
Débito = ativos financeiros para negociação (ativo)
Crédito = receita financeira de juros (resultado)
Pelo ajuste a valor de mercado = R$ 100,00 (R$ 3.200,00 – R$ 3.000,00 – R$ 100,00)
Débito = ativos financeiros para negociação (ativo)
Crédito = ganhos com ativos financeiros para negociação (resultado)

Já classificando esse título como mantido até o vencimento, a avaliação seria a seguinte:

Mantidos até o vencimento
Pela aquisição do título (R$ 3.000,00)
Débito = ativos financeiros mantidos até o vencimento (ativo)
Crédito = banco – conta corrente (ativo)
Pelos rendimentos (R$ 100,00)
Débito = ativos financeiros mantidos até o vencimento (ativo)
Crédito = receita financeira de juros (resultado)

Por sua vez, classificando tal título como disponível para venda, teríamos o seguinte:

Disponíveis para venda:
Pela aquisição do título (R$ 3.000,00)

Débito = ativos financeiros disponíveis para venda (ativo)

Crédito = banco – conta corrente (ativo)

Pelos rendimentos (R$ 100,00)

Débito = ativos financeiros disponíveis para venda (ativo)

Crédito = receita financeira de juros (resultado)

Pelo ajuste a valor de mercado = R$ 100,00 (R$ 3.200,00 – R$ 3.000,00 – R$ 100,00)

Débito = ativos financeiros disponíveis para venda (ativo)

Crédito = ajustes de avaliação patrimonial (outros resultados abrangentes – patrimônio líquido)

Pelos impostos diferidos sobre ajuste a valor de mercado (ganhos não realizados) R$ 34,00 (R$ 100,00 × 34%)

Débito = ajustes de avaliação patrimonial (outros resultados abrangentes – patrimônio líquido)

Crédito = impostos diferidos (passivo)

25.4 Reconhecimento e mensuração dos instrumentos financeiros

Os dois principais métodos de mensuração dos instrumentos financeiros são:

- **custo amortizado** (de ativo ou de passivo financeiro): montante pelo qual o ativo ou o passivo financeiro é mensurado em seu reconhecimento inicial, subtraindo-se as amortizações de principal, mais ou menos juros acumulados calculados com base no método da taxa de juros efetiva menos qualquer redução (direta ou por meio de conta de provisão) por ajuste ao valor recuperável ou impossibilidade de recebimento;
- **valor justo:** montante pelo qual um ativo poderia ser trocado, ou um passivo liquidado, entre partes independentes com conhecimento do negócio e interesse em realizá-lo, em uma transação em que não há favorecidos.

A IAS 39 e o CPC 38 apresentam as seguintes premissas para reconhecimento e mensuração dos instrumentos financeiros:

- os ativos e passivos financeiros devem ser inicialmente reconhecidos no balanço patrimonial por seus valores justos;
- os custos da transação são incluídos na mensuração inicial de todos os ativos e passivos financeiros;
- os derivativos são reconhecidos nas demonstrações contábeis;
- derivativos e ativos financeiros disponíveis para venda e mantidos para negociação são mensurados pelo valor justo;
- a valorização dos instrumentos de *hedge* é a base para o *hedge accounting* (contabilidade das operações de *hedge*).

Marcação a mercado

> A melhor evidência de valor justo é a existência de preços cotados em mercado ativo. Se o mercado para um instrumento financeiro não for ativo, a entidade estabelece o valor justo por meio da utilização de metodologia de apreçamento. O objetivo da utilização de metodologia de apreçamento é estabelecer qual seria, na data da mensuração, em condições normais de mercado, o preço da transação, entre partes independentes, sem favorecimento (fluxo de caixa descontado).

Resumo da mensuração

O processo de reconhecimento e mensuração dos instrumentos financeiros nas demonstrações contábeis pode ser assim resumido:

Resumo da mensuração		
Instrumento financeiro	**Descrição**	**Mensuração**
Mantido para negociação	Ativos ou passivos financeiros adquiridos principalmente com o propósito de gerar lucro em função de flutuações de curto prazo.	Valor justo
Mantido até o vencimento	Ativos financeiros com prazo fixo ou determinado para realização, que a empresa tem a firme intenção e capacidade de manter até a realização.	Custo amortizado
Disponível para venda	Ativos financeiros que não se encaixam nas outras definições (disponíveis para venda).	Valor justo
Empréstimos e recebíveis	Ativos financeiros originados pela empresa para produzir caixa, produtos ou serviços dirigidos a um devedor, para os quais não existe a intenção clara de venda no curto prazo.	Custo amortizado
Derivativos	Diversos.	Valor justo

A seguir apresentamos um exemplo de avaliação, reconhecimento e mensuração de um ativo financeiro classificado como disponível para venda, de acordo com as normas contábeis internacionais.

A Empresa CGJ S/A adquiriu à vista títulos do governo em 2 de janeiro de X9 por R$ 80.000,00, com renda mensal de R$ 800,00 e vencimento em 2 de janeiro de X11. Os gestores da empresa têm a intenção de vender esses títulos em X10 e o seu valor de mercado em 31 de dezembro de X9 é R$ 94.000,00.

Resumo:

- 02/01/X9 = Aquisição por R$ 80.000,00 e rendimento mensal de R$ 800,00
- 31/12/X9 = Valor de mercado é de R$ 94.000,00
- X10 = Intenção de venda
- 02/01/X11 = Vencimento

Lançamentos contábeis:

a) Aquisição dos títulos em 02/01/X9 = R$ 80.000,00
   Débito = ativo financeiro disponível para venda (ativo)
   Crédito = banco – conta corrente (ativo)

b) Rendimento financeiro em 31/12/X9 = R$ 9.600,00 (12 meses × R$ 800,00)
   Débito = ativo financeiro disponível para venda (ativo)
   Crédito = receita financeira de juros (resultado)

c) Ganho não realizado – ajuste a valor justo (valor de mercado) em 31/12/X9 = R$ 4.400,00 (R$ 94.000,00 – R$ 80.000,00 – R$ 9.600,00)
   Débito = ativos financeiros para venda (ativo)
   Crédito = ganho não realizado com ativos financeiros disponíveis para venda (outros resultados abrangentes – patrimônio líquido)

d) Impostos diferidos sobre ganho não realizado em 31/12/X9 = R$ 1.496,00 (R$ 4.400,00 × 34%)
   Débito = Ganho não realizado com ativos financeiros disponíveis para venda (outros resultados abrangentes – patrimônio líquido)
   Crédito = impostos diferidos (passivo)

25.5 Hedge accounting

Hedge accounting (contabilidade das operações de *hedge*) representa o tratamento contábil específico que reconhece os ganhos e perdas verificados nos instrumentos financeiros utilizados para proteção (*hedge*), objetivando alinhar o tempo de reconhecimento do ganho ou perda com as transações.

Essa metodologia faz que os impactos na variação do valor justo dos instrumentos financeiros utilizados como *hedge* sejam reconhecidos no resultado de acordo com o reconhecimento do item que é objeto de *hedge*. Portanto, isso pode fazer que os impactos contábeis das operações de *hedge* sejam idênticos aos econômicos, a partir do regime de competência.

Modelos de *hedge accounting*

Existem três modelos de *hedge accounting*:

- **hedge de valor justo:** objetiva proteger o resultado da empresa das despesas ou receitas decorrentes da exposição de ativos ou passivos. São exemplos: ativos e passivos indexados em dólar sujeitos a oscilação (item "*hedgeado*" e derivativo de *hedge* são apresentados no balanço patrimonial; ganhos e perdas dos valores justos são ajustados no resultado);

A figura a seguir demonstra a forma de contabilização dos instrumentos de *hedge* pela metodologia do *hedge* de valor justo.

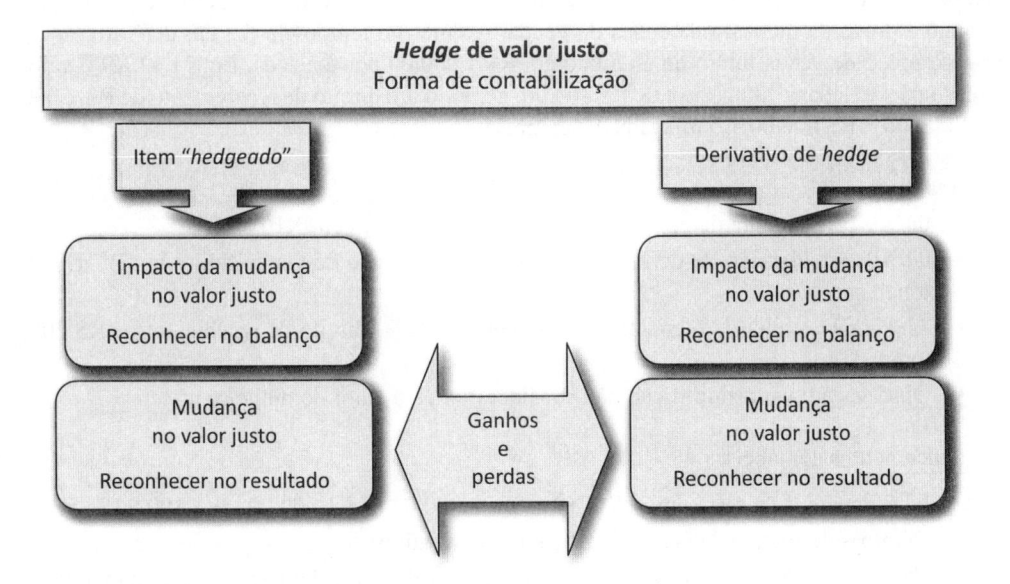

```
                    Hedge de valor justo
                    Forma de contabilização

        Item "hedgeado"                    Derivativo de hedge

     Impacto da mudança                  Impacto da mudança
        no valor justo                      no valor justo
     Reconhecer no balanço              Reconhecer no balanço

          Mudança              Ganhos            Mudança
        no valor justo           e             no valor justo
     Reconhecer no resultado   perdas       Reconhecer no resultado
```

- **hedge de fluxo de caixa:** objetiva proteger o fluxo de caixa da empresa de uma obrigação firme de um ativo ou passivo não registrado, mas que no futuro afetará o resultado. São exemplos: intenção de comprar no futuro e a preço fixo um imobilizado utilizando a moeda dólar – proteção de oscilações futuras (derivativo de *hedge* é apresentado no balanço patrimonial por seu valor justo e a parte efetiva desse valor justo é ajustada no patrimônio líquido, enquanto a parcela ineficaz é ajustada no resultado);
- **hedge de investimento líquido no exterior:** objetiva proteger os investimentos societários realizados no exterior. São exemplos: subsidiária brasileira na Inglaterra – proteção de oscilações no valor do investimento em dólar.

A figura a seguir demonstra a forma de contabilização dos instrumentos de *hedge* pelas metodologias do *hedge* de fluxo de caixa e *hedge* de investimento líquido no exterior.

```
┌─────────────────────────────────────────┐
│   Hedge de fluxo de caixa e de investimento │
│          líquido no exterior             │
│          Forma de contabilização         │
└─────────────────────────────────────────┘
         │
   Derivativo de hedge
         │
         ▼
┌──────────────────┐      ┌──────────┐      ┌──────────────┐
│ Valor justo no   │      │  Parte   │─────▶│ Patrimônio   │
│    balanço       │      │ efetiva  │      │   líquido    │
└──────────────────┘      └──────────┘      └──────────────┘
         │                                          │
   Parte ineficaz                    Transferir quando do registro
         │                           contábil do item coberto
         ▼                                          │
┌─────────────────────────────────────────┐        │
│              Resultado                   │◀──────┘
└─────────────────────────────────────────┘
```

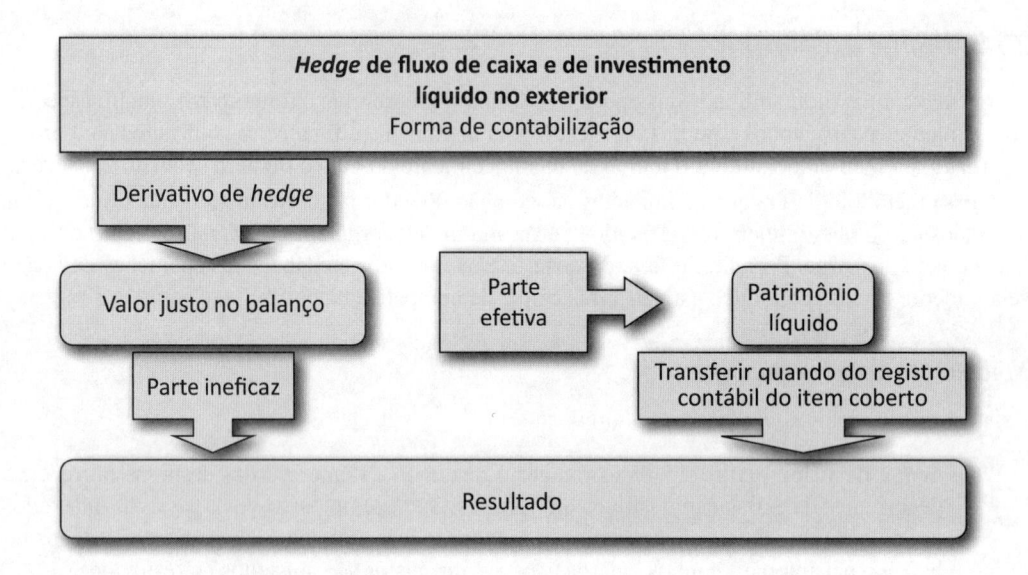

Exemplo de contabilização de *hedge* de fluxo de caixa

A empresa assinou contrato com um cliente em abril de X9, para venda em X10, de 5 toneladas de alumínio a preço de mercado na época da venda. Ao mesmo tempo ela fez um derivativo de proteção do preço de venda futuro do alumínio em R$ 1.000,00 por tonelada. Em 31.12.X9 o valor de mercado da tonelada de alumínio é de R$ 800,00, gerando um direito de recebimento de R$ 1.000,00 (R$ 1.000,00 – R$ 800,00 × 5 toneladas) à empresa.

Resumo:
- 04/X9 = assinatura do contrato de venda de 5 toneladas em X10;
- 04/X9 = realização de derivativo de proteção do preço de venda futuro em R$ 1.000,00/tonelada;
- 31/12/X9 = valor de mercado é R$ 800,00/tonelada (direito de recebimento é R$ 200,00/tonelada);
- Observação: para simplificar, não consideraremos o valor do dinheiro no tempo.

Lançamentos contábeis:

a) Instrumento financeiro em 31/12/X9 = R$ 1.000,00 (R$ 1.000,00 – R$ 800,00 × 5)
   Débito – derivativo de *hedge* de fluxo de caixa (ativo)
   Crédito – ajustes de avaliação patrimonial (outros resultados abrangentes – patrimônio líquido)

b) Impostos diferidos sobre ajustes de avaliação patrimonial em 31/12/X9 = R$ 340,00 (R$ 1.000,00 × 34%)
   Débito = ajustes de avaliação patrimonial (outros resultados abrangentes – patrimônio líquido)
   Crédito = impostos diferidos (passivo)

Itens que podem ser "*hedgeados*"

Considerando os diversos modelos de *hedge* existentes, a figura a seguir permite analisar os itens que podem ser *hedgeados*.

Itens que podem ser "hedgeados"

- Ativos e passivos → Hedge de valor justo | Hedge de fluxo de caixa
- Compromisso firme assumido → Hedge de fluxo de caixa
- Transação futura altamente provável → Hedge de fluxo de caixa

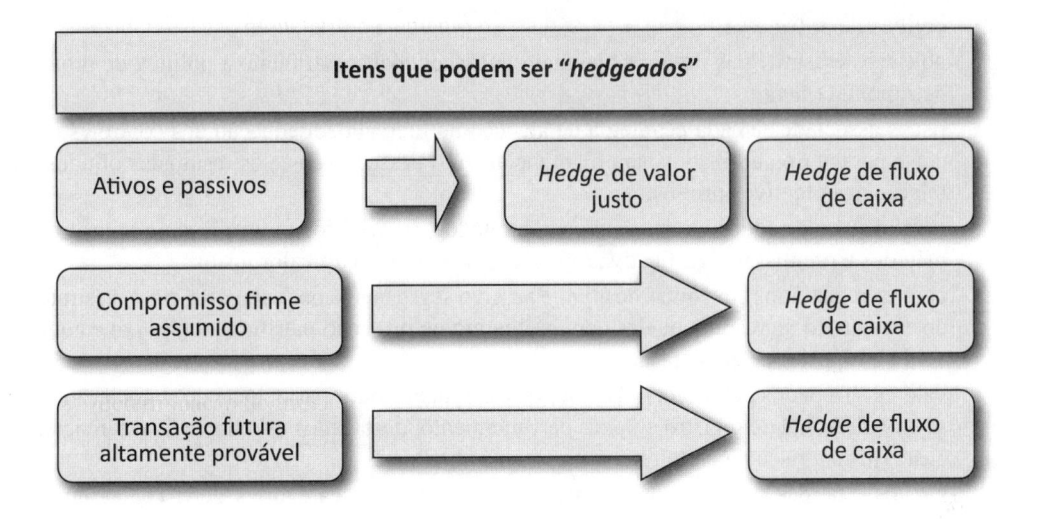

Ressalte-se que a exposição deve ser relacionada a riscos protegíveis e deve afetar resultados. Além disso, o *hedge* deve ser formalmente documentado, considerando a sua identificação e a do item protegido ou transação, a natureza do risco e a estratégia para sua contratação.

Efetividade do *hedge*

Objetiva analisar se a estratégia predefinida pela administração da empresa está sendo confirmada.

Para Oliveira et al (2008, p.128), um *hedge* pode ser considerado altamente efetivo quando, na contratação e durante o prazo de maturação, o valor justo do item protegido possa ser integralmente compensado com o valor justo do derivativo designado para *hedge*.

O grau de efetividade de um *hedge* é definido pelo *range* de 80% a 125%, de acordo com as normas contábeis internacionais. O parágrafo 151 da IAS 39 determina que a empresa deve possuir documentada a estratégia de *hedge* que incluirá os procedimentos para avaliar a sua efetividade.

Os instrumentos financeiros derivativos classificados na categoria *hedge* de fluxo de caixa devem ter registrada a valorização ou desvalorização do instrumento destinado a *hedge* da seguinte forma:

- a parcela efetiva do ganho ou perda com o instrumento de *hedge* que é considerado um *hedge* efetivo deve ser reconhecida diretamente no patrimônio líquido, em conta específica;
- a parcela não efetiva do ganho ou perda com o instrumento de *hedge* deve ser reconhecida diretamente na adequada conta de receita ou despesa, no resultado do período.

Pode-se entender por "parcela efetiva" aquela em que a variação no item objeto de *hedge*, diretamente relacionada ao risco correspondente, é compensada pela variação no instrumento de *hedge*, considerando o efeito acumulado da transação.

Exemplo:

Caso o resultado positivo de um derivativo *swap* seja R$ 60.000,00 e o financiamento que está sendo protegido gere um resultado negativo no período de R$ 70.000,00, o *hedge* pode ser considerado efetivo. Isto é, R$ 60.000,00/R$ 70.000,00 equivale a 86%, dentro do *range* (80% a 125%).

25.6 Divulgação

Segundo o CPC 40, a companhia deve divulgar informações qualitativas e quantitativas relativas aos instrumentos financeiros, considerando, no mínimo, os seguintes pontos:

- política de utilização;
- objetivos e estratégias de gerenciamento de riscos, particularmente a política de proteção patrimonial (*hedge*);
- riscos associados a cada estratégia de atuação no mercado, adequação dos controles internos e parâmetros utilizados para o gerenciamento desses riscos e os resultados obtidos em relação aos objetivos propostos;
- o valor justo de todos os derivativos contratados, os critérios de avaliação e mensuração, métodos e premissas significativas aplicadas na apuração do valor justo;
- valores registrados em contas de ativo e passivo segregados, por categoria, risco e estratégia de atuação no mercado, aqueles com o objetivo de proteção patrimonial (*hedge*) e aqueles com o propósito de negociação;
- valores agrupados por ativo, indexador de referência, contraparte, local de negociação (bolsa ou balcão) ou de registro e faixas de vencimento, destacados os valores de referência, de custo, justo e risco da carteira;
- ganhos e perdas no período, agrupados pelas principais categorias de riscos assumidos, segregados aqueles registrados no resultado e no patrimônio líquido;
- valores e efeito no resultado do período de operações que deixaram de ser qualificados para a contabilidade de operações de proteção patrimonial (*hedge*), bem como aqueles montantes transferidos do patrimônio líquido em decorrência do reconhecimento contábil das perdas e dos ganhos no item objeto de *hedge*;
- principais transações e compromissos futuros objeto de proteção patrimonial (*hedge*) de fluxo de caixa, destacados os prazos para o impacto financeiro previsto;
- valor e tipo de margens dadas em garantia;
- razões pormenorizadas de eventuais mudanças na classificação dos instrumentos financeiros.

No Brasil, a Instrução CVM 475/08 ainda determina que as companhias de capital aberto divulguem em nota explicativa o quadro de análise de sensibilidade, considerando as seguintes informações principais:

- identificar os tipos de risco que podem gerar prejuízos materiais para a companhia, incluídas as operações com instrumentos financeiros derivativos originadoras desses riscos;
- discriminar os métodos e premissas usadas na preparação da análise de sensibilidade;
- definir o cenário mais provável, na avaliação da administração, além de dois cenários que, caso ocorram, possam gerar resultados adversos para a companhia;
- estimar o impacto dos cenários definidos no valor justo dos instrumentos financeiros operados pela companhia;
- elaborar o demonstrativo de análise de sensibilidade em forma de tabela, considerando os instrumentos financeiros relevantes, inclusive os derivativos, os riscos selecionados, em linhas, e os cenários definidos, em colunas;
- na definição dos cenários devem ser, necessariamente, utilizadas:
    I. uma situação considerada provável pela administração e referenciada por fonte externa independente (ex.: preços de contratos futuros negociados em bolsas de valores e/ou mercadorias e futuros);
    II. uma situação com deterioração de pelo menos 25% na variável de risco considerada;
    III. uma situação com deterioração de pelo menos 50% na variável de risco considerada.
- Para as operações com instrumentos financeiros derivativos realizadas com finalidade de *hedge* a companhia deve divulgar o objeto (o elemento sendo protegido) e o instrumento financeiro derivativo de proteção em linhas separadas do quadro demonstrativo de análise de sensibilidade, de modo que informe sobre a exposição líquida da companhia, em cada um dos três cenários.

Modelo de divulgação dos instrumentos financeiros por categoria

31/12/2009	Instrumentos financeiros por categoria					
	Mantidos para negociação	Mantidos até o vencimento	Disponíveis para venda	Empréstimos e recebíveis	Total
Ativos financeiros:					
Caixa e equivalentes					
Aplicações financeiras					
Contas a receber					
Outros					
Total					
Passivos financeiros:					
Financiamentos					
Empréstimos					
Outros					
Total					

Modelo de divulgação do valor justo dos instrumentos financeiros

Instrumentos financeiros	2009		2008	
	Valor contábil	Valor de mercado	Valor contábil	Valor de mercado
Caixa e equivalentes				
Aplicações financeiras				
Ações em tesouraria				
Opções por compras de ações				
Financiamentos				
Contas a receber				
Dividendos a pagar				
Debêntures				
Derivativos de *hedge*				
Outros				

Modelo de divulgação de análise de sensibilidade

Operação	Risco	Cenário I provável	Cenário II possível	Cenário III remoto
Contrato futuro	Alta do CDI			
Derivativo de *hedge* Dívida em US$	Derivativo (risco queda US$)			
	Dívida (risco alta US$)			
	Efeito líquido			

Exemplo de divulgação dos riscos que podem afetar os negócios

- **risco de taxas de juros:** esse risco é oriundo da possibilidade de a empresa vir a sofrer perdas (ou ganhos) por conta de flutuações nas taxas de juros que são aplicadas aos seus passivos e ativos captados (aplicados) no mercado. Para minimizar possíveis impactos advindos de oscilações em taxas de juros a empresa adota a política de diversificação, alternando a contratação de taxas fixas e variáveis (como a Libor e o CDI), com repactuações periódicas de seus contratos, visando adequá-los ao mercado;

- **risco de taxas de câmbio:** esse risco está atrelado à possibilidade de alteração nas taxas de câmbio, afetando a despesa financeira (ou receita) e o saldo passivo (ou ativo) de contratos que tenham como indexador uma moeda estrangeira. Além do contas a receber originado por exportações a partir do Brasil e dos investimentos no exterior que se constituem em *hedge* natural, para se proteger das oscilações cambiais a empresa avalia a contratação de operações de *hedge*, mais usualmente operações de *swap*.

Estudo de caso

Divulgação de informações sobre análise de sensibilidade dos derivativos em BR Gaap

A seguir apresentamos uma pequena parte da nota explicativa 29 das demonstrações contábeis em BR Gaap sobre derivativos, elaboradas e apresentadas pela Petrobras, inerentes aos exercícios sociais de 2008 e 2007. A Petrobras (Petróleo Brasileiro S.A.) é a companhia petrolífera estatal brasileira e, diretamente ou por meio de suas controladas (denominadas, em conjunto, Petrobras ou a Companhia), dedica-se à exploração, prospecção e produção de petróleo, de xisto betuminoso e de outros minerais, e ao refino, processamento, comercialização e transporte de petróleo, derivados de petróleo, gás natural e outros hidrocarbonetos fluidos, além de outras atividades relacionadas à energia. Adicionalmente, a Petrobras pode ainda empreender pesquisa, desenvolvimento, produção, transporte, distribuição e comercialização de todas as formas de energia, bem como outras atividades correlatas ou afins.

Notas explicativas às demonstrações contábeis
Consolidadas e da controladora
(Em milhares de reais)

29. Instrumentos financeiros derivativos, proteção patrimonial (*hedge*) e atividades de gerenciamento de risco

29.2. Gerenciamento de riscos de mercado de petróleo e derivados

h. Análise de sensibilidade

A seguinte análise de sensibilidade foi realizada para o valor justo dos derivativos de petróleo e derivados. O cenário provável é o valor justo em 31 de dezembro de 2008, os cenários possível e remoto consideram a deterioração na variável de risco de 25% e 50%, respectivamente, em relação a essa mesma data.

Derivativos de mercado de petróleo e derivados	Risco	Consolidado		
		Cenário provável em 31/12/2008	Cenário possível (Δ de 25%)	Cenário remoto (Δ de 50%)
Petróleo Brent	Queda do petróleo Brent	(2.481)	(6.318)	(10.156)
Butano	Alta do butano	(602)	(2.099)	(3.594)
Óleo combustível	Alta do óleo combustível	16.258	10.761	5.263
Diesel	Alta do *diesel*	55.445	11.977	(29.450)
Propano	Alta do propano	(12)	(3.177)	(6.343)
Gasolina	Alta da gasolina	2.161	(33.500)	(66.362)
Petróleo WTI	Alta do petróleo WTI	12.169	(29.776)	(53.965)
		88.938	**(52.132)**	**(164.607)**

25.7 Caso especial

ICPC 6 – *Hedge* **de investimento líquido em operação no exterior**

O Comitê de Pronunciamentos Contábeis emitiu, em dezembro de 2009, a Interpretação Técnica ICPC 6, sobre o *hedge* de investimento líquido em operação no exterior, que se correlaciona com a Ifric 16, do Iasb. Os principais assuntos contábeis abordados pela referida interpretação são os seguintes:

Alcance

A ICPC 6 aplica-se à empresa que protege o risco de moeda estrangeira oriundo de seu investimento líquido em operações no exterior e deseja classificar a operação para a contabilidade de *hedge* de acordo com o CPC 38. Por conveniência, esta interpretação refere-se a essa empresa como controladora e às demonstrações contábeis nas quais os ativos líquidos das operações no exterior estão incluídos como demonstrações contábeis consolidadas.

Todas as referências à controladora aplicam-se igualmente à empresa que possui investimento líquido em operação no exterior, que é uma *joint venture*, uma coligada ou uma filial.

A ICPC 6 aplica-se somente aos *hedge*s de investimento líquido em operações no exterior e não deve ser aplicada por analogia a outros tipos de contabilidade de *hedge*.

Questões

(a) a natureza do risco protegido e o montante do item objeto de *hedge* para o qual a relação de *hedge* pode ser designada:

(i) se a controladora pode designar como risco protegido somente as diferenças de variação cambial entre as moedas funcionais da controladora e de suas operações no exterior, ou se ela deve também designar como risco protegido as diferenças de variação cambial oriundas da diferença entre a moeda de apresentação da demonstração consolidada da controladora e a moeda funcional da operação no exterior;

(ii) se a controladora mantém a operação no exterior indiretamente, se o risco protegido pode incluir somente as diferenças de variação cambial oriundas de diferenças das moedas funcionais entre a operação no exterior e sua controladora imediata, ou se o risco protegido pode também incluir quaisquer diferenças de variação cambial entre a moeda funcional da operação no exterior e qualquer sociedade controladora intermediária ou final (se o fato de o investimento líquido estar no exterior, mantido por intermédio da controladora intermediária, afetar o risco econômico da controladora final).

(b) onde, no grupo de sociedades, o instrumento de *hedge* pode ser mantido:

(i) se uma relação de contabilidade de *hedge* identificada pode ser estabelecida somente se a entidade, protegendo seu investimento líquido, participa do instrumento de *hedge* ou se qualquer entidade no grupo, independentemente de sua moeda funcional, pode deter o instrumento de *hedge*;

(ii) se a natureza do instrumento de *hedge* (derivativo ou não derivativo) ou o método de consolidação afeta a verificação da eficácia do *hedge*.

(c) que montantes devem ser reclassificados do patrimônio líquido para o resultado como ajuste de reclassificação na baixa da operação no exterior:

(i) quando uma operação no exterior que foi protegida é baixada, que montantes dos ajustes de conversão acumulados da sociedade controladora, que se referem ao instrumento de *hedge* e a essa operação no exterior, devem ser reclassificados do patrimônio para o resultado nas demonstrações contábeis consolidadas da sociedade controladora;

(ii) se o método de consolidação afeta a determinação dos montantes a serem reclassificados do patrimônio para o resultado.

Consenso

Natureza do risco protegido e montante do item objeto de **hedge** *para o qual uma relação de* **hedge** *pode ser designada*

A contabilidade de *hedge* pode ser aplicada somente para as diferenças de variação cambial entre a moeda funcional da operação no exterior e a moeda funcional da sociedade controladora.

No *hedge* de riscos de variação cambial oriundos de investimento líquido em operação no exterior o item objeto de *hedge* pode ser um montante de ativos líquidos igual ou menor ao valor contábil dos ativos líquidos da operação no exterior apresentados nas demonstrações contábeis consolidadas da sociedade controladora. O valor contábil dos ativos líquidos da operação no exterior, que podem ser designados como item protegido nas demonstrações contábeis consolidadas da controladora, depende de se qualquer outra sociedade controladora intermediária da operação no exterior aplicou contabilidade de *hedge* para todo ou parte dos ativos líquidos daquela operação no exterior e se essa contabilização tiver sido mantida nas demonstrações consolidadas da sociedade controladora final.

O risco protegido pode ser conceituado como a exposição, em moeda estrangeira oriunda da moeda funcional da operação no exterior, e a moeda funcional de qualquer sociedade controladora do grupo (a imediata, intermediária ou controladora final) da operação no exterior. O fato de o investimento líquido ser mantido por intermédio da controladora intermediária não afeta a natureza do risco econômico oriundo da exposição cambial da controladora final.

A exposição ao risco de moeda estrangeira oriunda de investimento líquido em operação no exterior pode ser enquadrada como contabilidade de *hedge* somente uma vez nas demonstrações contábeis consolidadas. Dessa forma, se os mesmos ativos líquidos de operação no exterior são protegidos por mais de uma sociedade controladora dentro do grupo (por exemplo, simultaneamente pela sociedade controladora direta e indireta) para o mesmo risco, somente uma relação de *hedge* irá classificar-se como contabilidade de *hedge* nas demonstrações contábeis consolidadas da controladora final.

A relação de *hedge* designada por uma empresa controladora do grupo em suas demonstrações contábeis consolidadas não precisa ser mantida por outra sociedade controladora em um nível acima. No entanto, se ela não é mantida por uma sociedade controladora em um nível acima, a contabilidade de *hedge* aplicada pela sociedade controladora intermediária deve ser revertida antes de a contabilidade de *hedge* ser reconhecida pela sociedade controladora em um nível acima.

*Onde o instrumento de **hedge** pode ser mantido?*

Um derivativo ou um instrumento não derivativo (ou uma combinação de instrumentos derivativos e não derivativo) pode ser designado como instrumento de *hedge* em *hedge* de investimento líquido em operação no exterior. Os instrumentos de *hedge* podem ser mantidos por qualquer entidade ou entidades dentro do grupo (exceto na operação no exterior que está sendo protegida), desde que os requisitos de classificação, documentação e eficácia do Pronunciamento Técnico CPC 38, item 88, que se relacionam com o *hedge* de investimento líquido, sejam atendidos. Em particular, a estratégia de *hedge* do grupo deve ser claramente documentada por causa da possibilidade de diferentes classificações em diferentes níveis do grupo.

Para o propósito de verificar a eficácia da contabilidade de *hedge*, a mudança no valor do instrumento de *hedge*, relativa ao risco de variação cambial, deve ser computada com referência à moeda funcional da sociedade controladora contra a moeda funcional cujo risco protegido é mensurado de acordo com a documentação da contabilidade de *hedge*. Dependendo de onde o instrumento de *hedge* é mantido, na ausência de contabilidade de *hedge* a mudança total no valor pode ser reconhecida em resultado, em outros resultados abrangentes ou em ambos. No entanto, a verificação da eficácia não deve ser afetada se o reconhecimento da mudança do valor do instrumento de *hedge* é feito em resultado ou em outros resultados abrangentes como ajustes de conversão acumulados.

Como parte da aplicação da contabilidade de *hedge*, a parcela eficaz do *hedge* deve ser incluída em ajustes de conversão acumulados. A verificação da eficácia não deve ser afetada pelo fato de o instrumento de *hedge* ser ou não derivativo ou pelo método de consolidação.

*Baixa de **hedge** de operação no exterior*

Quando a operação que foi protegida no exterior é baixada, o montante reclassificado para o resultado nas demonstrações contábeis consolidadas da sociedade controladora como ajuste de reclassificação dos ajustes de conversão acumulados, no que se refere ao instrumento de *hedge*, deve ser o montante que o Pronunciamento Técnico CPC 38, item 102, requer que seja identificado. Esse montante é o ganho ou a perda cumulativo no instrumento de *hedge* que foi designado como *hedge* efetivo.

O montante dos ajustes de conversão acumulados reclassificados para o resultado nas demonstrações contábeis consolidadas da sociedade controladora, no que se refere ao investimento líquido naquela operação no exterior, de acordo com o Pronunciamento Técnico CPC 2, item 48, deve ser o montante incluído nos ajustes de conversão acumulados daquela entidade. Nas demonstrações contábeis consolidadas da controladora final o montante líquido agregado reconhecido como ajustes de conversão acumulados, com relação a todas as operações no exterior, não deve ser afetado pelo método de consolidação. No entanto, se a controladora final utilizar o método direto ou o método passo a passo de consolidação, isso pode afetar o montante incluído em seus ajustes de conversão acumulados no que tange a uma operação individual no exterior. A utilização do método passo a passo de consolidação pode resultar na reclassificação para o resultado de montante diferente daquele utilizado para determinar a eficácia do *hedge*.

Essa diferença pode ser eliminada pela determinação do montante relacionado com essa operação no exterior que teria surgido se o método de consolidação direta tivesse sido utilizado. Esse ajuste não é requerido pelo Pronunciamento Técnico CPC 2. No entanto, é uma escolha de política contábil da entidade que deve ser seguida consistentemente para todos os investimentos líquidos.

Questões e exercícios

1. Caracterize os instrumentos financeiros.
2. Qual a principal diferença entre contratos a termo e futuros?
3. Quais as premissas do CPC 38 para reconhecimento e mensuração nas demonstrações contábeis dos instrumentos financeiros derivativos?
4. O que você entende por *hedge accounting*?
5. Uma empresa fez um investimento financeiro em ações de outra empresa para negociação, no valor de $ 4.000 em 01/01/X1. Ao final do ano, contabilizou dividendos declarados de $ 200 e verificou que o valor de mercado das ações estava em $ 4.200. Faça a contabilização e evidenciação no ativo e passivo em 31/12/X1.
6. Uma empresa fez um investimento financeiro em 30/09/X2 em títulos negociáveis, que manteve disponíveis para venda, no valor de $ 2.000. As receitas de juros a serem apropriadas em 31/12/X2 eram de $ 45 e o título a valor justo (valor de mercado) em 31/12/X2 apontava para $ 1.980. Faça a contabilização e evidenciação no ativo e passivo em 31/12/X2.

CAPÍTULO 26

Benefícios de curto prazo a empregados

26.1 Normas contábeis

As normas internacionais e brasileiras de contabilidade que regulamentam o tema benefícios de curto prazo a empregados são semelhantes em seus aspectos relevantes. Tais normas são apresentadas a seguir:

- **Internacional:** IAS 19, do International Accounting Standards Board;
- **Brasil:** Pronunciamento Técnico CPC 33, do Comitê de Pronunciamentos Contábeis.

O objetivo da IAS 19 e do CPC 33 é estabelecer o reconhecimento e a divulgação dos benefícios concedidos aos empregados. As referidas normas devem ser aplicadas pela empresa empregadora/patrocinadora na contabilização de todos os benefícios concedidos a empregados, exceto aqueles aos quais se aplicam as normas contábeis sobre pagamento baseado em ações.

Os benefícios a empregados, de acordo com o CPC 33, incluem aqueles proporcionados:

- por planos ou acordos formais entre a empresa e os empregados individuais, grupos de empregados ou seus representantes;
- por disposições legais ou por meio de acordos setoriais pelos quais se exige que as empresas contribuam para planos nacionais, estatais, setoriais ou outros;
- por práticas informais que deem origem a uma obrigação construtiva (ou obrigação não formalizada). Práticas informais dão origem a uma obrigação construtiva quando a empresa não tiver alternativa senão pagar os benefícios. Pode-se citar como exemplo de obrigação construtiva a situação em que uma alteração nas práticas informais da empresa cause dano inaceitável ao seu relacionamento com os empregados.

26.2 Aspectos conceituais

Benefícios a empregados

Toda forma de compensação proporcionada pela empresa a seus empregados em troca de serviços prestados representa benefícios a empregados.

Segundo o CPC 33, os benefícios a empregados incluem os benefícios oferecidos tanto aos empregados quanto aos seus dependentes e que podem ser liquidados por meio de pagamentos (ou pelo fornecimento de bens e serviços) feitos diretamente a empregados, seus cônjuges, filhos ou outros dependentes, ou ainda por terceiros, como, por exemplo, entidades de seguro. Ressalte-se que o empregado pode prestar serviços a uma empresa em período integral ou parcial e em caráter permanente, casual ou temporariamente.

Os benefícios a empregados podem incluir:

a) **benefícios de curto prazo:** salários, contribuições para a previdência social, licença por doença remunerada, participação nos resultados (se devidos dentro de 12 meses) e outros (moradia, assistência médica, automóveis etc.);
b) **benefícios pós-emprego:** pensões, seguro de vida pós-emprego, assistência médica pós-emprego;
c) **outros benefícios de longo prazo:** gratificação por tempo de serviço, benefícios de invalidez de longo prazo, entre outros;
d) **benefícios por desligamento:** relacionados com as adesões a programas de demissão voluntária.

Benefícios de curto prazo

> Benefícios de curto prazo a empregados (exceto benefício por desligamento) são os devidos dentro de um período de 12 meses após a prestação do serviço por estes.

Os benefícios de curto prazo a empregados incluem:

a) ordenados, salários e contribuições para a previdência social;
b) licenças remuneradas de curto prazo (tais como licença anual remunerada e licença por doença remunerada) em que se espera que a compensação pelas faltas ocorra dentro de 12 meses após o final do período em que os empregados prestam o respectivo serviço;
c) participação nos lucros e gratificações pagáveis dentro de 12 meses após o final do período em que os empregados prestam o respectivo serviço;
d) benefícios não monetários (tais como assistência médica, moradia, automóvel e bens ou serviços gratuitos ou subsidiados) para os empregados atuais.

26.3 Reconhecimento e mensuração

A contabilização dos benefícios de curto prazo aos empregados é geralmente direta, pois não é necessária a adoção de premissas atuariais para mensurar a obrigação ou o custo, e não há possibilidade de qualquer ganho ou perda atuarial. Ressalte-se que as obrigações decorrentes dos benefícios a empregados de curto prazo não são mensuradas a valor presente.

O reconhecimento de montantes não descontados de todos os benefícios de curto prazo deverá considerar:

a) **como passivo**, após a dedução de qualquer quantia já paga. Se a quantia já paga exceder a quantia não descontada dos benefícios, a empresa deve reconhecer o excesso como ativo (despesa paga antecipadamente), contanto que a despesa antecipada conduza, por exemplo, a uma redução dos pagamentos futuros ou a uma restituição de caixa;
b) **como despesa**, salvo se outra norma exigir ou permitir a inclusão dos benefícios no custo de ativo (ver, por exemplo, a IAS 16 e o CPC 27, que tratam de ativos imobilizados).

Licença remunerada de curto prazo

A empresa pode remunerar os empregados por ausência por várias razões, incluindo férias, doença e invalidez por curto prazo, maternidade ou paternidade, serviços de tribunais e serviço militar.

A companhia deve reconhecer o custo esperado de benefícios de curto prazo na forma de licenças remuneradas da seguinte forma, conforme regulamenta o CPC 33:

1. no caso de licenças remuneradas cumulativas, quando o serviço prestado pelos empregados aumenta o seu direito a ausências remuneradas futuras;
2. no caso de licenças remuneradas não cumulativas, quando ocorrem as faltas.

Participação nos lucros e resultados

O custo esperado de participação nos lucros e de gratificações deve ser reconhecido se e somente se:

a) a empresa tiver a obrigação legal ou construtiva de fazer tais pagamentos em consequência de acontecimentos passados;
b) a obrigação puder ser estimada de maneira confiável.

Obrigação construtiva

Em alguns planos de participação nos lucros os empregados só recebem uma parcela do lucro se permanecerem na empresa durante um determinado período. Tais planos criam uma obrigação construtiva, uma vez que os empregados prestam serviços que aumentam a quantia a ser paga se permanecerem na empresa até o final do período.

A mensuração de tais obrigações construtivas deve refletir a possibilidade de alguns empregados se desligarem e não receberem a participação no lucro.

Exemplo:

Um plano de participação nos lucros requer que a empresa pague uma parcela do lucro líquido do ano aos empregados.

Caso nenhum dos empregados se desligue durante o ano, o total dos pagamentos de participação nos lucros será de 3% do lucro líquido.

A empresa estima que a taxa de rotatividade de pessoal reduza os pagamentos para 2,5% do lucro líquido.

A empresa reconhece um passivo e uma despesa de 2,5% do lucro líquido.

26.4 Divulgação

Embora o CPC 33 não exija divulgações específicas sobre benefícios de curto prazo a empregados, outras normas podem exigi-las, como, por exemplo, o CPC 5 – Divulgação sobre partes relacionadas.

Questões e exercícios

1. Defina e dê exemplos de benefícios de curto prazo a empregados.
2. Quais são os critérios de contabilização dos benefícios de curto prazo concedidos aos empregados?
3. Explique os critérios de reconhecimento da licença remunerada cumulativa.

CAPÍTULO 27

Ativos biológicos e produtos agrícolas

27.1 Normas contábeis

O assunto "ativos biológicos e produtos agrícolas" é regulamentado pelas seguintes normas contábeis internacionais e brasileiras, que são semelhantes em seus aspectos relevantes:

- **Internacional:** IAS 41, do International Accounting Standards Board;
- **Brasil:** Pronunciamento Técnico CPC 29, do Comitê de Pronunciamentos Contábeis.

As normas contábeis IAS 41 e CPC 29 devem ser aplicadas, principalmente, na contabilização:

- de ativos biológicos;
- do produto agrícola no ponto da colheita.

As referidas normas contábeis são aplicadas ao produto agrícola, que é aquele colhido dos ativos biológicos da empresa, somente no momento da colheita. Após isso, é aplicada a IAS 2 e o CPC 16, que tratam da matéria "estoques".

No quadro a seguir apresentamos alguns exemplos de ativos biológicos e produtos agrícolas.

Ativos biológicos	Produtos agrícolas	Produtos resultantes de processamento após colheita
Árvores de plantação florestal	Troncos	Madeiras
Carneiros	Lã	Fios de lã e carpetes
Plantas	Cana colhida e algodão	Açúcar, roupas e fios de algodão
Gado produtor de leite	Leite	Queijo
Árvores de frutos	Frutos colhidos	Frutos processados

A IAS 41 e o CPC 29 não se aplicam a:

- terrenos relacionados com a atividade agrícola (ver IAS 16 e CPC 27, e IAS 40 e CPC 28);
- ativos intangíveis relacionados à atividade agrícola (ver IAS 38 e CPC 4).

27.2 Aspectos conceituais

Os seguintes termos são definidos pelo CPC 29:

- **atividade agrícola** é a gestão da transformação biológica e da colheita de ativos biológicos para venda ou para conversão em produtos agrícolas ou em ativos biológicos adicionais, pela empresa. Exemplos de atividades agrícolas são cultivo de plantações, floricultura, criação de peixes, aumento de rebanhos, silvicultura, entre outros;
- **produção agrícola** é o produto colhido pela empresa de ativo biológico;
- **ativo biológico** é um animal e/ou uma planta viva;
- **transformação biológica** compreende os processos de crescimento, degeneração, produção e procriação que causam mudanças qualitativas e quantitativas no ativo biológico, e que podem resultar de eventos como: mudanças de ativos por meio de crescimento (aumento em quantidade ou melhoria na qualidade do animal ou planta), degeneração (redução na quantidade ou deterioração na qualidade de animal ou planta), procriação (geração adicional de animais ou plantas) ou produção de produtos agrícolas, tais como látex, folhas de chá, lã e leite;
- **grupo de ativos biológicos** é um conjunto de animais ou plantas vivos semelhantes;
- **colheita** é a extração do produto de ativo biológico ou o cessar da vida desse ativo biológico.

27.3 Reconhecimento

O reconhecimento de um ativo biológico deve ser realizado por uma empresa somente quando:

- houver o controle do ativo como resultado de eventos passados (exemplo de controle: quando há propriedade legal do ativo biológico);
- for provável a geração de benefícios econômicos futuros;
- o valor justo ou o custo do ativo puder ser mensurado com segurança.

27.4 Mensuração

Os principais critérios de mensuração são:

- um ativo biológico deve ser mensurado no reconhecimento inicial e em cada data de balanço patrimonial pelo seu valor justo menos os custos estimados no ponto de venda, a não ser que o seu valor justo não possa ser mensurado com segurança. Nesse caso, o ativo biológico é mensurado pelo custo menos a depreciação e perda por irrecuperabilidade acumuladas (*impairment*);
- o produto agrícola colhido dos ativos biológicos de uma empresa deve ser mensurado pelo seu valor justo menos custos estimados no ponto de venda no momento da colheita. Tal mensuração é o custo nessa data quando da aplicação da IAS 2 e do CPC 16, que tratam de "estoques";
- os custos no ponto de venda incluem comissões a corretores e negociadores, taxas de agências reguladoras e de bolsas de mercadorias e taxas de transferência e direitos. Os custos no momento de venda excluem os custos de transporte e outros necessários para levar os ativos para o mercado;
- a determinação do valor justo de um ativo biológico ou produto agrícola pode ser facilitada pelo agrupamento de ativos biológicos ou de produto agrícola de acordo com atributos significativos, por exemplo, por idade ou qualidade. Uma empresa seleciona os atributos que correspondam aos utilizados no "mercado como base de apreçamento". Na ausência

de mercado ativo, o valor justo pode ser o preço de mercado de ativos similares ou ainda o valor presente do fluxo de caixa futuro que se espera que o ativo gere;
- ganhos e perdas decorrentes das alterações nos valores justos devem afetar o resultado.

27.5 Subvenção governamental

De acordo com o CPC 29:

"A subvenção governamental incondicional relacionada a um ativo biológico mensurado ao seu valor justo, menos a despesa de venda, deve ser reconhecida no resultado do período quando, e somente quando, se tornar recebível.

Se a subvenção governamental relacionada com o ativo biológico mensurado ao seu valor justo menos a despesa de venda for condicional, inclusive quando exigir que a entidade não se envolva com uma atividade agrícola especificada, deve ser reconhecida no resultado quando, e somente quando, a condição for atendida."

Como exemplo disso temos o seguinte:

Uma subvenção governamental pode requerer que a empresa agrícola cultive durante dez anos em determinada localidade, devendo devolvê-la, integralmente, se o cultivo se der em período inferior. Nesse caso, a subvenção não pode ser reconhecida no resultado antes de se passarem os dez anos. Por outro lado, se os termos contratuais permitirem a retenção do valor proporcional à passagem do tempo, seu reconhecimento contábil também deve ser proporcional.

Vale ressaltar que o CPC 7, que trata das subvenções governamentais, só alcança os ativos biológicos mensurados pelo custo, e não pelo valor justo.

27.6 Apresentação no balanço patrimonial

Em BR Gaap, os ativos biológicos podem ser apresentados no balanço patrimonial de maneira separada e destacada no ativo não circulante imobilizado da seguinte forma:

Ativo não circulante
Realizável a longo prazo
Investimento
Imobilizado:
    Máquinas e equipamentos
    Prédios e terrenos
    Veículos
    Ativos biológicos

Por sua vez, em IFRS, os ativos biológicos geralmente são apresentados de maneira destacada e separada no ativo não corrente, como se segue:

Ativo não corrente
Imobilizado, líquido
Investimentos societários
Intangíveis
Goodwill
Ativos biológicos

27.7 Divulgação

Em notas explicativas às demonstrações contábeis a empresa deve divulgar, no mínimo, as seguintes informações:

- o ganho ou a perda do período corrente em relação ao valor inicial do ativo biológico e do produto agrícola e, também, os decorrentes da mudança no valor justo menos a despesa de venda dos ativos biológicos;
- uma descrição de cada grupo de ativos biológicos;
- a natureza das atividades envolvendo cada grupo de ativos biológicos;
- mensurações ou estimativas não financeiras de quantidades físicas:
    - ✓ de cada grupo de ativos biológicos no final do período;
    - ✓ da produção agrícola durante o período.
- o método e as premissas significativas aplicados na determinação do valor justo de cada grupo de produto agrícola no momento da colheita e de cada grupo de ativos biológicos;
- o valor justo menos a despesa de venda do produto agrícola colhido durante o período, determinado no momento da colheita;
- a existência e o total de ativos biológicos cuja titularidade legal seja restrita, e o montante destes dado como garantia de exigibilidades;
- o montante de compromissos relacionados ao desenvolvimento ou aquisição de ativos biológicos;
- as estratégias de administração de riscos financeiros relacionadas à atividade agrícola;
- a conciliação das mudanças no valor contábil de ativos biológicos entre o início e o fim do período corrente.

Modelo de divulgação de conciliação dos ativos biológicos

	Conciliação dos ativos biológicos em 2009			
	Árvores de plantação florestal	Plantas	Árvores de frutos	Total
Saldo em 1º de janeiro de 2009				
Aquisições				
Alienações				
Ganhos e perdas com valor justo				
Colheitas				
Efeitos cambiais				
Saldo em 31 de dezembro de 2009				

Estudo de caso
Divulgação de informações sobre ativos biológicos em IFRS

A seguir apresentamos o ativo não corrente do balanço patrimonial, que acompanha as demonstrações contábeis em IFRS, da Infinity Bio-Energy Ltd, inerentes ao período encerrado em 31 de março de 2007. A Infinity Bio-Energy foi criada em março de 2006 sob as leis societárias de Bermudas, para atuar principalmente no mercado internacional de álcool, sendo a sua matéria-prima básica e principal a produção de cana-de-açúcar. Para isso ela opera com várias usinas no Brasil.

Balanço patrimonial consolidado em 31 de março de 2007

Ativos	Notas	US$'000
Ativos não correntes		
Imobilizado, líquido	10	130,354
Goodwill	3 a 11	126,314
Outros ativos intangíveis	12	3,539
Impostos diferidos	21	12,744
Ativos biológicos	13	32,807
Contas a receber	16	3,667
Outros ativos financeiros	14	4,428
Total dos ativos não correntes	–	313,853

Nota: Informações do balanço patrimonial em inglês traduzidas por nós.
Fonte: Relatório anual (*Annual Report*) 2007. Infinity Bio-Energy, disponível no *site* da companhia.

Questões e exercícios

1. Defina ativo biológico e produto agrícola e dê exemplos.
2. Quais são os principais critérios de reconhecimento e mensuração dos ativos biológicos?
3. Como o ativo biológico deve ser apresentado no balanço patrimonial em BR Gaap?

CAPÍTULO 28

Eventos subsequentes

28.1 Normas contábeis

A seguir, apresentamos as normas contábeis internacionais e brasileiras que tratam dos eventos subsequentes:

- **Internacional:** IAS 10, do International Accounting Standards Board;
- **Brasil:** Pronunciamento Técnico CPC 24, do Comitê de Pronunciamentos Contábeis.

A IAS 10 e o CPC 24 são semelhantes em seus aspectos relevantes. Seus principais objetivos são determinar:

- quando a empresa deve ajustar suas demonstrações contábeis com respeito a eventos subsequentes ao período contábil a que se referem essas demonstrações;
- as informações que a empresa deve divulgar sobre a data em que é concedida a autorização para emissão das demonstrações contábeis e sobre os eventos subsequentes ao período contábil a que se referem essas demonstrações.

28.2 Aspectos conceituais

O CPC 24 define eventos subsequentes da seguinte forma:

> "Evento subsequente ao período a que se referem as demonstrações contábeis é aquele evento, favorável ou desfavorável, que ocorre entre a data final do período a que se referem as demonstrações contábeis e a data na qual é autorizada a emissão dessas demonstrações. Dois tipos de eventos podem ser identificados:
>
> a) os que evidenciam condições que já existiam na data final do período a que se referem as demonstrações contábeis (evento subsequente ao período contábil a que se referem as demonstrações que originam ajustes);
>
> b) os que são indicadores de condições que surgiram subsequentemente ao período contábil a que se referem as demonstrações contábeis (evento subsequente ao período contábil a que se referem as demonstrações que não originam ajustes)."

Eventos subsequentes à data do balanço são aqueles acontecimentos, favoráveis e desfavoráveis, que ocorram entre a data do balanço e a data em que as demonstrações financeiras forem autorizadas para divulgação.

Podem ser identificados dois tipos de acontecimentos:

a) acontecimentos após a data do balanço que geram ajustes contábeis;
b) acontecimentos após a data do balanço que não geram ajustes contábeis.

Exemplos de eventos ocorridos após a data do balanço patrimonial, mas antes da divulgação das demonstrações financeiras, são:

- sinistro por incêndio nas dependências da companhia;
- paralisação de uma importante linha de produção;
- aquisição e incorporação de empresas;
- processo judicial importante que tenha tido solução definitiva.

28.3 Reconhecimento e mensuração

Eventos subsequentes que originam ajustes contábeis

Devem ser ajustados os valores contábeis reconhecidos nas demonstrações contábeis da empresa que reflitam os eventos subsequentes que venham a evidenciar condições já existentes na data final do período contábil a que se referem as demonstrações contábeis, como, por exemplo:

- a obtenção de informações, após o encerramento do exercício social, sobre ativos relevantes que estejam desvalorizados ao final do período e que precisam ser ajustados pelas perdas por *impairment*;
- a descoberta de fraudes que evidenciem que as demonstrações contábeis estavam incorretas.

Eventos subsequentes que não originam ajustes contábeis

Uma empresa não deve ajustar os valores contábeis reconhecidos em suas demonstrações financeiras por eventos subsequentes indicadores de condições que surgiram após o período contábil. Como exemplos, temos os seguintes:

- sinistro por incêndio nas dependências da companhia ocorrido após o encerramento do exercício social;
- alienação de um segmento de negócio.

Dividendos

Caso a empresa venha a declarar dividendos aos acionistas após o encerramento do exercício social, nenhum passivo para dividendos a pagar deve ser reconhecido no balanço patrimonial ao final do período. Devem ser divulgados em notas explicativas, pois não atendem aos critérios de reconhecimento de obrigações presentes na data das demonstrações contábeis, conforme o CPC 25, que trata de provisões e contingências.

28.4 Continuidade

Segundo o CPC 24:

"A entidade não deve elaborar suas demonstrações contábeis com base no pressuposto de continuidade se sua administração determinar, após o período contábil a que se referem as demonstrações contábeis, que pretende liquidar a entidade, ou deixar de operar, ou que não tem alternativa realista senão fazê-lo.

A deterioração dos resultados operacionais e da situação financeira após o período contábil a que se referem as demonstrações contábeis pode indicar a necessidade de considerar se o pressuposto da continuidade ainda é apropriado. Se o pressuposto da continuidade não for mais apropriado, o efeito é tão profundo que esse pronunciamento requer uma mudança fundamental nos critérios contábeis adotados, em vez de apenas um ajuste dos valores reconhecidos pelos critérios originais."

No caso de descontinuidade, a empresa deve observar os critérios de divulgação do CPC 26, que trata da apresentação das demonstrações contábeis.

28.5 Divulgação

Data de autorização para emissão das demonstrações contábeis

A empresa deve divulgar a data em que foi concedida a autorização para emissão das demonstrações contábeis e quem forneceu tal autorização. Se os sócios/acionistas da empresa ou outros tiverem o poder de alterar as demonstrações contábeis após sua emissão, a empresa deve divulgar esse fato.

Atualização da divulgação sobre condições existentes ao final do período a que se referem as demonstrações contábeis

A empresa deve atualizar a divulgação com novas informações que se relaciona a condições existentes ao final do período a que se referem as demonstrações contábeis.

Em atendimento ao CPC 25, que trata de provisões e contingências ativas e passivas, a empresa deve atualizar a divulgação de contingências ativas que apresentem evidências de novas condições.

Evento subsequente ao período contábil a que se referem as demonstrações contábeis que não originam ajustes

Para cada categoria significativa de eventos subsequentes ao período contábil a que se referem as demonstrações contábeis que não originam ajustes, a empresa deve divulgar as seguintes informações:

- a natureza do evento;
- a estimativa de seu efeito financeiro ou uma declaração de que tal estimativa não pode ser feita.

A seguir, relacionamos alguns eventos subsequentes que não originam ajustes, mas que devem ser divulgados, pois são relevantes:

- combinações de negócios;
- alienação de uma importante subsidiária;
- alienação de um importante segmento de negócio;
- anúncio de planos de reestruturação dos negócios ou da gestão;
- destruições por incêndios;
- alterações importantes nas legislações societária e tributária.

Exemplos:

I) Em janeiro de 2009, o conselho de administração deliberou autorizar a aquisição, pela companhia, de ações de sua própria emissão. As aquisições serão realizadas utilizando-se de disponibilidades suportadas por reservas de lucros existentes, obedecendo o limite de até 1 milhão de ações preferenciais.

II) Em janeiro de 2009, a companhia, por meio da subsidiária Tambaba Company, adquiriu, por US$ 100,1 milhões, o percentual de 40% do capital da Paraíba Company, pertencente a acionistas minoritários. Com a conclusão da operação, a companhia passou a deter, indiretamente, 98% das ações representativas do capital social da Paraíba Company.

Estudo de caso 1
Divulgação de eventos subsequentes em IFRS

A seguir apresentamos a nota explicativa sobre eventos subsequentes, que acompanha as demonstrações contábeis em IFRS, da Companhia de Bebidas das Américas (AmBev), inerentes aos exercícios sociais de 2008 e 2007. A AmBev (de agora em diante referida apenas como companhia ou AmBev ou controladora), com sede em São Paulo, tem por objetivo, diretamente ou mediante participação em outras sociedades, no Brasil e em outros países nas Américas, produzir e comercializar cervejas, chopes, refrigerantes, outras bebidas não alcoólicas e malte. A companhia mantém contrato com a PepsiCo International Inc. (PepsiCo) para engarrafar, vender e distribuir os produtos Pepsi no Brasil e em outros países da América Latina, incluindo Lipton Ice Tea, Gatorade e H2OH! A companhia mantém contrato de licenciamento com a Anheuser-Busch Inc. por meio da sua subsidiária Labatt Brewing Company Limited (Labatt Canadá), para produzir, engarrafar, vender e distribuir os produtos Budweiser no Canadá. Além disso, a companhia e algumas de suas controladas produzem e distribuem Stella Artois sob licença da Anheuser-Busch InBev S.A./N.V. (AB InBev) no Brasil, Argentina, Canadá e outros países e, por meio de licença concedida à InBev, distribui Brahma nos Estados Unidos e em determinados países da Europa, Ásia e África. A companhia tem suas ações negociadas na Bolsa de Valores de São Paulo (Bovespa) e na Bolsa de Valores de Nova York (Nyse), na forma de Recibos de Depósitos Americanos (ADRs).

Companhia de Bebidas das Américas (AmBev)
Notas explicativas às demonstrações contábeis consolidadas de 2008 e 2007
35. Eventos subsequentes

a) Dividendos a pagar – subsidiária Quilmes

Em reunião da diretoria da Quinsa, realizada em 10 de fevereiro de 2009, foi aprovada a distribuição de dividendos no valor de R$ 664.576,00 (equivalente a US$ 295.000,00, em 10 de fevereiro de 2009), por conta do resultado do exercício de 2008, a ser pago pela nossa subsidiária Quilmes Industrial Société Anonyme ("Quinsa").

b) Novo licenciado para as cervejas da família Labatt nos Estados Unidos

Em fevereiro de 2009, a AmBev anunciou que, sujeito à aprovação do Departamento de Justiça dos EUA, a KPS Capital Partners, LP ("KPS"), empresa de *private equity* com capital superior a US$ 1,8 bilhão, receberá a licença exclusiva das cervejas da família Labatt (que incluem principalmente Labatt Blue e Labatt Blue Light) para os Estados Unidos. A KPS receberá da Labatt Brewing Company Limited ("LBCL"), subsidiária da AmBev, licença para produzir cervejas da marca Labatt nos Estados Unidos ou no Canadá, exclusivamente para venda para consumo nos EUA, incluindo o direito de utilizar as marcas e propriedades intelectuais necessárias para tal atividade.

Além disso, a LBCL continuará a produzir e fornecer as cervejas da família Labatt para a KPS por um período de até três anos, após o que a KPS passará a ser responsável pela produção. Essa transação afeta as cervejas da marca Labatt no Canadá ou em qualquer país fora dos Estados Unidos, além de afetar também a Kokanee, Alexander Keith's, Brahma ou qualquer outra marca exceto da família Labatt.

c) Aquisição da Bebidas y Aguas Gaseosas Occidente S.R.L.

A subsidiária Quilmes Industrial (Quinsa) Société Anonyme adquiriu, em março de 2009, junto à SAB Miller plc, 100% do capital social da Bebidas y Aguas Gaseosas Occidente S.R.L., engarrafadora exclusiva da Pepsi na Bolívia por um montante total aproximado de US$ 27 milhões.

d) Contrato de distribuição da cerveja Budweiser no território paraguaio

A subsidiária Cervejaria Paraguaya (Cervepar) assinou, em abril de 2009, contrato de distribuição com a Anheuser-Busch International para distribuição da cerveja Budweiser no território paraguaio.

e) Liquidação de notas promissórias

Em 13 de abril de 2009, a companhia efetuou o pagamento da primeira emissão de notas promissórias comerciais, no valor de R$ 1.692.713,00, em série única, que possuía remuneração de 102% do CDI.

f) Dividendos e juros sobre o capital próprio

Em 13 de abril de 2009, a companhia aprovou a distribuição de juros sobre o capital próprio ("JCP"), por conta dos lucros apurados no balanço extraordinário de 31 de março de 2009, a serem imputados aos dividendos mínimos obrigatórios do exercício de 2009, à razão de R$ 0,41 por ação ordinária e R$ 0,45 por ação preferencial. A distribuição de JCP será tributada na forma da legislação em vigor, o que resultará em uma distribuição líquida de JCP de R$ 0,35 por ação ordinária e R$ 0,38 por ação preferencial.

Referidos pagamentos serão efetuados a partir de 29 de maio de 2009 (*ad referendum* da Assembleia Geral Ordinária referente ao exercício social que terminará em 31 de dezembro de 2009) com base na posição acionária de 22 de abril de 2009 para os acionistas da Bovespa e 27 de abril de 2009 para os acionistas da Nyse, sem incidência de correção monetária. Ações e ADRs serão negociados como ex-dividendos a partir de 23 de abril de 2009.

Estudo de caso 2

Divulgação de eventos subsequentes em BR-Gaap

A seguir apresentamos, de maneira ilustrativa, uma nota explicativa às demonstrações contábeis de 2009 e 2008 em BR Gaap da empresa Vale S.A., anteriormente denominada Companhia Vale do Rio Doce, que trata da divulgação de informações sobre eventos subsequentes do grupo em referência. A Vale S.A. é uma sociedade anônima de capital aberto com sede no Rio de Janeiro, Brasil, e tem como atividades preponderantes a extração, o beneficiamento e a venda de minério de ferro, pelotas, cobre concentrado e potássio, a prestação de serviços logísticos, a geração de energia elétrica e a pesquisa e o desenvolvimento mineral. Além disso, por meio de suas controladas diretas, indiretas e de controle compartilhado, opera também nas áreas de níquel, metais preciosos, cobalto (subproduto), manganês, ferroligas, caulim, carvão, produtos siderúrgicos e produtos da cadeia de alumínio.

6. Notas explicativas às demonstrações contábeis dos exercícios findos em 31 de dezembro de 2009 e de 2008

6.33. Eventos subsequentes

Em janeiro de 2010, a Vale celebrou contrato de compra com a Bunge Fertilizantes S.A. e com a Bunge Brasil Holdings B.V. para adquirir 100% das ações em circulação da Bunge Participações e Investimentos S.A. (BPI), uma companhia com ativos no Brasil e investimento na Fertifos Administração e Participações S.A. (Fertifos), que detém 42,3% do capital da Fertilizantes Fosfatados S.A. (Fosfértil) por US$ 3,8 bilhões, a serem pagos em dinheiro. A transação está sujeita às condições precedentes usuais, como algumas aprovações de órgãos governamentais competentes. Adicionalmente, como parte dessa aquisição, celebramos contrato de opções de compra e venda de ações para adquirir ações adicionais de emissão da Fertifos Administração e Participações S.A. (Fertifos) com Fertilizantes Heringer S.A. (Heringer) (preço de exercício US$ 2,4), Fertilizantes do Paraná Ltda. – (Fertipar) (preço de exercício US$ 39,5) e Yara Brasil Fertilizantes S.A. (preço de exercício US$ 785,1). Esses contratos nos concedem o direito de comprar 16,3% da participação na Fosfértil e também estão sujeitos a algumas condições, entre as quais a efetiva aquisição do negócio de fertilizantes do grupo Bunge no Brasil.

Em janeiro, a Vale resgatou a totalidade das notas de securitização de recebíveis de exportações emitidas em setembro de 2000 e julho de 2003. Os títulos resgatados com vencimentos em 2010 e 2013 têm como principal e juros anuais, respectivamente, US$ 28,00 (8,9%) e US$ 122,00 (4,4%), totalizando US$ 150,00.

Em janeiro, a companhia celebrou, por meio da nossa subsidiária integral, Valesul Alumínio S.A. (Valesul), acordo para venda de seus ativos de alumínio, localizados no Rio de Janeiro, para a Alumínio Nordeste S.A., uma companhia do grupo Metalis, por US$ 31,2 milhões.

Questões e exercícios

1. Defina evento subsequente e dê exemplos.
2. Dê exemplos de eventos subsequentes que geram ajustes contábeis.
3. Dividendos declarados pela empresa após o encerramento do exercício social devem ser reconhecidos como passivo no balanço patrimonial do final do período? Justifique a sua resposta.

PARTE IV

Processo de reporte e conversão de demonstrações contábeis em IFRS, US Gaap e BR Gaap

Capítulo 29 – Demonstrações contábeis em economias hiperinflacionárias – IFRS   409

Capítulo 30 – Conversão de demonstrações contábeis em moeda estrangeira – IFRS – US Gaap e BR Gaap   415

Capítulo 31 – Adoção inicial das normas contábeis internacionais – IFRS   471

Capítulo 32 – Adoção inicial das normas contábeis brasileiras – BR Gaap   503

CAPÍTULO 29

Demonstrações contábeis em economias hiperinflacionárias – IFRS

29.1 Aspectos conceituais

A prática de correção monetária significa um ajuste nos valores históricos das demonstrações contábeis ante os aspectos inflacionários existentes em determinado país.

Para um melhor entendimento do significado da inflação, Rossetti (1997, p. 697) relata o seguinte:

"Só há inflação quando se verifica elevação do nível geral de preços, à qual corresponde uma redução de magnitude equivalente no valor da moeda corrente. Este conceito de inflação aplica-se tanto aos sopros inflacionários quanto às hiperinflações. O que varia, no caso, é apenas a magnitude da taxa de elevação geral dos preços por unidade de tempo e o grau em que se dá a decomposição da moeda."

Desse modo, quando há qualquer elevação no nível geral de preços e uma depreciação equivalente do valor da moeda corrente em um país, observamos as características básicas de economias com inflação, sendo o diferencial o equilíbrio e controle das taxas inflacionárias para que se possa manter a estabilidade da economia, caso contrário à inflação. Por se tratar de um processo dinâmico de variações nos preços, passamos a considerar tal economia como estável ou hiperinflacionária de acordo com o reflexo dessa elevação geral no nível dos preços no valor da moeda.

Portanto, as demonstrações contábeis devem refletir a situação econômico-financeira da companhia, mesmo que essa companhia esteja localizada em país com inflação. A prática de correção monetária baseada na inflação deve ser observada para resguardar uma visão mais realista e atualizada dessas companhias.

29.2 A posição brasileira

Desde 31 de dezembro de 1995 o Brasil não adota a correção monetária das demonstrações contábeis, apesar de constar no princípio fundamental de custo como base de valor a necessidade de atualização monetária quando a economia brasileira caracterizar-se como economia inflacionária.

Contudo, as práticas internacionais contemplam a necessidade de correção monetária das demonstrações contábeis de suas subsidiárias localizadas em países que se caracterizam como de economia hiperinflacionária.

Desse modo, no âmbito da contabilidade internacional, o instituto da correção monetária é válido nas situações especificadas, tendo em vista a necessidade de consolidação das demonstrações contábeis de grupos empresariais corporativos.

Ressalte-se que, no Brasil, até abril de 2010, o Comitê de Pronunciamentos Contábeis (CPC) não havia emitido ainda uma norma específica sobre as demonstrações contábeis de empresas que estejam localizadas em ambientes econômicos hiperinflacionários.

29.3 Demonstrações contábeis em economias hiperinflacionárias – IAS 29

A IAS 29 é aplicada às demonstrações contábeis de companhias localizadas em ambientes econômicos de alta inflação.

Vários são os fatores que indicam hiperinflação, sendo os principais os seguintes:

- a taxa de inflação acumulada ao longo dos últimos três anos ficou próxima ou superior a 100%;
- as taxas de juros, os salários e os preços estão vinculados a um índice geral de preços;
- a população prefere conservar a sua riqueza em ativos não monetários (ativos fixos, por exemplo) ou em moedas estrangeiras fortes e relativamente estáveis.

Estando num ambiente econômico hiperinflacionário, a companhia deve corrigir monetariamente suas demonstrações contábeis a partir do início do período em que foi identificada a existência de hiperinflação.

O Iasb adota os conceitos de correção monetária para companhias localizadas em países com economias consideradas hiperinflacionárias. Para o Fasb, uma economia com alta inflação é aquela que apresenta taxas acumuladas nos últimos três anos, próximas ou maiores que 100%. Tal procedimento de economias hiperinflacionárias também é aceito pelo Iasb.

O Brasil sempre foi considerado um país com economia hiperinflacionária. Até a edição do Plano Real, em 1º de julho de 1994, sempre foi necessária a aplicação da correção monetária nas demonstrações contábeis de companhias brasileiras. Porém, a economia passou a estabilizar-se e ser reconhecida como de baixa inflação a partir de 1º de julho de 1997.

Para Santos e Braga (1997, p. 6), o percentual de 100% estabelecido pelo Fasb é elevado:

"Nós no Brasil, que já temos, infelizmente, larga experiência de convivência com a inflação, podemos afirmar que esses limites estabelecidos pelo Fasb e Iasb são bastante elevados e até inaceitáveis. Por exemplo: quando se pergunta a respeito de países que possam ser lembrados como típicos de economias com baixas taxas de inflação, os mais lembrados são: Alemanha, Estados Unidos da América, Japão, Suíça, França, entre outros. Realmente, nesses países, quando se toma suas respectivas taxas anuais de inflação, tem-se a sensação de que se está diante de algo que pouco ou nenhum reflexo provocará nas demonstrações contábeis. Essa conclusão poderá, dependendo das taxas e do período que se considera, estar totalmente equivocada."

Nos países com baixas taxas de inflação pouca importância se dá aos seus valores acumulados e provavelmente poucos acreditariam se afirmássemos que os Estados Unidos tiveram uma inflação acumulada de aproximadamente 59% na década de 1980 ou 110% nos anos 1970, ainda conforme o pensamento de Santos e Braga.

A verdade é que a correção monetária brasileira foi aceita e recomendada para todos os países componentes das Organizações das Nações Unidas (ONU) em março de 1989. Porém, no âmbito tributário brasileiro, a Lei nº 9.249/95 extinguiu a correção monetária. No entanto, o Brasil ainda apresenta inflação e as demonstrações contábeis das companhias brasileiras precisam resguardar a realidade econômica do país. A correção monetária de balanço faz-se necessária e deve ser aplicada, ao menos, no âmbito gerencial das companhias, sendo também necessária a divulgação de informações conforme o modelo monetário proposto pela correção monetária.

Vale ressaltar que a correção monetária foi praticada ao longo da história inflacionária brasileira com a utilização de uma grande sequência de índices, como se segue em:

- Obrigações Reajustáveis do Tesouro Nacional (ORTN);
- Obrigação do Tesouro Nacional (OTN);
- Bônus do Tesouro Nacional (BTN);
- Fator de Atualização Patrimonial (FAP);
- Unidade Fiscal de Referência (Ufir).

Critérios de correção monetária

Os principais critérios de correção monetária das demonstrações contábeis conforme a IAS 29 são os seguintes:

- as demonstrações contábeis comparativas apresentadas de acordo com a IAS 1 – Apresentação das demonstrações contábeis também devem estar corrigidas monetariamente, garantindo a consistência e comparabilidade da informação;
- os ativos e passivos não monetários e o patrimônio líquido do balanço patrimonial são os que necessariamente precisam ser corrigidos por um índice geral de preços;
- as receitas e despesas da demonstração de resultado devem ser corrigidas monetariamente por um índice geral de preços, a partir da data em que foram registradas;
- os ganhos e perdas monetárias (variação monetária líquida) devem ser apresentados separadamente na demonstração de resultado.

Impostos sobre a renda

A correção monetária das demonstrações contábeis pode gerar resultados tributáveis e contábeis diferentes, influenciando o cálculo dos tributos sobre a renda (correntes e diferidos). As diferenças são contabilizadas de acordo com a IAS 12 – Impostos sobre a renda.

Exemplo de correção monetária

Para um melhor entendimento do assunto, apresentamos a seguir um exemplo simplificado de correção monetária.

Premissas:
- inflação anual de 30% pelo Índice Geral de Preços;
- apenas os ativos não correntes (não monetários) e os itens de patrimônio líquido serão corrigidos monetariamente.

Balanço patrimonial sem correção monetária – IFRS			
Ativo	R$	Patrimônio líquido e passivo	R$
Não corrente	100.000,00	Patrimônio líquido	150.000,00
Imobilizado, líquido	100.000,00	Capital social	150.000,00
Corrente	100.000,00	Passivo não corrente	50.000,00
Disponibilidades	100.000,00	Financiamentos	50.000,00
Total do ativo	200.000,00	Total do patrimônio líquido e passivo	200.000,00

Atualização do imobilizado, líquido:

Valor histórico	=	R$ 100.000,00
(×) IGP	=	30%
(=) Valor corrigido	=	R$ 130.000,00

Contabilização da correção monetária de R$ 30.000,00:

Débito = Imobilizado, líquido (balanço patrimonial)
Crédito = Variação monetária líquida (ganhos – demonstração do resultado)

Atualização do capital social:

Valor histórico	=	R$ 150.000,00
(×) IGP	=	30%
(=) Valor corrigido	=	R$ 195.000,00

Contabilização da correção monetária de R$ 45.000,00:

Débito = Variação monetária líquida (perdas – demonstração de resultado)
Crédito = Reserva de capital (patrimônio líquido – balanço patrimonial)

Apurando a variação monetária líquida (ganhos e perdas):

Variação monetária líquida	
Débito (perdas)	Crédito (ganhos)
R$ 45.000,00	R$ 30.000,00
Saldo líquido = R$ 15.000,00	

A variação monetária líquida de R$ 15.000,00 será ajustada no resultado.

A demonstração contábil a seguir mostra a diferença dos valores com e sem correção monetária.

Balanço patrimonial comparativo – IFRS					
Ativo	Sem CM	Com CM	P. líquido e passivo	Sem CM	Com CM
Não corrente	100.000,00	130.000,00	Patrimônio líquido	150.000,00	180.000,00
Imobilizado, líquido	100.000,00	130.000,00	Capital social	150.000,00	150.000,00
			Reserva de capital	–	45.000,00
			Prejuízo (VM líquida)	–	(15.000,00)
Corrente	100.000,00	100.000,00	Passivo não corrente	50.000,00	50.000,00
Disponibilidades	100.000,00	100.000,00	Financiamentos	50.000,00	50.000,00
Total do ativo	200.000,00	230.000,00	Total do p. líquido e passivo	200.000,00	230.000,00

29.4 Divulgação

A IAS 29 requer que as empresas divulguem, em notas explicativas às demonstrações contábeis, no mínimo as seguintes informações:

- o fato de que as demonstrações financeiras e os valores correspondentes de períodos anteriores foram reexpressos para as alterações no poder geral de compra da moeda funcional e, como resultado, são expressos em termos da unidade de mensuração corrente à data do balanço;
- se as demonstrações financeiras estão ou não baseadas numa abordagem pelo custo histórico ou numa abordagem pelo custo corrente;
- a identificação e o nível do índice de preços à data do balanço e o movimento no índice durante o período corrente de reporte e durante o período imediatamente anterior.

Questões e exercícios

1. Qual é o principal fator que caracteriza as economias hiperinflacionárias de acordo com a IAS 29?
2. Quais itens do balanço patrimonial necessariamente devem ser corrigidos monetariamente estando a empresa numa economia hiperinflacionária?

CAPÍTULO 30

Conversão de demonstrações contábeis em moeda estrangeira – IFRS – US Gaap e BR Gaap

A necessidade de elaboração e divulgação de demonstrações contábeis em outras moedas não é exclusividade de empresas que fazem parte de grupos transnacionais. O processo de globalização da economia e a competitividade empresarial aferida com parâmetros internacionais praticamente obrigam as empresas a construir referenciais econômicos mundiais. Assim, a elaboração de demonstrações contábeis em outras moedas impõe-se necessariamente como um instrumento gerencial, além de sua utilização regular para atendimento a bancos internacionais, clientes e fornecedores estrangeiros, informações para revistas e instituições de marketing internacional, institutos de pesquisa etc.

Para a conversão/tradução das demonstrações contábeis em outras moedas, normalmente utiliza-se a taxa de câmbio do país de origem da matriz ou filial estrangeira, ou a taxa de conversão de uma moeda considerada forte. É importante ressaltar que, em qualquer caso, a conversão das demonstrações contábeis em outras moedas não elimina os problemas que a inflação causa à moeda do país. Em outras palavras, não é porque os dados contábeis são transformados em uma moeda aparentemente mais forte que todos os problemas de avaliação em moeda corrente do país estarão suprimidos.

Para avaliação econômica de uma empresa em nosso país, o que sempre prevalecerá serão os dados em moeda corrente do país, tenha ela deficiências ou não. A conversão das demonstrações contábeis em outra moeda tem importante utilidade gerencial na comparação com moedas de outras economias, porém há que se ter o cuidado permanente do monitoramento das taxas de câmbio futuras que, provavelmente, trarão alterações na avaliação econômica dos dados já traduzidos, para fins de comparabilidade futura.

30.1 Abordagem introdutória e teórica

Conceito e razões da conversão

Conversão ou tradução é o processo de redeclarar informação financeira de demonstrações contábeis de uma moeda corrente para outra. Isto é, converter demonstrações contábeis expressas em uma moeda corrente para uma moeda estrangeira.

As principais razões do processo de conversão de demonstrações contábeis em moeda estrangeira são:

- obter informações extraídas das demonstrações contábeis expressas em moeda forte;
- analisar o desempenho econômico-financeiro das subsidiárias espalhadas pelo mundo em uma única moeda;
- avaliar os resultados das operações independentes realizadas no exterior;
- permitir ao investidor estrangeiro melhor acompanhamento de seu investimento;
- possibilitar a consolidação e combinação de demonstrações contábeis de empresas localizadas em vários países ao redor do mundo;
- possibilitar a aplicação do método da equivalência patrimonial sobre os investimentos realizados em vários países.

Definições de termos

Moedas
- moeda corrente: é a moeda do país em que a empresa opera;
- moeda de relatório: é a moeda constante das demonstrações financeiras que serão reportadas;
- moeda estrangeira: é a moeda utilizada para realização de uma determinada transação;
- moeda funcional: é a moeda responsável pela geração e dispêndio de caixa ou a do sistema econômico principal em que a empresa opera.

Taxas de câmbio
- taxa de câmbio: é a taxa utilizada para a troca de duas moedas;
- taxa corrente ou de fechamento: é a taxa vigente na data de levantamento das demonstrações financeiras anuais ou intermediárias;
- taxa histórica: é a taxa vigente na época de realização de uma determinada transação;
- taxa média: é a média aritmética das taxas de câmbio que vigoraram por um determinado período.

Ajustes de conversão e variação cambial

Os ganhos e perdas gerados pelo processo de conversão são decorrentes dos efeitos das alterações nas taxas de câmbio sobre os itens das demonstrações contábeis, e são dados em moeda estrangeira. De acordo com o método de conversão adotado, são ajustados contabilmente da seguinte forma:

No resultado, em conta específica:
Translation Gain or Loss (TGL)

No patrimônio líquido em conta específica:
Cumulative Translation Adjustments (CTA)

Por sua vez, a variação cambial é representada pela diferença nas taxas de câmbio da data da transação indexada para a data de sua realização financeira, reconhecida nas demonstrações contábeis na moeda corrente.

Problemas em análise dos dados convertidos em moeda estrangeira

A maioria das companhias ao redor do mundo evidencia em moeda corrente de seu país de origem os valores das contas contábeis expressas nas demonstrações contábeis e em outras formas de evidenciação. Um usuário norte-americano que é acostumado a negociar dólares norte-americanos pode confundir-se ao analisar uma demonstração contábil brasileira que está expressa em reais e que foi elaborada de acordo com as práticas contábeis adotadas no Brasil.

Investidores que preferem o uso de moeda corrente doméstica ao analisar as demonstrações contábeis de vários anos podem simplesmente aplicar uma conversão das contas pela taxa de câmbio do último ano. No entanto, não é esse o procedimento correto a ser observado quando da conversão de demonstrações contábeis em moeda estrangeira, principalmente em economias consideradas de alta inflação e de sistema de câmbio flutuante, nas quais há grande variação nas taxas de câmbio.

O uso incorreto do procedimento de conversão pode distorcer as demonstrações contábeis analisadas. Caso as taxas de câmbio fossem relativamente estáveis, o processo de conversão de demonstrações contábeis em moeda corrente estrangeira não seria difícil. Porém, essas taxas de câmbio utilizadas para troca de moeda raramente são estáveis em sistemas flutuantes.

No Brasil, no ano de 2001, até meados do mês de julho, por exemplo, observamos uma grande oscilação e valorização do dólar norte-americano diante do real. O dólar chegou a R$ 2,20, depois foi para R$ 2,41, chegando posteriormente a patamares de cerca de R$ 2,50. Na verdade, são os aspectos de flutuação do câmbio exterior que estão ligados às economias internacionais de países que mantêm relações comerciais com o Brasil. Essas flutuações nas taxas de câmbio podem acabar confundindo os usuários internacionais das informações contábeis de companhias que as divulgam no Brasil.

Aspectos da contabilidade em moeda estrangeira

O processo de conversão das demonstrações contábeis em moeda estrangeira tem como premissa básica a manutenção da contabilidade expressa em moeda nacional conforme as normas de contabilidade aplicadas no Brasil, onde, ao término do exercício anual ou ao final de cada mês, aplicam-se os procedimentos de conversão sobre as demonstrações contábeis anuais ou intermediárias mensais.

Vale ressaltar que, para a conversão, a companhia mantém controle paralelo em moeda estrangeira de apenas alguns itens não monetários, como imobilizado e estoques, por exemplo.

Estudando os processos de contabilidade estrangeira verifica-se a existência de um sistema contábil exclusivo utilizado pela companhia para registro imediato das operações em dólar norte-americano. Há ainda um sistema de contabilidade paralelo, onde são registradas as operações em moeda nacional – no caso do Brasil, o real (R$).

Para os empreendimentos multinacionais, a contabilidade em moeda estrangeira pode ser o melhor sistema de controle e divulgação das informações contábeis, tendo em vista a rapidez com que são realizadas as medidas de elaboração e evidenciação dessas informações no processo de consolidação de resultados, de combinação de empresas e de avaliação de investimentos.

Aspectos históricos e normas contábeis

Com o advento do SFAS 8, foram revogados os pronunciamentos contábeis anteriores, e ele passou a disciplinar as transações e demonstrações financeiras em moeda estrangeira. Muito controvertido, o SFAS 8 foi emitido pelo Fasb para terminar com a diversidade de tratamentos permitida nos outros pronunciamentos de conversão, com o objetivo de determinar e aperfeiçoar os procedimentos, conceitos e normas contábeis.

Esse pronunciamento alterou significativamente as práticas norte-americanas, bem como as de companhias estrangeiras que subscreveram os United States Generally Accounting Accepted Principles (US Gaap), que representam o conjunto de princípios e normas contábeis geralmente aceitos nos Estados Unidos, quando passou a requerer o método temporal de conversão, que pode ser aplicado em qualquer circunstância de economia e princípio contábil.

Pelo SFAS 8 quaisquer ganhos ou perdas com flutuações de taxas de câmbio eram alocados ao resultado. Hendriksen e Breda (1999) explicam que:

> "Houve protestos imediatos e continuados, principalmente motivados pelo impacto que esses ganhos e perdas exercem sobre as demonstrações de resultado. Ao que parece, muitos admi-

nistradores não se sentiam à vontade com procedimentos contábeis que faziam o lucro flutuar de maneiras que estão fora de seu controle."

No começo, as reações das corporações ao SFAS 8 estavam desencontradas. Enquanto alguns aplaudiram o pronunciamento de suas propriedades teóricas, muitos o condenaram pelas distorções que ele causou na demonstração de resultado das corporações.

Na verdade, o que se verifica é que os administradores temiam que a demonstração de resultado de suas empresas parecesse mais volátil do que a das entidades nacionais, o que, consequentemente, depreciaria o valor de suas ações. Apesar da evidência em contrário, o balanço tem efeito expressivo nas práticas de gerenciamento da empresa. Em maio de 1978, o Fasb convidou o público para escrever comentários sobre os doze primeiros pronunciamentos. Cerca de duzentas cartas foram recebidas, a maior parte delas relacionadas ao SFAS 8, insistindo na sua mudança. Respondendo a essa insatisfação, o Fasb acrescentou em sua agenda um projeto para reavaliar os pronunciamentos. Após numerosas assembleias públicas e duas exposições do projeto, em 1981 o Fasb publicou o SFAS 52, com o seguinte título: Tradução de moeda estrangeira – conversão de demonstrações contábeis.

Percebe-se, dessa forma, que os empreendimentos multinacionais em outros países fizeram que as empresas adotassem procedimentos para a conversão de suas demonstrações contábeis em moeda estrangeira e o reconhecimento desses investimentos (ou consolidação de demonstrações contábeis) pela moeda vigente do país onde se localizava a empresa líder do grupo econômico. No caso das empresas norte-americanas, esses procedimentos foram estabelecidos, em 1975, por meio do SFAS 8. Contudo, alguns países apresentavam taxas de inflação muito altas, o que distorcia os valores apurados em moeda estrangeira. Com isso, o Fasb reviu as conversões de dados em moeda estrangeira e, eventualmente, através da emissão do SFAS 52, que revogou e substituiu o SFAS 8, concebeu a noção de uma "moeda funcional". Esta é definida como a moeda na qual a subsidiária da empresa conduz suas atividades, ou seja, a moeda do ambiente econômico principal em que a entidade opera – normalmente a moeda do sistema em que a entidade inicialmente gera e despende fundos.

Assim, observa-se que os Estados Unidos são pioneiros na emissão de pronunciamentos de contabilidade sobre conversão em moeda estrangeira das demonstrações contábeis e que seus pronunciamentos são seguidos pela maioria das companhias multinacionais. No entanto, para as companhias de outros países, em 1983 o então Iasc (hoje Iasb) emitiu a norma internacional de contabilidade IAS 21 – Efeitos das mudanças nas taxas cambiais. O objetivo maior dessa norma é apresentar métodos de contabilização das transações em moeda estrangeira e decidir qual taxa cambial utilizar nas operações no exterior, além de mostrar como reconhecer, nas demonstrações contábeis, o efeito financeiro das mudanças nas taxas cambiais.

No Brasil, atualmente, o Pronunciamento Técnico CPC 2 – Efeitos das mudanças nas taxas de câmbio e conversão de demonstrações contábeis, do Comitê de Pronunciamentos Contábeis (CPC), emitido em 2008, é a norma contábil que trata do referido assunto. O CPC 2 mantém uma correlação direta com a IAS 21, e foi revisado em janeiro de 2010 pelo CPC por meio da Revisão CPC 1 de Pronunciamentos Técnicos e Orientação Técnica.

Inflação e poder aquisitivo da moeda

A variação da taxa cambial das moedas é considerada uma variação de preços e, consequentemente, um tipo de inflação. Podemos definir inflação como o aumento geral no nível de preços. Como a moeda é um bem transacionado, sua variação inclui-se no conceito de aumento no nível de preços. Em razão da flutuação do câmbio, podemos ter tanto inflação quanto deflação (a deflação se caracteriza quando a taxa de câmbio desce em vez de subir).

O efeito mais objetivo e nocivo da inflação é provocar a perda do poder aquisitivo da moeda. No caso de variação da taxa de câmbio, uma moeda que se desvalorizou perde poder aquisitivo em relação a outra que se valorizou. Portanto, para o detentor da moeda desvalorizada o efeito é o mesmo da inflação geral.

A perda do poder aquisitivo da moeda considerando a inflação do país pode ser exemplificada de uma maneira bastante simples, conforme evidencia a figura a seguir.

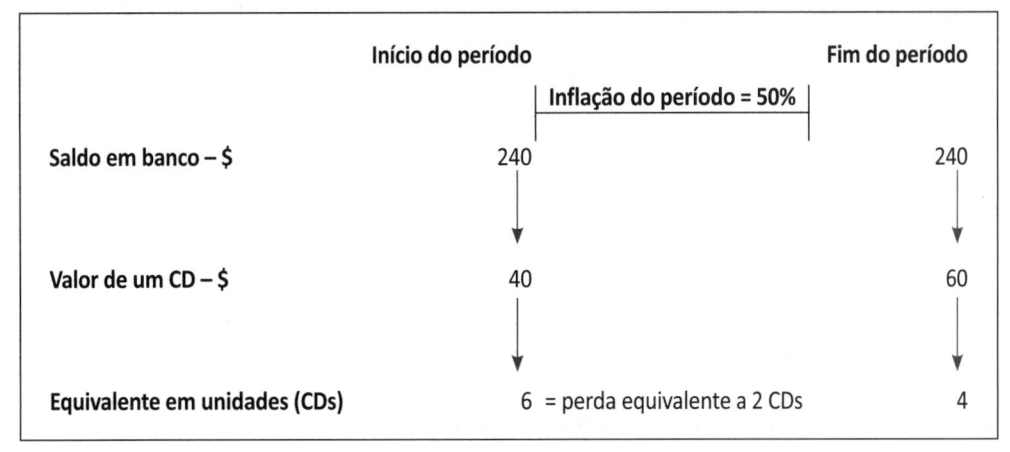

	Início do período	Fim do período
	Inflação do período = 50%	
Saldo em banco – $	240	240
Valor de um CD – $	40	60
Equivalente em unidades (CDs)	6 = perda equivalente a 2 CDs	4

Figura 30.1 Inflação e perda de poder aquisitivo da moeda.

Neste exemplo houve perda de poder aquisitivo da moeda depositada em banco. Uma vez que o dinheiro ficou parado por um período em que houve inflação de 50%, ao final deste o preço do bem, no caso o CD, era maior. No início do período podia-se comprar 6 CDs a $ 40,00 cada, totalizando $ 240,00. Ao final do período, como houve inflação e o preço do CD aumentou (o que é normal em economias inflacionárias), só seria possível comprar 4 CDs com o mesmo valor, o que revela a perda do poder aquisitivo da moeda pela ocorrência da inflação.

Taxa de câmbio e perda do poder aquisitivo

Há possibilidade de fazer a mesma analogia com a taxa de câmbio. O país que tem moeda desvalorizada (normalmente os países cujas moedas são consideradas fracas) sofre os efeitos nocivos da variação cambial e sua moeda perde poder aquisitivo em relação à moeda mais forte. A Figura 30.2 evidencia esse efeito.

	Início do período	Fim do período
	Inflação do período = 25%	
Saldo em banco – $	240	240
Valor de um dólar – US$	3,00	3,75
Dólares equivalentes – US$	80 = perda equivalente a 16 dólares	64

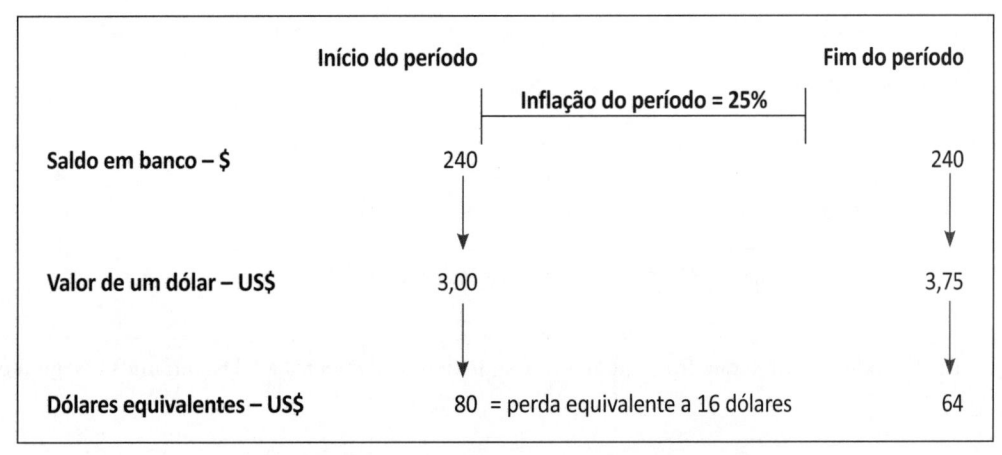

Figura 30.2 Inflação cambial e perda do poder aquisitivo da moeda.

Neste exemplo, uma inflação de 25% ou outro evento econômico no país provocou um aumento da taxa de câmbio de 25%, desvalorizando o real. O dólar, cotado inicialmente a $ 3,00, passou a ser cotado a $ 3,75. No início do período, com o valor depositado no banco era possível comprar 80 dólares. Já ao final do período, só é possível comprar 64 dólares. Portanto, a inflação cambial provocou perda do poder aquisitivo equivalente a 16 dólares.

Outra forma de calcular a perda (ou ganho) do poder aquisitivo, também denominada perda monetária (ou ganho), é a seguinte:

Valor inicial em moeda de origem	$ 240 (a)
Inflação do período	25% (b)
= Perda monetária em moeda de origem	$ 60 (c = a × b)
Valor da moeda estrangeira ao final do período	$ 3,75 (d)
= Perda monetária em moeda estrangeira	$ 16 (c:d)

Efeitos da inflação sobre os ativos: ativos monetários e não monetários

A inflação atua de forma diferente sobre determinados elementos patrimoniais. Alguns elementos patrimoniais perdem poder aquisitivo em relação à inflação, enquanto outros não necessariamente apresentam perdas, podendo manter seu poder de compra. É o caso dos imóveis; em economia com inflação, eles tendem a ter seu valor nominal aumentando, valorizando-se monetariamente.

Na Figura 30.3 apresentamos um exemplo de um terreno. Adquirido por $ 24.000,00, após um período de inflação de 15% ele passou a ser avaliado em $ 27.600,00. Partindo da suposição de que a taxa de câmbio também aumentou em 15%, saltando de $ 3,00 para $ 3,45, houve um aumento do valor do terreno na moeda corrente do país e seu valor foi mantido em moeda forte, já que continua sendo avaliado em oito mil dolares.

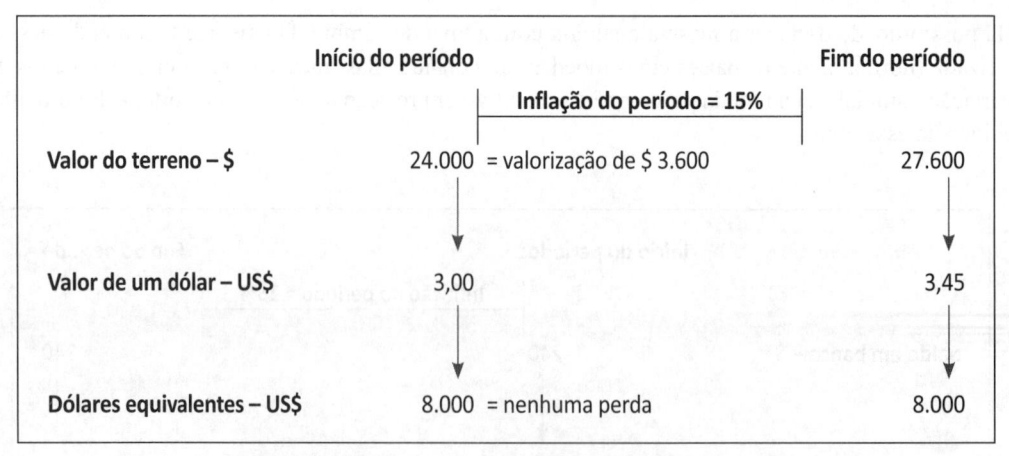

	Início do período		Fim do período
		Inflação do período = 15%	
Valor do terreno – $	24.000	= valorização de $ 3.600	27.600
Valor de um dólar – US$	3,00		3,45
Dólares equivalentes – US$	8.000	= nenhuma perda	8.000

Figura 30.3 Valorização e manutenção de poder aquisitivo da moeda.

Elaborando o mesmo quadro esquemático, agora em equivalentes a CDs, teríamos o seguinte:

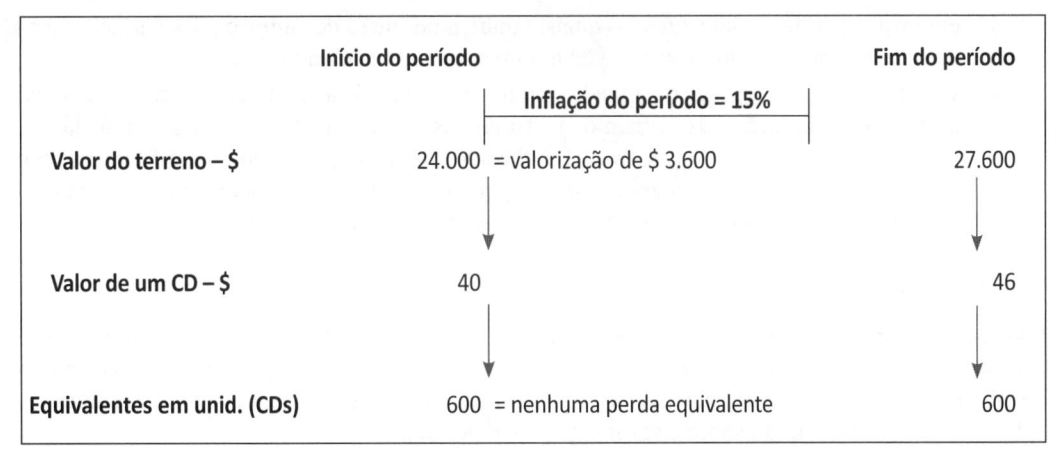

	Início do período		Fim do período
		Inflação do período = 15%	
Valor do terreno – $	24.000	= valorização de $ 3.600	27.600
Valor de um CD – $	40		46
Equivalentes em unid. (CDs)	600	= nenhuma perda equivalente	600

Figura 30.4 Valorização e manutenção do poder aquisitivo demandado.

Isso posto, podemos classificar os ativos (e, consequentemente, os passivos) em itens monetários e não monetários. Denominamos **itens monetários** aqueles elementos patrimoniais que têm seu valor pré-fixado em moeda e, portanto, não podem ser alterados, e que tendem a sofrer os efeitos nocivos da inflação, perdendo poder aquisitivo. Denominamos **itens não monetários** os elementos patrimoniais que não têm seu valor pré-fixado em moeda, dependendo de um evento posterior de realização para saber seu valor final e que, ocorrendo inflação, de um modo geral têm valor nominal acrescido na proporção da inflação.

Em resumo, temos dois tipos de ativos que recebem efeitos diferentes da inflação:

a) ativos monetários que:
   1. mantêm o seu valor nominal;
   2. perdem o poder real de compra.

b) itens não monetários que:
   1. aumentam o seu valor nominal;
   2. mantêm o poder real de compra.

Exemplos:

a) ativos monetários: caixa, saldo bancário, aplicações financeiras, duplicatas a receber;
b) ativos não monetários: estoques, imóveis, máquinas, equipamentos, veículos, investimentos em ações.

Passivos monetários e não monetários

Os conceitos de ativos monetários são aplicáveis aos passivos. Do ponto de vista de uma empresa, se há perdas com os ativos monetários, há ganhos com os passivos monetários. São exemplos:

a) passivos monetários: duplicatas a pagar, contas a pagar, empréstimos;
b) passivos não monetários: adiantamentos de clientes, patrimônio líquido.

Itens monetários puros e com mecanismo de defesa

Podemos classificar os itens monetários em puros e com mecanismo de defesa. Os itens monetários com mecanismo de defesa são aqueles que por natureza ou instrumento legal ou contratual conseguem atenuar os efeitos nocivos da inflação. São exemplos:

a) aplicações financeiras, pré ou pós-fixadas que, por meio dos juros ou das variações monetárias atreladas a algum índice inflacionário ou cambial, atenuam ou até eliminam a possível perda de seu poder aquisitivo;

b) empréstimos e financiamentos, os quais, também por meio dos juros ou das variações monetárias ou cambiais, impedem o ganho monetário para o tomador;

c) valores a receber e a pagar em moeda estrangeira: como já salientamos, a variação cambial é um tipo de inflação. Os elementos patrimoniais em moeda estrangeira são monetários, porque são pré-fixados (têm seu valor conhecido e imutável). Contudo, pelo fato de serem originados em moeda estrangeira e seu resgate ou pagamento também ser feito na moeda de origem, a variação cambial protege esses elementos patrimoniais.

Perdas e ganhos monetários

Pode-se calcular o valor das perdas e ganhos monetários com a moeda fraca. O cálculo decorre exatamente da inflação acontecida no período. Vejamos um caso com perda monetária. No exemplo do CD, a inflação foi de 50% e tínhamos $ 240,00 em banco. A perda monetária em moeda fraca é a aplicação da taxa de inflação sobre o valor exposto no período.

No exemplo: $ 240,00 × 50% = $ 120,00.

Associando com o preço de um CD, teríamos uma perda equivalente a dois CDs no final do período ($ 120,00 : $ 60,00 = 2 – perda monetária equivalente a dois CDs).

Demonstrações contábeis corrigidas monetariamente

Como regra geral, a inflação provoca a queda do poder aquisitivo da moeda. Para fazer face a esse problema monetário, alguns governos, instituições, investidores, partes em cláusulas contratuais etc. adotam ou procuram adotar a correção monetária.[1] Correção monetária é a técnica de atualizar os valores oriundos de uma determinada data passada para a data atual, utilizando um índice medidor da inflação.

Por exemplo, se há um ano um terreno foi transacionado por $ 30.000,00 e a inflação medida pelo Índice Geral de Preços (IGP) foi de 7,5%, o valor atualizado do terreno (valor corrigido monetariamente) para hoje é de $ 32.250,00 ($ 30.000,00 x 1,075). A diferença entre o valor corrigido e o valor histórico é denominada correção monetária.

Valor corrigido (no exemplo, após um ano)	$ 32.250,00
(–) Valor inicial (histórico de aquisição, histórico corrigido)	$ 30.000,00
= Valor da correção monetária do período	$ 2.250,00

Os critérios contábeis para corrigir monetariamente os ativos e passivos que claramente necessitam de atualização monetária para a data do encerramento do balanço do período são considerados demonstrações contábeis em moeda de poder aquisitivo constante. Portanto, ao final do período, os valores estão atualizados monetariamente, indicando que os valores contábeis refletem a mesma capacidade de poder aquisitivo de cada elemento patrimonial em relação à sua data original de contabilização.

A correção monetária sempre foi efetuada utilizando-se um índice geral de preços do país (não são recomendados índices específicos para cada elemento patrimonial, nem indicador de inflação interna da empresa).

Elementos patrimoniais monetários e não monetários

O conceito fundamental para aplicação da correção monetária nas demonstrações contábeis está em identificar, em cada ativo ou passivo, a característica de ser ou não item monetário. Considera-se monetário o elemento patrimonial que tem valor pré-fixado em moeda e, portanto, mesmo havendo inflação, não haverá alteração de seu valor de face. São exemplos: caixa, bancos, aplicações financeiras, contas a receber, contas a pagar etc.

---

[1] A correção monetária foi adotada de forma praticamente generalizada como forma de proteger os ativos perante os problemas inflacionários no Brasil. Como consequência, a legislação fiscal e comercial, de 1/1/1978 até 31/12/1995, obrigou a correção monetária das demonstrações contábeis.

Considera-se não monetário o elemento patrimonial que não tem um valor definido em moeda, e cujo valor nominal depende do mercado. Normalmente esses elementos patrimoniais têm seu valor aumentado caso ocorra inflação. São exemplos clássicos os estoques e os imobilizados. A correção monetária aplica-se facilmente aos elementos não monetários.

Aspectos relevantes

Os principais pontos de análise e aplicação técnica relacionados com a conversão de demonstrações contábeis em moeda estrangeira são os seguintes:

- avaliação e definição do ambiente econômico;
- avaliação e definição da moeda funcional;
- determinação do método de conversão;
- mensuração e contabilização da variação cambial;
- mensuração e contabilização dos ganhos e perdas.

Métodos de conversão: conceitos introdutórios[2]

Em linhas gerais e teóricas, podemos identificar três métodos de conversão de demonstrações contábeis em moedas estrangeiras:

- converter os eventos contábeis pelas taxas de câmbio das datas de realização, acumulando-os na moeda convertida (método monetário e não monetário, ou histórico);
- converter as demonstrações contábeis pela taxa de câmbio do último dia do balanço final (método corrente);
- primeiramente corrigir monetariamente as demonstrações contábeis, basicamente pelo sistema de correção monetária integral, e, depois, converter em moeda estrangeira pela taxa de conversão da data do encerramento do balanço.

Esses critérios podem ser visualizados, de forma simplificada, da seguinte maneira. Vamos tomar como referência valores de vendas em reais de dois dias, para transformação em dólares, utilizando como base os dados apresentados a seguir.

	Dia 1	Dia 30	Média
Taxas do dólar	2,90	3,00	2,95
Inflação do mês		5%	

A conversão dos valores pelas datas de realização implica utilizar as datas em que estas aconteceu. Os valores em dólares obtidos por esse critério estão a seguir. Este é considerado o método mais completo.

Conversão pelas datas de realização	Valor em R$	Taxa US$	Valor em US$
Vendas do dia 1	58.000,00	2,90	20.000,00
Vendas do dia 30	60.000,00	3,00	20.000,00
Total	118.000,00		40.000,00

Por praticidade, este primeiro método admite a utilização de taxas médias. Com os dados do nosso exemplo, ficaria como se segue.

---

[2] Extraído de CARVALHO, Christino (2000).

Conversão pelas datas de realização	Valor em R$	Taxa US$	Valor em US$
Vendas do dia 1	58.000,00	2,95	19.661,02
Vendas do dia 30	60.000,00	2,95	20.338,98
Total	118.000,00		40.000,00

O segundo método, mais simples e para economias com maior estabilidade monetária, utiliza as datas do balanço final. No nosso exemplo, seria a taxa de R$ 3,00 do final do mês.

Conversão pelas datas do balanço final	Valor em R$	Taxa US$	Valor em US$
Vendas do dia 1	58.000,00	3,00	19.333,33
Vendas do dia 30	60.000,00	3,00	20.000,00
Total	118.000,00		39.333,33

No terceiro método, corrigem-se os valores em moeda de origem para a data do balanço final, dolarizando o total obtido pela taxa do balanço final. Para tanto, é necessário utilizar um índice de inflação do país de origem. No nosso exemplo, assumimos que a inflação do mês foi de 5% e o único valor a ser corrigido é o das vendas do dia 1, uma vez que o valor das vendas do dia 30 é do final do mês, e os efeitos da inflação decorrem da passagem do tempo.

Conversão após correção	Valor em R$	Correção	Valor corrigido
Vendas do dia 1	58.000,00	1,05	60.900,00
Vendas do dia 30	60.000,00	1,00	60.000,00
Total	118.000,00		120.900,00
	Valor em R$	*Taxa US$*	*Valor em US$*
Total corrigido	120.900,00	3,00	40.300,00

Verifica-se que a representação em dólares é diferente em cada método utilizado. Tal evidenciação deixa bem claro que, na conversão de demonstrações financeiras em outras moedas, a resultante será sempre um valor estimado, aproximado, e dificilmente mostrará com exatidão os valores reais em moeda estrangeira. Os valores reais em moeda estrangeira para organizações multinacionais só serão conhecidos quando houver a definitiva repatriação dos lucros.

Os procedimentos contidos no SFAS 52, do Fasb, e na IAS 21, do Iasb, são os critérios mais utilizados em todo o mundo para conversão de demonstrações contábeis em moeda estrangeira. Basicamente, esses pronunciamentos indicam um dos dois primeiros métodos citados. A adoção de um ou outro decorre da constatação ou não de que a moeda do país é a **moeda funcional**. O nível da taxa de inflação anual é um dos elementos determinantes para caracterizar se o país tem moeda funcional ou não. Altas taxas de inflação indicam que a moeda do país não é considerada funcional, pois não há estabilidade de seu poder de compra. Taxas baixas de inflação indicam que a moeda do país pode ser caracterizada como funcional.

O primeiro método, denominado **método histórico**, é indicado para países com altas taxas de inflação, e a moeda estrangeira será considerada funcional. Nesse caso, todas as transações envolvendo ativos e passivos não monetários (imobilizados, estoques, capital) deverão ser convertidas pela taxa de câmbio efetiva da data da transação.

Na Tabela 30.1 mostramos vários exemplos de inflação acumulada nos últimos três anos e o método que deve ser utilizado em cada ano.

Tabela 30.1 Inflação do país e método de conversão

Ano	Do ano	Acumulada – Últimos 3 anos	Método a ser utilizado
X1	25%	25,00%	Corrente
X2	20%	50,00%	Corrente
X3	17%	75,50%	Corrente
X4	35%	89,54%	Corrente
X5	45%	129,03%	Histórico

O segundo método, denominado **método corrente**, considera que a moeda do país é funcional e, portanto, bastaria a conversão dos valores em reais pela taxa da moeda estrangeira na data do balanço. Contudo, objetivando uma melhor avaliação dos resultados, os principais procedimentos adotados na conversão são:

a) todos os itens do balanço patrimonial são convertidos pela taxa de câmbio da data do encerramento do balanço;

b) as contas de resultado (despesas e receitas) devem ser convertidas pelas taxas efetivas nas datas de ocorrência; por praticidade, permite-se a utilização de taxas médias;

c) as contas do patrimônio líquido (capital social e lucros acumulados anteriores) devem ser mantidas pelos seus valores históricos em moeda estrangeira;

d) ganhos e perdas originados da conversão em decorrência das diversas taxas de câmbio são registrados em conta especial, normalmente denominada Perdas e ganhos na conversão.

30.1.1 Conversão pelo método corrente – Exemplo numérico

Desenvolveremos um exemplo resumido de conversão, utilizando as seguintes taxas para conversão em dólares:

- $ 2,00 do início do período;
- $ 2,02 representando a média do período;
- $ 2,04 representando a média do fim do período.

A Tabela 30.2 apresenta um balanço inicial em moeda nacional, e na segunda coluna os dados em dólares, obtidos pela divisão dos valores em moeda nacional por $ 2,00. Esse primeiro cálculo já indica uma diferença na conversão, que está registrada no patrimônio líquido como perdas na conversão, no valor de US$ 36,00.

Tabela 30.2 Balanço patrimonial inicial

ATIVO	$	US$ *	PASSIVO E P. LÍQUIDO	$	US$ *
ATIVO CIRCULANTE			**PASSIVO CIRCULANTE**		
Caixa e equivalentes	800	400	Dupls. a pagar – Fornecedores	570	285
Dupls. a receber – Clientes	1.720	860	Contas a pagar	1.300	650
Estoque de mercadorias	3.100	1.550	Empréstimos	4.550	2.275
Soma	5.620	2.810	Soma	6.420	3.210
ATIVO NÃO CIRCULANTE			**PATRIMÔNIO LÍQUIDO**		
Investimentos	2.200	1.100	Capital social	6.000	3.030
Imobilizado bruto	8.280	4.140	Reservas	1.180	596
(–) Depreciações acumuladas	(2.500)	(1.250)	Perdas na conversão	0	(36)
Soma	7.980	3.990	Soma	7.180	3.590
TOTAL	13.600	6.800	**TOTAL**	13.600	6.800

* Convertidos pela taxa de $ 2,00, exceto as contas do Patrimônio Líquido.

Este valor decorre do fato de que a quantidade de dólares do capital social e das reservas já tinha sido avaliada em dólares quando da sua ocorrência, respectivamente por US$ 3.030,00 e US$ 596,00, totalizando US$ 3.626,00. Como a taxa de dólar do balanço inicial de US$ 2,00 é diferente da taxa de dólar da ocorrência dos valores que constituíram o capital social e as reservas, é necessária a contabilização do ajuste na conversão, neste caso, perdas, para converter todo o passivo do balanço inicial. Em termos de avaliação pelo método corrente, o patrimônio líquido inicial total da empresa representa US$ 3.590,00.

A demonstração de resultados em moeda estrangeira é apresentada na Tabela 30.3.

Tabela 30.3 Demonstração do resultado do período

	$	Taxa US$	US$
RECEITA OPERACIONAL LÍQUIDA	21.420	2,02	10.604
(–) Custo das mercadorias vendidas	(14.500)	2,02	(7.178)
LUCRO BRUTO	6.920		3.426
Despesas operacionais			
(Administrativas e comerciais)			
Despesas gerais	(4.200)	2,02	(2.079)
Depreciações	(900)	2,02	(446)
LUCRO OPERACIONAL	1.820		901
Receitas financeiras	60	2,02	30
Despesas financeiras	(340)	2,02	(168)
Equivalência patrimonial	300	2,04	147
Perdas/ganhos na conversão	0		(75)
LUCRO ANTES DOS IMPOSTOS	1.840		834
Impostos sobre o lucro	(700)	2,02	(347)
LUCRO LÍQUIDO APÓS IMPOSTOS	1.140		488

Optamos por converter todos os valores pela taxa média do período, de $ 2,02, exceto a rubrica da equivalência patrimonial, para a qual utilizamos a taxa do fim do período, de $ 2,04. De modo geral, as despesas e receitas tendem a ocorrer diariamente e, portanto, a utilização de taxas médias é perfeitamente aceitável.

Contudo, alguns eventos significativos têm ocorrências em determinado dia do período e, se for o caso, merecem uma tradução mais adequada. É o caso do resultado da equivalência, em que o valor resultante decorre de uma avaliação do patrimônio líquido da controlada ao final do período, razão por que, neste caso, pode ser utilizada uma taxa diferente da taxa média.

Para que o lucro líquido da demonstração de resultados fique exatamente igual à sua mensuração no balanço patrimonial final, deve-se contabilizar as perdas ou ganhos na conversão como despesa ou receita. Em nosso exemplo numérico, houve perdas na conversão de US$ 75,00.

Lucro líquido antes da contabilização das perdas na conversão	US$ 563,00
Lucro líquido obtido por diferença do balanço final	US$ 488,00
Diferença = perdas na conversão	US$ 75,00

O lucro líquido em moeda estrangeira sempre será obtido por diferença através do balanço final. A Tabela 30.4 evidencia os valores.

Tabela 30.4 Balanço patrimonial final

ATIVO	$	US$ *	PASSIVO E P. LÍQUIDO	$	US$ *
ATIVO CIRCULANTE			**PASSIVO CIRCULANTE**		
Caixa e equivalentes	1.440	706	Dupls. a pagar – Fornecedores	1.070	525
Dupls. a receber – Clientes	3.610	1.770	Contas a pagar	1.500	735
Estoque de mercadorias	2.100	1.029	Empréstimos	4.360	2.137
Soma	7.150	3.505	Soma	6.930	3.397
ATIVO NÃO CIRCULANTE			**PATRIMÔNIO LÍQUIDO**		
Investimentos	2.500	1.225	Capital social	6.000	3.030
Imobilizado bruto	9.000	4.412	Reservas	1.180	560
(–) Depreciações acumuladas	(3.400)	(1.667)	Lucro do período	1.140	488
Soma	8.100	3.971	Soma	8.320	4.078
TOTAL	**15.250**	**7.475**	**TOTAL**	**15.250**	**7.475**

* Convertidos pela taxa de $ 2,04, exceto as contas do Patrimônio Líquido.

No nosso exemplo, convertemos todo o ativo e o passivo circulante pela taxa de $ 2,04. O patrimônio líquido (capital social e reservas) foi mantido pelo seu valor originado do balanço inicial, que totalizava US$ 3.590,00. Assim, temos:

Ativo total	$ 15.250 : $ 2,04	= US$ 7.475,00
(–) Passivo circulante	$ 6.930 : $ 2,04	= US$ 3.397,00
= Valor do patrimônio líquido final		= US$ 4.078,00
(–) Valor do patrimônio líquido inicial		= US$ 3.590,00
= Valor do lucro líquido do período		= US$ 488,00

Perdas e ganhos na conversão

No nosso exemplo, o valor das perdas na conversão foi de US$ 75,00. Esse valor decorre basicamente das seguintes variações:

a) da manutenção do valor inicial do patrimônio líquido em dólares e por haver alteração na taxa do dólar do balanço final;

b) da utilização de taxas médias em itens da demonstração de resultados, enquanto no balanço final os lucros do período levados ao patrimônio líquido devem ser calculados pela taxa de câmbio do final do período.

Vejamos o cálculo das perdas/ganhos na conversão:

a) Patrimônio líquido final:
   Capital social $ 6.000,00
   Reservas $ 1.180,00
   Total   7.180 : $ 2,04   = US$ 3.519,00

   PL inicial em US$ = US$ 3.590
   Perda na conversão   = US$ 71 (a)

b) Lucro antes das perdas na conversão
   obtido na demonstração de resultados
   pela utilização de taxas médias   = US$ 563

Lucro líquido pela taxa do fim do período:
$ 1.140 : $ 2,04 = US$ 559
Perda na conversão = US$ 4 (b)

c) Total de perdas na conversão (a+b) = US$ 75

A importância da taxa de câmbio

A conversão de demonstrações contábeis em moedas estrangeiras tem, como já vimos, inúmeras finalidades e aspectos positivos. Contudo, convém reforçar que a validade da mensuração contábil em outras moedas está totalmente relacionada à evolução da política cambial do país, refletida nas taxas de câmbio das moedas transacionadas.

A mensuração dos dados contábeis em outras moedas está, então, totalmente vinculada às taxas de câmbio que, eventual ou momentaneamente, podem não ter associação com a inflação interna do país. Em outras palavras, não significa que, se os dados refletem os elementos patrimoniais em outra moeda, eles valem aquilo naquela moeda.

Para melhor elucidar essa questão, vamos supor que a taxa de câmbio ao final do período seja **$ 1,96**, e as taxas iniciais e médias sejam as mesmas. Isso significa que houve uma valorização da moeda nacional entre o meio e o fim do período analisado.

A Tabela 30.5 mostra como fica a demonstração de resultados.

Tabela 30.5 Demonstração do resultado do período

	$	Taxa US$	US$
RECEITA OPERACIONAL LÍQUIDA	21.420	2,02	10.604
(−) Custo das mercadorias vendidas	(14.500)	2,02	(7.178)
LUCRO BRUTO	6.920		3.426
Despesas operacionais			
(Administrativas e comerciais)			
Despesas gerais	(4.200)	2,02	(2.079)
Depreciações	(900)	2,02	(446)
LUCRO OPERACIONAL	1.820		901
Receitas financeiras	60	2,02	30
Despesas financeiras	(340)	2,02	(168)
Equivalência patrimonial	300	1,96	153
Perdas/ganhos na conversão	0		(86)
LUCRO ANTES DOS IMPOSTOS	1.840		1.001
Impostos sobre o lucro	(700)	2,02	(347)
LUCRO LÍQUIDO APÓS IMPOSTOS	1.140		655

Comparando com a demonstração de resultados da Tabela 30.2, o lucro líquido é maior. O principal elemento modificador é o ganho na conversão, de US$ 86,00, enquanto na versão anterior, com outra taxa de câmbio ao final do período, havia uma perda na conversão de US$ 75,00.

Isso não significa que a empresa teve um lucro maior, uma vez que, na moeda nacional, o lucro líquido é o mesmo, ou seja, $ 1.140,00. A expressão desse lucro em moeda estrangeira é que evidencia uma quantidade maior dessa moeda, fruto da taxa de câmbio adotada.

O balanço final também se altera significativamente, e os elementos do ativo e passivo passam a ser representados por maior quantidade de dólares, como está evidenciado na Tabela 30.6.

Tabela 30.6 Balanço patrimonial final

ATIVO	$	US$ *	PASSIVO E P. LÍQUIDO	$	US$ *
ATIVO CIRCULANTE			**PASSIVO CIRCULANTE**		
Caixa e equivalentes	1.440	735	Dupls. a pagar – Fornecedores	1.070	546
Dupls. a receber – Clientes	3.610	1.842	Contas a pagar	1.500	765
Estoque de mercadorias	2.100	1.071	Empréstimos	4.360	2.224
Soma	7.150	3.648	Soma	6.930	3.536
ATIVO NÃO CIRCULANTE			**PATRIMÔNIO LÍQUIDO**		
Investimentos	2.500	1.276	Capital social	6.000	3.030
Imobilizado bruto	9.000	4.592	Reservas	1.180	560
(–) Depreciações acumuladas	(3.400)	(1.735)	Lucro do período	1.140	655
Soma	8.100	4.133	Soma	8.320	4.245
TOTAL	**15.250**	**7.781**	**TOTAL**	**15.250**	**7.781**

* Convertidos pela taxa de $ 1,96, exceto as contas do Patrimônio Líquido.

30.1.2 Conversão pelo método histórico (ou monetário e não monetário) – exemplo numérico

O método histórico chega a ser considerado o melhor método de conversão das demonstrações financeiras em moeda estrangeira porque procura respeitar ao máximo os valores em dólares obtidos pela conversão nas datas dos eventos econômicos.

Fundamentalmente, o método histórico trabalha com as seguintes premissas:

a) os itens monetários do balanço patrimonial são convertidos à taxa corrente da data do balanço;
b) os itens não monetários do balanço patrimonial são convertidos pelas taxas de câmbio das datas da contabilização e, enquanto existirem, são mantidos pela quantidade de dólares obtidos na conversão inicial;
c) os itens do patrimônio líquido também são mantidos pelas taxas de câmbio históricas, como ocorre com os itens não monetários;
d) as despesas e receitas devem ser convertidas pelas taxas das datas de contabilização, admitindo-se a utilização de taxas médias (mensal, anual) quando as variações das taxas de câmbio não forem significativas ou extremamente volatilizadas;
e) o valor das perdas ou ganhos na conversão pode ser obtido por diferença, tomando como referência o valor do resultado obtido por diferença de patrimônio líquidos.

Tomando como referência os mesmos dados e taxas do exemplo numérico utilizados para apresentação do método corrente, faremos a exemplificação do método histórico.

Balanço inicial

Como premissa para o nosso exemplo, vamos considerar que o balanço inicial foi formado em uma única data, a data do encerramento do balanço. Assim, todos os valores em reais foram divididos pela taxa de câmbio de $ 2,00.

Tabela 30.7 Balanço patrimonial inicial

ATIVO	$	US$ *	PASSIVO E P. LÍQUIDO	$	US$ *
ATIVO CIRCULANTE			**PASSIVO CIRCULANTE**		
Caixa e equivalentes	800	400	Dupls. a pagar – Fornecedores	570	285
Dupls. a receber – Clientes	1.720	860	Contas a pagar	1.300	650
Estoque de mercadorias	3.100	1.550	Empréstimos	4.550	2.275
Soma	5.620	2.810	Soma	6.420	3.210
ATIVO NÃO CIRCULANTE			**PATRIMÔNIO LÍQUIDO**		
Investimentos	2.200	1.100	Capital social	6.000	3.030
Imobilizado bruto	8.280	4.140	Reservas	1.180	596
(–) Depreciações acumuladas	(2.500)	(1.250)	Perdas na conversão	0	(36)
Soma	7.980	3.990	Soma	7.180	3.590
TOTAL	**13.600**	**6.800**	**TOTAL**	**13.600**	**6.800**

* Convertidos pela taxa de $ 2,00, exceto as contas do Patrimônio Líquido.

Itens não monetários

No método histórico, a questão principal é trabalhar com a movimentação ocorrida nos itens não monetários, mantendo-as com a quantidade de moeda estrangeira obtida na data de sua conversão. Dessa maneira, todos os itens não monetários devem ter um controle de sua movimentação em moeda do país e em moeda estrangeira. No nosso exemplo, os itens não monetários são todos os do ativo não circulante e os estoques no ativo circulante.

Estoques

A movimentação dos estoques deve ser feita também em moeda estrangeira. No nosso exemplo, estamos adotando o critério primeiro a entrar, primeiro a sair – Peps (*First in, first out* – Fifo). Com o cálculo da movimentação dos estoques, além do estoque final em moeda estrangeira obtemos também o custo das mercadorias (ou produtos) vendidas em moeda estrangeira.

Tabela 30.8 Estoque final e custo das mercadorias vendidas

Valorização pelo critério Peps			
	$	Taxa US$	US$
Estoque Inicial	3.100	2,00	1.550,00
(+) Compras (líquido de impostos)	13.500	2,02	6.683,17
Soma	16.600		8.233,17
(–) *Custo das Mercadorias Vendidas*			
Saídas do estoque inicial	(3.100)	2,00	(1.550,00)
Saídas das compras do ano	(11.400)	2,02	(5.643,56)
Soma	(14.500)		(7.193,56)
= Estoque final	2.100	2,02	1.039,60

A utilização do Peps indica que a primeira entrada ($ 3.100, US$ 1.550) sai primeiro, e acaba por avaliar o estoque pelo valor das últimas compras.

Investimentos

A principal observação para este item não monetário está na conversão da equivalência patrimonial. Se o resultado da equivalência patrimonial considerar que a data adequada da conversão é a média do período, esta é a taxa de câmbio que deverá ser utilizada tanto para a demonstração de resultados quanto para o balanço patrimonial. O mesmo critério deve ser adotado caso se entenda que a taxa adequada deva ser a da data do encerramento do balanço.

Investimentos

	$	Taxa US$	US$
Saldo inicial	2.200	2,00	1.100,00
(+) Novos investimentos	0	2,02	0,00
(+) Lucro de equivalência patrimonial	300	2,02	148,51
Soma	2.500		1.248,51

Imobilizado

As aquisições de imobilizados devem ser convertidas uma a uma pelas datas históricas, aceitando-se taxas médias mensais e evitando-se taxas médias anuais. O mesmo deve ser feito para conversão das depreciações, tendo o cuidado de utilizar o mesmo critério para a demonstração de resultados.

Imobilizado bruto

	$	Taxa US$	US$
Saldo inicial	8.280	2,00	4.140,00
(+) Novas aquisições	720	2,02	356,44
Soma	9.000		4.496,44

Depreciação acumulada

	$	Taxa US$	US$
Saldo inicial	2.500	2,00	1.250,00
(+) Depreciações do ano	900	2,02	445,54
Soma	3.400		1.695,54

Balanço final

Os valores em moeda estrangeira dos itens não monetários obtidos nos cálculos são transferidos para o balanço final. Os itens monetários são traduzidos em moeda estrangeira pela taxa de câmbio da data do encerramento do balanço.

Tabela 30.9 Balanço patrimonial inicial

ATIVO	$	US$ *	PASSIVO E P. LÍQUIDO	$	US$ *
ATIVO CIRCULANTE			**PASSIVO CIRCULANTE**		
Caixa e equivalentes	1.440	705,88	Dupls. a pagar – Fornecedores	1.070	524,51
Dupls. a receber – Clientes	3.610	1.769,61	Contas a pagar	1.500	735,29
Estoque de mercadorias	2.100	1.039,60	Empréstimos	4.360	2.137,25
Soma	7.150	3.515,09	Soma	6.930	3.397,06
ATIVO NÃO CIRCULANTE			**PATRIMÔNIO LÍQUIDO**		
Investimentos	2.500	1.248,51	Capital social	6.000	3.030,00
Imobilizado bruto	9.000	4.496,44	Reservas	1.180	560,00
(–) Depreciações acumuladas	(3.400)	(1.695,54)	Lucro do período	(1.140)	577,44
Soma	8.100	4.049,47	Soma	8.320	4.167,44
TOTAL	**15.250**	**7.564,50**	**TOTAL**	**15.250**	**7.564,50**

* Os itens monetários são convertidos pela taxa de $ 2,04.

Demonstração de resultados

O resultado do período é obtido pela diferença dos valores em moeda estrangeira do patrimônio líquido, antes e depois do lucro.

Ativo total = US$ 7.564,50
(–) Passivo circulante = US$ 3.397,06
= Valor do patrimônio líquido final = US$ 4.167,44
(–) Valor do patrimônio líquido inicial = US$ 3.590,00
= Valor do lucro líquido do período = US$ 577,44

Tabela 30.10 Demonstração do resultado do período

	$	Taxa US$	US$
RECEITA OPERACIONAL LÍQUIDA	**21.420**	**2,02**	**10.603,96**
(–) Custo das mercadorias vendidas	(14.500)		(7.193,56)
LUCRO BRUTO	**6.920**		**3.410,40**
Despesas operacionais			
(Administrativas e comerciais)			
Despesas gerais	(4.200)	2,02	(2.079,21)
Depreciações	(900)	2,02	(445,54)
LUCRO OPERACIONAL	**1.820**		**885,64**
Receitas financeiras	60	2,02	29,70
Despesas financeiras	(340)	2,02	(168,32)
Equivalência patrimonial	300	2,02	148,51
Perdas/ganhos na conversão	0		28,43
LUCRO ANTES DOS IMPOSTOS	**1.840**		**923,98**
Impostos sobre o lucro	(700)	2,02	(346,53)
LUCRO LÍQUIDO APÓS IMPOSTOS	**1.140**		**577,44**

As despesas e receitas foram convertidas pela taxa do dólar média do período. O custo das mercadorias vendidas foi obtido pelo cálculo da movimentação do estoque pelo Peps. As perdas e ganhos na conversão são a diferença do lucro obtido no balanço patrimonial, subtraindo-se os demais itens da demonstração de resultados antes desse elemento.

Perdas ou ganhos na conversão

As perdas ou ganhos na conversão representam as perdas ou ganhos com os itens monetários, que serão explicadas a seguir.

Lucro líquido antes da contabilização das perdas na conversão   US$ 549,01
Lucro líquido obtido por diferença do balanço final   US$ 577,44
Diferença = ganhos na conversão   US$ 28,43

No método corrente havíamos apurado perdas; neste método apuramos ganhos na conversão. Os ganhos na conversão decorrem da existência de passivos monetários em valor superior aos ativos monetários.

A inflação provoca a perda do poder aquisitivo da moeda e, portanto, perda com os ativos monetários. Vale o inverso para o passivo. Caso a empresa tenha passivos monetários, estes permitem ganhos com a inflação. No nosso exemplo, a inflação é expressa pela variação da taxa de câmbio, assim medida:

Inflação da taxa de câmbio no período todo:

$$\text{Inflação} = \frac{\text{Taxa do dólar do final do período}}{\text{Taxa do dólar do início do período}} - 1 \times 100\%$$

$$\text{Inflação} = \frac{\$\ 2{,}04}{\$\ 2{,}00} - 1 \times 100 = 2\%$$

Inflação da taxa de câmbio de meio período:

$$\text{Inflação} = \frac{\text{Taxa do dólar do final do período}}{\text{Taxa do dólar do meio do período}} - 1 \times 100\%$$

$$\text{Inflação} = \frac{\$\ 2{,}04}{\$\ 2{,}02} - 1 \times 100 = 0{,}99\%$$

Os dados de inflação devem ser aplicados sobre os ativos e passivos monetários em moeda do país. O valor obtido deve ser dividido pela taxa de câmbio do final do período, conhecendo-se os ganhos ou perdas na conversão em moeda estrangeira que, como já dito, representam os ganhos ou perdas com os itens monetários.

Tabela 30.11 Ganhos (perdas) com os itens monetários líquidos

	Saldo inicial	Saldo final	Diferença
Ativos monetários			
Caixa e equivalentes	800	1.440	640
Dupls. a receber – Clientes	1.720	3.610	1.890
Soma	2.520	5.050	2.530
Passivos monetários			
Dupls. a pagar – Fornecedores	570	1.070	500
Contas a pagar	1.300	1.500	200
Empréstimos	4.550	4.360	(190)
Soma	6.420	6.930	510
Itens monetários líquidos (a)	(3.900)	(1.880)	2.020
Efeitos monetários			Total
Inflação do ano sobre o saldo inicial (b)	2,0%	0,99%	
Efeitos monetários em reais (c = a × b)	(78,00)	20,00	(58,00)
Taxa de câmbio (d)	2,04	2,04	
Efeitos monetários em dólares (c:d)	(38,24)	9,80	(28,43)

Avaliação do resultado

Comparando o resultado (lucro ou prejuízo) pelos dois métodos, verificamos em nosso exemplo que o lucro no método histórico é maior que no método corrente.

	Lucro – US$
Método histórico	577,44
Método corrente	488,00
Diferença	89,44

Essa diferença se justifica porque, para a conversão em moeda estrangeira dos ativos não monetários (estoques, ativos permanentes), utilizaram-se as taxas históricas, preservando valores originais em moeda estrangeira. No método corrente, divide-se o valor em moeda nacional pela última taxa. Como neste exemplo as taxas de câmbio subiram (de $ 2,00 para $ 2,04), a quantidade de dólares expressa no método corrente é menor que a do método histórico. Caso, outrossim, houver uma redução da taxa do dólar, o resultado pelo método histórico será inferior ao do método corrente.

A diferença dos resultados em função do método adotado, portanto, é a diferença dos valores do ativo total em moeda estrangeira.

	Ativo total – US$	
Método histórico	7.564,50	
Método corrente	7.475,00	
Diferença	89,50	(a diferença de centavos é devida ao arredondamento)

30.1.3 Exemplos comparativos dos métodos de conversão

Vamos desenvolver alguns exemplos simplificados para reforçar os conceitos, bem como verificar que o processo aplica-se a qualquer tipo de moeda. No primeiro exemplo consideraremos demonstrações financeiras em reais a serem convertidas em dólares.

As taxas utilizadas são:

Taxa do início do período = $ 3,00
Taxa do meio do período = $ 3,15
Taxa do fim do período = $ 3,3075

A variação nas taxas de dólares representa a inflação cambial. Temos as seguintes inflações para serem utilizadas no cômputo das perdas e ganhos monetários, que representam as perdas ou ganhos na conversão:

Inflação do período todo = 10,25% ($ 3,3075 : $ 3,00)
Inflação da segunda metade do período = 5,00% ($ 3,3075 : $ 3,15)

Tomaremos como premissa geral que os dados do balanço inicial representam o início de uma empresa. Assim, no método histórico, os itens não monetários deverão manter os valores em dólares obtidos na conversão do balanço inicial. As principais observações do exemplo são as seguintes:

a) nos dois métodos, os valores em dólares do capital social inicial são mantidos também no balanço final;
b) nos dois métodos, os valores em dólares do balanço final dos itens monetários são obtidos pela utilização da taxa de câmbio do final do período;
c) os itens não monetários, no método corrente, são divididos pela taxa de câmbio do final do período, enquanto, no método histórico, utilizam-se as taxas históricas;
d) os dados em dólares da demonstração de resultados, pelo método corrente, foram obtidos utilizando-se a taxa do final do período, enquanto no método histórico respeitaram-se as taxas históricas;
e) no método corrente, as despesas financeiras de variação cambial dos financiamentos em moeda estrangeira são consideradas como despesas financeiras. No método histórico, elas não representam custos em moeda estrangeira, uma vez que a variação cambial, em situação de alta inflação, é apenas a correção monetária, via câmbio, do endividamento financeiro em moeda estrangeira, não representando aumento da dívida;
f) as perdas na conversão no método corrente representam as perdas monetárias com inflação do dólar de todos os ativos e passivos exigíveis, incluindo os não monetários (o que é discutível);
g) as perdas na conversão no método histórico devem ser calculadas considerando os saldos iniciais e os movimentos de item monetário, uma vez que os dados da demonstração de resultados também incorporam essa premissa;
h) no método histórico, também não existe ganho na conversão sobre os financiamentos em moeda estrangeira, porque a variação cambial sobre eles não foi considerada como despesa.

Tabela 30.12 Método corrente × método histórico

	Inicial			Final					
	Moeda de origem – $	Taxa	US$	Moeda de origem – $	Método corrente			Método histórico	
					Taxa	US$		Taxa	US$
Balanço patrimonial									
Ativo									
Caixa	4.500,00	3,00	1.500,00	9.730,00	3,3075	2.941,80		3,3075	2.941,80
Dupls. a receber	12.000,00	3,00	4.000,00	14.000,00	3,3075	4.232,80		3,3075	4.232,80
Estoques	18.000,00	3,00	6.000,00	10.800,00	3,3075	3.265,31		3,00	3.600,00
Imóveis	24.000,00	3,00	8.000,00	24.000,00	3,3075	7.256,24		3,00	8.000,00
Soma	58.500,00		19.500,00	58.530,00		17.696,15			18.774,60
Passivo									
Contas a pagar	6.000,00	3,00	2.000,00	3.000,00	3,3075	907,03		3,3075	907,03
Financiamentos – ME	21.000,00	3,00	7.000,00	23.152,50	3,3075	7.000,00		3,3075	7.000,00
PL – Capital inicial	31.500,00	3,00	10.500,00	31.500,00	3,00	10.500,00		3,00	10.500,00
Lucro	0,00	3,00	0,00	877,50	3,00	(710,88)		3,00	367,57
Soma	58.500,00		19.500,00	58.530,00		17.696,15			18.774,60

	$	Taxa	US$		Taxa	US$
Resultados						
Receitas (40% dos estoques)	13.230,00	3,3075	4.000,00		3,15	4.200,00
Custo das vendas	(7.200,00)	3,3075	(2.176,87)		3,00	(2.400,00)
Despesas gerais	(3.000,00)	3,3075	(907,03)		3,15	(952,38)
Despesas financeiras – VC	(2.152,50)	3,3075	(650,79)		0,00	0,00
Lucro I	877,50		265,31			847,62
Perdas ou ganhos na conversão	0,00		(976,19)			(480,05)
Lucro II	877,50		(710,88)			367,57

PL = Patrimônio Líquido   ME = Moeda Estrangeira   VC = Variação Cambial

Explicação das perdas ou ganhos na conversão – método corrente

Perdas ou ganhos monetários	Saldo – $	Inflação	Efeito monetário		
			Em – $	Taxa US$	Em US$
SI Caixa	4.500,00	10,25%	(461,25)	3,3075	(139,46)
SI Dupls. a receber	12.000,00	10,25%	(1.230,00)	3,3075	(371,88)
SI Contas a pagar	6.000,00	10,25%	615,00	3,3075	185,94
SI Imóveis	24.000,00	10,25%	(2.460,00)	3,3075	(743,76)
SI Estoques	18.000,00	10,25%	(1.845,00)	3,3075	(557,82)
SI Financiamentos	21.000,00	10,25%	2.152,50	3,3075	650,79
Total			(3.228,75)		(976,19)

Explicação das perdas ou ganhos na conversão – método histórico

Perdas ou ganhos monetários	Saldo – $	Inflação	Efeito monetário		
			Em – $	Taxa US$	Em US$
SI Caixa	4.500,00	10,25%	(461,25)	3,3075	(139,46)
SI Dupls. a receber	12.000,00	10,25%	(1.230,00)	3,3075	(371,88)
SI Contas a pagar	6.000,00	10,25%	615,00	3,3075	185,94
SI Financiamentos	21.000,00	10,25%	0,00	3,3075	0,00
MOV Caixa	5.230,00	5,00%	(261,50)	3,3075	(79,06)
MOV Dupls. a receber	2.000,00	5,00%	(100,00)	3,3075	(30,23)
MOV Contas a pagar	(3.000,00)	5,00%	(150,00)	3,3075	(45,35)
MOV Financiamentos	2.152,50	5,00%	0,00	3,3075	0,00
Total			(1.587,75)		(480,05)
SI = Saldo Inicial MOV = Movimento do período					

Fluxo de caixa

A elaboração do fluxo de caixa deve ser coerente com os dados do balanço patrimonial e da demonstração de resultados, uma vez que todos os eventos que transitam pelo caixa estão contidos nesses dois relatórios, de forma direta ou indireta.

Em termos práticos, o relatório do fluxo de caixa em moeda estrangeira (a ser enviado pelas empresas afiliadas para a empresa mãe do grupo multinacional) pode ser confeccionado pelo setor de tesouraria ou pelo setor de controladoria. Os valores são os mesmos, mas a metodologia de elaboração é diferente.

A controladoria elabora o fluxo de caixa a partir das movimentações inter-relacionadas dos itens do balanço patrimonial com a demonstração de resultados; já a tesouraria elabora o fluxo de caixa a partir da identificação das transações que ocorreram nas contas de caixa, saldo bancário e aplicações financeiras.

Essas duas metodologias de elaboração do fluxo de caixa também permitem identificar duas metodologias de conversão do fluxo de caixa em moeda estrangeira:

a) a conversão do fluxo de caixa tendo como referência a metodologia da tesouraria, que implica na conversão, pela taxa de câmbio de cada dia, de todas as movimentações ocorridas diariamente, acumulando-as por mês e por ano, que chamaremos de método direto;
b) a conversão do fluxo de caixa tendo como referência a metodologia da controladoria, que utiliza os mesmos conceitos e taxas de conversão dos métodos corrente e histórico.

Apresentamos a seguir os dados contábeis de um período de movimentação, com os saldos iniciais e finais do balanço patrimonial já convertidos em moeda estrangeira pelos métodos corrente e histórico. Também estão apresentadas as explicações das perdas ou ganhos na conversão para os dois métodos. Os dados do exemplo são bastante similares aos do exemplo anterior. Introduzimos uma compra para estoque (feita no meio do período) e uma amortização dos financiamentos (feita no fim do período).

O fato de introduzirmos uma compra para estoque obriga a elaboração da movimentação do estoque e a assunção de um critério de valorização (no caso, assumimos Peps) para o método histórico.

Tabela 30.13 Movimentação de estoque – Método histórico – Peps

	Moeda de origem – $	Taxa	US$
Saldo inicial	18.000,00	3,00	6.000,00
(+) Compras	6.300	3,15	2.000,00
(–) Saídas – Custo das vendas	(7.200,00)	3,00	(2.400,00)
Saldo final	17.100,00		5.600,00
Composição			
do saldo inicial	10.800,00	3,00	3.600,00
das compras	6.300,00	3,15	2.000,00
= Estoque final	17.100,00		5.600,00

Tabela 30.14 Balanço patrimonial e resultados em moeda estrangeira

	Inicial			Final				
				Moeda de origem – $	Método corrente		Método histórico	
	Moeda de Origem – $	Taxa	US$		Taxa	US$	Taxa	US$
Balanço patrimonial								
Ativo								
Caixa	4.500,00	3,00	1.500,00	2.614,75	3,3075	2.941,80	3,3075	2.941,80
Dupls. a receber	12.000,00	3,00	4.000,00	12.500,00	3,3075	4.232,80	3,3075	4.232,80
Estoques	18.000,00	3,00	6.000,00	17.100,00	3,3075	3.265,31	3,00	3.600,00
Imóveis	24.000,00	3,00	8.000,00	24.000,00	3,3075	7.256,24	3,00	8.000,00
Soma	58.500,00		19.500,00	56.214,75		17.696,15		18.774,60
Passivo								
Contas a pagar	2.400,00	3,00	800,00	1.000,00	3,3075	302,34	3,3075	302,34
Fornecedores	3.600,00	3,00	1.200,00	2.000,00	3,3075	604,69	3,3075	604,69
Financiamentos – ME	21.000,00	3,00	7.000,00	20.837,25	3,3075	6.300,00	3,3075	6.300,00
PL – Capital inicial	31.500,00	3,00	10.500,00	31.500,00	3,00	10.500,00	3,00	10.500,00
Lucro	0,00	3,00	0,00	877,50	3,00	(710,88)	3,00	462,81
Soma	58.500,00		19.500,00	56.214,75		16.696,15		18.169,84

	$	Taxa	US$	Taxa	US$
Resultados					
Receitas (40% dos estoques)	13.230,00	3,3075	4.000,00	3,15	4.200,00
Custo das vendas	(7.200,00)	3,3075	(2.176,87)	3,00	(2.400,00)
Despesas gerais	(3.000,00)	3,3075	(907,03)	3,15	(952,38)
Despesas financeiras – VC	(2.152,50)	3,3075	(650,79)	0,00	0,00
Lucro I	877,50		265,31		847,62
Perdas ou ganhos na conversão	0,00		(976,19)		(384,81)
Lucro II	877,50		(710,88)		462,57

PL = Patrimônio Líquido   ME = Moeda Estrangeira   VC = Variação Cambial

Explicação das perdas ou ganhos na conversão – Método corrente

Perdas ou ganhos monetários	Saldo – $	Inflação	Efeito monetário Em – $	Taxa US$	Em US$
SI Caixa	4.500,00	10,25%	(461,25)	3,3075	(139,46)
SI Dupls. a receber	12.000,00	10,25%	(1.230,00)	3,3075	(371,88)
SI Contas a pagar	2.400,00	10,25%	246,00	3,3075	74,38
SI Fornecedores	3.600,00	10,25%	369,00	3,3075	111,56
SI Imóveis	24.000,00	10,25%	(2.460,00)	3,3075	(743,76)
SI Estoques	18.000,00	10,25%	(1.845,00)	3,3075	(557,82)
SI Financiamentos	21.000,00	10,25%	2.152,50	3,3075	650,79
Total			(3.228,75)		(976,19)
SI = Saldo inicial					

Explicação das perdas ou ganhos na conversão – Método histórico

Perdas ou ganhos monetários	Saldo – $	Inflação	Efeito monetário Em – $	Taxa US$	Em US$
SI Caixa	4.500,00	10,25%	(461,25)	3,3075	(139,46)
SI Dupls. a receber	12.000,00	10,25%	(1.230,00)	3,3075	(371,88)
SI Contas a pagar	2.400,00	10,25%	246,00	3,3075	74,38
SI Fornecedores	3.600,00	10,25%	369,00	3,3075	111,56
SI Financiamentos	21.000,00	10,25%	0,00	3,3075	0,00
MOV Caixa	(1.885,25)	5,00%	94,26	3,3075	28,50
MOV Dupls. a receber	500,00	5,00%	(25,00)	3,3075	(7,56)
MOV Contas a pagar	(1.400,00)	5,00%	(70,00)	3,3075	(21,16)
MOV Fornecedores	(1.600,00)	5,00%	(80,00)	3,3075	(24,19)
MOV Financiamentos – Amortização	2.315,25	5,00%	(115,76)	3,3075	(35,00)
Total			(1.272,75)		(384,81)
SI = Saldo Inicial MOV = Movimento do período					

Em razão de termos assumido como premissa para o método histórico que as despesas financeiras com variação cambial não ensejam despesas financeiras em moeda estrangeira, a movimentação em moeda de origem dos financiamentos deve excluir este valor, ficando assim:

	$
Saldo final de financiamentos	20.837,25
(–) Despesas financeiras – VC	(2.152,50)
(–) Saldo inicial de financiamentos	(21.000,00)
Movimentação	(2.315,25)

Movimentação do fluxo de caixa

Os valores do fluxo de caixa podem ser obtidos pela movimentação dos elementos do balanço patrimonial e da demonstração de resultados que se inter-relacionam. A tabela a seguir mostra o método de cálculo das movimentações, apresentando os valores em moeda de origem e em moeda estrangeira, pelos dois métodos de conversão.

Tabela 30.15 Cálculo das movimentações do fluxo de caixa

	Moeda de origem – $	US$ – Método corrente	US$ – Método histórico
Recebimento das vendas			
Receitas de vendas	13.230,00	4.000,00	4.200,00
(+) Saldo inicial de dupls. a receber	12.000,00	4.000,00	4.000,00
(–) Saldo final de dupls. a receber	(12.500,00)	(3.779,29)	(3.779,29)
	12.730,00	4.220,71	4.420,71
Pagamento de despesas gerais			
Despesas gerais	3.000,00	907,03	952,38
(+) Saldo inicial de contas a pagar	2.400,00	800,00	800,00
(–) Saldo final de contas a pagar	(1.000,00)	(302,34)	(302,34)
	4.400,00	1.404,69	1.450,04
Pagamento a fornecedores			
Custo das vendas	7.200,00	2.176,87	2.400,00
(+) Saldo inicial de estoques	17.100,00	5.170,07	5.600,00
(–) Saldo final de estoques	(18.000,00)	(6.000,00)	(6.000,00)
= Compras	6.300,00	1.346,94	2.000,00
(+) Saldo inicial de fornecedores	3.600,00	1.200,00	1.200,00
(–) Saldo final de fornecedores	(2.000,00)	(604,69)	(604,69)
	7.900,00	1.942,25	2.595,31
Amortização de financiamento			
Despesas financeiras	2.152,50	650,79	0,00
(+) Saldo inicial de contas a pagar	21.000,00	7.000,00	7.000,00
(–) Saldo final de contas a pagar	(20.837,25)	(6.300,00)	(6.300,00)
	2.315,25	1.350,79	700,00

Com esses dados podemos elaborar o fluxo de caixa, dentro de uma estrutura de apresentação conhecida também como método direto, que é o formato preferido pela tesouraria.

Tabela 30.16 Fluxo de caixa

	Moeda de origem – $	US$ – Método corrente	US$ – Método histórico
Recebimentos			
das vendas	12.730,00	4.220,71	4.420,71
Pagamentos			
Despesas gerais	(4.400,00)	(1.404,69)	(1.450,04)
Fornecedores	(7.900,00)	(1.942,25)	(2.595,31)
Saldo operacional	430,00	873,77	375,36
(–) Amortização de financiamentos	(2.315,25)	(1.350,79)	(700,00)
(+/–) Perdas/ganhos na conversão	0,00	(232,43)	(384,81)
Saldo de caixa do período	(1.885,25)	(709,45)	(709,45)
(+) Saldo inicial de caixa	4.500,00	1.500,00	1.500,00
= Saldo final de caixa	2.614,75	790,55	790,55

O ponto mais importante para entendimento do fluxo de caixa convertido em moeda estrangeira é saber que o valor das perdas ou ganhos na conversão, apurado na demonstração de resultados, configura-se como um valor "caixa", ou seja, representa, na realidade, saída ou entrada de dinheiro, e não apenas um evento econômico para encerramento do processo de conversão de demonstrações financeiras em moeda estrangeira.

O valor das perdas/ganhos na conversão do método histórico é exatamente o mesmo que consta na demonstração de resultados. No caso do método corrente, a diferença entre o valor apresentado no fluxo de caixa e aquele apresentado na demonstração de resultados é a perda monetária com imóveis, elemento este que não apresentou nenhuma movimentação de caixa neste período.

Perdas/ganhos na conversão/método corrente	US$
Valor na demonstração de resultados	–976,19
Valor no fluxo de caixa	–232,43
Diferença = perda monetária com imóveis	–743,76

Alocando perdas/ganhos na conversão na movimentação do fluxo de caixa

Um aprimoramento possível na apresentação do fluxo de caixa em moeda estrangeira é alocar as perdas ou ganhos na conversão de cada item do balanço patrimonial com os valores relacionados do fluxo de caixa. Assim, em vez de apresentar o valor total das perdas/ganhos na conversão numa única rubrica, eles são alocados para cada conta correspondente do fluxo de caixa. O único valor de perda/ganho que não é alocado é o relativo a perda/ganho monetário do próprio caixa, que continua sendo apresentado isoladamente. Isso pode ser feito tanto para o método corrente como para o histórico.

Tabela 30.17 Fluxo de caixa – Método corrente

Em moeda estrangeira – Alocando perdas e ganhos na conversão

	Valor inicial	Perdas/ganhos	Valor final	Contas das perdas e ganhos
Recebimentos				
das vendas	4.220,71	(371,88)	3.848,83	Duplicatas a receber
Pagamentos				
Despesas gerais	(1.404,69)	74,38	(1.330,31)	Contas a pagar
Fornecedores	(1.942,25)	(446,26)	(2.388,51)	Estoques e fornecedores
Saldo operacional	873,77	(743,76)	130,01	
(–) Amortização de financiamentos	(1.350,79)	650,79	(700,00)	Financiamentos
(+/–) Perdas/ganhos na conversão	(232,43)	(139,46)	(139,46)	Caixa
Saldo de caixa do período	(709,45)	(232,43)	(709,45)	
(+) Saldo inicial de caixa	1.500,00		1.500,00	
= Saldo final de caixa	790,55		790,55	

Tabela 30.18 Fluxo de caixa – Método histórico

Em moeda estrangeira – Alocando Perdas e Ganhos na Conversão

	Valor inicial	Perdas/ganhos	Valor final	Contas das perdas e ganhos
Recebimentos				
das vendas	4.420,71	(379,44)	4.041,27	Duplicatas a receber
Pagamentos				
Despesas gerais	(1.450,04)	53,21	(1.396,83)	Contas a pagar
Fornecedores	(2.595,31)	87,38	(2.507,94)	Fornecedores
Saldo operacional	375,36	(238,85)	136,51	
(–) Amortização de financiamentos	(700,00)	(35,00)	(735,00)	Financiamentos
(+/–) Perdas/ganhos na conversão	(384,81)	(110,96)	(110,96)	Caixa
Saldo de caixa do período	(709,45)	(384,81)	(709,45)	
(+) Saldo inicial de caixa	1.500,00		1.500,00	
= Saldo final de caixa	790,55		790,55	

Com relação ao método histórico deste exemplo, por termos assumido que a amortização do financiamento aconteceu ao final do período – enquanto todas as demais movimentações foram consideradas como do meio do período –, o valor em dólares incorpora US$ 35,00 da perda monetária do movimento desta conta. O ajuste recomendável seria tirar este valor e incorporá-lo como perda monetária do caixa.

Conversão direta

Este método é aderente ao fluxo de caixa elaborado pela tesouraria e tem como critério básico dividir os valores em moeda de origem pelas taxas de câmbio do dia das transações. No nosso exemplo, se considerarmos como data das transações a data de final de mês, a conversão direta seria similar ao método corrente. Considerando as datas de cada transação, o método seria similar ao histórico.

O valor das perdas e ganhos na conversão pelo método direto refere-se apenas às perdas ou ganhos monetários com o saldo de caixa. O método da conversão direta acaba por ser idêntico ao método da movimentação das contas com a alocação dos ganhos e perdas na conversão em cada rubrica do fluxo de caixa.

Tabela 30.19 Fluxo de caixa – Método direto/corrente

	Moeda de origem – $	Taxa	US$
Recebimentos			
das vendas	12.730,00	3,3075	3.848,83
Pagamentos			
despesas gerais	(4.400,00)	3,3075	(1.330,31)
fornecedores	(7.900,00)	3,3075	(2.388,51)
Saldo operacional	430,00		130,01
(–) Amortização de financiamentos	(2.315,25)	3,3075	(700,00)
(+/–) Perdas/ganhos na conversão	0,00		(139,46)
Saldo de caixa do período	(1.885,25)		(709,45)
(+) Saldo inicial de caixa	4.500,00	3,00	1.500,00
= Saldo final de caixa	2.614,75	3,3075	790,55

Tabela 30.20 Fluxo de caixa – Método direto/histórico

	Moeda de origem – $	Taxa	US$
Recebimentos			
das vendas	12.730,00	3,1500	4.041,27
Pagamentos			
despesas gerais	(4.400,00)	3,1500	(1.396,83)
fornecedores	(7.900,00)	3,1500	(2.507,94)
Saldo operacional	430,00		136,51
(–) Amortização de financiamentos	(2.315,25)	3,3075	(700,00)
(+/–) Perdas/ganhos na conversão	0,00		(145,96)
Saldo de caixa do período	(1.885,25)		(709,45)
(+) Saldo inicial de caixa	4.500,00	3,00	1.500,00
= Saldo final de caixa	2.614,75	3,3075	790,55

30.2 Abordagem normativa e técnica

As normas contábeis brasileiras, norte-americanas e internacionais que tratam do assunto conversão de demonstrações contábeis em moeda estrangeira são as seguintes, respectivamente: CPC 2, SFAS 52 e IAS 21.

No processo de conversão de demonstrações contábeis em moeda estrangeira existem diversos métodos distintos a serem observados, os quais serão aplicados de acordo com a necessidade da companhia, com o contexto econômico do país onde a companhia objeto da conversão esteja localizada e dos objetivos e critérios contábeis adotados por ela.

Assim, regra geral, são evidenciados a seguir os métodos de conversão de demonstrações contábeis em moeda estrangeira, onde a escolha do método ideal a ser fixado pela companhia partirá da avaliação do que melhor represente os objetivos dessa conversão. Os métodos são:

- corrente;
- histórico ou monetário e não monetário;
- temporal.

As principais diferenças entre os métodos de conversão estão na aplicação das taxas de câmbio históricas ou correntes às contas contábeis dos ativos e passivos.

Método corrente

O método corrente de conversão de demonstrações contábeis em moeda estrangeira tem como fundamentação básica a utilização da taxa de câmbio corrente ou de fechamento aos ativos e passivos exigíveis. Já para os itens integrantes do patrimônio líquido, a taxa de câmbio utilizada é a histórica, e para as receitas e despesas, a taxa de câmbio média ou histórica do período de sua formação.

Sendo assim, por esse método teríamos a seguinte visão para a conversão do balanço patrimonial de uma companhia:

Quadro 30.1 Taxas de câmbio para conversão do balanço patrimonial pelo método corrente

Ativos	Passivos
Taxa de fechamento	Taxa de fechamento
	Patrimônio líquido
	Taxa histórica

Vale ressaltar que os ganhos e perdas decorrentes da variação cambial ocorrida nas taxas de câmbio do período em análise serão classificados no patrimônio líquido da companhia, em uma conta contábil individual chamada *Cumulative Translation Adustments* (CTA).

A aplicação do método corrente somente pode ser concretizada em companhias que estejam localizadas em países cuja economia seja considerada estável. Tal método pode ser contrário aos princípios contábeis no que se refere aos ativos e passivos avaliados pelo custo histórico, os quais, quando convertidos à taxa de fechamento, poderão provocar distorções nas demonstrações contábeis pela não observação do princípio do custo como base de valor, tratando-se de variações cambiais ocorridas no período.

A seguir damos um exemplo simples de conversão em dólar norte-americano (US$) de um ativo imobilizado expresso em real brasileiro (R$) e avaliado ao custo histórico.

Ativo imobilizado	Valor em R$	Taxa histórica na data da aquisição	Valor em US$	Taxa de fechamento na data do balanço patrimonial	Valor em US$ convertido pela taxa de fechamento em R$ na data do balanço
Veículo	R$ 10.000,00	R$ 2,00	US$ 5.000,00	R$ 2,05	US$ 4.878,05

Pelo exemplo acima observa-se que o valor do ativo imobilizado em real (R$) na data de sua aquisição foi registrado na contabilidade por R$ 10.000,00, com valor em dólar (US$) de US$ 5.000,00. Entretanto, ao final do período, quando de sua conversão em dólares (US$) pela taxa de câmbio corrente na data do balanço, chega-se a um valor de US$ 4.878,05, que é diferente do registrado na contabilidade pelo custo histórico de US$ 5.000,00, não refletindo o valor do custo de aquisição do ativo imobilizado em moeda de relatório.

Pode-se observar ainda que, caso não houvesse variação na taxa de câmbio, o valor do custo de aquisição do ativo imobilizado, expresso em reais (R$) ou em dólares (US$), não sofreria alteração e não apresentaria distorções aos princípios contábeis.

Método histórico ou monetário e não monetário

Por este método, os itens patrimoniais que integram o balanço patrimonial de uma companhia são classificados em:

a) **monetários**: são ativos e passivos que serão realizados ou exigidos em dinheiro, como, por exemplo, disponibilidades, duplicatas a receber e descontadas, depósitos compulsórios, duplicatas a pagar, salários a pagar, impostos a recolher, entre outros. Os ativos e passivos monetários são convertidos pela taxa de câmbio corrente ou de fechamento, e quando verificamos flutuações em taxas de câmbio em determinado período observamos o surgimento de ganhos ou perdas na conversão. Assim, supõe-se que esses ganhos e perdas são realizados, pois são itens monetários e, portanto, devem ser classificados no resultado do exercício, em conta específica denominada *Translation Gain or Loss* (TGL);

b) **não monetários**: são bens, direitos ou obrigações que serão realizados ou exigidos em bens e serviços, como, por exemplo, estoques, despesas antecipadas, adiantamentos a fornecedores, ativo permanente investimentos, ativo permanente imobilizado, ativo permanente diferido, adiantamentos de clientes, resultados de exercícios futuros e patrimônio líquido. Esses itens são convertidos em moeda estrangeira à taxa de câmbio histórica e observam o princípio do custo como base de valor.

Para as receitas e despesas, utiliza-se a taxa histórica ou taxa de câmbio média do período em questão.

Portanto, o método monetário e não monetário utiliza, de forma resumida, as seguintes taxas de câmbio para conversão em moeda estrangeira do balanço patrimonial:

Quadro 30.2 Taxas de câmbio para conversão do balanço patrimonial pelo método monetário e não monetário

Ativos	Taxas de câmbio	Passivos e patrimônio líquido	Taxas de câmbio
Monetários	Taxa corrente	Monetários	Taxa corrente
Não monetários	Taxa histórica	Não monetários	Taxa histórica
		Patrimônio líquido	Taxa histórica

Percebe-se, então, que a utilização desse método de conversão pode ser adequada em companhias que estejam localizadas em países hiperinflacionários com sistema de câmbio flutuante, onde há constante flutuação nas taxas de câmbio e nos índices de preços que medem a inflação, levando-a a patamares desconcertantes, bem como em países que utilizam o conceito do custo histórico para os ativos e passivos não monetários. No entanto, em países que utilizam o princípio do custo histórico corrigido monetariamente, ou custo de reposição, esse método não deve ser utilizado, visto que os aspectos inflacionários poderão estar refletidos nos ativos e passivos não monetários pela aplicação da correção monetária.

Essa discussão abre espaço para que se questione alguns conceitos ligados ao seguinte assunto: essência do fato contábil sobre a formalidade jurídica.[3] Entretanto, este capítulo não tem a pretensão de discorrer sobre o assunto.

Dessa forma, tem-se um exemplo a seguir, sobre as considerações de conversão dos itens monetários e não monetários, como forma de propiciar uma melhor análise.

Itens patrimoniais	Monetário/ não monetário	Valor em R$	Taxas de câmbio	Valor da taxa de câmbio	Valor em US$
Caixa	Monetário	R$ 200.000,00	Corrente	R$ 2,00	US$ 100.000,00
Imobilizado	Não monetário	R$ 700.000,00	Histórica	R$ 1,80	US$ 388.888,89
Fornecedores	Monetário	R$ 90.000,00	Corrente	R$ 2,00	US$ 45.000,00

Considerando a taxa de câmbio corrente de R$ 2,00, obtém-se um valor equivalente a US$ 100.000,00; para o dinheiro em caixa e para a obrigação de fornecedores tem-se um montante de US$ 45.000,00. Por outro lado, o ativo não monetário imobilizado que foi convertido à taxa de câmbio histórica da data de sua aquisição, que era de R$ 1,80, chegou a perfazer um montante de US$ 388.888,89 ao final de um certo período, isto é, ele foi mantido à taxa histórica.

Método temporal

O método temporal é uma adaptação dos métodos corrente e monetário e não monetário, podendo ser aplicado em quaisquer circunstâncias de economia ou princípios contábeis. Segundo este método, a taxa de câmbio a ser aplicada na conversão é determinada pela base de mensuração empregada no sistema contábil pelos valores passados, presentes e futuros dos itens patrimoniais. Então, os itens registrados em termos de custos históricos (estoques, ativos permanentes, patrimônio líquido, entre outros) serão convertidos à taxa de câmbio histórica, e os itens registrados em termos de custos correntes (contas a receber e a pagar e aplicações financeiras indexadas e atualizadas até a data do balanço patrimonial ou balancete intermediário mensal) ou custos futuros (duplicatas a receber e a pagar avaliadas pelo valor nominal/futuro) serão convertidos à taxa de câmbio corrente.

Observa-se que, em períodos inflacionários, os itens registrados a custos futuros convertidos à taxa corrente não representam o valor adequado da operação no dia de seu vencimento, visto

---

[3] Significa dizer que quando ocorrer entendimentos diferentes entre a forma jurídica de uma operação (aqui tratamos de aspectos legais) a ser contabilizada e sua essência econômica, a contabilidade deverá observar a essência econômica dessa operação.

que o valor resultante da conversão é diferente do valor que será realizado ou exigido na data do vencimento da respectiva operação. Isto é, suponhamos que uma companhia apresente um saldo de duplicatas a receber na data do balanço patrimonial na ordem de R$ 100.000,00, e a taxa de câmbio corrente para o dólar norte-americano nessa mesma data é de R$ 2,00, com montante total a receber em dólar, convertido por essa taxa, igual a US$ 50.00,00. Ao considerar-se que o valor a receber na data do vencimento seja o mesmo, ou seja, R$ 100.000,00, mas que a taxa de câmbio na data do vencimento passou para R$ 2,20, tem-se, pois, o valor a receber em dólar de US$ 45.454,55. Na verdade, verifica-se uma diferença de US$ 4.545,45, decorrente da variação cambial, que representa uma perda na conversão, pois o valor a receber na data do balanço patrimonial é diferente do valor na data de vencimento da duplicata.

Neste caso, no primeiro momento, o melhor seria trazer a valor presente da data do balanço patrimonial a conta a receber expressa em reais e convertê-la à taxa corrente.

O método temporal pode apresentar resultados próximos aos do método corrente, quando aplicável em países de economia estável, onde não há tantas variações no câmbio e nem taxas de inflações altas, visto que os itens patrimoniais estarão bem próximos do valor presente e serão convertidos à taxa corrente.

Assim, o método temporal é o de maior aceitação na área profissional, pois se enquadra em qualquer tipo de economia e princípios contábeis.

Santos (1980) esclarece que:

"Este método é o de maior aceitação e o mais utilizado dentre o consenso profissional e alcança um dos principais objetivos da conversão, que é o de manter as bases de medição dos itens das demonstrações financeiras, isto é, converter os ativos e passivos escriturados a preços passados ou correntes, mantendo desta forma os princípios contábeis utilizados para medir tais demonstrações."

Sendo assim, o quadro a seguir apresenta, resumidamente, as taxas de câmbio utilizadas para a conversão do balanço patrimonial:

Quadro 30.3 Taxas de câmbio para conversão do balanço patrimonial pelo método temporal

Ativos	Taxas de câmbio	Passivos e patrimônio líquido	Taxas de câmbio
Avaliados aos custos históricos	Taxa histórica	Avaliados aos custos históricos	Taxa histórica
Avaliados aos custos correntes ou futuros	Taxa corrente	Avaliados aos custos correntes ou futuros	Taxa corrente

As receitas e despesas serão convertidas às taxas médias geradas no período em análise ou históricas.

Os ganhos e perdas resultantes da conversão serão apropriados conforme uma avaliação do contexto econômico do país onde se encontra a companhia. Assim, se uma companhia encontra-se em um país onde não são constantes as variações no câmbio e a economia é estável, os ganhos e perdas serão apropriados no patrimônio líquido. No entanto, caso a economia seja considerada de alta inflação, com constantes e elevadas variações no câmbio, os ganhos e perdas serão registrados no resultado do período.

Comparação entre os métodos de conversão

Para possibilitar melhor avaliação e comparação entre os diversos métodos aplicados ao processo de conversão de demonstrações contábeis em moeda estrangeira, o quadro a seguir apresenta um comparativo que avalia as taxas de câmbio para conversão de ativos, passivos, patrimônio líquido, receitas e despesas, bem como apresenta o tratamento contábil a ser observado aos ganhos e perdas na conversão.

Quadro 30.4 Comparação entre os métodos de conversão

Itens	Método corrente	Método histórico ou monetário e não monetário	Método temporal
Ativos monetários	Taxa de fechamento	Taxa corrente	Taxa corrente
Ativos não monetários	Taxa de fechamento	Taxa histórica	Taxa histórica
Passivos monetários	Taxa de fechamento	Taxa corrente	Taxa corrente
Passivos não monetários	Taxa de fechamento	Taxa histórica	Taxa histórica
Patrimônio líquido	Taxa histórica	Taxa histórica	Taxa histórica
Receitas e despesas	Taxa média ou histórica	Taxa média ou histórica	Taxa média ou histórica
Ativos e passivos avaliados pelo custo histórico	Taxa de fechamento	Taxa histórica	Taxa histórica
Ativos e passivos avaliados pelos custos correntes ou futuros	Taxa de fechamento	Taxa corrente	Taxa corrente, com possibilidade de aceitação do valor presente para custos futuros antes da conversão
Ganhos ou perdas na conversão	Apropriados ao patrimônio líquido	Apropriados ao resultado	Apropriados conforme contexto econômico do país onde se encontra a companhia

Para fins de análise de resultados, apresentamos na Tabela 30.21 um caso de uma companhia subsidiária mexicana que apresentou seu balanço patrimonial em moeda mexicana e o converteu para a moeda dos Estados Unidos.

Tabela 30.21 Balanço patrimonial de subsidiária mexicana convertido para a moeda norte-americana

Itens	Moeda mexicana	Método corrente (US$)	Método histórico ou monetário e não monetário (US$)	Método temporal (US$)
Ativo				
Caixa	3,000	390	390	390
Contas a receber	6,000	780	780	780
Estoques	9,000	1,170	1,440	1,170
Ativos fixos	18,000	2,340	2,880	2,880
Total	**36,000**	**4,680**	**5,490**	**5,220**
Passivo + patrimônio líquido				
Obrigações de c. prazo	9,000	1,170	1,170	1,170
Obrigações de l. prazo	12,000	1,560	1,560	1,560
Patrimônio líquido	15,000	1,950	2,760	2,490
Total	**36,000**	**4,680**	**5,490**	**5,220**
Ganho/perda na tradução	–	(450)	360	90

Fonte: CHOI; FROST e MEEK, 1999, p.172-3.

A tabela anterior apresenta um balanço patrimonial de uma subsidiária mexicana que foi convertido para moeda norte-americana, de acordo com os métodos de conversão corrente, monetário e não monetário e temporal, a fim de evidenciar alterações nos montantes que formam os itens patrimoniais, ora representados no balanço patrimonial, a partir da aplicação dos diferentes métodos. Essa tabela ainda mostra os ganhos e perdas na conversão, quando da aplicação dos diferentes métodos utilizados para conversão dos itens patrimoniais. No que se refere aos ganhos e perdas gerados pela conversão, tem-se que o método corrente apresentou uma perda na ordem de US$ 450,00, enquanto pelo método monetário e não monetário observamos um ganho de US$ 360,00. Já pela aplicação do método temporal, foi verificado um ganho de US$ 90,00.

30.2.1 Critérios da conversão em US Gaap

A aplicação do SFAS 52 afetará os relatórios contábeis das companhias que operam em países estrangeiros (fora dos Estados Unidos), onde se tem tratamento contábil distinto para as diferentes características operacionais e econômicas dos diversos tipos de operações estrangeiras. O Pronunciamento do Fasb em questão estabelece normas para a divulgação e contabilização de operações estrangeiras em demonstrações contábeis da companhia que reporta informações, além de apresentar quais são os métodos ideais de conversão de demonstrações contábeis em moeda estrangeira conforme o US Gaap.

Objetivos da conversão conforme o SFAS 52

O SFAS 52 relata que o objetivo das demonstrações contábeis é apresentar informações em termos contábeis e financeiros sobre o desempenho, situação financeira e fluxos de caixa de uma companhia. Assim, observando um grupo econômico onde existem diversas companhias que operam em sistemas econômicos e monetários distintos e que são controladas por uma única companhia, aqui chamada de "matriz" ou "controladora dos negócios", verificamos a necessidade de consolidação e divulgação dos resultados contábeis, financeiros e econômicos para que possamos obter demonstrações contábeis consolidadas (globais) de uma única companhia.

Como não é possível consolidar valores expressos em moedas diferentes nas demonstrações contábeis, é necessário converter todos os itens dessas demonstrações em uma única moeda que será objetivo de relatório. Portanto, a conversão de demonstrações contábeis em moeda estrangeira, segundo o SFAS 52, em seu Parágrafo 4º, itens a e b (Fasb, 1981), tem os seguintes objetivos:

a. fornecer informações compatíveis com os efeitos econômicos esperados de uma alteração nas taxas de câmbio sobre o fluxo de caixa ou patrimônio líquido de uma empresa;
b. refletir nas demonstrações consolidadas os resultados financeiros e as relações financeiras de entidades individuais consolidadas, como medidos em suas moedas funcionais, em conformidade com os princípios contábeis geralmente aceitos nos Estados Unidos.

Avaliação de economias estáveis e inflacionárias sob a ótica do SFAS 52

Considerando que as demonstrações contábeis devem refletir as situações econômicas, financeiras e patrimoniais de companhias, e ainda que essas companhias estão localizadas em países com inflação, a prática de correção monetária baseada na inflação deve ser observada para resguardar uma visão mais realista e atualizada dessas companhias. Entretanto, vale ressaltar que não é pretensão deste capítulo abordar a prática de correção monetária.

O Fasb, através do SFAS 52, considera um país como de economia altamente inflacionária aquele em que a inflação acumulada dos últimos três anos atinja aproximadamente 100%, ou que seja superior a esse percentual. Isto é, economia inflacionária é aquela em que a inflação representa taxas acumuladas superiores ou aproximadas a 100%. Partindo desse princípio, consideramos, então, economias estáveis aquelas em que as taxas de inflação acumuladas sejam inferiores e não muito próximas a 100% nos últimos três anos.

O Brasil sempre foi considerado um país com economia hiperinflacionária, sendo necessária a aplicação da correção monetária nas demonstrações contábeis das companhias brasileiras, até a edição do Plano Real, em 1994, quando sua economia passou a estabilizar-se, sendo reconhecida como de baixa inflação a partir de 1º de julho de 1997.

No Brasil, em dezembro de 1999, o Instituto Brasileiro de Contadores (Ibracon, 1999) emitiu o Comunicado nº 006/99, orientando a plena aplicação do princípio da atualização monetária, do Conselho Federal de Contabilidade (CFC), na elaboração das demonstrações contábeis para o exercício de 1999, em moeda de capacidade aquisitiva constante (Correção Monetária Integral – CMI), considerando que a inflação para 1999 era estimada em aproximadamente 20%, com base no Índice Geral de Preços – Mercado (IGP-M), da Fundação Getúlio Vargas (FGV).

A finalidade principal desse procedimento orientado pelo Ibracon é o reconhecimento dos efeitos da alteração do poder aquisitivo da moeda nacional nos registros contábeis, através do ajustamento da expressão formal dos valores dos componentes patrimoniais.

Portanto, o percentual de 100% utilizado pelo Fasb para determinação de economias estáveis e inflacionárias pode levar a uma conclusão de que esse percentual é inadequado, tratando-se dos seguintes aspectos:

- a perda do poder aquisitivo da moeda provoca insensibilidade em relação aos valores que nos são apresentados nas relações econômicas. Isso chega a provocar distorções nas demonstrações contábeis e consequentemente as análises efetuadas através dessas informações poderão estar totalmente defasadas;
- países que normalmente são citados como exemplos de economia estável têm inflação anual considerada desprezível, mas os efeitos da inflação devem ser considerados em seus valores acumulados, e não anualmente. Quando se toma períodos um pouco mais longos, por exemplo cinco ou dez anos, percebe-se que os efeitos da inflação, quando não considerados nas demonstrações contábeis, poderão ser desastrosos, pois prejudicarão avaliações adequadas de rentabilidade, afetarão pagamentos de imposto de renda, dividendos etc.;
- a experiência brasileira de convivência com altas taxas de inflação propiciou a criação de modelos de reconhecimento dos efeitos inflacionários nas demonstrações contábeis que podem ser considerados extremamente técnicos e eficientes. Essa experiência e convivência nos fizeram entender que são inadequados os limites fixados pelo Fasb, de 100% acumulados em três anos, para considerar uma economia inflacionária.

Ressalta-se que o Brasil, após o Plano Real, passou a ser considerado país de economia estável a partir de 1º de julho de 1997, quando a inflação acumulada dos últimos três anos ficou abaixo de 100%. Esse novo contexto econômico do Brasil trouxe mudanças nos processos de conversão de demonstrações contábeis em moeda estrangeira para companhias aqui instaladas no que se refere à determinação da moeda funcional.

Toda essa discussão sobre economias estáveis e inflacionárias servirá para que as companhias possam determinar a moeda funcional e o melhor método para fins de conversão de suas demonstrações contábeis, de acordo com o SFAS 52.

A moeda funcional

Como vimos anteriormente, a moeda funcional de uma companhia é a moeda do sistema econômico principal em que ela opera ou que gera e despende recursos. Assim, a moeda funcional pode ser o dólar norte-americano ou uma moeda estrangeira, a exemplo do real brasileiro, dependendo dos fatores econômicos e operacionais de determinação dessa moeda funcional.

A determinação da moeda funcional a ser adotada pela companhia irá depender, entre outros fatores, do contexto econômico do país em que essa companhia subsidiária esteja instalada.

Um país considerado pelo Fasb como de economia hiperinflacionária não poderá utilizar a moeda local como funcional, sendo a moeda do país onde a companhia matriz esteja localizada a moeda funcional a ser utilizada, porque é mais estável do que a local. Portanto, caso a matriz esteja localizada nos Estados Unidos, o dólar será a moeda funcional. Entretanto, quando companhias estrangeiras subsidiárias estiverem localizadas em um país com economia estável, a moeda local desse país poderá ser considerada como moeda funcional. Para exemplificar melhor esse aspecto, considere que a companhia norte-americana João Pessoa, com sua subsidiária no Brasil, a João Pessoa do Brasil, país considerado pelo Fasb de economia estável pela interpretação técnica do SFAS 52, poderá adotar a moeda local do Brasil (Real – R$) como sua moeda funcional no que diz respeito à João Pessoa do Brasil.

Todas essas considerações a respeito da moeda funcional têm como fundamentação básica a escolha do método de conversão das demonstrações contábeis que melhor represente a situação patrimonial, financeira e econômica de companhias localizadas fora dos Estados Unidos.

O Fasb esclarece, no Apêndice A do SFAS 52 (Fasb, 1981), que os fatores econômicos evidenciados a seguir devem ser considerados tanto individual como coletivamente para determinação da moeda funcional. São eles:

a. Indicadores de fluxo de caixa
  1) Moeda estrangeira – Os fluxos de caixa relacionados com os ativos e passivos individuais da entidade estrangeira são principalmente em moeda estrangeira e não têm impacto direto sobre os fluxos de caixa da matriz.
  2) Moeda da matriz – Os fluxos de caixa relacionados com os ativos e passivos individuais da entidade estrangeira têm impacto direto sobre os fluxos de caixa correntes da matriz e são prontamente disponíveis para a remessa à matriz.

b. Indicadores de preço de vendas
  1) Moeda estrangeira – Os preços de venda dos produtos da entidade estrangeira não reagem a curto prazo a alterações das taxas de câmbio, mas são principalmente determinados pela concorrência local ou por regulamentação do governo local.
  2) Moeda da matriz – Os preços de venda dos produtos da entidade estrangeira reagem a curto prazo a alterações das taxas de câmbio; por exemplo, os preços de venda são determinados mais pela concorrência mundial ou por preços internacionais.

c. Indicadores do mercado de vendas
  1) Moeda estrangeira – Existe um mercado de vendas local ativo para os produtos da entidade estrangeira, embora talvez haja também montantes significativos para exportações.
  2) Moeda da matriz – O mercado de vendas é principalmente o país da matriz ou os contratos de vendas são denominados na moeda da matriz.

d. Indicadores de despesas
  1) Moeda estrangeira – Os custos de mão de obra, materiais e outros custos dos produtos ou serviços da entidade estrangeira são principalmente custos locais, mesmo havendo importações de outros países.
  2) Moeda da matriz – Os custos de mão de obra e outros custos dos produtos ou serviços da entidade estrangeira, em base contínua, são principalmente custos de componentes obtidos do país em que a matriz está localizada.

e. Indicadores dos financiamentos
  1) Moeda estrangeira – O financiamento é principalmente denominado em moeda estrangeira e os fundos gerados pelas operações da entidade estrangeira são suficientes para o serviço das dívidas existentes e normalmente esperadas.
  2) Moeda da matriz – O financiamento é feito principalmente pela matriz ou os outros compromissos denominados em dólares, ou os fundos gerados pelas operações da entidade estrangeira não serão suficientes para o serviço das dívidas existentes, ou normalmente esperadas, sem a injeção de fundos adicionais por parte da matriz. A injeção de fundos adicionais pela matriz para fins de expansão não conta como fator se os fundos gerados pela ampliação das operações da entidade estrangeira forem suficientes para atender a esse financiamento adicional.

f. Indicadores de transações e de acordos intercompanhias
   1) Moeda estrangeira – Há um pequeno volume de transações internacionais e não há uma grande interligação entre as operações da entidade estrangeira e da matriz. Entretanto, as operações da entidade estrangeira podem confiar-se nas vantagens que a matriz ou afiliadas oferecem sobre os concorrentes, tais como patentes e marcas.
   2) Moeda da matriz – Há um grande volume de transações internacionais e há uma grande interligação entre as operações da entidade estrangeira e da matriz. Além disso, a moeda da matriz geralmente é a moeda funcional quando a entidade estrangeira é um instrumento ou empresa auxiliar destinada a deter investimentos, obrigações, ativos intangíveis etc. que poderiam ser facilmente contabilizados nos livros da matriz ou de uma afiliada.

Na verdade, todos esses indicadores revelam que uma companhia estrangeira pode ter mais do que uma operação separável e diferente. Por exemplo, uma companhia estrangeira pode realizar operações de vendas de produtos fabricados pela matriz (importação e revenda) e outra operação de fabricação e venda da produção própria dessa companhia. O ponto é que, caso essas duas operações forem conduzidas em ambientes econômicos distintos, elas podem ter distintas moedas funcionais. Entretanto, podemos encontrar também situações como a de uma companhia subsidiária localizada na França que mantém suas principais transações com outras companhias francesas, caso em que teríamos como moeda local e funcional o euro, e moeda de relatório o dólar norte-americano. Suponhamos agora que essa companhia mantenha suas principais operações com uma companhia do Brasil. Nesse caso, a moeda local será o euro, a moeda funcional o real brasileiro e a moeda de relatório o dólar norte-americano.

O Fasb, nos casos em que os indicadores sejam confusos e a moeda funcional não seja tão evidente e óbvia, deixa a cargo da administração da companhia a determinação da moeda funcional que retrate mais fielmente a situação patrimonial, financeira e econômica decorrente das operações realizadas por essa companhia e que, portanto, melhor alcança os objetivos de conversão propostos pelo próprio Fasb.

Após a determinação da moeda funcional, esta deve ser utilizada pela companhia até que haja possíveis alterações significativas em contextos econômicos e outras circunstâncias que indiquem, de forma clara, que a moeda funcional mudou. Esse fato não deve refletir alterações nas demonstrações contábeis anteriores à alteração da moeda funcional.

Após todas as considerações, tem-se a seguinte visão no que se refere à determinação da moeda funcional e o método de conversão das demonstrações contábeis para companhias brasileiras que mantenham ações em bolsas de valores dos estados e companhias norte-americanas instaladas no Brasil:

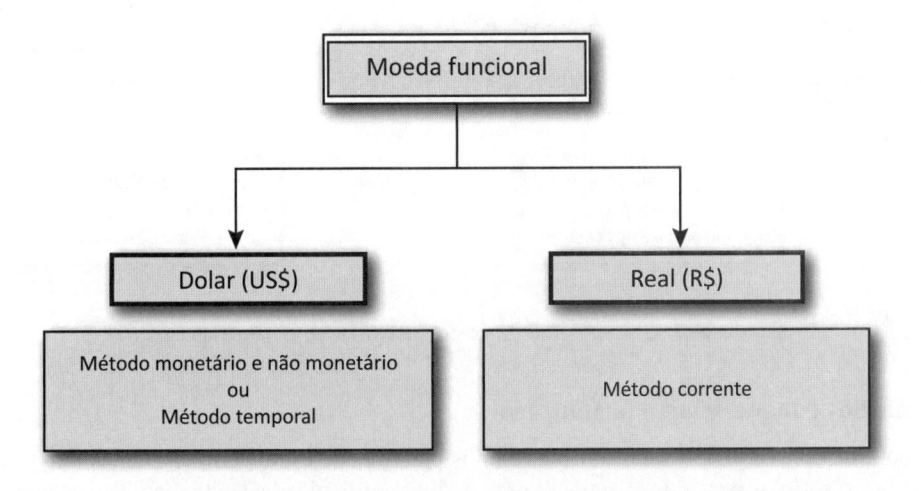

Figura 30.5 Determinação da moeda funcional e do método de conversão.

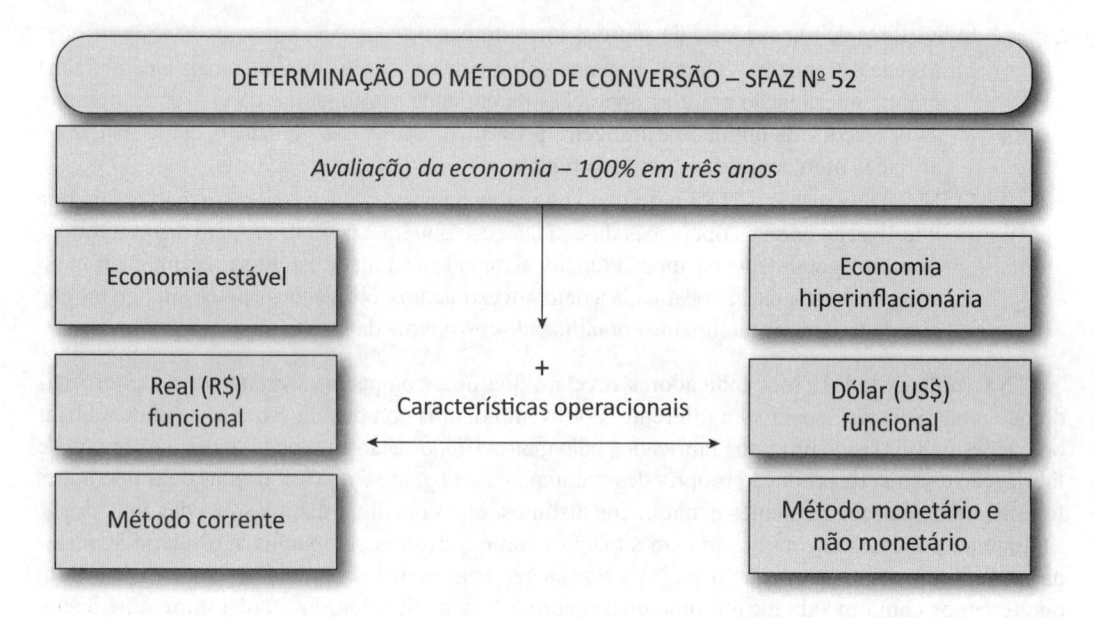

Figura 30.6 Ambiente econômico e método de conversão.

Aspectos da remensuração das demonstrações contábeis em moeda funcional

O processo de remensuração das demonstrações contábeis em moeda funcional, determinado pelo SFAS 52, consiste na passagem das demonstrações contábeis de companhias estrangeiras expressas em moeda local para moeda funcional e desta para a moeda de relatório, observados os diferentes métodos de conversão para cada situação. Sendo assim, temos a seguinte figura explicativa para países de economia estável:

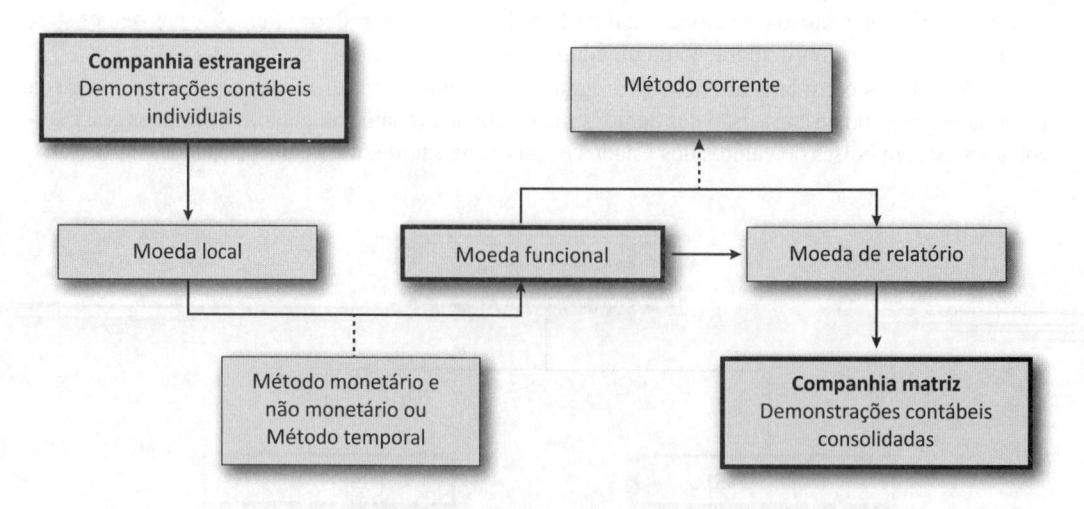

Figura 30.7 Remensuração de demonstrações contábeis para moeda funcional.

Controle dos estoques e ativo imobilizado

Os estoques e o ativo imobilizado são convertidos para moeda estrangeira em função das datas de sua formação e são os itens que trazem um grau maior de dificuldade e complexidade na conversão de demonstrações contábeis, por sua rotatividade, volume e formas de avaliação. O ideal seria que as companhias adotassem o conceito de contabilidade em moeda estrangeira pelo menos para esses itens, como forma de obtenção mais rápida e correta dos valores em dólares, por exemplo.

O Fasb relata, ainda, que os estoques devem seguir a regra custo ou mercado, dos dois o menor, os estoques contabilizados em outra moeda pelo custo devem ser primeiro reavaliados pelo custo na moeda funcional usando taxas de câmbios históricas. Em seguida, o custo histórico na moeda funcional deve ser comparado com o valor de mercado, conforme apresentado na moeda funcional, para possíveis lançamentos de provisão para desvalorização de estoques.

Reavaliação dos livros em moeda funcional

Caso os livros da companhia não sejam lançados em sua moeda funcional, o SFAS 52 exige que sejam reavaliados pela moeda funcional antes do processo de conversão. Os principais itens não monetários do balanço patrimonial e as respectivas contas de receita, despesa, lucros e perdas que devem ser reavaliadas utilizando taxas de câmbio históricas para que possam produzir o mesmo resultado em termos da moeda funcional caso tivessem sido inicialmente considerados nessa moeda, são os seguintes:

- participações societárias;
- estoques contabilizados pelo custo;
- despesas antecipadas;
- imobilizado;
- depreciação acumulada;
- patentes, marcas registradas, licenças e fórmulas;
- fundo de comércio;
- outros ativos intangíveis;
- ativos e passivos diferidos, exceto imposto de renda diferido e custos de aquisição de apólices no caso de seguradoras;
- receitas diferidas;
- ações ordinárias;
- ações preferenciais contabilizadas pelo custo de emissão;
- custo de mercadorias vendidas;
- amortização de itens intangíveis, tais como fundo de comércio, patentes etc.;
- amortização de ativos ou passivos diferidos.

30.2.2 Critérios da conversão em IFRS e BR Gaap

A IAS 21 e o CPC 2 são normas semelhantes em seus aspectos relevantes e tratam da contabilização e conversão de transações e demonstrações contábeis em moeda estrangeira, não sendo aplicáveis diretamente aos instrumentos financeiros derivativos em moeda estrangeira, os quais são regulamentados pela IAS 39 e o CPC 38. Suas principais questões relacionam-se à adoção de taxas de câmbio e o reconhecimento das variações cambiais.

Definições de termos

Alguns termos são definidos a seguir para melhor entendimento da norma:

- **moeda funcional:** é a moeda do ambiente econômico principal no qual a empresa opera, gerando fluxos de caixa;
- **moeda estrangeira:** é qualquer moeda que não seja a moeda funcional da empresa;
- **moeda de apresentação:** é a moeda de apresentação das demonstrações financeiras (moeda de relatório);

- **unidade operacional estrangeira:** é uma empresa subsidiária, associada, empreendimento conjunto ou sucursal da empresa controladora que divulga as demonstrações financeiras, cujas atividades sejam baseadas ou conduzidas num país diferente ou numa outra moeda que não o país ou a moeda da controladora;
- **investimento líquido em uma unidade operacional estrangeira:** é o montante do investimento societário mantido pela controladora sobre o patrimônio líquido (ativos líquidos) da unidade operacional estrangeira (subsidiária etc.);
- **itens monetários:** são ativos e passivos que serão realizados financeiramente em dinheiro. Exemplos: caixa, banco, aplicação financeira, contas a receber, contas a pagar, empréstimos e financiamentos;
- **itens não monetários:** são ativos e passivos que não são realizados em unidades monetárias (dinheiro), mas em bens e serviços. Exemplos: adiantamentos, *goodwill*, estoques e imobilizado.

Moeda funcional

A moeda funcional de uma empresa é determinada a partir da avaliação dos seguintes indicadores principais:

- preços de vendas dos produtos e serviços;
- custos de produção e serviços;
- financiamentos.

A IAS 21 relata que, quando os indicadores não deixarem claro qual é a moeda funcional da empresa, a administração pode julgar e tomar a decisão final na determinação da moeda funcional que melhor represente os efeitos econômicos das transações. A referida norma ainda sugere que, se a moeda funcional for a moeda de uma economia hiperinflacionária, as demonstrações contábeis da empresa são corrigidas monetariamente em conformidade com a IAS 29 – Demonstrações contábeis em economias hiperinflacionárias, antes de serem convertidas em moeda estrangeira.

Reconhecimento inicial

As transações em moeda estrangeira devem ser registradas na moeda funcional no momento do reconhecimento inicial, pela taxa vigente na data em que foram realizadas. Por razões práticas, muitas vezes é usada a taxa média semanal ou mensal que se aproxime da taxa da data em que todas as transações desse período foram realizadas.

Métodos e critérios de conversão

Para divulgação subsequente à data de encerramento das demonstrações contábeis, os critérios de conversão são os seguintes:

Método monetário e não monetário (histórico) Moeda funcional é igual à moeda de apresentação (relatório)	
Itens	Taxa de câmbio e ajustes
Ativos e passivos monetários	Taxa corrente
Ativos e passivos não monetários	Taxa histórica
Patrimônio líquido	Taxa histórica
Receitas e despesas	Taxas histórica ou média
Variações cambiais normais	Ajuste no resultado
Variações cambiais em investimento líquido numa empresa no exterior	Ajustes no patrimônio líquido até a venda ou baixa do investimento líquido

Exemplo de contabilização de variações cambiais em investimento líquido no exterior:

A empresa X, sediada no Brasil, tem 100% das ações do capital social da empresa Y, sediada no exterior. A movimentação do patrimônio líquido de Y e do investimento societário de X foi a seguinte:

Operações	Patrimônio líquido			Investimento em reais
	Moeda estrangeira	Taxa de câmbio	Reais	
Saldo inicial	2,000	2,00	4.000	4.000
Lucro	400	2,10	840	840
Efeito cambial	–	–	320	320
Saldo final	2,400	2,15	5.160	5.160

Nota: efeito cambial de R$ 320,00:

- Ganho de R$ 300,00 sobre o saldo inicial do PL = 2,000 x (2,15 – 2,00)
- Ganho de R$ 20,00 sobre o lucro = 400 x (2,15 – 2,10)

Lançamentos contábeis:

a) Ajuste de equivalência patrimonial em função do lucro de R$ 840,00
Débito – investimento societário (ativo)
Crédito – receita de equivalência patrimonial (resultado)

b) Variação cambial do investimento no exterior de R$ 320,00
Débito – investimento societário (ativo)
Crédito – ajustes acumulados de conversão – variação cambial de investimento (outros resultados abrangentes – patrimônio líquido)

Quando a moeda de apresentação (relatório) for diferente da moeda funcional, os critérios aplicados são:

Método corrente Para economias estáveis	
Itens	Taxa de câmbio e ajustes
Ativos e passivos monetários	Taxa corrente
Ativos e passivos não monetários	Taxa corrente
Patrimônio líquido	Taxa histórica
Receitas e despesas	Taxas histórica ou média
Ganhos e perdas na conversão	Ajuste no patrimônio líquido
Variações cambiais em investimento líquido numa empresa no exterior	Ajustes no patrimônio líquido até a venda ou baixa do investimento líquido

Quando ocorrer uma alteração na moeda funcional de uma empresa, deve-se aplicar os procedimentos de transposição aplicáveis à nova moeda funcional a partir da data de alteração. Isto é, a empresa converte todos os itens para a nova moeda funcional, considerando a taxa de câmbio da data de alteração, da seguinte forma:

Método da taxa corrente Para economias hiperinflacionárias	
Itens	Taxa de câmbio e ajustes
Ativos e passivos monetários	Taxa corrente
Ativos e passivos não monetários	Taxa corrente
Patrimônio líquido	Taxa corrente
Receitas e despesas	Taxa corrente

A correção monetária é aplicada nessas condições econômicas, de acordo com a IAS 29.

Efeitos fiscais das variações cambiais

As variações cambiais ativas e passivas podem ter efeitos fiscais que devem ser tratados de acordo com a IAS 12 e o CPC 32, que regulamentam os tributos sobre o lucro.

Estudo de caso

Com os dados abaixo, serão elaboradas as seguintes demonstrações contábeis intermediárias em reais (R$) e em dólares (US$), do mês de janeiro de 2008:

- balanço patrimonial;
- demonstração do resultado;
- demonstração das mutações do patrimônio líquido (método corrente);
- demonstração dos fluxos de caixa (método corrente).

Dados

Balanço patrimonial inicial em 1º de janeiro de 2008 – em R$ e US$		
Ativo	Valores em R$	Valores em US$
Circulante	**80.000**	**40,000**
Caixa e bancos	8.000	4,000
Aplicação financeira	50.000	25,000
Duplicatas a receber	10.000	5,000
Estoques	12.000	6,000
Ativo não circulante	**41.600**	**20,800**
Imobilizado	**41.600**	**20,800**
Equipamentos	52.000	26,000
(–) Depreciação acumulada	(10.400)	(5,200)
Total do ativo	**121.600**	**60,800**

Passivo + patrimônio líquido	Valores em R$	Valores em US$
Circulante	**9.500**	**4,750**
Duplicatas a pagar	8.000	4,000
Salários/encargos	1.500	750
Passivo não circulante		
Empréstimos	47.000	23,500
Patrimônio líquido	**65.100**	**32,550**
Capital social	55.000	27,500
Lucros acumulados	10.100	5,050
Total do passivo + patrimônio líquido	**121.600**	**60,800**

Fatos contábeis do mês de janeiro de 2008 – em R$	
1. Vendas a prazo	80.000
2. Compras a prazo	45.000
3. Recebimento de duplicata	70.000
4. Pagamentos de duplicatas	38.000
5. Salários /encargos do período	10.000
6. Pagamento de salários/encargos	8.500
7. Rendimento de aplicação financeira:	2.500
7.1 Juros (5%)	4.700
8. Atualização de empréstimo:	4.700
8.1 Juros (10%)	2.500
9. Estoque final	25.000
10. Depreciação (52.000 x 10%)	5.200

Custo da mercadoria vendida (CMV) Janeiro	
Itens	Em R$
Estoque inicial	12.000
(+) Compras	45.000
(–) Estoque final	(25.000)
(=) CMV	32.000

Demonstração de resultado em 31 de janeiro de 2008	
Itens	R$
Receita de vendas	**80.000**
(–) Custo das mercadorias vendidas	(32.000)
(=) Lucro bruto	**48.000**
(–) Salários/encargos	(10.000)
(–) Depreciação	(5.200)
(–) Despesas financeiras	(4.700)
(+) Receitas financeiras	2.500
(=) Lucro antes do imposto de renda	**30.600**

Ativo	Inicial – 1º/1/2008	31/1/2008
Circulante	**80.000**	**129.000**
Caixa e bancos	8.000	31.500
Saldo inicial		8.000
(+) Recebimento de duplicatas		70.000
(–) Pagamento de duplicatas		(38.000)
(–) Pagamento de salários/encargos		(8.500)
Aplicação financeira:	50.000	52.500
Saldo inicial		50.000
(+) Receitas financeiras do mês		2.500
Duplicatas a receber:	10.000	**20.000**
Saldo inicial		10.000
(+) Vendas a prazo		80.000
(–) Recebimentos de duplicatas		(70.000)
Estoques	**12.000**	**25.000**
Ativo não circulante	**41.600**	**36.400**

Ativo	Inicial – 1º/1/2008	31/1/2008
Imobilizado	41.600	36.400
Equipamentos	52.000	52.000
(–) Depreciação acumulada: Saldo inicial (–) Depreciação do mês	(10.400)	(15.600) 10.400 5.200
Total do ativo	121.600	165.400

Passivo + patrimônio líquido	Inicial – 1º/1/2008	31/1/2008
Circulante	9.500	18.000
Duplicatas a pagar: Saldo inicial (+) Compras a prazo (–) Pagamento de duplicatas	8.000	15.000 8.000 45.000 (38.000)
Salários/encargos: Saldo inicial (+) Salários/encargos do mês (–) Pagamento de salários/encargos	1.500	3.000 1.500 10.000 (8.500)
Passivo não circulante	47.000	51.700
Empréstimos: Saldo inicial (+) Juros de empréstimos	47.000	51.700 47.000 4.700
Patrimônio líquido	65.100	95.700
Capital social	55.000	55.000
Lucros acumulados	10.100	10.100
Lucro do exercício acumulado: Saldo inicial (+) Lucro do mês	–	(30.600) – 30.600
Total do passivo + patrimônio líquido	121.600	165.400

Taxas de câmbio	R$	Conceito
Inicial – 1º/1/2008	2,00	Histórica
Janeiro – 31/1/2008	2,40	Corrente
Média do período	2,20	Média

Aplicação do método histórico ou monetário e não monetário

Passo 1 – Calcular e converter o custo da mercadoria vendida

Por meio da fórmula: Estoque Inicial + Compras – Estoque Final.

	Custo da mercadoria vendida (CMV) Janeiro		
Itens	Em R$	Taxas de câmbio	Em US$
Estoque inicial	12.000	2,00	6,000
(+) Compras	45.000	2,40	18,750
(–) Estoque final	(25.000)	2,40	(10,416)
(=) CMV	32.200	–	14,334

Passo 2 – Converter o ativo imobilizado, depreciação, despesas financeiras e receitas financeiras

Como as despesas financeiras (juros de empréstimos) e as receitas financeiras (juros de aplicações) foram geradas no final do mês pela atualização, considerou-se a taxa corrente.

	Ativo imobilizado e depreciação				
Mês	Valor do equipamento em R$	Taxas de câmbio em R$	Valor do equipamento em US$	Taxa de depreciação	Depreciação em US$
Janeiro	52.000	2,00	26,000	10%	2,600

	Despesas financeiras			
Mês	Despesas financeiras em R$	Juros em R$	Taxas de câmbio em R$	Despesas financeiras em US$
Janeiro	4.700	4.700	2,40	1,958

	Receitas financeiras			
Mês	Receitas financeiras em R$	Juros em R$	Taxas de câmbio em R$	Despesas financeiras em US$
Janeiro	2.500	2.500	2,40	1,041

Observação: como as receitas e despesas financeiras foram apropriadas no final do mês, consideramos a taxa do final do mês.

Passo 3 – Converter o balanço patrimonial

Os ativos e passivos monetários foram convertidos pela taxa corrente, e os ativos não monetários e patrimônio líquido, pela taxa histórica.

Ativo	Inicial – 1º/1/2008		31/1/2008	
	Em R$	Em US$	Em R$	Em US$
Circulante	**80.000**	**41,000**	**129.000**	**53,750**
Caixa e bancos	8.000	4,000	31.500	13,125
Aplicação financeira	50.000	25,000	52.500	21,875
Duplicatas a receber	10.000	5,000	20.000	8,334
Estoques	12.000	6,000	25.000	10,416
Não circulante	**41.600**	**20,800**	**36.400**	**18,200**
Imobilizado	**41.600**	**20,800**	**36.400**	**18,200**
Equipamentos	52.000	26,000	52.000	26,000
(–) Depreciação acumulada	(10.400)	(5,200)	(15.600)	(7,800)
Total do ativo	**121.600**	**60,800**	**165.400**	**71,950**

Passivo + Patrimônio líquido	Inicial – 1º/1/2008		31/1/2008	
	Em R$	Em US$	Em R$	Em US$
Circulante	**9.500**	**4,750**	**18.000**	**7,500**
Duplicatas a pagar	8.000	4,000	15.000	6,250
Salários/encargos	1.500	750	3.000	1,250
Não circulante				
Empréstimos	47.000	23,500	51.700	21,542
Patrimônio líquido	**65.100**	**32,500**	**95.700**	**42,908**
Capital social	55.000	27,500	55.000	27,500
Lucros acumulados	10.100	5,050	10.100	5,050
Lucros do período	–	–	30.600	10,358
Total do passivo	**121.600**	**60,800**	**165.400**	**71,950**

Passo 4 – Calcular os ganhos e perdas

Em um sistema de câmbio variável em que as taxas são crescentes (situação deste caso), aplicando o método monetário e não monetário, os ativos monetários geram perdas e os passivos monetários geram ganhos no processo de conversão. Assim, os ganhos e perdas foram calculados a partir da seguinte metodologia:

	Ganhos e perdas Janeiro – Operações em US$			
	Ativos monetários			
Itens	Caixa e bancos	Aplicação financeira	Duplicatas a receber	Total
Saldo inicial	4,000	25,000	5,000	34,000
(+) Operações do mês	9,791	1,041	4,166	14,998
(–) Saldo final	(13,125)	(21,875)	(8,334)	(43,334)
(=) Perdas	666	4,166	833	5,665
	Passivos monetários			
Itens	Duplicatas a pagar	Salários/encargos	Empréstimos	Total
Saldo inicial	4,000	750	23,500	28,250
(+) Operações do mês	2,916	625	1,958	4,591
(–) Saldo final	(6,250)	(1,250)	(21,542)	(29,042)
(=) Ganhos	666	125	3,916	4,707
Mês	Ganhos totais	Perdas totais	Total de perdas do mês de janeiro	
Janeiro (ganhos – perdas)	4,707	(5,665)	(958)	

A conta caixa e bancos gerou uma perda de US$ 666,00, da seguinte forma: o saldo inicial foi de US$ 4.000,00 e as operações do mês em reais (R$ 23.500,00), quando traduzidas pela taxa do mês (R$ 2,40), geraram um montante de US$ 9.791,00. Somando-se o saldo inicial e as operações do mês, deveríamos ter tido um saldo final de US$ 13.791,00; entretanto, o saldo final apresentado foi de US$ 13.125,00, pois todo o saldo final em reais foi traduzido a única taxa (corrente) pelo critério de conversão adotado – nesse caso, a diferença de R$ 666,00 corresponde à perda. Isto é, o saldo final deveria ter sido de US$ 13.791,00 e foi de US$ 13.125,00 em razão do crescimento da taxa de câmbio de R$ 2,00 para R$ 2,40 e do critério de conversão aplicado (todo o saldo convertido a única taxa). Essa metodologia é válida para os demais ganhos e perdas dos outros ativos e passivos monetários.

Passo 5 – Converter a demonstração de resultado

Por questões didáticas e considerando que as vendas e os salários/encargos foram gerados no final do mês, utilizamos a taxa corrente.

	Demonstração de resultado	
	31 de janeiro	
Itens	Em R$	Em US$
Receita de vendas	80.000	33,333
(–) Custo das mercadorias vendidas	(32.000)	(14,334)
(=) Lucro bruto	48.000	18,999
(–) Salários/encargos	(10.000)	(4,166)
(–) Depreciação	(5.200)	(2,600)
(–) Despesas financeiras	(4.700)	(1,958)
(+) Receitas financeiras	2.500	1,041
(–) Ganhos ou perda na tradução/conversão	–	(958)
(=) Lucro antes do imposto de renda	30.600	10,358

Aplicação do método corrente
Passo 1 – Converter a demonstração de resultado

Por questões didáticas e para análise comparativa de resultados com o outro método, convertemos todos os itens pela taxa média (R$ 2,20).

Demonstração de resultado		
	31 de janeiro	
Itens	Em R$	Em US$
Receita de vendas	80.000	36,633
(–) Custo das mercadorias vendidas	(32.000)	(14,545)
(=) Lucro bruto	48.000	21,818
(–) Salários/encargos	(10.000)	(4,545)
(–) Depreciação	(5.200)	(2,364)
(–) Despesas financeiras	(4.700)	(2,136)
(+) Receitas financeiras	2.500	1,136
(=) Lucro antes do imposto de renda	30.600	13,909

Passo 2 – Converter o balanço patrimonial

Todos os ativos e passivos foram convertidos à taxa corrente; e o patrimônio à taxa histórica.

Ativo	Inicial – 1º/1/2008		Janeiro 31/1/2008	
	Em R$	Em US$	Em R$	Em US$
Circulante	**80.000**	**41,000**	**129.000**	**53,750**
Caixa e bancos	8.000	4,000	31.500	13,125
Aplicação financeira	50.000	25,000	52.500	21,875
Duplicatas a receber	10.000	5,000	20.000	8,333
Estoques	12.000	6,000	25.000	10,417
Não circulante	**41.600**	**20,800**	**36.400**	**15,167**
Imobilizado	**41.600**	**20,800**	**36.400**	**15,167**
Equipamentos	52.000	26,000	52.000	21,667
(–) Depreciação acumulada	(10.400)	(5,200)	(15.600)	(6,500)
Total do ativo	**121.600**	**60,800**	**165.400**	**68,917**

Passivo + Patrimônio líquido	Inicial – 1º/1/2008		Janeiro 31/1/2008	
	Em R$	Em US$	Em R$	Em US$
Circulante	**9.500**	**4,750**	**18.000**	**7,500**
Duplicatas a pagar	8.000	4,000	15.000	6,250
Salários/encargos	1.500	750	3.000	1,250
Não circulante				
Empréstimos	47.000	23,500	51.700	21,542
Patrimônio líquido	**65.100**	**32,500**	**95.700**	**39,875**
Capital social	55.000	27,500	55.000	27,500
Lucros acumulados	10.100	5,050	10.100	5,050
Lucros do período	–	–	30.600	13,909
Ajustes acumulados de tradução/conversão				(6,584)
Total do passivo	**121.600**	**60,800**	**165.400**	**68,917**

Passo 3 – Calcular os ganhos e perdas

Os ganhos e perdas foram calculados por diferença (ativos – passivos – itens do patrimônio líquido).

Ganhos e perdas em US$	
Itens	Janeiro
Ativos totais	68,917
(–) Passivos exigíveis totais	(29,042)
(–) Capital social	(27,500)
(–) Lucros acumulados	(5,050)
(–) Lucro do período	(13,909)
(=) Perdas (ajustes acumulados de tradução/conversão)	(6,584)

Passo 4 – Elaborar a demonstração das mutações do patrimônio líquido

Demonstração das mutações do patrimônio líquido em US$ – 31 de janeiro de 2006					
Itens	Capital social	Lucros acumulados	Lucro do período	Ajustes acumulados	Total do patrimônio líquido
Saldo em 1º/1/2006	27,500	5,050	–	–	32,550
Lucro do mês de janeiro	–	–	13,909	–	13,909
Perdas na conversão	–	–	–	(6,584)	(6,584)
Saldo em 31/1/2006	27,500	5,050	13,909	(6,584)	39,875

Passo 5 – Elaborar a demonstração dos fluxos de caixa (método indireto)

Demonstração dos fluxos de caixa em US$	
Itens	31 de janeiro
1. Atividades operacionais	
Ajustes ao lucro do mês:	
Lucro do mês	13,909
(+) Depreciação	1,300
(–) Ajustes acumulados de tradução/conversão	(6,584)
(=) Lucro ajustado	8,625
Variações no capital circulante líquido (CCL)	
Ativo circulante:	
Duplicatas a receber	(3,333)
Estoques	(4,417)
Passivo circulante	
Duplicatas a pagar	2,250
Salários/encargos	500
Caixa gerado pelas atividades operacionais	3,625
2. Atividades de investimentos	
Ativo permanente:	
Imobilizado	4,333
Caixa gerado pelas atividades de investimentos	4,333
3. Atividades de financiamentos	
Passivo exigível de longo prazo:	
Empréstimos	(1,958)
Patrimônio líquido:	
Capital social não sofreu variação	–
Lucros scumulados não sofreram variação	–
Caixa gerado pelas atividades de financiamentos	(1,958)
4. Caixa gerado no mês (1+2+3)	6,000
5. Caixa no início do mês	29,000
6. Caixa no fim do mês (1+2+3)	35,000

Análise comparativa dos métodos

Comparando os resultados proporcionados pelos dois métodos, temos o seguinte quanto ao lucro do período, ativos totais e patrimônio líquido:

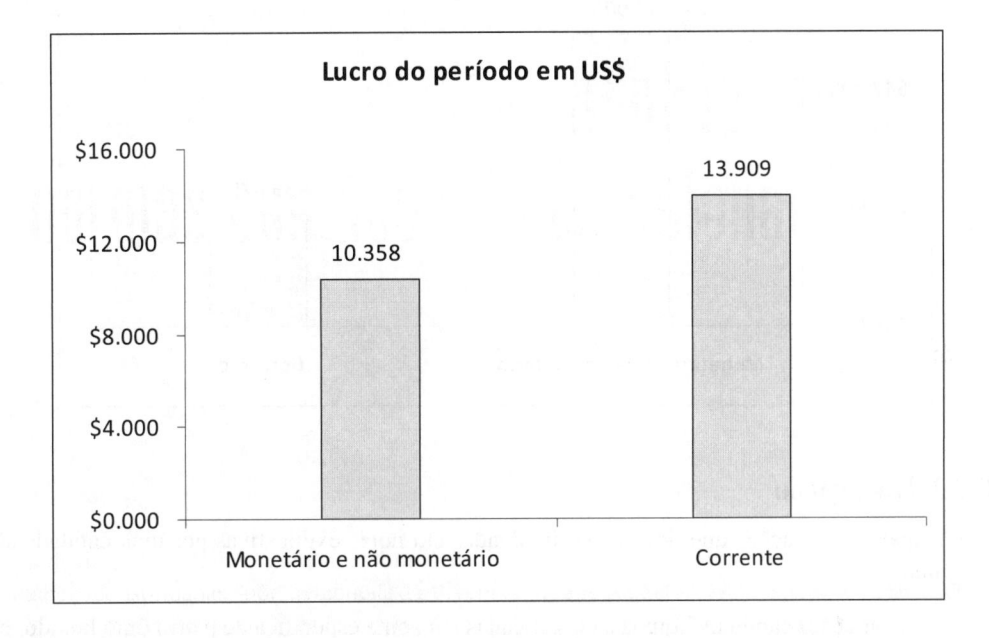

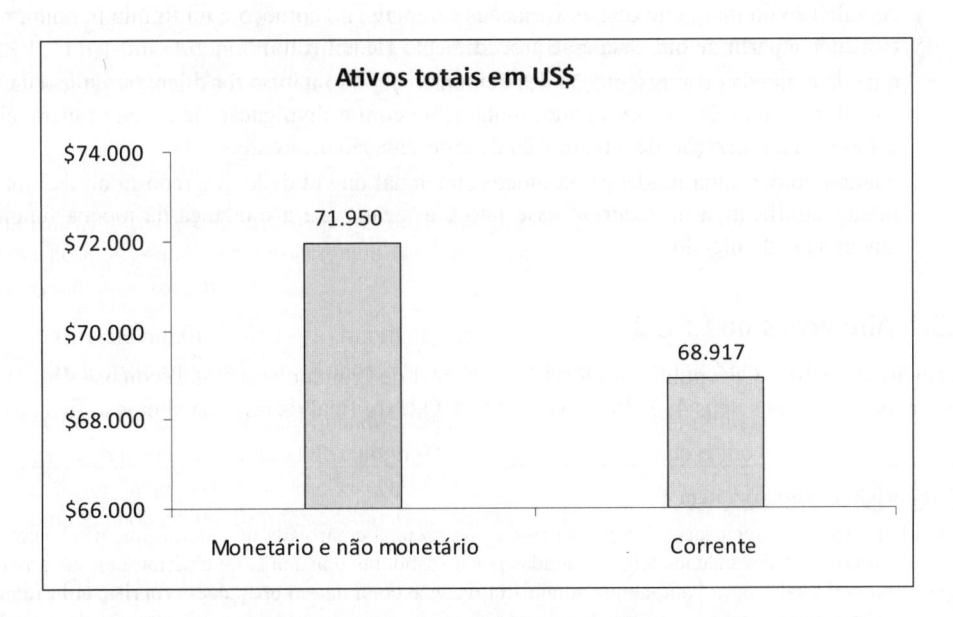

Lucro do período em US$

Monetário e não monetário	Corrente
10.358	13.909

Ativos totais em US$

Monetário e não monetário	Corrente
71.950	68.917

Patrimônio líquido em US$

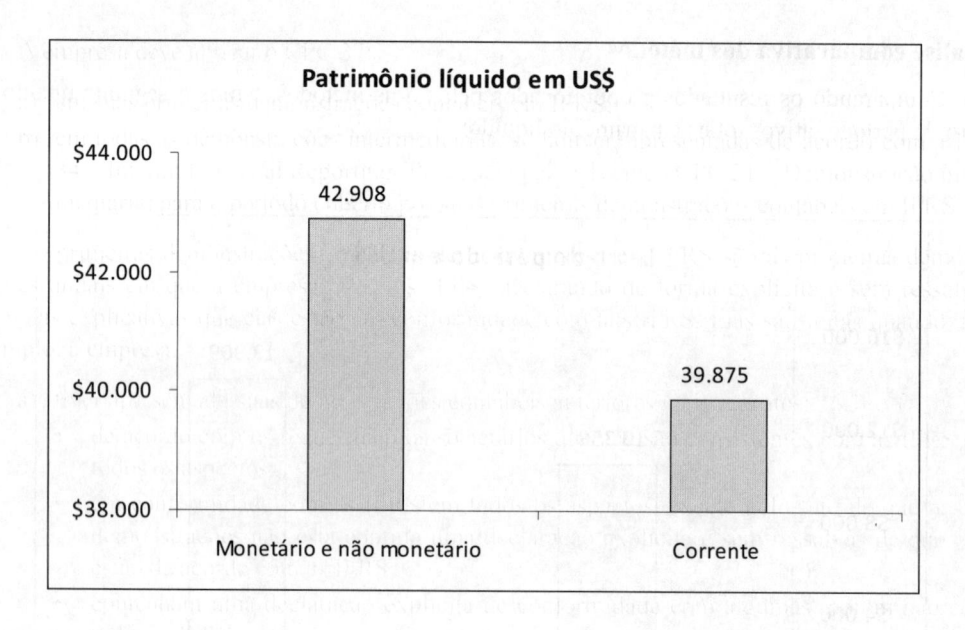

Monetário e não monetário	42.908
Corrente	39.875

30.2.3 Divulgação

As principais informações que devem ser divulgadas em notas explicativas por uma entidade são as seguintes:

- as variações cambiais líquidas, classificadas em conta específica de patrimônio líquido, e a conciliação do montante de tais variações cambiais, no começo e no fim do período, mencionando a partir de que data esse procedimento foi aplicado;
- quando a moeda de apresentação das demonstrações contábeis for diferente da moeda funcional, esse fato deverá ser citado, juntamente com a divulgação da moeda funcional e a razão para a utilização de uma moeda de apresentação diferente;
- quando houver uma mudança na moeda funcional da entidade que reporta ou de uma entidade significativa no exterior, esse fato e a razão para a mudança da moeda funcional deverão ser divulgados.

30.2.4 Alterações no CPC 2

Em janeiro de 2010, o CPC publicou a Revisão CPC nº 1 de Pronunciamentos Técnicos e Orientação Técnica, que alterou os itens 4, 5, 35 e 36 do CPC 2. O texto final da referida alteração ficou assim:

<u>Texto original (antigo) – item 4</u>

"As filiais, agências, sucursais ou dependências e mesmo uma controlada no exterior que não se caracterizam como entidades independentes mantidas por investidoras brasileiras no exterior, por não possuírem corpo gerencial próprio, autonomia administrativa, não contratarem operações próprias, utilizarem a moeda da investidora como sua moeda funcional e funcionarem, na essência, como extensão das atividades da investidora, devem normalmente ter, para fins de apresentação, seus ativos, passivos e resultados integrados às demonstrações contábeis da matriz no Brasil como qualquer outra filial, agência, sucursal ou dependência mantida no próprio País. Nesse caso, é provável que a moeda funcional dessa entidade seja a mesma da investidora (ver itens 11 a 14 deste Pronunciamento)."

<u>Texto final (atual) – item 4</u>

"As filiais, agências, sucursais ou dependências e mesmo uma controlada no exterior que não se caracterizam como entidades independentes mantidas por investidoras brasileiras no exterior, por não possuírem, por exemplo, corpo gerencial próprio, autonomia administrativa, não contratarem operações próprias, utilizarem a moeda da investidora como sua moeda funcional e funcionarem, na essência, como extensão das atividades da matriz, devem normalmente ser consideradas para fins do reconhecimento das variações cambiais do investimento no exterior (ver item 41(a)) como extensão das atividades da investidora. Nesse caso, é provável que a moeda funcional dessa atividade no exterior seja a mesma da investidora (ver itens 11 a 14 deste Pronunciamento) (NR)."

Texto original (antigo) – item 5
"Quando, todavia, tais filiais, agências, sucursais ou dependências se caracterizarem, na essência, como uma controlada por possuírem, por exemplo, suficiente corpo gerencial próprio, autonomia administrativa, contratarem operações próprias, inclusive financeiras, caracterizando-se, assim, como entidade autônoma nos termos do item 13, a matriz, no Brasil, deve reconhecer os resultados apurados nas filiais, agências, dependências ou sucursais pela aplicação do método de equivalência patrimonial e incluí-las nas suas demonstrações consolidadas, observando os critérios contábeis de conversão previstos no presente Pronunciamento."

Texto final (atual) – item 5
"Quando, todavia, tais filiais, agências, sucursais ou dependências se caracterizarem, na essência, como um investimento no exterior por possuírem, por exemplo, suficiente corpo gerencial próprio, autonomia administrativa, contratarem operações próprias, inclusive financeiras, caracterizando-se, assim, como entidade autônoma nos termos do item 13, a matriz, no Brasil, deve reconhecer os resultados apurados, observando os critérios contábeis de conversão previstos no presente Pronunciamento reconhecendo as variações cambiais como investimento no exterior (item 41(b)) (NR)."

Texto original (antigo) – item 35
"As variações cambiais resultantes de itens monetários que fazem parte do investimento líquido da entidade que reporta em uma entidade no exterior (vide item 17) devem ser reconhecidas no resultado nas demonstrações contábeis individuais da entidade que reporta ou nas demonstrações contábeis individuais da entidade no exterior, conforme apropriado. Nas demonstrações contábeis que incluem a entidade no exterior e a entidade que reporta (ex., demonstrações contábeis consolidadas), tais variações cambiais deverão ser registradas, inicialmente, em uma conta específica do patrimônio líquido e reconhecidas em receita ou despesa na venda do investimento líquido, de acordo com o item 56."

Texto final (atual) – item 35
"As variações cambiais resultantes de itens monetários que fazem parte do investimento líquido da entidade que reporta em uma entidade no exterior (ver item 17) devem ser reconhecidas no resultado nas demonstrações contábeis separadas da entidade que reporta ou nas demonstrações contábeis individuais da entidade no exterior, conforme apropriado. Nas demonstrações contábeis que incluem a entidade no exterior e a entidade que reporta (por exemplo, demonstrações contábeis consolidadas ou nas quais a entidade no exterior é reconhecida pelo método de equivalência patrimonial), tais variações cambiais devem ser registradas, inicialmente, como outros resultados abrangentes, em conta específica do patrimônio líquido, e reconhecidas em receita ou despesa na venda do investimento líquido, de acordo com o item 56 (NR)."

Texto original (antigo) – item 36
"Quando um item monetário faz parte do investimento líquido da entidade que reporta em uma entidade no exterior e está expresso na moeda funcional da entidade que reporta, surge uma variação cambial nas demonstrações contábeis individuais da entidade no exterior, conforme item 31. Se tal item está expresso na moeda funcional da entidade no exterior, também surge uma diferença cambial nas demonstrações contábeis individuais da entidade que reporta, conforme item 31. Se esse item está expresso em uma moeda que não a moeda funcional da entidade que reporta ou a entidade no exterior, uma variação cambial surge nas demonstrações individuais da entidade que reporta e nas demonstrações individuais da entidade no exterior, também conforme item 31. Tais diferenças cambiais são reclassificadas para uma conta específica de patrimônio líquido nas demonstrações contábeis que incluem a entidade no exterior e a entidade que reporta (i.e., demonstrações contábeis nas quais a entidade no exterior é consolidada, proporcionalmente consolidada ou reconhecida pelo método de equivalência patrimonial)."

Texto final (atual) – item 36

"Quando um item monetário faz parte do investimento líquido da entidade que reporta em uma entidade no exterior e está expresso na moeda funcional da entidade que reporta, surge uma variação cambial nas demonstrações contábeis individuais da entidade no exterior, conforme item 31. Se tal item está expresso na moeda funcional da entidade no exterior, também surge uma diferença cambial nas demonstrações contábeis individuais da entidade que reporta, conforme item 31. Se esse item está expresso em uma moeda que não a moeda funcional da entidade que reporta ou a entidade no exterior, uma variação cambial surge nas demonstrações individuais da entidade que reporta e nas demonstrações individuais da entidade no exterior, também conforme item 31. Tais diferenças cambiais devem ser reclassificadas para outros resultados abrangentes em conta específica de patrimônio líquido nas demonstrações contábeis que incluem a entidade no exterior e a entidade que reporta (i.e., demonstrações contábeis nas quais a entidade no exterior é consolidada, proporcionalmente consolidada ou reconhecida pelo método de equivalência patrimonial) (NR)."

Questões e exercícios

1. Relacione as normas contábeis brasileiras, norte-americanas e internacionais que regulamentam o assunto "conversão em moeda estrangeira de demonstrações contábeis".
2. Defina moeda funcional e apresente os critérios para a sua definição de acordo com o SFAS 52, do Fasb.
3. Quais são as principais diferenças entre os métodos de conversão corrente e histórico?
4. Explique conceitualmente os ativos e passivos monetários e não monetários?
5. Os estoques de mercadorias no início do mês eram de $ 25.000, e foram expressos em moeda estrangeira por ME$ 10.000. Durante o mês, foram feitas compras no valor de $ 33.000, quando a taxa de ME$ era de 2,75. O estoque final em moeda corrente do país foi avaliado em $ 22.000. Calcule o custo das mercadorias vendidas em moeda corrente ($) e em moeda estrangeira (ME$), considerando para a expressão em dólares a utilização do critério Peps para os estoques.
6. Uma empresa tem um caixa de $ 4.000, oriundo de sua capitalização inicial do mesmo valor feita em 31/5/x7. Sua primeira operação é uma prestação de serviços de consultoria no dia 20/6/x7, recebida a vista, no valor de $ 600. Expresse o resultado da empresa em moeda estrangeira (ME$), bem como dos balanços iniciais e finais, considerando as seguintes taxas cambiais: dia 31/5/x7 = $ 4,00, dia 20/6/x7 = $ 4,05 e dia 30/6/x7 = $ 4,06. Nesse mês, a inflação de índices gerais de preços do país foi zero (método direto).
7. Elabore novos demonstrativos em moeda estrangeira, utilizando os mesmos dados iniciais e premissas do exercício anterior, mas considerando agora que a receita foi feita no dia 5/6/x7, quando a taxa cambial também era de $ 4,00 (método direto).
8. Elabore novos demonstrativos em moeda estrangeira utilizando os mesmos dados iniciais e premissas do exercício anterior, mas considerando agora que a receita foi feita no dia 17/6/x7, quando a taxa cambial era de $ 4,025, e no final do período a taxa cambial caiu para $ 3,965 (método direto).
9. Considere que em determinado mês não houve inflação no país e, portanto, não houve necessidade de se fazer a correção monetária de balanço. Outrossim, houve uma variação cambial da moeda estrangeira (dólar), que passou de uma taxa do início do mês de $ 2,50 para $ 2,60. Faça a transformação dos valores dos demonstrativos contábeis a seguir nessa moeda estrangeira (método indireto).

	Balanço inicial	Balanço final
Caixa	$ 400	660
Aplicações financeiras	3.600	3.600
Terrenos	14.000	14.000
Total do ativo	18.000	18.260
Contas a pagar	2.500	2.500
Capital social	15.500	15.500
Reserva de lucros	-	260
Total do passivo e passivo líquido	18.000	18.260

Demonstração de resultados – Mês 1
Receitas $ 5.070
(–) Despesas 4.810
Lucro líquido 260

10. Faça as conversões usando os mesmos dados do exercício anterior, só que agora considerando que a taxa de dólar do fim do mês caiu para $ 2,40.

11. Demonstrações contábeis em outras moedas

Balanço patrimonial	Inicial – $	Final – $
Caixa e equivalentes	3.000	16.257
Estoques	20.000	10.000
Imóveis	10.000	10.000
Soma do ativo	33.000	36.257
Contas a pagar	4.000	6.050
Financiamentos – ME	9.000	7.350
PL – Capital inicial	20.000	20.000
Reserva de lucros	–	2.857
Soma do passivo e passivo líquido	33.000	36.257
Resultados		
Receitas		13.500
Custo das vendas		10.000
Despesas financeiras – ME		643
Lucro l		2.857

Considerando uma taxa de dólar inicial de $ 2,80, uma taxa final de $ 3,00 e uma taxa média de $ 2,90, elabore os demonstrativos financeiros em moeda estrangeira pelos critérios de baixa inflação e alta inflação.

12. Com as demonstrações contábeis em reais dadas a seguir, elabore as demonstrações financeiras em dólares, pelos métodos corrente e histórico, considerando uma taxa inicial de $ 2,40, uma taxa média de 2,52 e uma taxa final de 2,646. Considere que todas as movimentações foram feitas no meio do ano. Faça a explicação do valor das perdas ou ganhos na conversão. Ao final, elabore o fluxo de caixa em moeda estrangeira.

Balanço patrimonial – R$	Inicial	Final
Ativo		
Caixa e equivalentes	20.000	29.500
Duplicatas a receber	40.000	38.000
Estoques de mercadorias	50.000	60.000
Imobilizado	70.000	70.000
Total	180.000	197.500
Passivo e patrimônio líquido		
Duplicatas a pagar	25.000	30.000
Empréstimos em ME	48.000	45.920
Capital social	80.000	80.000
Reserva de lucros	27.000	41.580
Total	180.000	197.500

Balanço patrimonial – R$	Inicial	Final
Demonstração de resultados do período		
Vendas		250.000
(–) Custo das vendas		(150.000)
(–) Despesas administrativas/comerciais		(80.000)
(–) Despesas financeiras – VC		(4.920)
(–) Despesas financeiras – juros		(500)
Lucro l		14.580

13. A subsidiária João Pessoa do Brasil Ltda., localizada em João Pessoa/PB, constituída em 1º de janeiro de 2008, através de capital integralizado no valor de US$ 200,000.00, é controlada integral de um grupo econômico com sede em Londres (Inglaterra) e precisa reportar à sua controladora (Paraíba Company) informações financeiras referentes ao exercício findo em 31 de dezembro de 2008. Sendo assim, pede-se o balanço patrimonial e a demonstração de resultado em dólar (US$) e no formato IFRS.

Informações adicionais:

Taxa de câmbio mensal – 2008		Taxa de câmbio do dia	
Mês	Taxa – R$	Dia	Taxa – R$
Janeiro	1,95	1º de janeiro de 2008	1,95
Fevereiro	1,98	31 de dezembro de 2008	2,33
Março	2,02		
Abril	2,16		
Maio	2,21		
Junho	2,38		
Julho	2,42		
Agosto	2,45		
Setembro	2,83		
Outubro	2,70		
Novembro	2,55		
Dezembro	2,33		

Subsidiária João Pessoa do Brasil Ltda.		
Demonstração do resultado do exercício em 31 de dezembro de 2008 – em reais (R$)		
Operações	R$	Mês do registro contábil
Receita operacional líquida:	300.000	
Vendas de produtos acabados	200.000	Abril
Revendas de mercadorias	100.000	Junho
Custos:	(150.000)	
Custos das vendas dos produtos acabados	(120.000)	Abril
Custos das revendas de mercadorias	(30.000)	Junho
Lucro operacional bruto	150.000	–
Despesas operacionais:	(80.000)	
Administrativas	(50.000)	Outubro
Comerciais	(30.000)	Novembro
Lucro operacional líquido	70.000	–

Subsidiária João Pessoa do Brasil Ltda. Balanço patrimonial em 31 de dezembro de 2008 – em reais (R$)			
Ativo	**R$**	**Passivo e p. líquido**	**R$**
Circulante:	**300.000**	**Circulante:**	**90.000**
Disponibilidades	100.000	Fornecedores	60.000
Estoques	200.000	Contas a pagar	30.000
Não circulante:	**250.000**	**Patrimônio líquido:**	**460.000**
Imobilizado	250.000	Capital social	390.000
		Lucro do exercício	70.000
Total do ativo	**550.000**	**Total do passivo e p. líquido**	**550.000**

CAPÍTULO 31

Adoção inicial das normas contábeis internacionais - IFRS

31.1 Introdução

A partir de 2010, muitas sociedades brasileiras estão obrigadas a adotar, em suas demonstrações contábeis consolidadas, por exigência de diversos órgãos reguladores brasileiros – por exemplo, CVM, Susep e Bacen –, as normas internacionais de contabilidade (IFRS) emanadas do Iasb.

Como algumas dessas normas têm como consequência ajustes retrospectivos, o Iasb emitiu a IFRS 1 – First-time Adoption of International Financial Reporting Standards, que tem o objetivo de regular a situação quando a entidade aplica integralmente as normas internacionais pela primeira vez.

31.2 Normas contábeis

As normas internacionais e brasileiras de contabilidade que regulamentam o tema "adoção inicial das normas contábeis internacionais" são semelhantes em seus aspectos relevantes. Tais normas são apresentadas a seguir:

- **Internacional:** IFRS 1, do International Accounting Standards Board;
- **Brasil:** Pronunciamento Técnico CPC 37, do Comitê de Pronunciamentos Contábeis.

O CPC 37 deve ser aplicado quando a entidade adota a IFRS pela primeira vez por meio de uma declaração explícita e sem reserva de cumprimento. A IFRS 1 foi tomada como base para elaboração do CPC 37, de forma que as demonstrações consolidadas possam ser declaradas pela administração da sociedade como estando em conformidade com as normas internacionais de contabilidade emitidas pelo Iasb.

31.2.1 Objetivo e alcance

O objetivo do CPC 37 é garantir que as primeiras demonstrações contábeis de uma empresa, de acordo com as normas internacionais de contabilidade emitidas, e as demonstrações contábeis intermediárias para os períodos parciais cobertos por essas demonstrações contábeis contenham informações de alta qualidade que:

- sejam transparentes para os usuários e comparáveis em relação a todos os períodos apresentados;
- proporcionem um ponto de partida adequado para as contabilizações de acordo com as IFRS;
- possam ser geradas a um custo que não supere os benefícios.

A empresa deve aplicar o CPC 37:

a) em suas primeiras demonstrações contábeis em IFRS;
b) em todas as demonstrações intermediárias, se houver, apresentadas de acordo com a IAS 34 – Interim Financial Reporting (Pronunciamento Técnico CPC 21 – Demonstração intermediária) para o período coberto por suas primeiras demonstrações contábeis em IFRS.

As primeiras demonstrações contábeis de uma empresa em IFRS são as primeiras demonstrações anuais em que a empresa adota as IFRS, declarando de forma explícita e sem ressalvas em notas explicativas que elas estão em conformidade com tais IFRS. Elas são feitas quando, por exemplo, a empresa:

a) tiver apresentado suas demonstrações contábeis anteriores mais recentes:
   - de acordo com os requerimentos societários que não são consistentes com as IFRS em todos os aspectos;
   - em conformidade com as IFRS em todos os aspectos, exceto pelo fato de que nessas demonstrações não está contida uma declaração explícita e sem ressalvas de que elas estão de acordo com as IFRS;
   - contenham uma declaração explícita de conformidade com algumas, porém não com todas as IFRS;
   - de acordo com exigências nacionais, inconsistentes com as IFRS, usando isoladamente alguma norma internacional para contabilizar itens para os quais não existem exigências nacionais específicas;
   - em conformidade com exigências nacionais, mas com conciliação de alguns valores em relação àqueles determinados de acordo com as IFRS.
b) tiver elaborado demonstrações contábeis de acordo com as IFRS somente para uso interno, sem torná-las disponíveis aos proprietários da empresa ou outros usuários externos;
c) tiver elaborado um conjunto de demonstrações contábeis de acordo com as IFRS para fins de consolidação, mas que não é o conjunto completo de demonstrações contábeis elaboradas de acordo com a IAS 1 – Presentation of Financial Statements (Pronunciamento Técnico CPC 26 – Apresentação das demonstrações contábeis);
d) não tenha apresentado demonstrações contábeis para períodos anteriores.

31.3 Reconhecimento e mensuração

31.3.1 Balanço patrimonial de abertura

A empresa deve identificar a data da transição para as IFRS e preparar o balanço patrimonial de abertura em IFRS na mesma data (este é o ponto de partida de suas contabilizações em IFRS).

Para a maioria das empresas da União Europeia, as principais datas para a adoção das IFRS foram:

- **Transição:** 1º de janeiro de 2004.
- **Primeiro reporte:** 31 de dezembro de 2005.

No Brasil, as principais datas foram:

- **Transição:** 1º de janeiro de 2009.
- **Primeiro reporte:** 31 de dezembro de 2010.

31.3.2 Políticas contábeis

As principais políticas e critérios contábeis para a adoção das IFRS pela primeira vez, conforme o CPC 37, são:

a) a empresa deve usar as mesmas políticas contábeis para evidenciar seu balanço patrimonial de abertura em IFRS e para todos os períodos apresentados em suas primeiras demonstrações contábeis de acordo com as normas internacionais de contabilidade;
b) os ativos, passivos, receitas e despesas da companhia devem ser mensurados, reconhecidos e reclassificados de acordo com a mais recente versão das IFRS;
c) em seu balanço patrimonial de abertura em IFRS a empresa deve:
   - reconhecer todos os ativos e passivos cujo reconhecimento seja exigido pelas IFRS;
   - não reconhecer itens como ativos ou passivos quando as IFRS não permitirem tais reconhecimentos;
   - reclassificar itens reconhecidos de acordo com práticas contábeis anteriores como certo tipo de ativo, passivo ou componente de patrimônio líquido, os quais, de acordo com as IFRS, constituem-se em um tipo diferente de ativo, passivo ou componente de patrimônio líquido;
   - aplicar as IFRS na mensuração de todos os ativos e passivos reconhecidos.
d) as políticas contábeis que a empresa utiliza em seu balanço patrimonial de abertura em IFRS podem ser diferentes daquelas utilizadas para a mesma data pelas práticas contábeis anteriores. Os ajustes resultantes surgem de eventos e transações anteriores à data de transição para as IFRS. Portanto, a empresa deve reconhecer esses ajustes diretamente em lucros ou prejuízos acumulados (ou, se apropriado, em outra conta de patrimônio líquido) na data da transição para as IFRS.

31.3.2.1 Exceções à aplicação retrospectiva de outras IFRS

O CPC 37 proíbe a aplicação retrospectiva de determinados aspectos de outras IFRS. Porém, há algumas exceções que devem ser aplicadas pela empresa:

a) desreconhecimento de ativos financeiros e passivos financeiros (IAS 39 e CPC 38);
b) contabilidade de *hedge* (IAS 39 e CPC 38);
c) participação de não controladores (IAS 27 e CPC 36);
d) classificação e mensuração de ativos financeiros (CPC 38).

Estimativas

As estimativas da empresa na data de transição para as IFRS devem ser consistentes com as estimativas feitas para a mesma data pelos critérios contábeis anteriores (após os ajustes necessários para refletir alguma diferença de política contábil), a menos que exista evidência objetiva de que essas estimativas estavam erradas.

31.3.2.2 Isenções de outras IFRS

De acordo com o CPC 37, a empresa pode optar pelo uso de uma ou mais das isenções elencadas a seguir:

a) combinações de negócios;
b) contratos de seguro;
c) custo atribuído;
d) arrendamento;
e) benefícios a empregados;
f) diferenças acumuladas de conversão;
g) investimentos em controladas, entidades controladas em conjunto e coligadas;
h) ativos e passivos de controladas, entidades controladas em conjunto e coligadas;
i) instrumentos financeiros compostos;

j) passivos decorrentes da desativação incluídos no custo de ativos imobilizados;
k) ativos financeiros ou ativos intangíveis contabilizados de acordo com a Ifric 12 – Service Concession Arrangements (Interpretação Técnica ICPC 1 – Contratos de concessão);
l) transferência de ativos de clientes.

Ressalte-se que a empresa não deve aplicar essas isenções por analogia a outros itens.

Exemplo de isenção de custo atribuído

A empresa pode optar pela mensuração de um ativo imobilizado, na data de transição para as IFRS, pelo custo atribuído daquela data, de acordo com a Interpretação Técnica ICPC 10 – Interpretação sobre a aplicação inicial ao ativo imobilizado e à propriedade para investimento dos pronunciamentos técnicos CPCs 27, 28, 37 e 43.

Na primeira vez que uma empresa tenha reconhecido uma reavaliação de ativos mantida na data de transição para as IFRS, deve mantê-la como custo atribuído para fins de suas demonstrações em IFRS se essa reavaliação foi, na data da reavaliação, comparável com:

a) o valor justo;
b) o custo (ou custo depreciado) de acordo com as IFRS, ajustado para refletir, por exemplo, mudanças nos índices de preços (geral ou específico).

31.4 Apresentação e evidenciação

31.4.1 Informação comparativa

Para estarem de acordo com a IAS 1 (Pronunciamento Técnico CPC 26 – Apresentação das demonstrações contábeis), as primeiras demonstrações contábeis da empresa em IFRS devem incluir:

- três balanços patrimoniais;
- duas demonstrações do resultado;
- duas demonstrações dos fluxos de caixa;
- duas demonstrações das mutações do patrimônio líquido;
- duas demonstrações do resultado abrangente;
- duas demonstrações do valor adicionado (se requeridas pelo órgão regulador ou apresentadas espontaneamente);
- notas explicativas, incluindo a informação comparativa.

31.4.2 Explicação da transição para as IFRS

Conforme o CPC 37, a empresa deve explicar de que forma a transição dos critérios contábeis anteriores para as IFRS afetou sua posição patrimonial divulgada (balanço patrimonial), bem como seu desempenho econômico (demonstração do resultado) e financeiro (demonstração dos fluxos de caixa).

31.5 Estudo de caso I – AmBev

Para ilustrar o estudo, será apresentada a primeira adoção das IFRS pela Companhia de Bebidas das Américas (AmBev). A AmBev é a maior indústria privada de bens de consumo do Brasil e a maior cervejaria da América Latina. A companhia foi criada em 1999, com a associação das cervejarias Brahma e Antarctica. A fusão foi aprovada pelo Conselho Administrativo de Defesa Econômica (Cade) em março de 2000. Líder no mercado brasileiro de cervejas, a AmBev está presente em 14 países, e é referência mundial em gestão, crescimento e rentabilidade. Com a aliança global firmada com a InBev em março de 2004, a companhia passou a ter operações na América do Norte com a incorporação da Labatt canadense, tornando-se a Cervejaria das Américas.

Suas principais marcas de cerveja no Brasil são Antarctica, Brahma, Skol, Bohemia, Original, Stella Artois, Caracu, Kronenbier, Serramalte e Polar. Os principais refrigerantes são Guaraná Antarctica, Soda Antarctica, Pepsi, Sukita, Tônica Antarctica e H2OH!

Figura 31.1 Receita líquida da AmBev.

- Brasil 51,3%
- América do Norte 22,1%
- América Latina e Hispânica 15,7%
- RefriNanc 10,3%
- Malte e subprodutos 0,6%

Com uma estratégia de crescimento fundamentada em princípios de gerenciamento de receita, a AmBev persegue continuamente a maior eficiência em custos e considera sua principal vantagem competitiva seus funcionários e a sua cultura. A companhia é hoje referência mundial entre as indústrias de bebidas. O Earnings Before Interest Taxes, Depreciation and Amortization (Ebitda) consolidado de 2008 foi de R$ 9.007 milhões, ante os R$ 8.697 milhões de 2007.

Detentora do maior portfólio do país no setor de bebidas, a AmBev vem consolidando a participação de suas marcas no mercado brasileiro de cervejas. O *market share* da companhia é de 67,5%, segundo a AC Nielsen (dezembro de 2008).

A AmBev atua em quase toda a América Latina por meio de operações próprias e da associação com a Quilmes (Argentina, Uruguai, Paraguai, Bolívia e Chile), na qual detém hoje participação de 99%. As operações de Hila (que compreendem Venezuela, Guatemala, Peru, Equador, Nicarágua, El Salvador e República Dominicana) vêm apresentando forte crescimento.

A AmBev optou por antecipar a adoção das normas internacionais, divulgando suas primeiras demonstrações financeiras em IFRS no exercício findo em 31 de dezembro de 2008. Cabe aqui explicar que a empresa seguiu as regras estabelecidas pela norma internacional IFRS 1, uma vez que a normatização brasileira para a primeira adoção não havia sido ainda emitida.

Até o exercício findo em 31 de dezembro de 2007, a empresa em estudo divulgava suas demonstrações financeiras nos Estados Unidos em US Gaap, conforme requerido pela Securities and Exchange Commission (SEC). A partir do ano de 2008, a AmBev utilizou também o padrão internacional IFRS para fins de divulgação nos Estados Unidos.

A necessidade de um único padrão contábil dentro da companhia foi o principal objetivo ao adotar antecipadamente as normas internacionais de contabilidade.

É possível identificar vários procedimentos a serem adotados na implementação das normas internacionais, sobre os quais dissertaremos nos tópicos a seguir, com imediata análise de como foram tratados pela empresa em estudo.

31.5.1 Data de transição e balanço de abertura

As primeiras demonstrações financeiras em IFRS requerem divulgações comparativas de pelo menos um exercício, porém é opcional a apresentação de demonstrações financeiras comparativas para mais anos.

Um balanço de abertura deve ser preparado na data de transição. A data de transição é o início do período comparativo apresentado pela entidade em suas primeiras demonstrações financeiras em IFRS.

A preparação do balanço de abertura na data de transição para as IFRS é fundamental para a empresa que pretende divulgar suas demonstrações financeiras com os padrões internacionais.

A IFRS 1 ressalta que "[...] Uma entidade deve preparar e apresentar um balanço de abertura na data de transição para IFRS. Este é o ponto de partida para a contabilidade em IFRS".

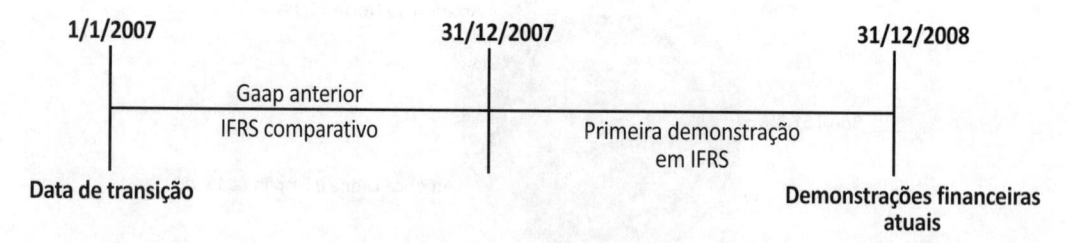

Figura 31.2 Data de transição.

Conforme a Figura 31.2, a AmBev optou por apresentar somente um ano comparativo, considerando 1º de janeiro de 2007 como data de transição para as IFRS. As primeiras demonstrações em IFRS foram divulgadas em 31 de dezembro de 2008, comparativas com o exercício anterior findo em 31 de dezembro de 2007. Para possibilitar a adoção das normas internacionais, a data de transição considerada foi 1º de janeiro de 2007, quando se preparou um balanço de abertura.

O período das primeiras demonstrações financeiras em IFRS pode ser menor, porém não superior a 12 meses, devendo ser compatível com o período utilizado no Gaap anterior.

Na preparação de seu balanço patrimonial de abertura, a empresa ajustou valores anteriormente apresentados nas demonstrações contábeis, preparados de acordo com os princípios contábeis geralmente aceitos no Brasil (BR Gaap), que eram a base para as demonstrações contábeis anteriores, para ficarem de acordo com os princípios internacionais.

No balanço de abertura da AmBev, conforme divulgado no relatório anual de 2008, foram efetuadas as principais reclassificações de acordo com as IFRS, conforme demonstrado a seguir:

Balanço patrimonial de abertura

Ativo	Balanço patrimonial em 1º de janeiro de 2007 (em milhares de reais)			
	BR Gaap	Reclassificações	Ajustes de IFRS	IFRS
Ativo não corrente				
Imobilizado	5.767.968	(244.242)	221.496	5.745.222
Ágio	17.986.186	242.760	(1.488.705)	16.740.241
Ativo intangível	384.984	–	1.949.106	2.334.090
Investimentos	4.183	–	–	4.183
Imposto de renda e contribuição social diferidos	3.566.732	(1.785.637)	250.543	2.031.638
Benefícios a funcionários	17.000	–	–	17.000
Recebíveis	1.016.239	2.443.577	(99.538)	3.360.278
	28.743.292	**656.458**	**832.902**	**30.232.652**
Ativo corrente				
Aplicações financeiras	226.115	–	–	226.115
Estoques	1.363.881	8.422	20.604	1.392.907
Impostos a recuperar	687.650	(296.447)	(11.262)	379.941
Recebíveis	3.000.994	(362.595)	50.639	2.689.038
Caixa e equivalentes a caixa	1.538.928	–	–	1.538.928

Balanço patrimonial em 1º de janeiro de 2007 (em milhares de reais)				
Ativo	BR Gaap	Reclassificações	Ajustes de IFRS	IFRS
Ativos disponíveis para venda	–	86.233	–	86.233
	6.817.568	(564.387)	59.981	6.313.162
Total do ativo	35.560.860	92.071	892.883	36.545.814
Passivo e patrimônio líquido	BR Gaap	Reclassificações	Ajustes de IFRS	IFRS
Patrimônio líquido				
Capital social	5.716.087	–	–	5.716.087
Reservas	–	–	(406.426)	(406.426)
Lucros acumulados	13.551.976	–	(458.539)	13.093.437
Patrimônio líquido	19.268.063	–	(864.965)	18.403.098
Participação minoritária	222.698		345.201	567.899
Passivo não corrente				
Empréstimos e financiamentos	7.461.944	–	425.382	7.887.326
Benefícios a funcionários	326.587	49.322	562.501	938.410
Imposto de renda e contribuição social diferidos	131.396	(49.322)	736.515	818.589
Contas a pagar	726.635	(188.811)	(91.879)	445.945
Provisões	579.091	138.390	–	717.481
	9.225.653	(50.421)	1.632.519	10.807.751
Passivo corrente				
Conta garantida	–	50.632	–	50.632
Empréstimos e financiamentos	2.104.644	(178.636)	(74.100)	1.851.908
Impostos a pagar	366.271	99.871	(2.227)	463.915
Contas a pagar	4.012.345	391.020	(141.931)	4.261.434
Provisões	361.186	(220.395)	(1.614)	139.177
	6.844.446	142.492	(219.872)	6.767.066
Total do passivo e patrimônio líquido	35.560.860	92.071	892.883	36.545.814

Reclassificações no balanço patrimonial:

- Os ativos destinados a venda em 1º de janeiro de 2007 foram reclassificados do grupo de ativos não correntes para o grupo de ativos correntes.
- Os benefícios tributários relacionados ao ágio da transação InBev/AmBev em 1º de janeiro de 2007 foram reclassificados das contas Ativos de imposto diferido para Recebíveis no ativo não corrente.
- Despesas diferidas com natureza de ágio segundo o BR Gaap em 1º de janeiro de 2007 foram reclassificadas do Imobilizado para o Ágio.

Reclassificações no resultado:

- O resultado financeiro e o custo são apresentados após o Lucro operacional no Resultado financeiro líquido.
- Parte das Receitas (despesas) não operacionais são apresentadas como Itens não recorrentes.
- A receita com venda de subprodutos foi reclassificada para custo das vendas, para que seu resultado líquido fosse apresentado neste grupo.
- Gastos com transporte entre as fábricas e os centros de distribuição, apresentados no custo das vendas, em BR Gaap, foram reclassificados para Despesas comerciais.

31.5.2 Isenções opcionais

De acordo com a IFRS 1, a empresa tem que atender todas as normas internacionais vigentes na data de adoção quando de sua primeira utilização. Entretanto, essa norma permite que as companhias adotem determinadas isenções de aplicação retrospectiva às IFRS em áreas específicas, onde seria provável que o custo do cumprimento destes excedesse os benefícios para os usuários das demonstrações financeiras, e apresenta certas exceções obrigatórias.

A administração da companhia deve decidir pela utilização de uma ou mais isenções disponíveis na IFRS 1, para aplicação retroativa aos períodos anteriores à data de transição, com o objetivo de determinar o balanço de abertura em IFRS. As isenções disponíveis, de maneira geral, abrangem itens de vida longa ou áreas nas quais as transações ocorridas no passado gerariam efeitos nos saldos de abertura sob essas novas normas.

31.5.2.1 Combinação de negócios

A IFRS 3 – Business Combination, requer que a entidade compradora efetue a alocação do preço de compra entre os ativos tangíveis e intangíveis adquiridos que cumpram os requerimentos para reconhecimento, e de passivos assumidos a seus valores justos, para reconhecimento nas demonstrações consolidadas em IFRS. O valor excedente entre o valor pago e o valor de mercado dos ativos adquiridos é reconhecido como *goodwill* (ágio). Quando o excesso é negativo, o valor é reconhecido no resultado como *negative goodwill* (deságio).

Na primeira adoção das IFRS, a entidade pode optar por não aplicar a IFRS 3 retrospectivamente, ou seja, deve se restringir com relação às combinações de negócios ocorridas no passado. Caso essa isenção seja adotada, não é necessário fazer a reavaliação da transação originalmente registrada no Gaap anterior, nem é preciso efetuar o recálculo a valor justo das operações anteriores à data de transição para as IFRS. Entretanto, se a entidade optar por reavaliar uma combinação de negócios anterior à data de transição, de acordo com a IFRS 3, a entidade deve reavaliar todas as combinações de negócios nesse período.

Para ilustrar tal isenção, voltamos ao caso da AmBev, em que a data de transição para as IFRS é 1º de janeiro de 2007. A AmBev decidiu reelaborar conforme a IFRS 3 somente aquelas combinações de negócios ocorridas em 1º de janeiro de 2005 ou após essa data. Neste caso, a entidade refletiu a reavaliação de todas as combinações de negócios realizadas no período entre 1º de janeiro de 2005 e 1º de janeiro de 2007 (data de transição) no seu balanço de abertura. Com relação às aquisições ocorridas antes de 1º de janeiro de 2005, o ágio representa o montante previamente reconhecido nas demonstrações contábeis consolidadas elaboradas de acordo com os princípios contábeis do Gaap anterior (BR Gaap). Nas aquisições realizadas em 1º de janeiro de 2005 ou após essa data, o ágio constitui o excedente entre o custo de aquisição e a participação da companhia no valor justo líquido dos ativos, passivos e passivos contingentes da adquirente.

A IFRS 1 cita que não é necessário aplicar a IAS 21 – The Effects of Changes in Foreign Exchange Rates retrospectivamente para ajustes de valor justo e *goodwill* provenientes de combinações de negócios ocorridas antes da data de transição para as IFRS.

No caso da AmBev, o ágio é expresso na moeda da subsidiária ou controlada e convertido em reais pela taxa de câmbio vigente no final do exercício, exceto para as aquisições anteriores a 1º de janeiro de 2005, as quais a companhia tratou como ativos.

Em conformidade com a IFRS 3, o ágio é contabilizado pelo custo e não é amortizado, mas avaliado anualmente para determinar se há indícios de redução ao valor de recuperação da unidade geradora de caixa à qual ele foi alocado (conforme IAS 36 – Impairment of Assets). No balanço de abertura, se houver perda por redução ao valor recuperável, este deve ser reconhecido contra lucros acumulados.

31.5.2.2 Custo atribuído (valor justo como custo de aquisição)

Uma entidade pode optar por mensurar um item do ativo imobilizado a valor justo e considerar esse valor como custo de aquisição na data de transição às IFRS.

Ela pode optar por três critérios de mensuração dos itens do imobilizado:

- utilizar o valor justo como custo de aquisição na data de transição às IFRS;
- utilizar o valor justo determinado em uma data específica, mediante mensuração ocorrida anteriormente devido a eventos que resultaram na necessidade da determinação do valor justo (por exemplo, um processo de privatização);
- utilizar o valor obtido por reavaliação dos ativos na data de transição ou realizada anteriormente, desde que a reavaliação seja comparável ao valor justo ou ao custo, ou, se for o caso, ao custo depreciado, de acordo com as IFRS.

Em relação ao procedimento de reavaliação dos ativos, quando utilizado, não significa que a entidade tenha adotado uma política de reavaliação de ativos, conforme permitido pela IAS 16 – Property, Plant and Equipment, e, portanto, não se deve criar uma reserva de reavaliação no patrimônio líquido.

No estudo de caso apresentado, a companhia AmBev não adotou essa isenção, sendo que o imobilizado é demonstrado pelo custo menos a depreciação acumulada e as perdas por redução ao valor de recuperação. O custo abrange o preço de aquisição e todos os custos diretamente relacionados ao transporte do ativo imobilizado até o local e à sua colocação em condições de operação na forma pretendida pela administração da companhia.

31.5.2.3 Benefícios a empregados

Conforme a IAS 19 – Employee Benefits, uma entidade pode usar o "método do corredor" para diferir os ganhos ou perdas atuariais, quando se deve reconhecer o excesso entre 10% do valor presente da obrigação ou 10% do valor justo dos ativos do plano, dos dois o maior, sendo amortizado pelo serviço médio futuro dos participantes.

A aplicação retroativa desse método aos planos originados anteriormente à data de transição exige a segregação entre ganhos ou perdas atuariais desde o início dos respectivos planos até a data do balanço de abertura em IFRS.

A isenção da IFRS 1 permite que os ganhos e perdas atuariais acumulados sejam totalmente reconhecidos no balanço de abertura contra resultados acumulados, mesmo que a entidade utilize o método do corredor a partir da data de transição. A adoção dessa isenção obriga a entidade a divulgar, com relação aos planos de benefícios definidos, o valor presente da obrigação, o valor justo do ativo e o superávit ou déficit do plano, bem como os ajustes provenientes dos ativos e passivos dos planos, para o período atual e para os balanços comparativos.

No caso da AmBev, a companhia administra planos de benefício definido, nos quais as despesas são reconhecidas no período em que são incorridas, e de contribuição definida, quando as despesas são avaliadas por plano individual utilizando o método da unidade de crédito projetada. Os planos de pensão são normalmente mantidos por pagamentos feitos tanto pela companhia como pelos funcionários, considerando as recomendações dos atuários independentes. A AmBev possui planos superavitários e deficitários.

A AmBev não adotou essa isenção. Em BR Gaap, a companhia utiliza a deliberação CVM 371 para reconhecer seus passivos referentes a planos de pensão e benefícios pós-aposentadoria nas suas demonstrações financeiras. Conforme permitido pela norma, as perdas ou ganhos transitórios (entendidos como a diferença entre os ativos líquidos do plano e a projeção das obrigações com benefícios – PBO) são tratados como valores não registrados no balanço patrimonial e reconhecidos nas demonstrações contábeis usando o método do corredor.

A principal diferença em relação à IFRS decorre do fato de as datas de implementação serem diferentes entre a CVM 371 e a IAS 19. Os impactos nas contas de balanço de 31 de dezembro de 2007 e 1º de janeiro de 2007 relacionados aos ajustes de benefícios a funcionários foram demonstrados em nota explicativa da seguinte forma:

(em milhares de reais)	31 de dezembro de 2007	1º de janeiro de 2007
Ativo não corrente	**135.612**	**156.605**
Ativos fiscais diferidos	135.612	156.605
Passivo não corrente	**559.258**	**551.520**
Benefícios a funcionários	573.690	566.256
Passivo fiscal diferido	(14.432)	(14.736)
Patrimônio líquido	**(423.646)**	**(394.915)**

Fonte: Relatório Anual 2008 em IFRS. Companhia de Bebidas das Américas (AmBev).

31.5.2.4 Conversão cambial

Segundo a norma internacional IAS 21 – The Effects of Changes in Foreign Exchange Rates, a entidade deve classificar as diferenças de conversão em conta específica como componente separado do patrimônio líquido, e quando em uma operação estrangeira, transferir a diferença de conversão acumulada referente àquela operação para o resultado do exercício.

Essa isenção permite que as entidades apliquem a IAS 21 a partir da data de transição. Para a empresa que optar pela isenção, todos os ganhos e perdas cumulativos de conversão de operações estrangeiras deverão ser zerados contra resultados acumulados na data de transição.

No caso da AmBev, a companhia optou pela adoção da isenção e não apresentou as diferenças de conversão ocorridas antes da data de transição para as IFRS como componente separado do patrimônio líquido. Dessa forma, as diferenças de conversão acumuladas de todas as operações estrangeiras são consideradas como zero na data de transição para as IFRS.

31.5.2.5 Instrumentos financeiros compostos

Um instrumento financeiro composto contém tanto um passivo quanto um componente de patrimônio líquido, como, por exemplo, debêntures conversíveis em ações. Neste caso, o componente de passivo representa a obrigação do emissor em pagar os juros e o principal, e o componente do patrimônio líquido é a opção para converter o passivo em ações do emissor. Tais componentes devem ser classificados separadamente conforme a IAS 32 – Financial Instruments: Disclosure and Presentation e IAS 39 – Financial Instruments: Recognition and Measurement.

De acordo com a isenção disponível na IFRS 1, a empresa que adota as normas internacionais pela primeira vez não precisa identificar os dois elementos se o componente passivo não existir mais na data de transição.

A AmBev, empresa em estudo, não possui instrumentos financeiros compostos na data de transição, portanto essa isenção não é aplicável neste caso.

31.5.2.6 Ativos e passivos de subsidiárias, associadas e empreendimentos conjuntos

As demonstrações financeiras consolidadas da controladora, das controladas, controladas em conjunto e coligadas devem ser preparadas de acordo com os mesmos princípios contábeis aplicados consistentemente, conforme descrito nas normas internacionais IAS 27 – Consolidated and Separated Financial Statements, IAS 28 – Investments in Associates e IAS 31 – Interests in Joint Ventures. No entanto, a entidade controladora e suas subsidiárias podem adotar as IFRS em datas diferentes, sendo que esta isenção apresenta orientações para tal situação.

Quando uma empresa controladora adota as normas internacionais após sua controlada, ela pode considerar os mesmos valores que a controlada usou para seus ativos e passivos em suas demonstrações em IFRS, após os ajustes de equivalência patrimonial, de consolidação e de combinação de negócios. Se a controladora adotar as IFRS antes de sua controlada, esta deverá mensurar seus ativos e passivos pelos valores incluídos nas demonstrações consolidadas do grupo, tendo como base a data de transição da controladora.

No caso da AmBev, as demonstrações contábeis das controladas, controladas em conjunto e coligadas foram elaboradas empregando práticas contábeis uniformes e para o mesmo exercício de divulgação da controladora, portanto esta isenção não foi adotada. Todas as operações entre companhias, saldos e ganhos e perdas não realizados com transações entre companhias do grupo foram eliminados.

31.5.2.7 Designação de instrumentos financeiros previamente reconhecidos

De acordo com a IAS 39 – Financial Instruments: Recognition and Measurement, todos os ativos e passivos financeiros são reconhecidos inicialmente por seu valor justo. Normalmente, o valor justo será aquele que foi entregue em contrapartida (no caso de ativos) ou o que foi recebido em contrapartida (no caso de passivos). O valor justo de um instrumento financeiro deve incluir os custos de transação, a menos que os ativos sejam mensurados posteriormente a valor justo em contrapartida no resultado.

Essa isenção diz que a entidade deve manter consistência no tratamento contábil futuro, conforme orientações contidas nas IAS 32 – Financial Instruments: Disclosure and Presentation e IAS 39 – Financial Instruments: Recognition and Measurement. A IAS 39 disciplina o tratamento contábil dos instrumentos financeiros, enquanto a IAS 32 trata da apresentação e divulgações desses instrumentos.

A AmBev, empresa em estudo, classificou seus instrumentos financeiros em cinco categorias, à luz da IAS 39:

1. ativos e passivos financeiros a valor justo em contrapartida no resultado, que podem ser divididos em duas subcategorias: ativos e passivos mantidos para negociação e ativos e passivos designados para esta categoria no momento de seu reconhecimento inicial. Os instrumentos mantidos para negociação são aqueles que foram adquiridos ou gerados com o propósito de serem negociados em curto prazo. Os instrumentos financeiros derivativos sempre são classificados nesta categoria, a menos que sejam designados como instrumentos de *hedge* ou cobertura. Os instrumentos designados a valor justo em contrapartida no resultado do exercício são aqueles que a empresa decidiu voluntariamente classificar nesta categoria, no momento de seu reconhecimento inicial, independente de sua natureza ou característica;
2. empréstimos e recebíveis: incluem ativos ou passivos financeiros com pagamentos fixos ou determináveis, que não sejam cotados em um mercado considerado ativo;
3. ativos mantidos até o vencimento: são ativos financeiros com pagamentos fixos ou determináveis, com data de vencimento, que uma entidade tem a capacidade e a intenção de manter até seu vencimento;
4. ativos financeiros disponíveis para venda: todos os ativos que não tenham sido classificados nas categorias mencionadas acima;
5. outros: constituem categorias residuais similares à categoria de ativos disponíveis para a venda. Todos os ativos financeiros, com exceção de derivativos, passivos financeiros destinados à negociação ou designados como valor justo em contrapartida no resultado, são automaticamente classificados nessa categoria. Exemplos comuns são as contas a receber a fornecedores, empréstimos e financiamentos e adiantamentos a clientes.

A valorização dos ativos e passivos financeiros depende de sua classificação, como se segue:

a) ativos e passivos a valor justo em contrapartida no resultado: contabilizados ao seu valor justo em contrapartida no resultado;
b) empréstimos e recebíveis: contabilizados ao seu custo, acrescido de encargos mensurados com base na taxa de juros efetiva no resultado do exercício;
c) ativos mantidos até o vencimento: contabilizados ao seu custo, acrescido de encargos no resultado do exercício.

d) ativos financeiros disponíveis para venda: contabilizados ao seu valor justo com contrapartida em patrimônio líquido;

e) Outros passivos: contabilizados ao seu custo, acrescido de encargos mensurados com base na taxa de juros efetiva no resultado do exercício.

Para fins de BR Gaap, antes do advento da Lei nº 11.638/07, os instrumentos financeiros eram registrados por seus valores de custo, acrescidos dos rendimentos obtidos até a data das demonstrações contábeis, conforme as taxas acordadas com as instituições financeiras, e que não superavam o valor de mercado.

A AmBev adotou essa isenção, classificando seus instrumentos financeiros e valorizando-os de acordo com sua classificação. Os impactos nas contas de balanço de 31 de dezembro de 2007 e 1º de janeiro de 2007 relacionados aos ajustes de instrumentos financeiros foram demonstrados em nota explicativa, conforme ilustrado a seguir:

(em milhares de reais)	31 de dezembro de 2007	1º de janeiro de 2007
Ativo corrente	12.765	20.710
Recebíveis	12.765	20.710
Passivo não corrente	252.970	312.596
Empréstimos e financiamentos	252.970	312.596
Passivo corrente	7.558	(5.395)
Patrimônio líquido	(247.763)	(286.491)

Fonte: Relatório Anual 2008 em IFRS. Companhia de Bebidas das Américas (AmBev).

31.5.2.8 Pagamento de benefícios baseados em ações

Essa isenção é aplicável para planos de opção de pagamentos em ações concedidos pelas entidades. A entidade é encorajada, porém não obrigada, a aplicar a IFRS 2 – Share-based Payment para os instrumentos que foram emitidos anteriormente a 7 de novembro de 2002. Da mesma forma, não é obrigatória a aplicação da IFRS 2 para instrumentos emitidos após esta data, mas cujos direitos foram exercidos antes da data de transição para as IFRS, ou 1º de janeiro de 2005.

A companhia em estudo adotou essa isenção e aplicou a IFRS 2 aos instrumentos de patrimônio concedidos após 7 de novembro de 2002 e ainda não efetivados em 1º de janeiro de 2005. Na data da transição, a companhia tinha pagamentos com base em ações liquidáveis apenas em instrumentos patrimoniais.

Na data de transição da companhia em estudo, não havia no BR Gaap uma norma específica relativa à apresentação e reconhecimento de pagamentos com base em ações. Os impactos nas contas de balanço de 31 de dezembro de 2007 e 1º de janeiro de 2007 relacionados aos ajustes de pagamento baseado em ações foram demonstrados em nota explicativa, conforme demonstrado:

(em milhares de reais)	31 de dezembro de 2007	1º de janeiro de 2007
Passivo não corrente	(9.507)	–
Benefícios a funcionários	(9.507)	–
Passivo corrente	(14.095)	(21.215)
Contas a pagar	(14.095)	(21.215)
Patrimônio líquido	(23.602)	(21.215)

Fonte: Relatório Anual 2008 em IFRS. Companhia de Bebidas das Américas (AmBev).

Como a companhia em estudo financiava o plano de ações e utilizava como garantia desses empréstimos as ações emitidas no plano, outro ajuste de tratamento contábil foi reconhecido, conforme a tabela a seguir:

(em milhares de reais)	31 de dezembro de 2007	1º de janeiro de 2007
Ativo não corrente	(41.573)	(72.821)
Recebíveis	(41.573)	(72.821)
Patrimônio líquido	(41.573)	(72.821)

Fonte: Relatório Anual 2008 em IFRS. Companhia de Bebidas das Américas (AmBev).

De acordo com o BR Gaap, esses financiamentos foram registrados como um ativo; segundo as IFRS esse montante foi reconhecido no patrimônio líquido, uma vez que é garantido pelas próprias ações financiadas.

31.5.2.9 Contratos de seguros

A IFRS 4 – Insurance Contracts trata da classificação, reconhecimento e avaliação dos contratos de seguros. De acordo com essa isenção, as empresas são encorajadas, porém não obrigadas, a adotar as orientações constantes na IFRS 4 para períodos anteriores a 2005. Essa norma faz algumas observações pontuais quanto à sua aplicação inicial:

a) a empresa não precisa apresentar informações comparativas para períodos anteriores a 1º de janeiro de 2005, com exceção das divulgações exigidas quanto a políticas contábeis e reconhecimento de ativos, passivos, receitas e despesas, todos relacionados aos contratos de seguros;

b) se depois de esforços ainda for impraticável a aplicação de alguma exigência particular com relação à informação comparativa prevista na IFRS 4, as divulgações deverão conter detalhes desse fato;

c) não há necessidade da apresentação de informações sobre os cálculos de indenizações que ocorreram há mais de cinco anos antes da data de transição;

d) se a empresa alterar sua política contábil para as obrigações securitárias, ela poderá classificar seus ativos financeiros ao seu valor justo por meio de contas de resultado, pois é permitido que uma mudança de política contábil seja feita, desde que essa mudança torne as demonstrações contábeis mais relevantes sem diminuir a confiabilidade.

A companhia em estudo não é uma seguradora, ou seja, não possui contratos de seguro como seu principal negócio, portanto essa isenção não é aplicável.

31.5.2.10 Alterações na retirada de serviço, restauração e semelhantes no custo do ativo fixo tangível

O Ifric, comitê de interpretações das normas internacionais ligado ao Iasb, emitiu a Ifric 1 – Changes in Existing Decommissioning, Restoration and Similar Liabilities, que requer que as empresas que possuam obrigações de desmontar, remover ou restaurar itens de seu ativo imobilizado reconheçam os valores relacionados a essas obrigações como parte de seu custo.

A aplicação retroativa dessa interpretação faria a empresa recalcular o passivo no surgimento da obrigação inicial, e a cada alteração em seu valor, evidenciar o valor presente a ser registrado como parte do custo do ativo.

Essa isenção permite que as entidades mensurem somente as obrigações existentes na data de transição, de acordo com a IAS 37 – Provisions, Contingent Liabilities and Contingent Assets. Se seu passivo estiver dentro do escopo da Ifric 1, a entidade deverá estimar o valor a ser incluído no custo do ativo, e ainda deverá calcular a depreciação acumulada sobre o valor do ativo na data de transição, conforme vida útil estimada.

No caso da AmBev, essa isenção não é aplicável, pois a companhia não possui obrigações em desmontar, remover ou restaurar itens de seu ativo imobilizado, não se enquadrando no escopo da Ifric 1.

31.5.2.11 Arrendamento mercantil

A Ifric 4 – Determining Wheter an Arrangement Contains a Lease requer que a entidade analise seus contratos comerciais no início de sua contratação, para determinar se possuem características de arrendamento. Apesar de tais contratos não possuírem a forma legal de um *leasing*, podem existir acordos que envolvam uma série de transações relacionadas que resultem no uso de um ativo em troca de pagamentos, caracterizando um *leasing* embutido.

Essa isenção permite que sejam analisados à luz do Ifric 4 somente os contratos comerciais em vigor na data de transição para as IFRS, não sendo necessário retroagir até a data inicial do contrato comercial.

A AmBev não possui contratos que se enquadrem no escopo da Ifric 4, portanto tal isenção não é aplicável.

31.5.2.12 Valor justo de ativos e passivos financeiros como reconhecimento inicial

Segundo essa isenção, a entidade pode adotar a mensuração a valor justo para ativos e passivos financeiros de acordo com a IAS 39:

a) retrospectivamente;
b) prospectivamente para operações contratadas após 25 de outubro de 2002;
c) prospectivamente para operações contratadas após 1º de janeiro de 2004.

A AmBev classificou seus instrumentos financeiros e valorizou-os de acordo com sua classificação na data de transição para as IFRS.

31.5.2.13 Serviços de concessão

A Ifric 12 – Service Concession Arrangements prevê os princípios gerais sobre o registro e avaliação das obrigações e respectivos direitos em concessões de serviços públicos. São várias as questões abordadas, como o tratamento dos direitos do operador sobre a infraestrutura, custos de empréstimos, tratamento contábil como ativo financeiro e ativo intangível e serviços de construção e melhoria.

A IFRS 1 cita que as entidades que se enquadrem no escopo dessa interpretação devem aplicar as disposições transitórias conforme orientações da Ifric 12.

A empresa em estudo não possui serviços de concessões em seu negócio, portanto tal interpretação não é aplicável.

31.5.2.14 Custos de empréstimos

A IAS 23 – Borrowing Costs requer que uma entidade capitalize os custos de empréstimos diretamente atribuíveis à aquisição, construção ou à produção de um ativo qualificável como parte dos custos desse ativo.

A IFRS 1 cita que, na primeira adoção, a entidade deve aplicar as disposições transitórias conforme orientação da IAS 23.

No caso da AmBev, empresa em estudo, de acordo com as disposições transitórias, a companhia aplicará a norma para ativos qualificáveis para os quais os custos de empréstimos serão capitalizados após a data de publicação da norma, ou seja, no exercício findo em dezembro de 2009. No entanto, não é esperado nenhum impacto relevante em suas demonstrações contábeis consolidadas devido à aplicação dessa norma.

31.5.3 Exceções obrigatórias

31.5.3.1 Desreconhecimento de ativos e passivos financeiros

A entidade deve aplicar os requerimentos para baixa previstos na IAS 39 – Financial instruments: recognition and Measurement, que são aplicados somente às transações ocorridas em ou após 1º de janeiro de 2004.

Esse pronunciamento permite a baixa de um instrumento financeiro quando de seu vencimento, ou quando substancialmente todos os riscos e benefícios associados a ele tiverem sido transferidos a um terceiro, por alienação ou outra forma de transação estruturada.

Eventualmente, as regras prescritas pelos princípios contábeis anteriores podem permitir a baixa desses instrumentos em circunstâncias diferentes das descritas na IAS 39 e, portanto, eles ainda deveriam ser reconhecidos nas demonstrações contábeis em IFRS.

Assim, a exceção obrigatória da IFRS 1 requer que os instrumentos financeiros baixados de acordo com os princípios contábeis anteriores, desde que antes de 1º de janeiro de 2004, não sejam novamente reconhecidos pela entidade para fins de IFRS.

No estudo de caso apresentado, a AmBev aplicou as orientações previstas na IAS 39 na data de transição para as IFRS, ou seja, 1º de janeiro de 2007, portanto tais instrumentos foram reconhecidos em conformidade com essa orientação.

31.5.3.2 Contabilidade de hedge

A IFRS 1 ressalta que "[...] Conforme IAS 39, na data de transição para as IFRS, a entidade deverá:

a) mensurar todos os derivativos a valor justo;
b) eliminar todos os ganhos e perdas diferidos advindos da contabilização de derivativos que, de acordo com os princípios contábeis anteriores, foram tratados como ativos e passivos".

No balanço de abertura em IFRS, a entidade não poderá apresentar *hedges* que não estejam com a qualificação determinada pela IAS 39. De acordo com essa norma, a contabilização de *hedge accounting* somente pode ser aplicada a transações que satisfaçam os rígidos critérios previstos nela e, de forma prospectiva, a partir da data de adoção da IAS 32 e dela própria, ou seja, a partir de 1º de janeiro de 2005.

As operações de *hedge* não podem ser designadas de forma retroativa, portanto, a documentação para tais operações também não pode ser criada retroativamente. Assim, transações antes da data de transição para as IFRS não poderão ser consideradas como *hedge* de forma retroativa.

Se certas condições forem atendidas, um derivativo poderá ser especificamente designado como:

- *fair value hedge* – para proteção contra exposições a variações do valor justo de um ativo ou passivo reconhecido ou de compromisso firme não reconhecido;
- *cash flow hedge* – para proteção contra exposição a fluxos de caixa variáveis de uma operação prevista;
- *hedge of a net investment in a foreign operation* – para proteção contra exposição cambial de um investimento líquido em operação estrangeira.

A contabilização das variações do valor justo de um derivativo depende do uso pretendido do derivativo e de sua designação. Os derivativos que não são designados como parte de uma relação de *hedge* devem ser contabilizados ao valor justo com ganhos e perdas na demonstração do resultado. Certas condições devem ser atendidas a fim de designar um derivativo como *hedge*. Se o derivativo for um *hedge*, dependendo da natureza, a parcela efetiva da variação do valor justo do *hedge* será (1) compensada com a variação do valor justo do ativo, passivo ou compromisso protegido por *hedge* na demonstração do resultado ou (2) mantida no patrimônio até que o item protegido por *hedge* seja reconhecido na demonstração do resultado.

De acordo com o BR Gaap, que é a base da contabilidade anterior utilizada pela empresa em estudo, os instrumentos derivativos são registrados ao menor valor entre o custo acrescido de juros e o valor justo. Além disso, os ganhos ou perdas não realizados, resultantes das operações com instrumentos de *hedge*, contratadas para minimizar os riscos na compra de matérias-primas, são diferidos e reconhecidos na demonstração de resultados quando realizados. De acordo com o BR Gaap, na data de transição não havia nenhuma norma específica que tratava da contabilização de instrumentos derivativos financeiros que não para instituições financeiras.

A AmBev utiliza instrumentos derivativos com o objetivo de proteger-se dos riscos relacionados a moedas estrangeiras, taxa de juros e preço das *commodities*. A política de gerenciamento de riscos da AmBev proíbe o uso de instrumentos financeiros derivativos para fins especulativos.

Os impactos nas contas de balanço de 31 de dezembro de 2007 e 1º de janeiro de 2007 relacionados aos ajustes de instrumentos derivativos devido a adoção da IAS 39 foram demonstrados em nota explicativa conforme tabela abaixo.

(em milhares de reais)	31 de dezembro de 2007	1º de janeiro de 2007
Ativo não corrente	**15.659**	**49.829**
Ativos fiscais diferidos	(19.546)	(2.311)
Recebíveis	35.205	52.140
Passivo não corrente	**40.676**	**123.771**
Empréstimos e financiamentos	4.412	102.103
Passivo fiscal diferido	36.264	21.668
Passivo corrente	**(2.428)**	**(70.103)**
Empréstimos e financiamentos	–	(64.045)
Contas a pagar	(2.428)	(6.058)
Patrimônio líquido	**(22.589)**	**(3.839)**

Fonte: Relatório Anual 2008 em IFRS. Companhia de Bebidas das Américas (AmBev).

31.5.3.3 Estimativas

A IFRS 1 ressalta que "[...] As estimativas efetuadas em IFRS na data de transição devem ser consistentes com as estimativas efetuadas de acordo com os princípios contábeis anteriores – Gaap anterior (após ajustes para refletir as diferenças de princípios contábeis), a menos que o objetivo seja corrigir algum erro".

As estimativas somente podem ser alteradas para corrigir erros ou em virtude de diferenças de aplicação de princípios. As estimativas em análise são geralmente as relacionadas a provisões, depreciações, amortizações e contingências.

A exceção obrigatória da IFRS 1 não permite a utilização de informações obtidas posteriormente à data de transição, quando comparada com a estimativa originalmente adotada. Por exemplo, uma provisão constituída originalmente em razão de um processo judicial que tenha sido ganho posteriormente não pode ser estornada como se nunca tivesse sido registrada. Dessa forma, deve haver consistência entre as informações elaboradas de acordo com os princípios contábeis anteriores e as informações para fins de IFRS, considerando que uma mudança de estimativa pode afetar o resultado no período de sua alteração.

A empresa em estudo, AmBev, seguiu as orientações da IFRS 1 e manteve suas estimativas conforme os princípios contábeis anteriores à adoção das IFRS.

31.5.4 Divulgações requeridas na primeira adoção

As primeiras demonstrações financeiras em IFRS devem estar de acordo com a IAS 1 – Presentation of Financial Statements, que requer divulgações comparativas de pelo menos um exercício; porém, é opcional a apresentação de demonstrações financeiras comparativas para mais anos.

Exceções prescritas nas IAS 32 e 39 e no IFRS 4 isentam a entidade da divulgação comparativa. Para esses casos, serão claramente divulgados e aplicados os princípios contábeis anteriores a essas normas, assim como apresentados, de forma qualitativa, quais seriam os ajustes aplicáveis às IAS e IFRS citadas, mesmo que não quantificados.

A entidade que adota a IFRS 1 deve explicar como a transição dos princípios contábeis anteriores para a IFRS afetou sua posição e *performance* financeiras e seu fluxo de caixa.

Para tanto, as primeiras demonstrações financeiras em IFRS devem incluir as reconciliações entre os valores apurados de acordo com os princípios contábeis anteriores e os de acordo com as novas normas internacionais, envolvendo:

a) o patrimônio líquido na data de transição e na data de encerramento do exercício mais recente que, geralmente, refere-se ao exercício final do exercício de transição para a IFRS;
b) o resultado do exercício do último período com o do mesmo período;
c) o fluxo de caixa, quando houver ajustes relevantes.

Para ilustrar a pesquisa, serão apresentadas as reconciliações divulgadas pela empresa em estudo (AmBev) na primeira adoção da IFRS:

a) Patrimônio líquido

Reconciliação do patrimônio líquido

Patrimônio líquido em BR Gaap – AmBev	17.419.950
Ajustes em IFRS:	
Combinação de negócios	2.143.566
Reversão do ativo diferido, líquido	(74.241)
Marcação a mercado de instrumentos financeiros	(247.763)
Benefícios a funcionários, líquido	(423.646)
Pagamento baseado em ações	(17.971)
Ganhos e perdas não realizados (hedge)	(22.589)
Outros ajustes, líquido	(79.627)
Imposto de renda e contribuição social diferidos s/ os ajustes de IFRS	(258.325)
Impacto dos ajustes nas participações dos minoritários	(319.367)
Patrimônio líquido em IFRS – AmBev	**18.119.987**

Fonte: Relatório Anual 2008 em IFRS. Companhia de Bebidas das Américas (AmBev).

b) Demonstração do resultado

Reconciliação do resultado

Lucro em BR Gaap	2.816.407
Ajustes em IFRS:	
Combinação de negócios	1.528.974
Reversão da amortização do ativo diferido	(5.990)
Marcação a mercado de instrumentos financeiros	38.728
Benefícios a funcionários, líquido	16.155
Pagamento baseado em ações	(29.189)
Subvenções governamentais	149.497
Efeito de conversão de balanço	226.562
Outros ajustes, líquido	95.659
Imposto de renda e contribuição social diferidos s/ os ajustes de IFRS	184.684
Impacto dos ajustes nas participações dos minoritários	(18.051)
Lucro em IFRS	**5.033.436**

Fonte: Relatório Anual 2008 em IFRS. Companhia de Bebidas das Américas (AmBev).

c) Fluxo de caixa

Reconciliação de fluxo de caixa

	BR Gaap	Ajustes de IFRS	IFRS
Lucro do exercício	2.816.407	2.252.419	5.068.826
Despesas (receitas) que não afetam o caixa:	4.478.673	(2.414.290)	2.064.383
Redução (aumento) no ativo	(420.410)	295.597	(124.813)
Aumento (redução) no passivo	1.082.375	(881.714)	200.561
Fluxo de caixa das atividades operacionais	7.956.945	(747.988)	7.208.957
Fluxo de caixa das atividades de investimentos	(2.202.372)	55.573	(2.146.799)
Fluxo de caixa das atividades de financiamento	(4.863.607)	617.144	(4.246.463)
Aumento/(redução) líquido no caixa e equivalentes a caixa	890.966	(75.271)	815.695
Caixa e equivalentes a caixa (líquido da conta garantida) no início do exercício	1.538.928	(50.632)	1.488.296
Efeito das oscilações cambiais	(121.666)	58.579	(63.087)
Caixa e equivalentes a caixa (líquido da conta garantida) no final do exercício	2.308.228	(67.324)	2.240.904

Fonte: Relatório Anual 2008 em IFRS. Companhia de Bebidas das Américas (AmBev).

As divulgações requeridas pela IFRS 1 devem apresentar informações suficientes para o entendimento completo do leitor ou do usuário das demonstrações contábeis sobre a transição para a IFRS. Para cumprir esse requerimento é, geralmente, necessário apresentar reconciliação do balanço linha a linha (nas quais foram efetuados os ajustes) relacionados ao item "a", e do resultado do exercício linha a linha (nas quais foram efetuados os ajustes) relacionado ao item "b", apresentados anteriormente. As explicações descritivas quanto aos ajustes também devem ser divulgadas, apresentando o motivo das diferenças e como os ajustes foram calculados.

Adicionalmente, a IFRS 1 é explícita no que tange à distinção de eventuais alterações que possam ser atribuídas a erros de aplicação dos princípios contábeis locais, que sejam identificados no processo de transição das mudanças de políticas contábeis. Os erros e ajustes decorrentes de erros de aplicação dos princípios contábeis locais devem ser divulgados separadamente.

31.6 Estudo de caso II – Gerdau

A seguir apresentamos uma nota (Nota 4 – Transição para o IFRS) que explica os ajustes de transição de BR Gaap para IFRS, divulgada no Relatório Anual do Grupo Gerdau S.A., inerente aos exercícios de 2007 e 2006. A Gerdau é uma sociedade anônima de capital aberto, com sede no Rio de Janeiro – RJ, Brasil, empresa *holding* integrante do Grupo Gerdau, dedicado, principalmente, à produção e à comercialização de produtos siderúrgicos em geral, por meio de usinas localizadas no Brasil, Argentina, Chile, Colômbia, México, Peru, República Dominicana, Uruguai, Venezuela, nos Estados Unidos, no Canadá, Espanha e Índia.

Nota 4 – Transição para o IFRS
4.1 – Fundamentação da transição para o IFRS
4.1.1 – Aplicação do IFRS 1
As demonstrações financeiras consolidadas para o exercício findo em 31/12/2007 são as primeiras apresentadas de acordo com o IFRS. Elas foram preparadas de acordo com o IFRS 1, como descrito na Nota 2.1.

A companhia preparou o seu balanço de abertura com a data de transição de 01/01/2006. A data-base dessas demonstrações financeiras consolidadas é 31/12/2007.

Na preparação das demonstrações financeiras consolidadas da data de transição de acordo com o IFRS 1, a companhia aplicou as exceções obrigatórias e certas isenções opcionais de aplicação retrospectiva completa do IFRS.

4.1.2 – Isenções da aplicação retrospectiva completa escolhidas pela companhia
A companhia adotou a utilização das seguintes isenções opcionais de aplicação retrospectiva completa:

a) Isenção para combinação de negócios: a companhia optou por não remensurar as aquisições de negócios ocorridas antes da data de transição do IFRS de acordo com o IFRS 3; portanto, os ágios oriundos de aquisições anteriores a esta data foram mantidos pelos saldos líquidos de amortização apurados em 31/12/2005, de acordo com as práticas contábeis adotadas no Brasil (BR Gaap).

b) Isenção para apresentação do valor justo de imobilizado como custo de aquisição: a companhia optou por não remensurar seus ativos imobilizados na data de transição pelo valor justo, optando por manter o custo de aquisição adotado no BR Gaap como valor de imobilizado, corrigido monetariamente de acordo com o estabelecido no IAS 21 e IAS 29.

c) Isenção para mensuração dos benefícios a empregados: a companhia optou por reconhecer todos os ganhos e perdas atuariais decorrentes de planos de benefícios a empregados na data de transição do IFRS contra lucros acumulados. A partir desta data, a companhia reconhece os ganhos e perdas atuariais seguindo a regra do corredor, ou seja, os ganhos e perdas somente serão reconhecidos na extensão que superarem 10% dos ativos do plano ou 10% do passivo de benefício a empregados projetado acumulado.

d) Isenção para apresentação dos ajustes acumulados de conversão cambial: a companhia optou por apresentar os efeitos acumulados na data de transição para IFRS, decorrentes de conversão de demonstrações financeiras de controladas e investidas com moeda funcional diferente da moeda de relatório da companhia, como lucros acumulados no balanço de abertura. A partir da data de transição do IFRS, a companhia reconheceu os ajustes de conversão diretamente em conta específica do patrimônio líquido.

e) Isenção relativa à mensuração dos instrumentos financeiros compostos: a companhia não possui instrumentos financeiros compostos na data de transição do IFRS.

f) Isenção relativa ao reconhecimento de participação em controladas, empresas com controle compartilhado e associadas: as controladas, empresas com controle compartilhado e associadas da companhia, na data de transição, não apresentam demonstrações financeiras em IFRS; dessa forma, a companhia optou por adotar a mesma data de transição para IFRS para todas as suas controladas, *joint ventures* e associadas.

g) Isenção relativa à classificação de instrumentos financeiros: a companhia optou por classificar e avaliar seus instrumentos financeiros de acordo com as IAS 32 e 39 na data de transição do IFRS. Não foram realizadas análises retroativas à data original de contratação dos instrumentos financeiros vigentes na data de transição para IFRS. Todos os instrumentos financeiros contratados após a data de transição foram analisados e classificados na data de contratação das operações.

h) Isenção relativa à mensuração inicial de pagamento de benefícios baseados em ações: a companhia optou por reconhecer os efeitos acumulados de pagamento de benefícios em ações para a data de transição do IFRS.

4.1.3 – Exceções da aplicação retrospectiva completa seguidas pela companhia
Não foram identificados impactos nas demonstrações financeiras consolidadas da companhia decorrentes da aplicação das exceções obrigatórias previstas no IFRS 1.

4.2 – Reconciliação entre IFRS e o BR Gaap
Descrição das principais diferenças entre IFRS e BR Gaap que afetaram as demonstrações financeiras da companhia:

a) Consolidação proporcional: de acordo com o IFRS, um investidor deve contabilizar seu investimento considerando o tipo de *joint venture*: operações, ativos e entidades com controle compartilhado. O tipo mais comum de *joint venture* é a entidade controlada em conjunto. Para tais entidades, os investidores incluem em suas demonstrações financeiras consolidadas a sua participação no investimento, utilizando o método de equivalência patrimonial ou mesmo a consolidação proporcional. A companhia adotou como política a equivalência patrimonial para as *joint ventures* (Nota 3.2). No caso de participação em empresas nas quais uma companhia não é detentora majoritária das ações com direito a voto, deve ser efetuada uma análise dos principais riscos e benefícios com o objetivo de avaliar se a empresa adquirida é uma entidade de propósito especial (*special purpose entity* – SPE). Neste caso, enquadra-se no conceito de uma controlada para fins de consolidação integral (Nota 2.19.h).

De acordo com o BR Gaap, entidades com controle compartilhado devem ser consolidadas proporcionalmente. Os componentes de ativo e passivo, as receitas e gastos das sociedades com controle compartilhado são somados às posições contábeis consolidadas, na proporção da participação do investidor em seu capital social.

b) Combinação de negócios: de acordo com o IFRS, é aplicado o método de compra. O custo da combinação de negócios deve ser medido pelo valor justo, na data da aquisição. A entidade compradora deve alocar, na data da combinação, o custo da aquisição (incluindo os custos diretos com a transação) reconhecendo contabilmente: os ativos adquiridos identificados e os passivos e passivos contingentes assumidos, valorizados pelo valor justo, que cumpram os critérios específicos de reconhecimento contábil, mesmo quando alguns deles não tenham sido reconhecidos previamente pela sociedade adquirida em suas posições contábeis. O processo de determinação do valor justo deve ocorrer em até 12 meses da data da combinação.

Quando o custo da aquisição for superior ao valor justo da participação da entidade compradora no saldo líquido dos ativos, passivos e passivos contingentes identificáveis da entidade adquirida, a entidade compradora reconhece contabilmente um ágio originado da transação, referente a tal diferença. O ágio e outros ativos intangíveis com prazo de vida útil indefinido não são amortizados. Seu valor de recuperação deve ser avaliado no mínimo uma vez por ano, e também sempre que haja um indicador de que o valor do ativo possa não ser recuperado pela entidade. Quando o valor recuperável do ágio ou de qualquer outro ativo for inferior ao valor contábil, deve ser reconhecida uma perda no resultado do exercício. Se a participação da entidade compradora no valor justo dos ativos, passivos e passivos contingentes identificáveis da entidade adquirida forem superiores ao custo de aquisição, o excesso (deságio) deve ser inicialmente revisado, de modo a verificar se os valores justos atribuídos a ativos adquiridos, passivos e passivos contingentes assumidos foram adequadamente identificados e valorizados. Se, depois desse exercício de revisão, for concluído que um deságio foi originado da transação, o mesmo deve ser reconhecido como um ganho, imediatamente no resultado do exercício. A participação dos sócios minoritários nos ativos líquidos adquiridos deve ser registrada por seu valor justo na data da aquisição, em conta específica dentro do patrimônio líquido (Nota 2.8.a).

De acordo com o BR Gaap, devem-se adotar as seguintes práticas: o ágio ou deságio é calculado pela diferença simples entre o valor de aquisição e o patrimônio líquido contábil da entidade adquirida. O enfoque de valor justo não é utilizado. O ágio pode ser atribuído a maior valor dos ativos (geralmente imobilizado), que é incorporado ao valor dos mesmos e passa a ser amortizado na mesma vida útil, rentabilidade futura ou outros motivos. O ágio com fundamento em rentabilidade futura deve ser amortizado com base nas projeções de resultados futuros, por período não superior a dez anos, exceto quando corresponda a direitos de exploração ou concessão pelo poder público, caso em que será amortizado no prazo da concessão. O ágio sem fundamento econômico deve ser diminuído do resultado como perda no momento da compra e o deságio sem fundamento econômico deve ser reconhecido como ganho somente pela baixa ou extinção do investimento. O BR Gaap não prevê a contabilização dos custos da transação como parte do preço de aquisição. A participação dos acionistas minoritários é mantida pelo custo.

c) Instrumentos financeiros – aplicações financeiras: os ativos financeiros são classificados, para fins de IFRS, conforme descrito na nota 3.b. Os ativos financeiros classificados como disponíveis para negociação e disponíveis para venda são mensurados de acordo com seu valor justo. As opções de vendas de ações são reconhecidas conforme descrito na Nota 2.19.f. De acordo com o BR Gaap, essas operações são registradas por seus valores de custo, acrescidas dos rendimentos obtidos até a data das demonstrações financeiras, conforme as taxas acordadas com as instituições financeiras, e não superam o valor de mercado. Tal critério difere da valorização por valor justo. Uma alteração na legislação societária brasileira equiparou o tratamento contábil em BR Gaap com a norma IFRS a partir de 2008.

d) Capitalização de juros no imobilizado: conforme descrito na Nota 2.5, para fins de IFRS a companhia agrega ao custo do imobilizado em andamento os juros incorridos sobre empréstimos, considerando a taxa média ponderada dos empréstimos e financiamentos vigentes na data da capitalização.

De acordo com o BR Gaap, para o exercício de 2006, a capitalização dos custos financeiros incorridos é contabilizada durante o período de construção dos bens do ativo fixo somente se a dívida financeira estiver diretamente vinculada ao ativo imobilizado em construção. A partir do exercício de 2007, as práticas contábeis estão equiparadas.

e) Benefícios a empregados: de acordo com o IFRS, eventuais superávits com planos de benefícios a empregados devem ser contabilizados até o montante provável de redução nas contribuições futuras da patrocinadora para esses planos (Nota 20).

De acordo com o BR Gaap, ativos com planos de benefícios a empregados somente podem ser reconhecidos se for claramente evidenciado que o superávit será reembolsado à patrocinadora no futuro.

f) Perda de valor econômico de ativos (*impairment*): de acordo com o IFRS, existem normas específicas para analisar a recuperação de todos os ativos não financeiros, exceto estoques, ativos originados por contratos de construção, imposto de renda diferido ativo, ativos relacionados com benefícios a empregados, entre outros. Na data de cada demonstração financeira, a companhia deve analisar se existem evidências de que o valor contábil de um ativo não será recuperado. Caso se identifiquem tais evidências, a entidade deve estimar o valor recuperável do ativo (Nota 12).

O valor recuperável de um ativo é o maior valor entre: (a) seu valor justo menos os custos que seriam incorridos para vendê-lo, e (b) seu valor de uso. O valor de uso é equivalente aos fluxos de caixa descontados (antes dos impostos) derivados do uso contínuo do ativo até o final de sua vida útil.

Independentemente da existência de indicação de não recuperação de seu valor contábil, saldos de ágio originados da combinação de negócios e ativos intangíveis com vida útil indefinida devem ter sua recuperação testada pelo menos uma vez por ano.

Quando o valor residual contábil do ativo exceder seu valor recuperável, a entidade deverá reconhecer uma redução do saldo contábil deste ativo (*impairment* ou deterioração).

Para os ativos registrados pelo custo, a redução no valor recuperável deve ser registrada no resultado do período. Para os ativos reavaliados, a redução deve ser registrada na conta de excedente de reavaliação. Se o valor recuperável de um ativo não for determinado individualmente, deve ser realizada a análise do valor recuperável da unidade geradora de caixa à qual o ativo pertence.

Exceto com relação à redução no valor do ágio, a reversão de perdas reconhecidas anteriormente é permitida. Nessas circunstâncias, a reversão está limitada ao saldo depreciado que o ativo apresentaria na data da reversão, supondo-se que a reversão não tenha sido registrada.

De acordo com o BR Gaap e com vigência até 31/12/2007, não existe uma metodologia definida para medir o valor em uso dos ativos, não sendo requerido, ainda que permitido, o cálculo de fluxos de caixa descontados. Uma alteração na legislação societária brasileira equiparou o tratamento contábil em BR Gaap com a norma IFRS a partir de 2008.

g) Ativo diferido: de acordo com o IFRS, os gastos pré-operacionais não se enquadram na definição de um ativo intangível e devem ser contabilizados como gastos. Os custos incorridos para obter um ativo intangível gerado internamente normalmente não são capitalizados.

De acordo com o BR Gaap, o ativo diferido corresponde a gastos pré-operacionais e com projetos em fase pré-operacional e são contabilizados pelo custo. As amortizações são calculadas pelo método linear sobre o custo, em taxas determinadas em função da produção dos projetos implantados com relação a suas capacidades instaladas.

h) Imposto de renda e contribuição social: de acordo com o IFRS, os efeitos do imposto de renda devem ser refletidos nas demonstrações financeiras consolidadas nos mesmos períodos em que os ativos e passivos que geram tais efeitos forem contabilizados. As diferenças entre as bases contábil (apresentadas nas posições contábeis) e fiscal (montante que será dedutível ou tributável para fins de imposto de renda) dos ativos e passivos são classificadas como diferenças temporárias. O imposto de renda diferido ativo só deve ser inicialmente reconhecido na medida em que for provável que o mesmo será realizado contra ganhos tributáveis a serem gerados no futuro. Os ativos e passivos fiscais diferidos devem sempre ser classificados como não correntes, e não devem ser descontados (Nota 9).

De acordo com o BR Gaap, são reconhecidos impostos diferidos ativos sobre prejuízos fiscais e diferenças temporárias na medida em que se considera provável sua realização e sempre que sejam atendidas as seguintes condições: (a) apresentar resultado tributável em pelo menos três dos últimos cinco anos e, (b) existir expectativa de resultados tributáveis futuros com base em um estudo de viabilidade que permita realizar o imposto diferido ativo em um prazo máximo de 10 anos (ou o menor prazo determinado pela legislação), considerando os resultados futuros pelo seu valor presente. São reconhecidos impostos diferidos passivos sobre diferenças temporárias, exceto quando correspondem a diferenças de valores de ativos não destinados a venda. Os ativos e passivos fiscais diferidos devem ser classificados como correntes ou não correntes em função de sua expectativa de realização.

Conforme demonstrado na Nota 4.2.1, os ativos e passivos registrados nas demonstrações financeiras consolidadas em IFRS apresentam certas diferenças com relação ao BR Gaap. Essas diferenças foram objeto de análise para registro de imposto de renda e contribuição social diferidos, considerando os critérios expostos na Nota 2.10.

i) Contabilização de dividendos: de acordo com o IFRS, os dividendos propostos ou declarados depois da data do balanço mas antes da autorização para a divulgação das demonstrações financeiras não devem ser reconhecidos como passivos, a menos que se enquadrem na definição de passivo na data do balanço (nota 22e).

De acordo com o BR Gaap, deve ser contabilizado no balanço patrimonial, no encerramento do exercício, um passivo pelos dividendos propostos pela administração que, posteriormente ao término do exercício, serão submetidos à consideração dos acionistas.

j) Contabilização de variação cambial sobre investimentos no exterior: de acordo com o IFRS, a variação de taxas de câmbio sobre investimentos mantidos no exterior, bem como sobre o saldo de patrimônio líquido de empresas consolidadas com moeda funcional diferente da moeda funcional da empresa controladora, deve ser reconhecida diretamente no patrimônio líquido, numa conta específica chamada Ajustes cumulativos de conversão para moeda estrangeira.

De acordo com o BR Gaap, essa variação deve ser reconhecida no resultado do exercício, na linha de equivalência patrimonial. Uma alteração na legislação societária brasileira equiparou o tratamento contábil em BR Gaap com a norma IFRS a partir de 2008.

k) Incentivos fiscais: de acordo com o IFRS, incentivos fiscais recebidos pela companhia enquadram-se no conceito de receitas, visto que são entradas de recursos econômicos surgidos no curso normal dos negócios e que resultam num aumento do patrimônio líquido; portanto, tais incentivos são reconhecidos como receitas.

De acordo com o BR Gaap e com vigência até 31/12/2007, alguns tipos de incentivos fiscais concedidos pelo Governo devem ser contabilizados como uma reserva de capital, diretamente no patrimônio líquido. Uma alteração na legislação societária brasileira equiparou o tratamento contábil em BR Gaap com a norma IFRS a partir de 2008.

l) Pagamento com base em ações: de acordo com o IFRS, existem normas específicas para contabilizar operações que serão liquidadas por meio da entrega de (a) ações, opções de ações ou outros instrumentos financeiros de participação patrimonial a terceiros, sejam ou não empregados da entidade; ou (b) caixa ou outros ativos (Nota 26).

Todas as transações que envolvam pagamentos vinculados a ações são reconhecidas como ativo ou gasto, conforme sua natureza. Transações relacionadas a pagamentos realizados por meio de emissões de ações ou outros instrumentos financeiros de participação patrimonial são registrados pelo valor justo dos produtos ou serviços recebidos na mesma data na qual a entidade reconhece tais produtos ou serviços. Se o valor justo dos respectivos produtos ou serviços não puder ser estimado de forma confiável, a entidade deve utilizar o valor justo dos instrumentos financeiros correspondentes que tenham sido entregues. As transações que serão liquidadas por meio do pagamento em dinheiro são registradas no valor da obrigação correspondente ao respectivo pagamento. Depois do reconhecimento inicial, os valores registrados para transações cujas liquidações serão efetuadas por meio de emissão de ações ou outros instrumentos de participação patrimonial não são ajustados.

Os valores das obrigações que surgem das transações que serão liquidadas com dinheiro serão atualizados na data de cada demonstração financeira posterior ao reconhecimento inicial, até a data do pagamento efetivo. Os ajustes no valor da obrigação são reconhecidos como ganho ou perda na demonstração de resultados (Nota 26).

De acordo com o BR Gaap, não existe uma norma específica sobre o tratamento contábil dos pagamentos com base em ações, que são registrados no resultado considerando-se o regime de caixa. É requerida a divulgação de determinadas informações sobre pagamentos com base em ações para empregados.

m) Demonstração de fluxo de caixa, demonstração de origens e aplicações de recursos e demonstração do valor adicionado: de acordo com o IFRS, a apresentação da demonstração de fluxo de caixa é requerida para todas as entidades, não existindo no IFRS um conceito equivalente ao da demonstração de origens e aplicações de recursos e demonstração do valor adicionado.

De acordo com o BR Gaap e com vigência até 31/12/2007, a demonstração de fluxo de caixa não é obrigatória, sendo apresentada como informação adicional, de forma voluntária. A norma brasileira é menos detalhada que o IFRS. Por outro lado, é obrigatória a apresentação da demonstração de origens e aplicações de recursos, mostrando as variações no capital de giro. Uma alteração na legislação societária brasileira tornou obrigatória a demonstração do fluxo de caixa e dispensou a elaboração da demonstração de origens e aplicações de recursos a partir de 2008. Adicionalmente e com efeito a partir de 1/1/2008, essa mudança na legislação societária brasileira também trouxe a obrigatoriedade de preparação da demonstração do valor adicionado.

n) Divulgação de informações por segmento: de acordo com o IFRS, as informações por segmento de negócios são requeridas para as companhias de capital aberto. Um "segmento de negócio" é um componente diferenciado de uma companhia que oferece produtos e serviços específicos ou um grupo de produtos e serviços que estão sujeitos a riscos e retornos diferentes dos de outros segmentos de negócios. Um "segmento geográfico" é um componente diferenciado de uma companhia que oferece produtos e serviços específicos ou um grupo de produtos e serviços que estão sujeitos a riscos e retornos diferentes dos de outros ambientes de mercado. Uma entidade deve divulgar as informações por segmento em dois formatos: segmento primário e segmento secundário. A origem e a natureza dos riscos e retornos de uma companhia devem determinar se o segmento primário será o de "negócios" ou o "geográfico", considerando a importância desses segmentos com relação ao risco e retorno da companhia. A estrutura organizacional interna e de gestão de uma companhia, assim como seus sistemas de elaboração dos relatórios financeiros, devem normalmente constituir as bases para determinar qual será o segmento primário e/ou secundário. Um segmento de negócio ou geográfico deve ser divulgado se a maior parte das receitas registradas provém de vendas a clientes externos e representa pelo menos: 10% do total das receitas, internas e externas, de todos os segmentos; ou 10% do resultado combinado de todos os segmentos; ou 10% do total dos ativos de todos os segmentos. Segmentos adicionais para divulgação devem ser identificados se o total das receitas externas atribuível aos segmentos divulgados constituir menos de 75% do total das receitas consolidadas ou da companhia. As informações por segmento devem ser preparadas de acordo com as práticas contábeis adotadas na preparação e apresentação das demonstrações financeiras da companhia. As divulgações para o segmento primário são mais extensivas do que as para o segmento secundário. Para cada segmento primário, devem ser divulgadas as seguintes informações principais: receitas (externas e entre segmentos); resultado líquido; total de ativos; total de passivos; total de aquisições de ativos permanentes; depreciação e amortização no período; e o total dos gastos que não representaram desembolsos de caixa. No caso do segmento secundário, em geral as informações a serem divulgadas incluem o total das receitas, ativos e aquisições de ativos permanentes, e não incluem o resultado do segmento. Também deve ser divulgada a reconciliação entre as informações divulgadas por segmentos e as informações agregadas incluídas nas demonstrações financeiras (Nota 27).

De acordo com o BR Gaap, não existem normas específicas que regulem a apresentação de informações por segmentos. A divulgação é estimulada pelo regulador do mercado de capitais brasileiro, mas não existe uma norma específica.

o) Lucro por ação: de acordo com o IFRS, as entidades de capital aberto devem divulgar o lucro por ação básico e diluído na posição de resultados (Nota 23).

O lucro básico por ação deve ser calculado dividindo-se o lucro líquido do período atribuível aos acionistas pela média ponderada da quantidade de ações em circulação durante o período, incluindo as emissões de direitos e bônus de subscrição.

Uma entidade deve calcular o lucro diluído por ação, considerando o lucro líquido atribuível aos acionistas e a quantidade média ponderada de ações em circulação, acrescida dos efeitos de todas as ações potenciais. Todos os instrumentos e contratos que possam resultar na emissão de ações são considerados ações potenciais.

As cifras comparativas devem ser ajustadas para refletir capitalizações, emissões de bônus de subscrição ou desdobramento de ações. Se essas alterações ocorrerem depois da data do balanço, mas antes da autorização para emissão das demonstrações financeiras, os cálculos por ação daquelas ou de quaisquer demonstrações financeiras de períodos anteriores devem ser baseados no novo número de ações.

De acordo com o BR Gaap, o lucro por ação é calculado pela divisão do lucro líquido do exercício pelo número de ações em circulação do capital social no término do exercício. Não existe o conceito de lucro por ação diluído. Não existe a obrigatoriedade de ajustar as cifras de períodos anteriores por desdobramento ou agrupamento de ações ou transações similares.

p) Reclassificações: de acordo com o IFRS foram, ainda, efetuadas as seguintes principais reclassificações às demonstrações financeiras consolidadas:

- os depósitos judiciais foram incluídos no ativo não circulante;
- os fretes sobre vendas foram reclassificados para custo das vendas;
- o resultado não operacional foi reclassificado para operacional.

4.2.1 – Reconciliação do balanço patrimonial consolidado da companhia na data de transição do IFRS – 1/1/2006

Gerdau S.A. e empresas controladas
Notas explicativas da administração às demonstrações financeiras consolidadas
Em 31 de dezembro de 2007 e de 2006
(Valores expressos em milhares de reais, exceto quando especificado)

	BR Gaap	Ajuste de IFRS	Nota 4.2	IFRS
Ativo circulante				
Caixa e equivalentes de caixa	1.185.495	42.205	a, c	1.227.700
Aplicações financeiras				
Títulos para negociação	4.279.199	(115.482)	a, c	4.163.717
Contas a receber de clientes	2.059.806	(120.466)	a	1.939.340
Estoques	4.018.629	(106.623)	a	3.912.006
Créditos tributários	199.764	(5.708)	a	194.056
Imposto de renda/contribuição social diferidos	151.678	(151.678)	a, h	–
Pagamentos antecipados	92.828	(13.598)	a	79.230
Outras contas a receber	141.779	(2.176)	a	139.603
	12.129.178	(473.526)		11.655.652
Ativo não circulante				
Créditos tributários	242.792	(1.732)	a	241.060
Imposto de renda/contribuição social diferidos	442.076	342.679	a, h	784.755
Ganhos não realizados com derivativos	–	5.461	c	5.461
Pagamentos antecipados	34.051	(227)	a	33.824
Depósitos judiciais	42.674	105.237	p	147.911
Outras contas a receber	121.205	(477)	a, c	120.728
Gastos antecipados com plano de pensão	–	242.176	e	242.176
Investimentos avaliados por equivalência patrimonial	–	445.575	a	445.575
Outros investimentos	38.088	(17.074)		21.014
Ágios	74.580	(43.284)	f.	31.296
Imobilizado	8.693.501	(161.917)	a, d	8.531.584
Diferido	61.041	(61.041)	a, g	–
	9.750.008	855.376		10.605.384
Total do ativo	21.879.186	381.850		22.261.036

Gerdau S.A. e empresas controladas Notas explicativas da administração às demonstrações financeiras consolidadas Em 31 de dezembro de 2007 e de 2006 (Valores expressos em milhares de reais, exceto quando especificado)				
	BR Gaap	Ajuste de IFRS	Nota 4.2	IFRS
Passivo circulante				
Fornecedores	1.675.464	(69.402)	a	1.606.062
Empréstimos e financiamentos	1.327.248	(33.334)	a, c	1.293.914
Debêntures	2.719	–		2.719
Impostos e contribuições sociais a recolher	306.067	(7.839)	a	298.228
Impostos de renda/contribuição social diferidos	86.879	(86.879)	a, h	–
Salários a pagar	268.898	(8.599)	a	260.299
Dividendos a pagar	208.774	–		208.774
Perdas não realizadas com derivativos	–	(15.884)	c	15.884
Outras contas a pagar	313.059	(11.748)	a, c	301.311
	4.189.108	(201.917)		3.987.191
Passivo não circulante				
Empréstimos e financiamentos	5.352.420	(99.667)	a, c	5.252.753
Debêntures	969.043	–		969.043
Imposto de renda/contribuição social diferidos	525.428	235.500	a, h	760.028
Perdas não realizadas com derivativos	–	2.737	c	2.737
Provisão para contingências	192.194	105.237	p	297.431
Benefícios a empregados	263.778	236.423	e	500.201
Outras contas a pagar	246.695	(78.395)	a, c	168.300
	7.549.558	401.835		7.951.393
Patrimônio líquido				
Capital social	5.206.969	–		5.206.969
Ações em tesouraria	(60.254)	–		(60.254)
Reserva legal	465.063	–		465.063
Lucros acumulados	2.430.408	193.099	k	2.623.507
	8.042.186	193.099		8.235.285
Participações dos acionistas minoritários	2.098.334	(11.167)		2.087.167
Patrimônio líquido incluindo minoritários	10.140.520	181.932		10.322.452
Total do passivo	21.879.186	381.850		22.261.036

Reconciliação do patrimônio líquido em BR Gaap × IFRS em 1/1/2006	Nota 4.2	
Patrimônio líquido em BR Gaap (excluindo minoritário)		8.042.186
Ajustes em IFRS		
Ajuste de juros capitalizados s/imobilizado, líquido	d	85.478
Ajuste de reversão do ativo diferido, líquido	g	(36.627)
Ajuste de provisão para manutenção de alto forno, líquido	d	42.238
Ajuste de benefícios a empregados, líquido	e	11.038
Imposto de renda diferido	h	98.526
Ajuste de efeitos amortização/*impairment* de ágios, líquido	f	(43.284)
Ajuste de opção de compra e/ou venda de ações, líquido	c	4.004
Outros ajustes, líquido		20.559
		181.932
Impacto dos ajustes nas participações dos minoritários		11.167
Patrimônio líquido em IFRS (excluindo minoritários)		8.235.285

4.2.2 – Reconciliação das demonstrações financeiras consolidadas no último exercício apresentado em BR Gaap – 31/12/2006

Gerdau S.A. e empresas controladas
Notas explicativas da administração às demonstrações financeiras consolidadas
Em 31 de dezembro de 2007 e de 2006
(Valores expressos em milhares de reais, exceto quando especificado)

Balanço patrimonial	BR Gaap	Ajuste de IFRS	Nota 4.2	IFRS
Ativo circulante				
Caixa e equivalentes de caixa	703.233	367.291	a, c	1.070.524
Aplicações financeiras				
Títulos para negociação	5.263.590	(514.190)	a, c	4.749.400
Títulos disponíveis para venda	–	263.893	c	263.893
Títulos mantidos até o vencimento	–	295.472	c	295.472
Contas a receber de clientes	2.504.993	337.575	a	2.842.568
Estoques	4.645.052	407.813	a	5.052.865
Créditos tributários	515.782	11.638	a	527.420
Imposto de renda/contribuição social diferidos	145.917	(145.917)	a, h	–
Pagamentos antecipados	90.481	(6.467)	a	84.014
Ganhos não realizados com derivativos	–	5.687	c	5.687
Outras contas a receber	184.609	7.504	a, c	192.113
	14.053.657	1.030.299		158.083.956
Ativo não circulante				
Créditos tributários	355.074	94.516	a	449.590
Imposto de renda/contribuição social diferidos	634.056	281.709	a, h	915.765
Ganhos não realizados com derivativos	–	14.160	c	14.160
Pagamentos antecipados	74.842	(18.272)	a	56.570
Depósitos judiciais	51.846	116.299	a, p	168.145
Outras contas a receber	121.785	136.115	a, c	257.900
Gastos antecipados com plano de pensão	–	311.740	e	311.740
Investimentos avaliados por equivalência patrimonial	–	450.080	a	450.080
Outros investimentos	37.783	(6.195)	a	31.588
Ágios	326.090	111.748	b, f	437.838
Intangível	30.246	15.135	a	45.381
Imobilizado	11.183.651	2.189.892	a, b, d	13.373.543
Diferido	60.513	(60.513)	a, g	–
	12.875.886	3.636.414	a, g	16.512.300
Total do ativo	26.929.543	4.666.713		31.596.256

Gerdau S.A. e empresas controladas
Notas explicativas da administração às demonstrações financeiras consolidadas
Em 31 de dezembro de 2007 e de 2006
(Valores expressos em milhares de reais, exceto quando especificado)

Balanço patrimonial	BR Gaap	Ajuste de IFRS	Nota 4.2	IFRS
Passivo circulante				
Fornecedores	2.060.250	353.699	a	2.413.949
Empréstimos e financiamentos	1.959.650	314.873	a, c	2.274.523
Debêntures	1.173	1.759	a	2.932
Impostos e contribuições sociais a recolher	420.328	45.396	a	465.724
Impostos de renda/contribuição social diferidos	86.673	(86.673)	a, h	–
Salários a pagar	352.819	26.482	a	379.301
Dividendos a pagar	259.454	(73.996)	i	185.458
Perdas não realizadas com derivativos	–	2.690	c	2.690
Outras contas a pagar	356.347	110.496	a, c	466.843
	5.496.694	694.726		6.191.420
Passivo não circulante				
Empréstimos e financiamentos	6.347.033	324.423	a, c	6.671.456
Debêntures	758.024	171.000	a	929.024
Imposto de renda/contribuição social diferidos	641.952	832.979	a, h	1.474.931
Perdas não realizadas com derivativos	–	22.425	c	22.425
Provisão para contingências	244.900	157.895	a, p	402.795
Benefícios a empregados	413.993	294.323	e	708.316
Opções por compra de ações	–	547.953	a	547.953
Outras contas a pagar	295.834	163.886	a, c	459.720
	8.701.736	2.514.884		11.216.620
Patrimônio líquido				
Capital social	7.810.453	–		7.810.453
Ações em tesouraria	(109.609)	–		(109.609)
Reserva legal	159.109	–		159.109
Lucros acumulados	2.104.685	925.774	k	3.030.459
Ajustes cumulativos de conversão para moeda estrangeira	–	(259.130)	j	(259.130)
	9.964.638	666.644		10.631.282
Participações dos acionistas minoritários	2.766.475	790.459		3.556.934
Patrimônio líquido incluindo minoritários	12.731.113	1.457.103		14.188.216
Total do passivo	26.929.543	4.666.713		31.596.256

Gerdau S.A. e empresas controladas Notas explicativas da administração às demonstrações financeiras consolidadas Em 31 de dezembro de 2007 e de 2006 (Valores expressos em milhares de reais, exceto quando especificado)				
Demonstrção do resultado	BR Gaap	Ajuste de IFRS	Nota 4.2	IFRS
Receita de vendas	27.510.940	1.336.487		28.847.427
Impostos incidentes sobre as vendas	(2.442.602)	(170.263)	a, k	(2.612.865)
Fretes	(1.201.337)	1.201.337	a, p	–
Descontos	(350.241)	(410)	a	(350.651)
Receita líquida de vendas	23.516.760	2.367.151		25.883.911
Custo das vendas	(17.020.825)	(2.018.441)	a, p	(19.039.266)
Lucro bruto	6.495.935	348.710		6.844.645
Despesas com vendas	(516.927)	(40.118)	a	(557.045)
Despesas gerais e administrativas	(1.657.596)	(127.269)	a	(1.784.865)
Outras despesas operacionais	(19.972)	(16.191)	a, b	(36.163)
Lucro operacional	4.301.440	165.132		4.466.572
Resultado da equivalência patrimonial	(244.804)	488.354	a, j	243.550
Lucro antes do resultado financeiro e dos impostos	4.056.636	653.486		4.710.122
Receitas financeiras	881.723	155.961	a, c	1.037.684
Despesas financeiras	(559.988)	(37.404)	a, c	(597.392)
Resultado não operacional	(67.153)	67.153	a, p	–
Lucro antes dos impostos	4.311.218	839.196		5.150.414
Provisão para imposto de renda e contribuição social				
Corrente	(907.604)	1.307	h	(906.297)
Diferido	88.675	(71.314)	h	17.361
	(818.929)	(70.007)		(888.936)
Lucro líquido do exercício	3.492.289	769.189		4.261.478
Atribuído a:				
Participação dos controladores	2.880.922	666.012		3.546.934
Participação dos minoritários	611.367	103.177		714.544
	3.492.289	769.189		4.261.478

Gerdau S.A. e empresas controladas
Notas explicativas da administração às demonstrações financeiras consolidadas
Em 31 de dezembro de 2007 e de 2006
(Valores expressos em milhares de reais, exceto quando especificado)

	BR Gaap	Ajuste de IFRS	IFRS
Fluxo e caixa da atividade operacional			
Lucro líquido do exercício (inclui participação dos minoritários)	3.492.289	769.189	4.261.478
Ajustes para reconciliar o lucro líquido ao fluxo de caixa das atividades operacionais	1.169.516	(1.280.967)	(111.451)
Variação de ativos e passivos	(719.393)	(1.008.064)	(1.727.457)
Caixa líquido proveniente das atividades operacionais	3.492.412	(1.519.842)	2.422.570
Fluxo de caixa das atividades de investimento			
Adições de imobilizado	(2.286.382)	(87.126)	(2.373.508)
Pagamentos na aquisição da empresa	(937.904)	268.301	(669.603)
Juros recebidos sobre aplicações financeiras	–	752.424	752.424
Caixa líquido usado nas atividades de investimento	3.224.286	933.599	(2.290.687)
Fluxo de caixa das atividades de financiamento			
Dividendos e juros sobre o capital próprio pagos	(1.070.197)	–	(1.070.197)
Financiamentos obtidos	4.607.269	(476)	(4.606.793)
Pagamentos de financiamentos	(3.594.922)	(34.833)	(3.629.755)
Aumento de capital	58.094	(58.094)	–
Financiamentos com empresas ligadas, líquido	(42.598)	(6.544)	(49.142)
Caixa líquido proveniente de (usado em) das atividades de financiamento	(42.354)	(99.947)	(142.301)
Efeito da variação cambial sobre o caixa e equivalentes de caixa	(173.641)	26.883	(146.758)
Aumento do caixa e equivalentes de caixa	502.131	(659.307)	(157.176)
Caixa e equivalentes de caixa no início do exercício	5.464.692	(4.236.992)	1.227.700
Caixa e equivalentes de caixa no final do exercício	5.966.823	(4.896.299)	1.070.524

Reconciliação do patrimônio líquido em BR Gaap × IFRS em 31/12/2006	Nota 4.2	
Patrimônio líquido em BR Gaap (excluindo minoritário)		9.964.638
Ajustes em IFRS		
Ajuste de juros capitalizados s/imobilizado, líquido	d	98.002
Ajuste de reversão do ativo diferido, líquido	g	(44.691)
Ajuste da parcela dos minoritários na aquisição de empresas	b	767.823
Ajuste de benefícios a empregados, líquido	e	109.889
Ajuste da parcela dos minoritários na alteração do critério de consolidação	b	833.909
Ajuste de efeitos amortização/*impairment* de ágios, líquido	f	79.626
Ajuste de opção de compra e/ou venda de ações, líquido	c	324.509
Ajustes de dividendos não deliberados	i	73.996
Outros ajustes, líquido		21.691
		2.264.754
Impacto dos ajustes nas participações dos minoritários		(1.598.110)
Patrimônio líquido em IFRS (excluindo minoritários)		10.631.282

	Nota 4.2	
Lucro líquido do exercício em BR Gaap		3.492.289
Ajustes em IFRS		
Ajuste de juros capitalizados s/imobilizado, líquido	d	12.525
Ajuste de reversão do ativo diferido, líquido	g	(8.064)
Ajuste de provisão para manutenção de alto forno, líquido	d	(42.238)
Ajuste de benefícios a empregados, líquido	e	98.854
Ajuste da parcela dos minoritários na alteração do critério de consolidação	b	330.383
Imposto de renda diferido	h	(98.526)
Ajuste de efeitos amortização/*impairment* de ágios, líquido	b, f	94.472
Ajuste de opção de compra e/ou venda de ações, líquido	c	125.669
Ajuste de reclassificação efeito conversão moeda estrangeira	j	266.433
Outros ajustes, líquido		(10.319)
		769.189
Lucro líquido do exercício em IFRS		4.261.478

Fonte: Relatório Anual 2007 do Grupo Gerdau S.A., disponível no *site*: www.gerdau.com.br. Acesso em fevereiro de 2008.

31.7 Estudo de caso III – Caima

A seguir, apresentamos uma nota explicativa condensada evidenciada no relatório anual do exercício de 2005 do Grupo Caima, de Portugal, que atua nos segmentos de exploração florestal, cogeração de energia, produção e comercialização de pasta de celulose de papel e a produção e comercialização de papel, constituída em 1922 com sede em Lisboa.

Durante o exercício de 2005, o Grupo Caima passou a adotar o IFRS, aplicando o IFRS 1 – First-time Adoption of International Financial Reporting Standards. A data de transição considerada para apresentação das demonstrações financeiras consolidadas é 1º de janeiro de 2004.

Os principais impactos no resultado líquido do grupo com referência a 31 de dezembro de 2004 relativamente à conversão das demonstrações financeiras podem ser detalhados, por natureza, como se segue:

Valores em milhares de euros	31/12/2004
Resultado líquido consolidado POC*	**10.294**
Efeito do registro dos impostos diferidos (Nota 16)	178
Anulação do imobilizado	(833)
Amortização das peças de reserva reclassificadas para imobilizado	(91)
Outros efeitos	91
Diferencial de resultado líquido entre POC e IFRS	**(655)**
Resultado líquido consolidado IFRS	**9.639**

* Nota: Plano Oficial de Contabilidade de Portugal (POC).

As principais alterações e aspectos relevantes para um melhor entendimento do processo de transição para as IFRS efetuada pelo Grupo Caima podem ser resumidas como se segue:

Impostos diferidos

Nas demonstrações financeiras consolidadas preparadas de acordo com os princípios consagrados no Plano Oficial de Contabilidade, o grupo não procedia ao registro de ativos ou passivos por impostos diferidos gerados em data anterior à entrada em vigor da Diretriz Contabilística 28, por ter adotado a disposição transitória prevista naquela norma, a qual permite o não reconhecimento dos ativos e passivos por impostos diferidos anteriores a 1º de janeiro de 2002 por um período que não pode exceder 5 anos (Nota 12). Nesse sentido, e dado que a IAS 12 – Impostos sobre o rendimento não prevê qualquer tipo de norma transitória similar, o Grupo Caima procedeu ao registro de ativos e passivos por impostos diferidos decorrentes de situações anteriores a 1º de janeiro de 2004 (data de transição para IFRS), procedendo de igual forma aos correspondentes registros durante o exercício de 2004. O impacto dessa situação na transição para as IAS/IFRS provocou um aumento dos capitais próprios em 31 de dezembro de 2004 no montante de 1.661 milhares de euros (1.413 milhares de euros em 1º de janeiro de 2004).

Ao nível do resultado líquido de 2004, o registro dos impostos diferidos provocou um aumento do mesmo no valor de 178 milhares de euros, relacionados fundamentalmente com o efeito da não amortização do imobilizado ajustado no balanço de abertura.

Imobilizado

Ao nível dos IFRS, a exigência imposta nos critérios de reconhecimento de ativos de natureza incorpórea, estejam eles classificados em "Imobilizado incorpóreo" ou em "Custos diferidos" (no sentido de custos plurianuais), e de natureza corpórea, basicamente relacionados com grandes reparações, implicou um ajustamento ao ativo e consequentemente uma diminuição dos capitais próprios em 31 de dezembro de 2004 e 1º de janeiro de 2004 de 1.079 milhares de euros.

Ao nível do resultado líquido de 2004, o efeito da não amortização do imobilizado ajustado no balanço de abertura, somado ao efeito do reconhecimento em resultados de imobilizado de natureza corpórea e incorpórea em POC e não passível de capitalização à luz das IFRS, ascendeu a 833 milhares de euros negativos.

Derivativos

À data da transição para IFRS, o Grupo Caima tinha contratado alguns instrumentos financeiros derivados, nomeadamente ao nível de gestão de risco de volatilidade dos fluxos de caixa de transações futuras nas vendas de pasta de papel. De acordo com a IAS 39 – Instrumentos financeiros: reconhecimento e mensuração, esses instrumentos derivados foram registrados ao valor justo, tendo provocado um aumento nos capitais próprios em 31 de dezembro de 2004 no montante de 1.093 milhares de euros (1.996 milhares de euros em 1º de janeiro de 2004).

Classificação de custos e receitas

Durante o processo de adoção dos IFRS por parte do Grupo Caima foi necessário proceder à reclassificação de um conjunto de custos e proveitos diante das disposições previstas nesse normativo, nomeadamente, custos e proveitos extraordinários, bem como algumas rubricas anteriormente classificadas de acordo com o normativo contabilístico português em resultados financeiros, e que foram reclassificados para resultados operacionais, como sejam, descontos de pronto pagamento concedidos e algumas comissões bancárias por serviços prestados não diretamente relacionados com a estrutura financeira do grupo.

Fonte: Relatório Anual 2005 do Grupo Caima (Celulose do Caima, S.G.P.S., S.A.), 2005.

Questões e exercícios

1. Quais os procedimentos definidos pela IFRS 1 e pelo CPC 37 para a adoção pela primeira vez das normas contábeis internacionais?
2. Apresente as isenções permitidas pela IFRS 1 quando da adoção pela primeira vez das normas internacionais de contabilidade.

CAPÍTULO 32

Adoção inicial das normas contábeis brasileiras – BR Gaap

32.1 Introdução

Em 28 de dezembro de 2007 foi publicada a Lei nº 11.638, que alterou e revogou diversos dispositivos contábeis da Lei nº 6.404/76, a qual, além de consagrar as inovações da Deliberação CVM nº 488/05 e da NPC 27, tornou obrigatório, a partir de 1º de janeiro de 2008, o novo formato das demonstrações contábeis para as companhias abertas. Essa mesma lei também alcança as empresas de grande porte, mesmo que não constituídas sob a forma de sociedades por ações. São consideradas de grande porte, para esse fim, a sociedade ou conjunto de sociedades sob controle comum que tiverem, no exercício social anterior, ativo total superior a R$ 240 milhões ou receita bruta anual superior a R$ 300 milhões.

A Lei nº 11.638/07 foi complementada por alguns dispositivos constantes da Medida Provisória nº 449/08 (convertida em 2009 na Lei nº 11.941) no tocante à apresentação das demonstrações contábeis.

32.2 Principais alterações contábeis – Lei nº 11.638/07 e MP nº 449/08

As principais alterações contábeis introduzidas pela Lei nº 11.638/07 e Medida Provisória nº 449/08 foram as seguintes:

- novo formato de apresentação do balanço patrimonial, com ativos e passivos circulantes e não circulantes;
- criação do subgrupo do ativo intangível dentro do ativo não circulante no balanço patrimonial, com a classificação dos direitos que tenham por objeto bens incorpóreos destinados à manutenção da companhia, tais como: marcas e patentes, ágio, direitos autorais, *software* de gestão, projetos de desenvolvimento de novos produtos e tecnologias;
- novos critérios para a classificação e avaliação dos ativos financeiros;
- introdução do ajuste a valor presente de ativos e passivos;
- novo processo de avaliação dos investimentos societários em coligadas e controladas para fins de aplicação do método de equivalência patrimonial;
- aplicação do teste de *impairment* para ativos relevantes.

- revisão periódica dos critérios utilizados para determinação da vida útil econômica estimada dos ativos tangíveis e intangíveis e para cálculo e contabilização da depreciação, exaustão e amortização;
- contabilização do arrendamento mercantil financeiro que transfira à companhia os benefícios, riscos e controles dos bens arrendados;
- extinção da prática de reavaliação espontânea dos ativos;
- eliminação do ativo diferido;
- as doações e subvenções governamentais passarão a afetar o resultado e não mais serão ajustadas na reserva de capital. A parcela do lucro líquido decorrente de doações e subvenções governamentais para investimento poderá ser destinada para reserva de incentivos fiscais, sendo excluída da base de cálculo do dividendo obrigatório, para que a empresa não venha a perder o benefício fiscal da subvenção;
- serão classificadas como ajustes de avaliação patrimonial, enquanto não computadas no resultado do exercício em obediência ao regime de competência, as contrapartidas de aumentos ou diminuições no valor atribuído a elementos do ativo e do passivo, em decorrência da sua avaliação a preço de mercado (valor justo);
- destinação dos lucros acumulados nas sociedades por ações;
- separação da escrituração contábil e fiscal.

> Ressalte-se que todas as alterações contábeis introduzidas pela Lei nº 11.638/07 e Medida Provisória nº 449/08 já foram regulamentadas por pronunciamentos técnicos específicos do CPC.

Separação da escrituração contábil e fiscal

As alterações contábeis introduzidas pela Lei nº 11.638/07 e MP nº 449/08 (Lei nº 11.941/09) não devem ser consideradas na apuração do lucro real, como determina o Regime Tributário de Transição (RTT). O Artigo 16 da Lei nº 11.941/09 estabelece o seguinte:

"As alterações introduzidas pela Lei nº 11.638, de 28 de dezembro de 2007, e pelos arts. 37 e 38 desta lei que modifiquem o critério de reconhecimento de receitas, custos e despesas computadas na apuração do lucro líquido do exercício definido no Art. 191 da Lei nº 6.404, de 15 de dezembro de 1976, não terão efeitos para fins de apuração do lucro real da pessoa jurídica sujeita ao RTT, devendo ser considerados, para fins tributários, os métodos e critérios contábeis vigentes em 31 de dezembro de 2007".

Considerando isso, a empresa deve, inicialmente, fechar a sua contabilidade societária, promover os ajustes contábeis necessários, para então fechar a sua contabilidade tributária.

1º Escrituração contábil – Societário

2º Ajustes contábeis

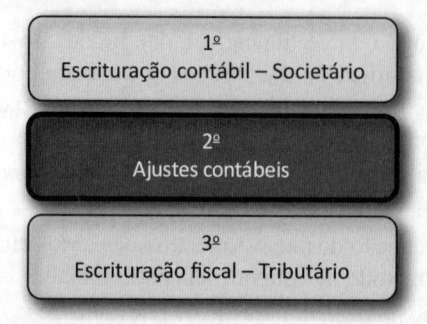

3º Escrituração fiscal – Tributário

Figura 32.1 Contabilidade societária × Contabilidade tributária.

Exemplo de separação da escrituração contábil e fiscal

Uma empresa apresenta o seguinte resultado contábil a partir de sua "contabilidade societária":

Contabilidade societária:

Receita operacional líquida	=	**R$ 30.000,00**
(–) Custos dos produtos vendidos	=	(R$ 10.000,00)
Lucro bruto	=	**R$ 20.000,00**
(–) Despesas operacionais normais	=	(R$ 5.000,00)
(+) Ganho com derivativos	=	R$ 1.000,00
(–) Perda com *impairment*	=	(R$ 5.000,00)
Lucro antes do imposto de renda e da contribuição social	=	**R$ 11.000,00**

Percebe-se que em sua "contabilidade tributária" há dois ajustes decorrentes de novas práticas contábeis (ganho com derivativos e perda com *impairment*) para apuração dos tributos sobre o lucro, como se segue:

Contabilidade tributária:

Lucro antes do i. de renda e da c. social – "c. societária"	=	**R$ 11.000,00**
(–) Ganho com derivativos	=	(R$ 1.000,00)
(+) Perda com *impairment*	=	R$ 5.000,00
Lucro antes do i. de renda e da c. social – "c. tributária"	=	**R$ 15.000,00**
(+) Adições (despesas indedutíveis)	=	R$ 500,00
(–) Exclusões (despesas dedutíveis)	=	(R$ 100,00)
Lucro real (fiscal)	=	**R$ 15.400,00**
Imposto de renda – 15%	=	R$ 2.310,00
Contribuição social – 9%	=	R$ 1.386,00

Após a apuração dos tributos sobre o lucro, teremos o seguinte resultado, a partir do fechamento da "contabilidade societária":

Contabilidade societária:

Receita operacional líquida	=	**R$ 30.000,00**
(–) Custos dos produtos vendidos	=	(R$ 10.000,00)
Lucro bruto	=	R$ 20.000,00
(–) Despesas operacionais normais	=	(R$ 5.000,00)
(+) Ganho com derivativos	=	R$ 1.000,00
(–) Perda com *impairment*	=	(R$ 5.000,00)
Lucro antes do i. renda e da c. social	=	**R$ 11.000,00**
(–) Imposto de renda	=	(R$ 2.310,00)
(–) Contribuição social	=	(R$ 1.386,00)
Lucro líquido do período	=	**R$ 7.304,00**

32.3 CPC 13 – Adoção inicial da Lei nº 11.638/07 e da MP nº 449/08

A aplicação do CPC 13 reflete a primeira fase do processo de convergência das normas contábeis brasileiras com as normas internacionais e deve ser feita pela empresa:

- em suas primeiras demonstrações contábeis elaboradas de acordo com as novas práticas adotadas no Brasil;

- em todas as demonstrações contábeis intermediárias, se houver, relacionadas a período que faça parte de suas primeiras demonstrações contábeis elaboradas de acordo com as novas práticas adotadas no Brasil.

Ressalte-se que a OCPC 2 trata de vários pontos das demonstrações contábeis de 2008, que também refletem a primeira aplicação da Lei nº 11.638/07 e da Medida Provisória nº 449/08.

32.3.1 Balanço patrimonial inicial

A companhia deve elaborar balanço patrimonial inicial (de abertura) na data de transição para as novas práticas contábeis adotadas no Brasil, que é o ponto de partida para sua contabilidade de acordo com a Lei nº 11.638/07 e Medida Provisória nº 449/08, e deve considerar o que se segue:

a) se optar por seguir estritamente o § 1º do Art. 186 da Lei nº 6.404/76, a data de transição será a de abertura, em 1º de janeiro de 2008, ou do encerramento, em 31 de dezembro de 2007;

b) se optar por reapresentar cifras comparativas ajustadas conforme a norma "Políticas contábeis, mudança de estimativa e retificação de erro" (CPC 23 – 2009), a data de transição será o início do exercício mais antigo apresentado, ou seja, a abertura, em 1º de janeiro de 2007, ou o encerramento, em 31 de dezembro de 2006.

Práticas contábeis

Conforme o CPC 13, a empresa deve utilizar as mesmas práticas contábeis tanto no balanço patrimonial de encerramento do exercício, em que as novas práticas contábeis introduzidas pela Lei nº 11.638/07 e Medida Provisória nº 449/08 forem implementadas (em 31 de dezembro de 2008), como no balanço inicial de transição. Assim, essas práticas contábeis utilizadas devem cumprir com todos os requisitos deste e dos demais pronunciamentos (são 15 até 31/12/2008) que estiverem em vigor na data de autorização para conclusão de suas primeiras demonstrações contábeis elaboradas de acordo com a Lei nº 11.638/07 e Medida Provisória nº 449/08.

Na data de transição as seguintes práticas contábeis devem ser observadas e ajustadas na elaboração do balanço patrimonial inicial (de abertura):

- instrumentos financeiros;
- arrendamento mercantil financeiro;
- ativo diferido;
- ativos intangíveis;
- *impairment*;
- ajustes a valor presente;
- equivalência patrimonial;
- prêmios recebidos na emissão de debêntures e doações e subvenções para investimentos;
- reserva de reavaliação;
- lucros acumulados;
- aquisição de bens e serviços e remuneração com base em ações;
- combinações de negócios;
- DVA e DFC;
- primeira avaliação da vida útil econômica dos bens;
- efeitos tributários.

Instrumentos financeiros

A empresa deve aplicar as regras de classificação e mensuração dos instrumentos financeiros no momento original do seu registro, que pode ser a data de transição (embora não seja o correto), considerando a seguinte classificação e critérios de avaliação e mensuração:

- empréstimos e recebíveis (custo amortizado);
- mantidos até o vencimento (custo amortizado);
- mantidos para negociação (valor justo e ajustes no resultado);
- disponíveis para venda (valor justo e ajustes no patrimônio líquido);
- derivativos de *hedge*:
   ✓ *hedge* de valor justo (valor justo e ajustes no resultado);
   ✓ *hedge* de fluxo de caixa (valor justo e ajustes no patrimônio líquido – parcela efetiva);
   ✓ *hedge* de investimento líquido no exterior (valor justo e ajustes no patrimônio líquido).

Sendo assim, os ajustes são os seguintes:

1. instrumentos financeiros avaliados a valor justo com ajustes no patrimônio líquido:
   a diferença entre o valor contábil e o valor justo deve ser ajustada diretamente na conta de ajustes de avaliação patrimonial no patrimônio líquido;
2. instrumentos financeiros avaliados a valor justo com ajustes no resultado:
   a diferença entre o valor contábil e o valor justo deve ser ajustada diretamente na conta de lucros ou prejuízos acumulados no patrimônio líquido;
3. a regra geral é a não reclassificação dos instrumentos financeiros de uma categoria para outra.

Arrendamento mercantil financeiro

Para os contratos vigentes na data de transição a empresa arrendatária deve registrar:

a) o ativo imobilizado pelo valor justo ou valor presente dos pagamentos mínimos, dos dois o menor, na data inicial do contrato, com depreciação até a data de transição;
b) o passivo (obrigações de curto e longo prazo) pelo valor presente das contraprestações em aberto na data de transição;
c) a diferença apurada entre **a** e **b** contra lucros ou prejuízos acumulados no patrimônio líquido.

Ativo diferido

Na data de transição a empresa deve reclassificar para o imobilizado os gastos vinculados à preparação e colocação em operação de máquinas e equipamentos. Para o intangível, os gastos com o desenvolvimento de novos produtos, processos e tecnologias. Para o resultado do período os demais gastos pré-operacionais que foram gerados a partir de 01/01/2008.

Ainda na data de transição, a empresa tem a opção de manter os demais gastos pré-operacionais como diferido até a sua amortização, ou de ajustar o saldo nos lucros acumulados. Se a opção for pela manutenção do diferido, esse subgrupo deverá ser mantido no grupo do ativo não circulante até a sua total amortização ou por no máximo 10 anos.

Ativo intangível

Um ativo intangível deve ser reconhecido no balanço somente quando:

a) for provável que os benefícios econômicos futuros esperados atribuíveis ao ativo sejam gerados em favor da entidade;
b) o custo do ativo puder ser mensurado com segurança;
c) for identificável e separável, ou seja, puder ser separado da empresa e vendido, transferido, licenciado, alugado ou trocado, seja individualmente ou em conjunto com um contrato, ativo ou passivo relacionado.

Na data de transição, os seguintes ajustes contábeis devem ser feitos pela empresa:

1. quando um ativo registrado anteriormente não cumprir com os critérios de reconhecimento de ativo intangível, este deve ser baixado contra lucros ou prejuízos acumulados no patrimônio líquido. Por outro lado, caso cumpra, deverá ser reclassificado para o grupo ativo intangível;
2. no caso de gastos com o desenvolvimento de novos produtos e tecnologias o reconhecimento dar-se-á de forma prospectiva, e não retrospectiva, a partir da data de transição, quando os critérios forem atendidos.

Ativos intangíveis com vida útil econômica indefinida são amortizados normalmente até 2008. A partir de 2009 a sua amortização é vedada, sendo testados por *impairment*.

Impairment

O teste de *impairment* para os ativos de longa duração e relevantes não deve ser feito na data de transição (balanço patrimonial inicial), mas de forma prospectiva, a partir dos exercícios sociais encerrados em 31 de dezembro de 2008.

Ajustes a valor presente

Ativos e passivos de longo prazo e os relevantes de curto prazo devem ser ajustados a valor presente, considerando-se a sua data de origem. Por se tratar de mudança de prática contábil, o balanço patrimonial inicial deve ser ajustado, na data de transição, mediante o registro do valor contra lucros ou prejuízos acumulados no patrimônio líquido.

O cálculo do ajuste a valor presente pode ser feito para todos os saldos em aberto (cálculo global), desde que os itens de cada grupo de contas tenham características uniformes. Na impossibilidade de determinação das taxas de desconto na data de origem, admite-se o uso de taxas de acordo com as condições da data de transição.

Os seguintes ativos e passivos devem ser excluídos do ajuste a valor presente:

- ativos e passivos fiscais diferidos;
- contas correntes sem fixação de prazos para a sua realização;
- contratos de mútuos sem fixação de prazos para a sua realização;
- valores negociados em condições normais com instituições financeiras, desde que já venham sendo registrados pelos juros compostos e pelo regime de competência;
- empréstimos e financiamentos do BNDES, pois já devem estar a valor presente.

Equivalência patrimonial

Os investimentos em sociedades em que a administração tenha influência significativa, ou nas quais participe com 20% ou mais do capital votante, ou que façam parte de um mesmo grupo ou estejam sob controle comum, serão avaliados pelo método de equivalência patrimonial.

Nos investimentos adquiridos antes da data de transição que passarem a ser avaliados pelo método de equivalência patrimonial, a diferença apurada na aplicação deste método, na data de transição, deve ser registrada contra lucros ou prejuízos acumulados no patrimônio líquido.

Prêmios recebidos na emissão de debêntures e doações e subvenções para investimentos

Os valores do prêmio recebido na emissão de debêntures, das doações e das subvenções para investimentos passarão a ser lançados em conta de resultado do exercício ou do período. A parcela do lucro líquido decorrente da amortização de prêmio na emissão de debêntures também pode ser destinada para conta específica para que não seja distribuída como dividendo.

Os saldos das reservas de capital referentes aos prêmios recebidos na emissão de debêntures e às doações e subvenções para investimento, existentes no início do exercício social, quando a entidade adotar pela primeira vez a Lei nº 11.638/07 e a Medida Provisória nº 449/08, devem ser mantidos nessas respectivas contas até sua total utilização.

Reserva de reavaliação

Os saldos existentes nas reservas de reavaliação do patrimônio líquido constituídas antes da vigência da Lei nº 11.638/07 devem:

1. ser mantidos até sua efetiva realização, ou;
2. ser estornados até o término do exercício social de 2008.

Lucros acumulados

Nas sociedades por ações, a Lei nº 11.638/07 não eliminou a conta de lucros acumulados nem a demonstração de sua movimentação, as quais devem ser apresentadas como parte da demonstração das mutações do patrimônio líquido, e não no balanço patrimonial. Essa conta, entretanto, tem natureza transitória e deve ser utilizada para a transferência do lucro apurado no período, contrapartida das reversões das reservas de lucros e para as destinações do lucro.

A conta de lucros acumulados continuará sendo usada para receber o resultado do exercício, os ajustes de exercícios anteriores e destinar valores para as reservas de lucros.

Aquisição de bens e serviços e remuneração com base em ações

De acordo com a Lei nº 11.638/07 e a Medida Provisória nº 449/08, as participações de empregados e administradores, mesmo na forma de instrumentos financeiros, que não se caracterizem como despesa, devem:

- ser classificadas como resultado de participações, após a linha do imposto de renda e da contribuição social. Assim, remunerações a empregados e administradores que não forem definidas, direta e proporcionalmente, em função do lucro da empresa, são classificadas como custo ou despesa operacional.

O CPC 13 esclarece que:

"Em relação às práticas contábeis adotadas anteriormente, a Lei nº 11.638/07 e a Medida Provisória nº 449/08 trouxeram como novidade a previsão de que devem ser reconhecidas como despesas ou participações as remunerações baseadas em ações liquidadas com instrumentos patrimoniais (por exemplo, ações ou opções de compra de ações) ou em dinheiro, bem como as aquisições de bens e serviços com as mesmas características.

Nas remunerações e aquisições de bens e serviços a que se referem os dois itens anteriores, tanto de competência de resultados de exercícios anteriores ou posteriores à data de transição, devem ser observadas as disposições específicas do CPC 10 – Pagamento baseado em ação e, quanto à vigência, atenção especial deve ser dada ao que for estipulado pelo órgão regulador".

Combinações de negócios

A Lei nº 11.638/07 instituiu que, nas operações de combinações de negócios realizadas entre partes independentes e vinculadas à efetiva transferência de controle, os ativos e passivos da sociedade a ser incorporada ou decorrente de fusão ou cisão serão contabilizados pelo seu valor de mercado (valor justo). Por outro lado, em 2008, a MP nº 449 aboliu essa prática, deixando a sua aplicação para 2010 em diante, de maneira prospectiva, considerando o CPC 15 – Combinação de negócios.

A amortização do *goodwill* (ágio por expectativa de rentabilidade futura) deve ser cessada a partir de 1º de janeiro de 2009, sendo tal ativo intangível testado anualmente por *impairment*.

DVA e DFC

As demonstrações do valor adicionado e dos fluxos de caixa (DVA e DFC) podem ser divulgadas no primeiro ano de vigência da Lei nº 11.638/07, sem a indicação dos valores correspondentes ao exercício anterior. Ressalte-se que o CPC 13 encoraja a sua preparação e publicação para fins de comparação.

Primeira avaliação da vida útil econômica dos bens

A adoção da nova sistemática de avaliação da vida útil econômica dos bens (ativos fixos tangíveis) só é exigida a partir do exercício iniciado em 1º de janeiro de 2009. Dessa forma, podem ser utilizadas para o exercício de 2008 as taxas de depreciação dos bens do ativo imobilizado que a empresa vinha anteriormente adotando (em geral são as taxas fiscais definidas e permitidas pela legislação tributária).

Efeitos tributários

Os eventuais efeitos tributários da aplicação, pela primeira vez, da Lei nº 11.638/07 e Medida Provisória nº 449/08, devem ser registrados conforme as normas existentes, mais precisamente a que trata da contabilização dos tributos sobre o lucro.

Outros pontos importantes

Resultados de exercícios futuros

Os resultados de exercícios futuros devem ser reclassificados para o passivo não circulante em contas representativas de receitas e despesas diferidas ou receitas diferidas líquidas.

Receitas e despesas não operacionais

A MP nº 449/08 determina a não segregação dos resultados em operacionais e não operacionais. Assim, as empresas deverão apresentar as "outras receitas/despesas" no grupo operacional e não após a linha do "resultado operacional". O objetivo é dividir os resultados em resultados das atividades continuadas e resultados das atividades não continuadas. Isso aumenta enormemente a capacidade do usuário de prospectar o futuro da empresa.

Balanço patrimonial para 2008 e 2009

Para os exercícios sociais encerrados em 31 de dezembro de 2008 e 2009, o balanço patrimonial apresentado deve seguir o formato seguinte, de acordo com a OCPC 2:

Ativo	Nota	2009	2008	Passivo e patrimônio líquido	Nota	2009	2008
Circulante				Circulante			
Não circulante				Não circulante			
Realizável a longo prazo							
Investimento				Patrimônio líquido			
Imobilizado				Capital social			
Intangível				(–) Gastos com emissão de ações			
				Reservas de capital			
				Reservas de lucros			
				(–) Ações em tesouraria			
				Ajustes de avaliação patrimonial			
				Ajustes acumulados de conversão			
				Prejuízos acumulados			
Total do ativo				Total do passivo e patrimônio líquido			

Estudo de caso
Elaboração de balanço patrimonial inicial

A Companhia Ltda. está adotando pela primeira vez a Lei nº 11.638/07 e a Medida Provisória nº 449/08, tendo como data de transição 1º de janeiro de 2008. O seu balanço patrimonial em 31 de dezembro de 2007, segundo a Lei nº 6.404/76, estava apresentado da seguinte forma:

Lei nº 6.404/76	31/12/2007	Lei nº 6.404/76	31/12/2007
Ativo circulante	600	**Passivo circulante**	350
Disponibilidades financeiras	100	Fornecedores	200
Contas a receber	200	Salários a pagar	50
Estoques	300	Impostos a recolher	100
Ativo realizável a longo prazo	300	**Passivo exigível longo prazo**	200
Empréstimos a subsidiárias	300	Empréstimos e financiamentos	200
Permanente	700	Resultados de exercícios futuros	100
Investimento	100	**Patrimônio líquido**	950
Imobilizado	500	Capital social	500
Diferido	100	Reservas	100
		Lucros acumulados	350
Total do ativo	1.600	**Total do passivo**	1.600

Informações adicionais

1. No ativo imobilizado há um *software* de gestão com vida própria que se enquadra como intangível no valor de R$ 100,00.
2. No ativo diferido há:
   - gastos pré-operacionais no valor de R$ 50,00 vinculados à preparação de ativo fixo tangível;
   - gastos com pesquisa no valor de R$ 30,00 (que por opção da empresa serão ajustados contra lucros acumulados);
   - gastos pré-operacionais de constituição de novos empreendimentos no valor de R$ 20,00 (que serão mantidos até a sua amortização por opção da empresa).
3. Como se trata de uma empresa limitada (Ltda.), os lucros acumulados serão mantidos, e não destinados.
4. Vamos considerar que os ajustes contábeis já estão líquidos dos efeitos tributários.

Ajustes contábeis de reconciliação

Considerando as informações adicionais e o CPC 13, foram realizados os seguintes ajustes contábeis de reconciliação para elaboração do balanço patrimonial inicial em 1º de janeiro de 2008:

Imobilizado		Diferido		Lucros acumulados	
Saldo Lei nº 6.404/76	= 500	Saldo Lei nº 6.404/76	= 100	Saldo Lei nº 6.404/76	= 350
(+) Ajuste do diferido	= 50	(–) Ajuste do imobilizado	= (50)	(–) Ajuste do diferido	= (30)
(–) Ajuste do intangível	= (100)	(–) Ajuste do lucros acumulados	= (30)		
Saldo Lei nº 11.638/07	= 450	Saldo Lei nº 11.638/07	= 20	Saldo Lei nº 11.638/07	= 320

Reconciliação do balanço patrimonial			Balanço patrimonial inicial	
Lei nº 6.404/76	31/12/2007	Ajustes contábeis	Lei nº 11.638/07	1/1/2008
Ativo circulante	**600**	Sem ajustes	**Ativo circulante**	**600**
Disponibilidades financeiras	100	Nomenclatura	Caixa e equivalentes	100
Contas a receber	200	Sem ajustes	Contas a receber	200
Estoques	300	Sem ajustes	Estoques	300
		Novo grupo	**Ativo não circulante**	**970**
Ativo realizável a l. prazo	**300**	Sem ajustes	Realizável a longo prazo	300
Empréstimos a subsidiárias	300	Sem ajustes	*Empréstimos a subsidiárias*	*300*
Permanente	**700**	Excluído		
Investimento	100	Sem ajustes	Investimento	100
Imobilizado	500	-50	Imobilizado	450
		+100	Intangível	100
Diferido	100	-80	Diferido	20
Total do ativo	**1.600**	**-30**	**Total do ativo**	**1.570**
Reconciliação do balanço patrimonial			Balanço patrimonial inicial	
Lei nº 6.404/76	31/12/2007	Ajustes contábeis	Lei nº 11.638/07	1º/01/2008
Passivo circulante	**350**	Sem ajustes	**Passivo circulante**	**350**
Fornecedores	200	Sem ajustes	Fornecedores	200
Salários a pagar	50	Sem ajustes	Salários a pagar	50
Impostos a recolher	100	Sem ajustes	Impostos a recolher	100
Passivo exigível a l. prazo	**200**	Nomenclatura	**Passivo não circulante**	**300**
Empréstimos e financiamentos	200	Sem ajustes	Empréstimos e financiamentos	200
Resultados exerc. futuros	**100**	Reclassificação	Receitas diferidas líquidas	100
Patrimônio líquido	**950**	Sem ajustes	**Patrimônio líquido**	**920**
Capital social	500	Sem ajustes	Capital social	500
Reservas	100	Sem ajustes	Reservas	100
Lucros acumulados	350	-30	Lucros acumulados	320
Total do passivo	**1.600**	**-30**	**Total do passivo e p. líquido**	**1.570**

Apresentação do balanço patrimonial inicial

Após os ajustes contábeis, o balanço patrimonial inicial em 1º de janeiro de 2008, data de transição, de acordo com a Lei nº 11.638/07, é apresentado como se segue:

Balanço patrimonial inicial em 1º de janeiro de 2008 Lei nº 11.638/07			
Ativo circulante	**600**	**Passivo circulante**	**350**
Caixa e equivalentes	100	Fornecedores	200
Contas a receber	200	Salários a pagar	50
Estoques	300	Impostos a recolher	100
Ativo não circulante	**970**	**Passivo não circulante**	**300**

Balanço patrimonial inicial em 1º de janeiro de 2008 Lei nº 11.638/07			
Realizável a longo prazo	300	Empréstimos e financiamentos	200
Empréstimos a subsidiárias	300	Receitas diferidas líquidas	100
Investimento	100	**Patrimônio líquido**	**920**
Imobilizado	450	Capital social	500
Intangível	100	Reservas	100
Diferido	20	Lucros acumulados	320
Total do ativo	**1.570**	**Total do passivo e patrimônio líquido**	**1.570**

32.3.2 Divulgação

As seguintes informações devem ser divulgadas em notas explicativas quando uma empresa adotar a Lei nº 11.638/07 e a Medida Provisória nº 449/08 pela primeira vez:

a) declaração da base de elaboração e de que está adotando pela primeira vez a Lei nº. 11.638/07 e a Medida Provisória nº 449/08 apresentação das demonstrações contábeis;

b) apresentação do sumário das práticas contábeis modificadas, acompanhado de demonstração dos efeitos no resultado e no patrimônio líquido da adoção inicial da Lei nº 11.638/07 e da Medida Provisória nº 449/08, com a finalidade de suprir informações quanto à comparabilidade do resultado e do patrimônio líquido com os valores que seriam obtidos caso não tivessem existido essas modificações;

c) divulgação das opções relevantes efetuadas pela administração, previstas ao longo do CPC 13.

32.3.3 Estudo de caso

Divulgação de informações sobre a adoção inicial da Lei nº 11.638/07 e da MP nº 449/08

A seguir apresentamos algumas notas explicativas das demonstrações contábeis em BR Gaap sobre a primeira aplicação da Lei nº 11.638/07 e MP nº 449/08, elaboradas e apresentadas pela Petróleo Brasileiro S.A. Petrobras, inerentes aos exercícios sociais de 2008 e 2007. A Petrobras é a companhia petrolífera estatal brasileira e, diretamente ou por meio de suas controladas (denominadas, em conjunto, "Petrobras" ou a "Companhia"), dedica-se à exploração, prospecção e produção de petróleo, de xisto betuminoso e de outros minerais, e ao refino, processamento, comercialização e transporte de petróleo, derivados de petróleo, gás natural e outros hidrocarbonetos fluidos, além de outras atividades relacionadas à energia. Adicionalmente, a Petrobras pode ainda empreender pesquisa, desenvolvimento, produção, transporte, distribuição e comercialização de todas as formas de energia, bem como outras atividades correlatas ou afins.

Notas explicativas às demonstrações contábeis

Consolidadas e da controladora

(Em milhares de reais)

1. Apresentação das demonstrações contábeis

As demonstrações contábeis foram elaboradas com base nas práticas contábeis emanadas da legislação societária, dos pronunciamentos, das orientações e das interpretações emitidos pelo Comitê de Pronunciamentos Contábeis (CPC) e das normas da Comissão de Valores Mobiliários (CVM).

As demonstrações contábeis de 2008 incluem as alterações na legislação societária introduzidas pela Lei nº 11.638, de 28 de dezembro de 2007, e pela Medida Provisória nº 449, de 3 de dezembro de 2008, que alteram a Lei nº 6.404/76 nos artigos relativos à elaboração das demonstrações contábeis.

3. Alterações de práticas contábeis

3.6 Contratos com transferência de benefícios, riscos e controle de bens

O CPC 6 estabelece procedimentos de contabilização e de divulgação de transações em que existem compromissos contratuais com e sem transferência de benefícios, riscos e controles de bens.

A companhia passou a registrar em seu ativo imobilizado pelo valor justo ou, se inferior, pelo valor presente dos pagamentos mínimos do contrato os direitos que tenham por objeto bens corpóreos destinados à manutenção das atividades da companhia decorrentes de operações que transferiram os benefícios, riscos e controle desses bens, assim como sua obrigação correlata.

Anteriormente, essas operações eram tratadas como custo/despesa com afretamentos, aluguel ou prestação de serviços.

3.12 Diferido

A Medida Provisória nº 449/08 extinguiu o ativo diferido, permitindo a manutenção do saldo em 31 de dezembro de 2008, que continuará a ser amortizado, em até 10 anos, sujeito ao teste de *impairment*.

3.13 Resultados de exercícios futuros

O resultado de exercícios futuros foi extinto a partir do exercício de 2008, em função da alteração da Lei nº 6.404/76 pela Medida Provisória nº 449/08. Todavia, os saldos existentes em 31 de dezembro de 2008 e 2007 foram reclassificados para o passivo não circulante – receita diferida.

Os deságios decorrentes de expectativa de resultado futuro foram reclassificados, nas demonstrações contábeis consolidadas, para o passivo não circulante.

3.14 Reserva de reavaliação

A Lei nº 11.638/07 não admite novas reavaliações espontâneas do ativo imobilizado.

A companhia optou por manter o saldo das respectivas reservas de reavaliação de 31 de dezembro de 2007, até sua total realização.

3.16 Efeitos da adoção da Lei nº 11.638/07 e da Medida Provisória nº 449/08

Os efeitos no resultado e no patrimônio líquido decorrentes da adoção da nova legislação, líquidos dos efeitos fiscais, quando aplicável, estão demonstrados a seguir:

	Consolidado		Controladora	
	Resultado	Patrimônio líquido	Resultado	Patrimônio líquido
Saldo conforme demonstrações contábeis em 31 de dezembro de 2008:	32.987.792	138.365.282	36.469.549	144.051.139
Pela adoção inicial em 1º de janeiro, data de transição:				
Instrumentos financeiros derivativos		48.177		
Compromissos contratuais com transferência de benefícios, riscos e controles de bens		(1.386.691)		(1.386.691)
		(1.338.514)		(1.386.691)
No exercício de 2008:				
Subvenção e assistência governamentais	(557.185)	76.574	(557.185)	76.574
Instrumentos financeiros disponíveis para venda	(205.341)	200.522	(205.341)	130.839
Instrumentos financeiros derivativos	314.371	314.371	(8.984)	(8.984)
Compromissos contratuais com transferência de benefícios, riscos e controles de bens	739.814	739.814	739.814	739.814
Efeitos das mudanças das taxas de câmbio e conversão de demonstrações contábeis	636.264		452.704	
	927.923	1.331.281	421.008	938.243
Saldos anteriores à aplicação da Lei nº 11.638/07 e Medida Provisória nº 449/08	33.915.715	138.358.049	36.890.557	143.602.691

32.4 CPC 43 – Adoção inicial dos Pronunciamentos Técnicos CPC 15 a 41

A segunda fase do processo de convergência da contabilidade brasileira com a internacional envolve a aplicação do CPC 43, sobre a adoção inicial dos pronunciamentos técnicos CPC 15 a 41, emitidos em 2009 e 2010. O CPC 43 correlaciona-se com a IFRS 1, do Iasb.

Objetivo

O objetivo do CPC 43 é fornecer as diretrizes necessárias para que as demonstrações contábeis de uma empresa, de acordo com os Pronunciamentos Técnicos do CPC, e as divulgações contábeis intermediárias para os períodos parciais cobertos por essas demonstrações contábeis possam ser declaradas, de acordo com as normas internacionais de contabilidade (IFRS).

Alcance

Uma empresa deve aplicar o CPC 43 às primeiras demonstrações contábeis individuais e separadas elaboradas a partir das datas determinadas pelos órgãos reguladores brasileiros. As demonstrações contábeis subsequentes devem dar continuidade às práticas dessas demonstrações iniciais até que um pronunciamento do CPC provoque modificações.

Divergências entre as normas contábeis brasileiras e internacionais

As demonstrações contábeis individuais de empresas com investimento em controlada ou empreendimento controlado em conjunto avaliado pela equivalência patrimonial, de acordo com o exigido pela legislação brasileira vigente, não são consideradas, com esse método de avaliação, como de acordo com as normas internacionais de contabilidade.

A manutenção pela empresa de saldo no ativo diferido, nos termos do CPC 13, é permitida pela legislação contábil brasileira, todavia não está em conformidade com as normas internacionais de contabilidade.

Tais exceções são as únicas divergências admitidas entre as demonstrações contábeis elaboradas até este momento com obediência aos documentos emitidos pelo CPC e as normas internacionais de contabilidade.

Principais procedimentos contábeis

Na aplicação do CPC 43 a empresa deve observar, no mínimo, os seguintes procedimentos contábeis:

- a empresa deve, primeiramente, fazer a aplicação do CPC 37 – Adoção inicial das normas internacionais de contabilidade às suas demonstrações consolidadas quando adotar tais normas internacionais pela primeira vez;
- a seguir, a empresa deve transpor, para suas demonstrações individuais, todos os ajustes que forem necessários, ou aqueles pelos quais optar, na aplicação do CPC 37, de forma que obtenha o mesmo patrimônio líquido em ambos os balanços patrimoniais, consolidado e individual. Para isso, pode ser necessário promover os ajustes contábeis em seus investimentos em controladas e em empreendimentos controlados em conjunto, de tal forma que a aplicação da equivalência patrimonial sobre eles promova essa igualdade de patrimônios líquidos;
- se algum procedimento for impraticável e causar diferença entre os dois patrimônios líquidos, esse fato deve ser evidenciado, com sua divulgação e dos motivos do impedimento da igualdade que se procura.

- as demonstrações contábeis individuais subsequentes devem obedecer a todos os requisitos necessários para que as demonstrações consolidadas a partir delas possam ser declaradas como de acordo com as normas internacionais de contabilidade.

Questões e exercícios

1. Cite quatro alterações contábeis introduzidas pela Lei nº 11.638/07 e pela Medida Provisória nº 449/08.
2. Na aplicação inicial da Lei nº 11.638/07 e da Medida Provisória nº 449/08, quais ajustes contábeis podem ser feitos pela empresa em seus ativos diferidos e em reservas de reavaliação na data de transição?
3. Quais as únicas divergências existentes entre as demonstrações contábeis brasileiras (BR Gaap) e internacionais (IFRS), de acordo com o CPC 43?

PARTE V

Gestão contábil e financeira internacional

Capítulo 33 – Competitividade cambial   519

Capítulo 34 – Gestão de eventos cambiais   533

Capítulo 35 – Governança corporativa e contabilidade   551

CAPÍTULO 33

Competitividade cambial

A flutuação das taxas de câmbio pode ser considerada o evento econômico e financeiro mais importante na gestão financeira de empresas multinacionais. Decisões de investimento, financiamento, estrutura de custos e preços etc., tomadas adequadamente, em momentos determinados, podem sofrer impactos significativos apenas pela alteração das taxas de câmbio das moedas dos países onde a corporação atua.

Podemos definir taxa de câmbio como a taxa que permite trocar uma quantidade de moeda de um país em moeda de outro país. As taxas de câmbio tendem a refletir as condições econômicas de um país, bem como traduzir a relatividade dos preços entre um país e outro.

Dentro de um regime de câmbio flutuante, que é de livre mercado, as taxas oscilam em função das diversas variáveis econômicas e políticas. Contudo, vários países em muitos momentos ao longo do tempo têm utilizado o regime de câmbio fixo, agindo arbitrariamente e fixando taxas de câmbio em relação às moedas de outros países sem considerar aspectos puros econômicos e de mercado.

Assim, cada país tem uma política cambial e esta pode ser direcionada, muitas vezes, para promover mudanças na estrutura da balança de divisas (balança comercial), objetivando redirecionar os volumes de exportação e importação.

A esse conjunto de decisões e impactos denominamos competitividade cambial, uma vez que as alterações nas taxas de câmbio aumentam ou diminuem a capacidade das empresas que atuam no mercado internacional de competir com seus preços de venda em moeda estrangeira, ou assimilar preços de compra de produtos importados.

33.1 Taxas de câmbio

A competitividade cambial entre os países é flutuante, e só pode ser medida considerando-se momentos determinados. A cada novo momento que se quer medir tem-se uma nova avaliação da competitividade cambial em relação ao momento anterior.

Assim, a competitividade cambial pode ser medida pela análise comparativa dos preços dos produtos e serviços em moeda estrangeira em relação aos preços possíveis ou que se deseja praticar. Tem sido ainda muito comum analisar os preços em relação ao dólar, ainda a moeda mais transacionada no mundo.

Os bancos centrais de cada país monitoram e publicam diariamente as taxas cambiais vigentes. Elas são expressas para cada moeda, nas cotações de compra e venda. As taxas cambiais para compra são aquelas utilizadas para as exportações. As taxas cambiais para venda são aquelas utilizadas para as importações. A diferença entre elas reflete o *spread* (taxa de repasse de serviços) do Banco Central.

As taxas cambiais podem ser estruturadas para a relação das trocas para cada país, tanto em relação à moeda local quanto em relação a uma outra moeda, considerada mais forte e de utilização internacional. Assim, é comum, além da publicação das taxas de câmbio em relação ao real (no caso brasileiro), também a paridade em relação ao dólar norte-americano, em função de sua utilização universal.

Tomemos como exemplo a cotação de quatro moedas em relação ao real, obtidas ao final do mês de maio de 2004.

Moeda	Paridade em reais	Paridade em dólares
Dólar – EUA	3,12910	1,00000
Euro – Comunidade Europeia	3,82066	0,818995
Iene – Japão	0,0286011	109,40500
Iuan – China	0,378814	8,26005

Na perspectiva de quem tem moeda estrangeira, as taxas de câmbio expressam a seguinte relação de troca de quantidade de moeda entre os países:

1 dólar compra 3,129100 reais
1 euro compra 3,820660 reais
1 iene compra 0,028601 reais
1 iuan compra 0,378814 reais

Na perspectiva de quem tem reais (moeda brasileira), essas taxas significam o seguinte:

1 real compra 0,319581 dólares (1 ÷ 3,12910)
1 real compra 0,261735 euros (1 ÷ 3,82066)
1 real compra 34,963690 ienes (1 ÷ 0,0286011)
1 real compra 2,639818 iuans (1 ÷ 0,378814)

Essa leitura pode dar a seguinte ideia geral: a moeda brasileira é mais fraca que o dólar e o euro, uma vez que cada 1 real compra menos de 1 unidade dessas moedas; e a moeda brasileira é mais forte do que o iene e o iuan, porque cada 1 real compra mais de 1 unidade dessas moedas. Não é possível considerar essa afirmativa como verdadeira porque a relação de troca entre moedas não expressa a relação da riqueza entre as nações, haja vista que, no momento, por exemplo, o Japão é considerado um país muito mais rico que o Brasil.

A moeda de cada país ou região tem uma formação histórica, com períodos diferentes de existência, razão porque não significa que a relação de troca entre moedas, com uma moeda comprando mais unidades monetárias de outra moeda, caracteriza uma moeda mais forte que outra. Nos dois casos mais recentes, a criação do real em 1994, no Brasil, e do euro em 2000, na Comunidade Europeia, podemos fazer alguma afirmativa nesse sentido, porque ambas nasceram com a paridade inicial de $ 1,00 em relação ao dólar norte-americano. Nesse caso, o euro hoje está mais forte que o dólar, assim como o dólar está mais forte que o real.

As taxas de câmbio são também cotadas em moedas mais fortes e de curso mais abrangente. Assim, mesmo no Brasil, as moedas são cotadas em relação também ao dólar e ao euro. Vejamos como ficam as taxas de câmbio em relação ao dólar.

Moeda	Paridade em reais	Paridade em dólares
Dólar – EUA	3,12910	1,00000
Euro – Comunidade Europeia	3,82066	0,818995
Iene – Japão	0,0286011	109,40500
Iuan – China	0,378814	8,26005

Neste caso, tendo como referência que se tem dólares em mãos, temos:

1 dólar compra 0,818995 euros (3,12910 ÷ 3,82066)
1 dólar compra 109,405000 ienes (3,12910 ÷ 0,0286011)
1 dólar compra 8,260050 iuans (3,12910 ÷ 0,378814)

Inversamente, tendo as outras moedas em mãos, a leitura seria a seguinte:

1 euro compra 1,221009 dólares (1 ÷ 0,818995)
1 iene compra 0,0091404 dólares (1 ÷ 109,405)
1 iuan compra 0,1210646 dólares (1 ÷ 8,26005)

Para quem trabalha com comércio exterior e finanças internacionais, é fundamental o entendimento das taxas de câmbio, bem como do impacto das suas oscilações.

33.2 Competitividade e preços

As taxas de câmbio evidenciam imediatamente o impacto nos preços de vendas dos produtos e serviços transacionados internacionalmente. Tomemos como exemplo diversos exportadores de determinado produto para os EUA, que gostariam de receber os seguintes valores na sua moeda de origem:

Preço de venda em moeda local

Exportador europeu   4.500,00   euros
Exportador brasileiro 15.000,00   reais
Exportador japonês   580.000,00 ienes
Exportador chinês   35.000,00   iuans

Tomando como referência as taxas de câmbio apresentadas no tópico anterior, evidenciaremos quanto cada exportador receberia em dólares norte-americanos.

	Preço em moeda local		Taxa de câmbio	Equivalente em dólares
Exportador europeu	4.500,00	euros	0,81899	5.494,54
Exportador brasileiro	15.000,00	reais	3,12910	4.793,71
Exportador japonês	580.000,00	ienes	109,40500	5.301,40
Exportador chinês	35.000,00	iuans	8,26005	4.237,26

Dando continuidade ao nosso exemplo, vamos imaginar que o preço do produto em referência tem cotação internacional de mercado de US$ 5.000,00. Com esse dado, podemos verificar quantas unidades monetárias, na sua moeda local, cada exportador para os EUA receberia, exportando por US$ 5.000,00.

Preço em moeda estrangeria

Preço de venda   5.000,00 dólares
Preço em euros   5.000,00 ×   0,81899 =   4.094,97 euros
Preço em reais   5.000,00 ×   3,12910 =   15.645,50 reais
Preço em ienes   5.000,00 × 109,40500 = 547.025,00 ienes
Preço em iuans   5.000,00 ×   8,26005 =   41.300,25 iuans

Comparando os preços, tanto em dólares quanto em moeda local, podemos inferir quais os países mais competitivos na exportação do produto em questão. Nessa comparação, o preço desejado dos exportadores europeu e japonês é maior do que o preço de mercado. Assim, ou terão seu lucro reduzido ou até prejuízo nas exportações, a não ser que promovam reduções internas de custos e ajustem sua estrutura operacional.

Comparação de preços de venda – Em moeda local

	Desejado (a)	Obtido (b)	Variação % (b/a)
Exportador europeu	4.500,00	4.094,97	–9,00%
Exportador brasileiro	15.000,00	15.645,50	4,30%
Exportador japonês	580.000,00	547.025,00	–5,69%
Exportador chinês	35.000,00	41.300,25	18,00%

Caso os exportadores aceitem exportar por US$ 5.000,00, os exportadores europeu e japonês receberão menor quantidade de unidades de moedas locais, enquanto os exportadores brasileiro e chinês receberão uma quantidade de moeda local maior do que apontavam seus preços básicos de venda.

Alteração nas taxas de câmbio

Como já salientamos, a competitividade cambial altera-se quando, no decorrer do tempo, alteram-se as taxas de câmbio das diversas moedas. Em continuação ao exemplo deste tópico, vamos verificar que, um ano depois, em maio de 2005, as taxas de câmbio sofreram algumas alterações. Os novos dados indicam alterações significativas na competitividade de alguns países.

	Paridade	
	Em reais	Em dólares
Dólar	2,45380	1,00000
Euro	3,15667	0,77734
Iene	0,0232400	105,58700
Iuan	0,297072	8,25995

1 dólar compra	2,453800	reais	
1 euro compra	3,156670	reais	
1 iene compra	0,023240	reais	
1 iuan compra	0,297072	reais	
1 real compra	0,407531	dólares	(1 ÷ 2,45380)
1 real compra	0,316790	euros	(1 ÷ 3,15667)
1 real compra	43,029260	ienes	(1 ÷ 0,0232400)
1 real compra	3,366187	iuans	(1 ÷ 0,297072)
1 dólar compra	0,777338	euros	(2,453800 ÷ 3,156670)
1 dólar compra	105,587000	ienes	(2,453800 ÷ 0,023240)
1 dólar compra	8,259950	iuans	(2,453800 ÷ 0,297072)
1 euro compra	1,286441	dólares	(1 ÷ 0,777338)
1 iene compra	0,0094709	dólares	(1 ÷ 105,587)
1 iuan compra	0,1210661	dólares	(1 ÷ 8,25995)

Em linhas gerais, houve uma depreciação do dólar norte-americano, uma apreciação do euro, uma apreciação significativa do real, uma pequena apreciação do iene e a manutenção do poder de compra do iuan em relação ao dólar, já que a China tem adotado, no período, uma política de câmbio fixo e controlado.

Tomando como referência um produto que tem um preço de venda universal de US$ 5.000,00, podemos verificar como ficou a competitividade cambial dos países considerados.

	Preço em moeda local		Taxa de câmbio		Equivalente em dólares
Exportador europeu	4.500,00	euros ÷	0,77734	×	5.788,99
Exportador brasileiro	15.000,00	reais ÷	2,45380	×	6.112,97
Exportador japonês	580.000,00	ienes ÷	105,58700	×	5.493,10
Exportador chinês	35.000,00	iuans ÷	8,25995	×	4.237,31

Preço em moeda estrangeira

Preço de venda	5.000,00 dólares				
Preço em euros		5.000,00	×	0,77734	=	3.886,69 euros
Preço em reais		5.000,00	×	2,45380	=	12.269,00 reais
Preço em ienes		5.000,00	×	105,58700	=	527.935,00 ienes
Preço em iuans		5.000,00	×	8,25995	=	41.299,75 iuans

Comparando os preços desejados, o preço de mercado e os preços obtidos, temos as seguintes variações:

Comparação de preços de venda – Em dólares

	Mercado (a)	Desejado (b)	Variação % (b/a)
Exportador europeu	5.000,00	5.788,99	15,78%
Exportador brasileiro	5.000,00	6.112,97	22,26%
Exportador japonês	5.000,00	5.493,10	9,86%
Exportador chinês	5.000,00	4.237,31	–15,25%

Comparação de preços de venda – Em moeda local

	Desejado (a)	Obtido (b)	Variação % (b/a)
Exportador europeu	4.500,00	3.886,69	–13,63%
Exportador brasileiro	15.000,00	12.269,00	–18,21%
Exportador japonês	580.000,00	527.935,00	–8,98%
Exportador chinês	35.000,00	41.299,75	18,00%

Fazendo uma análise comparativa com a situação de maio de 2004, verificamos as seguintes alterações na competitividade dos exportadores para os EUA, em função da mudança cambial.

a) o exportador europeu, que obtinha 4.094,97 euros em 2004, em 2005 obtém 3.886,69 euros, uma redução de 5,1% na sua competitividade;

b) o exportador brasileiro, que tinha uma folga e recebia 15.645,50 reais, com a apreciação da moeda brasileira (e, consequentemente, com a perda de competitividade cambial) passa a receber apenas 12.269,00 reais, uma redução de 21,58%;

c) o exportador japonês também teve uma queda de competitividade, da ordem de 3,45%;

d) o exportador chinês foi o único que manteve a paridade de sua moeda com o dólar e não teve nenhuma alteração na competitividade.

Comparação de preços de venda – Em moeda local

	Em maio/2004	Em maio/2005	Variação % (b/a)
Exportador europeu	4.094,97	3.886,69	–5,09%
Exportador brasileiro	15.645,50	12.269,00	–21,58%
Exportador japonês	547.025,00	527.935,00	–3,49%
Exportador chinês	41.300,25	41.299,75	0,00%

Na análise desse período, o caso que pode ser considerado mais grave, admitindo-se que a paridade de maio de 2004 estava adequada, é o brasileiro, pois, de uma vantagem de 4,30% passou a uma desvantagem de 18,21%, perdendo, no acumulado, 21,58%.

33.3 Mudança na competitividade

De um modo geral, quando um país fica por muito tempo com o câmbio controlado e não faz ajustes das taxas de câmbio, há uma tendência de que, em algum momento, tenha de fazer ajustes significativos na sua política cambial.

Vamos imaginar que a China necessitasse ajustar sua balança comercial e estoque de divisas estrangeiras, provavelmente para adequar sua política monetária e controle da inflação, procurando inibir suas exportações e estimular a presença de produtos estrangeiros no país. Poderia provocar um ajuste cambial de sua moeda, desvalorizando-a, digamos, em 25%.

Desvalorização do iuan em 25%

	Paridade	
	Em reais	Em dólares
Iuan – Cotação antiga	0,378814	8,26005
Iuan – Nova cotação	0,473518	6,60804

A nova cotação enfraquece a competitividade dos exportadores chineses em relação ao dólar. Assim, ao exportar 1 dólar, se antes os exportadores chineses recebiam 8,26005 iuans, passam a receber apenas 6,60804.

Vamos supor que um chinês exportava para os EUA um produto cujo preço unitário era de US$ 10.000,00. Quando os dólares vinham para o banco central chinês, este repassava ao exportador um montante de 82.600,50 iuans. Agora, com a nova cotação, o exportador chinês recebe apenas 66.080,40 iuans. Com a alteração da taxa de câmbio, deixa de receber 20% (66.080,40 ÷ 82.600,50).

Isso o obrigará o exportador chinês a:

a) reduzir seus custos de tal forma que consiga lucratividade vendendo a mesma quantidade de dólares de antes, recebendo em iuans apenas 66.080,40;

b) ou aumentar o preço de venda em 25%, passando de US$ 10.000,00 para US$ 12.500,00, conseguindo, com isso, receber a mesma quantidade de iuans que recebia anteriormente (US$ 12.500,00 × 6,60804 = 82.600,50).

Fica evidente, nesse caso, a competitividade cambial. Se, no momento anterior, o preço de mercado do produto de US$ 10.000,00 era aceito como normal nos EUA, a partir da desvalorização do iuan a China passou a ser cambialmente menos competitiva. Isso implica que as empresas nos demais países terão mais dificuldades de adquirir produtos chineses, o que dificultará a vida dos exportadores daquele país, até que haja uma possível e nova reestruturação de preços.

Produto que contém componente importado

Vamos supor uma outra hipótese, também bastante comum, em que uma empresa exportadora recebe o impacto de uma alteração na política cambial, mas o produto que exporta também tem componentes adquiridos no exterior. Nesses casos, o impacto cambial é:

a) atenuado na proporção da participação do componente importado, se ele for transacionado em uma moeda que recebeu o mesmo impacto na mudança da taxa de câmbio;

b) não atenuado proporcionalmente, caso a variação da moeda do país de onde vêm os insumos importados tenha um impacto contrário ao da moeda de exportação.

Vejamos primeiramente um exemplo em que tanto a exportação como os insumos importados são transacionados na mesma moeda estrangeira. Vamos supor que uma empresa brasileira exporte para os EUA um produto por US$ 5.000,00 e que, dentro da sua estrutura de custos, contenha componentes importados, também dos EUA, que representam 30% do preço de venda. Vamos considerar como exemplo uma desvalorização de 20% no real.

	Paridade	
	Em reais	Em dólares
Real – Cotação antiga	2,45380	1,00000
Real – Nova cotação	2,944560	1,00000

Dados anteriores

Valor obtido pela venda	5.000,00 × 2,45380 =	12.269,00 reais
Valor pago nos componentes importados	1.500,00 × 2,45380 =	3.680,70 reais
Líquido das operações em moeda estrangeira	3.500,00	8.588,30 reais

Valor com a desvalorização do real

Valor obtido pela venda	5.000,00 × 2,94456 =	14.722,80 reais
Valor pago nos componentes importados	1.500,00 × 2,94456 =	4.416,84 reais
Líquido das operações em moeda estrangeira	3.500,00	10.305,96 reais
Efeito líquido passível de ser repassado nos preços	1.717,66 ÷ 2,94456 =	583,33 dólares
	ganho em reais	
Preço anterior		5.000,00 dólares
Desconto possível		583,33 dólares
Preço novo		4.416,67 dólares
Desconto percentual		11,67%

É importante ressaltar que o ganho a ser obtido em reais pode ou não ser repassado para o cliente no exterior. Caso a empresa deseje repassar o ganho obtido com a alteração cambial, com o intuito de ganhar competitividade no mercado externo com preços mais reduzidos, ela deverá reduzir o preço em apenas 11,67%, uma vez que a taxa de câmbio agora é maior.

Vamos imaginar um outro exemplo, no qual a moeda brasileira se desvaloriza em 10% em relação ao dólar, mas 20% em relação ao euro. Vamos imaginar que a empresa exporta para os EUA o produto por 5 mil dólares e importa os componentes da Europa por 1.500,00 euros.

Nesse caso, o ganho de competitividade cambial é atenuado, já que o impacto da desvalorização em relação ao euro impede ao exportador auferir todo o potencial da desvalorização em relação ao dólar. No nosso exemplo, há um ganho percentual líquido de apenas 5,1%, podendo ser repassados 3,09%, caso a empresa queira aproveitar o ganho em reais e aumentar sua competitividade de preços internacionais.

33.4 Paridade do Poder de Compra da Moeda (PPR)

A paridade cambial não necessariamente implica em maior ou menor poder de compra. Veja o caso do iene. Apesar de 1 dólar comprar algo em torno de 109 ienes, não quer dizer que o cidadão japonês tenha um nível econômico de vida inferior ao norte-americano.

Cada país tem uma estrutura relativa de preços, formada ao longo de toda a sua existência. Isso quer dizer que alguns produtos para o cidadão norte-americano podem sair mais barato ou mais caro do que esses mesmos produtos para o cidadão japonês.

O conceito básico da paridade das moedas é tentar nivelar o máximo possível o poder de compra da moeda nos diversos países. Contudo, isso é muito difícil. Por isso, nem sempre as taxas de câmbio permitem competitividade internacional para os produtos fabricados em diversos países.

A tentativa mais conhecida de verificar o poder de compra atualmente é por meio da transformação em dólares de um produto que é consumido universalmente com as mesmas características e o mesmo processo produtivo, que é o Big Mac.

Assim, pode-se montar uma tabela de poder de compra, lastreada num produto (o ideal seria ter vários produtos). Essa paridade do poder de compra tende a indicar que a moeda está supervalorizada ou subvalorizada, permitindo às empresas pleitear alterações nas políticas cambiais de seu país.

Paridade do Poder de Compra (PPP – Purchasing-power Parity) – Big Mac – Base: 9/6/2005

	Preço em US$	Preço em moeda local	PPP implícita	Taxa de câmbio atual	Paridade
Suíça	5,05	6,30 francos suíços	2,06	1,25	65% valorizada
Zona do euro	3,58	3,24 euros	1,06	0,91	17% valorizada
EUA	3,06	3,06 dólares	1,00	1,00	0% moeda referencial
Brasil	2,39	5,91 reais	1,93	2,47	–22% desvalorizada
China	1,27	10,50 iuans	3,43	8,26	–58% desvalorizada
Japão	2,34	250,00 ienes	81,7	106,84	–24% desvalorizada

Esse indicador tem sido compilado desde 1986 pela revista de finanças *The Economist*, denominado Big Mac Index, e é baseado na noção de que os preços das moedas deveriam refletir seu poder de compra. A revista coleta os preços médios do lanche Big Mac na maior parte dos países e os transforma em dólares pela cotação da taxa de câmbio do dia. Com esses elementos, calcula o que se denomina paridade do poder de compra implícito, que deveria ser a taxa de câmbio que refletisse as relações de trocas entre os países, que, no mais das vezes, é diferente das taxas de câmbio realmente negociadas.

Com os dados da tabela dada, tomando como exemplo o Japão, verificamos que nesse país, nessa data, o Big Mac estava sendo vendido a 250 ienes. Como a taxa de câmbio do iene em relação ao dólar estava em 106,84, o equivalente em dólares do preço do lanche no Japão seria de 2,34. Como nos EUA o preço médio do Big Mac estava em US$ 3,06, isso indica que a moeda japonesa estaria 24% desvalorizada (US$ 2,34 ÷ US$ 3,06 – 1 × 100). O cálculo do PPP é a divisão da quantidade de moeda local do país, no caso a japonesa, pela quantidade de dólares do Big Mac vendido nos EUA (250,00 ienes ÷ US$ 3,06 = 81,7 ienes). Isso significa que um dólar deveria comprar apenas 81,7 ienes pela paridade do poder de compra, e não os 106,84 ienes que estava comprando pelo câmbio oficial.

Vejamos o caso do Brasil. Um Big Mac é vendido em média aqui por 5,91 reais. Como a taxa de câmbio do dólar em 9/6/2005 estava em 2,47, o lanche equivale a US$ 2,39, bem mais barato que nos EUA. Fazendo a relação em dólares (US$ 2,47 ÷ US$ 3,06 – 1 × 100), obtemos 22%, que indicaria que a moeda brasileira estaria desvalorizada nesse percentual. Com os mesmos dados, dividindo o preço em reais do Big Mac pelo preço em dólares do lanche nos EUA (R$ 5,91 ÷ US$ 3,06), temos a PPP implícita de R$ 1,93. Isso quer dizer que o dólar, que naquela data compraria 2,47 reais, deveria, para manter o poder de compra paritário, comprar apenas R$ 1,93.

O caso brasileiro é interessante. A taxa de câmbio em 2002 chegou a R$ 3,89, muito superior à cotação de junho, de R$ 2,47. Essa queda significou uma apreciação do real em relação ao dólar, já que o real passou a ter mais poder aquisitivo em relação à moeda americana. Os exportadores brasileiros foram os mais prejudicados, porque as exportações em dólares passaram a obter menor quantidade de reais. O índice do Big Mac indicaria que o real deveria ser ainda mais apreciado, já que está desvalorizado nesse indicador. Ou seja, caso o PPP implícito do Big Mac para o real fosse adequado, os exportadores seriam ainda mais prejudicados, pois receberiam menor quantidade de reais que recebem hoje. Essa sugestão do PPP, no caso brasileiro, é totalmente contrária ao senso geral que existe na economia, pelo qual se entende que a taxa de câmbio deveria subir, e não descer, como indica o PPP do Big Mac.

No caso da China, onde o índice aponta uma grande desvalorização (58%), há um consenso nesse momento de que, de fato, há uma desvalorização significativa e é necessária uma apreciação do iuan. Veja que pelo câmbio oficial 1 dólar compra 8,26 iuans e, pelo índice Big Mac, deveria comprar apenas 3,43 iuans. Como o banco central chinês tem uma política de câmbio fixo e administrado, há indicativos claros de que a taxa de câmbio do iuan em relação ao dólar é artificial, como parte da política de exportação do governo chinês.

33.5 Sistemas de proteção da competitividade internacional

A competitividade cambial é o elemento mais importante para a relação de trocas internacionais. Cada país tem seus interesses específicos e a condução da política econômica de cada país tem prioridades diferentes ao longo do tempo. A taxa de câmbio é um instrumento relevante para acionar maior ou menor volume de exportações e importações, bem como de remessas e recebimento de divisas.

Contudo, em diversos momentos ou para diversos segmentos de negócios ou produtos e serviços, a taxa de câmbio pode não ser suficiente para regular a competição internacional. Assim, outros instrumentos ou sistemas são utilizados para complementar a competitividade internacional de cada país. Os principais sistemas estão relacionados com a estrutura tributária, em que cada país se vale de alternativas para complementar a competitividade cambial e manter um nível adequado de competitividade internacional.

Proteção tarifária

É a proteção tributária regular, aceita de forma genérica para todos os países, e obrigatória para aqueles que fazem parte da Organização Mundial do Comércio (OMC) e de outros acordos de relações internacionais (Mercosul, Nafta etc.).

Fundamentalmente, a proteção tarifária se expressa em dois impostos:

1. imposto de importação;
2. imposto de exportação.

Em termos internacionais, o que prevalece é o imposto de importação. Negociado e ratificado no âmbito da OMC, ele deve ser obedecido pelos seus países membros. O imposto de exportação é específico de cada país, e tem como finalidade inibir exportações de produtos ou serviços que o país entende que não devam ser estimuladas em determinados momentos.

Em termos de avaliação da competitividade internacional, deve-se adicionar ao número obtido na competitividade cambial a proteção tarifária existente. Tomemos um exemplo de um produto que no mercado internacional tenha um preço de US$ 30.000,00, e que é regularmente exportado para o Brasil e concorre com um produtor brasileiro. O produtor brasileiro tem um preço de venda em moeda local de R$ 82.500,00. Tendo como referência uma taxa de dólar de R$ 2,50, teríamos a seguinte situação de competitividade internacional, considerando apenas a questão cambial:

Análise de competitividade internacional de preços

Produto X	US$	Taxa de câmbio – R$	Em reais
Produto estrangeiro	30.000	2,50	75.000

Produto X	Reais	Taxa de câmbio – R$	Em US$
Produtor local	82.500	2,50	33.000

O importador brasileiro desembolsará R$ 75.000,00 para obter o produto estrangeiro de US$ 30.000,00. O produtor brasileiro estaria disposto a vender por R$ 82.500,00, o equivalente a US$ 33.000,00, ou seja, um preço 10% a maior. Nesse caso, o produto estrangeiro está mais competitivo em 10%, estimulando a importação.

Se esse produto tem uma proteção tarifária de imposto de importação da ordem de 18%, a situação se modifica, uma vez que, para internar o produto estrangeiro, o importador terá de pagar 18% de imposto sobre o valor do produto, encarecendo-o. Assim, a proteção tarifária corrige uma eventual desvantagem de competitividade cambial.

Análise de competitividade internacional de preços com proteção tarifária

Produto X				Imposto de importação		
	US$	Taxa de câmbio – R$	Em reais	Alíquota	Valor	Valor total internado
Produto estrangeiro	30.000	2,50	75.000	18%	13.500	88.500

Produto X	Reais	Taxa de câmbio – R$	Em US$			
Produtor local	82.500	2,50	33.000	–	–	

Nesse caso, o valor total a ser pago pela internação do produto estrangeiro, R$ 88.500,00, é maior em 7,2% do que o valor a ser pago ao produtor local (88.500 ÷ 82.500). Nesse exemplo, com a possibilidade da proteção tarifária, uma defasagem de competitividade cambial de 10% transforma-se em uma vantagem competitiva internacional de 7,25%.

Proteção tributária

A principal proteção tributária internacional é a aplicação da isenção de determinados impostos nas exportações. Em linhas gerais, há um consenso de que não se deve "exportar impostos". Assim, os produtos vendidos no mercado local são tributados normalmente, mas esses mesmos produtos, quando direcionados para mercados internacionais, podem ter a isenção de alguns ou todos os tributos.

No Brasil, praticamente todos os produtos e serviços, quando exportados, são isentos dos seguintes tributos:

a) Imposto sobre Circulação de Mercadorias e Serviços (ICMS);
b) Imposto sobre Produtos Industrializados (IPI);
c) Programa de Integração Social (PIS);
d) Contribuição para Financiamento da Seguridade Social (Cofins);
e) Imposto sobre Serviços (ISS).

Até o início da década de 1990, havia também a isenção dos impostos sobre o lucro estimado das exportações (Imposto de Renda e Contribuição Social sobre o Lucro Líquido), isenções essas não mais existentes.

	Alíquotas dos tributos	R$	Taxa de câmbio – R$	Equivalente em – US$
Preço de venda – Mercado interno		100.000	2,50	40.000
(–) IPI	5%	(5.000)		
(–) ICMS	18%	(18.000)		
(–) PIS	1,65%	(3.650)		
(–) Cofins	7,6%	(7.600)		
Soma		(34.250)	2,50	(13.700)
Preço de venda – Mercado externo		65.750	2,50	26.300

No exemplo apresentado, levamos em conta alíquotas consideradas normais. Note que há possibilidade de uma redução no preço de venda para o mercado internacional de 34,25% (US$ 13.700 ÷ US$ 40.000), aumentando significativamente a competitividade internacional (obviamente porque a carga tributária brasileira é considerada altíssima).

Outros sistemas de proteção

Mesmo com mecanismos tributários de proteção, eventualmente há a necessidade de o país utilizar outros instrumentos para manter um nível de competitividade internacional e proteger a produção local. A OMC e os acordos internacionais preveem dois grandes sistemas:

a) o Sistema de Cotas, onde se determina o quanto um país pode exportar para outro, ou importar de determinado país ou países, durante determinado período;

b) o Sistema de Salvaguarda, onde se acorda que determinados setores de determinado país devem ser resguardados durante um período, de modo que possa alcançar um grau de competição internacional adequado. Às vezes os mecanismos de salvaguarda são adotados unilateralmente, caso em que são consideradas medidas excepcionais e que podem não ser validadas pela OMC.

Outros mecanismos utilizados são as proteções aduaneiras, que podem forçar a adoção de barreiras tipo fitossanitárias e até mesmo burocráticas, mas que devem ser consideradas exceção e tendem a não ser consideradas adequadas no comércio internacional.

Caso

Euro forte deixa cidades europeias mais caras – *Valor Econômico*, 01/3/2005, p. A57

A queda do dólar reduziu em 10% os preços nos EUA em relação às cidades com maior custo de vida no mundo: Oslo, Copenhague, Tóquio e Zurique. É o que indica estudo do banco suíço lUBS sobre preços e salários em 71 grandes cidades. O objetivo é ajudar empresas e turistas num mundo globalizado. Para comprar um Big Mac, um assalariado em Zurique precisa trabalhar apenas 14 minutos, enquanto que em São Paulo precisa trabalhar 32 minutos e em Nairóbi 182 minutos.

Sob pressão, China admite acelerar reforma cambial – *Valor Econômico*, 26/4/2005, p. A13

Autoridades falam em desvalorizar "no tempo certo".

O presidente do Banco Central chinês disse que Pequim ainda está trabalhando no sequenciamento de uma eventual mudança de política, mas admitiu que a pressão externa pode resultar em uma tomada de decisão mais rápida.

O rápido crescimento das exportações chinesas, principalmente de têxteis, vem provocando acusações de que a moeda do país está significativamente subvalorizada. A pressão para que a China deixe o iuane flutuar ante o dólar aumentou na semana passada, depois de os EUA e outros membros do G-7 (grupo dos sete países mais ricos do mundo) terem pedido que os chineses tomassem medidas imediatas na área cambial.

O próprio mercado vem dando indicações de que espera uma reavaliação monetária: os contratos futuros baseados na moeda chinesa deram um saldo na última semana, mostrando que os investidores creem que Pequim vá mesmo afrouxar seu controle.

A decisão da China terá impacto não só sobre o iuane, mas sobre o câmbio em toda a Ásia. A medida também poderia alterar o câmbio entre o euro e o dólar. Contudo, não há consenso sobre as repercussões.

Questões e exercícios

1. Explique por que a questão cambial pode interferir na competitividade das empresas.
2. A questão cambial é um problema apenas para organizações multinacionais ou ela também atinge outros tipos de empreendimentos? Faça suas considerações para empresas que só importam, para empresas que só exportam, para empresas que têm os dois tipos de operações e para empresas que não transacionam com o comércio exterior.
3. Numa determinada data temos as seguintes cotações das moedas em reais:

   Dólar – EUA   2,50
   Euro   2,82
   Iene   0,03
   Iuan   0,40

   Calcule a paridade dessas moedas em dólares e o poder de compra de cada uma em relação às demais moedas.
4. Com os mesmos dados do exercício anterior, considere que o real se desvalorizou em 10% em relação ao dólar. Calcule as novas cotações e como ficou o poder de compra das moedas.
5. Ainda com os mesmos dados, considere que o real se valorizou (apreciou) em 20% em relação ao dólar. Calcule as novas cotações e como ficou o poder de compra das moedas.
6. Um produto tem um preço de venda no mercado internacional de US$ 1.850,00. Os preços do mesmo produto em moeda local são os seguintes, evidenciados ao lado das taxas de câmbio em relação ao dólar de cada moeda.

	Preço em moeda local	Taxas de câmbio em relação ao US$
Comunidade do euro	1.600,00 euros	euro 0,85
Brasil	4.500,00 reais	reais 2,50
Japão	195.000,00 ienes	100,00 ienes
China	11.600 iuans	8,00 iuans

   Pede-se:
   a) calcule os preços de cada país em dólares;
   b) compare os preços de venda, desejados e obtidos, tanto em dólares como em moeda local, apurando a variação percentual;
   c) indique quais os países mais ou menos competitivos nesse instante.
7. Uma empresa investiu US$ 30.000,00 em uma subsidiária em território nacional quando a taxa do dólar estava em $ 3,00, esperando um retorno do investimento anual ao redor de 12%. As vendas anuais esperadas pelo investimento montam R$ 200.000,00. Qual deve ser a margem necessária, em reais, para dar o retorno esperado em moeda estrangeira?
8. Considerando os dados do exercício anterior, e imaginando um cenário em que a taxa de câmbio do dólar vá para $ 3,60, qual será o retorno do investimento em moeda estrangeira, caso o valor das vendas e a margem em moeda nacional sejam mantidos?
9. Considerando os mesmos dados do exercício 8 e com o dólar em $ 3,60, calcule o resultado econômico das seguintes situações:
   a) Qual deve ser o novo valor das vendas, considerando-se manter a margem inicial calculada, para dar o mesmo retorno em moeda estrangeira para o investidor?
   b) Qual deve ser o valor necessário de redução de custos, considerando o mesmo valor das vendas, para dar o mesmo retorno em moeda estrangeira para o investidor? Nesse caso, calcule qual deverá ser a nova margem sobre vendas.
10. Competitividade cambial
    Uma empresa vende um produto no exterior por US$ 10.000,00. Dentro da estrutura de custos desse produto os importados representam 35%. No último período, a taxa cambial do dólar subiu de R$ 2,00 para R$ 2,40. Calcule qual pode ser a redução percentual possível de preços em moeda estrangeira em função dessa alteração cambial.

11. Competitividade cambial

    Um produto tem um preço de venda no mercado internacional de US$ 1.900,00. Os preços do mesmo produto em moeda local estão apresentados a seguir, ao lado das taxas de câmbio atuais em relação ao dólar.

	Preço em moeda local	Taxas de câmbio em relação ao dólar
Comunidade do euro	1.800,00 euros	0,90 euro
Brasil	4.800,00 reais	2,40 reais
Japão	200.000,00 ienes	110,00 ienes
China	12.000,00 iuans	9,00 iuans

    Calcule os preços de cada país em dólares e compare os preços desejados e obtidos. Indique quais os países mais ou menos competitivos neste instante.

12. Taxas e efeitos cambiais:

    Considerando que 1 dólar norte-americano compra 2,50 reais, e as seguintes cotações internacionais das moedas abaixo, calcule a paridade cambial em reais e o poder de compra de 1 real.

    1 euro vale 0,86 dólares;

    1 dólar compra 130 ienes;

    1 dólar compra 1.320 wons (Coreia do Sul);

    1 dólar compra 8,3 iuans (China continental).

13. Imagine que a paridade entre dólar e won passe para 1.200 (1 US$ compra 1.200 won), e que entre dólar e iuan a paridade passe para 9,0 iuans. Como ficaria a competitividade cambial, caso o produto de sua empresa concorresse diretamente com esses países no mercado internacional? Apresente o resultado em percentual. Quais as medidas básicas que essas empresas poderiam tomar?

CAPÍTULO 34

Gestão de eventos cambiais

Em uma economia considerada monetariamente estável, onde se adota o câmbio flutuante, as oscilações das taxas de câmbio introduzem um enorme grau de dificuldade na gestão dos eventos econômicos que incorporem moedas estrangeiras. A conjuntura econômica é extremamente suscetível aos acontecimentos internacionais, e as taxas de câmbio recebem alta dose de influência desses acontecimentos, com variações significativas para mais ou para menos.

Outra consideração importante sobre o tema é que, no atual ambiente empresarial globalizado, os impactos das alterações cambiais não afetam apenas as empresas multinacionais ou empresas nacionais com transações com o comércio exterior. O impacto das alterações da moeda afeta indiretamente toda a conjuntura econômica e praticamente qualquer empresa, de qualquer estrutura, região, mercado ou tamanho.

Considerando esses aspectos preliminares, este capítulo apresenta uma abordagem introdutória dos principais efeitos das transações econômicas que contenham mensuração em moeda estrangeira. Serão apresentados alguns modelos de mensuração e informação, bem como os principais efeitos das oscilações das taxas cambiais nos principais modelos decisórios de finanças. Nos exemplos deste capítulo utilizaremos o dólar norte-americano como referência para representar qualquer elemento patrimonial ou evento econômico em moeda estrangeira.

Em 14 de janeiro de 1999 houve uma alteração significativa na condução da política econômica nacional com a adoção do câmbio flutuante para mensuração da taxa de câmbio das moedas estrangeiras. Em linhas gerais, desde o final dos anos 1960 a política cambial tinha como referencial uma política de câmbio fixo ou administrado[1] que possibilitava facilidades aos administradores das empresas na gestão dos eventos econômicos que incorporassem transações com moedas estrangeiras, porque havia um forte grau de acerto na previsibilidade do valor das taxas cambiais e dos acontecimentos em relação às transações internacionais.

Em razão disso, não havia muita complexidade na incorporação de valores em moeda estrangeira, traduzidos em moeda nacional, nos modelos decisórios dos gestores empresariais, mesmo nos períodos de inflação crônica e alta a que foi submetida a economia brasileira. Nesses períodos, as alterações nas taxas de câmbio basicamente refletiam a variação da inflação geral do país, e a simples incorporação das técnicas de correção monetária integral e de balanço permitia fácil mensuração em moeda estrangeira, tanto dos demonstrações contábeis como dos elementos dos modelos decisórios de gestão econômica e financeira.

34.1 Balanço patrimonial: créditos e obrigações já existentes

Os valores a receber e a pagar de eventos econômicos em moeda estrangeira já realizados e não pagos refletem a variação cambial como despesa ou receita pela simples alteração das taxas de câmbio

---

[1] Política interrompida eventual e bruscamente em alguns momentos pontuais (1979, 1983) por necessidades de adequações e correções para desvalorização da moeda nacional e manutenção de mínima competitividade cambial, denominadas de maxi ou mididesvalorizações.

das moedas estrangeiras a que estão vinculados. O impacto na demonstração de resultados depende de algumas variáveis:

- a composição entre ativos e passivos existentes;
- o tipo de variação cambial (aumento ou diminuição da taxa de câmbio) e sua tendência;
- ter ou não ter *hedge* cambial;
- moedas cruzadas.

A Tabela 34.1 apresenta um exemplo de estrutura e de cálculo da variação cambial, bem como o impacto na demonstração de resultados. É uma estrutura de elementos patrimoniais com mais ativos do que passivos em moeda estrangeira. Houve também um aumento da taxa de câmbio. Neste caso, o efeito é uma receita pela manutenção de ativos líquidos em moeda estrangeira.

Tabela 34.1 Elementos patrimoniais em moeda estrangeira

	Período 1			Período 2		
	US$	Taxa de câmbio	$	US$	Taxa de câmbio	$
ATIVO						
Créditos de clientes etc.	5.000	3,00	15.000	5.000	3,50	17.500
Outros valores	400	3,00	1.200	400	3,50	1.400
Soma (a)	5.400		16.200	5.400		18.900
PASSIVO						
Fornecedores	1.000	3,00	3.000	1.000	3,50	3.500
Comissões ao exterior	750	3,00	2.250	750	3,50	2.625
Financiamentos	2.000	3,00	6.000	2.000	3,50	7.000
Soma (b)	3.750		11.250	3.750		13.125
Líquido (a – b)	1.650		4.950 c	1.650		5.775 d
Variação cambial do período 2 (d – c)						825 Receita

A Tabela 34.2 apresenta um exemplo de queda da taxa de câmbio (valorização da moeda nacional), possibilidade esta comum dentro do modelo de câmbio flexível. Considerando os mesmos valores e a mesma estrutura do exemplo anterior, a variação cambial resultante impactará o resultado como despesa.

Tabela 34.2 Elementos patrimoniais em moeda estrangeira

	Período 1			Período 2		
	US$	Taxa de câmbio	$	US$	Taxa de câmbio	$
ATIVO						
Créditos de clientes	5.000	3,00	15.000	5.000	2,50	12.500
Outros valores	400	3,00	1.200	400	2,50	1.000
Soma (a)	5.400		16.200	5.400		13.500
PASSIVO						
Fornecedores	1.000	3,00	3.000	1.000	2,50	2.500
Comissões ao exterior	750	3,00	2.250	750	2,50	1.875
Financiamentos	2.000	3,00	6.000	2.000	2,50	5.000
Soma (b)	3.750		11.250	3.750		9.375
Líquido (a – b)	1.650		4.950 c	1.650		4.125 d
Variação cambial do período 2 (d - c)						(825) Despesa

As combinações possíveis entre estrutura de elementos patrimoniais e variação cambial são quatro e apresentam os seguintes efeitos na demonstração de resultados:

1. **Ativos líquidos em moeda estrangeira**
   - se a variação cambial for positiva, gera receita;
   - se a variação cambial for negativa, gera despesa.

2. **Passivos líquidos em moeda estrangeira**
   - se a variação cambial for positiva, gera despesa;
   - se a variação cambial for negativa, gera receita.

34.2 Inflação e estrutura de custos

A variação cambial é um efeito de alteração do poder aquisitivo da moeda nacional, e, portanto, configura-se como um fenômeno inflacionário ou deflacionário. Nas estruturas de custo, caso abriguem materiais ou serviços importados (*royalties*, licenciamentos, *leasing* etc.), há efeito imediato em termos de aumento ou diminuição do custo unitário dos produtos e serviços. Portanto, para adequada gestão de alteração de custo em função de variações de preços é necessário destacar os itens em moeda estrangeira que estão na estrutura dos produtos e serviços, e, à cada variação cambial significativa, ou dentro de períodos mínimos (trimestral, mensal), mensurar o impacto inflacionário decorrente da variação cambial.

Tabela 34.3 Inflação e estrutura de custos

Insumos	Estrutura de custos em percentual	Variação de preços em percentual	Inflação do período em percentual
Materiais nacionais	22,0	0,0	–
Insumos importados	32,0	13,3	4,3
Mão de obra	22,0	0,0	–
Despesas	14,0	0,0	–
Depreciação	10,0	0,0	–
Total	100,0		4,3
Taxa do dólar			
Período 2 (a)	3,40		
Período 1 (b)	3,00		
Variação percentual (a/b)	13,3%		

No exemplo da Tabela 34.3 apresentamos apenas a variação da taxa da moeda estrangeira e o seu impacto na estrutura de um produto ou serviço. O dado do exemplo mostra que quando insumos importados representam 32% do custo e houver uma variação da moeda estrangeira acima de 13,3%, há um aumento de 4,3% no custo do produto ou serviço.

Obviamente, quando houver uma variação cambial negativa, ou seja, a taxa de conversão da moeda estrangeira diminui, há um benefício decorrente da estrutura de custos, com redução do custo final unitário, como pode ser visto na Tabela 34.4.

Tabela 34.4 Inflação e estrutura de custos

Insumos	Estrutura de custos em percentual	Variação de preços em percentual	Inflação do período em percentual
Materiais nacionais	22,0	0,0	–
Insumos importados	32,0	(6,7)	(2,1)
Mão de obra	22,0	0,0	–
Despesas	14,0	0,0	–
Depreciação	10,0	0,0	–
Total	100,0		(2,1)
Taxa do dólar			
Período 2 (a)	2,80		
Período 1 (b)	3,00		
Variação percentual (a/b)	–6,7%		

34.3 Formação de preços de venda

Quando os produtos e serviços são vendidos no mercado interno, em linhas gerais só há necessidade de repasse nos preços de venda (desde que seja possível) do aumento dos custos unitários em decorrência do efeito da variação positiva da moeda estrangeira na estrutura de custos (o inverso também deve ser praticado, ou seja, se há diminuição de custo por redução da taxa cambial, deverá haver redução proporcional do preço praticado com os clientes).

Formação de preços de venda internacionais

A alteração dos preços de venda dos produtos exportados em decorrência da alteração das taxas cambiais exige cuidados especiais. As variações das taxas de câmbio impactam os preços de venda internacionais de forma direta, da seguinte maneira:

a) beneficia o exportador quando há desvalorização da moeda nacional (aumento da taxa cambial);
b) prejudica o exportador quando há valorização da moeda nacional (diminuição da taxa cambial).

Portanto, para o exportador, o desejável é sempre o aumento da taxa de câmbio, que sempre lhe é benéfico. Como os preços internacionais são sempre fixados em moeda estrangeira, partindo dos custos obtidos em moeda nacional, as possibilidades para o exportador em relação à fixação de preços em moeda estrangeira são:

1. **Em caso de aumento da taxa de câmbio**
   a) manter o preço em moeda estrangeira, capitalizando como lucratividade adicional a variação cambial em moeda nacional;
   b) reduzir o preço em moeda estrangeira, repassando para o cliente do exterior os benefícios que a empresa obtém em moeda nacional pela variação positiva das taxas de câmbio.

2. **Em caso de diminuição da taxa de câmbio**
   a) aumentar o preço em moeda estrangeira, repassando ao cliente do exterior o efeito da redução da receita em moeda nacional pela queda da taxa cambial;
   b) manter o preço em moeda estrangeira por meio de I) redução da lucratividade, ou II) intensificação das políticas de redução de custos dos produtos e serviços ofertados ao exterior.

Sempre é importante ressaltar que, em linhas gerais, o mercado internacional é bastante sensível a mudanças de preços e os relaciona com a imagem da empresa. Alterações bruscas ou seguidas de preços em moeda estrangeira afetam negativamente a imagem da empresa e, por isso, alterações de preços de venda devem ser feitas com muito cuidado.

A inserção em um mercado globalizado implica necessariamente em maior concorrência, com diversas estruturas de custos dos diversos países que nele atuam. Portanto, a possibilidade de perda de vendas e mercado por alterações inoportunas de preço deve ser sempre considerada. De qualquer forma, a empresa tem de ter modelos de mensuração do impacto das variações nos preços em moeda estrangeira, para acompanhamento da rentabilidade de seus produtos e serviços.

A Tabela 34.5 mostra um modelo de acompanhamento de preços em moeda estrangeira. Nesse exemplo, uma continuação do exemplo da Tabela 34.3, a variação positiva da taxa cambial de 13,3% aumentou o custo do produto em 4,3%. Contudo, como o produto é vendido no mercado externo, há um aumento da receita de venda em moeda nacional. Caso a empresa deseje repassar esse ganho de competitividade cambial para o preço de venda em moeda estrangeira, poderia reduzir o preço em 11,8% ou US$ 588,00. Contudo, tendo em vista o aumento do custo, o máximo de redução a ser repassado aos clientes poderia ser de 7,5%, ou seja, a redução máxima do preço de venda, 11,8%, diminuída do aumento de custo de 4,3% (7,5% = 11,8% – 4,3%).

Se ao invés de variação cambial positiva (desvalorização da moeda nacional) ocorresse uma variação cambial negativa (valorização da moeda nacional), a empresa seria a) beneficiada com redução do custo do produto e b) penalizada com perda da receita em moeda nacional pela diminuição da taxa de câmbio. Nesse caso, a decisão seria oposta: a empresa deveria buscar uma recuperação do preço de venda com os clientes, aumentando o preço de venda da diferença entre a perda no preço de venda menos o ganho na redução do custo do produto.

Tabela 34.5 Inflação, estrutura de custos e impacto no preço de venda em moeda estrangeira

Insumos	Estrutura de custos em percentual	Variação de preços em percentual	Inflação do período em percentual
Materiais nacionais	22,0	0,0	–
Insumos importados	32,0	13,3	4,3
Mão de obra	22,0	0,0	–
Despesas	14,0	0,0	–
Depreciação	10,0	0,0	–
Total	100,0		4,3
Taxa do dólar			
Período 2 (a)	3,40		
Período 1 (b)	3,00		
Variação percentual (a/b)	13,3%		

Preço de venda	Em US$	Taxa de câmbio	Em R$
Período 1 (a)	5.000	3,00	15.000
Período 2 (b)	5.000	3,40	17.000
Aumento em moeda nacional (c)			2.000
Redução possível do preço em moeda estrangeira (d = c ÷ 3,40)	588	3,40	2.000
Redução possível do preço em percentual (d ÷ b)	11,8		

Gestão de custos e da margem: preços de custo e preços de reposição

A constante oscilação das taxas de câmbio das moedas estrangeiras intensifica a necessidade de uma gestão contínua do confronto de custos e preços atuais e custos e preços de reposição. Em ambos os casos, o impacto será na lucratividade bruta e operacional dos produtos e refletida automaticamente na demonstração de resultados.

A Tabela 34.6 apresenta resumidamente dois exemplos. O impacto da importação ou exportação deve ser gerenciado em termos de perspectiva. No caso da importação, o custo, decorrente da taxa de câmbio atual, prevê uma margem de 28%. Caso os preços de reposição tenham taxas cambiais superiores, a margem deverá cair, e dentro dessa perspectiva é que a gestão deve ser conduzida. Caso os preços de reposição tenham taxas cambiais menores, a margem deve subir.

Convém observar que o preço de custo, dentro da contabilidade societária, transforma-se no preço médio ponderado, que é o critério mais utilizado de valorização de estoques. Dependendo do ciclo de renovação dos estoques, os preços de custo poderão estar bastante desatualizados e, mesmo que tenhamos novas entradas com preços de reposição diferentes, a metodologia do preço médio ponderado pode demorar a traduzir esse preço próximo do preço de reposição, enviesando uma análise de rentabilidade em termos de perspectiva.

No caso de exportação, a gestão deve focalizar se as taxas atuais não forem mantidas. No exemplo apresentado, a taxa atual permite uma margem bruta de 33,3%. Se a taxa cair, a margem também cairá. Portanto, o preço das novas exportações e sua margem deverá ser sempre balizado pela perspectiva das novas taxas cambiais.

Tabela 34.6 Preços de custos x preço de reposição

	Valor em moeda estrangeira	Preços e taxas de câmbio – valores em $		
		De custo 3,00	Reposição 3,50	Reposição 2,60
A – Impacto de importação				
Receita operacional líquida (a)	–	50.000	50.000	50.000
(–) Custo	12.000	36.000	42.000	31.200
Margem bruta (b)		14.000	8.000	18.800
Margem percentual (b/a)		28,0%	16,0%	37,6%
B – Impacto de exportação				
Receita operacional líquida (a)	20.000	60.000	70.000	52.000
(–) Custo	–	40.000	40.000	40.000
Margem bruta (b)		20.000	30.000	12.000
Margem percentual (b/a)		33,3%	42,9%	23,1%

34.4 Retorno do capital e preços de venda

As alterações graduais nas taxas de câmbio, normalmente em linha com a inflação geral do país, tendem a ser absorvidas e repassadas normalmente nos preços de venda. Tomando como referência empresas multinacionais, que subscrevem o capital social de suas divisões em outros países em moeda estrangeira, alterações significativas na taxa de câmbio podem provocar necessidade de revisão das margens de lucro dos produtos e serviços vendidos no mercado nacional, sob pena de não se obter a rentabilidade mínima desejada em moeda estrangeira para o retorno do investimento sob forma de remessa de lucros ao exterior para suas matrizes.

A Tabela 34.7 apresenta essa situação. No exemplo, houve uma capitalização inicial de US$ 50.000,00, na expectativa de um retorno de 12%, ou seja, US$ 6.000,00 por ano. Para tanto, considerando a taxa de câmbio do momento da capitalização e o faturamento esperado, a margem a ser obtida nas vendas dos produtos e serviços seria de 8%.

Supondo que haja uma desvalorização da moeda nacional de 50%, a taxa de câmbio sobe para $ 3,90. A manutenção da margem de 8% sobre as novas vendas esperadas (estamos estimando um aumento de 10%) resulta numa possibilidade de remessa de lucros de apenas US$ 4.400,00. Para recompor os US$ 6.000,00 anuais desejados, é necessário aumentar a margem nos preços de vendas praticados no mercado nacional para 10,9%.

Tabela 34.7 Margem necessária x retorno de investimento

	Moeda estrangeira	Taxa de câmbio	Moeda nacional	
I – Dados iniciais				
Capital investido	50.000	2,60	130.000	a
Retorno desejado - 12%	6.000		15.600	b
Vendas líquidas de impostos			195.000	c
Margem necessária (d = b/c)			8,00%	d
II – Dados atuais				
Vendas líquidas de impostos			214.500	e
Margem obtida			17.160	f
Margem em moeda estrangeira	4.400	3,90	17.160	g
III – Nova margem necessária				
Complemento do retorno desejado em moeda estrangeira (g − b)	1.600	3,90	6.240	h
Margem atual em moeda nacional			17.160	i
Margem total necessária (h + i)			23.400	j
Vendas líquidas atuais			214.500	k
Nova margem necessária (j/k)			10,9%	

34.5 Outros aspectos e eventos internacionais

A gestão de eventos econômicos e transações internacionais é muito complexa e não se restringe aos exemplos apresentados. Apresentamos a seguir alguns outros pontos que merecem atenção dentro das operações que envolvem transações e investimentos internacionais.

- *equivalência patrimonial*: a análise do resultado da equivalência patrimonial de investimentos em moeda estrangeira tem dois aspectos básicos:

I   o valor do lucro ou prejuízo em moeda estrangeira, mensurado em termos da moeda nacional;
II a variação da taxa cambial entre o início e o fim do período.

O resultado da equivalência é a conjugação desses dois eventos, que podem apresentar-se em direções opostas ou convergentes:

a) ganhos com o resultado da controlada estrangeira e ganhos com a variação cambial;
b) perdas com o resultado da controlada e ganhos com a variação cambial;
c) perdas com o resultado e ganhos com a variação cambial;
d) perdas com o resultado e perdas com a variação cambial.

- hedge *natural*: *hedge* significa proteção. A empresa pode buscar um *hedge* natural quando o montante real ou esperado das exportações e importações não é igual. Portanto, caracteriza-se um *hedge* natural quando o montante de determinada moeda estrangeira decorrente das exportações é igual ao montante da mesma moeda estrangeira decorrente das importações. Assim, há uma garantia natural contra os eventuais riscos cambiais. Pode-se buscar também *hedge* natural com as operações de financiamento em moeda estrangeira, fazendo uma aplicação financeira do mesmo montante na mesma moeda ou em outra moeda que seja vinculada àquela que se queira proteger. O *hedge* natural da movimentação em moeda estrangeira, para ser refletido adequadamente no balanço patrimonial, deve estar com os prazos de recebimento e pagamento sincronizados.

- *competitividade cambial*: é a relação favorável dos preços dos produtos e serviços vendidos ou comprados no mercado externo, em relação aos preços do mercado nacional. É muito difícil determinar a competitividade cambial a todo momento. Basicamente é possível detectar vantagens ou desvantagens competitivas em termos de moeda adotando um período como referência, normalmente quando há uma alteração significativa nas taxas de câmbio das moedas estrangeiras concorrenciais. Por exemplo, se houve uma desvalorização ou valorização significativa do iene japonês num determinado mês, a partir desse mês poderá ser calculada a alteração ocorrida na competitividade com o Japão. O mesmo critério será efetuado quando a desvalorização ou valorização acontecer com a moeda nacional. Assim, é necessária uma revisão periódica da competitividade cambial dos países concorrenciais da empresa, seja do lado das exportações, seja do lado das importações.

34.6 Risco cambial[2]

Desde o início dos anos 1970 tem havido extrema movimentação e instabilidade dos mercados internacionais de moedas, trazendo violentas flutuações nos relacionamentos cambiais. Diferenças no desempenho das economias dos países, bem como aspectos políticos e políticas monetárias e fiscais têm agravado a situação. Os esforços para impor sistemas de taxas de câmbio fixas, primeiro em relação ao ouro e posteriormente em relação ao dólar norte-americano, foram substituídos por sistemas de livre flutuação para moedas pela maior parte dos países (câmbio flexível).

A empresa encontra-se exposta ao risco das flutuações nas taxas de câmbio entre as moedas internas e externas envolvidas nas suas transações, que afetarão o seu fluxo de caixa, sua lucratividade e mesmo sua capacidade de pagamento. Quanto mais moedas estão envolvidas e maiores os períodos de tempo antes da liquidação das transações em moeda estrangeira, mais complexo é o gerenciamento do risco e maiores as implicações para seu desgoverno. Normalmente, quanto maior a proporção da exposição a moedas estrangeiras em relação à moeda nacional, maior é o risco real.

> Risco cambial é o potencial líquido de ganhos e perdas que resultam das mudanças de taxas de câmbio da exposição das moedas estrangeiras de uma empresa.

O risco cambial é normalmente classificado em recorrente e não recorrente. *Riscos recorrentes* surgem da estrutura financeira da empresa e são diretamente atribuíveis ao movimento das taxas de câmbio, decorrente da composição de moedas do capital da empresa, ou podem resultar de uma linha específica de negócios e relacionar-se com as atividades operacionais da companhia. *Riscos não recorrentes* resultam de uma transação específica e relacionam-se com a sua exposição.

A exposição ao risco cambial pode ser classificada em três tipos:

1. **Exposição à translação:** refere-se à exposição contábil ou exposição do balanço patrimonial. Surge das necessidades periódicas de reportar as operações da empresa em moeda estrangeira. É ligada ao regime de competência de exercícios adotado pela contabilidade, envolvendo curto e longo prazo.
2. **Exposição à transação:** refere-se à exposição de conversão ou exposição do fluxo de caixa. Relaciona-se com os fluxos de caixa reais envolvidos na efetivação financeira das transações em moeda estrangeira.

---

[2] Extraído e adaptado do Estudo nº 3 – International Management Accounting Study, da International Federation of Accountants, fevereiro de 1996.

3. **Exposição econômica ou operacional:** refere-se à avaliação econômica das estratégias das transações e relacionamentos externos, e está relacionada com os fluxos futuros de caixa. Em muitos casos pode ser mais significativa do que as exposições a translação e transação, uma vez que envolvem o bem-estar da empresa no longo prazo.

As empresas têm opções de proteção de seus ativos e passivos em moeda estrangeira no mercado financeiro (*hedges*). Os *hedges* têm por finalidade eliminar total ou parcialmente os riscos decorrentes da posse desses ativos ou passivos cambiais. Quando isso é utilizado, a exposição ao risco total diminui.

Na Tabela 34.8 apresentamos um modelo de avaliação de risco cambial, bastante simplificado, no qual não se incorporou o conceito de probabilidade em relação aos cenários utilizados.

Tabela 34.8 Modelo de avaliação do risco cambial

	Moeda	Valor em moeda estrangeira	Taxas cambiais			Valor em moeda corrente			Hedge*		
			Atual	Cenário 1	Cenário 2	Atual	Cenário 1	Cenário 2	Sim/Não	Cenário 1	Cenário 2
Transações não recorrentes											
Recebíveis de clientes	Dólar	4.000	2,00	1,90	2,20	8.000	7.600	8.800	Não	7.600	8.800
Pagáveis a fornecedores	Dólar	(2.000)	2,00	1,90	2,20	(4.000)	(3.800)	(4.400)	Não	(3.800)	(4.400)
Financiamentos externos	Euro	(5.000)	1,90	2,05	2,10	(9.500)	(10.250)	(10.500)	Sim	(9.500)	(9.500)
Aplicações em moeda estrangeira	Euro	1.000	1,90	2,05	2,10	1.900	2.050	2.100	Sim	1.900	1.900
Soma						(3.600)	(4.400)	(4.000)		(3.800)	(3.200)
Transações recorrentes											
Investimentos externos	Dólar	3.000	2,00	1,90	2,20	6.000	5.700	6.600	Não	5.700	6.600
Exportações previstas para 1 ano	Dólar	20.000	2,00	1,90	2,20	40.000	38.000	44.000	Não	38.000	44.000
Importações previstas para 1 ano	Dólar	(10.000)	2,00	1,90	2,20	(20.000)	(19.000)	(22.000)	Não	(19.000)	(22.000)
Soma						26.000	24.700	28.600		24.700	28.600
TOTAL						22.400	20.300	24.600		20.900	25.400
RISCO CAMBIAL							(2.100)	2.200		(1.500)	3.000

* Estratégia usada para compensar investimentos de risco. Um *hedge* perfeito é aquele que elimina a possibilidade de ganhos ou perdas futuras.

Caso

Alta do euro sufoca empresas europeias – *O Estado de S. Paulo*, 21/6/2005, p. B8

Diretores cortam custos e, em certos casos, transferem produção para a Ásia.

Apesar de o euro já ter caído 9,2% em relação ao dólar desde meados de março, sua valorização continua a ser um desafio para as empresas europeias. O diretor-presidente da STMicroelectronics diz que o euro está entre suas maiores dores de cabeça. Como a indústria de *microchips* tem crescido menos e os banqueiros preveem que o euro continuará relativamente alto por algum tempo, ele diz que não pode se dar ao luxo de esperar mais para tentar aumentar sua competitividade e lucratividade. Está transferindo a produção da Europa para a Ásia, em busca de custos menores e produtividade maior.

Como acontece com o petróleo, os microprocessadores têm o preço cotado em dólares. Como 70% dos custos da STMicroelectronics são computados em euros, o câmbio desfavorável cortou o lucro operacional da empresa e até causou um prejuízo inesperado no quarto trimestre. O departamento financeiro da STM faz algumas operações de *hedge* para proteger a empresa das flutuações cambiais, mas não têm sido suficiente para compensar os danos causados pela fraqueza do dólar.

> **Real é maior ameaça ao desempenho da GM no país** – *Valor Econômico*, 25/4/2005, p. B1
>
> Dólar fraco compromete meta de produção para 2005
>
> O presidente da General Motors do Brasil diz que a empresa dispõe de fôlego de apenas três meses para manter o ritmo de exportações com o câmbio aos níveis de hoje. Depois disso, o volume dos embarques dos carros produzidos no Brasil terá de encolher, o que levará a uma consequente queda na produção da montadora no país.
>
> Por causa do câmbio, a operação brasileira não teve participação no lucro de US$ 46 milhões registrado na região da multinacional que abrange a América do Sul, África e Oriente Médio no primeiro trimestre.
>
> Embora a GM não divulgue o resultado financeiro no Brasil, a empresa obteve lucro com o mercado interno e prejuízo nos externos. A soma dos dois resultou em prejuízo. Segundo o executivo, o câmbio vai decidir se neste ano vamos produzir mais ou menos do que no ano passado.

34.7 Excedentes de caixa e gerenciamento do risco financeiro

As estratégias básicas da gestão de tesouraria das corporações multinacionais são as seguintes:

a) desenvolver instrumentos e sistemas de informação para transferência dos excedentes de caixa de todas as filiais e divisões das diversas partes do mundo para o caixa central da matriz, de forma que obtenha o máximo possível de centralização das disponibilidades financeiras;
b) deslocar a moeda corrente tão rapidamente quanto possível das partes do negócio em que ela não é necessária para as partes em que ela é;
c) monitorar os momentos adequados para transferência das divisas, antecipando ou postergando esses eventos em função da evolução e oscilação das taxas de juros e taxas cambiais;
d) maximizar a taxa de retorno e minimizar os riscos dos investimentos financeiros, utilizando, se necessário, modelos de diversificação em portfólios de investimentos, portfólios de moedas ou estratégias de *hedging* (estratégias de proteção);
e) estruturar um sistema de informação e gerenciamento do risco que inclua tanto as estratégias de proteção como modelos de avaliação do risco (VAR – Value at Risk etc.).

Verifica-se, por essas estratégias básicas, a complexidade da gestão de tesouraria das corporações multinacionais. Ela envolve o acompanhamento sistemático da evolução das taxas de câmbio, das taxas de juros, dos riscos das diversas aplicações, risco dos países em que atua e investe etc.

O exemplo apresentado a seguir mostra uma possibilidade de monitoramento do momento da transferência de divisas. Considera que a matriz é sediada nos EUA, e centraliza o caixa em dólares. Tem duas subsidiárias, uma no Brasil e outra num país da zona do euro. Ambas as subsidiárias têm disponibilidade de remessa de lucros para a matriz.

Transferência de lucros	Divisão brasileira	Divisão europeia
Lucro disponível para remessa – moeda nacional	100.000 reais	50.000 euros
Taxa de câmbio atual em relação ao dólar	2,5000 reais	0,8333 euros
Lucro disponível para remessa em dólares	40.000 dólares	60.002 dólares
Taxa de câmbio em relação ao dólar – prevista	2,3500 reais	0,8500 reais
Lucro disponível para remessa em dólares	42.553 dólares	58.824 dólares

Com as taxas de câmbio atuais, a divisão brasileira poderia remeter o lucro disponível e a matriz receberia US$ 40.000,00. Da mesma forma, com a taxa de câmbio euro/dólar atual, a remessa da divisão europeia incorporaria mais US$ 60.002,00 dólares ao caixa central.

Fazendo uma análise prospectiva, o gestor da tesouraria do grupo verifica que, provavelmente, a moeda brasileira terá uma apreciação em relação ao dólar, acontecendo o inverso com a divisão europeia. Nesse caso, a decisão seria a seguinte:

a) transferir o mais rápido possível os lucros da divisão europeia;
b) postergar o máximo possível a remessa dos lucros da divisão brasileira.

O resultado para o caixa central, formado em dólares, será beneficiado por essa decisão. Para os lucros disponibilizados pela divisão brasileira a tesouraria central do grupo poderia contratar um *hedge* cambial, precavendo-se contra uma possível inversão da estimativa de apreciação do real em relação ao dólar.

34.8 Estratégias financeiras: derivativos, *hedging*, securitização

A gestão de tesouraria, além do planejamento financeiro de curtíssimo, curto, médio e longo prazo, exige também a adoção de procedimentos para minimizar o risco decorrente de seus ativos e passivos financeiros e monetários, ou mesmo da produção ou venda de seus produtos.

Os itens monetários, ativos ou passivos, em moeda nacional (caixa, saldo em bancos, contas a receber, contas a pagar) são afetados principalmente pela inflação. Os itens monetários em moeda estrangeira, além da inflação, são afetados pela política cambial nacional e pelos mercados internacionais de moedas, expressos nas cotações das taxas de câmbio.

Os itens financeiros, ativos ou passivos, seja em moeda nacional, seja em moeda estrangeira, são afetados pela inflação e pela oscilação das moedas estrangeiras, e também pela própria natureza de seus prazos de realização, que são mais longos, e seu valor atualizado pelas obrigações contratuais (variações monetárias, juros, prêmios etc.) ao longo do tempo.

Os produtos da empresa também são afetados por variáveis financeiras, notadamente as *commodities* (produtos básicos, como os agrícolas, minerais etc.), pois o seu preço é dado pelo mercado e cotado em bolsas de mercadorias, bem como podem ser afetados por variáveis naturais (desastres, problemas climáticos etc.).

O mercado financeiro, ao longo dos séculos, desenvolveu uma série de instrumentos de proteção para esses riscos, que estamos denominando estratégias financeiras. As principais são apresentadas resumidamente a seguir.

Derivativos

São operações financeiras cujo valor de negociação deriva de outros ativos, denominados ativos--objeto, com a finalidade de assumir, limitar ou transferir riscos. A ideia básica é obter um ganho financeiro nessas operações, de forma que compense uma perda das operações básicas da empresa, por causa das oscilações de preços das matérias-primas, das taxas de câmbio, das taxas de juros etc.

Outra definição sobre derivativos é que são aqueles contratos que têm seu preço derivando de um ativo base que envolve a determinação de preços, taxas ou outras variáveis futuras. Caracteriza--se um derivativo quando:

a) seu valor se altera de acordo com o comportamento do ativo a que é ligado ou de onde deriva;
b) não há um investimento inicial ou este é muito pequeno;
c) os instrumentos são liquidados em uma data futura.

As principais operações de derivativos são as seguintes:

- operações a termo (contratos a futuro, ou a termo), ou seja, negociar agora preços futuros de mercadorias que serão entregues na ocasião do vencimento do contrato;

- opções, quando se compra ou vende opções para adquirir ou vender bens ou instrumentos financeiros no futuro;
- *swaps* de taxas de juros, de moedas etc., que correspondem a contratos em que se faz uma troca (*swap*) do tipo de remuneração ou correção de um contrato original.

Hedge

Estratégias de *hedging* são técnicas usadas para compensar ou proteger contra o risco. Os instrumentos dessas técnicas são classificados como derivativos. Genericamente, o *hedge* é uma estratégia de proteção, como se fosse um seguro. Um tipo de *hedge* muito utilizado tem sido o *hedging* cambial, em que a empresa contrata de uma instituição financeira uma operação de aplicação e financiamento, com o intuito de se proteger das oscilações das taxas de câmbio. Mais adiante serão apresentados exemplos de *hedge*.

Securitização

Em linhas gerais, são operações em que há a transferência de dívidas ou créditos para investidores, que passam a ser os novos credores dessas dívidas ou créditos. É comum a securitização de recebíveis existentes ou futuros. Tem sido muito utilizada para antecipação de contratos de exportação (pré-pagamento de exportações, Adiantamentos de Contratos de Câmbio – ACC, Adiantamentos de Contratos de Exportação – ACE etc.).

Essas linhas são fornecidas tanto por bancos privados quanto por bancos de fomento (BNDES, Eximbank). Na realidade, são empréstimos que têm como base títulos ou contratos existentes ou futuros. A existência de contratos ou títulos dá uma garantia adicional a esse tipo de operação, permitindo obter recursos com taxas preferenciais.

Exemplos de *hedge* com transações em moeda estrangeira

O *hedge* para proteção de exposições cambiais é um dos instrumentos mais utilizados pelas corporações multinacionais em função da grande variedade de operações e transações em moeda estrangeira em que a tesouraria está envolvida. Assim, desenvolveremos dois exemplos de *hedge* cambial. O primeiro é um *hedge* onde não há travamento total, e pode advir ganho ou perda adicional. O segundo é um *hedge* em que há um travamento completo e só existe o custo inicial da operação.

Exemplo 1[3]

Uma empresa tem uma dívida em moeda estrangeira de US$ 100.000,00, que deve ser paga em 360 dias, e quer se proteger de uma variação cambial exagerada. A taxa de câmbio atual é de $ 2,00 e a taxa de câmbio que ela espera no vencimento é de $ 2,10. Para tanto, contrata uma operação de *swap*, na qual a instituição financeira receberá no período a variação cambial mais juros de 5% sobre o valor corrigido. Em troca, pagará um custo fixo de juros de 10% pelo período sobre o valor em reais esperado para o vencimento de $ 21.000,00 (10% de $ 210.000,00). Imaginando um lucro operacional de $ 18.000,00, antes dos encargos financeiros, podemos calcular o resultado, para ilustração, nas seguintes hipóteses, para verificar o efeito da estratégia de *hedge*:

a) considerando que a taxa de câmbio ao final do período tenha a cotação esperada de $ 2,10, não fazendo o *hedge*;
b) considerando que a taxa de câmbio vá a $ 2,30 ao final do período, também sem ter feito o *hedge*;
c) considerando que a taxa de câmbio ao final do período tenha a cotação esperada de $ 2,10, fazendo o *hedge*;

---

[3] Adaptado de Yoshitake e Hoji (1997).

d) supondo que a taxa continua a $ 2,00 ao final do período, com o *hedge*;
e) supondo que a taxa vá a $ 2,30 ao final do período, com o *hedge*.

Tabela 34.9 *Hedge – swap* de moedas

	Sem *hedge*		Com *hedge*		
Valor em moeda estrangeira – US$	100.000	100.000	100.000	100.000	100.000
Taxa do dólar no início do período	2,00	2,00	2,00	2,00	2,00
Valor em moeda nacional – $	200.000	200.000	200.000	200.000	200.000
Taxa do dólar no fim do período	2,10	2,30	2,10	2,00	2,30
Valor em moeda nacional – $	210.000	230.000	210.000	200.000	230.000
Lucro operacional	18.000	18.000	18.000	18.000	18.000
Variação cambial	(10.000)	(30.000)	(10.000)	0	(30.000)
Lucro líquido I	8.000	(12.000)	8.000	18.000	(12.000)
Swap					
Câmbio – posição ativa	0	0	20.500	10.000	41.500
Juros – posição passiva	0	0	(21.000)	(21.000)	(21.000)
Lucro líquido II	8.000	(12.000)	7.500	7.000	8.500

As constatações dessa estratégia financeira são as seguintes:

a) se a empresa não fizer o *hedge* e a taxa for a esperada, ela terá um lucro líquido de $ 8.000,00;
b) se a empresa não fizer o *hedge* e a taxa for para $ 2,30, uma cotação não esperada, ela assume uma variação cambial adicional e tem um prejuízo de $ 12.000,00;
c) fazendo o *hedge* e acontecendo a taxa esperada, a empresa minimiza o risco, e o lucro líquido cai de $ 8.000,00 para $ 7.500,00. Essa diferença é considerada o custo esperado do *hedge*, que é o preço que ela esperava pagar para ter o seguro de não ter seu resultado afetado de forma significativa;
d) se, porventura, a taxa de câmbio não aumentar, ficando em $ 2,00, a empresa deixa de ganhar $ 1.000,00, pois a vantagem do *hedge* ficou para o banco;
e) caso, contudo, aconteça o inesperado, o banco arcará com o custo adicional do câmbio e o resultado da empresa pode ser até melhor do que antes da operação, terminando com um lucro líquido de $ 8.500,00.

Fica claro também que esse tipo de estratégia financeira, mesmo minimizando-se o risco, tem um custo. Contudo, por ser uma troca e uma aposta em posições futuras, há a possibilidade até de ganho para a empresa.

Exemplo 2[4]

Uma empresa atua como exportadora de *commodities*[5] e os contratos de exportação são fechados com bastante antecedência. A matéria-prima utilizada também é uma *commodity* e, portanto, seus preços são regulados internacionalmente. A empresa recebeu uma encomenda para exportar 10 mil unidades da mercadoria e obteve o preço de US$ 60,00 por unidade, totalizando uma receita de exportação de US$ 600.000,00. No momento do fechamento do contrato de exportação, a empresa consegue pagar pela matéria-prima o preço de US$ 56,00 por unidade. Realizando a operação nessas condições, a empresa obteria um lucro de US$ 40.000,00, o que equivale a uma margem bruta de 6,67%.

Contudo, ela quer se proteger das oscilações de preços da matéria-prima no mercado internacional e, para isso, contrata um *hedge*, pagando 1,2% sobre o custo atual esperado, num total de

---
[4] Adaptado de Yatabe (2004).
[5] Termo para designar produtos ou mercadorias, normalmente produtos primários, onde a cotação é dada pelos mercados internacionais nas bolsas de mercadorias e futuros (exemplos: café, petróleo, carne, cobre, ouro, soja etc.).

US$ 6.720,00. Nesse contrato de *hedge*, a instituição financeira garantirá qualquer oscilação de preço em moeda estrangeira que exceder a US$ 56,00, que será posição ativa da empresa contratante do *hedge*. Por outro lado, a empresa contratante pagará a oscilação de preços que for inferior à cotação contratada, sendo esta sua posição passiva.

Incorporando o custo do *hedge*, o resultado esperado da operação é de US$ 33.280,00, ficando a margem líquida do custo do *hedge* em 5,55%.

II – Cotação de fechamento – Hipótese 1	Quantidade	Preço unitário – US$	Total – US$	Taxa de câmbio – R$	Total – R$
Exportação contratada	10.000	60,00	600.000	2,50	1.500.000
Custo de aquisição – Cotação contratada	10.000	56,00	(560.000)	2,50	(1.400.000)
Lucro operacional esperado			40.000		100.000
Margem bruta esperada			6,67%		6,67%
Custo da operação de *hedge* – 1,2% da cotação contratada			(6.720)	2,50	(16.800)
Resultado esperado			33.280		83.200
Margem líquida esperada			5,55%		5,55%

Quando da efetivação da exportação no prazo contratado, verifica-se o custo efetivo de aquisição da matéria prima *commodity*. Na hipótese 1, o valor considerado foi de US$ 61,00 por unidade da mercadoria adquirida. Como a exportação foi contratada a US$ 60,00, gerou-se um prejuízo operacional total de US$ 10.000,00, uma margem bruta negativa de 1,67%. Como resultado do *hedge*, a empresa fica com a posição ativa, recebendo da instituição financeira com quem contratou o *hedge* US$ 50.000,00 em função do contrato. Com isso, ela recompõe sua margem líquida esperada de 5,55%.

II – Cotação de fechamento – Hipótese 1	Quantidade	Preço unitário – US$	Total – US$	Taxa de câmbio – R$	Total – R$
Exportação contratada	10.000	60,00	600.000	2,50	1.500.000
Custo de aquisição – Cotação no fechamento	10.000	61,00	(610.000)	2,50	(1.525.000)
Lucro operacional realizado			(10.000)		(25.000)
Margem bruta realizada			–1,67%		–1,67%
Custo da operação de *hedge*			(6.720)	2,50	(16.800)
Resultado do *hedge*	10.000	5,00	50.000	2,50	125.000
Resultado realizado			33.280		83.200
Margem líquida realizada			5,55%		5,55%

A hipótese 2 contempla o exercício da posição passiva da empresa exportadora. O custo de aquisição da mercadoria é inferior à cotação contratada. Se a empresa não tivesse feito o *hedge*, ela seria beneficiada e sua margem bruta atingiria 15%. Em função do contrato de derivativo, ela assume a posição passiva, pagando ao banco US$ 50.000,00. Assim, ela deixa de ganhar essa importância, mas mantém a margem líquida esperada de 5,55%.

III – Cotação de fechamento – Hipótese 2	Quantidade	Preço unitário – US$	Total – US$	Taxa de câmbio – R$	Total – R$
Exportação contratada	10.000	60,00	600.000	2,50	1.500.000
Custo de aquisição – Cotação no fechamento	10.000	51,00	(510.000)	2,50	(1.275.000)
Lucro operacional realizado			90.000		225.000
Margem bruta realizada			15,00%		15,00%
Custo da operação de *hedge*			(6.720)	2,50	(16.800)
Resultado do *hedge*	10.000	(5,00)	(50.000)	2,50	(125.000)
Resultado realizado			33.280		83.200
Margem líquida realizada			5,55%		5,55%

Esse exemplo contempla uma situação denominada *hedge* perfeito, já que, após o contrato, a empresa não tem nenhuma oscilação em cima do resultado esperado, arcando apenas com o custo do *hedge*.

A situação exposta nesse exemplo contemplaria ainda uma outra situação de derivativo, ou seja, mais um *hedge* cambial, para garantir, além da cotação dos preços da *commodity*, também a cotação da taxa de câmbio. Esse novo derivativo poderia também ser feito buscando-se o *hedge* perfeito ou, como no Exemplo 1, um *hedge* parcial, no qual se assume algum resultado marginal.

Caso

Lucro no céu, preços na terra – *O Estado de S. Paulo*, 2/1/2006, p. B8

Tida na história da aviação como a pequena notável que virou o setor de cabeça para baixo, a Southwest Airlines – a companhia aérea americana que serviu de modelo para muitas outras, como a brasileira Gol, tem sido capaz de oferecer tarifas baixas porque mantém seus custos baixos.

Um programa bem executado de *hedge* com combustível justamente quando o preço do petróleo decolou ajudou-a a garantir a lucratividade enquanto outras grandes empresas aéreas reportavam grandes prejuízos.

Mas a companhia está sentindo seus 35 anos de idade, com custos salariais subindo junto com as despesas relacionadas a uma frota com mais de 400 aviões. Com o benefício do *hedge* de combustível começando a ser comido, a empresa tem que continuar apertando os gastos, e ao mesmo tempo manter a cultura acolhedora que criou alguns dos empregados mais leais do setor.

Muitos negócios entre ienes e reais – *Valor Econômico*, 26/12/2005, p. C2

A diferença entre a taxa de juros no Japão, próxima a zero, e no Brasil, de 18% ao ano, aliada à valorização forte do real contra o iene, de 30% este ano, tem feito crescer as posições nas quais os investidores tomam dinheiro em ienes e aplicam em reais.

Os investidores que fizeram esta aposta no início de 2005 ganham os juros futuros em reais no mercado externo, de mais de 15% este ano, mais a valorização do real contra o iene, de 30% até agora, sobre o valor do contrato, totalizando um ganho de 45%.

Cobertura cambial beneficia Volvo – *Valor Econômico*, 24/10/2005, p. B1

Montadora fechou contratos com bancos para se proteger da valorização do real.

O presidente da empresa da área de ônibus da Volvo na América Latina assistiu no Chile, Santiago, o resultado do maior contrato de exportação já feito pela montadora em todo o mundo. Mas o que tornou o negócio mais tranquilo foi ter fechado um contrato de US$ 400 milhões com cobertura cambial.

A venda dos ônibus para o Chile foi acertada em janeiro, quando o dólar estava em torno de R$ 2,60. Na época, a empresa se preveniu contra eventuais variações cambiais, recorrendo a uma cobertura cambial, por meio de um contrato futuro com bancos. Com isso, conseguiu garantir a cotação entre R$ 2,50 e R$ 2,70.

Proteção total – *Exame*, 25/06/2003, p. 82/84

O comportamento do dólar deixou de ser previsível, o que obriga as empresas a mudar suas estratégias de *hedge*, escolhendo entre as várias alternativas.

Enquanto muita gente comemorava a queda do dólar em relação ao início do ano, a Sadia, exportadora de derivativos de frango e carne suína, viu seu lucro reduzir no segundo trimestre deste ano. O câmbio mais baixo reduziu o ganho para quem exporta. O problema da Sadia é que a matéria-prima havia sido comprada meses antes, com o dólar mais caro. Como havia optado por não proteger parte de suas compras dos altos e baixos da moeda americana, o resultado foi um lucro menor.

O aumento da volatilidade do câmbio provocou outro impacto negativo nas contas das empresas exportadoras: tornou o capital mais caro. Quando o dólar era previsível, tomar dinheiro emprestado oferecendo como garantia os negócios fechados no exterior era barato. Agora não é mais possível fechar um ACC – Adiantamento de Contrato de Câmbio sem comprar também um instrumento de proteção. A Perdigão, concorrente da Sadia, se protege por meio de *swaps* negociados com os bancos nos quais adianta o dinheiro das exportações. Com os *swaps*, os contratos passam a ser negociados em reais.

Questões e exercícios

1. Uma empresa possui os seguintes elementos patrimoniais ativos e passivos em moeda estrangeira ao final do Período 1:

	Valor	Moeda
Contas a pagar a fornecedores	1.000	Euros
Contas a pagar a fornecedores	2.000	Dólares
Contas a receber de clientes	3.000	Euros
Contas a receber de clientes	2.500	Dólares
Financiamentos	4.000	Euros
Comissões a pagar	500	Euros
Outras contas a receber	800	Dólares

   Calcule a variação cambial líquida do Período 2, considerando as seguintes taxas de câmbio:

	Final do período 1	Final do período 2
Euro	3,20	3,35
Dólar	3,00	2,95

2. Utilizando os mesmos valores em moeda estrangeira do exercício anterior e as mesmas taxas de câmbio do Período 1, calcule a variação cambial líquida do Período 2, caso as taxas de câmbio forem $ 3,18 para o euro e $ 3,10 para o dólar.

3. Os insumos importados participam em 35% na composição da estrutura de custos dos produtos de uma empresa. Calcule o impacto inflacionário na estrutura de custos da empresa decorrente da variação cambial, considerando que 40% dos importados são em dólar e 60% em euros. Considere as taxas de câmbio iniciais e finais apresentadas a seguir:

	Início do período	Final do período
Euro	3,20	3,376
Dólar	3,00	3,15

4. Considere os mesmos dados do exercício anterior e apure o impacto inflacionário na estrutura de custos, considerando agora as seguintes taxas cambiais:

	Início do período	Final do período
Euro	3,20	3,136
Dólar	3,00	2,85

5. Uma empresa vende um produto no exterior por US$ 10.000,00. Dentro da estrutura de custos, os importados representam 30%. No último período, a taxa cambial do dólar subiu de R$ 3,30 para R$ 3,894. Calcule qual pode ser a redução possível de preços em moeda estrangeira em função dessa alteração cambial.

6. Considerando os mesmos dados do exercício anterior, porém com a taxa de dólar caindo para R$ 2,90, calcule qual deveria ser o aumento de preços em moeda estrangeira em função dessa alteração cambial.

7. Uma empresa vende um produto no mercado nacional por $ 20.000,00. Dentro do seu custo há produtos importados de US$ 3.000,00. Calcule a margem de contribuição com esses dados, em valor e percentual, considerando uma taxa de dólar de $ 3,10. Em seguida, calcule qual será a margem de contribuição, em valor e percentual, considerando dois cenários possíveis: o primeiro com a taxa de dólar caindo para $ 2,80 e o segundo com a taxa de dólar subindo para $ 3,40.

8. Uma empresa vende um produto no mercado externo por US$ 5.000,00, com todo o seu custo formado em moeda nacional num total de $ 13.000,00. A taxa atual do dólar está em $ 2,95. Vislumbram-se dois cenários alternativos para um período próximo: o primeiro com a taxa do dólar subindo para $ 3,20 e o segundo com a taxa do dólar caindo para $ 2,70. Calcule a margem de contribuição em valor e percentual para as três alternativas.

9. Uma empresa investiu US$ 30.000,00 numa subsidiária em território nacional quando a taxa do dólar estava em $ 3,00, esperando um retorno do investimento anual ao redor de 12%. As vendas anuais esperadas pelo investimento montam R$ 200.000,00. Qual deve ser a margem necessária, em reais, para dar o retorno esperado em moeda estrangeira?

10. Considerando os dados do exercício anterior, e imaginando um cenário em que a taxa de câmbio do dólar vá para $ 3,60, calcule qual será o retorno do investimento em moeda estrangeira, caso o valor das vendas e a margem em moeda nacional sejam mantidos.

11. Considerando os mesmos dados do exercício 9 e uma taxa do dólar subindo para $ 3,60, calcule o resultado econômico das seguintes situações:
    a) qual deve ser o novo valor das vendas, considerando manter-se a margem inicial calculada, para dar o mesmo retorno em moeda estrangeira para o investidor;
    b) qual deve ser o valor necessário de redução de custos, considerando o mesmo valor das vendas, para dar o mesmo retorno em moeda estrangeira para o investidor. Neste caso, calcule qual deverá ser a nova margem sobre vendas.
12. Efeitos no balanço patrimonial

Ativo circulante	$	Passivo circulante	$
Caixa e equivalentes	6.000	Contas/Impostos a pagar	5.000
Contas a receber		Fornecedores	
Do país	15.000	Do país	10.000
Do exterior	20.000	Do exterior	11.000
Estoque		Empréstimos	
Nacionais	30.000	Nacionais	17.000
Importados	17.000	Em moeda estrangeira	32.000
Soma	88.000	Soma	75.000
Ativo não circulante		**Patrimonio líquido**	
Investimentos		Capital social	60.000
Nacionais	10.000	Lucros	30.000
Empresas estrangeiras	20.000	Soma	90.000
Imobilizados		**TOTAL**	165.000
Nacionais	35.000		
Importados	12.000		
Soma	77.000		
TOTAL	165.000		

Considerando uma taxa de dólar inicial de $ 2,10 e uma taxa de dólar final de $ 2,21, calcule os efeitos cambiais líquidos no balanço patrimonial decorrentes da alteração da taxa de câmbio.

13. Considerando o mesmo balanço patrimonial do exercício anterior, imagine que a taxa de dólar ao final do período seja de $ 2,00. Calcule os efeitos cambiais líquidos.
14. Efeitos cambiais

    Uma empresa investiu US$ 30.000,00 em uma subsidiária em território nacional quando a taxa do dólar estava em $ 3,00, esperando um retorno do investimento ao redor de 12% ao ano. As vendas anuais esperadas pelo investimento montam R$ 200.000,00. Qual deve ser a margem necessária em cada venda, em reais, para dar o retorno esperado em moeda estrangeira?

    Considerando os mesmos dados e imaginando um cenário em que a taxa do dólar vá para $ 3,50, qual será o retorno do investimento em moeda estrangeira, caso o valor das vendas e a margem em moeda nacional sejam mantidos?

15. Com as demonstrações financeiras a seguir, elabore o fluxo de caixa do período, evidenciando a movimentação de como os valores foram obtidos.

Balanço patrimonial	Inicial	Final
Ativo		
Caixa	400	250
Estoques	1.000	1.200
Duplicatas a receber	800	1.100
Imobilizados	2.000	2.250
Total	**4.200**	**4.800**
Passivo e patrimônio líquido		
Duplicatas a pagar	500	600
Capital social	3.500	3.500
Lucros acumulados	200	700
Total	**4.200**	**4.800**

Balanço patrimonial	Inicial	Final
Demonstração de resultados do período		
Vendas		2.000
Custo das vendas		(1.500)
Lucro bruto		**500**

16. Com as demonstrações financeiras apresentadas a seguir, elabore um fluxo de caixa evidenciando a depreciação como fonte de recursos financeiros.

Balanço patrimonial	Inicial	Final
Ativo		
Caixa	400	900
Imobilizados	2.000	1.800
Total	**2.400**	**2.700**
Passivo e patrimônio líquido		
Capital social	2.200	2.200
Lucros acumulados	200	500
Total	**2.400**	**2.700**
Demonstração de resultados do período		
Vendas		2.000
Custo das vendas		(1.500)
Depreciação		(200)
Lucro		**300**

17. Proteção de excedentes – *Hedge*

    Uma empresa estima um lucro operacional de $ 28.000,00. Tem um endividamento de US$ 60.000,00, que vencerá dentro de 180 dias. A taxa de câmbio atual é de $ 2,65 e a empresa estima que a taxa de câmbio, por ocasião da quitação da dívida, estará em $ 2.968. Para proteção, contratou uma operação de *swap* em que receberá da instituição financeira o câmbio mais 5% de juros sobre o valor da dívida. Para tanto, pagará taxa baseada em CDI de 18% para 6 meses.
    a) calcule o resultado da operação para a hipótese esperada: taxa de $ 2,968;
    b) calcule outras duas hipóteses, com taxas de $ 2,65 e $ 3,286.

18. Uma empresa quer proteção para oscilação de preços de mercadorias cotadas internacionalmente. Ela tem um contrato de exportação para vender 5 mil unidades a US$ 40,00 faturados a 120 dias. No momento, sabe que os insumos de que necessitará para a exportação, também cotados no mercado internacional, estão cotados a US$ 37,00. Contrata uma operação de *hedge* fechado, pagando 1,1% sobre o custo total de aquisição na moeda atualmente cotada. Pede-se:
    a) apure o resultado atual da operação em moeda estrangeira incluindo os custos de *hedge*, apurando as margens bruta e líquida;
    b) apure o resultado considerando duas hipóteses de fechamento do custo da aquisição, com US$ 41,00 e US$ 30,00, identificando as posições ativas e passivas e as alterações nas margens bruta e líquida em relação à situação contratada.

19. Proteção de excedentes – *Hedge*

    Uma empresa estima um lucro operacional de $ 21.000,00. Tem um endividamento de US$ 60.000,00, que vencerá dentro de 180 dias. A taxa de câmbio atual é de $ 2,55 e a empresa estima que a taxa de câmbio, por ocasião da quitação da dívida, estará em $ 2,703. Para proteção, contratou uma operação de *swap*, onde receberá da instituição financeira o câmbio mais 5% de juros sobre o valor da dívida. Para tanto, pagará taxa baseada em CDI de 12% para 6 meses.
    a) calcule o resultado da operação para a hipótese esperada: taxa de $ 2,703;
    b) calcule outras duas hipóteses, com taxas de $ 2,55 e $ 2,856.

CAPÍTULO 35

Governança corporativa e contabilidade

Um dos instrumentos fundamentais para ajudar no processo de minimização do conflito de agência é a introdução do conceito de governança corporativa. Define-se governança corporativa como o conjunto de atividades, procedimentos e práticas que permitem dar total transparência aos negócios das empresas do tipo sociedade anônima de capital aberto, com o intuito básico de proteger ao máximo o investidor minoritário.

35.1 Governança corporativa no Brasil e no mundo – Uma introdução[1]

A geração de valor para o acionista é o principal objetivo financeiro das organizações corporativas. O acionista quer saber se o seu investimento tem proporcionado retorno real e, na outra ponta, o gestor é quem pode fazer isso acontecer.

Com o crescimento do mercado de capitais e a consequente pulverização do capital acionário, cada vez mais o acionista torna-se uma pessoa distante da gestão. E, já não bastasse essa separação entre a propriedade e o controle, os recentes escândalos empresariais (tais como os casos Enron e WorldCom) têm gerado no público uma suspeita sobre o grande potencial existente para a má conduta, por parte da gestão, dentro das companhias.

É nesse contexto que surge o papel da governança corporativa, que pode ser entendida como um mecanismo de controle, que tem por objetivo estreitar as relações existentes entre acionistas, gestores e demais partes envolvidas e interessadas na organização, alinhando os seus interesses de forma que proporcione uma gestão transparente e que se traduza em confiança para os acionistas e geração de valor para a empresa.

35.1.1 Aspectos conceituais

O crescimento dos mercados de capitais, resultante da liberalização dos investimentos em portfólio nos países desenvolvidos e emergentes, ampliou o debate, que passou a contemplar também a forma de representação dos interesses dos investidores institucionais nos diversos mercados em que atuam. Organizações multilaterais como IFC e Organisation for Economic Co-operation and Development (OCDE) passaram a incorporar essa preocupação nas suas políticas de investimentos (Bovespa/www.bovespa.com.br).

---
[1] Extraído de Leite; Figueiredo e Moreira (2006).

Mais do que uma instituição, o conceito de governança corporativa representa a participação ativa dos investidores institucionais na administração geral dos negócios da empresa. De um modo geral, representa a necessidade que os acionistas minoritários têm de participar efetivamente da direção geral dos negócios da corporação.

Os poderes dos títulos comprados pelos financiadores do capital da empresa são toda a razão da governança corporativa. A governança atribui regras e direitos aos detentores daqueles poderes, que intercedem sobre como a distribuição do valor da empresa será realizada e, consequentemente, como a geração do valor será gerenciada.

A Bolsa de Valores de São Paulo (Bovespa – hoje BM&FBovespa) define governança corporativa como um conjunto de normas de conduta para empresas, administradores e controladores considerado importante para uma boa valorização das ações e outros ativos emitidos pela companhia. Mais do que uma instituição, o conceito de governança corporativa representa a participação ativa dos investidores institucionais na administração geral dos negócios da empresa. De um modo geral, representa a necessidade que os acionistas minoritários têm de participar efetivamente da direção geral dos negócios da corporação.

O objetivo da governança corporativa é a criação de valor para o acionista. Ao incorporar esse conceito, as empresas deixam de ser administradas exclusivamente pelo grupo majoritário e pelo conselho de administração eleito por esse grupo, e passam a aceitar interferências de outros investidores institucionais.

As empresas que adotam o conceito de governança corporativa tendem a ser mais transparentes em seus negócios e padrões contábeis e financeiros, tornando-se empresas com maior aceitação no mercado e, consequentemente, atrativas para investimentos. A adoção do conceito de governança corporativa talvez seja um dos melhores instrumentos para o relacionamento com os investidores, uma vez que deixa de tratá-los como acionistas residuais, passando a incorporar suas metas no conjunto de estratégias e objetivos da empresa.

Pertencem à governança corporativa os mecanismos institucionais e econômicos que tornam eficazes os direitos de credores e acionistas, isto é, que asseguram que credores e acionistas tenham acesso ao rendimento do capital. No Brasil, a Comissão de Valores Mobiliários (CVM), a lei das sociedades anônimas, a lei de falências, os estatutos, o contrato social, as leis de contratos, os mercados de capitais, as assembleias de acionistas, os conselhos de administração e as diretorias das empresas fazem parte da governança corporativa. No entanto, muito mais que isso faz parte dela, desde a prática contábil até o *modus operandi* do sistema político brasileiro (Sá, 2001, p. 60).

Papéis característicos

Em linhas gerais, o objetivo da instalação da governança corporativa é a atuação coordenada de todos os investidores, majoritários e minoritários, nos seguintes papéis principais:

- prover direcionamento geral para a corporação e aprovar estratégias;
- monitorar e avaliar o desempenho da organização;
- aprovar os objetivos e estratégias financeiras;
- assegurar que os sistemas monitorem o cumprimento de padrões éticos e legais.

Resumidamente, esses quatro papéis estão ligados ao direcionamento, monitoramento e mensuração da busca pela organização de valor ao acionista. Os demais, apresentados a seguir, estão ligados à provisão de mecanismos externos para mudar a organização caso ela não mude internamente:

- selecionar, avaliar, compensar e substituir diretores da empresa e assegurar planos de sucessão;
- avaliar o desempenho do próprio conselho de administração.

Consequências da adoção da governança corporativa

O ativismo dos investidores institucionais na empresa, por meio do sistema de governança, dá maior competitividade de gestão e foco na criação de valor, conseguindo:

- tornar os administradores mais focados em resultados e retorno do investimento;
- maior agilidade de correção de rumos em períodos de menor lucratividade;
- maior transparência e atenção com direitos de minoritários;
- os investidores em geral tornam-se aliados, e não ameaças ao controle acionário;
- a empresa e os investidores beneficiam-se dessa abordagem.

A Bovespa considera que as companhias abertas têm governança corporativa quando, além do atendimento às obrigações constantes na legislação (leis nº 6.404/76, 10.303/01, 11.638/07 e 11.941/09), elas são admitidas como Companhia de Mercado Nível 1, Nível 2 e Novo Mercado.[2]

35.1.2 Fatores de origem

Teoria da agência (*Agency Theory*)

Denomina-se teoria da agência o estudo do relacionamento entre os diversos interessados em um empreendimento empresarial (*stakeholders*), com ênfase para a relação entre os acionistas e os administradores das empresas. Nessa abordagem, a empresa é enfocada como um conjunto de contratos, uma parte autorizando a outra a atuar em seu nome, como seu agente. Dentre os diversos aspectos de relacionamento, um conjunto deles é a possibilidade de existir conflitos entre o agenciador e o agente, denominado conflito de agência.

Em uma empresa constituída como sociedade por ações, necessariamente os acionistas têm de constituir um conselho e uma diretoria que administrem a empresa para eles. Essa relação pode ser vista como um contrato, em que os donos da participação acionária delegam a administradores autoridade para agir em seu nome. Assim, **os administradores podem ser vistos como agentes dos proprietários**.

Os proprietários delegam a responsabilidade da tomada de decisão para os administradores, esperando que eles, os agentes, atuarão em favor de seus interesses. Contudo, estando a propriedade e o controle separados, constata-se uma situação que permite à administração agir em seus próprios maiores interesses, e não nos dos acionistas. Em outras palavras, os objetivos da administração podem diferir dos objetivos dos donos da empresa. Essa situação de conflito de objetivos pode prejudicar o valor da empresa.

Para tentar conter esse conflito, os acionistas podem desencorajar os administradores a desviarem-se dos seus interesses, mediante a concepção de incentivos apropriados para os administradores (remuneração variável, prêmios por resultados, opções em ações (*stock options*) etc.), e em seguida monitorando seu comportamento.

Os conceitos de maximização do lucro, maximização da riqueza e criação de valor podem ser vinculados à teoria da agência, como mostra a Figura 35.1.

---

[2] Após os escândalos da Enron, WorldCom etc., os EUA reforçaram a legislação sobre governança corporativa com a introdução da Lei Sarbanes-Oxley Act/2002.

```
Maximização do lucro  →  Criação de valor para os acionistas

Administradores  →  Acionistas

Controle  →  Propriedade

Conjunto de contratos
```

Figura 35.1 Teoria da agência.

Conflitos de agência

Dentre as razões já conhecidas que contribuíram para o desenvolvimento dos princípios de governança corporativa (que compreendem o desenvolvimento da economia e a preocupação de retorno dos investimentos por parte dos investidores), uma das principais questões a ser enfatizada é a separação entre propriedade e controle, que ocorre naturalmente durante o desenvolvimento da organização.

Geralmente, no início das atividades da maioria das empresas, o proprietário é quem as administra. Quando ele morre, nem sempre seus sucessores irão querer administrar o negócio, no entanto, eles herdam a propriedade e delegam a terceiros a gestão da organização. Assim, tem-se a já citada separação entre propriedade e controle.

A partir dessa separação ocorre o denominado "conflito de agência" (nesse cenário o proprietário delega ao agente, o gestor, o poder de decisão sobre a propriedade), que representa a disparidade de interesses entre proprietário e gestor, problema que a governança corporativa se propõe a resolver por meio de mecanismos de controle capazes de harmonizar os interesses de acionista e gestor.

Abertura de capital

Além do processo anteriormente descrito, existem outros que dispersam ainda mais a propriedade, afastando os diversos acionistas do controle. Pode-se destacar aqui a abertura do capital, configurada pela emissão de ações, fracionando e dispersando o controle da empresa entre diversos acionistas.

Em economias fortes, como a dos Estados Unidos, por exemplo, em que há um mercado de capitais amadurecido, existe uma grande dispersão acionária, que intensifica o conflito entre acionistas e gestores, tornando necessária a criação de mecanismos rígidos de controle por parte dos acionistas para o devido controle dos lucros e rentabilidade da organização.

Concentração de propriedade

Embora a abertura e dispersão do capital possam ocasionar problemas relativos a conflitos de interesses dentro das companhias, a concentração da propriedade também se configura como um ponto de conflito.

Em economias como a brasileira, por exemplo, na qual grande parte das empresas é familiar e existe uma forte concentração do capital, a questão predominante deixa de ser o conflito de agência e passa para "a falta de interesses externos atuando junto, dentro da empresa", conforme afirmam Carvalho e Melo (2003, p. 62).

Além disso, ainda existe a questão de empresas com controle acionário concentrado, nas quais os acionistas minoritários veem-se prejudicados em sua influência na tomada de decisão (esse modelo é mais comum em países de mercado de capitais imaturo, nos quais a propriedade é concentrada).

Nesse tipo de empresa existem poucos acionistas (ou um único majoritário) que possuem a maior parte das ações, e diversos acionistas (minoritários) com uma pequena parcela delas. Por não possuírem uma parcela expressiva das ações, sua opinião, por diversas vezes, não influencia as decisões estratégicas da empresa.

Assim, a governança corporativa se propõe a resolver mais esse problema por meio da implantação de mecanismos que garantam a cada sócio/acionista seu direito de participação. O Instituto Brasileiro de Governança Corporativa (IBGC), em seu código de melhores práticas, afirma que:

"O direito de voto deverá ser assegurado a todos os sócios, independentemente da espécie ou classe de suas ações/quotas e na proporção destas. Assim, uma ação/quota deverá assegurar o direito a um voto. Esse princípio deve valer para todos os tipos de sociedades e demais organizações, no que couber." (IBGC, 2004, p. 11)

Desenvolvimento

Além dos fatores que levaram em primeira instância ao estudo e aplicação de modelos de governança corporativa, existem outros mais recentes (ocorridos nos últimos dez anos) que não só contribuíram para o processo de implantação de mecanismos de governança corporativa como também ampliaram muito a contribuição desse mecanismo de gestão às organizações que o utilizam.

Esses fatores podem ser divididos em externos e internos à companhia. Os externos estão diretamente ligados ao processo de globalização da economia, que implica na "desfronteirização" dos mercados, ocasionando maior competitividade e a criação de regulamentações de mercado mais severas. No que diz respeito aos internos (consequência dos externos), destacam-se as novas estratégias desenvolvidas pelas companhias, que resultam em reestruturações societárias e em maior profissionalismo por parte dos gestores.

Fatores externos

Em relação às mudanças ocorridas no macroambiente, o principal acontecimento que se pode destacar é a formação de blocos econômicos, pois a quebra de barreiras entre os diversos países com áreas de livre comércio incentiva a produção, o comércio exterior, o crescimento das indústrias e o consequente crescimento do mercado de capitais.

Obviamente esse é um cenário onde o mercado se torna bem mais competitivo, ficando sujeito a oscilações e riscos maiores. Assim, o investidor irá procurar corporações que lhe forneçam segurança antes de aplicar seus recursos e o acionista se preocupará em ter um efetivo controle de seus investimentos.

Visando amparar o acionista/investidor (bem como demais interessados), surgem regulamentações legais mais severas, como a Lei Sarbanes-Oxley[3] (2002) nos Estados Unidos, e são editados códigos de governança corporativa por órgãos regulamentadores do mercado de capitais e por demais instituições interessadas na preservação dos direitos acionários.

Fatores internos

Com relação aos fatores internos à companhia, sendo a maioria resultante das mudanças ocorridas no ambiente externo, podem-se destacar as mudanças e reestruturações societárias (fusões, cisões e

---

[3] Lei criada pelos congressistas Paul Sarbanes e Michael Oxley, aprovada pelo Congresso norte-americano em meados de 2002.

aquisições, processos de privatização e alterações de controle acionário) ocorridas nos últimos anos e que foram muito superiores às ocorridas no passado.

Quadro 35.1 O ciclo de fusões e aquisições no Brasil nos anos 1990-2002: média anual crescente e alta participação estrangeira

Anos	Total de transações (a)	Média anual acumulada	Transações com participação estrangeira (b)	Participação (%) do capital estrangeiro (a) + (b) × 100
1990	186	186	56	30,1
1991	184	185	47	25,5
1992	262	207	83	32,9
1993	245	217	86	34,7
1994	249	223	79	36,2
1995	322	240	117	45
1996	395	262	178	51
1997	460	287	225	56,2
1998	487	309	323	66,3
1999	498	328	333	67
2000	624	355	356	57
2001	568	375	261	45,9
2002	395	377	134	33,9
Período	4.875	377	2.278	46,7

Fonte: ANDRADE; ROSSETTI, 2004, p. 260.

Somando-se os fatores internos à reestruturação do ambiente competitivo (externo), ocorreram os realinhamentos estratégicos que exigiram mais profissionalismo da gestão, com formação de modelos a serem seguidos com o único fim de preservar os interesses corporativos.

Além disso, pode-se destacar a grande importância que o sistema de contabilidade passa a ter sobre as questões corporativas, conforme afirma Eckbo:

"Pesquisas concluem que para estabelecer credibilidade diante do investidor é decisivo um sistema transparente de contabilidade junto com a tradição legal de respeitar e fazer cumprir os direitos contratuais." (Eckbo, 2005, p .4)

Consequentemente, as práticas de governança corporativa vieram como resposta a esses problemas.

35.1.3 Princípios da governança corporativa

De acordo com o trabalho desenvolvido pela Organisation for Economic Co-operation and Development (OCDE), os princípios da governança corporativa estão firmados em quatro valores: equidade (*fairness*), transparência (*transparency*), prestação de contas (*accountability*) e responsabilidade (*responsability*) (Carvalho; Melo 2003, p. 63). O IBGC defende e define os mesmos princípios em seu código de melhores práticas, que estão demonstrados no Quadro 35.2:

Quadro 35.2 Princípios básicos de governança corporativa

Princípios	Abrangência
Transparência	Mais do que a obrigação de informar, a administração deve cultivar o desejo de informar, sabendo que da boa comunicação interna e externa, particularmente quando espontânea, franca e rápida, resulta um clima de confiança, tanto internamente quanto nas relações da empresa com terceiros. A comunicação não deve restringir-se ao desempenho econômico-financeiro, mas deve contemplar também os demais fatores (inclusive intangíveis) que norteiam a ação empresarial e conduzem à criação de valor.
Equidade	Caracteriza-se pelo tratamento justo e igualitário de todos os grupos minoritários, sejam do capital, sejam das demais "partes interessadas" (*stakeholders*), como colaboradores, clientes, fornecedores ou credores. Atitudes ou políticas discriminatórias, sob qualquer pretexto, são totalmente inaceitáveis.
Prestação de contas	Os agentes da governança corporativa devem prestar contas de sua atuação a quem os elegeu e respondem integralmente por todos os atos que praticarem no exercício de seus mandatos.
Responsabilidade corporativa	Conselheiros e executivos devem zelar pela perenidade das organizações (visão de longo prazo, sustentabilidade) e, portanto, devem incorporar considerações de ordem social e ambiental na definição dos negócios e operações. Responsabilidade corporativa é uma visão mais ampla da estratégia empresarial, contemplando todos os relacionamentos com a comunidade em que a sociedade atua. A função social da empresa deve incluir a criação de riquezas e de oportunidades de emprego, qualificação e diversidade da força de trabalho, estímulo ao desenvolvimento científico por intermédio de tecnologia e melhoria da qualidade de vida por meio de ações educativas, culturais, assistenciais e de defesa do meio ambiente. Inclui-se neste princípio a contratação preferencial de recursos (trabalho e insumos) oferecidos pela própria comunidade.

Fonte: IBGC, Código das Melhores Práticas de Governança Corporativa, 2004, p. 9-10.

35.1.4 Objetivos da governança corporativa

Solução do conflito de agência e criação de valor

Historicamente, a governança corporativa surge para resolver o conflito de agência, ou seja, solucionar o problema do conflito de interesses existente entre o proprietário (quem delega o poder de decisão ao agente gestor) e o gestor (quem toma as decisões corporativas).

Por meio dos mecanismos de controle criados, como o conselho de administração, o acionista tem a possibilidade de monitorar a diretoria em sua atuação, bem como interferir nas decisões estratégicas, objetivando a maximização dos resultados da companhia.

Assim, as práticas de governança corporativa auxiliam no processo de alinhamento entre os interesses dos proprietários e gestores. Paralelamente, sua utilização proporciona melhor gestão dos resultados, sendo capaz de criar valor para a corporação.

O IBGC, em sua definição de governança corporativa, declara que: "As boas práticas de governança corporativa têm a finalidade de aumentar o valor da sociedade, facilitar seu acesso ao capital e contribuir para a sua perenidade". (IBGC, 2004, p. 6)

A geração de valor torna-se, assim, um dos principais objetivos das práticas de governança corporativa, sendo ferramenta estratégica de monitoração dos resultados corporativos por parte dos acionistas.

Acesso ao capital

Companhias que "seguem" padrões de governança corporativa, adotando códigos de melhores práticas de governança em sua gestão, tornam-se mais "prestigiadas" pelos investidores. Ao adotar práticas transparentes de gestão, as companhias transmitem mais segurança aos seus proprietários e são mais valorizadas e preferidas pelos investidores na aplicação de seus recursos, tendo acesso mais fácil ao capital e a financiamentos de instituições (tais como o Fundo Monetário Internacional

(FMI) e o Banco Mundial) que já editaram seus Códigos de Melhores Práticas. Logo, a adoção de princípios de governança pelas corporações as torna atrativas de capital.

35.2 Governança corporativa: desenvolvimento internacional e modelos

Embora os modelos de governança corporativa existentes sejam baseados nos mesmos princípios básicos de transparência, existem diferenças significativas entre eles, o que pode ser explicado pelos diferentes contextos nos quais se inserem e foram desenvolvidos. Dessa forma, as características de um determinado país irão influenciar o desenvolvimento do processo de governança em suas empresas.

Sendo assim, é notável que existam diferenças determinantes entre os modelos de governança corporativa de país para país, uma vez que existem enormes diferenças de ordem econômico-financeira, política e social entre países desenvolvidos e subdesenvolvidos.

Obviamente, países desenvolvidos com maior abertura do mercado de capitais possuem sistemas de governança muito mais rígidos e desenvolvidos, o que não significa que eles tenham resolvido seus problemas de governança, mas apenas que apresentam maior aproximação daquilo que seria o modelo "ideal" de governança.

35.2.1 Os diferentes modelos de governança

Como já citado anteriormente, as diferenças entre os modelos de governança se dão principalmente devido às características culturais e institucionais de cada país, as quais interferem nas características de suas companhias. De acordo com Andrade e Rossetti (2004), esses modelos podem ser reunidos em dois principais grupos: *shareholder* e *stakeholder*.

O Quadro 35.3 apresenta as principais distinções entre os dois modelos:

Quadro 35.3 Principais diferenças dos modelos de governança corporativa

Estruturas	Dimensões diferenciadoras
Shareholder	Origem anglo-saxônica. Objetivos mais estritamente vinculados aos interesses dos acionistas: valor, riqueza e retorno. Indicadores de desempenho centrados em demonstrações patrimoniais e financeiras. Crescimento, riscos e retornos corporativos: avaliações e aferições como focos da governança.
Stakeholder	Origem nipo-germânica. Conjunto ampliado de interesses: geração abrangente de valor. Leque mais aberto de público-alvo: integrados à estratégia corporativa. Amplo conjunto de indicadores de desempenho. Além dos resultados patrimoniais e financeiros (que se mantêm essenciais), olhos voltados também para sustentabilidade e função social. Geração de balanços ambiental e social.

Fonte: Andrade; Rossetti, 2004, p. 35.

O modelo *shareholder*

Esse modelo tem como foco o acionista no que diz respeito a seus interesses e direitos, podendo ser denominado pelo trinômio propriedade-gestão-retorno, assim definido por Andrade e Rossetti (2004).

Dizer que o acionista é o foco desse modelo não significa que as boas práticas de governança que dizem respeito a atender às demais partes interessadas na companhia sejam desprezadas. No entanto, embora possa atender às diversas questões de governança, esse modelo tratará o acionista, sempre, como a figura principal no processo de governança, tendo como questão principal a resolução do conflito de agência. É um modelo de origem anglo-saxônica, predominante em mercados de capitais desenvolvidos, tais como os dos Estados Unidos e do Reino Unido.

O modelo *stakeholder*

O modelo *stakeholder* visa a atender um grupo de interesses mais amplo, grupo esse representado pelos interesses dos empregados, fornecedores, clientes, cidadãos, sociedade e demais partes envolvidas e interessadas na companhia. É um modelo de origem nipo-germânica, que foca um conjunto maior de interesses, e não apenas o dos acionistas.

35.2.2 Governança corporativa nos Estados Unidos

Uma das principais características das grandes empresas norte-americanas é a pulverização do capital acionário. Nas empresas norte-americanas é possível observar claramente a já citada separação entre "propriedade e gestão" (dada a pulverização existente do capital acionário), que afasta os acionistas do controle direto da companhia, ocasionando os "conflitos de agência". Foi a partir desse cenário que, na década de 1980, surgiu o movimento em torno da governança corporativa nos EUA. A mola propulsora desse desenvolvimento foi a não concordância com os abusos exercidos por parte dos gestores sobre os acionistas.

Quem exerceu o papel pioneiro no movimento de governança corporativa nos EUA foi o fundo de pensão dos funcionários públicos da Califórnia (Calpers – California Public Employees Retirement System), "um dos maiores fundos de pensão do mundo, presente em 1.800 empresas com US$ 140 bilhões investidos em ações em 2003" (Andrade; Rossetti, 2004, p. 148). A recusa de uma oferta de compra da Texaco em 1984 pelos seus executivos frustrou o interesse dos acionistas. Logo após, o Calpers adotou novas diretrizes de atuação no mercado, afirmando que "como investidores de longo prazo, não iriam mais aceitar comportamento similar de outras empresas" (Silveira, 2002, p. 19).

Os principais pontos levantados pelo Calpers a serem resolvidos foram: "a dependência do conselho em relação aos gestores, o aumento excessivo dos salários dos executivos e os diversos arranjos para evitar ofertas de compras hostis". (Silveira, 2002, p. 19).

Em 1985, foi criado (com forte atuação do Calpers) o Conselho de Investidores Institucionais (CII – Council of Institutional Investors), com o objetivo de estabelecer práticas de boa governança, propor e auxiliar na alteração de leis que resguardem os acionistas, bem como monitorar as organizações no processo de adoção de práticas de governança, expondo na mídia as que operam com conselhos passivos e indiferentes e que detêm altos custos de agência.

Além disso, por ser uma economia fortemente orientada para o mercado, dispositivos de regulamentação legal foram desenvolvidos com o fim de proteger os direitos acionários. O mais recente é a Lei Sarbanes-Oxley, com padrões e regras a serem seguidos na gestão das corporações.

A lei Sarbanes-Oxley

Em razão de diversos escândalos corporativos do século XX e início do século XXI, que resultaram em enormes prejuízos para os acionistas, o governo norte-americano editou, em 30 de julho 2002, a Lei Sarbanes-Oxley (SOX), introduzindo critérios mais rígidos para monitorar a responsabilidade dos acionistas e administradores das sociedades por ações.

A Lei Sarbanes-Oxley[4] tem por objetivo proteger os acionistas de eventuais fraudes do mundo corporativo, estabelecendo mecanismos que tornem mais transparentes os processos empresariais e decisões corporativas. Essa lei surge como reação, por parte das autoridades norte-americanas, aos escândalos contábeis envolvendo grandes empresas como a Enron e a WorldCom. "O objetivo de todas essas minúcias é permitir que, em caso de problema, seja possível descobrir onde está a falha e, principalmente, quem vai arcar com a responsabilidade" (Gradilone, 2005, p. 102). De acordo com Millstein (2005), a entrada em vigor dessa lei fez que se desse maior atenção aos controles internos da companhia e à conformidade às regras contábeis.

---

[4] Também chamada abreviadamente de Sarbox ou SOX.

De forma resumida, a Sarbox orienta as corporações a adotarem códigos de ética que contenham orientações de procedimentos para resolução de conflitos de interesses, divulgação de informações e cumprimento das leis, explicando-se em caso de não adoção desses códigos. Também orienta quanto à divulgação de relatórios financeiros (dada a transparência que devem conter), de forma que representem a real situação econômico-financeira da empresa, alerta para a importância dos serviços de auditoria e também orienta quanto aos critérios de remuneração dos executivos. Ela torna os diretores executivos e diretores financeiros explicitamente responsáveis por estabelecer, avaliar e monitorar a eficácia dos controles internos sobre relatórios financeiros e divulgações de dados e perspectivas da companhia. Exige que todas as companhias de capital aberto listadas nas bolsas de valores tenham um comitê de auditoria, que deve incluir pelo menos um especialista financeiro entre seus membros.

Grande parte da discussão em torno dessa lei concentra-se nas seções 302 e 404.[5] A Seção 302 determina que diretores executivos e diretores financeiros devem declarar pessoalmente que são responsáveis pelos controles e procedimentos de divulgação. Cada arquivo trimestral deve conter a certificação de que eles executaram a avaliação do desenho e da eficácia desses controles. Os executivos certificados também devem declarar que divulgaram todas e quaisquer deficiências significativas de controles, insuficiências materiais e atos de fraude ao seu comitê de auditoria.

A Seção 404 determina uma avaliação anual dos controles e procedimentos internos para a emissão dos relatórios financeiros. Além disso, o auditor independente da companhia deve emitir um relatório distinto que ateste a asserção da administração sobre a eficácia dos controles internos e dos procedimentos executados para a emissão dos relatórios financeiros.

Com os mecanismos de controles internos que impõe, a adoção ou não de suas práticas impacta a forma como as empresas são "avaliadas" pelos seus acionistas e mercado, gerando o denominado "ágio ou deságio de governança", dado que os investidores atribuem mais valor às companhias que apresentem um sistema qualificado de governança (ágio), em detrimento de companhias que não possuam sistema algum de governança (deságio).

Embora seja uma lei de regulamentação do mercado norte-americano, não é restrita apenas aos Estados Unidos, conforme destaca Gradilone:

"As companhias de qualquer nacionalidade que lançaram ações em Wall Street ou as subsidiárias de empresas americanas no exterior têm, obrigatoriamente, de adequar-se em maior ou menor grau às exigências da Sarbox." (Gradilone, 2005, p. 100)

E mesmo sendo obrigatórias apenas para essas companhias, pesquisas no Brasil revelam que empresas de capital nacional e que não possuem ações cotadas nos Estados Unidos também estão se adaptando às regras da Sarbanes-Oxley:

"Pela fria letra da lei, somente 36 companhias brasileiras com papéis no mercado americano estão obrigadas a adaptar suas normas até junho de 2006. No entanto, um levantamento com as empresas de auditoria mostra que esse número pode avançar para até 150 companhias, ainda que de capital nacional e sem ações cotadas nos Estados Unidos." (Gradilone, 2005, p. 100)

A PricewaterhouseCoopers (2005), em sua publicação "Comitês de Auditoria no Brasil – Melhores Práticas de Governança Corporativa 2005", alerta para o fato de que a adoção dos requisitos exigidos pela Sarbanes-Oxley é uma oportunidade para que as empresas atinjam padrões elevados de gestão, o que contribui para que companhias brasileiras figurem dentro do "seleto grupo" de empresas mundialmente consideradas como modelos de práticas de governança corporativa.

35.2.3 Governança corporativa no Reino Unido

No Reino Unido a maioria das companhias abertas é caracterizada por alta pulverização de seu capital (semelhante aos EUA), sendo seus princípios de governança baseados no modelo anglo-saxão.

---
[5] Adaptado de Deloitte Touche Tohmatsu (2003).

Os principais responsáveis pelo movimento de governança no Reino Unido foram os investidores institucionais, devido à sua grande participação em companhias (maior ainda que nos EUA) e a sua regulamentação, que lhes dá maior poder de intervir diretamente nas companhias. Um dos principais pontos levantados pelo movimento foi "a definição de regras para melhor qualidade das demonstrações patrimoniais e de resultados" (Andrade; Rossetti, 2004, p. 149).

Assim, a bolsa de valores de Londres (London Stock Exchange), com outros organismos, formou um comitê, denominado Comitê Cadbury, com o objetivo de "revisar os aspectos de governança corporativa relacionados às práticas de contabilidade e aos relatórios financeiros" (Silveira, 2002, p. 21). Em 1992, foi publicado o relatório (resultado desse comitê) intitulado *The Financial Aspects of Corporate Governance*.

Esse relatório foi apenas o início do movimento no país. Em 1995 foi publicado o relatório do comitê de Greenbury, que definia "regras sobre algumas questões importantes não abordadas no Comitê Cadbury, principalmente relacionadas à remuneração dos executivos e conselheiros" (Silveira, 2002, p. 22). Em 1998, após nova revisão (agora feita pelo Comitê de Hampel), um novo relatório foi publicado definindo questões relativas ao funcionamento do conselho de administração. E, por fim, "Uma criteriosa e exaustiva combinação das sugestões dos regulatórios destes comitês levou à elaboração do *The Combined Code: Principles of Good Governance and Code of Best Practice*" (Andrade; Rossetti, 2004, p. 149), este último adotado pela bolsa de valores de Londres como uma exigência às companhias a serem listadas.

35.2.4 Governança corporativa no Japão

O modelo japonês (nipo-germânico) de governança corporativa possui algumas semelhanças com o modelo alemão, a saber: a expressiva participação dos bancos na estrutura de capital, o consenso no processo de gestão e a consideração dos múltiplos interesses, sendo, em geral, um modelo voltado aos *stakeholders*. Além disso, possui uma característica peculiar em sua estrutura: os *keiretsu*, que são redes "horizontais" de participação entre empresas e bancos, conforme definem Andrade e Rossetti:

> "[...] há um fator adicional de concentração, peculiar no Japão, que não se observa nos modelos ocidentais: as ligações horizontais dos *keiretsus* – os conglomerados de negócios. As empresas conglomeradas possuem ligações horizontais entre si, pelas posses cruzadas de ações. Cada uma tem uma pequena parcela das demais, que só em poucos casos chega a 5%, mas somando-se todas as participações cruzadas, no mínimo 30% do capital são controlados pelas empresas-membros do *keiretsu*, taxa que pode chegar a 90%, considerando-se também as participações cruzadas dos bancos, nas formas de exigíveis de longo prazo e de ações." (Andrade; Rossetti, 2004, p. 155)

São comuns no Japão conselhos de administração com muitos membros, compostos exclusivamente por executivos da companhia, indicados para a função como reconhecimento pelos serviços prestados, conforme destaca Silveira:

> "Desta forma, conselhos grandes, com cerca de 50 membros, são comuns nas grandes companhias japonesas. Quase sempre o homem forte do conselho é o presidente da companhia, que é responsável pela seleção dos novos conselheiros e possui mais poderes do que o presidente do conselho [...]." (Silveira, 2002, p. 25)

O principal objetivo desse modelo de governança é a segurança, a longo prazo, da organização, diferentemente do modelo anglo-saxão (EUA e Reino Unido), que busca lucros máximos a curto prazo.

No entanto, as forças externas do mercado em que as corporações competem pressionam para que as companhias japonesas tornem-se tão competitivas quanto as existentes no mercado, apontando na direção de reformas na atual situação de governança. Sendo assim, desde 1997 vem sendo publicado, pela Federação das Organizações Econômicas do Japão, um relatório denominado *Urgent Recommendations Concerning Corporate Governance* (Andrade; Rossetti, 2004, p. 156), o qual recomenda mudanças urgentes na estrutura de governança corporativa das empresas japonesas, visando a adaptação dessas empresas ao ambiente competitivo de negócios do século XXI.

Em 1998, foi realizado o Fórum de Governança Corporativa do Japão, do qual saiu uma primeira versão de um código de melhores práticas de governança corporativa (*Corporate Governance Principles – A Japanese View*). Dentre outras recomendações, o código orienta a redução do tamanho dos atuais conselhos de administração, a transparência das informações divulgadas ao mercado e a adoção de padrões mundiais de governança, como a presença, no conselho, de membros externos à organização.

35.2.5 Governança corporativa no Brasil

De acordo com o estudo desenvolvido por Silveira (2002) com base em pesquisas realizadas em 2001 pelo IBGC (Instituto Brasileiro de Governança Corporativa) e no mesmo ano pela Mckinsey & Company e Korn/Ferry International, o Brasil é caracterizado por companhias com estrutura de capital concentrado (empresas de controle familiar ou com controle compartilhado por poucos investidores), alto índice de emissão de ações sem direito a voto (preferenciais) e presença de acionistas minoritários pouco ativos. É o que demonstra o Quadro 35.4:

Quadro 35.4 Características da estrutura de propriedade no Brasil

Características da estrutura de propriedade no Brasil	
Estrutura de propriedade	Empresas de controle familiar, controle compartilhado (poucos investidores) ou multinacional Alta concentração da propriedade Interesses dos acionistas minoritários ainda não completamente reconhecidos Acionistas minoritários pouco ativos
Relação entre propriedade e gestão executiva	Alta sobreposição entre propriedade e gestão executiva

Fonte: Mckinsey & Company, Korn/Ferry International (2001); Silveira (2002).

Entre as empresas pesquisadas, é comum que mais da metade das ações ordinárias (em média 61%) sejam pertencentes a um só acionista (Mckinsey & Company; Korn/Ferry International, 2001, p. 10). Logo, por consequência, não é comum que os interesses dos acionistas minoritários sejam considerados.

Por possuir essa estrutura concentrada de capital, o mercado de capitais brasileiro "nunca foi um mecanismo de alavancagem para investimentos de longo prazo de maturação", destaca Setubal Jr. (2002. p. 14), mesmo porque, em um passado não tão distante, as companhias recorriam a mecanismos de financiamento mais baratos e fáceis, como o Banco Nacional de Desenvolvimento Econômico e Social (BNDES).

Além das alterações no ambiente competitivo e abertura de mercado, outras iniciativas brasileiras têm contribuído para o processo de aprimoramento dos princípios de governança corporativa no Brasil:

a) a criação do Instituto Brasileiro de Governança Corporativa (IBGC), em 1995, e a edição do Código Brasileiro das Melhores Práticas de Governança Corporativa;

b) a nova Lei de Mercado de Capitais (Lei nº 10.303, de 2001);

c) a iniciativa da Bovespa (hoje BM&FBovespa), com a criação do Novo Mercado e níveis diferenciados de governança para as companhias que têm suas ações listadas em bolsa;

d) a atuação da Comissão de Valores Mobiliários (CVM) como órgão regulador;

e) o incentivo do BNDES à adoção de boas práticas de governança corporativa e atuação do governo.

35.2.6 O Instituto Brasileiro de Governança Corporativa (IBGC)

O IBGC, como cita em seu código de melhores práticas, tem o propósito de:

"[...] ser a principal referência nacional em governança corporativa; desenvolver e difundir os melhores conceitos e práticas no Brasil, contribuindo para o melhor desempenho das organizações e, consequentemente, para uma sociedade mais justa, responsável e transparente." (IBGC, 2004, p. 7)

Quando foi fundado, em 27 de novembro de 1995, chamava-se Instituto Brasileiro de Conselheiros de Administração (IBCA). Em 1999, lançou seu primeiro Código de Melhores Práticas de Governança Corporativa e alterou seu nome para IBGC. Atualmente, esse código encontra-se em sua terceira versão, editada em 2004.

Essa versão do código é dividida em seis temas: propriedade, conselho de administração, gestão, auditoria independente, conselho fiscal e conduta e conflito de interesses. O objetivo do código é indicar caminhos para as empresas que possibilitem uma melhora de seu desempenho e facilitem seu acesso ao capital.

35.2.7 A nova Lei de Mercado de Capitais (Lei nº 10.303, de 2001)

A Lei nº 10.303, de 31 de outubro de 2001, estabeleceu novas regras para o mercado de capitais e para as sociedades por ações, as quais promovem maior proteção aos acionistas ordinários minoritários e preferenciais.

De acordo com Carvalho e Melo (2003, p. 68), as principais reformas promovidas pela Lei nº 10.303/01 foram: "os mecanismos de *tag along*,[6] a competência do conselho fiscal, a proporção entre as ações e extinção das partes beneficiárias".

Quanto aos mecanismos de *tag along*, é obrigatório ao adquirente do controle da companhia que se assegure aos acionistas minoritários (detentores de ações ordinárias) preço no mínimo igual a 80% do valor pago pelas ações do bloco de controle.

A nova lei também deixou claras as competências do conselho fiscal que, ao ser incluído na estrutura de governança, tem o dever de fiscalizar os atos dos administradores, denunciando aos órgãos da administração (ou à assembleia geral, se estes não tomarem as providências cabíveis) a ocorrência de erros, fraudes ou crimes que constatar.

Com relação à proporção entre as ações, a partir da nova lei foi limitada a 50% a emissão de ações preferenciais do total de ações emitidas (anteriormente era limitada a 67%). E as companhias abertas ficaram proibidas de emitir "partes beneficiárias", uma categoria de ações que dava prioridade no recebimento de juros e dividendos.

35.2.8 A Comissão de Valores Mobiliários (CVM)

A CVM, como órgão regulador e fiscalizador do mercado de capitais brasileiro, desempenha um papel fundamental na garantia de proteção aos acionistas e ao mercado em geral. Suas funções são:

- assegurar o funcionamento eficiente e regular dos mercados de bolsa e de balcão;
- proteger os titulares de valores mobiliários contra emissões irregulares e atos ilegais de administradores, controladores e administradores de investimentos em valores mobiliários;
- assegurar o acesso público a informações sobre valores mobiliários emitidos e às companhias emissoras;
- evitar ou coibir modalidades de fraude ou manipulação destinadas a criar condições artificiais de demanda, oferta ou preço de valores mobiliários.

---

[6] Definido como "a pulverização do prêmio pago pelo controle da companhia, assegurando maior proteção patrimonial aos minoritários" (Andrade; Rossetti, 2004, p. 289).

Tendo papel de regulamentador de mercado, a CVM publicou, em 2002, uma cartilha contendo recomendações de melhores práticas de governança corporativa com o objetivo de orientar as empresas nas questões que influenciam a relação entre administradores, conselheiros, auditores independentes, acionistas controladores e acionistas minoritários.

35.2.9 O Banco Nacional de Desenvolvimento Econômico e Social (BNDES) e a atuação do governo

O BNDES, como uma das principais fontes financiadoras de empresas no Brasil, criou o Programa de Incentivo à Adoção de Práticas de Governança Corporativa, que tem como objetivo colocar em prática o conceito de que melhor governança reduz o custo de capital.

É um programa de adesão voluntária, que beneficia as empresas quando da obtenção de financiamentos do BNDES. O programa possui quatro níveis (pacotes) diferentes de exigências de práticas de governança: bronze, prata, ouro e platina. De acordo com o nível de governança assumido pela empresa, ela obterá benefícios em seus financiamentos, tais como alongamento do prazo de financiamento e redução de taxas de juros.

Outra importante iniciativa do governo foi a criação do Programa de Capitalização das Empresas Distribuidoras de Energia Elétrica, que visa fortalecer as concessionárias atingidas com quedas de receitas pelo racionamento de 2001 e 2002. Esse programa prevê linhas de financiamento específicas que obrigam as companhias a se enquadrarem em padrões de governança estabelecidos dentro dos preceitos da Bovespa.

Atualmente o governo prevê lançar um programa de governança corporativa para as suas 147 estatais (Andrade; Salles, 2005), por meio da criação de um novo órgão secretariado pelo Departamento de Coordenação e Controle das Empresas Estatais, do Ministério do Planejamento. A intenção é que os gastos do governo com essas empresas sejam reduzidos e que aumente o lucro por elas gerado aos cofres da União.

Em algumas estatais, como a Petrobras e o Banco do Brasil, o processo de governança corporativa já existe; em outras, ainda está na forma de projeto-piloto, como é o caso da Caixa Econômica Federal.

35.2.10 Comparação entre os sistemas de governança corporativa

Em geral, a diferença existente entre os modelos de governança corporativa deve-se principalmente aos fatores históricos de desenvolvimento de cada país. As raízes culturais e históricas determinam as principais relações existentes entre corporações, governo, sociedade e investidores.

Como exemplo disso temos o modelo japonês, um país onde a estabilidade profissional ainda é preservada e que se preocupa mais com os resultados a longo prazo (motivo por que seu mercado de capitais é pouco desenvolvido e a principal fonte de financiamentos são os empréstimos bancários).

A Alemanha é um exemplo claro de intervenção do governo nas empresas, devido principalmente às guerras que assolaram o país, sendo o governo o principal responsável por uma política de apoio e reestruturação das empresas para o desenvolvimento do país, adotando também, por causa disso, modelos de gestão apoiados na pluralidade e no consenso.

Já os EUA e o Reino Unido (representados pelo modelo anglo-saxão de governança corporativa) são países onde existe um mercado acionário maior e menos concentrado, o que contribui para controles mais rígidos e efetivos na organização, com vistas à proteção do acionista.

Os modelos latino-europeu (representado pela França) e latino-americano (representado pelo Brasil) estão ainda em desenvolvimento, pois os países compreendidos nesse grupo têm apresentado desenvolvimento de seu mercado de capitais há pouco tempo, embora tal desenvolvimento seja acelerado, devido à competitividade a que estão sujeitos na economia globalizada, o que contribui significativamente para que adotem princípios de governança a fim de atraírem os investimentos estrangeiros diretos.

O quadro a seguir exemplifica resumidamente as principais diferenças entre os já citados modelos de governança, comparando-os entre si:

Quadro 35.5 Modelos de governança corporativa: uma síntese comparativa

Características definidoras	Modelo anglo-saxão	Modelo alemão	Modelo japonês	Modelo latino-europeu	Modelo latino-americano
Financiamento predominante	Equity	Debt	Debt	Indefinida	Debt
Propriedade e controle	Dispersão	Concentração	Concentração com cruzamentos	Concentração	Familiar concentrado
Propriedade e gestão	Separadas	Sobrepostas	Sobrepostas	Sobrepostas	Sobrepostas
Conflitos de agência	Acionistas--direção	Credores--acionistas	Credores--acionistas	Majoritários--minoritários	Majoritários--minoritários
Proteção legal a minoritários	Forte	Baixa ênfase	Baixa ênfase	Fraca	Fraca
Conselhos de administração	Atuantes, foco em direitos	Atuantes, foco em operações	Atuantes, foco em estratégia	Pressões para maior eficácia	Vínculos com gestão
Liquidez da participação acionária	Muito alta	Baixa	Baixa	Baixa	Especulativa e oscilante
Forças de controle mais atuantes	Externas	Internas	Internas	Internas migrando para externas	Internas
Governança corporativa	Estabelecida	Estabelecida	Baixa ênfase	Ênfase em alta	Embrionária
Abrangência dos modelos de governança	Baixa	Alta	Alta	Mediana	Em transição

Fonte: Andrade; Rossetti, 2004, p. 145.

35.3 Estrutura administrativa das S/As

A estrutura de administração das sociedades anônimas é praticamente a mesma em todos os países. No Brasil, ela é regulamenta pela Lei nº 6.404/76, com os seguintes órgãos, obrigatórios e facultativos.

Assembleia geral

- é órgão de instância máxima. Reúne-se em assembleias ordinárias e extraordinárias;
- é a reunião de todos os acionistas atualmente detentores das ações com direito a voto e o órgão máximo da empresa;
- é convocada pelo conselho de administração;
- elabora o estatuto da companhia.

Conselho de administração

- é eleito pela assembleia geral ordinária;
- compete ao conselho de administração fixar a orientação geral dos negócios da companhia, eleger e destituir os diretores, fixar-lhes as atribuições e fiscalizar sua gestão;
- convocar a assembleia geral;
- manifestar-se sobre o relatório da administração e as contas da diretoria;
- escolher e restituir os auditores independentes.

Diretoria
- Administração operacional da empresa, conforme estipulado no estatuto.

Conselho fiscal
- Apesar de obrigatório, seu funcionamento pode ser eventual, e não permanente. É eleito pela assembleia geral.

Órgãos técnicos e consultivos
- São de criação facultativa, como comitê de auditoria, conselho consultivo etc.

35.4 Conselhos independentes

Quanto maior a independência dos conselhos na sua formação, mais a transparência se impõe e o modelo de governança corporativa da companhia tranquiliza os investidores. Assim, recomenda-se:

- substituir conselheiros indicados pelos administradores, famílias e associados;
- conselhos de administração devem ser formados por diretores independentes que atuem no melhor interesse dos acionistas e que permitam que os administradores respondam pelo desempenho da empresa e façam jus a seus vencimentos.

As dez recomendações da National Association of Corporate Directors (NACD)

1. Os conselhos devem ser compostos por uma substancial maioria de membros independentes.
2. Os conselhos devem exigir que os seus principais comitês (de auditoria, remuneração, governança etc.) sejam compostos inteiramente por membros independentes, e eles devem ser livres para contratar consultores independentes, quando necessário.
3. Cada um dos comitês principais deve ter um estatuto escrito e aprovado pelo conselho, detalhando seus deveres.
4. Os conselhos devem considerar formalmente a designação de um membro independente como *chairman* ou conselheiro líder.
5. Os conselhos devem, regular e formalmente, avaliar o desempenho do Chief Executive Officer – CEO, (o presidente da diretoria), de outros altos executivos, do próprio conselho e dos seus diretores individualmente.
6. Os conselhos devem rever a adequação dos sistemas de *compliance*[7] e de informação de suas empresas pelo menos anualmente.
7. Os conselhos devem adotar uma política de realização de reuniões periódicas somente com a participação de membros independentes.
8. Os comitês de auditoria devem reunir-se independentemente tanto com os auditores internos como com os auditores independentes.
9. Os conselhos devem trabalhar construtivamente com os administradores executivos de forma a assegurar o desenvolvimento, execução, monitoramento e modificações adequadas às estratégias de suas empresas.
10. Os conselhos devem propiciar aos novos membros um programa completo de orientação para que eles se familiarizem com os negócios de suas empresas, tendências do setor e práticas de governança corporativa recomendadas.

---

[7] Genericamente, *compliance* é todo o conjunto de atividades, procedimentos e sistemas que permitem que a empresa cumpra todos os regulamentos (legais, sociais etc.) exigidos pela sociedade, governo, legislação contábil etc.

35.4.1 Agentes internos e externos da governança

No processo de governança corporativa existem agentes atuantes na companhia que direcionam e balizam as práticas de governança. Esses agentes podem ser classificados como internos ou externos: quando internos, dizem respeito a mecanismos ligados diretamente à administração e/ou aos acionistas, servindo para conduzir as práticas administrativas (podendo ser considerados como verdadeiras ferramentas da governança); quando externos, estão ligadas ao ambiente regulatório externo à companhia, que a afeta em seus mecanismos de gestão e atuação no mercado, e ao *stakeholder*.

No Quadro 35.6 são demonstrados os agentes internos e externos destacados neste trabalho e abordados nos tópicos a seguir:

Quadro 35.6 Agentes da governança: internos e externos

Agentes internos	Agentes externos
Conselho de administração Conselho fiscal Auditoria	Ambiente legal: leis e regulamentações Padrões contábeis exigidos das companhias Mercado de capitais Investidores/acionistas Governo

Fonte: Adaptado de Andrade e Rossetti, 2004, p. 113.

Em geral, esses agentes e/ou ferramentas surgem da necessidade de as partes envolvidas com a companhia (investidores e *stakeholders*) verem um monitoramento efetivo de seus investimentos e interesses, o que as práticas de governança se propõem a resolver.

Conselho de administração

Em sua cartilha de recomendações sobre boas práticas de governança corporativa, publicada em junho de 2002, a CVM define da seguinte forma a atuação do conselho:

"O conselho de administração deve atuar de forma a proteger o patrimônio da companhia, perseguir a consecução de seu objetivo social e orientar a diretoria a fim de maximizar o retorno do investimento, agregando valor ao empreendimento." (CVM, 2002, p. 4)

O IBGC, por sua vez, define:

"A missão do conselho de administração é proteger e valorizar o patrimônio, bem como maximizar o retorno do investimento.

O conselho de administração deve ter pleno conhecimento dos valores da empresa, dos propósitos e crenças dos sócios e zelar pelo seu aprimoramento. Deve ainda prevenir e administrar situações de conflitos de interesses ou divergência de opiniões, a fim de que o interesse da empresa sempre prevaleça." (IBGC, 2004, p. 18)

Pode-se observar a estreita relação entre interesses dos acionistas e conselho de administração, pois uma vez que o maior interesse dos acionistas é ter a maximização de seu capital, o conselho de administração é criado como resposta a essa preocupação, sendo o responsável por efetuar um efetivo monitoramento das decisões corporativas tomadas pelos diretores da organização, de forma que estas venham a atender as expectativas dos acionistas.

Para atuar efetivamente dessa forma, o conselho de administração deve promover reuniões periódicas com a finalidade de avaliar a gestão, acompanhando as decisões tomadas pela administração e medindo seu desempenho. Além dessa avaliação geral da gestão, é recomendável que o conselho avalie ao menos uma vez por ano o executivo principal (CEO) da companhia, tendo autoridade para substituí-lo, se considerar necessário.

Assim, Bateman e Snell resumem a missão do conselho da seguinte forma:

"Os membros do conselho têm três conjuntos principais de obrigações: (1) selecionar, avaliar, recompensar e talvez substituir o CEO; (2) determinar o direcionamento estratégico e examinar o desempenho financeiro; e (3) assegurar condutas éticas, socialmente responsáveis e dentro da lei." (Bateman; Snell, 1998, p. 233)

Quanto à composição do conselho, as melhores práticas de governança definem que a melhor alternativa é que a maioria de seus membros seja externa à organização, não tendo envolvimento com a diretoria administrativa.

Além disso, também é consenso que o ideal é que os cargos de presidente do conselho e executivo principal da companhia (CEO) sejam ocupados por pessoas diferentes, como é recomendação da própria CVM em sua cartilha de governança corporativa. Algumas das argumentações referentes a essa separação de funções remetem ao conflito de interesses que existe entre gestores e acionistas, pois, uma vez que é o conselho de administração que fiscaliza os atos da diretoria, pode haver conflitos se o presidente do conselho for também presidente ou o executivo principal da diretoria. Outra questão levantada é que uma das principais funções do conselho é escolher, admitir e fixar a remuneração do executivo principal, bem como avaliá-lo. Sendo assim, o próprio CEO seria o responsável por sua avaliação.

Embora seja recomendada a separação de funções, existem países como os EUA nos quais há a preferência de que essas funções sejam exercidas pela mesma pessoa, o que é justificado pela própria cultura do país, que considera o CEO a maior figura do mundo corporativo (Andrade; Rossetti, 2004, p. 188).

Também se recomenda que o conselho não tenha um número muito grande de membros para sua melhor eficiência, conforme destaca a CVM:

"O conselho de administração deve ter de cinco a nove membros tecnicamente qualificados, com pelo menos dois membros com experiência em finanças e responsabilidade de acompanhar mais detalhadamente as práticas contábeis adotadas." (CVM, 2002, p. 4)

Além dessas recomendações, o IBGC (2004) estabelece a importância de o Conselho de Administração possuir um regimento interno que discipline questões relativas à sua atuação, função, responsabilidades e situações de conflito para com a diretoria executiva e, principalmente, com o CEO.

Conselho fiscal

No Brasil, o conselho fiscal é um órgão eleito pelos proprietários da empresa e tem a função de fiscalizar os atos administrativos. De acordo com o IBGC (2004), ele não é um órgão obrigatório; no entanto, se faz necessário para preencher a lacuna de fiscalização existente no conselho de administração. O IBGC defende ainda que o conselho fiscal deve ser visto como uma ferramenta que agrega valor à companhia, agindo como um controle independente para os sócios.

Auditoria

A auditoria constitui-se também em uma ferramenta importante no processo de governança corporativa. De acordo com o IBGC (2004), o conselho de administração deve instituir um comitê de auditoria que supervisione a área financeira, a auditoria interna no desempenho de suas funções, a diretoria no desenvolvimento e aplicação de controles internos; analise as demonstrações financeiras e contribua para que a auditoria independente, por sua própria revisão, avalie as práticas da diretoria e auditoria interna.

A PricewaterhouseCoopers destaca muito bem a importância da presença, e exigência, de comitês de auditoria no processo de governança corporativa:

"[...] é relevante mencionar que há mais de 40 anos os mercados norte-americano e europeu já requerem a existência, na sua estrutura de governança, de comitês de auditoria, atuando como instrumento de gestão de riscos e veículo e comunicação entre o conselho de administração, os auditores independentes e os auditores internos.

A partir da Lei Sarbanes-Oxley, de 2002, as companhias não norte-americanas que possuem registro no mercado acionário norte-americano (ADRs negociadas na Nyse ou na Nasdaq) também estão obrigadas a constituir comitês de auditoria, até 31 de julho de 2005, como parte de seu processo de governança corporativa" (PricewaterhouseCoopers, 2005, p. 5).

Além dos comitês de auditoria, atuantes nos processos internos da companhia, é de fundamental importância a atuação da auditoria independente, que pode ser considerada como uma verdadeira "aliada" dos investidores, garantindo a confiabilidade e veracidade das demonstrações financeiras, a observação das normas e princípios contábeis e a avaliação dos controles internos da companhia.

Agentes/ferramentas externas de controle

Além dos agentes atuantes internamente na companhia, existem agentes externos que a impulsionam na adoção de práticas de governança.

Se os agentes internos estão diretamente relacionados aos interesses dos acionistas detentores das ações da companhia, os externos, por sua vez, além de compreender os interesses dos acionistas irão comportar o interesse de todas as outras partes relacionadas à companhia, definidas por Andrade e Rossetti (2004, p. 34) como *stakeholder* amplo, composto por: 1) Público interno: empregados e fundações de assistência e seguridade; 2) Público externo: credores, fornecedores, clientes e consumidores; e 3) Entorno: comunidade, sociedade, governo e meio ambiente.

Ambiente legal: leis e regulamentações

O ambiente legal, conforme destacam Andrade e Rossetti, diz respeito às "garantias legais que os acionistas terão para exercer efetivamente os seus direitos, sob a proteção da lei" (Andrade; Rossetti, 2004, p. 114). É representado pelo conjunto de leis que regulam as práticas do mercado de capitais, bem como responsabilidades e deveres dos gestores para com os acionistas, protegendo as relações existentes entre essas partes.

Um ambiente regulatório mais rígido impulsiona as companhias a adotarem padrões mais rígidos de gestão com práticas de boa governança, bem como protege os acionistas estimulando os investimentos.

Padrões contábeis exigidos das companhias

Outro agente externo de controle diz respeito aos padrões contábeis exigidos das companhias na elaboração de suas demonstrações financeiras. Essas exigências de padrões contábeis remetem a um dos valores mais importantes das boas práticas de governança corporativa, o chamado *accountability*, que é a prestação responsável de contas.

Sendo assim, uma das recomendações/exigências às empresas que negociam suas ações em bolsa é a adoção de princípios contábeis internacionalmente aceitos (International Accounting Standards – IAS e International Financial Reporting – Standards IFRS ou United States Generally Accepted Accounting Principles – US Gaap). Cabe ressaltar que no Brasil isso já é exigência para as empresas que se encontram no nível 2 de governança corporativa na Bovespa e no segmento do Novo Mercado.

Mercado de capitais

A cotação das ações é um indicador fundamental sobre a reação do mercado de capitais quanto às práticas de governança corporativa utilizadas pelas empresas.

A resposta que o mercado de capitais oferece ao desempenho das companhias favorece o desenvolvimento, por parte das organizações, de práticas de gestão que valorizem e maximizem a riqueza dos investidores, de forma que o mercado possa medir um bom desempenho da gestão. Empresas que não apresentem o desempenho esperado por seus acionistas tendem a ser submetidas a mecanismos denominados *take-over* hostis.

Geralmente, subsequente a um *take-over* hostil, a estratégia utilizada pelo acionista que agora detém o controle acionário é a imediata substituição da diretoria executiva, com o fim de reerguer a companhia. Intimidada por essa possibilidade, a diretoria sente a força de mercado que a impulsiona à utilização de boas práticas de governança com o intuito de gerar valor para o acionista.

Ativismo dos investidores

A pressão dos investidores por adoção de práticas transparentes e sólidas nas companhias faz que seu ativismo seja uma importante ferramenta no processo de governança.

"Os investidores institucionais têm se firmado neste cenário como detentores de recursos de longo prazo, trazendo oportunidades de investimentos em atividades produtivas." (Carvalho; Melo, 2003, p. 76)

A exemplo desse ativismo temos o Calpers (fundo de pensão dos funcionários públicos da Califórnia), que foi um dos agentes principais no processo de governança corporativa nos EUA.

Ações governamentais

As ações governamentais também têm importante papel no processo de governança corporativa. A exemplo disso temos o BNDES, considerado a principal agência de fomento do Brasil, que criou o Programa de Incentivo à Adoção de Práticas de Governança Corporativa, que objetiva deixar claro o conceito de que melhor governança reduz o custo do capital.

Esse programa incentiva as empresas a adotarem padrões de governança, oferecendo, em troca, benefícios nos financiamentos junto ao BNDES.

Relação entre mecanismos de governança e desempenho

Em vias gerais, todos os agentes ou ferramentas de controle da governança corporativa tendem a exercer influência ou pressão no sentido de direcionar a companhia às práticas transparentes de gestão. E essas práticas têm sido de fundamental importância, na conjuntura econômica atual, para a geração de valor para a companhia, para seu desempenho e crescimento econômico.

Boas práticas como conselhos de administração que supervisionam e avaliam a atuação da diretoria, a fim de alinhar suas ações aos interesses dos acionistas, conselhos fiscais que fiscalizam práticas da gestão, bem como os comitês internos de auditoria e a auditoria independente, que verifica a veracidade das informações e idoneidade das práticas contábeis e administrativas, são verdadeiras ferramentas internas de controle, por parte dos acionistas, que auxiliam uma atuação transparente que seja capaz de levar a companhia a uma melhor avaliação por parte do mercado, conferindo-lhe melhor desempenho quando da oferta de suas ações.

Consequentemente, os mecanismos e controles externos da governança, exercidos pelo próprio mercado, aqui representado pelos acionistas, governo e *stakeholder* amplo, como a aplicação de regulamentações mais severas e exigências quanto à divulgação de informações financeiras, auxiliam a companhia a atuar de maneira transparente, o que, novamente, remete-lhe a uma supervalorização pelo mercado e aumento de desempenho.

De acordo com o estudo desenvolvido pela International Shareholder Services, sintetizado no Quadro 35.7, "as empresas cujos procedimentos correspondem ao mais alto grau de governança conquistaram margens líquidas de lucro 21,66% acima da média de seu segmento." (Rebouças, 2005)

Quadro 35.7 Virtudes da transparência

Empresas com alto grau de governança	Empresas com baixo grau de governança
Têm margem de lucro 21,66% acima da média do setor Volatilidade nos preços das ações 5,63% menor que a média do setor Concedem descontos menores quando da precificação de emissões: se a média mundial é de 40% de desconto, a dos EUA, do Canadá e Europa baixa para 11%; e a do Brasil já caiu para 25%	Têm margem de lucro 6,38% abaixo da média do setor Volatilidade nos preços das ações 6,2% maior que a média do setor

Fonte: Rebouças, L. (2005).

35.5 BM&FBovespa e governança corporativa

A Bolsa de Valores, Mercadorias e Futuros (BM&FBovespa S.A.) foi criada em 2008 com a integração da Bolsa de Mercadorias & Futuros (BM&F) e a Bolsa de Valores de São Paulo (Bovespa). Juntas, as companhias formam uma das maiores bolsas do mundo em valor de mercado, a segunda das Américas e a líder no continente latino-americano.

Com o crescimento do mercado de capitais e a preocupação em oferecer proteção ao acionista, a Bovespa (hoje BM&FBovespa) criou, em 2000, o Novo Mercado, que configura um segmento diferenciado de listagem destinado às companhias que voluntariamente se comprometem com a adoção de práticas de governança corporativa e transparência mais rígidas em relação ao que é exigido pela legislação. Como a própria Bovespa afirma em seu *site*:

> "A entrada de uma empresa no Novo Mercado significa a adesão a um conjunto de regras societárias, genericamente chamadas de 'boas práticas de governança corporativa', mais rígidas do que as presentes na legislação brasileira." (Bovespa, 2005)

Além do segmento denominado Novo Mercado, a Bovespa, reconhecendo que suas regras são bastante rígidas e que as companhias brasileiras teriam dificuldades para cumpri-las, criou também os segmentos especiais denominados "Nível 1" e "Nível 2" de governança corporativa, sendo esses níveis voltados para as empresas já negociadas no mercado tradicional, enquanto que o Novo Mercado é mais voltado às empresas que venham abrir seu capital (uma vez que é exigido das empresas listadas no Novo Mercado a existência de apenas uma classe de ações: as ordinárias com direito a voto).

Assim, a bolsa de valores passa a contemplar quatro mercados: o mercado tradicional, Nível 1, Nível 2 e Novo Mercado, sendo que a adesão a qualquer um dos níveis (ou selos) de governança corporativa é voluntária e feita mediante contrato.

No Quadro 35.8 são apresentadas as principais exigências da Bovespa para adesão aos níveis 1 e 2 de governança corporativa.

Quadro 35.8 Principais exigências dos níveis 1 e 2 de governança corporativa

Nível 1	Nível 2
Manutenção em circulação de uma parcela mínima de ações, representando 25% do capital	Conselho de administração com mínimo de cinco membros e mandato unificado de um ano
Realização de ofertas públicas de colocação de ações por meio de mecanismos que favoreçam a dispersão do capital	Disponibilização de balanço anual seguindo as normas US Gaap (United States Generally Accepted Accounting Principles) ou IFRS (International Financial Reporting Standards)
Melhoria nas informações prestadas trimestralmente, entre as quais a exigência de consolidação das demonstrações contábeis e de revisão especial de auditoria	Extensão para todos os acionistas detentores de ações ordinárias das mesmas condições obtidas pelos controladores quando da venda do controle da companhia e de, no mínimo, 70% deste valor para os detentores de ações preferenciais (tag along)
Informar negociações de ativos e derivativos de emissão da companhia por parte de acionistas controladores ou administradores da empresa	
Disponibilização de um calendário anual de eventos corporativos	Direito de voto às ações preferenciais em algumas matérias, como transformação, incorporação, cisão e fusão da companhia e aprovação de contratos entre a companhia e empresas do mesmo grupo, sempre que sejam deliberados em assembleia geral
Apresentação das demonstrações do fluxo de caixa	Obrigatoriedade de realização de uma oferta de compra de todas as ações em circulação, pelo valor econômico, nas hipóteses de fechamento do capital ou cancelamento do registro de negociação neste nível
	Adesão à Câmara de Arbitragem para resolução de conflitos societários

Fonte: www.bovespa.com.br. Acesso em 21/11/2005.

É importante ressaltar que as empresas que aderem ao Nível 2 devem se comprometer também com as práticas exigidas no Nível 1. Quanto às empresas que aderem ao Novo Mercado, além de pré-requisitos semelhantes aos níveis 1 e 2, exige-se que a empresa emita e tenha apenas ações ordinárias com direito a voto e que, em caso de venda do controle acionário, o comprador estenda sua oferta a todos os acionistas com o mesmo tratamento dado ao controlador (*tag along*).

A Bovespa considera que as companhias abertas têm governança corporativa quando, além do atendimento das obrigações constantes na legislação (leis nº 6.404/76, 10.303/01, 11.638/07 e 11.941/09), elas são admitidas como companhia de mercado nível 1 e nível 2.[8]

Novo mercado

Na listagem das empresas na Bovespa, considera-se que o Novo Mercado é a expressão maior de transparência das empresas, e consequentemente, de governança corporativa, caracterizando-se então como o nível mais elevado de governança.

Basicamente, o que diferencia as empresas listadas no Novo Mercado das listadas no Nível 2 é que essas empresas terão apenas uma classe de ações, que são ações ordinárias. Assim, a entrada no Novo Mercado, além do cumprimento de todos os requisitos para o Nível 2, obriga as empresas a terem uma única classe de ações, todas com o mesmo direito a voto. Caso a companhia, na formação original de seu capital social, contenha ações preferenciais, essas deverão ser transformadas em ações ordinárias por assembleia geral dos acionistas. O critério de cálculo para transformação das ações preferenciais em ordinárias também deverá ser aprovado pela maioria dos acionistas em assembleia geral, da qual não devem participar os acionistas majoritários, sob pena de enviesar a decisão.

---

[8] Após os escândalos da Enron, WorldCom etc., os EUA reforçaram a legislação sobre governança corporativa com a introdução da Lei Sarbanes-Oxley/2002.

Caso – Conflito de agência

Obama pedirá ao Tesouro que tente bloquear pagamento de bônus da AIG. *Folha Online*, 16/3/2009
O presidente dos Estados Unidos, Barack Obama, disse nesta segunda-feira que pedirá ao Departamento do Tesouro para tentar impedir, "por todo meio legal", a seguradora AIG (American International Group) de pagar US$ 165 milhões em bonificações a executivos.

A AIG diz que os bônus fazem parte dos contratos dos executivos – incluindo daqueles responsáveis pelas divisões da empresa que estão mais envolvidas na crise em que a empresa se encontra. Como são cláusulas contratuais, a AIG não pode simplesmente suspender o pagamento dos bônus.

A seguradora já havia recebido US$ 150 bilhões do governo quando foi anunciado um novo pacote de ajuda, no valor de US$ 30 bilhões, no último dia 2 – mesmo dia em que a seguradora apresentou um prejuízo de US$ 61,7 bilhões no quarto trimestre, o maior já registrado por uma empresa americana. No ano passado como um todo, a AIG anunciou uma perda, também recorde, de US$ 99,289 bilhões.

"Nos últimos seis meses, a AIG recebeu somas substanciais do Departamento do Tesouro", disse Obama, que acrescentou que pediu ao secretário do Tesouro, Timothy Geithner, que use esse argumento e "busque todo meio legal para bloquear esses bônus". Obama disse ainda que a AIG é uma empresa "que se encontra em dificuldades financeiras devido à negligência e à ganância".

"Nessas circunstâncias é difícil entender como os operadores de derivativos na AIG tenham conseguido bônus, que dizer então de US$ 165 milhões, em pagamento extra", afirmou o presidente. "Como eles justificam esse ultraje frente aos contribuintes que estão mantendo a empresa em pé?"

Representantes da Casa Branca disseram, segundo o diário americano *The New York Times* (NYT), que o governo não está tentando levar a AIG à Justiça para impedir o pagamento dos bônus, mas que o Tesouro vai fazer com que a empresa se limite a pagar seus executivos dentro do estipulado em seus contratos.

"No país todo há pessoas que trabalham duro e cumprem suas responsabilidades todos os dias, sem o benefício de ajudas do governo ou bônus milionários", disse o presidente. "Tudo que elas pedem é que todos joguem pelas mesmas regras."

O executivo-chefe da AIG, Edward Liddy, aceitou reduzir alguns pagamentos, mas, em carta enviada a Geithner, alertou para o perigo que a companhia correria de perder alguns de seus executivos, "se eles achassem que a compensação está submissa a um ajuste contínuo e arbitrário" por parte do departamento.

O principal conselheiro econômico do presidente Obama, Lawrence Summers, disse que o pagamento dos bônus aos executivos da AIG é um "escândalo", em uma entrevista à rede americana de televisão ABC, mas acrescentou que os Estados Unidos "são um país de leis, há contratos e o governo não pode revogá-los".

A reação no Congresso foi parecida. O democrata Barney Frank, presidente do Comitê de Serviços Financeiros da Casa dos Representantes (Câmara dos Deputados), disse à rede de TV Fox News, que o governo deveria ter imposto à AIG "regras mais estritas desde o início" em troca de fornecer dinheiro público.

Novo mercado – Informações contábeis periódicas

As demonstrações contábeis da companhia e as demonstrações consolidadas a serem elaboradas após o término de cada trimestre (excetuando o último trimestre) e de cada exercício social, devem, obrigatoriamente, incluir demonstração dos fluxos de caixa, que indicarão, no mínimo, as alterações ocorridas no saldo de caixa e equivalentes de caixa, segregadas em fluxos das operações, dos financiamentos e dos investimentos.

A apresentação da demonstração dos fluxos de caixa deverá ser iniciada, no máximo, seis meses após a obtenção pela companhia da autorização para negociar no Novo Mercado.

Nas Demonstrações Financeiras Padronizadas (DFP), a companhia deverá:

a) incluir, em notas explicativas, a demonstração dos fluxos de caixa;
b) informar, no relatório da administração, a existência e a vinculação à cláusula compromissória de arbitragem.

Após o encerramento de cada exercício social a companhia deverá, adicionalmente ao previsto na legislação vigente:

a) elaborar demonstrações contábeis ou demonstrações consolidadas, conforme previsto nos padrões internacionais IFRS ou US Gaap, em reais ou dólares americanos, que deverão ser divulgadas na íntegra, no idioma inglês, acompanhadas do relatório da administração, de notas explicativas, que informem inclusive o lucro líquido e o patrimônio líquido apurados ao final do exercício segundo os princípios contábeis brasileiros e a proposta de destinação do resultado, e do parecer dos auditores independentes;
b) divulgar, no idioma inglês, a íntegra das demonstrações contábeis, o relatório da administração e notas explicativas elaboradas de acordo com a legislação societária brasileira, acompanhadas de nota explicativa adicional que demonstre a conciliação do resultado do exercício e do patrimônio líquido apurados segundo os critérios contábeis brasileiros e segundo os padrões internacionais IFRS ou US Gaap, conforme o caso, evidenciando as principais diferenças entre os critérios contábeis aplicados, e parecer dos auditores independentes.

Os auditores independentes contratados pela companhia, além de serem registrados na CVM, deverão possuir experiência comprovada no exame de demonstrações financeiras elaboradas de acordo com os padrões internacionais IFRS ou US Gaap, conforme o caso, respondendo a companhia pelo atendimento dessa formalidade.

Questões e exercícios

1. Defina e explique os princípios da governança corporativa aplicada ao ambiente de mercado de capitais.
2. O que você entende por conflito de agência?
3. Explique as principais diferenças entre os modelos de governança corporativa.
4. Qual o principal objetivo da SOX no mercado de capitais norte-americano?
5. Quais são as principais exigências requeridas pelos níveis diferenciados de governança corporativa da Bovespa para as companhias abertas no Brasil?

Referências bibliográficas

ALEXANDER, David; NOBES, Christopher. *Financial accounting:* an international introduction. United Kingdom: Pearson Education, 2001.

ANDRADE, Adriana; ROSSETTI, José Paschoal. *Governança corporativa:* fundamentos, desenvolvimento e tendências. São Paulo: Atlas, 2004.

ANDRADE, Paula; SALLES, Ygor. *Critérios de governança vão ser obrigatórios em estatais.* Disponível em: <http://crcsp.org.br/publicacoes/crc_virtual/not_virtual06/not_093.htm.> Acesso em: 10 out. 2005.

ARANHA, Luiz Oswaldo Norris. Governança corporativa do setor elétrico. *Gazeta Mercantil*, São Paulo, 28 jun. 2005. p.A-3.

ATKINSON, Anthony A.; BANKER, Rajiv D.; KAPLAN, Robert S.; YOUNG, S. Mark. *Contabilidade gerencial.* São Paulo: Atlas, 2000.

BANCO CENTRAL DO BRASIL. *Circular 179*, 11 de maio de 1972.

BELLOTTO, Alessandra. A boa governança se traduz em mais lucros. *Gazeta Mercantil*, São Paulo, 13 jul. 2005. p.B-1.

BLOOMBERG. UE ordena padronização de balanços até 2005. *Valor Econômico*, 30 set. 2003.

BRAGA, Hugo Rocha; ALMEIDA, Marcelo Cavalcanti. *Mudanças contábeis na lei societária: Lei nº 11.638, de 28.12.2007.* São Paulo: Atlas, 2008.

BRANDMAN, James. Corporate disclosure improving. *Global Finance.* Nova York, abr. 2000.

BREALEY, Richard A.; MYERS, Stewart C. *Princípios de finanças empresariais.* Portugal: MacGraw-Hill, 1992.

BRIGHAM, Eugene F.; GAPENSKI, Louis C.; EHRHARDT, Michael C. *Administração financeira.* São Paulo: Atlas, 2001.

CARBAUGH, Robert J. *Economia internacional.* São Paulo: Pioneira Thomson Learning, 2004.

CARVALHO, Frederico Antonio Azevedo de; MELO, Lenice Corrêa de. Governança corporativa – intangível internacional que se concretiza no Brasil. *Revista do mestrado em ciências contábeis da UERJ*, Rio de Janeiro, v.8, n.1, p.57-79, 2003.

CARVALHO, José Luiz R. de; CHRISTINO, Genuíno J. Magalhães. O Fasb e a conversão dos balanços em moeda estrangeira. *Revista Mercado de Capitais*, n.83, 2000.

CARVALHO, Nelson Marinho de. Evidenciação de derivativos. *Caderno de Estudos.* São Paulo: Fipecafi, v.11, n.20, p.29-41, jan./abr. 1999.

CASTRO NETO, José Luís de. *Contribuição ao estudo da prática harmonizada da contabilidade na União Europeia.* Tese de Doutoramento apresentada à Faculdade de Economia e Administração da Universidade de São Paulo – FEA/USP. 1998.

_____; et al. *A "visão justa e verdadeira" (true and fair view) e o processo de harmonização das normas contábeis internacionais.* Trabalho publicado nos anais do XVI Congresso Brasileiro de Contabilidade, realizado em Goiânia/GO – Brasil. 2000.

_____; LEITE, Joubert da Silva Jerônimo. *Divulgação de informações contábeis por segmento econômico e geográfico.* Trabalho apresentado e publicado nos anais do XVI Congresso Brasileiro de Contabilidade, realizado em Goiânia/GO – Brasil. 2000.

CHOI, D. S. Frederick; FROST, Carol Ann; MEEK, Gary K. *International accounting.* 3.ed. EUA: Prentice Hall International, 1999.

CONFERÊNCIA DAS NAÇÕES UNIDAS PARA O COMÉRCIO E DESENVOLVIMENTO. *Relatório mundial de investimento – 2000: fusões, aquisições e desenvolvimento, tabela 1, p.2.*

COPELAND, Tom; KOOLER; MURRIN. *Avaliação de empresas – valuation.* São Paulo: Makron Books, 2000.

CORREIO POPULAR. *06 de maio de 2001, B-2, Indicadores, Inflação.* 2001.

DAMODARAN, Aswath. *Avaliação de investimentos.* Rio de Janeiro: Qualitymark, 1999.

DELOITTE TOUCHE TOHMATSU. *Lei Sarbanes-Oxley. Resumo Executivo,* maio. 2003.

DELOITTE. *Normas Internacionais de Contabilidade – IFRS.* São Paulo: Atlas, 2006.

ECKBO, B. Espen. Diretoria forte é um convite à gestão fraca. *Valor Econômico,* Rio de Janeiro, 23 jun. 2005. 12 p. Suplemento 1 de governança corporativa.

EITEMAN, David K.; STONEHILL, Arthur I.; MOFFETT, Michael H. *Administração financeira internacional.* 9.ed. Porto Alegre: Bookman, 2002.

EXAME. Proteção total. 25 jun. 2003, p.82-4.

FACULDADE DE ECONOMIA, ADMINISTRAÇÃO E CONTABILIDADE DA UNIVERSIDADE DE SÃO PAULO – FEA/USP. *Contabilidade introdutória.* 9.ed. São Paulo: Atlas, 1998.

FALCÃO, Eduardo Tadeu de Aquino. *Divulgação em demonstrações financeiras – companhias abertas.* Dissertação de Mestrado apresentada à Faculdade de Economia e Administração da Universidade de São Paulo – FEA/USP. 1993.

FANG, Kenneth C.; JACOBS, Brad. Clarifying and protecting materiality standards in financial statements: a review of sec staff accounting bulletin 99. *The Business Lawyer.* Chicago: maio. 2000.

FIGUEIREDO, Antonio Carlos. *Introdução aos derivativos.* São Paulo: Pioneira Thomson Learning, 2002.

FINANCIAL TIMES. *Dominando finanças.* São Paulo: Makron Books, 2001.

FISCHER, Paul M.; TAYLOR, William J. *Advanced accounting.* 6.ed. EUA: South-Western College Publishing, 1995.

FOLHA ONLINE. Obama pedirá ao Tesouro que tente bloquear pagamento de bônus da AIG. 16 mar. 2009.

FRANCO, Hilário. Da importância dos princípios fundamentais de contabilidade na harmonização das normas e informações contábeis. *Revista Brasileira de Contabilidade.* Brasília, n.95: 36-46, set-out. 1995.

_____. *A contabilidade na era da globalização – temas discutidos no XV congresso mundial de contadores em Paris, 26 a 29-10-1997.* São Paulo: Atlas, 1999.

_____. *Harmonização internacional das normas contábeis: um grande desafio para a profissão contábil.* Trabalho apresentado e publicado nos anais do XVI Congresso Brasileiro de Contabilidade, realizado em Goiânia/GO – Brasil. 2000.

FREZATTI, Fábio. *Orçamento empresarial.* São Paulo: Atlas, 1999.

FUNDAÇÃO INSTITUTO DE PESQUISAS CONTÁBEIS, ATUARIAIS E FINANCEIRAS – FIPECAFI & ARTHUR ANDERSEN. *Normas e práticas contábeis no Brasil.* 2.ed. São Paulo: Atlas, 1994.

GAZETA MERCANTIL. *10 de julho de 2000,* Caderno de Economia e Finanças.

_____. *Demonstrações contábeis.* fevereiro a abril de 2002. Cadernos A e C.

GOL, *Relatório Anual 2004.* São Paulo: Gol, 2004. 90 p.

GRABBE, J. Orlin. *International financial markets.* Nova York: Elsevier Science Publishing Co., Inc., 1991.

GRADILONE, Cláudio. A Sarbanes nas empresas do país. *Exame,* São Paulo, 14 set. 2005. p.100-2.

GITMAN, Lawrence J. *Princípios de administração financeira.* 7.ed. São Paulo: Harbra, 1997.

_____. *Princípios de administração financeira.* 10.ed. São Paulo: Ed. Addison Wesley/Pearson, 2004.

HANKS, Sara. SEC to waive reconciliation requirement for foreign issuers? *International Financial Law Review,* v.19, maio 2000.

HARIED, Andrew A.; et al. *Advanced accounting.* 6.ed. EUA: John Wiley & Sons, 1994.

HENDRICKSEN, Eldon S. Accounting Theory, Irwin, Homewood, Illinois, 1982.

_____. *Teoria de la contabilidad.* Traduzido de *Accounting theory* por Manuel J. Fernández Cepero. México: UTHEA – Unión Tipografica Editorial Hispano-Americana, 1974.

_____; BREDA, Michael F. Van. *Teoria da contabilidade.* Tradução da 5ª edição norte-americana por Antonio Zoratto Sanvicente. São Paulo: Atlas, 1999.

HICKS, James R. *Value and capital.* Oxford, 1946.

INFINITY BIO-ENERGY. *Relatório Anual 2007.*

INTERNATIONAL FINANCIAL LAW RIVIEW. *New accounting standards for cross-border offerings.* Londres, v.19, n.6, p.4, jun. 2000.

IUDÍCIBUS, Sérgio de. *Teoria da contabilidade.* 5.ed. São Paulo: Atlas, 1997.

_____. *Contabilidade comercial.* 3.ed. São Paulo: Atlas, 1995.

_____; et al. *Manual de contabilidade das sociedades por ações.* 5.ed. São Paulo: Atlas, 2000.

_____; MARION, José Carlos. *Introdução à teoria da contabilidade*. 2.ed. São Paulo: Atlas, 2000.

_____; et al. *Manual de contabilidade societária: aplicável a todas as sociedades, de acordo com as normas internacionais e do CPC*. São Paulo: Atlas, 2010.

JENKINS, Edmund. *The fair marking of derivatives*. Global Finance. set. 1998, p.21.

KAM, Vernon. *Accounting theory*. 2.ed. EUA: John Wiley & Sons, 1990.

KPMG. Taxes Services Brazil. *Preços de transferência*. São Paulo, 1997.

_____. Comparações entre práticas contábeis – *Accounting practices comparison*. KPMG, 2000.

_____. Comparações entre práticas contábeis – *Accounting practices comparison*. KPMG, 2001.

_____. Pesquisa de fusões e aquisições no Brasil – 1º trimestre de 2007 e 2006: Espelho das transações realizadas no Brasil – Mergers & Acquisitions Research – 1st quarter: Mirror of transactions undertaken in Brazil. KPMG, 2007.

LEITE, Joubert da Silva Jerônimo. *Normas contábeis internacionais: uma visão para o futuro*. Trabalho técnico apresentado na 17ª Convenção dos Contabilistas do Estado de São Paulo, realizada em setembro de 2001, no Centro de Convenções do Anhembi, em São Paulo/SP. Trabalho premiado em 1º lugar.

_____. *A abertura da economia mundial e sua influência no processo de padronização internacional da contabilidade*. Artigo técnico publicado na Revista de Contabilidade, do CRC/SP. Ano V, n.17, setembro de 2001.

_____. *Processo de conversão de demonstrações contábeis em moeda estrangeira: uma análise crítica da norma SFAS nº 52*. Dissertação de Mestrado apresentada a Facesp-Unifecap. 2002.

LEITE, J. S. J.; FIGUEIREDO, E. S.; MOREIRA, C. A. A. Uma contribuição ao estudo da governança corporativa no Brasil. In: SOUSA, J. E. E.; CALIL, J. F.; MONOBE, T. (Orgs.). *Estratégia organizacional: teoria e prática na busca da vantagem competitiva*. Campinas: Akademika Editora, 2006, v.1, p.133-90.

LIMA, Iran Siqueira; LOPES, Alexsandro Broedel. *Contabilidade e controle de operações com derivativos*. São Paulo: Pioneira, 1999.

LISBOA, Nahor Plácido. *Uma contribuição ao estudo da harmonização de normas contábeis*. Dissertação de Mestrado apresentada à FEA/USP. 1995.

LISBOA, Lázaro Plácido; et al. *"Valor justo" em contabilidade*. Trabalho apresentado e publicado nos anais do XVI Congresso Brasileiro de Contabilidade, realizado em Goiânia/GO – Brasil. 2000.

_____; HAJJ, Zaina Said El. *Fusões e aquisições e respectivas normas contábeis*. Trabalho apresentado e publicado nos anais do XVI Congresso Brasileiro de Contabilidade, realizado em Goiânia/GO – Brasil. 2000.

LODI, João Bosco. *Governança corporativa: o governo da empresa e o conselho de administração*. 4.ed. Rio de Janeiro: Campus, 2000.

LOPES, Alexsandro Broedel. *Finanças internacionais*. São Paulo: Atlas, 2003.

_____; LIMA, Iran Siqueira. Disclosure de operações com derivativos: panorama internacional. *Caderno de Estudos*. São Paulo: Fipecafi, v.10, n.18, p.28-35, maio/ago. 1998.

MAHONEY, William F. *Relações com investidores*. Rio de Janeiro: IMF Editora, 1997.

MAIA, Jayme de Mariz. *Economia internacional e comércio exterior*. 7.ed. São Paulo: Atlas, 2001.

MANAGEMENT ACCOUNTING. *Accounting standards*. Londres: v. 78, n. 4, p.10-1, abr. 2000.

MARTINS, Eliseu. *Contabilidade versus fluxo de caixa*. São Paulo: Caderno de Temática Contábil e Balanços – IOB n.32, 1989.

MATOS, Fernando. *Preços de transferência no Brasil*. São Paulo: Atlas, 1999.

MCKINSEY & COMPANY, KORN/FERRY INTERNATIONAL. *Panorama de governança corporativa no Brasil*. São Paulo, 2001. 44 p.

MILLSTEIN, Ira. Gerenciamento de resultados ou maquiagem contábil? *Valor Econômico*, Rio de Janeiro, 30 jun. 2005. 12 p. Suplemento 2 de governança corporativa.

MUELLER, Gerhard G. *International accounting*. Nova York: Macmillan, 1967.

NASI, Antonio Carlos. Experiência na harmonização das normas de auditoria no Brasil às normas internacionais de auditoria. *Revista Brasileira de Contabilidade*, Brasília: n.85:94-99, dezembro de 1993.

NATURA, *Relatório Anual 2004*. São Paulo: Natura, 2004. 126 p.

NIYAMA, Jorge Katsumi. *Contabilidade internacional*. São Paulo: Atlas, 2007.

_____; GOMES, Amaro L. Oliveira. *Contabilidade de instituições financeiras*. São Paulo: Atlas, 2000.

NOBES, Christopher; PARKER, Robert. *Comparative International Accounting*. 5.ed. EUA: Prentice Hall Europe, 1998.

O ESTADO DE SÃO PAULO. *Marcopolo negocia joint venture global com indiana Tata Motors*. 11 ago. 2005, p.B14

_____. *Alta do euro sufoca empresas europeias*. 21 jun. 2005, p.B8.

_____. *Lucro no céu, preços na terra*. 2 jan. 2006, p.B8.
OLIVEIRA, Alexandre Martins Silva de; et al. *Contabilidade internacional*. São Paulo: Atlas, 2008.
PADOVEZE, Clóvis Luís. *Contabilidade gerencial:* um enfoque em sistema de informação contábil. São Paulo: Atlas, 1996.
PADOVEZE, Clóvis Luís. *Contabilidade gerencial: um enfoque em sistema de informação contábil – exercícios*. São Paulo: Atlas, 1995, p.28-9.
_____. *Manual de contabilidade básica*. 5.ed. São Paulo: Atlas, 2004.
_____. *Controladoria estratégica e operacional*. São Paulo: Pioneira Thomson Learning, 2003.
_____. *Contabilidade gerencial*. 4.ed. São Paulo: Atlas, 2004.
_____. *Introdução à contabilidade*. São Paulo: Pioneira Thomson Learning, 2005.
_____. *Administração financeira de empresas multinacionais*. São Paulo: Pioneira Thomson, 2006.
PARKER, Colin. Crunch time for global standards. *Australian CPA*. v.70, n.8, p.8.
PARKS, Paula Lynn. Satisfy Stockholders. In: *Black Enterpreise*. Nova York, abr. 2000.
PAULA, D. A. da S.; et al. *Trabalho técnico:* impairment *de ativos de longa duração: comparação entre o SFAS 144 e o IAS 36*. 2006.
PEREIRA FILHO, Edson. O preço de ser grande. *Revista RMC*, n.1, maio. 2001, p.8-9.
PEREZ JUNIOR, José Hernandez. *Conversão de demonstrações contábeis para moeda estrangeira*. São Paulo: Atlas, 1997.
_____. *Conversão de demonstrações contábeis para moeda estrangeira*. 4.ed. São Paulo: Atlas, 2001.
PIMENTEL, Joéde da Silva. *Tratamento contábil das transações e demonstrações financeiras em moeda estrangeira*. Dissertação de Mestrado apresentada à FEA/USP. 1981.
PRICEWATERHOUSECOOPERS. *Semelhanças e diferenças: normas contábeis internacionais (IFRS) e norte-americanas (US Gaap) e as práticas contábeis adotadas no Brasil*. Pochet Guide – out. 2004.
RADEBAUGH, Lee H.; GRAY, Sidney J. *International accounting and multinational enterprises*. 4.ed. EUA: John Wiley & Sons, 1997.
RAZÃO CONTÁBIL. Governança corporativa e os limites da transparência. São Paulo: Segmento, ano 2, n.14, jun. 2005. 66 p. Edição Especial.
REBOUÇAS, Lucia. Lucros crescem com governança corporativa. *Gazeta Mercantil*, São Paulo, 28 set. 2005. p.B-3.
REVISTA EXAME. *A escolha do investidor*. 16 de out. 2002.
ROSA, Paulo Moreira da. *A contabilidade no Mercosul*. São Paulo: Atlas, 1999.
ROSS, Stephen A.; WESTERFIELD, Randolph W.; JAFFE, Jeffrey F. *Administração financeira – corporate finance*. 2.ed. São Paulo: Atlas, 2002.
ROSSETTI, José Paschoal. *Contabilidade social*. 7.ed. São Paulo: Atlas, 1994.
_____. *Introdução à economia*. 17.ed. São Paulo: Atlas, 1997, p.697.
ROSSETO, Vicente. *Preços de transferência: comentários à lei nº 9430/96*. Caderno de Estudos, São Paulo: Fipecafi, v.10, n.17, p.79-85, jan./abr. 1998.
SÁ, Graciano. *O valor das empresas*. Rio de Janeiro: Expressão e Cultura, 2001.
SAMUELSON, Paul Anthony. *Introdução à análise econômica*. Tradução de Luiz Carlos Nascimento Silva, 6.ed. Rio de Janeiro: Agir, 1969.
SANDRONI, Paulo. *Novíssimo dicionário de economia*. 6.ed. São Paulo: Best Seller, 2001.
SANVICENTE, Antonio Zoratto. *Derivativos*. São Paulo: Publifolha, 2003.
SANTOS, Ariovaldo dos. *Aspectos da conversão de demonstrações contábeis para moeda estrangeira*. Dissertação de Mestrado apresentada à Faculdade de Economia e Administração da Universidade de São Paulo – FEA/USP. 1980.
_____. *Alguns efeitos da utilização de índices inadequados na correção dos balanços de empresas estrangeiras no Brasil*. Tese de Doutoramento apresenta à FEA-USP. 1993.
_____; BRAGA, Roberto. *Resultado do exercício: as empresas localizadas em países com baixas taxas de inflação são ou não afetadas?* V Congresso Internacional de Costos, Acapulco, Gro. México, jul. 1997.
SCHMIDT, Paulo. *História do pensamento contábil*. Porto Alegre: Bookman, 2000.
_____; SANTOS, José Luiz dos; FERNANDES, Luciane Alves. *Contabilidade internacional avançada*. São Paulo: Atlas, 2004.
SCHROEDER, Richard G.; CLARK, Myrtle W. *Accounting theory:* text and readings. 6.ed. EUA: John Wiley & Sons, 1998.

SILVEIRA, Alexandre di Miceli. *Governança corporativa, desempenho e valor da empresa no Brasil*. 2002, 152 f. Dissertação de Mestrado apresentada à Faculdade de Economia, Administração e Contabilidade da USP, São Paulo, 2002. Disponível em: http://www.teses.usp.br. Acesso em: 20 mar. 2005.

SOUSA, Marco Aurélio Batista de; BEUREN, Ilse Maria; COLAUTO, Romualdo Douglas. Apresentação e Estrutura do Trabalho Monográfico de Acordo com as Normas da ABNT. In: BEUREN, Ilse Maria (Org.). *Como elaborar trabalhos monográficos em contabilidade: teoria e prática*. São Paulo: Atlas, 2004.

STANKO, Brian B. The case for international accounting rules. *Business And Economic Review*. Columbia: jul./set. 2000.

STICKNEY, Clyde P.; WEIL, Roman L. *Financial accounting:* an introduction to concepts, methods and uses. 10.ed. South-Western: Thomson Learning, 2003.

STIGLITZ, Joseph E. *A globalização e seus malefícios*. São Paulo: Futura, 2002.

TEIXEIRA, Maria José. *Consolidação das demonstrações contábeis – uma visão nacional e internacional*. Dissertação de Mestrado apresentada à Pontifícia Universidade Católica de São Paulo – PUC/SÃO PAULO. 1999.

TOWNLEY, Gemma. Capital markets standardisation in reporting. *Management Accounting*, v.78, n.7, p.6. jul./ago. 2000.

TROMBLY, Maria. *SEC may loosen reins on foreign biz computerworld*, v.34, n.23, p.199. Framingham, 5 jun. 2000.

VALOR ECONÔMICO. *Governança corporativa*. Rio de Janeiro, 2005. Suplementos 1-4.

_____. *Viacom divide-se*. 2 jan. 2006, p.B1.

_____. *Microsoft simplifica divisões de negócios*. 21 set. 2005, p.B3.

_____. *Real é maior ameaça ao desempenho da GM no país*. 25 abr. 2005, p.B1.

_____. *Muitos negócios entre ienes e reais*. 26 dez. 2005, p.C2.

_____. *Cobertura cambial beneficia Volvo*. 24 out. 2005, p.B1.

_____. *Euro forte deixa cidades europeias mais caras*. 1 mar. 2005, p.A57.

_____. *Sob pressão, China admite acelerar reforma cambial*. 26 abr. 2005, p.A13.

VAN HORNE, James C. *Financial management and policy*. 11.ed. Upper Saddle River, Nova Jersey: Prentice-Hall, 1998.

VIEIRA, Solange Paiva; MENDES, André G. S. Teixeira. Governança corporativa: uma análise de sua evolução e impactos no mercado de capitais brasileiro. *Revista do BNDES*, Rio de Janeiro, v.11, n.22, p.103-22, 2004.

WEYGANDT, Jerry J.; et al. *Accounting principles*. 5.ed. EUA: John Wiley & Sons, Inc. 1998.

WILLIAMS, Jan R. *Gaap guide:* restatement and analysis of current Fasb standards. EUA: Harcourt Professional Publishing, 2000.

YATABE, Sérgio S. *Utilização de contratos futuros da BM&F como instrumento de hedge de custos de matéria-prima bovina*. Dissertação de Mestrado em Ciências Contábeis apresentado à PUC-SP. out. 2004.

YOSHITAKE, Mariano; HOJI, Masakazu. *Gestão de tesouraria:* controle e análise de transações financeiras em moeda forte. São Paulo: Atlas, 1997.

ZOIA, Tatiana Sertorio. *Adoção pela primeira vez das normas internacionais de contabilidade – A IFRS 1 e suas aplicações nas empresas brasileiras*. Monografia apresentada ao Centro de Economia e Administração, Curso de Pós-Graduação em Contabilidade Internacional da PUC-Campinas. 2009.

Websites e Documentos

ACCOUNTING PRINCIPLES BOARD – APB. *APB opinion nº 16 – Fusões, incorporações e combinações*. APB.

_____. *APB opinion nº 17 – Ativos intangíveis*. APB.

_____. *APB opinion nº 18 – Método da equivalência patrimonial para investimentos com ações ordinárias*. APB.

_____. *APB opinion nº 20 – Mudanças em princípios contábeis*. APB.

AMERICAN INSTITUTE OF CERTIFIED PUBLIC ACCOUNTANTS – AICPA. *Accounting research bulletins – ARB nº 43*. AICPA.

_____. *Accounting research bulletins – ARB nº 45 – Construções a longo prazo – tipos de contrato*. AICPA.

BM&FBOVESPA. Disponível em: <www.bovespa.com.br>. Acesso em: fev. 2005/abr. 2006.

BOVESPA. *Regulamento do Novo Mercado*. São Paulo: BOVESPA, 2006. Disponível em: <http://www.bovespa.com.br/pdf/RegulamentoNMercado.pdf>. Acesso em: 20/12/2007.

BRASIL. Regulamento do Imposto de Renda. In: Presidência da República, Subchefia para Assuntos Jurídicos. Decreto 3.000. Regulamenta a tributação, fiscalização, arrecadação e administração do Imposto sobre a Renda e Proventos de Qualquer Natureza. Brasília-DF, 26 mar. 1999. Disponível em: <http://www.planalto.gov.br/ccivil_03/decreto/D3000.htm>. Acesso em: 18 dez. 2007.

_____. *Comissão de Valores Mobiliários*. Deliberação CVM nº 488, de 3 de outubro de 2005. Aprova o pronunciamento do Ibracon NPC nº 27 sobre demonstrações contábeis – apresentação e divulgações. Disponível em: <http://www.cvm.gov.br>. Acesso em: 31 out. 2005.

_____. Lei 11.638/07: 2007.

_____. Lei das Sociedades Por Ações In: Presidência da República, Subchefia para Assuntos Jurídicos. Lei 6.404. Dispõe sobre as Sociedades por Ações. Brasília-DF, 15 dez. 1976. Disponível em: < http://www.planalto.gov.br/ccivil_03/Leis/L6404consol.htm>. Acesso em: 18 dez. 2007.

_____. *Lei nº 6.404, de 15 de dezembro de 1976.*

_____. *Anteprojeto de Reformulação da Lei nº 6.404, de 05 de julho de 1999.*

_____. *Lei nº 6.404/76.* BRASIL: 1976.

_____. *Decreto nº 3.000/99.* BRASIL: 1999.

_____. *Lei nº 9.249/95.* BRASIL: 1995.

_____. *Lei nº 11.638/07.* BRASIL: 2007.

_____. *Lei nº 11.941/09.* BRASIL: 2009.

_____. *Anteprojeto de reformulação da Lei nº 6.404/76, versão de 2 de julho de 1999.*

_____. *Assessoria econômica*, 2000.

_____. Deliberação nº. 183, de 1995. Aprova o pronunciamento do Ibracon sobre Reavaliação de Ativos. Rio de Janeiro-RJ, 19 jun. 1995. Disponível em: <http://www.cvm.gov.br>. Acesso em: 16 de dez. 2007.

_____. Instrução Normativa nº. 457, de 2007. Dispõe sobre a elaboração e divulgação das demonstrações financeiras consolidadas, com base no padrão contábil internacional emitido pelo International Accounting Standards Board – Iasb. Rio de Janeiro-RJ, 13 jul. 2007. Disponível em: <http://www.cvm.gov.br>. Acesso em: 20 dez. 2007.

_____. *Deliberação nº 29 de 1986.* CVM: 1986.

_____. *Instrução Normativa CVM 59/86.* 1986.

_____. *Instrução nº 248 de 1996.* CVM: 1996.

_____. *Deliberação nº 273/98.* CVM: 1998.

_____. *Instrução nº 247/96.* CVM: 1996.

_____. *Deliberação nº 183/95.* CVM: 1995.

_____. *PO's nº 21/90 e 24/92.* CVM: 1990 e 1992.

_____. *Instrução nº 235/95.* CVM: 1995.

_____. *Instrução Nº 247 de 1996.*

_____. *PO nº 15/87.* CVM: 1987.

_____. *PO nº 24/92.* CVM: 1992.

_____. *Deliberação 488/05 – Demonstrações Contábeis (convergente com a IAS 1) – Revogada pela Deliberação 595/09;*

_____. *Deliberação 489/05 – Provisões e Contingências (convergente com a IAS 37) – Revogada pela Deliberação 594/09;*

_____. *Deliberação 505/06 – Eventos Subsequentes (convergente com a IAS 10) – Revogada pela Deliberação 593/09;*

_____. *Deliberação 506/06 – Práticas Contábeis, Mudanças nas Estimativas e Correção de Erros (convergente com a IAS 8) – Revogada pela Deliberação 592/09;*

_____. *Deliberação 527/07 – Redução ao Valor Recuperável de Ativos (convergente com a IAS 36);*

_____. *Deliberação 534/08 – Efeitos das Alterações nas Taxas de Câmbio e Conversão de Demonstrações Contábeis (convergente com a IAS 21);*

_____. *Deliberação 539/08 – Estrutura Conceitual Básica para Elaboração e Apresentação das Demonstrações Contábeis (convergente com a Estrutura Conceitual Básica do IASB- Framework);*

_____. *Deliberação 547/08 – Demonstração dos Fluxos de Caixa (convergente com a IAS 7);*

_____. *Deliberação 553/08 – Ativos Intangíveis (convergente com a IAS 38);*

_____. *Deliberação 554/08 – Arrendamento Mercantil (convergente com a IAS 17);*

_____. *Deliberação 555/08 – Subvenções Governamentais (convergente com a IAS 20);*

_____. *Deliberação 556/08 – Custos de Transação e Prêmios na Emissão de Títulos e Valores Mobiliários (convergente com a IAS 39);*

_____. *Deliberação 557/08 – Demonstração do Valor Adicionado;*
_____. *Deliberação 562/08 – Pagamento Baseado em Ações (convergente com a IFRS 2);*
_____. *Deliberação 563/08 – Contratos de Seguros (convergente com a IFRS 4);*
_____. *Deliberação 564/08 – Ajuste a Valor Presente;*
_____. *Deliberação 565/08 – Adoção Inicial da Lei nº 11.638/07;*
_____. *Deliberação 566/08 – Instrumentos Financeiros (convergente com as IASs 32 e 39, e IFRS 7) – Revogada pela Deliberação 604/09;*
_____. *Deliberação 575/09 – Estoques (convergente com as IAS 2);*
_____. *Deliberação 576/09 – Contratos de Construção (convergente com a IAS 11);*
_____. *Deliberação 577/09 – Custos de Empréstimos (convergente com as IAS 23);*
_____. *Deliberação 580/09 – Combinação de Negócios (convergente com a IFRS 3);*
_____. *Deliberação 581/09 – Demonstração Intermediária (convergente com a IAS 34);*
_____. *Deliberação 582/09 – Informações por Segmento (convergente com a IFRS 8);*
_____. *Deliberação 583/09 – Ativo Imobilizado (convergente com a IAS 16);*
_____. *Deliberação 584/09 – Propriedade para Investimento (convergente com a IAS 40);*
_____. *Deliberação 592/09 – Políticas Contábeis, Mudança em Estimativa e Retificação de Erro (convergente com a IAS 8);*
_____. *Deliberação 593/09 – Evento Subsequente (convergente com a IAS 10);*
_____. *Deliberação 594/09 – Provisões, Ativos e Passivos Contingentes (convergente com a IAS 37);*
_____. *Deliberação 595/09 – Apresentação das Demonstrações Contábeis (convergente com a IAS 1);*
_____. *Deliberação 596/09 – Ativo Biológico e Produto Agrícola (convergente com a IAS 41);*
_____. *Deliberação 597/09 – Receitas (convergente com a IAS 18);*
_____. *Deliberação 598/09 – Ativo Não Circulante Mantido para Venda e Operação Descontinuada (convergente com a IFRS 5);*
_____. *Deliberação 599/09 – Tributos sobre o Lucro (convergente com a IAS 12);*
_____. *Deliberação 600/09 – Benefícios a Empregados (convergente com a IAS 19);*
_____. *Deliberação 604/09 – Instrumentos Financeiros (convergente com as IASs 32 e 39 e IFRS 7);*
_____. *Deliberação 605/09 – Investimento em Coligada e em Controlada (convergente com as IAS 28);*
_____. *Deliberação 606/09 – Investimento em Empreendimento Controlado em Conjunto – Joint Venture (convergente com a IAS 31);*
_____. *Deliberação 607/09 – Demonstrações Separadas (convergente com a IAS 27);*
_____. *Deliberação 608/09 – Demonstrações Consolidadas (convergente com a IAS 27);*
_____. *Deliberação 609/09 – Adoção Inicial das Normas Internacionais de Contabilidade (convergente com a IFRS 1);*
_____. *Deliberação 610/09 – Adoção Inicial dos Pronunciamentos Técnicos CPC 15 a 40 (convergente com a IFRS 1);*
_____. *Deliberação 624/10 – Revisão CPC 1 de Pronunciamentos Técnicos e Orientação Técnica.*
CALVO, Pricoli Ivan. *O "novo mercado", a governança corporativa e a arquitetura financeira – aspectos comparativos e a sua influência sobre o controle organizacional.* Disponível em: <http:// www.economia-br.net/colunas/calvo/novomercado.html>. Acesso em: 20 mar. 2005.
COMISSÃO DE VALORES MOBILIÁRIOS – CVM. Disponível em: <www.cvm.gov.br>. Acesso em: dez. 2000.
_____. Recomendações da CVM sobre governança corporativa, 2002.
_____. Deliberação nº 193/96. CVM: 1996.
COMITÊ DE PRONUNCIAMENTOS CONTÁBEIS – CPC. *Pronunciamento Conceitual Básico.* CPC: 2008.
_____. *CPC 01/07.* CPC: 2007.
_____. *CPC 02/08.* CPC: 2008.
_____. *CPC 03/08.* CPC: 2008.
_____. *CPC 04/08.* CPC: 2008.
_____. *CPC 05/08.* CPC: 2008.
_____. *CPC 06/08.* CPC: 2008.
_____. *CPC 07/08.* CPC: 2008.
_____. *CPC 08/08.* CPC: 2008.
_____. *CPC 09/08.* CPC: 2008.
_____. *CPC 10/08.* CPC: 2008.
_____. *CPC 11/08.* CPC: 2008.

_____. *CPC 12/08*. CPC: 2008.
_____. *CPC 13/08*. CPC: 2008.
_____. *CPC 14/08*. CPC: 2008.
_____. *CPC 15/09*. CPC: 2009.
_____. *CPC 16/09*. CPC: 2009.
_____. *CPC 17/09*. CPC: 2009.
_____. *CPC 18/09*. CPC: 2009.
_____. *CPC 19/09*. CPC: 2009.
_____. *CPC 20/09*. CPC: 2009.
_____. *CPC 21/09*. CPC: 2009.
_____. *CPC 22/09*. CPC: 2009.
_____. *CPC 23/09*. CPC: 2009.
_____. *CPC 24/09*. CPC: 2009.
_____. *CPC 25/09*. CPC: 2009.
_____. *CPC 26/09*. CPC: 2009.
_____. *CPC 27/09*. CPC: 2009.
_____. *CPC 28/09*. CPC: 2009.
_____. *CPC 29/09*. CPC: 2009.
_____. *CPC 30/09*. CPC: 2009.
_____. *CPC 31/09*. CPC: 2009.
_____. *CPC 32/09*. CPC: 2009.
_____. *CPC 33/09*. CPC: 2009.
_____. *CPC 35/09*. CPC: 2009.
_____. *CPC 36/09*. CPC: 2009.
_____. *CPC 37/09*. CPC: 2009.
_____. *CPC 38/09*. CPC: 2009.
_____. *CPC 39/09*. CPC: 2009.
_____. *CPC 40/09*. CPC: 2009.
_____. *CPC 43/09*. CPC: 2009.
_____. *OCPC 01/09*. CPC: 2009.
_____. *OCPC 02/09*. CPC: 2008.
_____. *OCPC 03/09*. CPC: 2009.
_____. *ICPC 01/09*. CPC: 2009.
_____. *ICPC 02/09*. CPC: 2009.
_____. *ICPC 03/09*. CPC: 2009.
_____. *ICPC 04/09*. CPC: 2009.
_____. *ICPC 05/09*. CPC: 2009.
_____. *ICPC 06/09*. CPC: 2009.
_____. *ICPC 07/09*. CPC: 2009.
_____. *ICPC 08/08*. CPC: 2008.
_____. *ICPC 09/09*. CPC: 2009.
_____. *ICPC 10/09*. CPC: 2009.
_____. *ICPC 11/09*. CPC: 2009.
_____. *ICPC 12/09*. CPC: 2009.
_____. *REVISÃO CPC 01/10*. CPC: 2010.
CONSELHO FEDERAL DE CONTABILIDADE – CFC. Disponível em: <www.cfc.org.br>. Acesso em: jan./set. 2001.
_____. *Resolução nº 750, de 29.12.93 – Princípios fundamentais de contabilidade.* CFC: 1993.
_____. *Princípios fundamentais de contabilidade e normas brasileiras de contabilidade.* 2ª edição. Brasília: CFC: 2000.
_____. *Norma brasileira de contabilidade – técnica – NBC-T nº 4 – Da avaliação patrimonial – Resolução CFC nº 846, de 25.05.99.* CFC: 1999.
_____. *Resolução nº 1.159/09.* CFC: 2009.

_____; IBRACON – Instituto dos Auditores Independentes do Brasil. *Sumário de Comparação das práticas contábeis adotadas no Brasil com as Normas Internacionais de Contabilidade – IFRS*. Brasília: IBRACON, 2006.

CONSELHO REGIONAL DE CONTABILIDADE DO ESTADO DE SÃO PAULO – CRC/SP. *Contabilidade no contexto internacional*. São Paulo: Atlas, 1997.

_____. *Contabilidade no contexto internacional*. São Paulo: Atlas, 1997.

_____; IBRACON. *Temas contábeis relevantes*. São Paulo: Atlas, 2000.

FEDERATION INTERNATIONALE DES BOURSES DE VALEURS – FIBV (Federação Internacional de Bolsas de Valores – International Federation of Stock Exchanges) – Disponível em: <www.fibv.com>. Acesso em: jan. 2001.

FINANCIAL ACCOUNTING STANDARDS BOARD – Fasb. *SFAC 1*.

_____. *SFAC 3*.

_____. *SFAC 3*.

_____. *SFAC 4*.

_____. *SFAC 5*.

_____. *SFAC 6*.

_____. *Statement financial accounting standards – SFAS nº 2 – Contabilidade para custos com pesquisa e desenvolvimento*. Fasb: 1974.

_____. *Statement Financial Accounting Standards – SFAS nº 5 – Contabilidade para contingências*. Fasb: 1975.

_____. *Statement Financial Accounting Standards – SFAS nº 7 – Contabilidade e relatórios de empresas em estágio de desenvolvimento*. Fasb: 1975.

_____. *Statement financial accounting standards – SFAS nº 52 – Tradução de moeda estrangeira*. Fasb: 1981.

_____. *Statement Financial Accounting Standards – SFAS nº 93 – Reconhecimento de depreciação por empresas sem fins lucrativos*. Fasb: 1987.

_____. *Statement Financial Accounting Standards – SFAS nº 94 – Consolidação de subsidiária com participação majoritária*. Fasb: 1987.

_____. *Statement Financial Accounting Standards – SFAS's nº 87 e 106 – Contabilização de planos de pensão para empregados e Contabilização de benefícios pós-aposentadoria para empregados além de pensões*. Fasb: 1985 e 1990.

_____. *Statement Financial Accounting Standards – SFAS nº 109 – Contabilização do imposto de renda*. Fasb: 1992.

_____. *Statement Financial Accounting Standards – SFAS nº 131 – Divulgação sobre segmentos de uma empresa e informações relacionadas*. Fasb: 1997.

_____. *Statement Financial Accounting Standards – SFASs nº 115 e 133 – Contabilização para determinados investimentos em títulos de dívida e ações de capital e Estabelece padrões de contabilização e divulgação de instrumentos financeiros, incluindo certos derivativos embutidos em contratos e operações de hedge*. Fasb: 1993 e 1998.

_____. *A vision for the future*. Report of the Fasb. 1998.

FINANCIAL ACCOUNTING STANDARDS BOARD – FASB (Junta de Normas de Contabilidade Financeira) – U.S.A. – 2001 – Disponível em: <www.fasb.org>. Acesso em: out. 2000/set. 2001.

International Accounting Standard – Iasb 1 – Presentation financial statements – Revised in 1997. Iasb, 1997.

_____. International Accounting Standard 7 – Cash flows statements – Revised in 1992. Iasb, 1992.

_____. Estrutura Conceitual para Elaboração e Apresentação das Demonstrações Contábeis – Framework.

_____. *IAS 1*.

_____. *IAS 2*.

_____. *IAS 7*.

_____. *IAS 8*.

_____. *IAS 1*.

_____. *IAS 10*.

_____. *IAS 11*.

_____. *IAS 12*.

_____. *IAS 16*.

_____. *IAS 17*.

_____. *IAS 18*.
_____. *IAS 19*.
_____. *IAS 20*.
_____. *IAS 21*.
_____. *IAS 23*.
_____. *IAS 24*.
_____. *IAS 26*.
_____. *IAS 27*.
_____. *IAS 28*.
_____. *IAS 29*.
_____. *IAS 31*.
_____. *IAS 32*.
_____. *IAS 33*.
_____. *IAS 34*.
_____. *IAS 36*.
_____. *IAS 37*.
_____. *IAS 38*.
_____. *IAS 39*.
_____. *IAS 40*.
_____. *IAS 41*.
_____. *IFRS 1*.
_____. *IFRS 2*.
_____. *IFRS 3*.
_____. *IFRS 4*.
_____. *IFRS 5*.
_____. *IFRS 6*.
_____. *IFRS 7*.
_____. *IFRS 8*.
_____. *IFRIC 1*.
_____. *IFRIC 2*.
_____. *IFRIC 4*.
_____. *IFRIC 5*.
_____. *IFRIC 6*.
_____. *IFRIC 7*.
_____. *IFRIC 8*.
_____. *IFRIC 9*.
_____. *IFRIC 10*.
_____. *IFRIC 11*.
_____. *IFRIC 12*.
_____. *IFRIC 13*.
_____. *IFRIC 14*.
_____. *IFRIC 15*.
_____. *IFRIC 16*.
_____. *IFRIC 17*.
_____. *IFRIC 18*.

GOL. Disponível em: <www.voegol.com.br>. Acesso em: fev. 2005/nov. 2005.

GRUPO CAIMA. Relatório anual 2005 do Grupo Caima, Portugal. Disponível em: <www.caima.pt>.

GRUPO GERDAU. Relatório anual 2007 do Grupo Gerdau S.A. Disponível em: <www.gerdau.com.br>. Acesso em: fev. 2008.

IBGC. *Código das melhores práticas de governança corporativa*. Janeiro, 2004. Disponível em: <http://www.ibgc.org.br>. Acesso em: 20 mar. 2005.

_____. Pesquisa sobre governança corporativa. Novembro, 2001. Disponível em: <http://www.ibgc.org.br>. Acesso em: 20 mar. 2005.

IBGC. Disponível em: <www.ibgc.com.br>. Acesso em: fev. 2005/nov. 2005.

INDÚSTRIAS ROMI. Relatório da administração referente aos exercícios findos em 2007 e 2008 das Indústrias Romi S.A. Disponível em: <www.romi.com.br>.

INSTITUTO BRASILEIRO DE CONTADORES – Ibracon. Disponível em: <www.ibracon.com.br>. Acesso em: jan./set. 2001.

_____. *Comunicado nº 006/99 – Aplicação do princípio da atualização monetária na elaboração das demonstrações contábeis para o exercício de 1999, em moeda de capacidade aquisitiva constante.* Ibracon: dez. 1999.

_____. *Pronunciamento nº VIII.* Ibracon.

_____. *Pronunciamento nº VII.* Ibracon.

_____. *Pronunciamento nº XXII.* Ibracon.

_____. *Normas e Procedimentos Contábeis – NPC nº 2.* Ibracon.

_____. *Pronunciamento nº XVII – Contrato de construção, fabricação ou serviço.* Ibracon.

_____. *Normas e Procedimentos Contábeis – NPC nº 25.* Ibracon.

_____. *Normas e Procedimentos Contábeis – NPC nº 24.* Ibracon.

INSTITUTO BRASILEIRO DE GEOGRAFIA E ESTATÍSTICA – IBGE. Diretoria de Índices de Preços. Sistema Nacional de Índices de Preços ao Consumidor. Disponível em: <www.ibge.gov.br>. Acesso em: jan./set. 2001.

INSTITUTO BRASILEIRO DE GEOGRAFIA E ESTATÍSTICA – IBGE. Diretoria de Índices de Preços. Sistema Nacional de Índices de Preços aos Consumidor. 2001, Disponível em: <www.ibge.gov.br>.

INTERNATIONAL ACCOUNTING STANDARDS BOARD – Iasb; INSTITUTO BRASILEIRO DE CONTADORES – Ibracon. *Normas internacionais de contabilidade.* São Paulo: Ibracon, 2001.

INTERNATIONAL ACCOUNTING STANDARDS COMMITTEE – Iasc. *International accounting standards – IAS nº 37 – Provisões, ativos e passivos contingentes.* Iasc: 1998.

_____. *International accounting standards – IAS nº 38 – Ativos intangíveis.* Iasc: 1998.

_____. *International accounting standards – IAS nº 39 – Instrumentos financeiros: reconciliação e mensuração.* Iasc: 1998.

INTERNATIONAL ACCOUNTING STANDARDS COMMITTEE – Iasc. Disponível em: <www.iasc.org.uk>. Acesso em: out. 2000/set. 2001.

INTERNATIONAL ACCOUNTING STANDARDS COMMITTEE – Iasc. *IFRS 1, First-time Adoption of International Financial Reporting Standards.* Londres: Iasb, 2006.

_____; INSTITUTO BRASILEIRO DE CONTADORES – Ibracon. *Normas internacionais de contabilidade.* São Paulo: Ibracon, 1997-1998.

_____; _____. *Normas internacionais de contabilidade – International accounting standards – IAS nº 2 – Estoques.* São Paulo: Ibracon, 1997-1998.

_____; _____. *Normas internacionais de contabilidade – International accounting standards – IAS nº 4 – Contabilização da depreciação.* São Paulo: Ibracon, 1997-1998.

_____; _____. *Normas internacionais de contabilidade – International accounting standards – IAS nº 8 – Lucro líquido ou prejuízo do período, erros fundamentais e mudanças nas políticas contábeis.* São Paulo: Ibracon, 1997-1998.

_____; _____. *Normas internacionais de contabilidade – International accounting standards – IAS nº 9 – Custo de pesquisa e desenvolvimento.* São Paulo: Ibracon, 1997-1998.

_____; _____. *Normas internacionais de contabilidade – International accounting standards – IAS nº 10 – Contingências e eventos ocorridos após a data do balanço.* São Paulo: Ibracon, 1997-1998.

_____; _____. *Normas internacionais de contabilidade – International accounting standards – IAS nº 11 – Contratos de construção.* São Paulo: Ibracon, 1997-1998.

_____; _____. *Normas internacionais de contabilidade – International accounting standards – IAS nº 12 – Contabilização dos impostos sobre a renda.* São Paulo: Ibracon, 1997-1998.

_____; _____. *Normas internacionais de contabilidade – International accounting standards – IAS nº 14 – Apresentação das informações financeiras por segmentos da empresa.* São Paulo: Ibracon, 1997-1998.

_____; _____. *Normas internacionais de contabilidade – International accounting standards – IASs nº 16 e 23 – Ativo imobilizado e Encargos financeiros de empréstimos.* São Paulo: Ibracon, 1997-1998.

_____; _____. *Normas internacionais de contabilidade – International accounting standards – IAS nº 17 – Contabilização dos arrendamentos (Leases).* São Paulo: Ibracon, 1997-1998.

_____; _____. *Normas internacionais de contabilidade – International accounting standards – IAS nº 19 – Custos de benefícios de aposentadoria.* São Paulo: Ibracon, 1997-1998.

_____; _____. *Normas internacionais de contabilidade – International accounting standards – IAS nº 22 – Combinações de empresas.* São Paulo: Ibracon, 1997-1998.

_____; _____. *Normas internacionais de contabilidade – International accounting standards – IASs nº 27 e 28 – Demonstrações contábeis consolidadas e contabilização de investimentos em subsidiárias e Contabilização de investimentos em empresas associadas.* São Paulo: Ibracon, 1997-1998.

_____; _____. *Normas internacionais de contabilidade – International accounting standards – IAS nº 29 – Demonstrações contábeis em economias hiperinflacionárias.* São Paulo: Ibracon, 1997-1998.

_____; _____. Instituto dos Auditores Independentes do Brasil. *Normas Internacionais de Contabilidade 2001.* São Paulo: Ibracon, 2001.

INTERNATIONAL ACCOUNTING STANDARDS COMMITTEE – Iasc. *Contabilidade Internacional – Março de 1999, suplementado.* Disponível em: <www.iasc.org.uk/frame/cen1_9.htm>.

_____. Disponível em: <www.iasc.org.uk/frame/cen2_1.htm>.

_____. Disponível em: <www.iasc.org.uk/frame/cen1_12a.htm>.

INTERNATIONAL FEDERATION OF ACCOUNTANTS – IFA. *Estudo n. 3 – International Management Accounting Study.* fev. 1996.

_____. International Management Accounting Study n.9 *Enhancing Sharehold Wealth by Better Managing Business Risk.* Junho de 1999.

NATURA. Disponível em: <www.natura.net>. Acesso em: fev. 2005/nov. 2005.

NEW YORK STOCK EXCHANGE – NYSE. Disponível em: <www.nyse.com>. Acesso em: jan. 2001.

PETROBRAS. Relatório da administração dos exercícios findos em 2005, 2006 e 2007 da Petróleo Brasileiro S.A. Disponível em: <www.petrobras.com.br>.

PRICEWATERHOUSECOOPERS. *Comitês de auditoria no Brasil – melhores práticas de governança corporativa*, 2005. Disponível em: <http:://www.pwc.com/br>. Acesso em: 20 ago. 2005.

_____. *Making the change to IFRS: How will it impact your business?*. Disponível em: <http://www.pwcglobal.com/ifrs>. Acesso em 2 ago. 2007.

SECURITIES AND EXCHANGE COMMISSION – SEC. Disponível em: <www.sec.org>. Acesso em: jan. 2001.

SETUBAL Jr., Waldemiro. *Governança corporativa foco Petrobrás.* Dissertação – Universidade Estácio de Sá. 2002, 97 f. Rio de Janeiro, 2002. Disponível em: <http://www.estacio.br/campus/millorfernandes/producao.asp>. Acesso em: 30 jun. 2005

SUZANO. Notas explicativas de 2008 e 2009 da Suzano Papel e Celulose. Disponível em: <www.suzano.com.br>.

VALE. Demonstrações contábeis de 2008 e 2009 da Vale S.A. Disponível em: <www.cvrd.com.br>.

WORLD FEDERATION OF EXCHANGES. Annual Report and Statistics 2006. Disponível em: <www.world-exchanges.org>.